JN354845

GB
한길그레이트북스

인 류 의 위 대 한 지 적 유 산

인류의위대한지적유산

정신현상학 1

G.W.F. 헤겔 지음·임석진 옮김

한길사

Georg Wilhelm Friedrich Hegel
Phänomenologie des Geistes

Translated by Lim, Sok-Zin

Published by Hangilsa Publishing Co., Ltd., Korea, 2005

게오르크 빌헬름 프리드리히 헤겔(1770~1831)

『정신현상학』은 오늘에 이르기까지 세계 철학사상 유례를 찾아보기 힘들 만큼
난해하기로 정평이 나 있는 불후의 대작이다. 헤겔은 이 책에서 그 특유의
변증법적인 사유논리로써 인간과 신과 자연을 포함한 존재 전체의 본질 규명을 위한
궁극의 경지를 아우르는 초인간적인 고투의 결실을 보여준다.
헤겔은 철학뿐만 아니라 신학 · 역사학 · 법학 · 미학 등 여러 분야에
걸쳐 연구했으며, 각 분야마다 위대한 저작들을 남겼다.

프리드리히 빌헬름 폰 셸링(1775~1854)

헤겔의 동료인 셸링은 뛰어난 지적 능력을 가진 사람으로 신학교를 다녔지만
신학보다는 철학에 관심을 기울였고, 물리학·화학·의학 강의를 들으며
자연철학적인 체계를 세웠다. 헤겔의 『피히테와 셸링 철학체계의 차이』에는
셸링의 자연철학에서 받은 영향이 나타나 있지만, 그 후속 논문과
『정신현상학』에서는 셸링을 강하게 비판하면서 둘 사이의 차이가 뚜렷해졌다.

요한 크리스티안 프리드리히 휠덜린(1770~1843)

독일의 서정시인 휠덜린은 헤겔·셸링과 함께 고대 그리스 문학을 공부했는데,
그들은 그리스 시대의 자유로운 세계를 동경하며, 그때까지의 전통을 뒤엎은
프랑스 혁명에 열렬한 지지를 보냈다. 그는 동료들과는 달리 학문이 아닌
문학의 길로 접어들었다. 헤겔과는 자질과 관심사에 큰 차이를 보인 휠덜린이지만,
그리스 고전세계의 실체적인 가치 회복을 열망했던 점에서는 일치를 보였다.

나폴레옹 보나파르트(1769~1821)

헤겔은 당시 프로이센의 부패한 관료제도를 비판하며,
나폴레옹이 예나 전투에서 승리한 것을 환영했다.
그는 예나 전쟁 당시 백마를 타고 예나 시내로 진군해오는 나폴레옹을
세계혼(Weltseele)으로 맞이하는 감흥 속에서 그의 주저 『정신현상학』을 탈고했다.

인류의 위대한 지적 유산

정신현상학 1

G.W.F. 헤겔 지음 · 임석진 옮김

한길사

정신현상학 1 차례

절대적 자기인식과 근대 서양 합리주의의 완성 | 임석진   15
서설: 학문적 인식에 관하여   33
서론   113

의식

Ⅰ 감각적 확신, '이것'과 '사념'   133
Ⅱ 지각; 사물과 착각   149
Ⅲ 힘과 오성, 현상계와 초감각적 세계   169

자기의식

Ⅳ 자기확신의 진리   209
   1 자기의식의 자립성과 비자립성; 지배와 예속   220
   2 자기의식의 자유; 스토아주의, 회의주의, 불행한 의식   234

이성

Ⅴ 이성의 확신과 진리   267
   1 관찰하는 이성   278
     1) 자연의 관찰   281
       기술(記述) 일반   281
       징표   283
       법칙   286
       유기체의 관찰   291
         (1) 유기체와 무기물의 관계   291

  (2) 목적론   293
  (3) 내면과 외면   298
   ① 내면—순수한 내면적 요소의 법칙인 감수성 등등,
    그리고 내면과 그의 외면   299
   ② 내면과 형태로서의 외면   307
   ③ 내면과 외면으로 성립된 외면 또는 유기체 이념의
    무기물에 대한 적용—이 측면으로 본 유기체의 유와 종과 개체성   312
 2) 순수한 상태에 있는 자기의식의 관찰과 외적 현실과 관계하는
  자기의식의 관찰. 논리학적 법칙과 심리학적 법칙   325
  논리학적 법칙   326
  심리학적 법칙   328
 3) 자기의식과 신체의 관계 관찰. 관상학과 두개론(골상학)   333

2 이성적인 자기의식의 자기실현   368
 1) 쾌락과 필연성   378
 2) 마음의 법칙과 자만의 광기(狂氣)   384
 3) 덕성과 세계행로   395

3 절대적인 실재성을 획득한 개인   407
 1) 정신적인 동물의 왕국과 기만, 또는 사태 그 자체   410
 2) 이성에 의한 법칙의 제정   433
 3) 이성에 의한 법칙의 음미   439

찾아보기   450

정신현상학 2 차례

정신

Ⅵ 정신

1 참다운 정신. 인륜성
1) 인륜의 세계. 인간의 법칙과 신의 법칙, 남성과 여성
2) 인륜적 행동. 인간의 지와 신의 지, 책임과 운명
3) 법의 지배

2 소외된 정신. 교양
— 소외된 정신의 세계
  (1) 교양과 현실의 교양세계
  (2) 신앙과 순수한 통찰
— 계몽사상
  (1) 계몽사상과 미신의 싸움
  (2) 계몽사상의 진실
— 절대적 자유와 죽음의 공포

3 자기를 확신하는 정신. 도덕성
1) 도덕적 세계관
2) 뒤바꿈
3) 양심. 아름다운 혼, 악과 악의 용서

Ⅶ 종교

1 자연종교
1) 빛의 신
2) 식물과 동물
3) 공작인

2 예술종교
1) 추상적인 예술작품
2) 살아 있는 예술작품
3) 정신적인 예술작품

3 계시종교

Ⅷ 절대지

옮긴이의 말

찾아보기

절대적 자기인식과 근대 서양 합리주의의 완성

임석진 | 한국헤겔학회 명예회장

1807년 예나 전투 당시, 백마를 타고 예나 시내로 진군해오는 나폴레옹을 세계혼(Weltseele)으로 맞이하는 감흥 속에서 탈고한 이 헤겔의 주저 『정신현상학』은 오늘에 이르기까지 세계 철학사상 유례를 찾아보기 힘들 만큼 난해하기로 정평이 나 있는 불후의 대작이다. 그토록 난해할 수밖에 없는 이유는 이 책이 안고 있는 웅장한 사상체계와, 치밀하고 심오하며 오묘하기까지 한 헤겔 특유의 변증법적 사유논리가 실로 인간과 신과 자연을 포함한 존재 전체의 본질 규명을 위한 궁극의 경지를 아우르는 초인간적인 고투의 결실이기 때문이다. 더욱이 여기서 헤겔이 구사하고 있는 서술과 표현의 양식이 일반 독자에게는 물론, 전문 연구자에게조차도 거기에 함축된 의미·내용을 속속들이 파악하기가 너무나 버겁게 와닿기 때문이다.

헤겔 철학의 사상적 연원과 그 형성과정

『정신현상학』 탄생 이전 시기

제1기(1770~88) 게오르크 빌헬름 프리드리히 헤겔(Georg Wilhelm Friedrich Hegel)은 1770년 7월 27일, 독일 서남부에 자리잡은 바덴 뷔르템베르크주의 수도 슈투트가르트에서 태어났다. 로젠크란츠(K.

Rosenkranz)・하임(R. Haym)・딜타이(W. Dilthey) 등에 이어 해석학적 통찰을 겸비한 저명한 헤겔 연구가 테오도르 헤링(Th. L. Haering)은 슈투트가르트의 소년 시절부터 이미 헤겔이 미래의 대철학자이며 사상가로서의 앞날을 예감하게 하는 보기 드문 특성을 지니고 있었다("in ganz einzigartigem Grade eine autochne Erscheinung")는 증언을 하고 있다.[1]

이밖에도 『헤겔 발전사 자료집』[2]에 수록되어 있는 지금까지 보존되어온 헤겔의 자필문(自筆文)들, 일례로 그의 나이 겨우 15세 되던 해에 작성된 수기나 일기장 속에서 이미 우리는 인간 헤겔의 성격적인 특성과 여기에 맞물린 정신적인 기본자세(die geistige Grundhaltung)가 어떻게 다듬어져왔는가를 엿볼 수 있다. 여기서 무엇보다 생동하는 인간의 정신생활 전반에, 특히 정신사적・문화사적인 국면에서의 근원적 존재와 역사적 생성에 대한 각별한 관심이 마치 그의 웅장한 변증법적 세계관을 구성하는 양극점 또는 지렛대와도 같이 그 근저에 깔려 있었음을 확인할 수 있다.

이미 이 당시부터 헤겔은 예리한 감수성과 통찰력을 바탕으로 하여 복합적・중층적이며 빈틈없이 매개되어 있는 인간 개개인의 내면적인 상호의존적 관계에 함축되어 있는 진의(眞意)가 어떤 것인가에 각별한 눈길을 돌리기 시작하였다. 그 가운데서도 특히 부분과 전체를 아우르는 초개인적인 공동의 경지가 온 곳에 뿌리내리고 있음을 알아차리기에 이른다. 인간 개개인은 물론 삼라만상에 이르기까지 그 모든 것이 공동의 차원에서 타자와의 상호 인정관계를 필요로 한다는 데 착안하여 결국은 어떻게 하나의 것이 다른 것으로부터 생겨나는가(wie eins aus dem anderem wird) 하는 협동적인 주관성문제에 천착하면서 동시에 일체의 개인주의(Individualismus)를 지양하는 안목을 갖추게

---

[1] Th. L. Haering, *Hegel-sein Wollen und sein Werk*, I, P. X. Leipzig, 1929, 복간판.
[2] Johannes Hoffmeister, *Dokumente Zu Hegels Entwicklung*, 1936.

되었던 것이다.[3)]

필생을 두고 쌓아올린 철학적·사상적 성과는 그리스 민족에 뿌리내렸던 인륜 공동체(sittliches Gemeinwesen)의 사상에 기반을 두고 있었다고 해도 과언이 아니다. 그 당시 헤겔은 호메로스의 『일리아스』, 키케로의 『가족에의 편지』, 아리스토텔레스의 『윤리학』, 소포클레스의 『오이디푸스』 등 그리스·라틴의 고전에 심취하는 한편, 레싱의 「현자 나탄」, 루소의 『고백』 등 18세기 계몽주의 작품을 탐독하여 한편으로는 그리스-라틴의 고전적 세계와 함께 또한 당대 독일의 거대한 사상조류를 형성했던 계몽사상에 고무되어 있었음을 알 수 있다.

제2기(1788~93) 여기서는 무엇보다 헤겔은 공동성을 지향하는 개념적 욕구에 기초하여 논리적인 체계성을 지향하는 튀빙겐 시대로 접어든다. 이 당시 그의 생애에 결정적인 영향을 끼친 귀중한 두 가지 경험을 들 수가 있으니, 하나는 횔덜린(F. Hoelderlin)·셸링(F. Schelling)과의 교우관계이며, 다른 하나는 프랑스 혁명의 발발이었다.

탁월한 시적 감수성을 지녔던 횔덜린과 어울리면서도 특히 루소에 심취하여 국가와 사회의 역사적 현실에 온 관심을 쏟았던 헤겔은 서로의 타고난 자질이나 성향에서 큰 차이가 있었음에도 불구하고 고대 그리스의 자유로운 세계를 동경하며 이제는 상실되어버린 그리스 고전세계의 실체적인 가치 회복을 열망하고 있었다는 점에서 중요한 공통성을 보여주고 있다. 결국 이때부터 헤겔의 정신적·철학적 발전사 속에서 핵심적인 위치를 차지하는 '전체'(das Ganze)와 '중심점'(Mittelpunkt)의 개념을 싹트게 한 자유, 생명, 사랑 그리고 전일성(全一性, Hen kai Pan) 문제가 중심 테제로 떠오르게 된다.

이와 동시에 그의 사색의 전 과정에서 지대한 영향을 끼친 프랑스 혁명이야말로 그로 하여금 고대 그리스의 자유로운 공동체 재현이라는 거대한 역사적 안목을 지니게 한 단초가 되었다. 또한 기독교의 역사적

---

3) Th. L. Haering, *Ibid.*, p.23.

연구를 본격화한 이 시기에 그는 칸트의 도덕적인 이성 종교에 따른 도덕적 선과 행복의 결합을 통한 최고선의 실현과 신존재(神存在)를 향한 칸트적인 실천이성의 요청을 둘러싼 칸트 종교철학과의 해후를 거쳐서 그와의 전면적인 대결을 펼치게 된다.

제3기(1793~96) 스위스 베른에서 고독을 달래가며 가정교사 생활을 하는 동안 헤겔은 변질되어가는 프랑스 혁명의 급격한 사태 진전을 주시하며 한편으로는 사회적 관심과 역사의식을 가다듬고, 다른 한편으로는 국민의 종교생활 속에 도덕성을 주입하는 데 실패한 예수 자신이 스스로의 권위에 굴복하여 기독교의 실정성(實定性)을 초래하게 된 데 대한 비판을 가하기에 이른다. 여기서 동시에 헤겔은 모든 생의 창조적인 동력으로 작용하는 변증법적 원리가 안고 있는 생동하는 당위성(ein lebendiges Sollen)문제에 주목하게 된다.

제4기(1797~1801) 프랑크푸르트에서의 가정교사 생활을 하면서부터 자신이 전문적인 철학자의 길로 들어서기로 마음을 굳힌 헤겔은 특히 칸트 윤리학을 비판적으로 극복하는 과정에서 그의 총체적인 통일적 인간관을 수립하게 된다. 여기서 헤겔 특유의 정신 일원론(一元論, Geistesmonismus)이 대두되는 동시에 정신적 생명의 전체 구조를 변증법적인 법칙 아래 총괄하려는 시도에 착수한다.

흔히 비본질적인 것으로 간주되는 인간의 감정·충동·경향 등이 헤겔에게서는 이성의 힘으로 인간의 전체성(das Ganze, Totalität)을 구성하는 본원적인 존재성과 결합됨으로써 일찍이 칸트 윤리학의 기조를 이루어온 실천이성의 명령이 이제 보편적 가치로서의 법칙과 대립하는 것일 수 없게 된다. 여기서 헤겔이 새롭게 도달한 철학적 경지는 공동적 요소를 기반으로 하는 '존재' '생명' '사랑'이라는 자기구심력(自己求心力)을 지닌 것으로서, 이로 인하여 주체와 객체의 통일 그리고 다시 주객의 분열과 대립의 통일을 거쳐서 마침내 생명체의 분리 속의 합일이라는 경지가 가능해진다는 것이다.

이런 가운데서도 특히 사랑에 의한 운명과의 화해야말로 인간으로 하여금 생명의 전체를 담보해주는 무한자에게 자신이 귀속되어 있음을 깨우쳐주는 변증법적 운동의 원형(原型)을 이루는 것이 되었다. 이밖에도 사회적 현실과의 대결을 시도했던 헤겔은 『독일 헌법론』(Die Verfassung Deutschlands)을 집필하는 동시에 생명의 변증법적 운동을 반성외적이 아닌 개념적 사유로서 파악하는 그 자신의 고유한 철학적 영역을 확립하게 된다.

제5기(1801~1807) 예나로 활동무대를 옮기고 나서 곧이어 출간된 『피히테와 셸링 철학체계의 차이』에서 헤겔은 단지 두 철학체계를 비교하는 데 그치지 않고 그들 철학 자체를 역사적 전개의 산물로 파악하고, 나아가 그것을 시대정신이 현현된 생동하는 모습으로 받아들였다. 여기서 헤겔은 양자간의 대립을 지양하는 것이야말로 이성의 유일한 관심사(das Interesse der Vernunft)임을 천명하면서, 이성의 관심사는 결코 이성이 대립이나 제한에 대립하는 그러한 의미가 아니라 절대적 반성을 통하여 대립에 의해 한정된 것을 자체 내에서 본원적으로 해소하는 '절대적 인식'(die absolute Erkenntnis)을 향한 이성의 노력이라고 보았다.

이와 동일한 맥락에서 당시의 헤겔이 남긴 일기장을 통하여 우리는 그가 변증법적 통일에 관한 새로운 통찰에 힘입어서 존재와 생성의 전 국면에 걸친 통일적인 연관성을 파악하고 서술하기 위한 방도를 현실적으로 장악할 데 대한 믿음을 안고 있었음을 알 수가 있다.

『정신현상학』 출간 이후

입헌군주제를 모델로 하는 근대적 프로이센 국가에 강한 기대를 걸었던 헤겔은 이러한 그의 의도를 1821년에 간행된 『법철학』에서 논리적이며 체계적으로 서술해놓았다. 그 이후로는 새로운 철학적 저작은 발간하지 않고 다만 1827~30년에 『엔치클로페디』제2, 제3 개정판을, 그리고 1831년에는 『대논리학』제2판을 출간하였다. 1829년 10월에는 베를린 대학 총장에 취임하였고 곧이어 1831년에는 『정신현상학』 개정

작업에 착수하였으나, 뜻하지 않게 당시 유럽에 만연했던 콜레라에 감염되어 1831년 11월 14일 생의 대단원을 마감하였다.

밤베르크 시대(1807~1808)와 뉘른베르크 시대(1808~16), 하이델베르크 시대(1816~1818)와 베를린 시대(1818~31)를 통틀어 흔히 체계 전개의 시대라고 일컬어지듯, 이 기간 동안에 그는 철학이란 스스로의 개념 전개를 통하여 자기 개념의 '개념'에 도달하고는 다시금 자체 내로 복귀하는 운동(Rückkehr in sich)임을 명시해놓은 장대한 철학체계를 완결지었다.

『정신현상학』의 본질과 구조

철학의 역사성과 그의 시대적 파악

1807년 4월『정신현상학』이 발간될 무렵 헤겔은 신문지상에 이 책을 소개하는 다음과 같은 글을 남겨놓았다.

이 책은 '생성하는 지'(das werdende Wissen)를 서술하고 있다. 『정신현상학』은 지를 정초(定礎)하는 데서 심리학적인 설명이나 추상적인 논의를 대신하기 위한 것이다. 이는 하나의 관점에 의거하여 학문이 성립돼가는 양상을 고찰한 것으로서, 이 관점에 따라서 이제 정신의 현상학은 새롭고도 흥미로운 학문, 즉 철학의 제일 학문이 된다. 이러한 관점은 정신이 거쳐가는 각이한 형태의 도정(道程)을 중간 단계로 삼아서 이를 자체 내에 흡수하는바, 이 길을 따라서 정신은 순수한 지 또는 절대정신이 된다.

그러므로 이 학문의 주요구분—이는 다시 몇 갈래로 구분되는데—에서는 의식, 자기의식, 관찰하고 행위하는 이성, 정신 그 자체, 즉 인륜적·교양적·도덕적 정신으로서의 정신, 마지막으로 종교적 정신으로서의 정신이 그 각각의 형태 속에서 고찰된다. 언뜻 혼란스러워 보이기조차 하는 정신의 풍만한 모습이 학문적으로 질서지어지고,

이 질서가 정신의 갖가지 현상을 그의 필연성에 따라서 제시하는 가운데 불완전한 것은 해소되면서 마침내 이들은 가장 비근한 진리를 초탈하는 더욱 고차적인 단계로 이행한다. 정신의 여러 현상은 궁극적인 진리를 우선은 종교 속에서, 그 다음에는 전체적인 결론으로서의 학문 속에서 발견하는 것이다.
「서설」(Vorrede)에서 저자는 현재의 입장에서 철학이 스스로를 위하여 필요로 한다고 여겨지는 것에 대해 서술해놓았다. ……

여기서 주목할 것은 헤겔 자신이 「서설」에서 논하고 있는 '철학의 현재의 입장', 다시 말하면 현대의 철학적 과제에 대해 각별히 지적하고 있다는 점이다. 그렇다면 모든 개인은 "자기 시대의 아들"(ein Sohn seiner Zeit)[4]이라고 언명했던 헤겔로서 볼 때 바로 그의 시대·역사·현실에 대응하는 신과 인간과 자연과 그리고 다시 세계의 필연적인 본질을 사유하고 인식하는 철학적 인간이 수행해야 할 핵심적인 과제는 무엇이었겠는가?

그것은 이미 「기독교의 정신과 그의 운명」(Der Geist des Christentums und sein Schicksal) 그리고 「1800년 체계단편」(Systemfragment von 1800)에서 밝혔듯이 생명의 변증법적 운동을 통한 생동하는 정신의 본원적(本源的)인 회복을 위하여 이 시대가 안고 있는 분열과 대립, 즉 교양에 의해 고착화하고 오성적 입장에 의해 편향화한 시대적 한계와 모순을 극복하는 일이었다.

각기 고정화된 양자의 대립을 지양하는 것이야말로 이성의 유일한 관심사이다. 여기서 말하는 이성의 관심사란 결코 이성이 대립이나 제한에 반대함을 뜻하는 것이 아니다. 왜냐하면 필연적인 분열은 영원히 대립을 이루면서 자기를 형성해나가는 생의 한 요인이며, 더 나아가

---

4) 『법철학』, 임석진 옮김, 지식산업사, 1988, 34쪽.

총체성이란 오직 극단적 분리, 분화로부터의 재생을 통해서만 가장 줄기찬 생명력을 지니는 것이기 때문이다. 바로 이런 점에서 이성은 오히려 오성에 의한 분열의 절대적인 고착화에 항거할 뿐 아니라 더욱이 절대적으로 대립된 것 그 자체가 이성에서 발원되었을 경우에는 두말할 나위도 없다. …… 통합의 힘(Macht der Vereinigung)이 사라지고 동시에 모든 대립이 그의 생동한 관계와 교호작용을 상실하여 저마다의 자립성을 획득하게 될 때 철학의 욕구는 생겨나는 법이다.[5]

정신사적인 반성에 입각한 헤겔의 표명에 따른다면 지금껏 고대 그리스의 폴리스(Polis, 도시국가)적인 생활과 중세 기독교의 직접적인 신앙에 안주하여 절대자와의 화해를 이룬 가운데 내외적인 평정을 누려왔던 인류 문화사상 최초의 '실체적'인 단계가 이제는 계몽적 오성이 지배하는 생명 분열의 시대로 전화, 전락했다는 것이다. 즉 "옛 사람들이 높이 떠받들던 천상계는 폭넓게 다져진 풍요로운 사상과 형상으로 충만해"[6] 있었는데, 그러한 실체적 통일의 상태가 이제는 주관적인 반성의 늪에서 시대적인 분열에 직면하게 된 것이다.

로마 시대 이래로 이미 개별성과 보편성, 주관과 객관이라는 양단으로 대립, 분화된 시대적 정신이 '자기소외된 정신'의 단계로 접어들었고 다시 르네상스에서 계몽주의 시대에 와서는 자연과학에 대한 신뢰를 싹트게 한 합리적인 사고의 지배 아래 놓이게 되었다. 이로써 개별적이며 주관적인 '자기'의 각성과 반성에 따른 분열과 더 나아가서는 무한에서 유한으로, 신적 실재에서 차안의 현상계로 생활과 경험의 중심이 옮겨지는 결과가 초래된 것이다.

결국 주관적 반성을 통하여 대립과 분열을 자초하고 보편적인 피안의 세계에 등을 돌린 채 유한적이고 상대적인 생명으로 경도된 시대의

---

[5] 『피히테와 셸링 철학체계의 차이』, 임석진 옮김, 지식산업사, 1989, 24쪽.
[6] 「서설」, 42쪽.

분열상은 정신과 물질, 영혼과 육체, 신앙과 오성, 자유와 필연의 대립을 사상의 국면으로까지 침투시켜서 끝내는 이성과 감성, 예지계와 자연계 사이의 대립을 고착화하게 된 것이다.

그런데 이렇듯 '통합의 힘이 사라지고' '실체성'의 상실이 자각된 마당에 이제는 다시금 존재의 견고함을 위해 실체적 전체성(das substantielle Ganze)을 회복하려는 욕구가 발생하기에 이르렀으니, 바로 이것이 헤겔로 하여금 "우리의 시대가 탄생의 시대이며 새로운 시기로의 과도기임을 알아차리기란 어렵지 않다"고 언명하게 한 역사적 배경을 이룬다.

그러나 이러한 사상적 기류에 편승한 독일 낭만주의는 반대로 오성 또는 계몽적 이성으로써는 판별되지 않는 인간의 현실 측면에 치중하여 오직 감정이나 직관, 더 나아가 신앙의 회복에 주력하는 가운데 실체적 전체성을 사유나 분석에 따라 전개하기보다는 실체적 감정을 북돋우는 일에만 몰두하였다. 장기간에 걸쳐 축적된 경험·개념·필연성·자기의식·오성 등에 의한 '매개된' 실체성 회복에 동참하지 않고 다만 신심(信心)을 설교하고 신성한 경지에서의 철학함을 자칭하며 내용의 우연성이나 자의를 임의로 발동시키는 가운데 그들은 중세로의 회귀를 꿈꾸었던 것이다.

결국 헤겔 당대의 기본적인 사조는 비록 실체성의 상실을 자각하여 고대 그리스에 실현되었던 바와 같은 인류적 총체성의 회복을 희구하였을지언정, 여전히 반성·경험·개념·필연성·유한성을 매개로 한 사유하고 분석하는 중간 단계는 방기한 채 오직 실체적 감정에 의탁하는 결과를 낳을 뿐이었다. 여기서 프랑스 혁명 이후 발흥하기 시작한 독일 낭만주의 철학은 직접지(unmittelbares Wissen)에 의탁하여 이를 추구하고 고착화하는 길로 들어서버렸다. 이로써 '실체성'의 회복이라는 시대적 과제 앞에는 복고적(復古的)인 낭만과 동경의 요소와 새로운 여명의 시대를 향한 진취적인 요소라는 두 개의 길이 놓여 있었던 것이다. 이때 전자의 길과는 분명히 결별을 고한 헤겔은 장기간에 걸친 반성에 의하여 구축된 경험·개념·필연성·자기의식·오성 등을 올바른 위치에 올려놓음으로써 이를 매개로 한 그 자신의 명확한 입장, 즉 이성지이며 개념지, 나아가서는 절대지에서 절대정신에까지 이르는 '학문'의 길을 택했던 것이다.

이제 그 '실체적인 전체'는 더 이상 직접적이고 무매개적인 통일 속에서 절대성과 상대성, 개별성과 보편성, 주관과 객관 사이의 미분화(未分化)된 대립의 상태 속에서가 아니라 구별이나 운동을 스스로 이끌어내고 지탱해나가는, 즉 실체가 '자기자신을 정립하는 운동'(die sichselbstsetzende Bewegung)으로 자리매김되어야만 한다. 그러나 즉자적·본원적인 상태(an sich)에서 현시되기 시작한 이 시대는 아직은 단지 개인의 주관적이며 비교적(秘敎的)인 소유물은 될지언정, 오성적인 형식에 따른 형성과 발전의 도정 속에서 구현되어 있는 것은 아니다.

헤겔은 "실체적인 내용을 이루는 정신의 혼(die geistige Seele)을 가꾸어내는 일과, 이 혼을 대상으로서, 그것도 사유의 형태를 지닌 대상으로서 의식 앞에 창출해내는 것이야말로 철학의 지상과제"[7]라고 천명하였다. 여기서 헤겔이 지시하고 있는 것은 "오늘 지금 중요한 것은 내면에 포함되어 있는 것을 밖으로 드러나도록 하는 것"(das Heraussetzen des innerlich Enthaltenen)이다.[8] 모든 철학적 진리의 탐구를 위한 선결과제는 진리를 '실체'로서뿐 아니라 또한 '주체'로서도 파악하고 표현해야만 하는 것이라는 헤겔 정신의 기조 위에서 다시금 그는 "진리는 전체이다. 그러나 전체는 본질이 스스로 전개되어 완성된 것일 뿐이다. 절대적인 것에 대해서 얘기한다면 이는 본질적으로 결과로서 나타나야만 하는 것"이라고 명확히 밝히고 있다.

---

7) 『철학사』 I, 임석진 옮김, 지식산업사, 1996, 112쪽.
8) 앞의 책, 112쪽.

의식변증법에서 정신의 자기의식으로

『정신현상학』의 집필은 본래 예나 시대에 이미 착수했던 「논리학과 형이상학」(Logik und Metaphysik)과 같은 철학체계의 서론으로 구상됐던 것인데 이것이 '의식의 경험의 학'이라는 부제를 달고 출간되었다. 이 부제에 드러나 있듯 모든 철학적 인식행위의 출발점이며 토대가 되는 '의식'의 고찰에서 헤겔은 인식론적 철학을 기점으로 하는 칸트적 입장의 한계를 비판적으로 검토한다.

그는 「서론」의 첫머리에서 인식을 도구나 매체로 간주하는 데 대해 명시적인 반론을 펴고 있다. 우선 대상을 의식에 대해 존재하는, 타자에 대한 존재(Sein-für-anderes)로서 지(Wissen)의 대상이라고 보는 입장과, 대상은 즉자적인 자체 존재(Ansichsein)로서 이미 본래적으로 의식에 소여된 진리(Wahrheit)라는 식으로 양면을 분리하는 데 반대한다. 여기서 헤겔은 물 자체를 절대화하여 인식작용을 이에 대치시키는 칸트의 입장을 시사하고 있는데, 이와 동시에 '물 자체'와 '인식' 사이의 균열로 인하여 차단된 진리 인식의 길을 회복하기 위하여 진리를 인식하는 데 대한 두려움(Furcht vor der Wahrheit zu erkennen)을 불식할 것을 전제로 내놓고 있다.

베를린 대학 총장 취임사에서 행한 그 유명한 '진리를 향한 용기'(der Mut zur Wahrheit)를 복돋우면서 그러한 불안과 망설임을 벗어던질 것을 설파하고 있다. 이런 점에서 헤겔 역시 현상지 또는 상대지를 용인하여 이로부터 절대지에 이르러야 한다는 데에 의의를 부여하면서 "정신이 현존(Existenz)하는 최초의 형식은 의식이다"라는 '의식의 입장'을 이미 1803년 예나 대학의 '실질철학'(Realphilosophie) 강의에서도 피력한 바 있다.

그러나 이는 어디까지나 절대지의 철학에 현실성을 부여하기 위한 것으로서 절대자의 인식이 가능하다는 그의 기본적인 신념에는 변화가 없다. 그야말로 애초의 자연적인 의식으로부터 궁극의 목표로서의 절대지를 향한 운동은 마치 어떤 불가항력적인 압력과도 같은 것으로서,

하이데거는 이를 파루시아(Parousia), 즉 재림을 통한 그리스도의 현전(現前)에 비길 수 있는 신(神)을 향한 여로(旅路)라고 표현한다.

『정신현상학』 발간에 즈음한 그 자신의 서평에서 헤겔은 이를 "지의 생성을 서술하는 것"이라고 한 바 있다. 다시 이 책 본론의 첫머리에는 감각적인 개별적 대상이 있는 그대로 실재한다는 확신에 사로잡혀 있는 자연적 의식(즉 감각적 확신)에서 출발하여 이를 음미하고 검증해나감으로써 그러한 스스로의 확신이 진리가 아님을 자각하는 단계를 거쳐 점진적으로 고차적인 의식으로 향하는 과정 또는 도정이 서술되어 있다. 이러한 의식의 운동은 지금껏 그 자신이 진리로 여기고 있던 것을 부정하는 운동이므로 결국 이는 의혹을 떨쳐내지 못하는 절망의 도정(der Weg der Verzweifelung)으로 표현된다. 의식에 의한 이러한 반성과정에서 의식적인 지는 드디어 자기인식(die Selbsterkenntnis)의 장(場)으로 들어섬으로써 마침내 절대지(das absolute Wissen)에까지 도달하게 되는 것이다.

여기서 철학의 절대적 원리는 다름아닌 '자아'에 있음을 통찰해나가는 그 길이 엿보인다. 우선 여기서 분명히 해두어야 할 것은 대상은 어디까지나 의식에 대하여, 의식과의 관계 아래서만 존재하는 타자적인 존재로서 이 위치에서 지(知)를 형성하고 제공한다는 것이다. 그러나 이런 가운데서도 절대적인 자기와 분리되어 있는 유한한 인식 대상으로서의 자기는 일단은 자기 자신의 제약을 인식하는 자기이면서도 결국은 스스로의 한계를 점차 허물어나감으로써 이 한계를 완전히 극복하는 절대적 자기(das absolute Selbst)이며 절대적인 인식 주체로서의 자기, 나아가서는 자기인식의 절대적 주체인 것이다.

그 자신의 내면을 향해 반성활동을 펴나가는 의식은 결국 자기에 의하여 반성적으로 사유되는 모든 내용이 바로 자기 자신이라는 것을 분명히 깨우치게 되는바, 이로써 의식이 행하는 자기인식의 과정은 시원(Anfang)과 종말(Ende)이 하나로 맞물려 있는 원환(Kreis)의 관계를 형성한다. "진리는 자체적으로 생성되는 것으로서, 이는 자기의 종착점을 사전에 목적으로 설정하고 이 지점을 출발점으로 하여 중간의 전개

과정을 거쳐 종착점에 다다를 때라야 비로소 현실적인 것이 되는 원환(der Kreis)과 같은 것이다."[9]

물론 아직 자기 자신을 인식하지 못하는 의식 또는 현상하는 의식(das erscheinened Bewusstsein)은 그 자체 내에 자신과 대상 사이를 갈라놓는 간격을 담지하고 있다.

의식에 대해 무언가가 있을 때, 이렇게 이루어져 있는 양쪽 사이의 관계 가운데 무언가 의식에 대해서 있는 측면이 다름아닌 지(知)이다. 그러나 이렇게 무언가가 타자에 대해서 있는 것과는 별도로 그 자체로도 있는 측면이 또한 생각될 수 있다. 즉 지가 관계하는 상태를 볼 때 지는 관계하는 것과 동시에 지로부터 구별되어 이 관계의 바깥에 존재하는 것으로도 생각될 수 있으니, 바로 이 '그 자체로 있는 것, 즉자체'야말로 '진리'라고 불리는 것이다.

그러나 이렇듯 분열을 초래하는 간격은 결국 자기의식의 과정이 진행되면서 점진적으로 사라져가는데, 바로 이러한 '의식의 경험'의 과정 전체가, 즉 감각·오성·자기의식에서 다시 이성과 정신에까지 이르는 전과정이 철학적 심혼이 아로새겨진 사유의 오솔길이며 인류 역사의 장대한 구도를 형성해나가는 것이 된다.

그 첫 단계에서 '감각적 확신'은 이를테면 시공상의 '지금'과 '여기'에서 직접적인 개별적 대상이 실재함을 무반성적으로 확신하지만, 곧이어 이 양면을 종합한 '이것'이라는 규정에 다다르면 지금껏 '이것'이라는 특수자의 탈을 쓰고 있던 '지금'은 낮도 되고 밤도 되고 또 아침도 되는 등, '많은' 지금과 '모든' 지금이라는 특수성을 내포하는 보편자로 전화한다. 즉 자연적 의식이 그러하리라고 받아들였던 입장은 한낱 스쳐 지나가는 사념(思念) 또는 억견(臆見)에 지나지 않게 된다. 이로써 의식

---

[9] 「서설」, 52쪽 이하.

(여기서는 감각)은 '지각'의 단계로 이행하여 이제는 사물(事物)을 지각, 즉 참다운 것을 아는 데로(Wahrnehmung) 진전해나간다.

그런데 이 단계에서의 의식은 사물이란 곧 1과 다(多), 개별과 보편, 부정과 긍정, 대자와 대타라는 대립관계를 잉태하여 모순과 대립을 동시에 포착하는 경지에까지 이르지는 못하는 까닭에 그 중 어느 한쪽만을 사물의 본질로 보고 다른 한쪽은 착각으로 여김으로써 서로가 끊임없는 상호 역전상태를 빚는 악순환에 빠져든다. 이러한 '힘의 유희'에 눈뜨면서 '지각'은 '오성'이라는 다음 단계로 고양된다. 이 오성에서 다시 생명의 원천이며 창조성이 담긴 자기의식의 무한성으로, 다시 이 무한성은 '자기'이며 '개념'으로 전개되는 가운데 개인 대 개인 사이의 자기의식적 관계는 인륜적 공동체의 차원에서 상호인정과 투쟁이라는 사회적 관계를 조성하기에 이른다.

이 자기의식의 과정을 통하여 얻어지는 절대지란 결국 모든 인식은 바로 자기인식임을 아는 것이고, 더 나아가 절대적인 자기의식이란 곧 자기가 자기의식임을 아는 자기의식(das sich als Selbstbewuβtsein wissende Selbstbewuβtsein)이 된다. 헤겔의 표현대로 이때 "의식은 한편으로는 대상을 의식하는 동시에 다른 한편으로 자기 자신도 의식하고 있으니, 다시 말해서 의식은 진리의 의식인 동시에 또한 진리의 지의 의식이기도 한 것이다." 여기서는 "그야말로 진리와 지, 이 모두가 동일한 의식에 대해서 있는 가운데 …… 동일한 의식에게 대상의 지가 곧 이 대상과 일치하는지의 여부도 드러나게 되는 것이다."[10]

『정신현상학』은 이러한 자기인식의 도정을 궁극적인 단계로까지 밀고 나아간다. 이에 발맞추어 현상학의 테두리 안에서 지의 생성(das Werden des Wissens)은 완결되고 현상지(現象知)는 절대지로 화한다. 이렇듯 자아가 스스로를 그 자신의 인식 주체로 규정하면서 이와 더불어 스스로를 경험 가능한 모든 세계의 '경험' 주체로 규정하는데,

---

10) 「서론」, 125쪽.

이때 경험 가능한 모든 세계란 곧 '이론적인' 대상의 세계일 뿐만 아니라 윤리적인 세계 그리고 종교와 철학의 세계까지도 포함하게 된다.

그런데 여기서 특히 중시해야 할 것은 의식은 이제 사태·상황을 특정한 시간·장소에 한정된 한낱 생기(生起)된 사건으로 파악하는 '표상' 작용이 아니라 이를 초탈하여 사태를 엄밀한 논리에 따른 각고의 개념적 노력을 통하여 진리로 향하는 변증법적인 운동을 인식하는 것이므로 이제는 더 이상 개별과 보편, 주관과 객관, 사유와 존재, 더 나아가서는 개인과 공동체의 분리가 아닌, 일면성을 초탈한 통일적인 장에서의 진리가 체현되기에 이른다는 점이다. 궁극의 지점을 향해 나아가는 의식이 그의 세계를 경험하는 이 도정은 점진적인 상승과정을 거쳐서 마침내 의식이 감각적·지각적인 의식에서 정신적으로 표상하고 사유하는 의식(das geistig vorstellende und denkende Bewuβtsein)에, 즉 종교와 철학 안에서 스스로가 자기를 의식하는 의식 주체에 다다르는 것이다.

서양 합리주의에서 동양을 아우르는 중심점은 찾아질 것인가?

R. 크로너는 이렇게 도달된 "절대지는 일종의 신앙적인 성격을 띤 지식"(ein glaubendes, gläubiges Wissen)이라고 한다. 또한 "그것은 스스로를 인지하는 신앙, 스스로를 인식하는 의지, 스스로를 사유하는 생(生)이다"[11]라고도 한다. 이러한 관점에서 『정신현상학』을 다루었던 헤겔이었기에 그는 비합리주의자 또는 초합리주의자, 즉 합리와 비합리를 혼연일체화한 신비주의자로 불리기도 하였다.

헤겔의 '절대지' 또는 '절대적 자기인식'은 실로 근대 서양이 낳은 합리주의 정신의 절정을 이룬 것임에 틀림없다. 그러나 오늘의 우리에게 이 헤겔 특유의 변증법적 전환의 논리에 담긴 사변성의 극치는 단지 인류의 정신문화를 찬연히 빛내준 '사유의 영웅'을 대표한다는 데서 그칠 문제만은 아니다. 그보다도 오히려 여기서 미래를 향한 심대한 함축적

---

11) R. Kroner, *Von Kant bis Hegel*; 『헤겔』, 유헌식 옮김, 청아출판사, 1990, 305쪽.

의미를 찾아볼 수는 없는지를 눈여겨봐야만 하겠다.

"서양 철학에서 헤겔의 철학은 아마도 로고스 또는 우주적 이성으로서의 절대의식의 관점에서 세계를 논리적으로 연계지어진 우주로 간주한 가장 괄목할 만한 기도이다"라는 긍정적 평가와 함께 여기에는 플로틴이나 스피노자에게서와 마찬가지로 '유한적 인간'의 관점은 배제되어 있다고 한 동서양 철학의 비교연구를 대표하는 인도 철학자 라주의 해석에는 '행위·노동·실천'이 헤겔 철학에서 차지하는 위치와 비중을 소홀히 다루고 있다는 흠을 지적하지 않을 수 없다.[12]

이보다는 오히려 영국 출신의 철학사가이자 동서 철학의 비교연구자로 명성이 있는 코플스톤의 다음 글은 우리의 각별한 관심을 끈다.

> 분명히 …… 도교와 헤겔주의를 비교한다는 것은 시대착오적이기는 하다. 그러나 우리가 헤겔을 유신론적(有神論的)인 의미에서 해석하지만 않는다면 일정한 면에서 양자간에는 그 어떤 유사성이 존재한다. 왜냐하면 헤겔의 '절대자'는 그의 『논리학』에서 드러나듯이 그 자체만으로 추상적으로 고찰될 수가 있기 때문이다. 이렇게 되면 절대자는 시간을 초월하는 것이 된다.

그러나 여기에 덧붙여서 그는 이렇게 쓰고 있다.

> 그렇다고 해서 헤겔에게서 절대자가 자기현현과 동떨어진 채로 세계 내에 존재한다는 식의 관점은 도출되지 않는다.[13]

'세계는 하나'라는 깃발을 나부끼면서도 다른 한편으로는 끝없이 이

---

12) P. T. Raju, *Introduction to comparative philosophy*, Southern Ilinois University, 1970, p.60.
13) F. Colpestone, Religion and the One. Philosopies East and West, New York, 1982, p.47).

어지는 온갖 비문명적, 아니 비인간적인 작태가 횡행하는 오늘의 세계를 바라보면서 철학을 뜻으로 새기면서도 또한 현실과 역사 속에 몸담아 있을 수밖에 없는 지성과 양식을 안고 살아가는 현대인으로서는 적어도 이 난마처럼 얽힌 고리를 풀 수 있는 열쇠를, 그 혜안과 통찰을 어디서 마련할 수 있을 것인가? 적어도 그 하나의 대답을 대사상가 헤겔의 깊고 넓은 지혜에서 찾아볼 수 있는 것은 아닐는지!

서설: 학문적 인식에 관하여[1]

흔히 어떤 저술의 첫머리에 실려 있는 서문을 보면 저자가 그 글에서 기도하는 목적이 무엇이고 또 그가 다루고 있는 것과 동일한 대상에 관하여 자기 이전이나 동시대에 씌어진 작품에서 받은 영향으로 인해 어떤 새로운 국면을 형성하게 되었는가를 설명하는 것이 관례처럼 되어 있다. 하지만 사실 그런 설명이란 철학서에서는 불필요할 뿐만 아니라 문제의 성질상 부적절하고 부당하다고도 하겠다. 왜냐하면 철학에 관하여 머리말에서 얘기됨직한 방식, 이를테면 사적(史的)인 관점에서 스스로의 경향이나 입장 또는 일반적인 내용이나 결론을 이끌어내고는 거기에 설왕설래하는 진리에 대한 주장이나 단언[2]을 결부시키는 그런 방식으로 철학적 진리가 표현된다고 할 수는 없기 때문이다.

그런데도 철학이란 그 본질상 특수적인 것을 내포하는 보편성[3]을 지

---

[1] '학문적 인식에 관하여'라는 제목에 이미 이 유명한 책의 대의가 압축적으로 드러나 있기도 하지만 또한 "진리가 엄존하는 참다운 형태로는 오직 학문적인 체계만이 있을 뿐이다"라는 한마디로써 헤겔은 그가 뜻하는 바의 의미를 더욱 명확히 밝혀주고 있다. 『정신현상학』의 전체 내용에 대한 요약본으로까지 평가되는 이 글이 서론으로서는 분량면에서 그 유례를 찾아볼 수 없을 만큼 포괄적이어서, 유독 이 부분만의 독립된 단행본이나 해설서가 다수 발행되었을 정도이다.

[2] 근거가 희박한 일면적이고 주관적인 주장을 가리키는데, 이는 낭만주의자나 직접지(unmittelbares Wissen)에 의지해 있는 사상 또는 방법을 비판한 것이다.

반으로 하고 있으므로 다른 어떤 학문의 경우보다도 목적이나 최종 결론 속에서 사태 자체가 완전무결하게 표현될 수 있으니, 실제적인 전개과정[4]은 별로 중요하지 않다고 보는 잘못된 생각이 다른 어떤 학문에서보다 더 심하게 제기되곤 한다. 예컨대 철학이 아닌 해부학의 경우라면 신체의 각 부분을 생명 없는 물체[5]로 다루듯해서는 학문의 내용이 되는 문제의 핵심을 잡아냈다고는 할 수 없으므로, 누구나가 이보다 더 나아가서 특수한 각 부분을 탐구할 필요가 있다는 생각을 할 것이다.[6]

---

3) 사유를 통한 대상의 인식으로는 크게 사변적인 철학적 학문과 개별적인 경험과학을 들 수 있는데, 특히 경험과학이 도출해내는 법칙이나 유(類)는 추상적 보편에 그침으로써 특수적인 것과의 연관이 결여되어 있다. 이런 점에서 헤겔 변증법의 최고 개념에 해당하는 일련의 범주(Kategorie), 즉 보편(성)(Allgemeinheit)·특수(성)(Besonderheit)·개별(성)(Einzelheit) 가운데 특수성이야말로 구체적 보편의 성립을 위한 필수적 요소이며 계기임이 시사되고 있다.

4) 본래 독자적인 의미를 지니는 목적에는 그의 성취를 위한 구체적인 실행(Ausführung)이 뒷받침되어야 하고, 또한 결과로서의 최종 목표를 달성하기 위해서는 반드시 '생성, 과정'(Werden, Prozess)이 선행되어야만 하는데, 한 저서의 서설이나 서문의 경우 흔히 시작과 끝만 제시되고 중간과정이 배제되거나 누락되어 있음을 논박한 것이다.

5) 원어는 Dasein으로, 하이데거의 『존재와 시간』(Sein und Zeit)에서는 '현존재'라는 번역어에 해당하는 단어이다. 그러나 본래 헤겔의 『논리학』에서는 질(質)을 갖는 한정적·피규정적인 존재(bestimmtes Sein)를 나타내는데, 이것이 즉자적·본원적인 존재(Ansichsein)와 타자에 대해서 있는, 즉 대타존재(Sein-für-Anderes)로 분리되고 구분된다. 특히 Dasein의 da에는 '거기에 있는'이라는 뜻이 있어서, 정재(定在)라거나 또는 단지 어떤 것, 어떤 물건이 생명 없는 물체와도 같이 거기에 있다는 의미에서 일상생활(상태)을 가리키는 넓은 일반적인 뜻으로도 사용된다.

6) 원어는 allgemeine Vorstellung으로서 감각 그리고 직관과 개념의 중간단계에 속하는 특수적이고 외면적인 표상(表象)·상정(想定)·상념(想念)의 뜻을 갖는데, 이「서설」속의 "표상을 사고로 전환하고 다시 사고를 개념으로 전환"한다는 대목에 그 의미가 잘 드러나 있다. 스피노자의 경우 intellectus에 대한 imaginatio에 해당하는 '표상'은 실체의 입장을, 그리고 개념은 주체의 입장을 나타낸다고 할 때 진리는 '실체이면서 또한 주체'여야 한다고 한 헤겔 철학의 핵심적인 명제가 표상에 대한 규정을 둘러싸고 뚜렷이 떠오른다. 여기서는 표상작용의 3단계를 이루는 상기(想起)·상상력·기억을 총합한 의미의 일상적인 표현으로 사용되고 있다. '표상'에 관해서는 Hegel, *Enzyklopädie der Philosophischen Wissenschaften im Grundrisse*(1830), *Dritter Teil, Die Philosophie des Geistes*, Suhrkamp Verlag, 1981, §451~464 참조.

어찌되었든 적법하게 학문이라는 이름을 걸칠 수 없는 해부학과 같은 잡다한 지식의 취합물일 경우에는 목적에 대해서와 같은 일반적인 논의와 신경이나 근육에 대해서와 같은 내용 자체에 관한 기술적(記述的)[7]이고 몰개념적인 논의가 서로 구별되어 있지 않은 것이 보통이다. 그러나 철학의 경우에는 총론과 각론 사이에 격차가 있게 마련이어서, 물론 각론도 제시되어야 하지만 이것으로 진리가 포착될 수는 없다는 것은 철학 자체에 의해서 명시된다.

이렇게 볼 때 하나의 철학작품이 동일한 대상을 다루고 있는 다른 저작과 어떤 관계에 있는가를 따진다는 것 역시 철학 외적인 관심에 휘말리는 것이 되어 정작 긴요한 진리의 인식은 오히려 흐려져버릴 염려가 있다. 참다운 것[眞]과 그릇된 것[僞]은 서로 대립한다는 생각[8]이 굳어지면 굳어질수록 사람들은 기존의 철학체계를 놓고 찬·반 어느 한쪽으로만 치우침으로써 철학체계의 설명도 다만 참과 그릇됨 가운데 어느 한쪽을 가려내는 데 그치고 만다.

이런 생각을 가진 사람은 결국 철학체계의 차이[9]를 진리의 점진적인

---

7) '기술(記述)하다·기록하다'는 의미의 원어 Historie(history)는 사건이나 사태의 내면적인 상호연관성에 주목하기보다는 보고 들은 내용이나 관찰된 결과를 중시한다. 이 점에서 res gestas, 즉 행위나 사건 그 자체라는 객관적 의미와 historiam rerum gestarum, 즉 행위나 사건의 기록이라는 주관적 의미도 함께 갖추고 있는 역사(Geschichte)와 구별된다.
8) 원어는 Meinung으로서 흔히 사념(思念, 私念)·소견·의견·억견(臆見) 등으로 번역되는데, 이를 동사화한 meinen은 여기서 (지레)짐작한다는 정도의 의미로 쓰이고 있다.
9) 변증법적 운동을 근간으로 하는 헤겔 사유에서는 어떤 한 시대나 한 개인의 철학체계가 그와는 다른 철학체계에 대해서 갖는 차이(Verschiedenheit)나 대립(Gegensatz)·모순(Widerspruch)은 궁극적인 철학체계의 완성을 향해서 가는 점진적이고 유기적인 발전적 통일의 일환으로 파악되고 있다. 따라서 그러한 차이는 상호간의 비동일적인 차원을 넘어선 유동적이고 통일적인 생명력에 의해 해소될 수 있다는 것이 헤겔의 뚜렷한 지론인데, 아무튼 지금의 이 「서설」이라는 압축된 형식 속에서 이 문제가 완벽하게 해명되고 서술될 수는 없다는 것이 헤겔의 입장이다. 1802~1803년의 『철학비평지』(*Aufsätze aus dem Kritischen Journal der Philosophie*(1802/03), in: Jenaer Schriften [1801~1807], Suhrkamp Verlag,

발전으로 보지 않고 차이를 빚는 것이면 단지 서로가 모순된 것이라고만 생각한다. 이는 싹이 떨어져서 꽃이 피어나는 것을 보고 싹이 꽃에 의해서 부정되었다고 얘기하는 것이나 마찬가지인데, 어쨌든 열매가 맺어지면 꽃은 식물의 거짓된 존재가 되어 식물의 진리는 꽃에서 열매로 옮겨간다는 것이다. 이 각각의 형식은 서로 다를 뿐 아니라 또한 결코 양립할 수 없는 상호배척의 관계에 있다는 것이다.

그러나 사실은 이 모두가 유동적인 성질을 띰으로써 이상 세 개의 형식 모두가 유기적인 통일을 이루는 구성요소가 되는 까닭에 이들은 서로가 배치되기는커녕 오히려 모두가 하나같이 필연적인 관계 속에서 비로소 전체의 생명을 이루게 되는 것이다. 그런데 철학체계가 서로 모순되는 경우, 해당 철학자들조차도 모순을 전체의 틀 속에서 파악하려 하지 않는 것이 통례가 되어 있다. 그뿐 아니라 또한 이 모순을 제3자의 입장에서 올바르게 파악하려는 사람들도 대개는 모순되는 양자 가운데 어느 한쪽만을 참이라고 우기면서 서로 어긋나는 쌍방간의 자유로운 소통을 이루어내지 못할뿐더러, 더 나아가서는 대립과 갈등을 빚고 있는 양자 모두가 필연적인 구성요소라는 점을 인식하지 못한다.

아무튼 체계의 진위(眞僞)를 가려내기 위한 설명이 요구될 경우, 사람들은 쉽사리 그런 요구를 충족시키는 것이야말로 핵심적인 과제라고 여기곤 한다. 그런데 이런 관점에서라면 철학적 저술의 핵심은 무엇보다도 그의 목적과 결론에서 드러나게 마련이고, 또 이 목적과 결론은 같은 문제를 다루는 동시대 작품과의 차이 속에서 더욱 분명하게 인식된다고 해야만 할 것이다.

그러나 사실 이러한 행위를 두고 단지 인식의 시초 그 이상의 어떤 것으로, 즉 현실적인 인식이라도 되는 것으로 간주한다면 이는 정작 긴요한 사태 자체는 회피하고 거기에 온 힘을 쏟는 듯한 모양새만을 갖춘 채

1977)와 1805년 겨울학기의 『철학사』 III 가운데 셸링과 관련된 대목에서 이에 대한 분명한 견해를 밝히고 있다.

참으로 기울여야 할 노고를 덜어보려는 잔꾀를 부리는 것과 다름이 없다. 왜냐하면 참으로 문제의 핵심이 되는 것은 목적이 아닌 그의 전개과정 속에 담겨 있으니, 실은 결론이 아니라 이 결론과 그의 생성과정을 합쳐놓은 것이 현실의 전체를 이루는 것이기 때문이다. 목적 그 자체는 뚜렷한 표적이 없는 생명 없는 일반적인 것이고 목적을 향한 충동이라는 것 역시 현실성이 결여된 한낱 의욕에 지나지 않는 것이어서, 이렇듯 거두절미된 벌거숭이 결론이란 거기서 아무런 충동도 솟아날 수 없는 시체나 다름없다.

마찬가지로 다른 철학체계와의 차이를 드러낸다는 것 또한 사태 자체에 몰두하기보다는 사태의 언저리를 맴도는 데 그치기 십상이다. 차이란 사태의 외면에서 생겨나는 것으로서 정작 사태와는 다른 것이다. 이렇게 볼 때 목적이나 결론을 찾아낸다거나 철학체계 상호간의 차이를 놓고 판정을 내린다는 것은 겉으로 보기보다 그리 어려운 작업은 아니라고 하겠다. 왜냐하면 그러한 행위는 문제의 핵심을 놓고 고심하기보다는 언제나 사태를 넘어서 있는 까닭에, 그렇게 얻어진 지(知)는 사태 안에 머물러서 거기에 몰두하는 것이 아니라 언제나 밖으로 무언가를 찾아나서면서 사태에의 몰입이 아닌 오히려 자기 안주에 그치는 것이기 때문이다. 이런 점에서 내용이나 실질 면에서 어떤 평가를 내리는 것이 가장 손쉬운 일이라고 한다면 그의 내용이나 실질성이 어떤 것인지 파악하는 일은 그보다 더 어렵다 하겠고, 다시 그 이상으로 어려운 것은 이 두 가지를 통일하여 내용과 실질성이 모두 다 표현되도록 하는 것이다.

교양을 쌓아가려는 출발단계에서 의식주와 같은 실생활[10]을 벗어나

---

10) 원어는 das substantielle Leben으로, 라틴어의 sub-stare(아래에 서다)에서 유래한 이 말은 개별과 보편, 주관과 객관이 아직 분화되지 않은 채로 직접 통일되어 있는 상태나 그런 상태의 생활을 뜻한다. 절대자 또는 신에 대한 인간의 소박한 믿음이나 신뢰, 즉 신앙 속에서의 분열 없는 실체적·초보적인 생활태도를 나타낸다고 하겠으며, 아이가 부모에게 의존해 있는 그런 상태에 비길 수 있다. 그러나 점진적으로 계발되어가는 인간의 의식은 이러한 토대 위에서 반성적 사유의 단계로 고양된다.

려면 언제나 보편적인 원칙이나 관점에 따라 지식을 획득하고 우선 사태 전반을 사유할 수 있을 만큼의 훈련을 거듭하고 난 다음 근거를 제시하고 문제의 가부를 판정함으로써 구체적이고 내용이 충만한 대상의 성질을 명확히 파악하여 이를 제대로 터득했다고 할 만한 진지한 판단을 내릴 수 있어야만 한다. 이렇듯 교양을 쌓아가는 초기 단계에는 여유 있는 일상생활을 하는 가운데서도 사태 자체와 진지하게 겨루어나가는 쪽으로 경험이 축적되어간다. 그런 단계를 거쳐서 문제의 심층에 깃들어 있는 개념으로 진지하게 파고드는 경우라도 지금 얘기된 그런 정도의 지식을 안고 평가를 내리는 데에는 역시 일상적인 대화가 무엇보다 격에 어울린다고 할 수 있다.

진리가 현존하는 참다운 형태로는 오직 학문적 체계만이 있을 뿐이다. 철학이 학문의 형식에 가까워지도록 하는 데 기여하는 것, 말하자면 철학의 진의(眞義)라고 할 지에 대한 사랑〔愛知〕[11]이라는 이름을 떨쳐버리고 현실적인 지를 목표로 하여 나아가는 것, 이것이 바로 내가 지향하는 것이다. 지가 학문으로 승화되어야만 할 내적 필연성은 지의 본성 속에 깃들어 있는데, 이에 대한 만족할 만한 설명은 오직 철학 그 자체의 서술을 통해서만 이루어질 수 있다.

물론 외적인 필연성이라는 것도 없지는 않다. 그러나 이때 개인적인 됨됨이나 우연한 동기와 같은 요소를 제쳐놓고 이를 일반적으로 이해한

---

11) 절대자를 표상 또는 상념으로 포착하려는 종교적인 양식이나 '지적 직관'이라는 공교적(公敎的)이 아닌 비교적(秘敎的)인 사유의 활동양식과는 달리 헤겔은 오로지 사유(Denken)의 경지, 요소 또는 지반(Element) 위에서 절대자를 개념적으로 파악하고자 한다. '지에 대한 사랑' 대신 정신의 자유를 근간으로 한 경험적인 개별 과학적 지식의 체계를 구축함으로써 경험을 매개로 한 현실적인 지(wirkliches Wissen)의 체계를 수립하려는 것이 헤겔 철학의 기본구상이다. 헤겔은 직관을 배제하고 개념 전개의 내적 필연성을 추구하는 사변성·통합성·보편성·순수성·공교성을 학문적 인식의 기본조건으로 삼는다. 특히 낭만주의자가 애용했던 '지에 대한 사랑'에 관해서는 헤겔의 최초의 저술로 꼽히는 『피히테와 셸링 철학체계의 차이』(이하 『차이 논문』으로 줄여 씀)라는 괄목할 만한 글에서도 라인홀트(Reinhold)에 빗대어 이를 비판하고 있다.

다면 시대가 어떤 형태의 학문을 필요로 하는가에 문제의 핵심이 있으니, 이는 내적인 필연성을 묻는 것이나 다름이 없다. 요는 철학이 학문으로까지 고양되어야 할 시점[12]이 도래했다는 바로 이 사실을 밝히는 일이야말로 철학을 학문으로 정립하려는 우리의 시도를 참으로 정당화하는 유일한 방법이다. 이를 통하여 우리가 목적하는 바, 그의 필연성이 명료해질 것이고 동시에 그의 목적도 달성될 것이기 때문이다.

진리의 참다운 형태가 이러한 학문성 속에 깃들어 있다고 할 때, 또는 같은 의미에서 진리는 오직 개념 속에서만 스스로 존재의 터전을 마련한다고 할 때, 나는 지금의 이 주장이 현대인에게 확신처럼 받아들여지고 또 폭넓게 전파되어 있는 생각이나 여기에서 도출된 귀결과도 모순된다는 것을 잘 알고 있다. 이제 이 모순에 관하여 나름대로 설명을 한다는 것은 비록 그것이 지금 우리가 비판하려는 일시적인 유행사조와 마찬가지로 한낱 단정(斷定) 이상의 것은 되지 못한다 할지라도 결코 불필요한 일만은 아닐 듯싶다.

근래에 횡행하는 사조에 따르면 진리란 직관이나 절대자에 대한 직접지 또는 종교나 존재, 그것도 신적(神的)인 사랑의 중심에 있는 존재가 아닌 단지 존재 그 자체[13]라는 등으로 불리는 것에만, 아니 오히려

---

12) 본래 Zeit, 즉 시간·시대를 여기서는 시점(時點)으로 번역하였다. 이와 동일한 맥락에서 유명한 『법철학』 서문 속의 "철학은 사상으로 포착된 그의 시대이다. 철학은 그의 시대를 사상으로 파악한 것이다"(Philosophie ist ihre Zeit, in Gedanken erfasst)라는 구절을 떠올리게 된다. 이밖에도 고대·중세·근세편으로 구성된 『철학사』 I의 서문과 호프마이스터(J. Hofmeister)가 편찬한 『헤겔 발전사 자료』 (Dokumente zu Hegels Entwicklung), 1936, p.369, 로젠크란츠(K. Rosenkranz) 의 『헤겔 전기』(Georg Wilhelm Friedrich Hegel), 1844, 1963, pp.202, 215 참조.

13) 여기에 등장하는 직관·직접지·종교·사랑은 각기 셸링·야코비(Jacobi)·슐라이어마허·노발리스의 기본사상의 특징을 가리킨다. 이런 특징을 제시하고 있는 점만으로 보면 헤겔이 오로지 낭만주의자에 반대하여 일침을 가하려 했던 것으로만 생각될 수도 있다. 그러나 사실 이들이 헤겔의 사상 형성과정에서 빼놓을 수 없는 계기를 이루었다는 데 대해서는 『기독교의 정신과 그의 운명』(Der Geist des Christentums und sein Schicksal)과 이 책의 제6장 가운데 3. 도덕성, 그 중에서도 특히 3) 양심에 소상히 밝혀져 있음을 알 수 있다.

그러한 것으로서만 존재한다고 할진대, 그렇다면 철학의 서술과 관련해서 보더라도 실로 개념의 형식과는 오히려 반대되는 것이 요구되어 있다는 것이 된다. 즉 절대적인 것은 개념에 의해 파악되는 것이 아니라 감지되고 직관되는 것이므로, 여기서 소리 높이 외쳐대야 할 일은 절대적인 것의 개념이 아니라 절대적인 것에 대한 감정이나 직관이라는 것이 되고 만다.

그러한 요구가 대두되게 된 이유를 전반적인 상황과 연관시켜 파악하고 자각적인 인간 정신이 이르러 있는 현단계에 대해서 살펴본다면 이제는 정신이 일찍이 사상(思想)의 경지에서 영위해왔던 신(神)과의 일체화된 생활,[14] 즉 소박한 신앙의 차원에서 의식이 신과의 화해[15]를 확신하며 내외면에 두루 신이 존재한다는 확신에 젖어 있던 안이한 차원을 초탈해 있음을 알 수 있다. 그런데 이제는 또 정신이 이러한 차원을 넘어서 신에 접하지 못한 자기반성[16] · 반조(返照)라는 반대의 극에 다

---

[14] 원어로 das substantielle Leben에 대해서는 37쪽의 주 10을 참조하라. 여기서는 종교적 생활, 특히 중세 기독교에서의 종교생활을 가리킨다. 전체적인 서양 정신사에 대한 반성적 회고에서 헤겔은 ①실체성, ②반성지 또는 오성지, ③직접지를 거친 이성 또는 개념이라는 단계적인 궤적을 구도화(構圖化)하고 있다. 여기서 특히 중세 기독교를 기점(起點)으로 하는 이유는 헤겔 사상의 내면적인 형성기에 그의 주요한 논쟁 상대였던 낭만주의자가 흔히 중세를 동경의 대상으로 삼고 있는 데 기인한다. 이 책의 제4장에서 다루고 있는 중세 기독교의 문제를 놓고 헤겔이 신앙과 지식의 양면으로부터 신의 본질에 천착하기 위하여 얼마나 깊이 있는 통찰과 논리의 힘을 구사하고 있는지 역력히 드러나 보인다.

[15] 헤겔은 화해 또는 유화(宥和)로도 번역되는 Versöhnung을 제6장의 '악과 그의 용서'에서 다루어져 있듯이 언제나 아들(Sohn)의 문제와 연관시킨다. 실제로 이 Versöhnung은 어간을 형성하는 아들, 즉 Sohn이 가출했다가 다시 부모의 품으로 돌아오고 반목했던 형제가 다시 마음을 다잡아 부모 슬하로 모여든다는 뜻을 담고 있다.

[16] 오성적 사유의 입장과 일치하는 면이 있지만, 내면을 향한 반성 · 반사(Reflexion-in-sich), 즉 숙고에 의한 자기반성, 자체 내 반성 또는 자기복귀라는 뜻으로 보면 여기서는 오성보다 자아성이나 주관성이 강조되어 있다. 그런데 사유 주체에 의한 자발적인 자기반성만이 아니라 예컨대 가치 있는 '사태 자체'로 인한 본질적인 자기반성은 곧 자기 내면으로의 복귀를 뜻한다는 점에서 이는 『대논리학』 II(본질론)에서 주요한 고구 대상이 된다.

다라 있을 뿐만 아니라 이러한 극단적인 상태마저도 초탈한 지경에 이르렀다. 정신의 본질에 부합되는 생활이 상실되어버렸을 뿐만 아니라 이 상실과 더불어서 정신이 그 자신의 내용의 한계마저도 의식하기에 이르렀다는 것이다.

이러한 상실의 고비를 넘기고 난 정신이 마침내 찌꺼기[17]와 같은 현세에 등을 돌리고 그 자신이 사악한 처지에 놓여 있음을 자인하며 이를 저주하는 가운데 바야흐로 철학에 요구하는 것은 현재 속에서 정신을 인식하는 일이 아니라 일찍이 신과 일체화되어 있던 알찬 인류생활이 철학을 통해 재건되어야만 하겠다는 것이다. 이런 마당에 철학이 그러한 요구에 부응하기 위하여 해야만 할 일은 닫혀 있던 신의 세계를 열어젖히고 그 세계에 자각을 불어넣는다거나 혼돈스러운 의식으로 하여금 정연한 체계에 맞추어서 개념적으로 단순화된 사유의 차원으로 되돌아가도록 하는 데 있는 것이 아니라 오히려 특수한 사상을 한데 엮어서 개념상의 구별은 제어하고 절대존재를 향한 감정을 드높이는 일에, 그리하여 통찰을 깊이 하기보다는 차라리 신심(信心)[18]을 북돋우는 데에 있다고 여겼던 것이다.

그런데 아름답고 성스럽고 영원한 것 또는 종교나 사랑이란, 이를 미끼로 하여 물고기를 끌어당길 수 있는 먹을거리나 마찬가지이다. 개념이 아니라 '몰아'의 경지가, 냉정하게 전진하는 사태의 필연성이 아니라 끓어오르는 '영감'이 곧 신적인 세계의 풍요함을 받들며 이를 지속적으로 확대시켜나가는 힘이 된다는 것이다.

이런 요구에 부응하려는 나머지 감각적이고 비속하며 개별적인 것에

---

[17] 카우프만이 『헤겔』(Hegel-Reinterpretation, Text and Commentary, 1949)에서 지적했듯이 「누가복음」 15: 15~16의 이른바 '잃어버린 아들'에서 착상한 것으로 보인다.
[18] 「고린도 후서」 6: 16에 나오는 "너희는 살아 계신 하나님의 성전이다"라는 뉘앙스에 따라 신심(Erbauung)을 설명한 것이 되는데, 한낱 경건함·신심·설교에만 열중하는 사목자의 태도를 낭만주의자에 빗대어 말한 것.

젖어들어 있는 사람들을 그 상태에서 끌어내어 그들의 눈길이 저 높이 떠 있는 성진(星辰)으로 향하게 하려는 힘겹고도 정성어린, 성급함마저 엿보이는 노력을 기울이게 되었다. 이렇게 보면 사람들은 신적인 것이라곤 완전히 망각한 채 마치 벌레와도 같이 티끌과 물만으로 흡족해하는 존재나 다름없는 처지에 놓이는 셈이다.

이와는 달리 옛 사람들이 높이 떠받들던 천상계는 폭넓게 다져진 풍요로운 사상과 형상으로 충만해 있었다. 지상에 존재하는 모든 것은 이 의미 있는 빛의 줄기에 의해서 천상계와 결부되어 있으니, 사람들의 시선은 이[19] 지상(地上)의 현재에 머무르지 않고 빛의 줄기를 좇아서 현재를 넘어선 신의 세계로, 굳이 말한다면 피안의 현재로 줄달음쳤던 것이다.[20] 이런 가운데 기어이 정신의 안목을 지상으로 쏠리게 하여 여기에 고정되도록 하는 데에는 강제적인 힘이 동원되어야만 했다. 차안의 세계에 팽배해 있는 모호하고 혼란스러운 상태 속에 천상계에서나 갖추어질 만한 명석함을 불어넣으면서 동시에 눈앞에 있는 것에도 주의를 기울이도록 하여 끝내 경험[21]이라는 것에 관심을 두고 이를 가치 있는 것으로 받아들이도록 하기까지는 오랜 세월이 흘러야만 했다.[22]

그런데 이제 와서는 또 어느새 그와 정반대되는 상황이 요구되기에 이르렀다. 즉 사람들의 관심이 지상계에 너무나 얽매여 있어서 이를 천상계로 향하게 하는 데는 바로 앞에서 본 그 옛적만큼의 강제력이 필요해진 것이다. 천상의 것을 갈구하는 정신의 빈곤함은 몹시도 극심하여

---

19) 여기서 'dieser'는 지시대명사로서보다도 '감각적 확신'에서 사용된 바와 같은 일종의 독자적인 범주적 의미를 지닌다.
20) 1802년부터 1803년까지 셸링과 공동으로 간행한 『철학비평지』에 실린 셸링의 글 「철학적인 관계에서 본 단테」 속의 단테를 연상시킨다.
21) 헤겔의 『철학사』 III (근대편)에서 '경험철학의 사령관'(der Herrführer der Erfahrungsphilosophen)이라고까지 불렸던 프랜시스 베이컨을 가리키고 있다. Hegel, *Vorlesuugen über die Geschichte der Philosophie* III, Suhrkamp Verlag, 1986, p.74 참조.
22) 르네상스에서 계몽주의 시대에 이르는 기간.

마치 사막을 헤매는 방랑자가 한 모금의 물을 애타게 찾기라도 하듯 그것을 자신의 청량제로 삼기 위하여 단 얼마만큼의 신적 감정이라도 누려보려는 필사의 노력을 기울여야 할 처지가 되었다. 그런데 이렇게 해서 정신은 스스로 만족을 누리는 줄로 알지만, 오히려 또 그 만족만큼이나 정신의 상실은 클 수밖에 없다.

이렇듯 뭔가를 받으면 만족해하고 주어야 할 때는 서운해하는 그런 태도는 학문의 품격에 어울리는 것이 아니다. 오직 신심만을 두텁게 하려는 나머지 지상에서의 다채로운 생활이나 사상은 뿌연 안개 속에 가려두고 의미도 불분명한 신성(神性)을 어렴풋이 향유하려는 사람이라면 그는 어디에서든 득의양양해하면서 그런 무언가를 찾아낼 수는 있을 것이다. 그러나 철학이란 그렇듯 경건한 자세를 가다듬는 일에만 골몰한다고 해서 되는 일이 아니다.

더욱이 학문을 포기하고 신앙에서 흡족함을 느끼는 나머지 그에 도취하여 혼미해진 가운데 이를 학문보다 더 차원 높은 것으로 지레짐작하는 일은 결코 있어서는 안 되겠다. 흥분상태에서 예언자풍의 말투를 일삼는 사람은 자신이야말로 온갖 것의 중심을 이루며 그 심층부에 자리잡고 있다면서 확연하고 명석한 것(빛의 신 호로스[23])을 경멸적으로 바라보는가 하면, 개념이나 필연성 쪽으로는 물론 유한한 세계만을 터전으로 삼는 반성 쪽으로도 아예 가까이 가려고 하지 않는다.

그러나 속은 비어 있는 넓은 것이 있듯이 속은 비어 있으면서 깊은 것이 있는가 하면 다양한 일상적인 모습을 전개하면서 이를 한데 집약할 만한 힘이 없는 생활공동체가 있듯이 제대로 피어나지 못한 순수한 힘에 머무른 채 아무런 깊이도 내용도 없는 그러한 집중력도 있는 법이다. 실로 정신의 힘은 그것이 밖으로 표출된 만큼의 크기만이 측정될 수 있으니, 그의 깊이도 또한 온 힘을 다하여 자신을 폭넓게 펼쳐내면서 홀연

---

23) 본래 그리스어인 '호로스'(Horos)는 사물의 의미를 한정하고 개념의 내용을 규정하는 것 이외에 소유지의 경계표(境界標)를 뜻하기도 한다.

히 몸을 내던질 태세가 되어 있는 만큼의 깊이만을 지니게 마련이다.

그러면서도 이렇듯 개념이 결여된 신적 실체에 기대어 있는 지(知)가 자기야말로 절대존재 속에 몰입하여 진실하고도 신성한 자세로 철학에 임하고 있는 듯이 내세운다면, 실로 이러한 지는 신에 귀의해 있기는커녕 절도(節度)나 한정을 업신여기면서 어쩌다 자기 자신 속에서 떠올린 당치 않은 내용이, 다시 이 내용 속에서는 자기 멋대로의 생각이 슬며시 고개를 들곤 하는 그런 결과를 낳을 뿐이다. 결국 신을 에워싸고 무절제한 흥분상태에 스스로를 내맡기는 사람들은 자기의식에 덮개를 씌워놓고 오성[24]은 방기함으로써 오히려 자신이 잠자는 동안에 신의 예지가 곁으로 다가와주기라도 하는 듯이[25] 여기곤 한다. 이렇듯 잠 속에서 꿈틀거리는 것을 태어나게 하려고 한들, 이는 역시 꿈에 지나지 않는 것이다.

어쨌든 우리의 시대가 탄생의 시대이며 새로운 시기를 향한 여명기임을 알아차리기란 어렵지 않다. 정신은 지금까지의 일상세계나 관념세계에 결별을 고하고 이를 과거의 품속에 묻어버린 채 바야흐로 변혁을 이룩할 찰나에 이르러 있다. 정신은 한시도 쉬지 않고 끊임없는 전진운동을 전개한다. 그러나 마치 오랫동안 조용히 자양분을 섭취하며 차츰 성장을 거듭해온 태아가 세상에 모습을 드러내려는 최초의 숨결로 질적 도약[26]을 이루어 신생아[27]로 태어나듯이, 자기도야를 지속해온 정신도 또한 천천히 그리고 소리 없이 새로운 형태를 무르익게 하면

---

24) 원어인 Verstand를 동사로 풀이하면 verständigen 또는 zum Stehen bringen이 되는데, 전체를 여러 측면이나 요소로 분해·분할하여 그 요소를 제각기 고정시킨다는 의미이다. 이 점에서 헤겔은 피히테의 『전지식론의 기초』(*Grundlage der gesamten Wissenschaftslehre*, Bd. I von Medicus, S. 426)에 논술되어 있는 선례를 따르고 있다.
25) 「시편」 127: 2 참조. 헤겔의 『법철학』 서문에도 같은 내용이 언급되어 있다.
26) 헤겔 『대논리학』 I(존재론)에 나오는 유명한 「양에서 질로의 전변」 참조.
27) 카우프만은 앞의 책, p.113에서 1807년 2월 5일 헤겔의 서자(庶子)가 탄생한 사실에 비유하여 설명하고 있다.

서 앞서간 지금까지의 세계를 구성하고 있던 개개의 부분들을 순차적으로 허물어버리는바, 이렇게 동요하는 조짐은 다만 간간이 엿보이는 징후 정도로 내비쳐질 뿐이다.

　아무튼 기존의 체제 속에 무분별함[28]이나 권태로움이 끼어들면서 종잡을 수 없는 어렴풋한 느낌 같은 것이 번져나갈 때면 이는 곧 종전에는 볼 수 없던 새로운 세계의 도래를 알리는 징후가 된다. 결코 전체의 외관마저 변형시키지는 않는 점진적인 와해작용이 한순간에 새로운 양상을 드러내면서 번갯불처럼 새로운 세계의 상(像)을 단숨에 추어올리는 것이다.[29]

　그러나 이 새로운 세계는 갓 태어난 아기의 경우와 마찬가지로 완전한 현실을 이루어내고 있지는 않다. 이 점을 절대로 간과해서는 안 된다. 즉 갓 등장한 것은 큰 틀에서 개념[30]만을 갖추고 있는 직접적인 존재에 지나지 않는다. 마치 한 건물의 기초가 다져졌다고 해서 옹근 건물 전체가 완성되었다고는 할 수 없듯이 전체의 개념이 얻어졌다고 해서 참으로 실물 전체가 얻어진 것은 아니다. 힘차게 뻗어나간 줄기와 활짝 펼쳐진 나뭇가지에 무성한 잎사귀로 완전히 뒤덮인 떡갈나무를 바라보기를 원하던 터에 나무가 아닌 열매만이 눈에 들어온다면 그 누구도 만족하지 못할 것이다. 이와 마찬가지로 정신세계의 왕좌를 누리는 학문이 갓 고개를 들기 시작한 것을 두고 이미 그것이 완성되었다고 할 수는 없는 것이다.

　새로운 정신의 시초는 다양한 형식의 교양과 문화가 폭넓은 변혁을

---

28) 원어는 Leichtsinn으로서 제7장의 2. 예술종교에도 같은 내용이 기술되어 있다. 헤겔은 흔히 혼란스러운 변혁기의 일반적인 심리적 특징을 이렇게 표현하고 있다.
29) 옛 제도를 건물에 비유하여 변혁기의 사회구조적 형상을 묘사한 것.
30) 본래 헤겔 고유의 변증법 '개념'은 한낱 추상물에 그치지 않는 구체적 보편성에 의지하여 자기 운동적 핵심을 전개해나가는데, 이에 대비하여 지금의 이 개념은 아직 실재성(Realität)이나 현실성(Wirklichkeit)을 띠지 않은 이념적 가능성을 내포했을 뿐이다.

거치고 난 결과로서 생겨나는 것이며, 또한 이는 정신의 발전경로와 보조를 함께해온 다양한 각고와 노력의 대가로서 생겨난다. 즉 정신의 시초는 계기적(繼起的)인 연속이나 확장을 거듭해온 정신이 자체 내로 복귀하여 하나로 응어리지는 가운데 이것이 단순한 개념으로 승화되어 나타난 것이다. 그런데 이 단순한 전체가 현실성을 띠기 위해서는 개념 속의 요소로 화했던 갖가지 정신의 형태가 지금까지와는 다른 새로운 터전 위에서 새로운 정신에 어울리는 발전을 이룸으로써 새로운 형태를 마련해야만 한다.[31]

이렇듯 새로운 세계가 갓 출현한 현재에서 보면 전체는 아직 단순함 속에 가려진 채 일반적인 토대를 이루고 있을 뿐이다. 이와는 달리 의식에서는 과거의 풍요로운 생활이 여전히 기억 속에 남아 있다. 따라서 새로이 등장한 형태에는 내용의 전개와 분화가 결핍되어 있는 듯이 느껴질 뿐 아니라 서로 명확한 구별이 지어진 확고한 관계 속에서 전체적인 질서와 형식이 전개되려면 아직 요원한 듯이 보인다.

그런데 이런 측면에서의 전개가 이루어지지 않고서는 학문의 보편적인 이해란 불가능하며, 단지 그것은 소수의 개인에게만 비전(秘傳)된 재산[32]에 그쳐버릴 가능성이 커 보인다. '비전된 재산'이라고 한 이유는 학문이 이제 겨우 개념 속에 깃든 내면적인 요소로서만 존재할 뿐이기 때문이며, 또한 '소수의 개인에게'라고 한 것은 학문의 등장과 동시에 그것이 확산되지 않고서는 다만 개인의 것이 되는 데 그치고 말 것

---

31) 역사에는 논리가 있고 논리는 역사에 의해 뒷받침되어야 한다는 변증법적 관점에서 볼 때 헤겔에 의한 이 양자간의 일치가 단순한 범논리주의(Pan-Logismus)에 기초해 있는 것이 아닌가 하는 문제가 헤겔 대 마르크스를 가르는 이념적 대립의 주인(主因)으로 작용해왔음은 주지의 사실이다.
32) '비교적'(秘教的, esoterisch)이라고 불리는 이 낱말은 '공교적'(公教的, exoterisch)이라는 말에 대비되는 용어이다. 『철학비평지』 발간 시절까지만 해도 철학이란 비교적이어야 한다는 생각을 표명해왔던 헤겔이 여기서는 낭만주의자를 비판하는 계기로 삼고 있다. 이와 관련하여 특히 헤겔은 수사학이나 정치학을 외향적이고 통속적인 분야로 봤으며, 자연학이나 형이상학은 독자적 전문성이 인정되는 것으로 간주하였다.

이기 때문이다. 완전히 내용이 갖추어지고 그 성질이 밝혀진 것만이 공교적(公敎的)이고 개념적이며 또한 학습을 통하여 만인의 소유물이 될 수도 있는 것이다. 학문이 마땅히 지녀야 할 이해 가능한 형식을 갖추게 될 때라야만 비로소 그것은 만인에게 제공되고 누구나가 거기에 다다를 수 있는 길이 닦여졌다고도 할 수 있다.

이렇듯 오성적인 이해를 거쳐서 이성적인 지[33])에 다다르는 것이야말로 학문에 발을 들여놓은 의식 쪽에서 당연히 내놓을 수 있는 요구이다. 왜냐하면 오성적으로 이해한다는 것은 곧 사유하는 것으로서, 순수한 자아[34]) 그 자체이기 때문이다. 이해된 것이란 이미 잘 알려져 있어서 학문과 비학문적인 의식이 공유하는 것이 되는데, 이를 통하여 비학문적인 의식은 곧바로 학문세계로 진입하게 된다.

고개를 갓 들기 시작한 학문은 아직 세부적으로 다듬어지지도 않았고 완전한 형식을 갖추고 있지도 않다는 점에서 흔히 비난거리가 되곤 한다. 물론 이런 종류의 비난이 학문의 정곡을 찌르는 것이라고는 할 수 없지만, 그렇다고 세부적인 형식의 전개에 대한 요구가 받아들여지지 않는다는 것 역시 당치 않은 일이다. 그런데 바로 이렇게 나타난 입장의 차이[35])야말로 오늘날 학문적인 교양을 통해서 해결하고자 혼신의 힘을 쏟고 또 쏟으면서도 여전히 충분한 이해의 공감대를 이루지 못하고 있는 최대의 쟁점이다.

한편에서는 소재의 풍부함과 이해의 용이함을 자랑삼아 내세우는가 하면 다른 한편에서는 손쉬운 이해 가능성을 업신여기면서 이성과 신성이 직접 현시되는 것을 뽐내곤 한다. 이때 전자가 진리의 힘이나 또

---

33) 어의상(語義上)으로만 보면 이성, 즉 Vernunft는 '듣는다 · 엿듣는다 · 청취하다'(vernehmen)라는 의미가 있는데, 이는 기본적으로 신이 이야기하는 것, 즉 로고스(Logos)에 귀 기울이는 것이다.
34) 칸트에게서 오성은 "나는 사유한다"(Ich denke)의 나 · 자아라는 점에서 오성은 자아 일반(Ich überhaupt)으로서의 사유이다.
35) 원어는 Gegensatz인데, 여기서는 교양과 학문의 진전에 매진하려는 계몽사상과 낭만주의자 사이의 대립상을 나타낸다.

는 상대방이 떨치는 맹위에 눌려 침묵을 강요당한 나머지 문제의 근원을 밝혀내지 못했다는 점에서 패배를 자인한 것이라고 한다면 이는 철학의 요구를 충족시키지 못한 데서 오는 패배인 셈인데, 결국 이러한 요구는 정당하긴 하지만 내용상 충실한 것은 되지 못한다. 그렇다면 침묵은 진리를 향한 절반의 승리일 뿐, 나머지 절반은 끊임없는 기대를 불러일으키면서도 약속을 이행하지 못한 데서 오는 권태와 무관심의 소치라고 하겠다.

이와 다른 진영[36]은 내용과 관련해서는 그때마다 범위를 크게 넓혀 나가곤 한다. 그들은 이미 알려지고 정돈되어 있는 많은 소재를 스스로의 지반으로 삼는다. 그뿐 아니라 주로 특수하고 진기한 것을 취급할 경우면 이미 잘 알려져 있는 손쉬운 내용들을 앞세워 마치 정리되지 않은 특수한 사례까지 제대로 터득하고 있다는 듯이 내세우면서 일체의 것이 절대이념[37]의 휘하에 통합되어 그 이념이 빈틈없이 인식될 때 학문은 더없이 융성하게 뻗어나가는 것으로 생각한다.

그러나 그렇게 확대되어나가는 모습을 자세히 들여다보면 이는 하나의 동일한 이념이 여러모로 변형되면서 학문이 확대되어나가는 것이 아니라 단지 하나의 동일한 이념이 각기 다른 소재에 동일한 방식으로 외부로부터 적용되는, 단조롭기 짝이 없는 차이를 나열하는 그 이상의 것이 아니다. 그 자체로는 참으로 이념다운 것이 실은 언제나 애초의 상태에 머물러 있으니, 이는 발전이라고는 하지만 동일한 공식이 그대로 반복된 것뿐이다.

지적 활동을 하는 주체가 부동의 동일한 형식을 눈앞에 현전(現前)하는 것에 그대로 짜맞추어놓는다고 할 수도 있고 반대로 소재가 외부로

---

36) 낭만주의자 가운데 특히 셸링과 그의 아류인 괴레스(Görres)・바그너(Wagner)를 가리킨다.
37) 여기서 '절대이념'이란 뒤에 '삼중성'(三重性, Triplizität)이라고 불리는 것과 동일한 의미의, 이른바 3단계적 발전을 주축으로 하는 정반합(正反合)의 변증법을 가리킨다.

부터의 힘에 의해서 부동의 요소 속으로 침투된다고 할 수도 있겠는데, 이런 수법은 내용에 관한 한 자기의 착상을 임의로 앞세우는 나머지 철학이 요구하는 내용을 충족시키기에는 턱없이 부족한 데가 있다. 철학이 충실해지도록 하려면 사태 자체에서 솟아나는 풍부함을 받아들이고 오직 자발적인 힘으로 온갖 상이한 형태를 스스로가 꾸며나가야만 한다. 그런데 지금 얘기되고 있는 것은 오히려 단조로운 형식주의로서, 이는 다만 소재상의 차이를 나타낼 뿐이며 더욱이 그 소재마저도 이미 다듬어지고 숙지되어 있는 것에 지나지 않는다.

그러나 형식주의는 이러한 단조로움과 추상적인 보편성을 절대적인 것이라고 주장하는 나머지, 그런 형식에 만족하지 못하는 이유는 절대적인 입장을 자기 것으로 하여 거기에 굳건히 자리잡고 있지 못하기 때문이라는 식으로 강변한다. 예전에는 무언가를 형식만 바꾸어놓을 수 있는 공허한 가능성[38]만 있으면 하나의 관념을 부인할 수 있다고 했고, 마찬가지로 한낱 가능성에 그치는 일반적인 사고가 그대로 현실의 인식으로 통용되는 경우가 있었다. 그런데 여기서도 또한 비현실적인 추상형식을 지닌 보편 이념에 온갖 가치가 부여되면서 내용상의 차이를 말소해버리거나 아니 그보다도 더 발전도 없고 정당성도 확인되지 않은 채 내용상의 차이를 공허한 심연[39]으로 내던지는 것이 사변[40]적인

---

38) 형식논리상의 모순율이나 동일률을 존재론의 최고 원칙으로 내세웠던 볼프(Wolf)의 철학을 빗대어 한 말.
39) 셸링의 '무차별적 동일성'을 일컫는 것으로서, 이 책의 마지막 제8장 '절대지' 단계에서도 거론된다.
40) '사변'의 원어는 Spekulation인데, 헤겔은 이를 라틴어의 specto(보다)라는 의미로 풀이한다. 거울 속에 비쳐진 자기는 일단은 자기 자신에 대립해 있으면서도 실은 자기가 자기를 보며 자기를 알아본다는 이 상태는 바로 '상호인정'(gegenseitiges Anerkennen)이라는 이중성 또는 이중의 이중작용(verdoppelte Doppelbewegung) 문제로 이어진다. 그런데 이 사변 개념 자체 내에는 논리의 자기전개라는 요소와 가능성이 깃들어 있으므로 그 비쳐진 거울 속에서 단지 동일한 면만 보이는 것이 아니라 동시에 구별되는 측면도 파악된다는 점에서 사변적 사유는 이성지(理性知)의 성격을 띠면서 신비주의와 구별된다. 사변적 고찰에서 구별의 측면이 배제되고 동일적인 면만 강조될 때 신비주의로 향하는 길이 열

고찰양식이라도 되는 듯이 여겨지고 있다.

물론 어떤 존재를 스피노자적으로 절대자의 양상 속에서 바라본다고 할 때 당연히 그것은 '어떤 것'으로서 다루어지고는 있다. 그러나 $A = A^{41)}$의 형식을 띠는 절대의 상하에서는 '어떤 것인가'라는 등의 물음은 있을 수 없고 일체의 것이 하나가 되어버리고 만다. 절대의 상하에서는 일체가 동일하다는 이 한낱 형식적인 지를 구별과 내실을 갖춘, 아니 충실한 내용을 모색하고 탐구하는 인식에 대치시키면서 흔히 절대적인 것이란 캄캄한 밤중[42]이며 모든 소가 검은색을 하고 있는 것과도 같다는 투로 우겨대는 것은 천진하기 이를 데 없는 인식력의 결여를 드러낸 것이라고 할 수밖에 없다.

형식주의[43]라는 것은 근대철학이 성토하고 매도하면서도 이런 가운데 다시 그 한가운데서 재생하게 된 것인데, 비록 그의 불충분함이 알려지고 느껴지더라도 이것만으로 형식주의를 학문에서 추방할 수는 없다. 실로 이를 추방하기 위해서는 절대적인 현실을 인식한다는 것이 과연 어떤 의미를 갖는가에 대한 완벽한 해명이 이루어져야만 하겠다. 각론에 들어가기에 앞서 총론적인 입장을 밝혀두는 것은 각 부분에 대한 이해를 돕

리게 되는 것이다(『엔치클로페디』 I, §82 그리고 「증보」 참조).

또한 사변성에 관한 논의는 실로 동서양 철학과 사상형식의 중핵을 관통하다시피 하는 중차대한 문제이다. 그런 점에서 인구에 회자되는 이른바 '서양적 합리성'과 '동양적 신비성'이라는 화두가 헤겔을 기점(基點)으로 또는 매개로 하여 어떻게 현대의 우리에게 다가오고 있는지, 그 첫 시험대가 여기에 떠올라 있는 것은 아닌지, 다시금 숙고를 요하는 대목이다.

41) 이에 대해서는 셸링의 『브루노』(Bruno)와 『나의 철학체계 서술』(Darstellung meines Systems der Philosophie) 제4절 참조. 모일렌(J. v. Meulen)은 그의 저서 Hegel. Die gebrochene Mitte에서 개념과 실재를 단순히 일체화하는 접속사 'und'의 자기파괴적인 성격을 말끔히 씻어내는 것이 헤겔이 수립하려던 새로운 비판적 의식이론의 최대쟁점이었다고 말한 바 있다.

42) 헤겔은 곳곳에서 이렇듯 직간접으로 절대자를 A=A 또는 '캄캄한 밤중'이라고 지칭하면서 비판하고 있는데, 이는 셸링의 『브루노』에도 그대로 해당된다.

43) 여기서 헤겔은 특히 야코비의 오성철학과 헤르더(Herder)의 언어철학 그리고 셸링의 자연철학을 비판한 것으로 보인다.

는다는 의미도 있으므로 아래에 대략적인 생각을 미리 제시하는 것도 쓸
모없는 일은 아닐 것이다. 이런 맥락에서 철학적 인식에 장애가 되는 몇
가지 형식[44]에 대해서도 이 기회에 주의를 환기해두고자 한다.

　물론 이것은 체계의 서술을 통해서만 제대로 판단이 내려질 수 있는
문제이긴 하다. 하지만 어쨌든 내가 이해하기로는 모든 철학적 진리의
탐구를 위한 선결문제는 진리를 '실체'로서뿐만 아니라 '주체'로서도
파악하고 표현해야만 한다는 것이다.[45]

　동시에 여기서 지적해둘 것은 실체성이라는 것이 지 그 자체의 보
편적이고 직접적인 양식인 것 못지않게 또한 지의 대상이 되는 존재
의 직접적인 양식도 함께 내포한다는 것이다. 신을 유일한 실체로서
파악하려는 생각이 확연히 언명되었을 때, 당대인들이 무척이나 분노
해 마지않았던 이유는 그러한 규정이 내려지고 나면 자기의식이 설
땅을 잃고 소멸될 수밖에 없지 않을까 하는 생각을 본능적으로 떠올

---

[44] 여기서 거론된 형식주의 이외에도 진위(眞僞)의 대립을 고착화하는 입장이나 수
학을 인식의 전형으로 받아들이는 편향적인 태도 또는 진리를 실체론적으로 파
악하는 관점 등이 같은 맥락에서 비판의 표적이 되어 있다.

[45] 실체의 파악을 위한 접근방식과 관련하여 셸링의 지적 직관에 내재하는 직접주
의(Immediatismus)를 비판하는 헤겔 자신이 어떻게 『대논리학』 첫머리에서 직
접성(Unmittelbarkeit)을 존재 또는 지의 시원(Anfang)으로 삼을 수 있었는가가
쟁점으로 떠오른다. 이와 관련하여 헨리히(D. Henrich)는 헤겔 논리학의 존재
규정은 "말로 할 수 없는 것"(Unsagbarkeit)이면서 또한 "규정을 전제로 내세우
는 것"(voraussetzende Bestimmtheit)이므로 이는 "절대부정의 사상 안에서의
직접성과 매개성의 통일"(die Einheit von Unmittelbarkeit und Vermittlung
im Gedanken der absoluten Negativität)이고 "불확정적 직접성과 오직 자기와
의 동등성"(unbestimmte Unmittelbarkeit und Gleichheit nur mit sich)으로
서, 결국은 "단순하고 내용이 채워지지 않은 직접성 속에 있는(시원이라는) 분석
될 수 없는 것"(in seiner einfachen, unerfüllten Unmittelbarkeit ein
Nichtanalysierbares)으로 표현될 수밖에 없다고 한다.
Dieter Henrich, "Anfang und Methode der Logik," in; *Hegel im Kontext*,
Suhrkamp Verlag, 1975, pp.83~87 참조. 여기서 '실체 즉 주체, 주체 즉 실체'
라는 포괄적인 의미 연관성 속에서 이 문제를 원불교적(圓佛敎的)으로 의미를 전
환하여 '一卽一切, 一切卽一'이라는 개념에 적용해본다면, 여기에는 실로 방대한
연구과제가 생겨난다고 하겠다.

렸기 때문이다.

 그러나 다른 한편으로는 사유를 사유로서 고수하려는 일반론의 경우에도 앞에서와 같은 단순함이 곁들여지면서 사유가 무차별적인 부동의 실체가 되어버리고 말았다. 그리하여 세번째 입장으로는 사유와 실체의 존재가 통일되어 직접적인 직관이 곧 사유라는 생각이 등장하였다.[46] 이 입장에 관해서도 지금 얘기된 그 지적 직관이라는 것이 나태한 단순함에 빠져들어감으로써 현실 그 자체가 비현실적으로 표현되는지 어떤지 충분한 주의를 기울일 필요가 있다.

 생동하는 실체야말로 참으로 주체적인, 다시 말하면 참으로 현실적인 존재이다. 그것은 실체가 자기 자신을 정립하는 운동이며 나아가서는 스스로 자기를 타자화하는 가운데 자기와의 매개를 행하기 때문이다. 실체가 곧 주체라고 하는 것은 바로 이 실체에 순수하고도 단순한 부정성[47]이 작용하면서 바로 이로 인하여 단일한 것이 분열됨을 뜻한다. 그러나 이렇듯 분열되는 데서 오는 대립이 이중화됨으로써 분열된 양자가 서로 아무런 관계도 없이 차이와 대립을 빚는 그런 상태는 부정된다.

 이렇게 해서 회복된 동일성, 다시 말하면 밖으로 향하면서 곧 다시 자기 자체내로 반성·복귀하는 움직임, 즉 최초에 있던 직접적인 통일과는 다른 이 두번째의 동일성이 바로 진리이다. 진리는 자체적으로 생성되는 것으로서, 이는 자기의 종착점을 사전에 목적으로 설정하고 이

---

46) ①스피노자, ②칸트와 피히테, ③셸링에 이르는 단계적 발전과 관련해서는 이 책의 제8장 「절대지」에서도 이와 동일한 해석이 내려져 있다. 다만 거기에는 스피노자와 칸트 사이에 계몽주의 하의 '유용성' 문제가 개재해 있다.

47) 부정(성)(Negation, Negativität) 개념은 두 가지 의미로 구분하여 사용된다. 하나는 『대논리학』 I(존재론)의 「현존재」(Dasein) 대목에서와 같이 전혀 긍정적인 결과를 낳지 않는 질적으로 한정된 의미의 부정이다. 다른 하나는 긍정적인 결과로서 부정적인 통일을 성취하는 주체, 자아 또는 운동성으로서의 부정이다. 첫번째 부정은 일체를 무로 돌려놓는 '공허한 추상적 무'로 귀착되지만, 이것이 다시 부정되는 이중 부정을 통하여 적극적인 의미를 지닌다는 데에 헤겔의 부정 개념의 주체적인 역동성이 담겨 있다.

지점을 출발점으로 하여 중간의 전개과정을 거쳐 종착점에 다다를 때라야 비로소 현실적인 것이 되는 원환(der Kreis)과 같은 것이다.

그리하여 신의 생명과 신의 인식을 두고 사랑이 자기 자신과의 유희[48]를 벌이는 것이라는 투로 표현하는 것까지는 무방하더라도, 만약 여기에 진지함과 고통과 인내와 부정의 작업이 결여되어 있다면 사랑의 유희라는 논지는 얄팍하게 치장된 설교에 그치고 말 것이다. 애당초(an sich)[49] 신의 생명이란 필경 티없이 맑은 자기동일성 또는 자기통일성으로서, 여기에 타자존재가 섞여들어서 소외가 야기되거나 다시 이 소외가 극복되거나 하는 일이라곤 있을 수가 없다.

그러나 이러한 신의 원상(原像)은 추상적인 보편성에 그치는 것으로서, 여기서는 생명에 자기와 대결[50]하는 성질이 있음으로 해서 형태가

---

48) 예컨대 노발리스(Novalis)의 『보편초안』(Das allgemeine Brouillon)에 실려 있는 생각이기도 한데, 여기서는 특히 스피노자의 "amor dei intellectualis" 개념을 염두에 둔 것으로 보인다.

49) 원문의 an sich를 순수한 우리말로 옮긴 것인데, 대체로 일본식으로는 '즉자적'이라고 번역된다. 자기에 즉(卽)해 있는, 밀착되어 있는 상태 또는 자기의 능력·소질이 아직 발현·전개되지 않고 잠재해 있는 무자각의 상태를 말한다. 헤겔이 즉자-대자-즉자대자, 정(定)-반(反)-합(合) 또는 정립(定立)-반정립(反定立)-종합(綜合)이라는 3단계의 변증법적 발전양식을 서술하는 가운데 빈번히 사용하고 있는 그의 독창적인 용어이다. 여기에는 존재하는 일체의 것은 단독으로 유리되거나 고립되어 있을 수 없고 상호간에, 그것도 더욱이 이중성이나 이중의 이중성을 띠고 중층적이며 다면적으로 매개되어 있다는 의미가 본원적으로 함축되어 있다. 이는 운동(kinesis)의 본질을 가능태(dynamis)로부터 현실태(energeia)로의 전개로 보았던 아리스토텔레스의 영향을 받은 것으로도 보인다. 특히 이를 매개작용이 사상(捨象)된 '추상적인 것' 또는 매개가 '지양된 것'이라는 점에서 보면(헤겔, 『철학사』 I[독일어본], pp.44~55 참조), 칸트의 '물 자체'(Dingan sich) 개념을 비판하는 데 원용될 수도 있는 함축적인 면이 있다. 노장사상에 정통한 대표적 주석가인 곽상(郭象, 252?~312)이 「장자 주」(莊子注)에서 모든 사물·존재는 아무런 근원·근거도 없이 스스로 그렇게 되어 있다고 한 자이(自爾) 또는 무대(無待) 개념과 비교고찰이 가능한 중요한 대목이다.

50) '자기와 대결'이라는 원어는 'für sich'로서, 일반적으로 즉자나 대타(對他)에 반(反)하는 의미에서 '대자'(對自)를 풀이한 말이다. 변증법적 발전의 두번째 단계인 '대자'는 외적인 '타자'에 전혀 개의치 않고 아무런 관계도 맺지 않는 무관심한

자기(自己)운동을 행한다는 사실이 간과되어 있다. 형식과 본질은 동일[51]
하다는 관점에서 인식은 원래 있는 그대로의 본질만을 다룰 뿐, 형식은

'즉자'의 경우와는 달리 '타자'에 대한 관계를 가능하게 하거나 내면화하는 '부정적인 자기 관계'(negative Selbstbeziehung, 『엔치클로페디』 I, p.96 「보유」참조)를 지닌다. 여기서는 발전·분열이 없는 즉자의 상태와는 달리 구별·분열·모순·부정·소외와 같은 다양한 자기 변화와 생성의 계기를 지닌, 현실적이고 이성적인 사유를 행하는 고차원의 자각적인 행위를 전제로 한다. 이는 자기 자신 속에 구별을 갖지 않는 자아 또는 무한적이며 동시에 부정적인 자기 관계로서의 일자(das Eins) 또는 자기(das Selbst)라고도 하겠다. 역주 49의 an sich에 직접 대응하는 이 für sich는 바로 앞에 거론된 곽상이 유(有)나 존재의 본질을 '자이·무대'한 것으로 파악하면서 동시에 '자생(自生)·독화(獨化)'하는 측면에서 양면적·이중적으로 고찰했다는 점에서 볼 때 여기서 한 발 더 나아가면 바로 헤겔적인 '즉자대자'의 경지가 눈앞에 떠오른다.

고도의 변증법적인 사유 방법과 수단을 연마했던 위대한 인도의 철학자 나가르주나(Nagarjuna, 龍樹)는 오히려 자이·무대하는 즉자(an sich)의 측면과 자생·독화하는 대자(für sich)의 측면을 다 같이 일체의 타자로부터 독립하여 오직 자기로부터, 자기에 의해서만 존재하고 동시에 원인도 없이 생겨나고 어디에도 의존하지 않으므로 소멸되지도 않는 영원불멸자로서의 자성(自性, svabhāra, intrinsic nature, Eigenes Wesen)으로 삼는다는 점에서 헤겔적인 즉자대자(an-und-für-sich) 개념과의 내밀한 공통점을 눈여겨볼 만하다. 동·서양 사상의 의미 있는 만남의 장은 이런 바탕 위에서 개시(開示)될 수 있을 것으로 보인다. 더 나아가 그 자체로 있는 본연의 존재, 즉 즉자존재로부터 자기분열의 운동에 의한 대극 또는 양극으로의 필연적 전개가 이루어진다고 한다면 대승기신론(大乘起信論)의 '일심개이문'(一心開二門)론을 근거로 한 동서 철학 비교연구의 중요한 실마리를 찾을 수 있을 것으로 봐도 무방하겠다. 독일 관념론에 대한 해석과 평가라는 양면에서 일정한 한계성이 눈에 띄기는 하지만, 칸트의 '물 자체론'과 견주어서 중국 신유가학파의 대표적인 모종삼(牟宗三)이 내놓은 다음과 같은 제언은 특히 동양 철학도에게 시사하는 바가 크다고 하겠다. "만약 우리가……사물에 의한 물 자체의 의미를 찾을 수 있다면 불교의 '일심개이문'의 의미도 그 독특함을 드러낼 것이고 또한 '일심개이문'의 구조로 칸트의 철학계통을 소화할 수 있다. 여기서 중국 철학의 서양 철학에 대한 공헌을 볼 수도 있겠다. 이들은 모두 개개의 철학 문제에 꼭 들어맞아서 자연스럽게 들어맞은 것이지, 결코 멋대로 갖다붙인 것이 아니다." 모종삼, 『중국철학특강』, 정인재 외 옮김, 형성출판사, 1991, 333쪽.

51) 셸링의 『나의 철학체계의 서술』 제18·19절에서 형식(Form)을 특수자 또는 인식으로, 본질(Wesen)을 보편자 또는 존재로 파악하여 양자를 동일시 또는 등식화했음을 지적한 것. 특히 헤겔은 그의 『철학사』(독일어본) Ⅲ(근대편), p.438에서 이 대목을 야유조로 비평하고 있다.

생략될 수 있다고 한다면 이는 크게 잘못된 생각이다. 절대적인 것에 관한 기본명제를 세우거나 이를 직관하는 데서는 형식의 구현과 본질의 전개 그 어느 쪽도 결코 없어서는 안 되는 것이다.

본질에게는 형식이 바로 본질 그 자체와 마찬가지로 본질적이므로 본질은 한낱 본질로서, 다시 말하면 직접적인 실체 또는 신의 순수한 자기직관으로서 파악되고 표현된다. 뿐만 아니라 그에 못지않게 형식으로서도, 더욱이 풍부함이 넘치는 발전된 형식으로서도 파악되고 표현되지 않으면 안 된다. 이렇게 되었을 때에야 비로소 본질은 현실적인 것으로 파악되고 표현되는 것이다.

진리는 곧 전체이다.[52] 그러나 전체는 본질이 스스로 전개되어 완성된 것이다. 절대적인 것에 대해서 얘기한다면, 이는 본질상 결과로서 나타나는 것이며 종국에 가서야 비로소 그의 참모습을 드러낸다고 해야만 하겠다. 바로 이 표현 속에는 절대적인 것의 본성은 현실적인 주

---

[52] 전체란 일반적으로 개별 또는 부분에 대치되는 개념이지만 궁극에서는 대립에 바탕을 둔 양자택일적 입장이 아니라 상호침투된 일체성을 획득한 것으로 이해되어야 한다. 헤겔 철학에서 하나의 핵심적 명제라고 할 '전체' '전체성'은 오직 내적인 자기전개를 통해서만 스스로 성취될 수 있는 본질적인 형상으로서 이렇게 전개되어나가는 독자적인 리듬이 논리적 필연성으로 나타나는바, 이를 순수한 형식으로 추출해놓은 것이 바로 방법이며 논리이다. 이와 관련하여 흔히 "전체는 진리가 아니다"(Das Ganze ist das Unwahre)라고 한 아도르노(Adorno)의 반론이 예시되곤 한다(*Aspekte der Hegelschen Philosophie*, Suhrkamp, 1956, 서두 참조). 이 점과 관련해서는 한편으로 "오직 전체만이 실재한다"(the Whole alone is real)는 명제 아래 헤겔과 인도 자이나(Jaina) 학파와의 공통점을 심도 있게 논구한 경우와, 다른 한편으로 치밀한 논리적 탐구로서 인도와 유럽 사상의 동이성(同異性)문제를 거시적인 안목으로 분석·전개해놓은 두 가지 사례를 들 수 있다. 이는 모두가 동서양 철학의 비교연구를 위한 거작(巨作)으로 꼽을 만하다. 특히 다음의 두번째 저자는 단적으로 인도의 정신과 헤겔의 정신이 어떻게, 어떤 점에서 다 같이 '일(一)과 보편'(the One and the Universal)이 종교와 철학의 참다운 근원이 되는가를 집중적으로 규명하고자 한 경우이다. T. R. V. Murti, *The Central Philosophy of Buddhism. A Study of the Madhyamika System*, London, 1970, p.127; Wilhelm Halbfass, *India and Europe*, New York, 1988, p.89 참조.

체로서 그 스스로 생성되는 것이라는 사실이 명시되어 있다. 절대적인 것은 본질적으로 결과로서 파악되어야만 한다는 것이 비록 이상하게 들린다 하더라도 조금 더 생각을 기울여보면 그 헷갈리는 느낌은 곧 해소된다.

즉 애초에 곧바로 내세워지는 원리나 절대적인 것이란 일반적인 것에 지나지 않는다. 내가 '모든 동물'이라고 얘기할 때 이 말이 곧 동물학의 개념으로 통용될 수 없는 것과 마찬가지로 '신' '절대적인 것' '영원한 것' 등등의 낱말이 실제로 거기에 함축되어 있는 것을 나타내고 있지 않은 것은 틀림없으니, 이런 낱말이 실제로 나타내는 것은 우리 머릿속에 직접 떠오른 것에 지나지 않는다.

그런 낱말로만 그치지 않는 이상의 것은 문자의 형식으로 나타내야만 하는데, 그러기 위해서는 일단 말로써 타자화(他者化)된 것이 다시금 되돌아오는 매개작용53)이 따라야만 한다. 그런데 이 점이야말로 사람들이 기피해 마지않는 것인데, 그 이유는 매개라는 것은 절대적이지도 않고 또 절대적인 것 속에는 전혀 있지도 않다는 그 이상의 것을 주장하려 한다면 결국 절대적 인식은 단념할 수밖에 없는 것이 아닌가 생각되

---

53) 우선 매개(媒介, Vermittlung)란 변증법적 사유 전개를 위한 필수적인 용어로서, 직접성 또는 무매개성(Unmittelbarkeit)에 대치되는 개념이다. 매개를 수행하는 것은 매체(Medium)라고 불리는데, 물질계에서는 물이, 정신계에서는 언어적인 기호가 그러한 역할을 담당하는바, 이는 곧 존재하는 모든 사물들 사이를 이어주고 소통시켜주는 전달작용을 하는 것이기도 하다. 그야말로 천상과 지상, 정신과 자연 그 어디에도 매개되지 않은 것은 없다고 확언하는 헤겔로서도 그러나 또한 "사유란 매개를 지양하고 난 또다른 매개이다"(Denken ist Vermittlung durch Aufhebung der Vermittlung, *Vorlesungen über die Philosophie der Religion* I, Suhrkamp Verlag, Frankfurt/M., 1980, p.189 참조)라고 함으로써 매개의 지양을 통한 직접성으로의 연결고리를 열어놓기도 했다. 이렇듯 직접성과 매개성의 일체화를 제시해놓았다는 점에서 여기에 각별한 의미가 주어져야만 하겠다. '매개'를 순수한 우리말로 풀이하면 '곡절'(曲折)에 해당된다고 하겠는데, "이 곡절은 헤겔의 말에 따르면 하나의 변증법적 과정이다"라는 대목에서 우리는 다시 한 번 동서양 사이에 나타나는 철학적 사유의 동이성문제에 주목하게 된다(모종삼, 앞의 책, 327쪽 이하 참조).

었기 때문이다.

그러나 사실 이러한 기피증은 매개와 절대적 인식이 어떤 것인지 제대로 모르는 데서 비롯된 소치이다. 매개란 자기동일적인 것이 스스로 운동하는 것이며, 자기와 맞서 있는 자아가 이를 자각하는 가운데 자체 내로 복귀하는 순수한 부정성으로서, 이 운동을 순수하게 추상화해본다면 이는 단순한 생성의 운동이다. 여기서는 자아 또는 생성 일반이 매개라고 불리는데, 이는 그 단순함으로 인하여 직접 있는 그대로의 것이 생성되면서 동시에 그 자체가 직접적으로 있다는 것이다.

따라서 만약 진리에는 반성이 필요하지 않다면서 반성을 절대적인 것의 적극적인 요소로 파악하려 하지 않는다면 이는 이성이라는 것을 오해한 데서 비롯된 것으로 볼 수밖에 없다. 이성이란 진리를 결과로서 이루어내는 것인 동시에 결과와 그의 생성과의 대립을 지양[54]하는 것이기도 하다. 왜냐하면 여기서 말하는 생성이란 단순하며, 따라서 결과에서 단순히 나타나는 진리의 형태와 결코 별개의 것이 아니기 때문이다.

이렇게 보면 오히려 생성이란 단순한 것으로의 복귀라고 해야만 하겠다. 태아도 물론 본래의 의미에서는 인간이지만, 아직 스스로가 인간이라는 것을 자각하고 있지는 않다. 이성을 갖추고 나서야 비로

---

[54] 초기 『신학논집』(일명 *Theologische Jugendschriften*) 등에서는 '지양하다, 극복하다' 라는 등으로 해석되는 독일어 동사 'aufheben'은 주로 부정적인 뜻으로 사용되었다. 그 이후 긍정의 뜻을 포함하는 헤겔 고유의, 그것도 헤겔 스스로 말하듯 가장 중요한 개념의 하나로 정착되면서 기회 있을 때마다 반복적으로 사용되는 근본규정이 되었다. 라틴어의 tollere에 맞먹는 Aufheben이라는 낱말이 '보존하다'와 '폐기·파기·극복하다' 라는 이중의 의미가 있다는 데에 이 낱말의 특이점이 있다. 어떤 하나의 '개념'을 놓고 그것이 갖는 한계나 결함으로 인하여 이를 폐기하면서 동시에 다시금 그 한계나 결함을 제거한 상태에서 보존한다는 것이다. 헤겔은 부정적이면서 동시에 긍정적이기도 한 이 이중적·양면적인 성격이야말로 "한낱 오성적인 차원에서의 양자택일을 뛰어넘는 독일어가 갖는 사변적 정신"의 발로라고 하여 흡족함을 나타내고 있다("…… der über das bloß verständige Entweder-Oder hinausschreitende spekulative Geist unserer Sprache……," 『엔치클로페디』 I, §96 참조).

소 그는 자기가 인간이라는 것을 자각하는데, 이때 그는 마땅히 있어야 할 제자리를 차지하게 된 것이다. 여기서 이성은 현실성을 띤다.[55] 그러나 결과로서 있는 것은 직접적인 단순한 존재이다. 자유를 자각한 인간은 자기에 안주하여 이전의 자기는 어딘가에 방치해놓은 채 그와 대립하는 것이 아니라 이전의 자기와 화해해 있는 것이다.

이상 얘기된 바로서 이성은 또한 합목적인 행위라고 할 수도 있다. 자연과 사유 모두를 오해한 나머지 사유보다 자연이 우월하다는 생각에서 먼저 자연의 외적 합목적성[56]을 배제하려는 입장을 취한 탓에 목적이라는 형식이 아예 불신당하기에 이르렀다. 그러나 자연을 합목적인 행위로 규정했던 아리스토텔레스에게서도 볼 수 있듯이 목적이란 직접 있는 그대로 정지해 있으면서 동시에 스스로 움직이는[57] 다름아닌 주체이다. 그 움직이는 힘은 추상적으로 파악한다면 스스로를 자각하는 순수한 부정성이다.

결과가 시초와 동일해지는 것은 시초가 목적이기 때문이다. 다시 말해 현실적인 것이 그의 개념과 일치하는 이유는 목적으로서 최초에 있는 것이 결과로 나타나는 현실존재를 가능성으로서 잉태하고 있기 때문이다. 목적이 전개되어 현실의 존재로 나아가는 것이 운동이며, 외적

---

55) '이성의 현실성'과 관련해서는 『법철학』 서문에 나오는 이성과 현실의 관계에 언급한 대목을 참조하라. 여기서 헤겔이 말하는 이성과 현실의 통일이 개별 인간에게서 체현되어 있는 가장 전형적인 모습을 우리는 그 어디에서보다도 『장자』(莊子)의 「천하」(天下)에 언급되어 있는 '내성외왕'(內聖外王) 정신에서 발견할 수 있을 듯하다.
56) 외적 합목적성이란 계몽주의 시대의 '유용성' 사상에서와 마찬가지로 목적이 사물 자체에 내재해 있는 것이 아니며 사물은 단지 인간이 지니는 목적을 위해 부수적으로 있을 뿐이라는 입장을 나타낸 것으로서, 칸트는 이를 내적 합목적성과 구별하였다. 여기서 외적 합목적성에 대한 헤겔의 비판은 주로 베이컨·칸트·스피노자를 염두에 둔 것으로 보인다.
57) 아리스토텔레스에게서 목적인·동력인·형상인은 모두가 결국은 하나로 귀착되므로 목적인은 동시에 동력인이며 특히 최고 목적으로서의 신은 '부동의 운동자'(『형이상학』 제9편 7장)로 규정되어 있다. 그런데 여기서 헤겔은 목적인을 곧 동력인으로 간주하여 이를 독자적인 의미에서 '주체'로 파악한다.

으로 발양되는 생성으로서 이렇듯 쉼없이 움직이는 것이 바로 자기 (das Selbst)이다. 그런가 하면 시초에 있는 직접적이며 단순한 것과 자기가 일치하는 것은 자기가 곧 자체 내로 복귀한 결과이기도 한 때문이다. 이렇듯 자체 내로 복귀하는 것이 곧 자기이며, 이 자기란 오직 자기와 관계하는 동일한 단순체이다.[58]

절대적인 것을 주체(또는 주어)로 상정할 필요가 있음으로 해서 사람들은 '신'을 주어의 위치에 놓고 "신은 영원하다" "신은 도덕적 세계질서이다" 또는 "신은 사랑이다"[59]라는 등의 명제를 내놓기도 하였다. 그런데 이런 명제 속에서 진리는 주어로 된 단 한마디로 불쑥 제시될 뿐 자체 내로 복귀하는 운동으로 제시되는 일은 없으니, 이런 명제의 특징은 바로 '신'이라는 낱말이 그 첫머리에 내세워진다는 것이다. 그런데 신이라는 낱말만 따로 떼어놓고 보면 한낱 무의미한 소리로서의 이름[60]일 뿐이며, 정작 그것이 무엇인가를 말해주고 그 의미를 채워주는 것은 술어의 몫이 된다. 첫머리에 오는 공허한 것이 마지막 술어에 와서야 비로소 현실적인 지(知)가 되는 것이다.

이렇게 본다면 술어의 자리에 오는 '영원' 또는 '도덕적 세계질서'라는 등, 고대에는 '순수개념' '존재' 또는 '일자'[61]라는 등에 해당하는

---

58) 여기서 '스스로 자각하는 순수한 부정성'과 마지막에 나오는 '자기'는 일체의 심(心)·심소(心所)의 자증(自証)이며 상합(相合)을 이루는 공상(共相)으로서, 더 나아가 이 모두가 두루 하나로 어우러지는 보편상(相)으로까지 연관된다고 하겠다. 이에 대해서는 짠드라끼르띠, 『쁘라산나빠다-나가르주나 중론(中論)에 대한 주석』, 박인성 옮김, 민음사, 1996 참조.
이와 동시에 주희(朱熹)와 동시대 사람인 육구연(陸九淵)은 리(理)의 충일하는 우주 전체가 자기의 심(心)과 일체이며, 더욱이 그것은 시공을 초월하여 만인의 심과 동일하다는 직접적인 체험에 기초하여 이 우주의 리와 일체를 이루는 화발발지(潑地)한 본심[心卽理]을 직관적으로 파악하고 함양할 것을 주장했는데, 헤겔이 여기서 피력하고 있는 '본의(本意)와 진심'이라는 관점에서 이는 아주 의미 있는 비교연구의 실마리가 된다고 하겠다.
59) 차례대로 셸링, 피히테, 노발리스의 사상을 암시하고 있다.
60) 판단 속에서 주어의 의미는 술어를 통해서만 비로소 밝혀진다는 점에서 헤겔은 이름만의 무의미함을 꼬집고 있다. 『엔치클로페디』 I, §31 · 85 · 169 참조.

것을 그 범위 안에서만 얘기하면 될 것을 무엇 때문에 의미도 없는 소리를 구태여 주어 구실을 하도록 다그치는 것인지 납득되지 않는다. 그러나 주어가 그 위치에 놓인다고 해서 한낱 존재나 본질이나 보편적 원리가 주체가 되는 것은 아니고, 자체 내로 복귀하는 주체가 주어로 되어 있다는 것이 명시되는 것이다.

그러나 역시 절대적인 것을 주체로 파악하는 일이 여기서는 다만 예지(予知)되어 있을 뿐이다. 여기서 주어가 되는 주체는 고정된 점으로 간주되고 술어는 마치 이 점을 지탱하기 위한 지주(支柱)처럼 거기에 따라 붙는 격이 되어 있으니, 결국 이 운동은 점 그 자체가 스스로 행하는 운동이 아니라 주어에 관한 지식을 소유한 자가 행하는 운동이 된다. 말하자면 지의 운동이 있음으로써 내용이 주체로서 표현되는 것과 마찬가지이다.

운동이 그러한 성격을 지니게 된다면 어차피 운동이 주어가 되는 주체에 속하는 일은 있을 수가 없다. 하지만 주어라는 점(點)이 설정되어 있는 방식에 따라서 본다면 그것은 그럴 수밖에 없고, 운동은 어디까지나 주체에게 외적인 것일 수밖에 없다. 이렇게 본다면 지를 선취(先取)하거나 예단(豫斷)하여 절대적인 것이 주체라고 하는 것은 절대적인 것의 개념을 실현한다기보다는 오히려 개념의 실현을 불가능하게 하는 것이라고까지 할 수 있다. 왜냐하면 선취되거나 전제된 지에서는 개념이 부동의 점으로 설정되게 마련이지만, 현실의 개념이라는 것은 바로 자기 운동을 하는 것이기 때문이다.

상술한 데 따라서 갖가지 귀결이 도출되지만 여기서 특히 강조되어야 할 것은 지는 오직 학문 또는 체계로서만 현실적이고 또 현실적인 표현일 수 있다는 것, 나아가 이른바 철학의 원칙이나 원리[62]라는 것은 아무리 옳은 것이라고 하더라도 원칙이나 원리에 머물러 있는 한은 바

---

61) 여기서 헤겔은 크세노파네스, 제논, 멜리소스 그리고 특히 파르메니데스로 대표되는 그들의 존재와 일자론을 거론하고 있다. 이는 모든 범주를 신 또는 절대자의 술어라고 하는 헤겔의 논리적인 범주와 맥을 같이한다.

로 그런 이유로 인하여 이미 잘못된 것이라는 귀결이다.[63] 사실 원칙이나 원리를 반박하기란 쉬운 일이다. 반박한다는 것은 상대방의 결함을 드러내는 것인데, 지금 본 바로는 일반적인 원리를 시초로 삼는다는 것이 이미 결함을 안고 있으니까 말이다. 철저한 반박이 행해지려면 그 논거가 원리 자체에서 도출되고 전개되어야만 한다. 원리와 대립되는 명제나 착상을 밖으로부터 끌어들여서는 될 일이 아니다.

근본적인 반박은 본래 원리를 발전시켜나가면서 원리의 결함을 보완하는 것이 되어야만 한다. 이를 위해서는 상대방을 부정하는 데에만 골몰하는 폐단에서 벗어나 논지의 진행과 결론이 갖는 긍정적인 면도 의식해야만 한다. 그런데 또 시초에 있는 것을 참으로 적극적으로 전개한다는 것은 역으로 시초에 대한 부정적인 시각을 뚜렷이 하는 것이기도 하므로, 결국 최초에 불쑥 내세워진 목적이라는 일면적인 형식은 부정되어버린다. 따라서 이렇게 취해지는 반박은 체계의 근본을 이루는 것에 대한 반박이라고도 할 수 있으니, 더 정확히 말하면 체계의 근본이니 원리니 하는 것은 한낱 시초에 지나지 않는다는 사실을 지적한 것이라고 할 수 있다

오직 체계로서의 진리만이 현실적이라는 것, 또는 실체는 본질적으로 주체라는 것, 이것을 나타내려는 뜻에서 절대자는 정신이며 성령[64]이라는 표명을 하게 되는데, 실로 정신이야말로 근대[65] 또는 근대종교에 특유한 가장 숭고한 개념이다. 오직 정신적인 것만이 현실적인 것이다.

---

62) 라인홀드와 피히테에 의한 이른바 철학의 '제일원칙'을 염두에 두고 한 말이다. 『차이 논문』 가운데 특히 「IV. 라인홀드의 견해와 철학에 관하여」, 145~172쪽 참조.
63) 이 대목을 제대로 파악하고 평가하려면 앞의 "진리는 전체이다"라는 명제와의 연관 속에서 살펴봐야 한다.
64) '정신으로서의 신'이라는 기독교적 해석과 관련되는데 직접적으로는 「요한복음」 4: 24 참조. 이와 반대되는 위치에서 니체가 부르짖은 "순수정신은 순수허위이다"라는 관점과 다시 여기에 대비하여 노자의 『도덕경』 제1장의 '질공약유'(質貢若渝)의 뜻을 일반적인 안목에서 비교·검토해볼 만하다.

그것은 본래 그 자체로 있는 본질이며, 갖가지 관계를 자아내는 가운데 스스로의 위치도 명확히 드러내는 외타적이면서 동시에 독자적인 존재로서, 결국은 자기를 벗어나 있는 상태에서 자기 본연의 모습을 명확히 하고 자기를 놓치는 일이 없는[66] 절대적이고 완전무결한 존재[67]이다.

그러나 완전무결하다는 것은 우선은 그의 진상을 다루고 있는 우리에게[68] 그렇게 비쳐질 뿐이고, 일단 그 첫 단계에서는 다만 정신적인 실체[69]로서 있을 뿐이다. 따라서 완전무결한 것이라면 당연히 정신에게도 자각되어야 하는데, 여기에 정신적인 것의 지와 자기가 정신이라는 것을 아는 지가 나타나야만 한다. 다시 말하면 정신적인 것이 정신 자신에게 대상으로 나타나야만 하고, 그것도 더욱이 직접 나타나 보이는 대로의 모습과 반성적으로 내면화된 모습을 함께 지닌 이중(二重)의 대상[70]으로 나타나야만 한다. 그야말로 정신에 의해서 정신적 내용이

---

[65] 그리스도의 탄생을 기점으로 하며, 당대에까지 다다른 세계사에서의 일대 전환점을 헤겔은 기독교 또는 게르만 시대에서 찾고 있다.

[66] 원어는 '자기 안에 머물러 있다'라는 "……in sich selbst Bleibende"인데, 여기서는 성자-성신-성령에 의한 삼위일체의 교의를 말한다.

[67] 즉자대자적(an und für sich)이란 일반적으로 '즉자'와 '대자'의 종합어 정도로 이해되고 있지만, 실제로는 그보다 훨씬 의미심장하다. 즉 완전무결하고 절대적인 것을 뜻하는 낱말로 자리잡혀 있다. 이는 『반야심경』(般若心經)에서 말하듯 원만하게 통달하여 걸림이 없고(圓通無礙), 장재(張載)의 『정몽』(正夢)에 묘사되었듯이 중함(中涵)·부침(浮沈)·승강(升降)·동정(動靜)·상감(相感)하는 모습을 모두 아우르는 것이라고도 하겠다. 이 대목은 또한 『맹자』「진심상」(盡心上)의 '만물개비어아'(萬物皆備於我)와 '상하여천지동류'(上下與天地同流)하는 모습과도 상통한다.

[68] '우리에게' '우리에 대하여' 또는 '대아'(對我, für uns)로도 번역된다. 만약 '우리'가 특정한 철학적 문제를 제3의 방관자적인 입장에서 비판적으로 평가·고찰하는 자각적인 주체의 입장에 있다고 할 경우, 목전에 제시되어 있는 어떤 특정한 문제나 사태 속에 무자각적으로 직접 매몰되어 있는 어떤 당사자와는 구별된다는 뜻이다.

[69] 정신적 실체 또는 정신적 실재(die geistige Substanz, das geistige Wesen)라고도 하는데, 이는 정신이면서도 아직 주체적이 아니고 실체적·존재적·대상적·직접적인 성질을 지닌 것을 가리킨다. 이를테면 "정신적인 것만이 오로지 현실적이다"라고 할 때의 이 정신적인 것에까지는 이르지 않은 상태가 되겠다.

산출된다고 할진대, 정신이 이렇듯 자기와 관계하는 모습은 우리만이 알아볼 수 있는 것이다.

마침내 정신이 이런 관계 속에 있는 자기의 실상을 자각하기에 이르면 지금까지 자기가 자기를 산출한다고 하는 순수한 개념이 동시에 대상적인 모습을 갖춘 경지로서 정신 앞에 드러나면서 자각적인 현존재로서의 정신은 자체 내로 복귀한 대상이 된다. 이렇게 전개되어가는 자기가 곧 정신이라는 것을 알게 될 때의 이 정신의 모습이 바로 학문이다. 학문이란 정신 그 스스로가 현실성을 띤 가운데 자기의 고유한 터전 위에 쌓아올린 정신의 왕국이다.[71]

절대적인 타자존재로 있으면서 순수하게 자기를 인식하는 이 에테르(Äther, 精氣)[72] 그 자체야말로 학문의 근본바탕이며 지의 보편적인 모습이다. 철학의 시초는 의식이 이러한 바탕이며 터전 위에 자리잡고 있

---

70) 변증법적 사유논리에서 극히 중요한 의미가 있는 것이 바로 이 '이중성' 문제이다. 헤겔에 따르면 존재하는 것은 그 어떤 것도 자기가 아닌 타자와의 매개, 다시 말하면 자타(自他) 사이의 이중화를 겪지 않는 것이라곤 존재하지 않는다. "자연물은 단지 직접적이고 일회적으로 있을 뿐이지만 정신으로서의 인간은 스스로 이중화한다……"(Die Naturdinge sind nur unmittelbar und einmal, doch der Mensch als Geist verdoppelt sich, Hegel, *Vorlesungen über die Ästhetik* I, Suhrkamp Verlag, 1986, Frankfurt/M., p.51 참조). 이와 관련하여 '자기내적 반성' 또는 '자체 내로의 복귀'를 뜻하는 'Reflexion-in-sich'와 매우 흡사한 모종삼의 '내재적 통각체증'(內在的 統覺體証)의 의미를 깊이 새겨봄으로써 여기에 헤겔이 말하는 자기의식의 이중화, 더 나아가서는 정신적 존재로서의 인간의 이중화 현상과 비교 · 검토될 만한 단서를 찾아볼 수 있다.
71) 헤겔의 논리학은 그 자신도 쓰고 있듯이 "자연 및 유한적 정신이 창조되기 이전의 신을 그의 영원한 본질에 있어서 서술한 것"(『대논리학』I, 지학사, 1983, 37쪽)으로서, 결국 논리적 개념의 외화와 다시 이 외화로부터의 복귀에 의해 자연과 정신을 인식하는 데서 그의 체계가 성립된다.
72) Äther는 그리스인에게서는 신들이 살고 있는 해맑은 천공(天空)을 뜻하고, 아리스토텔레스에게서는 인간의 이성을 북돋우는 영혼보다도 훨씬 뛰어난 천체의 영혼이 불어넣어진 원소이며, 스콜라 철학자에게는 제5원소에 해당한다. 헤겔은 이를 자기자신과 관계하는 절대정신이면서도 스스로가 절대정신임을 인식하지 못한 채, 절대적 타재(他在) 속에서 순수한 직접적 자기인식을 수행하는 것으로 보았다.

다는 것을 전제조건으로 한다. 그러나 이러한 터전은 스스로가 생성되어가는 운동을 통해 비로소 투명한 장으로서 완성된다. 그것은 보편적 원리가 단순히 있는 그대로 존재하는 순수한 정신의 세계이다. 그 자체로서 단순히 실존한다는 이 원리가 오직 정신 속에 깃들어 있는 사유의 터전인 것이다. 다만 정신이 직접 있는 그대로 존재하는 터전은 정신의 실체를 이룰 뿐이므로 여기에는 본질적인 이념이 밝게 빛나면서[73] 있는 그대로의 자기와 일체화한 단순한 반성, 즉 자기 자체 내로 복귀하는 존재가 약동하고 있지는 않다.

학문이 개인의 자기의식에게 요구하는 것은 자기의식이 이렇듯 정기가 넘치는 경지로 상승하여 여기서 획득한 생명의 힘으로 살아 움직여야만 한다는 것이다. 그런가 하면 또 개인으로서도 학문이 그런 입장에까지 올라설 수 있는 사다리[74]만큼은 건네줄 것과 개인의 내면에 그런 입장이 자리잡고 있음이 명시되도록 요구할 권리를 갖고 있다. 이렇게 요구할 수 있는 권리의 근거가 되는 것은 개인이 어떤 형태의 지를 갖추고 있건 간에 이 지와 맞닥뜨려 있는 개인은 절대적 자립성을 띤 존재라는 데 있다. 그것이 학문적으로 인정된 것이건 아니건 또는 그 내용이 어떤 것이건 간에 지에는 직접적 자기확신이라는 절대의 형식이 갖추어져 있으니, 달리 표현한다면 이는 무조건적 존재(unbedingtes Sein)라고 해도 무방할 것이다.

그러나 의식의 입장에서는 대상적 사물이 자기와 대립하고 자기는 대상적 사물과 대립한다는 것이 지의 전제가 된다. 그러므로 이는 학문과는 별도의 입장, 즉 자기를 고집하는 것이 오히려 정신의 상실을 자초한다는 그런 입장과 같은 것이어서, 이럴 경우 학문의 장이란 의식으

---

[73] 원어로 verklärte Wesenheit이며, 부활 승천했을 때의 예수의 모습이 눈부신 빛을 내뿜는 것에 비유한 표현이다. 절대적인 타자존재 속에서 순수한 자기인식을 가능하게 하는, 에테르에 견줄 만한 철학적 인식은 지상이 아닌 천상의 것이라는 뜻을 담고 있다.
[74] 6세기 말 시나이 반도의 수도승 요한네스 클리막스가 쓴 것으로 전해지는 「낙원에 이르는 사다리」에서 30계단을 올라가는 대목에 비유한 것.

로서는 더 이상 발붙일 수 없는 먼 피안과도 같은 것으로 보인다. 의식과 학문은 서로가 각기 상대방이 진리라고 주장하는 것은 전도된 진리라고 여기게 된다. 자연적 의식이 아무 거리낌없이 학문을 신뢰하려 하는 소박한 태도는 의식으로서는 분명하게 가늠하기란 힘들지만, 아무튼 이는 머리를 땅에 대고 거꾸로 가려는 것과도 같은 짓이다.

그런 익숙지 않은 자세로 움직이도록 강요당한다는 것은 전혀 예기치 않게 너무나도 당치 않은 폭력이 자기에게 가해지는 듯한 느낌으로 다가온다. 학문 그 자체야 어떤 것이건 그것이 직접적인 자기의식에는 전도된 것으로 보인다. 달리 말하면 자기가 몸담고 있는 세계야말로 현실의 원리를 이룬다고 확신하고 있는 자기의식으로서는 스스로가 학문의 경외(境外)에 놓여 있다고 생각되는 이상, 학문은 비현실적인 형식의 것이 된다.

이런 까닭에 학문은 자기확신에 젖어 있는 의식의 세계와 스스로를 통일시켜야만 하는바, 더 분명히 말하면 자기의식의 세계가 학문에 포섭되는 것을 드러내 보여야만 한다. 그 이전의 현실성을 결여한 학문의 경우는 단지 잠재적인 추상적 내용이나 내면에 잠겨 있는 목적만 지닐 뿐이어서 활동하는 정신이 아닌 정신의 실체에 지나지 않는다. 결국 잠재적인 학문은 밖으로 드러나 자각적으로 현재화(顯在化)해야만 하는데, 이는 곧 학문과 자기의식이 혼연일체를 이루어야만 한다[75]는 것이다.

이러한 학문 또는 지의 생성과정을 서술하는 것이 『정신현상학』[76]이다. 최초에 등장하는 지, 즉 직접적인 정신은 정신이 비어 있는 감각적인 의식이다. 의식이 본래적인 지에 이르러서 순수한 개념의 세계인 학문의 경지를 구축하기까지는 장구한 도정을 헤쳐나가기 위한 노고를

---

75) 정신적 실체가 자기를 현현하고 주체화하는 것은 자기의식 쪽에서만 이루어지는 일이 아니라 실체 자체가 자기를 주체화하는 것이기도 하다. 앞의 사다리에 비유한다면, 자기가 올라가는 것이 곧 실체가 하강하는 것이 된다.
76) 처음 집필 당시의 『정신현상학』 초판에는 「체계의 제일부」라는 부제가 붙어 있었지만, 개정판에서는 헤겔 자신에 의해 삭제되었다.

기울여야만 한다. 이렇듯 장구한 생성의 과정은 내용면에서나 내용에 수반되는 형태면에서도 그 전모가 밝혀져야만 하겠다. 어쨌든 이는 흔히 비학문적인 의식을 길잡이로 하여 학문으로 인도되는 그런 유의 것은 아니고, 흔히 학문의 초석를 다진다는 그런 의미의 것도 아니다. 더더구나 열광의 도가니 속에서 권총을 발사하듯 홀연히 절대지에서 출발하여 다른 입장 따위에는 눈을 돌릴 필요도 없이 이를 공언만 하면 된다고 여기는 그런 경우와도 또 다르다.[77]

교양[78]이 미비한 상태에 있는 개인에게 지를 갖추도록 해준다는 과제를 일반적인 견지에서 보면 이는 자각적 정신과 함께 보편적인 안목을 지닌 개인[79]의 형성과정을 고찰하는 것이 된다. 먼저 교양을 갖추지 않은 개인과 보편적인 안목을 지닌 개인과의 관계를 살펴보자. 보편적인 안목을 지닌 개인에게서는 교양이 스며 있는 온갖 요소가 구체적이고 독특한 형태를 띠고 나타난다. 이에 반하여 특수성에 얽매인 채 불완전한 정신을 지니고 있는 개인의 실제 모습을 보면 특수한 여건이 삶의 전체를 지배함으로써 그 이외의 면은 뚜렷이 드러나 있지 않다. 그럴수록 고차적인 정신에서는 하찮은 일상생활은 눈에도 띠지 않는 희미한 모습을 한 채 예전 같으면 중요시되었던 것이 흔적에 지나지 않는, 형태를 식별할 수도 없는 어렴풋한 그림자로 바뀌어 있다.

---

77) 라인홀드가 철학함을 위해서는 그에 앞서서 철학에 이르기 위한 정초작업이 필요하다고 한 데 대해 헤겔이 『차이 논문』에서 반박한 요지이다.
78) 원어는 Bildung이며, 교양·교육 또는 폭넓은 의미의 문화적인 형성·도야를 뜻한다. 교양이나 문명을 세계사에 적용한 것은 레싱(E. Lessing)이 역사를 인류의 교육과정으로 본 데서 비롯되며, 다시 괴테의 『빌헬름 마이스터의 수업시대』에서 교양소설(Bildungsroman)이라는 개념으로 정초되었다. 그밖에 헤겔 『법철학』의 「시민사회론」 §187 참조.
79) 보편적 개인이란 경과하는 시간에 편승해 있는 세계정신과 반드시 동일하지 않으며 오히려 이는 개인·개체로서 세계정신을 철저하게 체현하고 있는, 독립 자존하는 개별적인 존재이다. 이렇듯 어떤 특정한 단계나 형태 속에서 세계정신을 구현하고 있는 실제적인 원형(原型)을 헤겔은 문예작품에서 찾고 있는데, 이 책의 제5장 쾌락과 필연성 속의 『파우스트』, 인륜에서의 『안티고네』, 교양 단계에 나오는 『라모의 조카』 등이 그 예이다.

개인은 이러한 과거를 더듬어가면서 더욱 고차적인 정신을 몸소 익혀나가는 셈인데, 이는 마치 고도의 학문을 터득하려는 사람이 일찍이 머릿속에 담아두었던 기본적인 지식을 되살리며 그 내용을 새삼 더듬어나가는 것과 흡사하다. 이때 그는 분명히 옛적 지식을 기억 속에 되살려내고는 있지만, 그렇다고 거기에 관심[80]을 기울이면서 그대로 거기에 멈춰서려고 하지는 않는다. 아무튼 개인은 보편정신이 거쳐간 온갖 교양의 단계를 그때그때의 내용을 따라 거슬러 올라가야만 하는데, 이때 그 모든 하나하나의 단계는 마치 평탄대로 위에 정신이 벗어던져 놓은 헌옷가지처럼 널려 있다.

따라서 지식의 정도(正道)를 얘기할 경우, 이전 시대라면 성숙한 두뇌의 소유자로서 마땅히 갖추어야만 했던 것들이 이제는 아이들에게 어울리는 지식이나 기능 또는 놀이갯감 정도로 격하되기에 이르렀으니, 실로 교육과 문화의 진보에 힘입어서 이제 우리는 세계인의 교양과 문명의 발자취를 환등(幻燈) 속에 비쳐지듯 훤히 꿰뚫어보게 된 것이다. 이처럼 과거의 세계는 이미 보편정신의 소유물이 되어 그의 보편정신이 곧 개인의 실체를 이루게 되었으니, 이것이 여전히 개인의 외면에 걸쳐 있을 경우 그것이 곧 개인에게는 무기적 자연을 형성하는 것이 된다.

이런 의미에서 교양·교육의 과정이란 개인으로서는 눈앞에 현존하는 것을 획득하고 무기적인 자연[81]을 영양소로 하여 이를 완전히 자기 소유로 하는 것이다. 또한 시대에 팽배해 있는 보편정신의 측면에서 보면 감춰져 있는 시대정신이 의식의 대상이 되어 사람들의 마음속에 파고들어 개개인이 자기반성을 하도록 이끌어주는 것이다.

학문이란 이러한 교양 형성의 운동을 필연성[82]에 따라 세부적으로

---

80) 원어는 Inter-esse로서 '함께 있다'(Dabeisein)라는 뜻이며, 『역사 속의 이성』(임석진 옮김, 지식산업사, 104·120쪽 참조)에 명확한 해석이 내려져 있다.
81) 원어는 unorganische Natur이다. 개체적인 자기의 본성이긴 하면서도 자기화되어 있지 않은 환경이나 또는 주체화되지 않고 소외를 벗어나 있지 못한 실체를 말한다.

수행해나가는 과정과 함께 이미 정신의 요소나 소유물이 되어 있는 것의 형태화과정도 서술해나가는 것이다. 이때 목표는 정신이 지(知)란 도대체 무엇인가를 통찰하는 데 있다. 성급한 사람은 수단이 되는 중간단계를 거치지 않고 곧바로 목표를 달성하려고 하지만 이는 불가능한 바람일 뿐이다. 과정상에 있는 각 계기는 모두가 필수적이어서 기나긴 모든 구간을 참을성 있게 거쳐가야만 하고 그 모든 계기마다를 꼼꼼히 살펴나가야만 한다. 왜냐하면 그 계기 하나하나가 완전한 정신의 응집된 형태를 이루고 있으므로, 그의 개별적인 특징을 전체적인 상(相)으로 구체화하여 하나의 총체로서 눈여겨볼 때라야만 비로소 더할 나위 없이 철저한 관찰[83]이 행해졌다고 할 수 있기 때문이다.

 개인의 실체를 이루는 정신, 아니 심지어 세계정신조차도 장구한 시간의 경과 속에서 그때마다 각이한 형식[84]을 가꾸어나가면서 세계사에서 가능한 정신의 온갖 내용을 특유한 형식 속에 담아낸다는 엄청난 역사(役事)[85]를 떠맡을 만한 인내심을 지닌 가운데 또한 이에 못지않은 인내심을 가지고 자기의 진면목을 의식해야 하는 마당에 당연히 개인으로서도 그만한 인내심 없이는 자기의 실체를 파악할 수가 없다. 그러나 동시에 개인의 노고는 이보다는 덜 기울여도 된다고 하겠다. 왜냐하면 정신의 형식은 벌써 역사 속에 그 본연의 모습대로 완성되어 있고 내용

---

82) 교양의 과정이 내용면에서뿐만 아니라 형식면에서도 전개되는 각 단계마다가 필연적인 계기로서 정립되고 명시되어야 함을 뜻한다.
83) 원어는 '……absolut betrachtet'이다. 이렇듯 철저한 관찰이나 고찰을 통하여 '절대자'(das Absolute)의 개념까지도 풀어낼 수 있는 틈새가 열릴 수 있을 것으로 보인다.
84) 여기서 '형식'은 외형적인 의미의 시대성으로 파악되어 있는데, 동방의 시대, 그리스-로마 시대, 중세부터 근대에 이르는 시대를 일컫는다.
85) 원어는 'Arbeit der Weltgeschichte'이다. 예컨대 지금은 무명인(無名人)이 된 동베를린 훔볼트 대학의 슈틸러(G. Stiehler) 교수는 세계사적 노동은 헤겔 특유의 개념의 노동(Arbeit des Begriffs)이면서 동시에 이는 신적인 권위에 도전하는 의미를 지닌다는 점에서 반봉건적이라는 긍정적 평가를 내린 적이 있지만, 이는 편향적인 당대 마르크스주의 이론의 단면을 그대로 드러내는 흥미로운 본보기이다.

은 있는 그대로의 생경한 현실성을 박탈당하여 관념적인 형상으로 전이된 채 형태 그 자체가 간소화되어 사상(思想)으로서의 단순한 규정 아래 자리매김되어 있기 때문이다.

이미 사유의 결정체로 화한 내용은 세계사적인 시대의 한 가닥 소유물이 되어 있어서 이를 더 이상 본래대로의 모습으로 전환할 필요는 없다. 또한 근원적인 형식을 유지하지 못한 채 갖추어져 있던 생경함도 탈각되어버린 상태에서는 차라리 기억 속에서나 더듬어볼 수 있는 본체를 명확히 의식화된 형식으로 바꾸어놓기만 하면 된다.[86] 사태를 이렇게 파악하는 것이 어떤 의미를 띠는 것인가에 대해서 자세히 살펴보도록 하겠다.

우리가 교양을 쌓기 위해 발돋움하려는 마당에 기존의 것을 전적으로 폐기할 필요는 없다. 오히려 앞으로 있을 한층 고도의 전환을 위하여 그것이 폐기된 뒤에도 종래의 이념적인 표상과 그 형식에 대한 친숙함을 그대로 유지할 필요가 있다. 세계사적인 시대의 흐름을 타고 있는 정신의 실태는 여기서 최초의 부정에 직면하게 되는데, 우선 이 첫 단계에서는 곧바로 자기의 경지로 옮겨진다.

그러나 이렇게 자기의 소유물이 된 것은 생경한 존재와 마찬가지로 비개념적인 직접성과 무관심한 경직성을 간직한 채 고스란히 표상으로 이행해버린다. 동시에 그러한 정신의 형상[87]은 지금의 정신에서는 그 터전 위에서 활동하거나 관심을 기울일 거리는 되지 못하는 기지의 것이다. 그러나 활동이라는 것은 당장 마주친 일을 마무리하고 나면 개념활동과는 무관한 자질구레한 특수한 정신의 운동에 그치기는 해도 이

---

86) 여기서 이루어지는 사태의 전환은 3단계로 구분된다. 첫째는 거기 있는 대로의 것(Dasein)으로서, 외면적으로 주어진 상태에 그대로 매몰되어 있는 즉자적·잠재적 단계이고, 둘째는 사유의 힘으로 자기(das Selbst)라는 정신적 존재성을 획득하는 단계이며, 셋째는 오성의 활동에서 출발해 이성에 의한 개념적 파악에 따른 자립적이고 자각적인 발전을 거쳐서 마침내 실체가 주체가 되는 단계이다.
87) 고대 그리스 정신을 가리킨다.

때 생겨나는 표상이나 기지의 것은 새삼 추구되어야 할 지(知)의 표적이 된다. 이렇게 해서 보편적인 자기[88]의 행위와 사유의 관심이 움트기 시작하는 것이다.

기지의 것은 숙지(熟知)된 것으로서 논리적으로 인식되어 있지는 않다. 인식하는 데서 이미 숙지되어 있는 어떤 것을 전제로 하여 이를 여과 없이 받아들인다면 그야말로 누구나가 기만에 빠져들고 만다. 그러한 지는 어찌된 영문인지도 모른 채 이런저런 소리를 남발하곤 하지만 깨우쳐주는 것이라고는 아무것도 없다. 주관과 객관 또는 신·자연·오성·감성 등등, 이 모두가 기지의 것이고 의미 있는 것으로 전제되는 가운데 모두가 확고한 출발점도 되고 귀착점도 된다. 이때 운동은 부동의 위치를 차지하는 두 점 사이를 전전하는 데 그치는 표면적인 것일 뿐이다. 그리하여 여기서는 지적인 파악이나 음미하는 작업이라는 것 역시 이미 전제되어 있는 것에 관하여 얘기된 것이 자기의 생각과 합치되는지 또는 기지의 것과 조화되는지의 여부를 따지는 것이 고작이다.

일찍이 표상을 분석하는 일이 성행하던 때가 있었는데 이는 곧 표상된 기지의 형식을 타파하는 것이었다. 하나의 표상을 원초적인 요소로 분해하는 것은 적어도 누구나 쉽사리 표상할 수 있는 일은 아니다. 이는 사유 주체로서의 자기에게 돌아가 그 표상된 존재를 직접 확인하지 않으면 안 되는, 그런 요소로 복귀하는 것이다. 물론 이 분석도 어쩔 수 없이 숙지되어 있는 고정되고 안정된 내용을 지닌 사상이나 관념을 다룰 수밖에는 없다. 그러나 여기서 중요한 것은 그렇게 분해된 관념이 일상세계와는 궤를 달리하는 비현실적인 것이라는 사실이다. 즉 관념의 힘으로 구체적인 것이 분열하여 비현실적인 것이 되는 한, 이 구체적인 것은 스스로 운동하는 것이 된다.

분열의 활동은 오성의 힘과 작업에 의한, 참으로 경이롭고도 더없이

---

[88] 보편적인 자기란 '나, 생각함'과 같은 자아적인 의미를 지니므로 결국 오성의 성격과 직결된다.

위대한, 아니 절대적이라고도 할 힘의 발현이다. 자체 내에 흔들림 없이 결집되어 있는 실체로서 그의 요소를 끌어안고 있는 원환[89]은 직접 드러나 있는 대로 거기에 있을 뿐, 전혀 경이로움을 자아내는 관계를 이루고 있지는 않다. 그러나 그 둘레를 벗어난 우연적인 요소가 이 원으로부터의 속박을 느끼면서 원을 벗어난 다른 현실과의 연관 아래 독자적인 존재로서 자유를 획득하게 되면 여기에는 거대한 부정의 힘이 발동하게 마련이다. 이것이 바로 사유의 에너지이며 순수자아의 에너지이다.

이렇게 해서 생겨난 비현실성을 우리는 죽음[90]이라고 부를 수 있는데, 참으로 이 죽음만큼 가공할 만한 것은 없으니, 죽음을 확고히 거머쥐는 데에는 더할 수 없이 거대한 힘이 요구된다. 힘이 없이 겉으로만 아름다운 것[91]이 지성을 증오하는 이유는 그로서는 감당할 수 없는 것을 지성이 요구하기 때문인데, 결코 죽음을 회피하고 황폐함을 모면하려는 생명이 아니라 죽음을 무릅쓰고 그 안에서 자기를 유지해나가는 생명이 바로 정신의 생명[92]이다.

정신이란 그 자신이 절대적인 분열 속에 몸담고 있음을 알아차리는 가운데 진리를 획득하는 것이다. 정신은 부정적인 것에서 눈길을 돌려 긍정적인 쪽으로 쏠림으로써 힘을 발휘하는 것이 아니다. 무언가가 주어졌을 때 그것은 아무 의미도 없는 쓸모없는 것이라고 하면서 당장 고개를 내저으며 다른 쪽으로 마음을 돌리는 것은 정신이 취할 자세가 아니다. 참으로 정신이 힘을 발휘하는 이유는 바로 부정적인 것을 직시하

---

[89] 예나 시대 정신철학 가운데 특히 『실재철학』의 「예지」(Intelligenz) 부분에서 직관-기억-표상-개념이라는 진행단계가 설정되어 있지만, 셸링의 직관철학과는 별도로 헤겔에게서도 역시 인식은 직관작용에서 출발하는 것으로 되어 있다. 여기서 '원환'이란 오성적 인식에 의해 분리·분해되기 이전에 직관이나 표상에 의해 포착된 구체적인 전체를 말한다.

[90] 십자가에 못박힌 예수의 죽음과 부활을 우러러보는 뜻이 담겨 있다.

[91] 노발리스의 탐미주의를 염두에 둔 것.

[92] 이 점은 이 책 제6장 2.교양 단계의 '분열의 언어'에 극명하게 드러나 있다. 곧 분열을 거치고 나서 통일을 성취, 회복했을 때 참다운 정신의 생명은 출현한다.

며 그 곁에 머물러 있기 때문이다. 그것을 따돌리지 않고 그 곁에 함께 머무르는 바로 그때, 여기에 부정적인 것을 존재로 전화되게 하는 마력(魔力)이 생겨나는 것이다.

이 마력이란 앞에서 주체라고 일컬어졌던 것과 동일한 것이다. 즉 주체란 자기가 관여하는 범위 안에 있는 내용에 독자적인 존립을 부여함으로써 추상적이고 직접적인 존재 일반을 지양하여 실체를 진리로 이끌어가는 것이다. 부정이나 매개를 자기의 외부에 맡겨놓다시피 한 무기력한 존재가 아니라 스스로 분열과 매개를 행하는 존재만이 주체라고 불릴 수 있는 것이다.

표상으로 떠오른 것이 그대로 순수한 자기의식의 소유물이 되게 함으로써 개인이 보편성을 갖추는 것은 교양의 일면을 이룰 뿐, 그것으로 교양이 완성될 리는 없다. 여기에 바로 고대와 근대의 학습방법상의 차이가 있는데, 먼저 고대에는 일상적인 자연적 의식의 도야와 형성에 중점이 두어졌다. 생활 전반에 걸친 집중적인 탐구가 행해지면서 온갖 현상이나 사건이 철학적으로 고찰되는 가운데 개인은 활력이 넘치는 보편자의 위치로 스스로를 이끌어올렸다.

이에 반하여 근대에 와서는 개인에게 이미 갖가지 추상적인 형식[93]이 마련되어 있어서, 이를 포착해 자기 것으로 삼으려고 노력하는 것은 구체적인 생활에서 비롯된 다양한 요소 속에서 사회에 유용한 보편적 이념을 발현시키기보다는 오히려 내면에 깃들어 있는 것을 아무런 중간 단계도 거치지 않고 단숨에 산출해내는 상태를 이뤄놓았다. 따라서 교양을 북돋우기 위한 작업은 이미 몸에 배어 있는 감각적인 생활양식을 개인에게서 털어내어 사유의 힘으로 다가가야만 할 실체의 세계에 동화하도록 하기보다는 반대로 고착되어버린 특정한 사상을 파기하여 보편이념을 정신적인 것으로서 실현하는 데 있다.

그러나 고착된 사상을 유동화한다는 것은 감각적인 생활을 유동화하

---

[93] 이렇게 전승된 형식이란 본래 소크라테스 이전 시대부터 비롯된 것이다.

는 것보다 훨씬 어려운 일이다. 그 이유는 지금까지 얘기된 대로 사상[94]이라는 것은 자아에 의한 부정의 힘이나 관념의 순수한 힘을 토대 또는 요소로 하여 성립된 것인 데 반하여, 감각적인 것은 다만 어쩌다 거기에 존재하게 된 무기력한 것이기 때문이다. 결국 사상이 유동화되기 위해서는 내면에 직접 깃들어 있는 순수한 사유가 전체의 한 요소로 인식되거나 아니면 순수한 자기확신이 배제되거나 그 어느 한쪽이어야만 한다.

그렇다고 자아를 어딘가에 치워버린다는 것은 아니다. 완고한 자기집착, 즉 갖가지 내용과 대립하는 순수한 구체적 존재로서의 자아 그 자체가 갖는 완고함과 순수사유의 터전 위에서 자아의 무한한 힘에 의해 부풀려 있는 온갖 내용의 완고함을 모두 다 방기해야만 한다는 것이다.[95] 이러한 운동에 의해서 순수한 사상은 개념이 되고, 또 비로소 진실한 사상으로서 원환적인 자기 운동을 전개하면서 본래의 정신적인 본질을 드러내게 되는 것이다.

이렇듯 순수한 정신의 운동이 학문[96]이라는 것의 본성을 이룬다. 이를 내용과 관련시켜본다면 내용이 그의 필연성에 따라 확대되면서 유기적인 전체를 형성하는 것이 곧 학문이다. 이런 점에서 지의 개념이 획득되기까지의 도정 역시 필연적인 완성을 향해 가는 생성과정이라고 하겠다. 이 예비적인 단계[97]도 결코 일상적인 불완전한 의식이 우연히 마주치는 이러저러한 대상이나 상황이나 사상에 얽혀들거나 특정한 사

---

94) 사상이란 '자아에 의한 부정의 힘' 또는 '관념의 순수한 힘'이라고 할 때 양명학(陽明學)에서 "심 밖에는 아무것도 존재하지 않는다"(無心外之物)라고 한 대목을 떠올리게 된다. 여기서 사상적인 압제나 사상적 자유의 박탈은 곧 인간성에 대한 최대의 반역이라는 점을 되새기게 해준다.
95) 여기서 방기되어야 할 것은 한편으로는 대상에 대립해 있는 자아 또는 오성의 경직된 사유 태도이고, 다른 한편으로는 오성이 대상에 관하여 정립하는 갖가지 범주적인 사유규정 상호간의 고정성(固定性)이다.
96) 이때 '학문'은 주로 논리학을 가리킨다.
97) 여기서 '예비적인 단계'란 헤겔의 모든 체계 속에서 차지하는 『정신현상학』의 위치를 가리킨다.

상을 바탕으로 한 논변,[98] 추리 또는 추론에 의해 진리를 근거지으려는 것과 같은 우연한 발상에서 나온 철학[99]일 수는 없게 된다. 그보다도 오히려 학문에 이르는 도정 역시 개념의 운동을 통하여 의식이 세계[100] 속에 드러나는 모든 국면을 필연적인 연관으로서 포괄하는 것이다.

이런 맥락에서 서술된 것이 학문의 제1부를 이룬다. 여기에 나타난 정신의 최초의 모습은 갓 태어난 상태에 있는, 아직 자체 내로 복귀하기 이전의 정신이다. 따라서 이 학문의 제1부가 그 다음 부분과 특히 구별되는 점은 그것이 일상적인 존재의 장을 기반으로 하고 있다는 것이다. 이런 차이점을 설명하려면 이와 관련하여 자주 거론되는 몇 가지 고정관념을 언급해둘 필요가 있다.

정신의 직접적 존재양식인 의식은 지와 지에 부정적인 대상이라는 두 계기로 이루어져 있다. 정신이 의식의 지반 위에 전개되면서 그의 갖가지 양식을 개진해나간다고 할 때 그 양식마다에는 지와 그 대상의 대립이 수반되는 가운데 본래 정신에 바탕을 두고 있는 모든 양식은 의식의 형태를 띠고 나타난다. 이런 바탕 위에 성립되는 학문이 바로 의식이 행하는 경험에 관한 학문인데, 여기서는 지의 토대가 되는 실체와 그의 운동이 어떻게 의식의 대상이 되는가 하는 점이 다루어진다.

의식은 그가 경험하는 범위 내에 있는 것만을 알고 그것만을 개념적으로 파악할 뿐이다. 왜냐하면 경험 속에 주어져 있는 것은 정신의 실체일뿐더러, 더욱이 그것은 정신의 기반이 되는 의식의 대상이 되기도 하기 때문이다. 그런데 정신이 대상이 되는 이유는 바로 이 정신이 스스로 자기의 타자(sich ein anderes)가 되고 또 자기는 의식이 지목하는 대상이 되는 가운데 다시금 이 타자존재를 지양하는 그러한 운동이

---

98) 원어 räsonieren은 주관적이고 형식적이면서 또한 불충분한 논거에 따라 궁리를 짜내는 것을 뜻한다.
99) 라인홀드를 예로 든 듯하다.
100) '세계, 세계성'이란 지금까지 '의식의 형태'로 전개, 서술되어오다가 이 책 제6장의 '정신' 단계부터는 '세계의 형태'로 바꾸어 지칭하게 된 것을 뜻한다.

기 때문이다. 결국 의식의 경험이란 바로 이와 동일한 운동의 한복판에 있는 것이다. 여기서는 감각적인 존재건 단순한 관념적 존재건, 어쨌든 직접적으로 있는 경험되지도 않은 추상적인 것이 자기소외를 거치고 나서 다시금 이 소외로부터 자기에게로 복귀하는데, 이때 비로소 대상은 참으로 현실적인 것으로 표현되고 동시에 의식의 소유물이 되기도 한다.

의식 안에 있는 자아와 자아의 대상인 실체 사이에 생겨나는 괴리는 실체를 분열시키는 부정적인 것이다. 따라서 괴리가 있다는 것은 대립하는 양극의 결함으로 보일 수도 있지만 사실 그것은 양극을 함께 운동으로 몰아가는 원동력이다. 고대인 가운데[101] '공허함'을 운동의 원리로 파악한 경우가 있긴 하지만, 그들은 다만 운동 속에서 부정의 힘만 보았을 뿐 여기서 더 나아가 운동을 자기로 파악하는 데까지 이르지는 못했다.

그런데 실제로 부정적인 것이 자아와 대상의 불일치로 나타난다고 할 때 이는 실체 그 자체 내에서 생겨난 불일치에 다름아니다. 실체의 외부에서 야기되어 거기서부터 실체에 작용하듯 보이는 것이 실은 실체 자체의 행위이므로, 이렇게 되면 실체란 본질적으로 주체라는 것이 명백해진다. 이 점이 빈틈없이 밝혀질 때 정신의 존재와 본질은 일치하고 있는 그대로의 정신이 곧 정신의 대상이 됨으로써 불쑥 무언가가 제시되면서 지와 진리는 분열될 수밖에 없다는 그런 추상적인 요소는 제거된다. 존재하는 모든 것이 절대적으로 매개되고 실체의 내용이 동시에 그대로 자아의 소유물이 되면서 내용은 곧 자기 운동하는 개념[102]이 되는 것이다. 이것이 정신현상학이 다다르는 최종 지점이다.

이렇듯 정신이 다져놓은 것이 광활한 지(知)의 경지이다. 이제부터

---

101) 레우키포스(Leukippos)와 데모크리토스(Demokritos)를 가리킨다.
102) 헤겔의 '개념'이 그 얼마나 자기(das Selbst) 또는 자아와 일체화해 있는가가 여기에 분명히 드러나 있다. 이 책 제8장의 '절대지'에도 "자아는 개념으로서 존재하는 순수개념이다"라고 써어 있다.

이러한 바탕 위에서 확장되어나가는 것은 단순한 형식을 지닌 정신의 요소들인데, 이때 정신은 대상이 곧 자기 자신임을 알고 있다. 여기서는 더 이상 존재와 지 사이의 대립은 사라지고 단순한 지의 경지만이 있을 뿐이다. 진리는 티없이 맑은 그의 모습을 드러내고 있으니, 여기에 그 어떤 차이가 있다 하더라도 이는 내용상의 차이에 지나지 않는다. 이 경지에서 전개되는 운동을 전체적으로 마무리지어놓은 것이 곧 '논리학' 또는 '사변철학'이다.

정신의 경험을 체계화한 『정신현상학』은 정신의 현상만 다루는 까닭에 이로부터 진리 그 자체를 다루는 학문으로의 전진이란 부정적인 데 지나지 않을 것으로 보인다. 게다가 부정적인 것[103]은 곧 거짓된 것이므로 거기에 머뭇거릴 필요도 없이 단도직입적으로 진리의 길로 들어설 수 있는 것이 아닌가 반문할 수도 있겠다. 즉 무엇 때문에 거짓된 것을 놓고 거기서 머뭇거려야만 하는가라는 것이다.

학문을 당장에 불쑥 시작한다는 것이 어째서 있어서는 안 되는 일인가에 대해서는 앞에서 얘기된 바 있으므로, 여기서는 부정적인 것이면 아예 그릇된 것이라고 보는 입장이 과연 어떤 문제를 안고 있는지 논의해보려고 한다. 실로 이에 관한 잘못된 생각이 무엇보다도 진리로 향하는 길목을 가로막고 있으니 말이다. 여기에는 또한 수학적 인식에 관한 논의도 곁들여져야만 한다. 철학에 통달하지 못한 사람들은 수학적 인식이야말로 학문의 이상이라고 하면서, 철학으로서도 마땅히 이 방향으로 노력해야만 하는데도 아직껏 그러한 노력의 성과가 보이지 않는다고 철학에 대한 비난을 일삼고 있는 실정이다.

'참'과 '거짓'은 결코 움직일 수 없는 각기 독자적인 성질을 지닌 것이라고 하면서 서로를 이쪽과 저쪽으로 나누어 고정시켜놓고 다루어나간다. 그런 입장에 대해서는 진리란 기성품(既成品)으로 만들어져서 그

---

103) 학문의 체계 속에서 차지하는 정신의 의미를 현상적인 면에만 치우침으로써 정신의 행태는 부정적이고 따라서 또 거짓된 것이라고 보는 일면적인 시각이 있는데, 여기에 일침을 가하려는 뜻이 담겨 있다.

대로 지갑에 넣기만 하면 되는 동전*과 같은 것은 아니라고 대꾸해야만 하겠다.

거짓된 것도 결코 그것만이 홀로 존재하지는 않는데, 이는 마치 악이 단독으로 존재하지 않는 것과 마찬가지이다. 악과 거짓은 그 어느 것도 악마만큼이나 악하지는 않다. 왜냐하면 악마가 된 악이나 거짓은 특별한 주어로 내세워지는 경우도 있지만 일반적으로 악이나 거짓은 비록 저마다 고유한 특성을 지니기는 해도 이는 어디까지나 일반적인 성질에 지나지 않기 때문이다. 여기서는 악이 아닌 거짓이 주제가 되어 있어서, 이것만을 놓고 본다면 거짓이란 지의 참다운 내용인 실체와는 배치되는, 즉 실체의 부정태이다. 그러나 실체 그 자체가 본질적으로 부정적인 것이므로 내용에 구별이나 특수한 성질이 생겨나는 것도, 또 실체가 실체 그 자체와 지로 단순히 양분되는 것도 모두 실체가 부정적인 것이기 때문이다.

물론 지가 그릇된 것이라고 할 때 그릇된 지라는 것은 지와 그의 실체가 일치하지 않음[104]을 뜻한다. 그러나 바로 이 불일치야말로 실체에 구별이 생겨난다는 증좌인데, 이는 바로 실체의 본질적인 요소이다. 이 불일치에서 일치도 생겨나게 되며, 이렇게 생겨난 일치야말로 진리이다. 하지만 그렇다 하더라도 마치 순수한 금속에서 타다 남은 찌꺼기나

---

* 레싱(Lessing)의 희곡 「현자 나탄」(Nathan der Weise)의 3.6: "마치 진리가 주화이기라도 하듯이!" 운운.
104) 자아와 대상과의 불일치 또는 부등성은 실체가 본질적으로 주체라는 데에서 비롯된 것임을 누누이 강조하고 있다. 곽상의 『장자』 「제물론」(齊物論)의 주에서 천(天)은 만물·대전(大全)이라 하고 동시에 천은 독화(獨化)하는 개개의 사물과 함께한다고 할 때, 여기서 실체와 주체의 상응상감(相應相感)함을 엿보게 한다. 실체를 '천재내'(天在內)로 보고 주체를 '인재외'(人在外)로 보거나 '이인멸천'(以人滅天)에서 천명(天命)에 따른 주체와 실체의 불일치·부등성을 본다면 결국 나가르주나의 『중관론』(中觀論)이 가르치듯 "타자와 타자, 즉 주체와 실체의 관계로 인하여 어느 쪽 타자도 존재하지 않는 것은 아닌지"라는 물음이 따른다. 풍우란(馮友蘭), 『중국철학의 정신』, 곽신환 편역, 숭실대 출판부 1985, 162쪽 참조.

완성된 항아리에서 본틀이 벗겨지듯 불일치가 제거되면서 진리가 생겨나는 것은 아니다. 불일치는 부정적이면서도 핵심적인 것으로서 진리 그 자체 속에 직접 존재한다.

그러나 또 그렇다고 하여 거짓이 참됨의 한 요소이거나 심지어 참됨을 위한 하나의 구성요소가 된다고 할 수는 없다. 만약 모든 거짓에는 어느 정도의 참이 곁들여져 있다는 식으로 얘기된다면 참과 거짓이 기름과 물의 경우처럼 서로 섞이지 못하고 단지 겉으로만 한데 어울려 있다는 것이나 마찬가지가 될 것이다. 이렇듯 전혀 별개의 것이 나란히 어울려 있다는 듯이 혼란스러운 의미가 안겨질 수 있으므로 쌍방간의 외적인 공존이 성립될 수 없는 상태에서는 그러한 표현법이 사용되어서는 안 된다.

마찬가지로 주관과 객관, 유한과 무한, 존재와 사유의 통일이라는 식의 표현도 주관과 객관이라는 것이 일단은 통일의 장(場)을 벗어나 있는 듯한 의미를 띤다는 점에서 적절하지 못한 것이 사실이다. 왜냐하면 통일이 되고 난 다음에는 주관과 객관이라는 등의 의미도 변할 수밖에 없기 때문이다. 이런 점에서 거짓이라는 것도 그것만이 따로 진리의 한 요소를 이룰 수는 없는 것이다.[105]

철학적인 지나 연구에서 독단적인 사고방식이 고개를 쳐들고 나온다면 이는 확고한 결론인 듯이 내세워진 명제나 직접적으로 납득된 명제 속에 진리가 있다는 듯이 여긴다는 것 이외에 아무것도 아니다. 물론 카이사르가 언제 태어났으며 1슈타디온은 몇 토아즈(Toisen)인가 라는 등의 물음에는 알맞은 대답이 주어질 수 있고, 또한 직각삼각형의 빗변의 제곱은 다른 두 변의 제곱을 합한 것과 같다는 등의 명제가 진리임에는 틀림없다. 그러나 철학적 진리는 그런 유의 진리와는 궤를 달리하는 것이다.

---

105) 수학에서와는 달리 철학적 진리에서는 대립하는 양자가 일단 종합과 통일에 이르고 나면 각기 대립하는 두 항은 통일 이전과는 다른 하나의 계기로 전화한다. 이에 관해서는 『차이 논문』의 피히테 철학에 대한 논술 부분에 잘 밝혀져 있다.

역사적 진리에 관해서 간략히 언급한다면, 순수하게 역사적인 것이란 개별적인 사실이나 우연한 자의적 내용 또는 필연성이 따르지 않는 사실에 관계된다는 것을 쉽게 알 수 있다. 그러나 앞에서 얘기된 벌거숭이의 진리 같은 것마저도 자기의식의 운동 없이는 존재하지 않는다. 하나의 진리를 깨우치기 위해서는 많은 진리를 비교하고 서적을 참고하고 또 이러저러한 연구도 병행해야만 한다. 직접 눈으로 확인된 것이라도 그에 관한 지식이 문제가 되면 몇 가지 근거를 대고 논증을 해야만 비로소 그의 진가가 인정되게 마련이다. 물론 여기서 애초에 문제가 되어 있는 것은 벌거숭이의 결론에 지나지 않지만 말이다.

수학적 진리에 관해서 얘기한다면, 유클리드의 정리를 암기만 할 뿐 그의 증명도, 내면적인 연관성도 터득하지 못한 사람을 기하학자라고 할 수는 없다. 이와 마찬가지로 여러 개의 직각삼각형을 그려놓고 그 변의 길이를 측정하여 세제곱의 정리가 타당하다는 것을 아는 것만으로 기하학적 지식이 충분하다고도 할 수 없다. 그런데 수학적 인식에서도 증명을 이끌어내기 위한 본질적인 논리가 결론 자체의 요소로까지 파고들지 못한 채, 결론이 도출되고 나면 증명은 어디론가 사라져버린다.

물론 결론에 가서 정리가 맞다는 것이 밝혀지기는 하지만, 그럴 경우에도 내용에 무언가가 더해지는 것은 아니고 수학자라는 주체와의 관계에 무언가가 덧붙여질 뿐이다. 수학의 증명이라는 운동은 대상에 속하는 것이 아니라 사태를 겉도는 외면적인 행위이다. 이를테면 직각삼각형이라는 것이 스스로 해체되어 작도를 이루어내고 세제곱의 정리를 증명하는 데 필요한 도면이 작성되는 것이 아니라 어디까지나 결론을 이끌어내는 과정 전체가 인식을 위한 절차와 수단이 되어 있는 것이다.[106]

철학적 인식에서도 존재로서의 존재의 생성과 사태의 본질이나 사태

---

106) 존재·본질·개념이라는 3부작으로 구성된 헤겔의 『대논리학』(Wissenschaft der Logik)은 존재하는 사태에 대한 직접적이고 외면적인 반성을 행하는 '존재'의 변증법과 개개의 사물을 직접 거기 있는 그대로 파악하는 것이 아니라 그

의 내적 본성의 생성은 서로가 구별된다. 그러나 철학적 인식은 첫째로 이 두 가지 생성을 모두 다 포함하므로 수학적 인식이 존재의 생성만 포함할 뿐 사태의 본성은 인식 그 자체 내에 깃들어 있는 것으로 표현하는 것과는 차이가 있다. 둘째로 철학적 인식은 이 두 개의 운동을 통일시키기도 한다. 실체의 내적 발생과 생성은 외적인 존재로 향하면서 타자와 연관되는 운동과 불가분의 관계를 맺는데, 역으로 말하면 존재의 생성은 본질로의 자기귀환인 것이다. 그리하여 운동은 이러한 이중의 과정으로서 여기에 전체가 생성되는데, 이때 이 양면적인 운동은 서로가 타자를 정립하는 가운데 저마다 두 개의 관점을 지니게 된다. 그런데 이 양자가 서로 해체되어 전체의 요소를 이루는 쪽으로 합일될 때 철학적 진리의 전체가 성립되는 것이다.

수학적 인식에서는 문제의 핵심을 이해하기 위한 길잡이가 외부로부터 부가되는 까닭에 정작 다루어져야 할 내용은 변질되어버린다. 따라서 해법의 수단이 되는 작도(作圖)나 증명은 제대로 짜여 있는데도 내용은 여전히 잘못된 것일 수가 있다. 앞에서 본 예에 따른다면 삼각형이 해체되어 그 나누어진 부분이 다른 도형의 작도에 이용되는데, 이렇게 되면 마지막에 가서야 비로소 본래 주제가 되었던 삼각형이 재현되므로 이것은 작도나 증명이 행해지는 도중에는 안중에서 사라지고 또 다른 전체의 일부로서 나타나는 데 지나지 않는 것이다. 따라서 여기에도 또 내용을 부정하는 힘이 작용한다고 할 수 있으니, 이는 곧 내용의 그릇됨을 드러내는 것과 함께 개념의 운동 속에서 고정화된 확고한 사상의 소멸마저도 나타내준다고 해야만 하겠다.

그러나 수학적 인식에 특유한 결점은 인식 그 자체의 결점인 것 못지

사태를 성립하게 하는 내적 근거로서의 본질이 드러나 있는 현상으로 파악하는 '본질'의 변증법을 합쳐서 이 두 가지의 생성양식을 고찰하는 '객관적 논리학'과 이에 대하여 '주관적 논리학'이라고도 불리는 '개념론'으로 구성되어 있다. 특히 이 '개념론'에서는 논리학 전체를 개념이 자기 운동하는 통일적인 과정으로 고찰하고 있는데, 여기서 주제가 되는 수학의 경우는 존재논리학에 속하는 양(量)의 입장에 머무른 채 외면적인 반성을 행할 뿐이다.

않게 소재의 결점이기도 하다. 인식에 관하여 얘기한다면 무엇보다 먼저 작도의 필연성이 제대로 밝혀져 있지 않음을 들 수 있다. 작도는 정리의 개념에서 나오는 것이 아니라 이렇게 하라는 명령이 내려지는 것일 뿐이다. 그러므로 그밖에 무수히 많은 선을 그을 수 있는 가운데 하필이면 이 선을 그으라는 지시에 대해서 어지간하면 그것이 증명을 진행하는 데 효과적이리라는 선의의 해석 이상으로 아는 것은 없이 그저 맹목적으로 따를 수밖에 없다. 따라서 그것이 정말로 유효한가 어떤가는 뒤에 가야만 알 수 있다. 왜냐하면 여기에는 뒤에 행해지는 증명으로부터 반대로 되짚어본 다음에야 비로소 납득될 수 있는 외면적인 연관밖에는 없기 때문이다.

마찬가지로 증명도 어디론가부터 시작되는 한 줄기 길을 따르고는 있지만 그것이 본래 지향하는 결론과 어떤 관계에 있는가는 분명하지 않다. 증명의 진행이 이러저러한 성질이나 관계는 이용하면서 그밖의 다른 성질이나 관계는 팽개쳐버리는 경우, 과연 어떤 필연성에 따라 한쪽은 취하고 다른 쪽은 버려야 하는지가 분명하지 않다. 결국 이는 밖으로부터 끌어들인 목적이 운동을 지배하고 있기 때문이다.

인식상의 이러한 결함이 있는데도 수학은 명증성을 지닌다고 자랑삼아 내세우면서 심지어 이를 철학에 빗대어 기고만장해하기도 한다. 이는 수학의 목적이 빈약하고 그의 소재가 불충분한 데서 오는 탓으로 돌릴 수 있는데, 철학적인 안목으로 보면 이는 일고의 가치도 없다. 수학의 목적 또는 본질은 '크기'에 있다. 그런데 크고 작음이라는 것이야말로 비본질적이고 몰개념적이다. 크고 작음에 관한 지의 운동은 단지 표면을 겉돌 뿐 사태의 본질이나 개념에 가닿지는 못하므로, 아예 이는 개념적인 인식을 하는 것이 아니다.

수학이 상대와 겨루면서 갖가지 진리의 보물을 손에 넣은 듯이 기꺼워하는 소재는 '공간'과 '1'이라는 수이다. 공간이란 개념의 차이가 단지 장소나 위치의 차이로 나타나는 공허한 죽은 장으로서, 거기에 나타나는 차이라는 것도 모두가 움직임도 생명도 없는 것이다. 현실의 존재는 수학에서 고찰되는 것과 같은 공간적인 존재가 아니다. 따라서 수학이 다루는 그렇듯 비현실적인 존재에 관해서는 구체적인 감각적 직관이건 철학이건 도대체가 성립되지 않는다.

그런 비현실적인 바탕을 지닌 것이라면 역시 비현실적인 진리라고나 할 고정된 죽은 명제일 것이다. 이런 명제는 저마다가 서로 분리되어 있어서, 결국 하나의 명제에서 다음 명제로 진전되면서 사태의 본성에 따른 필연적인 연관이 성립되는 일이라곤 없이 각 명제마다 다시금 새로운 출발점이 되어야만 한다. 이런 원리를 바탕으로 하여 여기에 수학적 명증성이라는 형식이 갖추어짐으로써 마침내 수학적 지는 직선적인 등식부호에 따라 진행하게 된다. 스스로 움직이지 않는 죽은 것은 본질적으로 구별이 지어지거나 기본적인 대립이나 불일치가 조성되어 하나의 대립물에서 또다른 대립물로 이행하는 일이라곤 없으며, 따라서 질적인 내재적 운동이나 자기 운동을 행하는 일도 없기 때문이다.

실로 수학이 고찰하는 것은 양의 크기라는 비본질적인 차이일 뿐이다. 개념의 운동이 공간을 3차원으로 분할하고 동시에 이들 각 차원을 그 안에서 결합하는 데에는 관심이 없다. 예컨대 선과 면의 관계는 고찰의 대상이 되지 않는다. 그런가 하면 또 원의 지름과 원주의 비교치를 구하려고 할 때 그것이 통약 불가능함을 알게 되면, 바로 여기에는 개념의 무한적인 관계가 드러나는데도 그 의미를 명확하게 잡아내려고는 하지 않는다.

내재적이라는 이른바 순수수학은 시간[107] 그 자체를 제2의 고찰재료

---

107) 헤겔에게서 시간은 공간과 함께 자연철학을 구성하는 기본골격을 이룬다. 그러나 헤겔이 말하는 '자연'은 '정신'이 자기 자신을 파악하는 데 이르는 전(前)단계, 곧 정신의 외면적인 형태에 해당하는바, 이를 역으로 보면 '자연'의 진실태는 '정신'이라는 것이 된다. 이런 점에서 시간은 당연히 정신과의 관계 속에서 다루어진다. 이때 정신 또는 개념을 부정의 부정이라고 한다면 시간은 '지금'의 부정의 부정이며, 따라서 시간은 거기 있는 대로 존재하는(daseiend) 개념, 즉 정신에 의하여 자연적인 의미의 시간형식이 지양되고 파기된 개념이다. 이에 관해서는 제8장 「절대지」에도 상술되어 있다.

로 하여 공간에 대치하지는 않는다. 응용수학의 경우는 운동이나 그밖에 현실적인 것을 취급하는 동시에 시간을 취급은 하면서도 개념에 의해 결정되는 갖가지 시간적 관계를 포함한 복합적인 명제를 경험에서 추출해냄으로써 전제가 되는 그러한 명제에 수학적인 공식을 적용하는 데 그치고 만다. 수학에서는 저울의 평형의 법칙이나 낙하운동에서 공간과 시간의 관계의 법칙 등에 관한 이른바 증명이라는 것이 자주 행해지는데, 그것이 증명으로 내세워지고 또 그렇게 받아들여진다는 사실이야말로 수학적 인식에서 증명이 얼마나 필요한 것인가를 증명해준다. 수학적 인식에서는 아무런 증명도 하지 않으면서 증명이 된 듯한 모습을 드러내 보이는 것만으로 만족감에 젖기도 하는 것이다.

이렇게 볼 때 수학이 걸치고 있는 위장된 탈을 벗겨내 그의 한계와 더불어 이와는 별개의 지식이 필수적이라는 사실을 밝혀내는 데에는 수학적 증명을 비판하는 것이 가장 유효하다고 하겠다. 시간과 관련해서 본다면 이는 공간에 대치되는 순수수학의 또 하나의 소재를 이룬다고 하지만 사실 이것은 개념이 실재하는 모습이다. 말하자면 개념 없는 차이로서의 크기의 원리와 추상적이고 생명 없는 통일에 지나지 않는 등식의 원리로는 끊임없이 동요하는 생명과 절대적인 차이를 포착할 수 없다. 따라서 수학에서는 생명의 부정적인 힘은 마비된 채 '1'을 통하여 인식의 제2의 소재가 될 수밖에 없다. 아무튼 사태를 외면적으로 취급하는 수학적 인식은 스스로 운동하는 것을 소재로 다루는 데 그칠 뿐이어서, 그로부터 아무렇거나 상관이 없는 외면적인 생명 없는 내용을 들추어낼 뿐이다.

이와는 달리 철학이 고찰하는 것은 비본질적인 규정이 아닌, 오직 본질적인 규정에 한한다. 철학의 지반과 내용을 이루는 것은 추상적이고 비현실적인 것이 아니라 스스로를 정립하고 내적인 생명을 지닌, 개념에 부합되는 모습을 한 현실적인 것이다. 스스로 움직이는 과정이 요소를 산출하고 이 요소를 두루 관통해나가는 가운데 이루어지는 전체적인 운동이 적극적인 진리를 형성한다. 그리하여 이 운동에는 부정적인 요소도 포함되는데, 만약 이 부정적인 것만 따로 떼어놓고 본다면 이는 도외시해버려도 되는 불필요한 것이다.

그러나 마땅히 소멸되어버릴 만한 것도 결코 진리와 단절된 채 어딘가 동떨어진 곳에 방치해두어도 되는 고정적인 것이 아니라 오히려 진리에 없어서는 안 되는 것으로 간주되어야만 한다. 역으로 보면 진리라는 것도 결코 어느 한쪽 편에 꼼짝없이 눌러앉아 있는 그런 생명 없는 체통을 지닌 것은 아니다. 현상계는 발생과 소멸이 되풀이되는 연속성 속에서도 생멸의 단계를 넘어선[108] 본연의 모습을 간직한 채 생동하는 진리를 안고 있는 현실의 운동이다. 진리라는 것은 모두가 만취상태에 빠져 있는 디오니소스 축제의 흥분의 도가니와 같은 것이어서, 이를 벗어나면 곧바로 죽음에 처한 것이나 마찬가지이므로 전체가 투명하고 단순한 평온함을 유지하고 있기도 한 것이다.

여기서는 운동에 가담해 있느냐의 여부가 사생(死生)을 판가름하는 잣대와도 같아서 더 이상 정신의 개별적인 형태나 특정한 사상이 독자적으로 존립할 여지는 없고 모두가 부정되고 소멸될 수밖에 없는 그런 와중에도 정신의 갖가지 특수한 형태가 적극적이고 필연적인 요소를 이루고 있다. 정지해 있는 듯이 보이기도 하는 전체의 운동 속에서 나타나는 이러저러한 차이나 특수성은 내면화된 기억으로 보존되어 있으며, 여기서는 존재하는 것이 곧 자기 자신을 아는 것이고 자기를 아는 것이 그대로 존재하는 것이 되어 있는 것이다.

이러한 운동을 펴나가는 학문의 방법[109]과 관련하여 미리 몇 가지 언

---

108) 이것은 "운동이 생성소멸하는 일은 있을 수가 없다. 왜냐하면 그것은 영원히 존재하므로"라고 한 아리스토텔레스(『형이상학』 107 166)의 사상과는 물론이고 심지어 『대승기신론』에서 말하는 불생불멸의 초월성과 생멸의 내재성이 동일적인 화합의 경지를 이룬다고 하는 아라야식(阿拏耶識)의 입장과도 견주어볼 만한 대목이다. 즉 여기서 헤겔은 '세계'와 '진리'의 '비일비이'(非一非異)함을 결연한 자세로 명시해주고 있는 것이다. 이 절의 문장 끝까지를 곰곰이 새겨봐야만 하겠다.
109) 학문의 '방법'에 관하여 상술하고 있는 『대논리학』 I, p.26~51의 서론 부분 참조.

급해둘 필요가 있다. 물론 방법이란 어떤 것인가에 대해서는 이미 얘기된 바도 있고 더욱이 그에 대한 본격적인 서술은 논리학이 감당해야 할 업무라고도 하겠는데, 왜냐하면 방법이란 전체의 구조를 순수하게 본질적인 형상에 따라서 제시하는 것이기 때문이다. 그러나 방법에 관한 종래의 통념으로 말하면 철학적 방법에 관한 관념의 체계와 관련하여 오늘의 우리는 이미 지난날의 교양 수준에 머물러 있다는 것을 알아야만 한다.

만약 이러한 말투가 내 뜻과는 달리 호언장담이나 혁명적인 언사인 듯이 받아들여진다면 여기에 바로 덧붙여둘 것은 수학이 내세우는 학문적인 장관(壯觀), 즉 설명·구분·공리·정리·증명·원칙·추론·결론 등등으로 치장된 화려함이 적어도 세인의 눈으로 볼 때 이미 시대에 뒤처져 있다는 사실을 되새겨봤으면 하는 것이다. 그것이 더 이상 쓸모 있는 것인지 어떤지는 차치하고라도 실제로 그런 것이 활용되는 경우는 거의 전무하다고 할 수 있으며, 또 아예 거부당한다고까지는 할 수 없다 하더라도 기꺼이 받아들여지지 않는 것만은 분명하다고 하겠다. 그렇다고 또 반드시 우월한 것만이 기꺼이 이용되게 마련이라고 생각하는 것 역시 우리의 편견일 수 있는 면이 없지도 않다.

그러나 미리 명제를 앞세워놓고 그의 근거를 제시하며 반론을 물리칠 수 있는 근거를 내놓는 식의 수법이 진리에 합당치 않은 형식이라는 것을 이해하기란 그리 어려운 일은 아니다. 왜냐하면 진리란 스스로 운동하는 것인데, 지금 얘기된 방법에 따라서 수행되는 인식은 소재 밖에서 운동하는 것이기 때문이다. 그런 방법은 수학에 합당한, 그의 전유물이라고나 하겠다. 왜냐하면 이미 얘기된 대로 수학은 개념이 결여된 양이나 크기의 관계를 원리로 하고 죽은 공간이나 수를 소재로 하는 것이기 때문이다.

그런데 이런 방법이 더욱 기승을 부리면서 거침없이 사용되는 경우가 있다. 즉 일상적인 대화나 머리말 같은 데서 흔히 눈에 띄듯이 인식에 주력하기보다는 호기심이나 자극하려고 드는 역사적 교훈 따위가 그런 유에 속한다고 하겠다. 일상생활에서 의식의 내용이 되는 것은 지식, 경험, 감각적인 구체적 사물, 사고, 법칙 등등, 요컨대 바로 눈앞에 있거나 확고하고 안정된 모습으로 존재하는 것들이다. 의식은 그러한 것들의 주변을 맴돌면서 때로는 서로 연결되어 있는 내용들 사이의 고리를 임의로 끊어버리고는 밖으로부터 그것을 규정하며 처리하려고 한다. 그리하여 의식은 내용을 규정하거나 처리하는 데 길잡이가 될 만한 어떤 확실한 것, 즉 그것이 비록 한순간의 느낌에 불과할지언정 뭔가 확실하게 느껴지는 것이면 이를 자기 것으로 삼으려고 한다. 이런 가운데 자신이 생각하기에 이쯤 되면 멈춰 서도 되겠다 싶을 만큼 낯설지 않은 지점에 다다르면 거기에 멈춰 서서 만족해하곤 하는 것이다.

그러나 개념의 필연성이란 자질구레한 이치나 따지고 들면서 대화하는 식의 진행이나 또는 학문적 위용을 내세우며 경직된 자세로 일관하는 식의 진행은 떨쳐버리고 나아가는 것이다. 그렇다고 해서 앞에서 지적했듯 겉치레에 치중하는 학문만이 아닌, 학문 일반을 경멸하다시피 하면서 방법 없는 예감이나 열광 또는 마음을 솔깃하게 할 만한 예언을 통해 그 빈자리를 메우려고 해서는 안 된다.

이와 마찬가지로 칸트에 의한 '삼중성·삼위일체'[110]의 개념을 보면, 애초에는 그저 본능적으로 재발견되어 생명이 없는 몰개념적인 것에

---

110) 헤겔 자신으로서는 사용한 바가 없는, 그의 변증법을 특징짓는 정-반-합이라는 약칭은 즉자-대자-즉자대자 또는 긍정-부정-부정의 부정으로도 표현되는데, 그 종교적인 의미는 성부-성자-성신이라는 기독교의 삼위일체론(Dreieinigkeit, Trinität)에서 유래한다. 여기에 논의될 삼중성 원리는 Dreieinigkeit, Trichotomie, Triade라고도 표현된다. 일찍이 피타고라스 학파와 신플라톤 학파 그리고 기독교적 삼위일체론 등에 힘입은 이 사상이 칸트 범주론에 와서는 이를테면 질의 범주가 실재성-부정성-제한성이라는 정반합의 구조를 띠고, 다시 피히테에 와서는 정립-반정립-종합의 방법으로 나타나면서, 마지막으로 셸링에 와서는 양극성(Polarität)과 그의 동일성의 원리로 발전하게 되었다. 『믿음과 지식』(*Glauben und Wissen*)에서 헤겔은 칸트의 범주론이 갖는 구조적 성격을 논하면서 오성적 사유형식의 삼중성에 착안했던 칸트에 의해 오성에서 이성으로의 발전 가능성과 함께 다시 사변적인 인식의 길마저도 깨우치게 되었음을 높이 평가하고 있다.

지나지 않았던 것인데 새삼 여기에 절대적인 의미가 주어지면서 참다운 내용 속에 담긴 참된 형식이라고 치켜세워지고 이로부터 학문의 개념이 부상(浮上)하게 되었다. 여기까지는 또 그렇다 치더라도 이를 기화로 하여 삼위일체의 형식을 환영(幻影)에나 비길 수 있는 생명 없는 도식으로 꾸며내 학문적인 체계를 한낱 일람표 정도로 전락시켜놓은 마당에 이런 삼위일체의 형식을 두고 학문적이라고 할 수는 없다.[111]

이런 형식주의의 일반적인 특징은 이미 언급한 대로이지만, 이제 그 용법을 좀더 자세히 논의하기에 앞서 한마디 해둘 것은 어떤 형태의 본성이나 생명에 관하여 도식 중의 한 항목을 그의 술어로 적용하기만 하면 충분하다고 보는 것이 이 형식주의의 상투적인 수법이라는 것이다. 이때 도식에 적용되는 항목으로는 주관성이나 객관성, 자기나 전기, 수축이나 확장 또는 동과 서 등을 들 수 있는데, 항목상으로만 본다면 그밖에도 무한히 많은 것을 열거할 수 있다. 왜냐하면 그 방식대로라면 어떠한 성질이나 형태라도 도식의 일개 형식이나 요소로 사용될 수 있고 그밖에 또 어떤 것이라도 같은 용도로 사용될 수가 있기 때문이다. 결국 여기서는 사물에 대한 견해가 순환적으로 뒤바뀔 뿐이고 사태 자체로 보면 각기 서로가 대립을 이루는 것일 뿐, 구체적으로 한쪽이 다른 쪽에 대해서 어떤 의미를 지니는 것인가는 도무지 분명하지가 않다.

일상적으로 우리의 직관 대상이 되는 감각적인 성질의 것이 다루어질 경우에는 당연히 그 의미가 관념적으로 변형된다. 반대로 주관·객관·실체·원인·보편 등과 같이 도식에 합당한 순수한 사상 규정이 다루어질 경우에는 일상생활에서 상용되는 강약이나 신축과 같은 구체적인 성질의 사용법과 다름없는 안이하고 무비판적인 용법이 적용되곤 한다. 이렇게 되면 형이상학적인 고찰도, 감각적인 표상도 그 모두가 학문적인 대상일 수는 없게 되고 만다.

---

111) 이는 피히테와 셸링에 의한 칸트 삼중성 이론의 사변인 해석과 셸링 제자들에 의한 이 도식의 형식주의적 응용에 대한 논평이다.

이러한 형식주의는 내적인 생명이나 생명력이 있는 존재의 자기 운동 대신 직관이나 감각적인 지에 의한 단순한 규정을 표면적인 유추를 통해 주논점으로 하여 도식을 이렇듯 외면적이고 공허한 방식으로 이용하는 것을 학문적인 구성[112]으로 내세운다. 어쨌건 형식주의치고 그 어느 것도 서로 구별되는 것이라곤 전혀 없다. 예컨대 질병에는 무력증, 강력증 또는 약간의 무력증이라는 것이 있고 여기에는 각기 세 가지 대증요법이 있다는 정도의 이론*을 놓고 사람들은 극히 최근까지만 해도 단 15분 정도만 익히고 나면 그런 교과과정을 훌륭히 마무리할 수 있었다. 그런데도 돌팔이 의사가 아닌 이론에 정통한 의사가 될 수 없다고 한다면 그는 얼마나 아둔한 사람이겠는가?

자연철학적인 형식주의에 따르면 지성은 전기이고 동물은 질소이며 또한 이들은 남·북과도 일치하므로 그대로 남과 북을 나타내는 것이라고 한다. 이렇듯 단도직입적인 표현이 있는가 하면 사이사이에 갖가지 술어를 뒤섞어놓는 경우도 있는데, 이런 식으로 서로가 아무 연고도 없어 보이는 것을 결부시키거나 정지해 있는 감각물에 관념적인 것을 무리하게 덧붙여놓으면서 이것이 개념이라도 되는 듯한 허울을 씌워놓고 있다. 이런 수법으로는 개념 그 자체나 감각적 표상의 의미 그 자체를 밝혀내야 할 요긴한 문제가 올바르게 다루어질 수 없다. 도대체 어디에 문제가 있는지 제대로 가늠조차 못하는 사람이라면 뭔가를 보고 경탄하면서 천재적인 발상이라고 치켜세우기도 하고 추상적인 개념을 직관을 통해 보완함으로써 내용에 대한 명쾌한 설명이 주어진 듯이 기꺼워하면서 그렇게 얻어진 성과에 마음으로부터 공감하고 행복에 겨워 할 수도 있을 것이다.

---

112) 헤겔도 이미 예나 시대부터 물질을 구성하는 근본요인으로 인력과 반발력이라는 두 개의 힘을 제시해왔다. 이것은 본래 칸트의 『자연과학의 형이상학적 기초』(Metaphysische Anfangsründe der Naturwissenschaften)에서 밝혀진 이후로 셸링의 자연철학에도 큰 영향을 끼친 개념이다.

* 일명 브라운주의 : John Brown, Elementa medicinae, 1780

요는 그런 정도의 지혜를 요령껏 터득하고 사용하기란 어렵지 않다는 것이다. 뻔히 알려진 것을 되풀이해서 사용하는 것을 보고 있노라면 마치 속이 훤히 들여다보이는 요술쟁이 놀음을 반복하는 것과도 같아서 보기에도 민망할 정도이다. 이 단조로운 형식주의에서는 도구를 취급하는 것도 마치 빨간색과 녹색 두 색깔만 있는 팔레트를 손에 쥔 화가가 기록화를 그릴 때면 빨간색으로, 풍경화를 그릴 때면 녹색으로 화면을 칠하듯이 간단히 처리해버리고 만다. 이럴 경우 천상과 지상과 지하에 존재하는 만물*을 두 가지 색상으로 칠해버리는 데서 오는 즐거움과 이 만능의 도구를 정말 일품이라고 여기면서 자만에 빠지는 태도, 이 두 가지 중에 과연 어느 쪽이 더 큰 만족감을 안겨줄는지를 가려내기는 쉽지 않다. 여기에 드러나 있는 두 가지 행태는 상호보완적인 관계에 있기 때문이다.

천지만물을 이루는 온갖 자연적 · 정신적 형태에 일반적인 도식에 알맞은 몇 가지 규정을 적용하여 모든 것을 그 어느 한쪽으로 편입시키는 그런 방법으로 얻어지는 것이란 우주의 유기적 조직에 관한 명명백백한 보고,** 말하자면 이러저러한 명찰이 붙어 있는 해골이거나 아니면 양념가게의 상표가 붙은 통조림 진열대와 흡사한 일람표라고나 하겠다. 여기에 제시되어 있는 것은 모두가 일목요연하다. 다만 전자의 경우는 뼈만 있고 살과 피가 없다면 후자의 경우는 생명이 없는 것을 통조림으로 봉합해놓았다고 하겠으니, 형식주의의 일람표라는 것 역시 살아 있는 본질을 팽개쳐버리거나 봉합해버리는 어느 한쪽을 닮은 꼴이다.

이런 형식주의가 도식상에 나타난 차이를 부끄럽게 여기며 이를 반성의 탓으로 돌리면서 모든 것을 절대의 공허 속으로 몰아넣고 나서는

---

* 「빌립보서」 2 : 10. "천상에 있는 자들과 지하에 있는 자들도 모두 예수의 이름으로 무릎을 꿇게 하시고……" 참조.
** 피히테의 저작 『최근의 철학의 본질에 관한 독자에게 보내는 명명백백한 보고』 (*Sonnenklarer Bericht über das Wesen der neuesten Philosophie*, 1801)라는 제목에 따른 것.

순수한 동일성과 같은 형식 없는 백색을 덧칠하는 수법을 씀으로써 결국 단색의 절대화(絕對畵)[113]를 완성해놓는다는 데 대해서는 이미 얘기한 대로이다. 앞에서 본 단색으로 된 도식이나 이에 준하는 생명 없는 상표와 지금 말한 절대적 동일성 그리고 어느 한쪽에서 다른 쪽으로의 이행은 그 모두가 하나같이 죽은 지성의 산물이며, 외부에서 끌어들여온 인식에 지나지 않는다.

그러나 아무리 탁월하다는 것[114]도 지금 본 바와 같이 생명이나 정신을 박탈당한 채 만신창이가 되어 생명 없는 공허한 지(知)의 덮개로 씌워져버리는 운명은 피할 길이 없다. 그런데 오히려 이런 운명 속에서야말로 탁월한 것이 정신에, 아니 거기까지는 아니더라도 심정에 대해서만큼은 힘을 발휘하는 면이 보이기도 하는데, 이런 와중에서 보편적이고 명확한 형식이 확립되고 탁월한 것이 완성되면서 보편적인 원리를 손쉽게 이용할 수 있게도 되는 것이다.

그런데 학문은 오직 개념의 고유한 생명력을 통해서만 체계화되어야 하므로, 여기에는 형식적인 도식에 따라 외면으로부터 존재에 첨가되는 성질 대신 자기 운동하는 충만된 내용의 혼이 맥박치고 있다. 이때 존재의 운동이란 한편으로는 스스로가 자기의 타자화를 통하여 자기내재적인 내용이 되는 것이고, 다른 한편으로는 타자화된 자기존재를 다시금 자체 내로 되돌려옴으로써 온갖 요소를 통일하여 단순한 내용을 얻어내려는 것이기도 하다. 외면으로의 운동 속에서는 부정성이 차이를 낳으면서 이것이 일정한 틀을 갖추게 되는데, 이로부터 자체 내로 복귀함으로써 명확한 모습을 띤 단일체가 나타난다.

이렇게 해서 내용에 가미되는 성질은 어떤 타자로부터 받아들여져서 덧붙여지는 것이 아니라 어디까지나 그 스스로가 마련하여 자발적으로 전체를 뒷받침하는 한 요소로 자리잡는다. 일람표에만 매달리는 오성

---

113) 셸링이 거쳐온 자연철학에서 동일철학으로의 철학적 변화의 과정을 직접적인 이행으로 비꼬아서 비판적으로 표현한 것.
114) 삼중성의 원리를 뜻한다.

으로서도 이렇듯 자리매김된 사물의 구체적인 현실과 생동하는 운동, 즉 내용의 필연성과 개념을 자기 것으로 담지하기는 한다. 아니 어쩌면 오히려 그렇지 않다고도 할 수가 있겠는데, 왜냐하면 그래야만 할 사리를 제대로 깨닫고 있는 것은 아니기 때문이다. 만약 그래야만 할 필연성과 개념을 통찰하고 있다면 당연히 그것을 제시할 테니까 말이다.

형식에 얽매여 있는 지성은 내용 자체에서 움터나오는 개념 파악에 대한 필요성조차도 깨닫고 있지 못하다. 만약 그것을 알고 있다면 마땅히 자기의 도식 따위는 내던지거나 적어도 내용의 목록을 표시하는 것만으로 만족하는 일은 없을 것이다. 실로 형식에만 연연해하는 지성이 제공하는 것은 내용의 목록일 뿐, 내용 그 자체는 아니다.

예컨대 자기(磁氣)라는 성질은 그 자체로는 구체적이고 현실적인데도 정작 그것이 자기와는 관계 없는 술어(述語)[115]가 될 뿐, 존재 자체에 내재하는 생명으로 인식되는 일도 없고 존재 그 자체를 산출하고 표현하는 고유한 힘으로 인식되는 일도 없으니 실제로는 죽은 성질로 격하되어버린다. 형식적인 오성은 내재적인 생명을 인식한다는 긴요한 일을 스스로 떠맡으려 하지 않고 어디엔가 떠넘기고 만다. 사태 자체가 안고 있는 내용 속으로 파고드는 대신 언제나 위로부터 전체를 넘나보듯하면서 정말로 따져봐야 할 개별적인 대상은 스쳐 지나가버리는 까닭에 결국은 대상을 제대로 보고 있지는 않은 것이다.

그러나 학문적 인식에 요구되는 것은 오히려 대상의 생명에 자신을 내맡기는 것, 다시 말하면 대상의 내적 필연성을 직시하고 이를 표현해내는 데 있다. 대상에 몰입하게 되면 내용과 동떨어진 지의 자기반성에 그치는, 위로부터 사태를 넘나보듯하는 자세는 떨쳐버리게 된다. 그런데 주어진 소재에 침잠하여 그의 운동에 동참한다는 것은 지가 자기 자체 내로 복귀하는 것이기도 하다. 다만 이러한 복귀는 충만한 내용이

---

[115] Prädikat(술어)를 동사화한 prädizieren은 본래 '덧붙이다, 부가(附加)하다'라는 뜻인데, 이에 따라서 보통 개체적 대상을 지시하는 주어가 부동의 실체일 때 여기에 술어를 부가하는 것을 헤겔은 'beilegen'으로도 표현한다.

되돌려져서 단순한 모습으로 존재의 일면을 이루는 것으로 자리매김되어 고차적인 진리로 이행하는 상태를 빚는다. 이렇듯 풍부한 내용에 자기를 내맡기는 가운데 스스로를 넘나보는 단일한 전체의 모습이 떠오르는 것이다.

앞에서도 얘기했듯이 실체 그 자체가 곧 주체라는 점에서 모든 내용은 스스로 자기 내면으로 복귀해가는 운동이다. 무언가가 실체로서 존립한다는 것은 자기동일성(die Sichselbstgleichheit)을 이룬다는 것인데, 무릇 자기동일성에 이르지 않는 존재란 해체되어버리는 수밖에 없다. 그런데 이 자기동일성이란 순수한 추상형식(die reine Abstraktion)으로서, 이것이 바로 사유(das Denken)이다.

내가 '질'이라고 말할 때 이렇게 내려진 규정은 단순하면서도 이 질로 인하여 존재는 서로 구별되고 저마다 존재로서의 제 모습을 갖추게 된다. 즉 질을 통하여 존재는 독자성을 띤 가운데 단순히 자기와 일체화한 채로 존속해간다. 그런데 이렇듯 독자적이면서 자기와 단순히 일체화한 존재라는 것은 본질적으로 사고이기도 하다. 존재가 사유이다(das Sein Denken ist)라는 것은 바로 여기에 근거하는데, 이 점을 제대로 통찰하기란 쉽지 않을뿐더러 흔히 몰개념적으로 사유와 존재의 동일성이라는 말을 앞세운다고 해서 그 의미가 제대로 드러나지는 않는다.

이처럼 뭔가가 존속한다는 것이 자기동일성이라는 순수한 추상성을 띤 것이라고 한다면[116] 이렇듯 동일화된 것은 자기를 떠난 추상적인 존재가 됨으로써 스스로 자기와의 불일치 속에서 해체될 터이니, 결국 그것이 자기 내면으로 복귀하는 생성의 운동이 된다. 이것이 존재자의 본

---

116) 당체(當體) 스스로가 실성(實性)을 지닌 존재자의 상태를 양명학에서 '즉적'(卽寂)함으로 표현한다면 바로 이 존재를 자기동일적 차원에서 사유하는 것은 유한적 상대성에 얽매이지 않는 절대적 활동으로서의 '즉감'(卽感)함에 부합하는 것으로 볼 수 있다. 채인후(蔡仁厚), 『왕양명 철학』, 황갑연 옮김, 서광사, 1996, 49·53쪽 참조.

성이다. 더욱이 이러한 그의 본성은 지의 대상으로 나타나는 까닭에 이렇게 되면 지가 대상을 외부에 두고 조작한다거나 내용과는 동떨어진 곳에서 자기반성을 일삼거나 하는 일은 없게 된다.

학문이라는 것은 주장하는 독단주의 대신 단언하는 독단주의[117]나 자기확신의 독단주의를 관념적으로 떠벌리는 그런 것이 아니다. 내용이 자기 내면으로 복귀하는 데 초점을 맞추어 내용 속으로 침잠하여 거기에 내재하는 자기의 본체를 파악하면서 동시에 자체 내로 복귀하는 순으로 타자존재 속에서 순수한 자기일체화를 이루어내지 않으면 안된다. 이런 점에서 학문은 교활[118]한 면이 있다고도 하겠다. 즉 겉으로는 활동을 자제하는 듯하면서 실은 사태를 예의 주시하여 자기보존이나 특수한 이해 추구에 전념하는 듯한 존재가 정작 구체적인 생명활동을 벌일 때면 본래 마음먹었던 것과는 반대로 자기를 해체하여 전체 속에 맞물려들어가서 거기에 제자리를 차지하는 행위의 실상을 한결같이 지켜보고 있는 것이다.[119]

앞에서 오성의 의미를 실체의 자기의식으로 규정한 바 있는데, 이렇듯 실체가 거기에 있다는 규정 아래에서 보면 오성의 의미가 분명해진다. 존재는 질을 갖는데, 이것이 일정한 틀을 갖춘 단순하고 동일한 성질을 갖는 관념물이라는 점에서 존재는 곧 오성이라는 것이다. 아낙사고라스가 애초에 우주의 본질을 '누스'(Nous: 오성)라고 했던 이유가 여기에 있다.

---

117) 『엔치클로페디』 I에 서술되어 있는 「사상의 객관성에 관한 세 가지 태도」(§26~§78)에 따르면 지금 제시되어 있는 '주장하는 독단주의'는 첫번째 (§26~§39)의 오성의 태도이고, '단언하는 독단주의'는 세번째(§61~§78)의 직접지의 태도와 맞먹는다.
118) 원어의 List, 즉 간교(奸巧)·간계·간지는 헤겔의 『역사 속의 이성』에서 '이성의 간지'(List der Vernunft)로 알려져 있는 중요한 개념이다. 『역사 속의 이성』(한국어판) 154쪽 참조.
119) 원어는 zusehen으로서, 이 표현은 이 책의 「서론」에서 '지와 진리'의 상관성을 해명하는 데 중요한 의미가 있다.

아낙사고라스 이후의 철학자들[120]은 존재의 본성을 좀더 명확하게 에이도스(Eidos: 형상)나 이데아(Idea: 이념)[121]라는 개념으로 파악했는데, 이 에이도스나 이데아란 명확한 보편성을 지닌 '유' 개념이다. '유'라는 표현은 근년에 유행하는 아름다움·성스러움·영원함이라는 등의 이념을 지칭하기에는 너무나 비속하고 보잘것없는 것으로 보일 수도 있다. 그러나 이념이 표현하는 것은 실제로는 유 개념 그 이상도 이하도 아니다. 근년에 와서 흔히 개념을 명확히 하는 표현을 마다하고 또다른 표현을 선호하는 경향이 있지만, 이때 즐겨 사용되는 표현은 외래어에 속하는 까닭에 개념의 뜻이 모호한데도 그럴수록 더 사람들의 마음에 와닿는 꼴이 되었다. 존재가 유로 규정될 경우 그것은 단일한 관념물이 되며 거기에서는 단일한 누스가 실체가 되어 있다. 이렇듯 단일하고 자기동일적이므로 실체는 확고부동한 존재이다. 그러나 자기동일성이라는 것은 또한 부정성을 안고 있기도 한데, 바로 이 부정성으로 인하여 확고부동한 존재는 해체되고 만다.

존재가 일정한 규정을 받는 것은 언뜻 타자와의 관계에서 빚어진 결과이고 또 그러한 규정을 가하는 운동 역시 타자로부터의 외압에 의한 것으로 보인다. 하지만 사실 외압이 가해지는 것도 그 규정을 받는 존재 자체에서 발현되는 자기 운동으로서,[122] 존재가 단일·단순한 사유라는 것은 바로 이를 두고 하는 말이다. 왜냐하면 단일한 사유라는 것은 스스로 운동하는 가운데 자체적으로 구별을 자아내면서 동시에 자기의 고유

---

120) 아테네에서 활동했던 일군의 철학자들을 일컫는다.
121) 플라톤의 이데아(Idea) 개념과 아리스토텔레스의 에이도스(Eidos) 이론을 떠올리게 한다.
122) 일반 연구자에게 주자학의 기본범주인 이(理)의 절대성과 상대성이 동시에 주요 논점이 되는 이유는 일차적으로 동정(動靜)·음양과 같은 무한히 착종된 유동성이 갖는 모순된 성질에 기인하면서 동시에 또한 이 논의의 근저에는 이기합리(理氣合離)라는 절묘한 이중의 상태가 상정되어 있기 때문이다. 바로 이런 맥락에서 20세기 서양이 낳은 가장 괄목할 만한 중국 연구가인 조지프 니덤은 전통적인 서양의 형식논리가 '실체와 동일성'을 한몫으로 고착화시킴으로써 "둘

한 내면에 바탕을 둔 순수한 개념을 보유하는 것이기 때문이다. 따라서 이렇게 본다면 지적(知的)이라는 것은 하나의 생성운동을 뜻하며, 오성은 이 생성운동 속에서 보편적인 이성을 간직하는 것이다.

이렇듯 존재하는 것은 존재하는 그대로 개념으로 나타난다는 본성을 지니는 까닭에 논리적 필연성이 존재를 꿰뚫고 있다고 할 수도 있다. 논리적 필연성이야말로 이성적이며 유기적 전체의 리듬으로서, 바로 이 논리적 필연성을 따르는 것이 내용을 아는 것이고 내용을 개념이며 본질로서 파악하는 것이기도 하다. 다시 말하면 이 논리적 필연성이야말로 사변적인 것 그 자체이다.

구체적인 것은 자기 운동하는 가운데 단일한 내용으로 순화되고 그럼으로써 또 논리적 형식을 갖춘 본질적인 모습을 드러낸다. 무엇인가가 구체적으로 존재한다는 것은 바로 이 운동을 뜻하는 것으로서, 결국 '있다'는 것이 그대로 '논리적으로 있다'는 의미를 띠게 된다. 따라서 구체적인 내용에 밖으로부터 형식을 덧씌운다는 것은 불필요한 짓이다. 구체적인 내용은 스스로 형식을 갖추게 마련이다. 물론 이 형식은 밖으로부터 안겨지는 형식이 아니라 구체적인 내용 그 자체에서 잉태된 고유한 생성의 결과이다.

학문적 방법의 본성은 내용과 불가분하게 결부되어 자기 자신의 힘으로 운동의 리듬을 결정하는 데 있으니, 이 점을 진술하게 나타내는 것이 이미 언급한 바 있는 사변적 철학이다. 물론 이렇게 얘기되는 것은 대략

이 동시에 있으면서 또 없다"(……both be and not be at the same time)는 논리를 수용하지 못한 데 반해 중국에서는 도가·불가에서 주자학에 이르기까지 "형식논리의 단계를 훌쩍 뛰어넘어 곧바로 헤겔 논리학으로 나아가는 경향을 수많은 사례에서 보여주고 있다"는 명쾌한 진단을 내린 바 있다. 니덤의 이러한 해석은 그야말로 헤겔과 동양이라는 양극 사이에서 중간·매사(媒辭, Mitte)로서의 참위치를 차지하지도 못한 서양사상 전반의 비변증법적 사고형태를 비판적으로 들추어낸 탁견이라고 하지 않을 수 없다. Joseph Needham, *Science and Civilisation in China*, Vol. 2, *History of Scientific Thought*, London / New York 1956~80, p. 478 참조.

적인 원리를 표현할 뿐이며, 따라서 미리 일정한 예단(豫斷)을 하는 정도 이상의 것이 아니다. 철학적 진리란 이렇듯 이야기조로 풀어나가는 데서 그칠 수 있는 것이 아니다. 따라서 그것은 그렇지 않고 이런 것이라는 투로 얘기한다고 해서 반론이 성립될 수 있는 것도 아니다.

일상적인 관념을 기정사실화된 진리인 양 기억에 되살려서 이야깃거리로 삼는다거나 내면에 고이 간직되어 있는 신의 형상으로부터 뭔가 새로운 것을 떠올리기라도 했다는 듯이 단언이나 하는 것이 학문적인 방법으로 통용될 수는 없다. 뭔가 알 수 없는 것에 마주칠 때면 무엇보다도 우선 그렇듯 처음 닥치는 일에 반대하는 태도를 취함으로써 외적인 권위에 대항하여 자기의 자유나 통찰력이나 권위를 수호할 수 있다고 여기는 것은 흔히 있는 일인데, 이는 또한 무언가를 터득해야 할 때면 닥쳐오는 한 고비를 어렵사리 넘어서게 해주는 효과가 있는 것도 사실이다. 여기에 한마디 더 해둔다면, 사람들이 미지의 사실에 대해 이를 환호하며 받아들이는 마당에 구태여 그런 식의 이론(異論)을 내놓는 것은 마치 정치의 세계에서 극단적인 혁명적 언사나 행동이 유발하는 것과 같은 효과를 나타낸다는 것이다.[123]

하여간 학문을 연구하는 데서 중요한 것은 개념 파악을 위한 노력을 몸소 걸머지는 일이다. 여기서 요구되는 것은 개념 그 자체에 눈을 돌림으로써 '즉자적으로, 그 자체로 있다'(Ansichsein)거나 '대자적으로, 독자적으로 있다'(Fürsichsein)는 것 그리고 이 둘을 합친 '자기동일성'과 같은 단순한 규정을 올바르게 이해하는 일이다. 왜냐하면 이러한 규정은 사람들이 혼(Seele)이라고 부르는 순수한 자기 운동을 나타내는 것으로서, 개념이란 본래가 혼을 초월한 그 이상의 어떤 것을 의미하지는 않기 때문이다.

표상에 의거한 사유의 진행에 길들여진 사람에게는 개념적 사유에 의해 표상이 정지된다는 것은 구차스러운 일일 것이며, 또한 비현실적

---

123) 프랑스 혁명 당시 정파간의 투쟁을 가리킨다.

인 사상을 안고 맴도는 형식적인 사고로서도 개념을 추구하는 일은 부담스럽게 느껴질 것이다. 일반인의 사유 습관은 물질적 사유라고도 칭할 수 있고 우연히 주어진 소재 속에 함몰되어 있는 의식이라고도 하겠는데, 분명히 이런 의식으로서는 소재에서 자기핵심에 해당하는 개념을 순수히 이끌어내 그의 곁에 더불어 함께 머무른다는 것은 쉬운 일이 아니다.

그런가 하면 형식적 논변을 위주로 하는 사유(das Räsonnieren)는 자기가 내용으로부터 자유로움을 내세우면서 내용을 멸시하고 허세를 부리곤 한다. 이런 의식에 대해서는 마땅히 그의 자유를 포기하고 또한 내용을 자의적으로 다루는 운동원리에 이끌려다니는 대신 그의 자유를 내용 속에 침잠시킴으로써 사유 그 자체가 갖는 자기 운동이라는 본성에 따라 내용을 추동(推動)하여 바로 이 내용의 운동을 추적해나가도록 요구해야만 하겠다. 결국 생각나는 대로의 자기의 발상을 뿌리쳐버리고 개념에 내재하는 리듬을 따르는 것, 개념을 자기 임의대로 꾸며내지도 않고 어쩌다가 취득한 지혜에 의해서 헝클어뜨리지 않는 것, 바로 이런 억제력을 발휘할 때라야만 비로소 개념에 눈을 돌려야만 할 필수적인 요건이 충족된다.

논변 위주의 형식적 사유는 주로 다음 두 가지 점에서 개념적인 사유와 대립하는 관계에 있다. 우선 그것은 일단 파악된 내용에 부정적인 자세를 취하면서 이를 반박하고 무효화시켜버린다. 그렇지는 않다는 정도의 통찰은 한낱 부정적인 인식에 지나지 않으며, 형식적 사유는 이것으로 끝장내고 나서 더 이상 새로운 내용으로 나아가는 법이 없다. 내용이 필요해질 때면 어디에서든 또다른 내용을 끌어들이려고만 하는데, 왜냐하면 이때 반성은 공허한 자아로 향하여 지 그 자체가 공허함을 면치 못하기 때문이다.

이렇듯 공허하다는 것은 지의 내용이 공허하다는 것만이 아니라 인식 그 자체가 공허하다는 것이기도 하다. 실제로 무엇인가를 부정하는데만 치우쳐 있는 이러한 인식은 긍정적인 쪽으로 눈길을 돌리는 일이 없다. 이러한 반성행위는 스스로가 안고 있는 부정성을 내용으로 꾸며내는 일이라곤 없으므로 부정은 사태 속에 뿌리내리지 못한 채 언제나 문제의 핵심을 겉돌 뿐이다.

이런 상태인데도 헛된 자만에 젖어 있는 반성은 공허함을 내세우는 것이 오히려 충실한 내용을 담고 있는 통찰보다 언제나 더 앞서간다고 생각한다. 이와는 달리 앞에서 얘기된 개념적 사유의 경우는 부정성이 바로 내용 자체에서 비롯된 것이기 때문에, 내용의 내재적인 운동과 그의 성질이라는 측면에서 보거나 전체적인 측면에서 보더라도 아무튼 긍정적인 것을 내포하게 마련이다. 이렇게 되면 결과로서 얻어지는 것은 운동에서 비롯된 한정된, 피규정적인 부정(das bestimmte Negative)이며, 이로써 또한 긍정적인 내용이라고도 할 수 있다.

그런데 논변 위주의 형식적 사유는 표상이건 사상이건 또는 양자의 혼합물이건, 그 어떤 내용을 놓고서도 개념적인 사고에 다다를 수 없는 또다른 면을 안고 있다. 이런 측면이 안고 있는 특이한 점은 앞에서 제시된 이념의 본질과 밀접하게 관련되는데, 더 자세히 말하면 이념이 사유의 운동으로 나타나는 양식과 관련된다는 것이다. 바로 앞에서 얘기한 바와 같이 부정을 위주로 하는 사유에서는 논변적 사유 자체가 내용을 송두리째 병탄(倂呑)해버리는 자기(自己)로 나타난다. 이와는 달리 긍정적인 인식에 무게를 두는 사유에서는 자기가 주체(주어)[124]로 상정되고 내용은 속성이나 술어로서 그와 관계하게 된다. 즉 주체가 토대를 이루고 내용이 거기에 결부되면서 여기에 끊임없이 왕래하는 운동이 펼쳐지는 것이다.

---

124) 원어는 Subjekt인데, 이 한 마디 속에는 네 가지 의미가 함축되어 있다. 첫째는 hyperkeimenon, 즉 기체(基體)라는 뜻으로 실체인 Substanz와 동일한 의미가 있다. 둘째로 판단 또는 명제의 형식에 따라 문법상의 주어가 된다. 셋째로 주관이라는 의미에서 실체와 속성, 주어와 술어를 결합하는 논변에서의 인식주관이 된다. 넷째로 개념적 인식에서 "실체는 주체이다" 또는 "진리는 주체이다"라고 할 때의 주체에 해당된다.

개념적인 사유에서는 이와는 전혀 다른 작용이 행해진다. 개념이란 대상 그 자체의 자기(das eigene Selbst des Gegenstandes)로서, 이 대상의 생성과정이 표현되는 것이기 때문에 자기가 정지된 부동의 주체로서 속성을 담지하는 것이 아니라 스스로 운동하는 가운데 갖가지 성질을 자체 내로 되돌려오는 개념이 주체가 된다. 이 운동의 와중에서 지금 얘기된 정지해 있는 주체(주어)는 몰락하여 갖가지 구별된 내용 속으로 함몰되어버린다. 이제 주체는 내용에 대립하여 이 한쪽 편에 있는 것이 아니라 오히려 내용의 갖가지 성질이나 운동을 구성하기에 이르는 것이다. 따라서 논변적 사유의 경우에는 확고한 토대를 이루고 있던 정지해 있는 주체(주어)가 동요하면서 이 운동이 바로 고찰의 대상이 된다.

이처럼 풍부한 내용을 지니게 된 주체는 더 이상 내용을 초탈한 상태에서 외부로부터 속성이나 술어를 받아들이려고 하지 않는다. 그러므로 내용이 확산되더라도 반대로 쉴새없이 움직이는 자기가 그것을 자기통제 아래 묶어놓는다. 내용은 주체(주어)를 떠나 아무렇게나 확산되어가는 보편적인 성질의 것이 아닐뿐더러 내용은 사실상 주어에 딸려 있는 술어가 아니라 바로 문제의 핵심이며 논의의 초점을 이루는 본질이며 개념이다.

주체(주어)를 고정시켜놓은 표상적 사유는 그 본성상 속성이나 술어의 편에서 운동을 전개할 수밖에 없으며, 또한 당연히 속성이나 술어가 주체라고는 할 수 없는 이상 그것을 초탈한 곳에 주체(주어)를 설정할 수밖에 없다. 이렇게 되면 명제 속에서 술어의 형식으로 나타나는 것이 고찰해야 할 본체가 된다는 점에서 표상적 사유의 전개에 지장을 초래하게 된다. 말하자면 사유가 반격을 당하는 셈이 되는 것이다. 애초에 주체(주어)에서 출발하여 이것이 어디까지나 토대를 이루는 것으로 여기던 차에 오히려 술어가 실체가 되면서 주체(주어)는 술어 쪽으로 당겨져버리고 더 이상 주체(주어)는 아니게 된다. 이렇게 해서 술어라고 생각되어왔던 것이 내용이 안고 있는 중량을 통째로 떠맡는 독립적인 구성체가 됨으로써 사유의 주관적인 자유로운 행보(行步)는 더 이상 허용되지 않은 채 술어의 중량에 눌려 사유의 움직임을 저지당하게 되는 것이다.

앞에서 본 바로는 우선 첫째로 주체(주어)가 대상 쪽에 있는 고정된 자기로서 전체의 토대를 이루었던 셈이다. 또한 이를 출발점으로 삼아 다양한 성질이나 술어로 향하는 필연적인 운동이 전개되었다. 이때 최초의 주체(주어)를 대신해 지적인 자아(das wissende Ich)가 스스로 등장하여 술어와 이를 받쳐주는 주체를 연결하는 역할을 하였다.

그러나 최초의 주체가 술어를 구성하는 갖가지 성질 속에 파고들어서 그 속을 관통하는 혼이 되었다고 한다면, 두번째 주체로 등장한 지적인 자아는 그 자신이 이미 첫번째 주체(주어)를 처리하고 나서 서슴없이 자기 안으로 되돌아가려던 참에 그의 주체(주어)가 술어 속에 모습을 드러내고 있음을 발견하게 되었다. 따라서 이 지적인 자아로서는 술어의 운동을 추진하는 역할자로서의 주체에 어떤 술어를 부가할 것인가를 놓고 골몰하는 것이 아니라 오히려 내용의 본체와 연관을 맺지 않을 수 없게 된다. 여기서 지적인 자아는 스스로 독자적인 주체임을 내세우기보다는 내용 그 자체에 합류하지 않을 수 없게 되는 것이다.

지금까지 얘기된 것은 형식적으로는 이렇게 표현할 수도 있다. 주어와 술어로 구별될 수 있는 가능성을 내포한 판단이나 명제의 성격이 사변적인 명제에 의해 파괴되고 새로이 생겨난 동일성 명제[125]가 보통의 명제가 지니는 관계에 반격을 가한다는 것이다. 명제의 형식과 형식을 파괴하여 통일을 이루어내는 개념의 활동 사이에서의 이러한 갈등은 마치 리듬상의 박자와 악센트 사이의 대립과 흡사하다.

리듬은 부동(浮動)하는 중간지대에서 양자가 통일되어 생겨난다. 이와 마찬가지로 철학적 명제에서도 이들의 통일은 명제의 형식에서 나

---

125) 예컨대 "외면은 내면이다" 또는 "개별은 보편이다"라고 할 때, 주어와 술어가 완전히 동일화된 데에 동일성 명제가 성립되고, 대립적이면서 동시에 동일성에 귀착되는 경우에는 사변적인 명제가 성립된다.

타나는 주어와 술어의 구별을 말소하는 것이 아니라 오히려 하나의 조화로서 구현되어야만 하는 것이다. 명제의 형식은 특정한 의미가 그 충실도(充實度)의 차이를 나타내는 강약의 악센트를 수반하면서 나타난다. 그리하여 술어가 실체를 표현하고 주어가 보편자에게 귀속되는 데서 악센트를 잠식해들어가는 통일이 생겨나게 된다.

예를 들어 설명한다면 "신은 존재이다"(Gott ist das Sein)[126]라는 명제의 경우 술어는 '존재'인데, 이때 실질적인 의미는 술어에 있고 주어는 술어 안에 녹아들어가 있다. '존재'는 술어라기보다는 오히려 명제의 본질이라고 해야만 한다. 그리하여 명제 속의 위치로 보면 부동(不動)의 주체여야만 할 '신'이 그렇지 않게 되어버린다. 이렇게 되면 주어에서 출발해 술어로 진행해가려던 사유가 주어가 사라진 탓에 진행을 저지당하여, 사라져버린 주어를 떠올리면서 본래의 상태로 되돌려지지 않을 수 없게 된다.

또 한 가지 생각할 수 있는 것은 술어 그 자체가 주어의 위치에서 바로 이 주어의 성질을 떠안고 있는 '존재' 또는 '본질'로 표현되어 있음으로 해서 술어를 그대로 주어로 간주하는 경우이다. 이때 사유는 술어의 테두리 안을 떠돌아다니며 자기 내면에서의 움직임대로 자유로운 입장에서 논변을 일삼는 것이 아니라 사태의 내용에 몰두하거나 아니면 적어도 사태의 내용에 심취하도록 요구되어 있다.

또다른 예로서 "현실적인 것은 보편적인 것이다"라는 명제의 경우, 여기서도 '현실적인 것'이라는 주어는 술어 속으로 사라져간다. '보편적인 것'은 "현실적인 것은 보편적이다"라는 의미에서 술어로서 작용할 뿐만 아니라 현실적인 것의 본질까지도 표현하지 않으면 안 된다. 따라서 사유는 주어에 의해 확고하게 떠받쳐져 있던 대상적 토대를 상실하는 동시에 술어 속에서 주어에 되돌려지지만, 더욱이 이때 자체 내로

---

[126] 여기서 술어가 명사(Substantiv)라고 되어 있는 이유는 그것이 주어인 실체(Substanz)의 본질임을 나타내기 위해서이다.

복귀하는 것이 아니라 내용의 주체로 복귀해가는 것이다.

철학적 저작은 흔히 난해하다고들 얘기한다. 하지만 정작 당사자에게 이를 이해할 만한 소양이 갖추어져 있지 않은 경우를 제외한다면 그런 불평이란 주로 지금 얘기된 바와 같은, 명제의 구조와 관련된 사유 진행상의 유별난 장애에 기인한다. 지금까지 얘기된 바로서 우리는 대부분의 철학적 저작은 여러 번 되풀이해 읽지 않으면 이해가 되지 않는다는 투의, 철학에 가해지는 상투적인 비난의 이유를 알 수 있다. 실로 이러한 비난에는 심히 부당한, 마치 최후통첩과도 같은 것이 포함되어 있기 때문에 일단 이를 수긍하게 되면 여기에는 어떠한 반론도 있을 수 없을 듯이 여겨진다.

아무튼 지금 얘기된 바로서 그러한 비난이 가해지는 이유도 이해됨 직하기는 하다. 즉 철학적 명제도 역시 명제인 이상은 누구나 보통 명제에서와 같은 주어와 술어의 관계를 떠올리고, 또 보통 명제에서와 같은 지의 활동이 행해지는 것으로 생각하기 쉽다. 그러나 여기서 주어와 술어의 관계에 대한 그러한 생각은 오히려 철학적 내용에 의해서 파괴되어버린다. 여기서 독자는 기존의 생각을 바꾸어야 한다는 느낌을 받게 되는데, 이렇게 되면 또다시 명제로 되돌아가 다른 관점에서 문제를 파악하지 않을 수 없게 된다.

사변적인 사유와 일상적인 논변 위주의 사유를 혼동하는 것은 이해를 어렵게 할 뿐이므로 어떻게 해서든 이는 피해야만 한다. 사변적인 명제에서 주어에 관하여 언명되는 것은 그의 개념을 밝혀낸다는 의미가 있는 데 반하여 일상적인 문장에서는 술어나 속성을 가리킨다는 의미가 있을 뿐이다. 이때 어느 한쪽의 방식으로 다른 쪽을 꾸며낸다면 명제는 파괴되어버리므로 결국 일상적인 주어와 술어의 관계를 완전히 배제한 철학적 표현만이 비로소 입체적인 진리의 표현일 수가 있게 된다.

물론 사변적인 사유가 아닌 것에도 그 나름의 가치는 있지만 사변적인 명제만큼의 깊이를 지닌다고 할 수는 없다. 어쨌건 논변적인 사유에 따른 명제의 형식은 파기되더라도 이때 명제의 내용이 바뀐다는 한낱 직접적인 형식의 파기[127]만으로는 충분하지 않다. 중요한 것은 주어와 술어 상호간의 대립과 지양의 운동이 언어로 표현되는 것, 다시 말하면 명제 자체 내에서 사유의 진행이 저지되는 양상이 표현될 뿐만 아니라 개념이 자체 내로 복귀하는 과정이 표현되어야만 하는 것이다.[128]

보통 같으면 증명이 떠맡아야 할 사태라고 할 이 운동이 바로 명제 그 자체의 변증법적 운동을 가리킨다. 오직 이것만이 현실적인 사유의 모습이며 또한 이를 명확하게 표명하는 것만이 사변적 표현이라고 할 수 있다. 명제의 형식을 갖춘 사변적 사유란 내면으로부터의 진행의 저지[129]에 굴하지 않고 외적인 것에 구애됨이 없이 본질이 자체 내로 복귀해가는 운동이다.

따라서 철학적 표현에 접할 때 우리는 흔히 그 내면에 감춰져 있는 의미[130]를 찾아나서곤 하지만, 이때 오히려 우리는 스스로 추구했던 명제의 변증법적 운동을 표현하는 일은 소홀히 하게 된다. 명제란 도대체 진리가 무엇인가를 표현해야만 하지만, 진리는 본질적으로 주체이다. 또한 주체로서의 진리는 자기 자신을 산출하여 전진을 거듭하고 난 뒤에야 마침내 자체 내로 복귀해가는 변증법적 운동에 다름아니다. 일상적인 인식에서는 이런 내면의 운동을 표현하는 것은 증명이 떠맡을 일이지만 이렇듯 변증법과 증명이 서로 분리되어버린다면 사실상 철학적 증명이란 더 이상 성립될 수가 없게 된다.[131]

---

127) 원어는 geschehen으로, 어떤 이유에서 어떻게 생겨나는지도 모르게 어쩌다 하나의 사태가 단순히, 직접 생겨난다는 뜻.
128) 표현의 형식으로 보면 주어와 술어를 관계짓는 이유가 매사로 정립되어 있고 판단이 추리가 될 필요가 있음을 나타내고 있다.
129) 저지(沮止)가 내면적이라는 것은 저지나 반격을 내면적으로 감지하는 데 지나지 않는다는 것이고, 명제의 형식 그 자체에 비추어보면 계사 '이다·있다'(ist)에 그침으로써 추리에서처럼 매사로서 명시되어 있지 않음을 뜻한다.
130) 원어는 innere Anschauen, 즉 내면적 직관·관조인데 흔히 신적 직관에 비유된다.

여기서 간과해서는 안 될 것은 변증법적 운동은 갖가지 명제를 부분 또는 요소로서 전개한다는 것이다. 그렇다면 앞에서 얘기된 철학의 이해와 관련된 난점이라는 것은 언제나 우리가 마주치는 사태 그 자체에서 오는 어려움이라고 할 수 있다. 이와 유사한 경우로는 보통 증명에서 내세워지는 근거가 또다른 근거지음을 필요로 하면서 이렇게 무한히 근거를 소급해올라가는 경우를 들 수 있다.

이러한 근거지음이나 조건부[132]의 형식은 변증법적 운동과 무관한 증명에서나 볼 수 있는데, 이는 사태를 겉도는 외면적인 인식에서 비롯된 것이다. 변증법적 운동 자체로 보면 그의 요소를 이루는 것은 순수한 개념이며 따라서 그의 운동 내용은 어디까지나 주체적이다. 그러므로 어떤 내용이 주어로서 근저에 놓이고 난 다음에 새삼 그의 의미로서 술어가 부가되는 그런 일이란 있을 수가 없다. 어쨌건 명제라는 것은 표면상으로 한낱 공허한 형식에 지나지 않는다.

명제라고 하면 감각적으로 직관되거나 표상된 것과는 별도로 순수한 주어로서 공허하고 몰개념적인 'I'이라는 이름이 맨 앞에 온다. 단지 이름이라는 면으로만 보면 '신'이라는 이름을 쓰는 것도 되도록이면 피하는 것이 좋겠다. 왜냐하면 이런 단어는 막상 내놓아도 그것이 곧바로 개념을 나타내는 것이 아니라 단지 토대의 구실을 하는 주어를 고정시켜주는 이름으로서의 역할을 할 뿐이기 때문이다. 이에 비하면 차라리 '존재' '일자' '개별자' '주체'라는 쪽이 직접 개념을 나타낸다고 할 수

---

131) 이렇듯 증명과 변증론을 분리해놓은 철학자로는 우선 칸트와 아리스토텔레스를 꼽을 수 있다. 칸트의 『순수이성 비판』에서는 변증법이 '진리의 논리학'인 분석론으로부터 추방되어 '가상의 논리학'인 이른바 '변증론'으로 대체되면서 결국 변증법이 증명으로부터 분리되었고, 아리스토텔레스에게서는 변증법이 단지 개연적인 명제에서 출발하여 엄밀한 증명과 구별되는 토피카(topos, Topika)로 이해되는 데 그치고 말았다. 이 점을 헤겔은 비판한 것이다.
132) 이에 관해서는 『차이 논문』 마지막 부분인 「라인홀드의 견해와 철학에 관하여」에서 비판적으로 다루고 있는 「근거지음과 조건지음의 형식」("Form des Begründens und Bedingens") 참조.

있다. '신'과 같은 주어를 놓고 사변적인 진리 운운한다 하더라도 신은 어디까지나 정지해 있는 주어의 위치에 머물러 있을 뿐 내용이 내재적인 개념으로서 전개되는 일은 없으니, 결국 이는 사변적인 진리치고도 신앙심을 북돋우는 것 이상일 수는 없다.

이런 점에서 보면 명제의 형식으로 인하여 마땅히 술어의 위치에 와야만 할 사변적인 내용(das spekulative Prädikat)을 개념이나 본질로 간주하려고 하지 않는 일상적인 사유의 폐습도 철학적 문장을 진지하게 탐구하는 능력 여하에 따라서는 교정 가능성이 없는 것은 아니다. 결국 철학을 올바르게 표현해내기 위해서는 사변적 사유의 본성을 통찰하여 변증법적인 형식을 견지하면서 개념화하거나 이미 개념이 되어 있는 것만 다루어나가야만 한다.

철학을 연구하는 데에는 형식적인 이치를 따지고 드는 태도 못지않게 아무런 논변도 거치지 않고 진리를 기정사실화해버리는 태도 또한 저해 요인이 된다. 흔히 진리를 포착한 듯이 자부하는 사람은 또다시 진리의 문제로 되돌아갈 필요를 느끼지 않고, 이미 얻어낸 진리에 기초하여 이를 설파하거나 이를 길잡이로 하여 무언가 부인(否認)하기 위한 근거로 삼을 수 있다는 믿음을 갖고 있다. 이런 점에서 실로 철학하는 일을 진지한 작업으로 여기는 자세를 새로이 가다듬는 일이 절실히 요구된다고 하겠다.

학문·예술·기능·수작업 등과 같은 경우에는 흔히 이를 터득하는 데 다방면의 노력을 수반하는 학습과 훈련이 필요하다는 확신을 하면서도 철학에 대해서는 엉뚱한 편견이 널리 퍼져 있는 것이 요즘의 현실이다. 즉 눈과 손가락이 있고 거기에 가죽과 도구가 있다고 해서 누구나 구두를 만들 수 있는 것은 아니듯, 이성에만 의존하여 이를 철학의 척도로 삼는다고 해서 누구나 거리낌없이 철학을 하거나 철학을 판정할 수 있는 것은 아닌데도 그런 주장을 한다는 것은 마치 발만 있으면 누구나 구두장이가 될 수 있다고 하는 것과 다름없다. 더 나아가 이는 지식이나 연구가 결여되어 있어야만 비로소 철학이 획득될 수 있고 지식이나 연구가 시작되면 이미 철학은 끝난 것과 같다고 하는 것이나 마찬가지이다.

철학을 두고 흔히 형식적이고 내용이 없는 지식이라고들 한다. 이런 생각이 일반화한 데에는 그야말로 어떤 지식이나 학문이건, 그것이 내용상으로는 진리라 하더라도 철학에 의해 창출되지 않는 한은 결코 진리라는 이름값을 할 수 없다는 사실을 통찰하지 못한 데에 그 원인이 있다. 철학 이외의 학문이 철학을 결한 채 제아무리 논변적인 사유에 골몰한다고 한들, 철학이 없이는 그 어떤 학문이건 생명도 정신도 진리도 획득할 수가 없다.[133]

본래의 철학에서는 정신이 오랜 교양의 도정을 거치며 심오하고도 활력적인 운동 속에서 자기의 지에 도달하게 마련이다. 그런데 이런 것에는 아랑곳하지 않고 신의 직접적인 계시라거나 본래적인 철학의 지(知)나 철학 이외의 지도 갖추지 않은 건전한 상식이라는 것을 내세워 이를 장구한 교양의 도정을 송두리째 대신할 수 있는 완전한 등가물로 간주하는 나머지, 마치 치커리가 커피의 대용품인 양 치켜세워지는 것과 같은 정도로 여기게 되었다. 사유한다고 자처하면서도 추상적인 명제나 더욱이 명제들 사이의 연관성을 투시할 만큼의 사유도 행하지 못하는 무지 속에서 형식도 품위도 갖추지 않은 저속한 무리들이 자신들이야말로 사상의 자유로움과 관용을 터득한 천재라는 따위의 장담이나 하고 다니는 풍이란 보기에도 민망할 정도이다.

요즘 철학에서는 천재성을 내세우는 일이 유행처럼 되어 있는데, 주지하는 바와 같이 그런 풍조가 일찍이 시의 세계를 휩쓴 적이 있었다. 그런데 아무리 그 천재성에 의해 산출된 것에 어떤 의미를 안겨준다고 한들 거기에서 얻어지는 것이라곤 시라기보다는 차라리 보잘것없는 산문이나, 그 수준을 넘어설 경우라도 엉성한 말장난으로 끝나는 것이 고

---

133) 「자연법」 논문 말미에서 철학으로서의 자연법학과 실증법학의 관계에 대하여 이와 동일한 논지를 펴고 있다.

작이었다. 그런 풍조가 마침내 철학계로 옮겨져서 정작 자연스러운 철학함(Philosophieren)에는 개념 따위는 필요치 않고 오히려 개념이 없는 곳에 직관적이고 시적인 사유가 싹틀 수 있다면서 사유와는 어울릴 수 없는 상상력을 가지고 장터에 나가 마음껏 떠벌리기라도 하듯 기승을 부리고 있으니, 결국 이렇게 생겨난 허울 좋은 대용물은 생선인지 육류인지 또는 시인지 철학인지도 알 수 없는 몰골을 하고 있을 뿐이다.

이와는 달리 더욱 여유만만하게 건전한 상식이라는 안락한 침대에 기대어 있는 자연적인 철학함은 내세울 거리도 못 되는 진리를 요란한 수식어로 부풀려대곤 한다. 이때 그러한 진리는 무의미한 것이 아닌가 라는 물음에 부딪히면 참으로 충실한 의미는 자기의 마음속에 있고 또 타인의 마음속에도 있게 마련이라는 식으로 대꾸한다. 끝내 이렇게 내세우는 것[134]이 심정의 순결함이나 양심의 순수함이라고 할진대, 도대체 그 앞에서는 아무런 항변이나 요구도 할 수 없는 실정이다.

그런데 이와는 달리 참으로 중요한 것은 아무리 최상의 진리라 하더라도 이를 내면에 가두어두지 말고 백일하에 드러내야만 한다는 것이다. 궁극의 진리를 전면에 드러내려는 노력이 지금껏 오래도록 행해지지 않았던 이유는 이미 그것이 옛적 교리문답서나 격언집 같은 데서 발견된 것으로 줄곧 생각되어왔다는 데 있다. 그런 경우라면 모호한 형태의 최고 진리를 손에 넣는 일도 어렵지 않고, 때로는 의식된 것과는 오히려 정반대의 진리가 의식 속에 깃들어 있음을 나타내는 것조차도 어렵지 않다.

만약 의식에 혼란이 생기면 여기서 빠져나가려는 의식은 또다른 혼란에 빠져들면서 마치 발작이라도 하듯 '이미 결론은 나 있으니 더 이상 이러니저러니 하는 것은 모두가 궤변이다'라는 식으로 끝장내고 만다. 흔히 이 궤변이라는 말은 건전한 상식이 교양으로 다져진 이성에게

---

[134] 원문에서는 letzte Dinge, 즉 마지막에 있는 것 또는 마지막 것이라는 뜻인데, 여기서는 성경에 나오는 이른바 종말(ta eskata)·종말론(Eschatologie)을 시사한다.

내던지는 상투어로서, 덧붙여 얘기한다면 이는 철학에 무지한 자가 철학을 일컬어 '몽상'이라고 표현하는 것과 마찬가지이다.

아무튼 건전한 상식은 감정이나 자기 내면에서 들려오는 신탁에 의존하여 여기에 찬성하지 않는 사람과는, 즉 상식의 입장에서는 감정이나 신탁을 자기 내면에서 이끌어내지도 느끼지도 못하는 그런 사람과는 상종할 필요도 없다고 잘라 말한다. 이쯤 되면 상식이란 인간성을 뿌리째 짓밟는 것이나 다름없어진다. 타인과의 합의를 이루어내려는 것이 본연의 인간성으로서, 의식은 어디까지나 상호공통의 이해에 도달함으로써만 인간성을 실현할 수도 있을 테니까 말이다. 감정에 매몰된 채 오직 감정에 의해서만 외부와 교류할 수 있다는 것은 반인간적인 동물의 차원에서나 있을 수 있는 일이다.[135]

흔히 학문에 이르는 왕도(王道)[136]가 어디에 있는지 물어온다면, 건전한 상식을 따르는 것 그리고 시대와 철학에도 뒤떨어지지 않기 위하여 철학서에 관한 논평뿐만 아니라 이를테면 철학서의 서문이나 책의 처음 몇 단락 정도라도 읽으면 된다는 것이 가장 손쉬운 대답이 될 것이다. 왜냐하면 서문이나 처음의 몇 단락에는 전체를 요약해놓은 일반적인 원칙이, 그리고 논평에는 사적(史的)인 경위와 함께 평가까지 내려져 있는가 하면 더욱이 이 평가라는 것은 본래 취지에 어긋나지 않는 범위 내에서 평가 대상이 되는 철학서보다 더 훌륭한 내용을 담고 있다고 할 수 있기 때문이다.

그런데 사람들의 발길이 이어지는 통상적인 길은 누구나 평상복으로도 다닐 수 있지만 일단 사제복을 걸치고 나면 영원하고 신성하고 무한한 것을 향한 억누를 수 없는 감정이 용솟음칠 뿐 아니라 그 걸어가는 길도 말끔히 닦여 있는 대로(大路)를 중심으로 하여 천재성이 번뜩이는

---

135) 슐라이어마허를 비롯한 이른바 '감정신학'(Gefühlstheologie)의 주창자들에 대한 반론.
136) '왕자의 도'라는 것은 본래 신플라톤 학파의 프로클로스(Proklos)가 집필한 유클리드 기하학의 주석서에 나오는 유클리드에 관한 일화에서 비롯된 말이다.

심오한 독창적 이념이나 드높은 사상의 횃불이 길잡이가 되어준다. 그러나 그토록 심오한 이념일지라도 이는 여전히 진리 그 자체의 원천을 드러내주지는 못할뿐더러 또한 이로부터 사상(思想)의 불기둥이 천상계에까지 다다르지도 못한다.

참다운 사상과 학문적 통찰은 오직 개념의 노동(Arbeit des Begriffes) 속에서만 얻어진다. 개념만이 보편적인 지를 창출해낼 수 있으니, 이러한 지는 건전한 상식의 그늘 밑에 있는 평범하고 모호하고 빈약한 지가 아니라 교양으로 다듬어진 완전한 인식이다. 또한 나태하고 아집에 사로잡힌 천재성으로 인하여 오히려 퇴행적인 이성이 필요로 하는 그런 특이한 보편지가 아니라 보편이성의 이름에 어울리는, 모든 인간 이성의 소유물이 되는 그런 진리이다.

나는 학문이 엄존할 수 있는 토대는 개념의 자기 운동에 있다고 생각한다. 그런 까닭에 지금까지 논술됐거나 아직 얘기되지 않은 것을 포함한 진리의 본성과 형태에 관한 현대인의 견해는 내 생각과 일치하지 않을뿐더러 때로는 정면으로 배치될 수도 있다. 따라서 이런 상황에서는 학문의 체계를 개념의 자기 운동으로 표현하려는 시도가 결코 탐탁지 않게 여겨지리라는 것도 잘 알고 있다.

그러나 이런 가운데서도 여전히 마음에 새겨두어야 할 것은, 이를테면 플라톤 철학의 진수가 아무런 학문적 가치도 없는 신화에 있다고 여겨졌던 시기도 없지는 않았지만 다른 한편으로는 열광의 시대[137]라고까지 불렸던 시기인데도 아리스토텔레스의 철학이 그의 심오한 사변성으로 인하여 존경받기도 하고,[138] 또한 고대 변증법의 최대의 예술적 성과라고 할 플라톤의 『파르메니데스』가 신의 생명을 참으로 드러내준 적극적인 표현으로 간주되었는가 하면, 더 나아가서는 '황홀·몰아'(엑스터시)[139]라는 표현에 담긴 혼탁함으로 인한 오해에도 불구하고 결국

---

137) 프로클로스와 아리스토텔레스를 종합한 신플라톤 학파.
138) 프로클로스의 플라톤 해석.

은 '순수한 개념'으로 받아들여지기도 했다는 사실이다.

이렇게 본다면 우리 시대의 탁월한 철학[140]이 철학의 가치를 학문성에 둠으로써 누가 그 어떤 생각을 하건 간에 오직 학문성을 통해 실질적인 가치를 인정받을 수 있게 되기를 기대해볼 만도 하다. 이와 아울러 또한 내가 기대하는 것은 학문을 개념으로 되돌려놓음으로써 개념이라는 고유한 터전 위에서 학문을 표현해보려는 나의 시도가 사람들에게 사태의 내면적 진리(die innre Wahrheit der Sache)에 접할 수 있는 통로를 마련해준 것으로 받아들여질 수도 있지 않을까 하는 것이다.

우리는 때가 오면 진리는 반드시 만방에 번져나갈 수밖에 없다는 것을 굳게 믿어야만 한다. 진리는 때가 무르익을 때라야만 비로소 그 모습을 드러내는 것이며, 그 이전에는 나타나는 일도 그리고 그것을 받아들이기에는 아직 미숙한 독자를 만나는 일도 없을 것이다. 이런 과정을 통하여 또한 철학자 개인으로서도 홀로 자기만이 안고 있던 문제이던 것이 타인에게서 인정받게 되고, 애초에는 특수성을 띤 데 지나지 않던 것이 만인의 확신으로 번져나가는 모습을 눈여겨볼 수 있게도 된다.

다만 여기서 한 가지 유의할 점은 일반 대중과 이들의 대표자나 대변자라도 되는 듯이 행세하는 사람을 일단 구분할 필요가 있다는 것이다. 여러 가지 점에서 이들 양자는 서로 다른, 아니 심지어는 정반대되는 행태를 나타내곤 한다. 즉 어떤 철학서가 마음에 들지 않을 경우, 이를 너그럽게 대하는 일반 대중은 자기가 그 수준에 이르지 못한다고 생각하는 데 반하여 자기의 학식을 뽐내면서 대변자연하는 사람들은 모든 책임을 저자에게 전가해버린다. '죽은 자가 죽은 자를 장사 지내기'* 라도 하는 듯한 이런 대변자의 소행에 비하여 일반 독자가 나타내는 생생

---

139) 플로틴(Plotin) 철학의 중심개념으로서, 직접적 자기의식으로 완전히 복귀한 상태를 가리킨다. 여기서 논의된 개략적인 의미는 신플라톤주의에 의한 플라톤 및 아리스토텔레스 철학의 수용과 헤겔 생존시의 철학사 서술에 나타난 신플라톤주의에 대한 비판적 평가를 다룬 것이다.
140) 학문으로서의 철학을 정초하는 데 공헌한 칸트·피히테·셸링의 업적을 되새기고 있다.

한 반응은 별로 주목받지 못하는 것이 사실이다.

그러나 이제는 사회 전반에 걸쳐서 통찰하는 힘이 증진되고 호기심이 고조된데다가 여기에 민첩한 판단력마저 가세하여 "그대를 운구하려는 자의 발길이 이미 문턱에 와닿았도다"** 라고 할 만한 사태가 빚어지고 있다. 그리하여 결국은 이 와중에서도 이와는 구별되는 일반 대중의 느리면서도 차분히 번져나가는 영향력이 사람들의 이목을 끄는 어떤 주장에 솔깃해하거나 쏘아붙이듯이 저자에게 비난을 퍼붓거나 하는 태도를 바로잡아나가면서, 일정한 시간이 경과한 뒤에야 널리 받아들여지는 철학과 한때가 지나 그 뒷세대에 가면 어느덧 명맥이 끊겨버리는 그런 철학을 구분지어놓을 것이다.

끝으로 한마디 덧붙인다면, 정신의 보편성이 너무나 증진된 나머지 이와 반대되는 정신의 개별성에는 그만큼 관심이 덜 쏠리는 시대에는 보편정신이 전폭적인 범위에서 풍부한 교양을 지니고 이를 요구하게도 하지만, 또 반대로 이렇게 되면 정신이 행하는 작업 전체에서 개인의 활동이 차지하는 몫은 줄어들 수밖에 없다. 학문의 성격상 그럴 수밖에 없다고는 하지만, 아무튼 개인의 존재는 더욱더 망각됨으로써 아무리 온 힘을 기울여본들 개인을 필요로 하는 정도는 축소되어 결국 개인 자신으로서도 자기에 대한 기대나 요구를 낮출 수밖에 없게 되는 것이다.

---

* 「마태복음」 8 : 21 참조.
** 「사도행전」 5 : 9 참조.

서론

　철학에서 사태 그 자체에, 즉 참으로 존재하는 것의 현실적인 인식에 다가서기 이전에 절대자를 수중에 넣을 수 있는 도구[1])나 또는 절대자를 알아낼 수 있는 수단이라고 할 인식작용에 관해서 미리 이해해둘 필요가 있다고 보는 생각은 자연스러운 것이다. 그러한 우려가 당연하다고 여겨지는 이유는 한편으로 인식에는 여러 종류가 있어서 절대적인 것의 인식이라는 궁극 목적을 달성하는 데 좀더 합당한 것과 그렇지 않은 것이 있을 수 있으므로 자칫 그릇된 길로 들어설 가능성도 있다고 생각되기 때문이다. 또한 다른 한편으로 인식은 일정한 양식과 범위를 지니는 능력이라는 점에서 그의 성질과 한계를 면밀히 규정짓지 않고서는 진리의 해맑은 빛 대신 허위의 구름덩이를 붙들게 되리라고 생각할 수 있기 때문이다.
　더욱이 그러한 우려는 그 자체로 존재하는 것을 인식작용에 의해서 의식이 획득하도록 한다는 것이 아예 처음부터 그의 개념상 모순된 처

---

1) 도구(Werkzeug)나 수단이란 다 같이 목적의 실현을 위하여 직접적이고 능동적인 역할을 하면서 또한 매체(Medium)로서의 수동적인 의미를 지닌다는 정도의 차이는 있으나, 어쨌든 이것이 애당초 절대자를 포착하기 위한 현실적인 인식의 필수조건이나 전제가 되어야만 한다는 데 대해 헤겔은 분명한 반대 입장을 나타내고 있다. 칸트의 경우 도구는 자발적인 오성 능력으로, 수단과 매체는 수용적인 직관 능력으로 간주되고 있는데, 이에 대해 헤겔은 그의 『철학사』 I에서도 언급하고 있다.

사이며, 인식과 절대적인 것 사이에 확연한 경계선²⁾이 그어져 있다는 확신으로까지 변질될 수도 있는 셈이다. 왜냐하면 인식이 절대존재를 장악하기 위한 도구라고 한다면, 이 인식이라는 도구를 뭔가에 적용한다는 것은 무언가 있는 것을 그대로 놔두지 않고 거기에 어떤 변형이나 변화를 가하리라는 것이 너무나 분명하기 때문이다.

이번에는 또 인식이 우리의 활동을 위한 도구가 아니라 그것을 통하여 진리의 빛이 우리에게 다다르는 수동적인 매체와 같은 것으로 생각한다 하더라도, 여기서 우리가 얻어내는 진리는 참으로 있어야 할 진리가 아니라 어디까지나 이 매개를 거쳐서 매체(Medium)에 받아들여진 진리가 된다. 이럴진대 이 두 경우 모두 우리가 사용하는 수단이라는 것이 그의 목적에 반하는 활동을 하고 있는 것이다. 바꾸어 말한다면 이는 도대체 우리가 인식을 위한 어떤 수단을 이용한다는 것이 이치에 맞지 않는다는 것이다.

언뜻 보기에 도구가 작동하는 방식을 알게 되면 절대적인 것에 관하여 우리가 얻어낸 관념 가운데 도구의 작용을 통해서 생겨난 부분만큼을 총계에서 공제하고 나면 그 나머지 진리를 고스란히 손에 넣을 수 있을 것이므로 위에서 얘기된 그런 번거로움을 손쉽게 덜어낼 수 있으리라는 생각을 할 수도 있다. 그러나 이렇듯 뺄셈하는 식으로 수정을 가하는 것은 사실 우리를 문제의 출발점으로 되돌려놓을 뿐이다.

가공된 사물로부터 도구에 의하여 추가된 부분만큼을 빼낸다면 사물이—이 경우에는 절대적인 것이—인식 이전의 상태로 되돌아간다는 것이 되는데, 그렇다면 인식은 불필요한 노고에 지나지 않음을 자인하는 것밖에 안 된다. 이를테면 아교를 이용해 새를 잡는 경우와 같이 도구의 활용이 아무런 변화도 초래하지 않은 채 절대적인 것이 고스란히 우리 곁에 당겨져오도록 하는 것뿐이라고 한다면 아예 처음부터 완전

---

2) 칸트에게서 (이론적) 인식은 물 자체(Ding-an-sich)에까지 다다를 수 없고 현상계에 한정되어야만 한다는 점을 환기시키고 있다.

무결한 상태에서 우리 곁에 나타나지도 않고 또 그러려고도 하지 않는 절대자[3]가 도구의 노리개처럼 그의 계략에 말려들 것이라고는 생각되지 않는다. 인식작용을 계략이라는 등으로 부르는 이유는 인식을 위한 다양한 노력에는 한낱 아교를 붙여서 새를 잡는 식으로 아무렇게나 꾸며내는 방식과는 전혀 다른 노림수가 있다고 보이기 때문이다.

그런데 관점을 바꾸어 도구로 표상되는 인식작용을 음미함으로써 인식광선의 굴절의 법칙이 해명됐다고 할 때, 이렇게 총계에서 굴절된 부분만큼을 삭제한다고 한들 문제 해결에 결코 도움이 되는 것은 아니다. 왜냐하면 진리를 우리에게 안겨주는 인식은 광선의 굴절이 아닌 광선 그 자체인 까닭에, 이것을 빼버리고 난 다음 그뒤에 남는 것은 아무 표적도 없는 순수한 방향이나 텅 빈 공간일 뿐이기 때문이다.

결국 오류를 범하지나 않을까 하는 우려가 학문에 대한 불신을 키워온 나머지 그런 부질없는 걱정이 인식을 성취하는 데 지장이 되어왔다고 한다면 이제는 오히려 관점을 바꾸어 그런 불신의 늪에 불신의 화살을 겨눔으로써 오류를 범하지나 않을까 하고 두려워하는 것이 오히려 오류를 범하는 것은 아닌지 생각해볼 일이다. 실제로 그런 유의 오류를 우려하는 사람은 뭔가를, 그것도 뭔가 여러 가지를 진리로 전제해놓고는 이를 바탕으로 이리저리 머리를 짜내며 나름대로 추론을 하는데, 요컨대 그러한 전제가 옳은 것인지 어떤지를 먼저 음미해볼 필요가 있다는 것이다.

그런 입장을 지닌 사람들에게 전제가 되고 있는 것은 인식을 도구 ·

---

[3] 『헤겔의 경험의 개념』(Hegels Begriff der Erfahrung, in: Holzwege, 1950)에서 이 「서론」의 구성형식을 네 개의 명제로 요약해놓은 하이데거는 그 가운데 특히 기본명제로서 절대적인 것은 본래 그 자체가 우리 곁에 함께 존재하고 또 존재하기를 욕구한다는 점을 강조하고 있다. 그는 헤겔이 여기서 목표로 하는 절대자는 파루시아(Parousia), 즉 재림(再臨)하는 예수의 현전이라고 봤지만, 이 경우 그보다는 오히려 신의 육화(Menschwerdung)로 이해하는 편이 타당하다고도 생각된다. 이와 별도로 하이데거의 헤겔 이해 그리고 해설 전반과 관련해서는 또다른 비판적 검토가 요구된다는 점을 밝혀두고자 한다.

매체로 보거나 또는 우리 자신이 인식과는 동떨어진 곳에 있다고 보는 그런 생각인데, 이런 가운데서도 특히 절대자가 한쪽 편에 있고 인식은 그와 다른 쪽에 절대자와 단절되어 있다는 그런 생각이 자리잡고 있다. 만약 그렇다고 한다면 인식은 절대자의 밖에 있는 것, 즉 진리와 동떨어진 곳에 있다는 것이 되는데, 그러면서도 또 절대자는 옳은 것으로 받아들여지고 있다. 그렇다면 이는 오류를 두려워한다기보다도 오히려 진리를 두려워하는 편에 가깝다고 봐야만 할 것이다.

논의가 이런 쪽으로 귀착되는 이유는 그야말로 절대적인 것만이 진리이고 진리만이 절대적이라는 생각이 만연해 있기 때문이다. 따라서 인식의 종류를 구별하여 학문이 추구하는 바와 같은 절대적인 것을 인식하지 않아도 진리일 수가 있고 또한 절대적인 것을 파악하지 못하는 인식이라도 또다른 종류의 진리를 파악할 수 있다고 생각한다면 지금의 이 결론을 뿌리칠 수가 있다. 그러나 이렇게 생각하는 순간 다시금 떠오르는 문제는, 지금의 이 논의가 절대적인 진리와 그밖의 다른 진리라고 하는 모호한 구별에 다다를 수밖에 없다는 것이다. 이렇게 되면 '절대적인 것'과 '인식'이라는 등의 낱말이 전제로 하고 있는 의미를 새삼 되물어볼 필요가 있게 된다.

무엇보다 우선 명심해야 할 일은, 인식은 절대적인 것을 획득하기 위한 도구라거나 또는 진리를 모사(模寫)하는 매체라는 등의 부질없는 생각을 떨쳐버려야만 한다는 것이다. 인식과 절대적 진리가 서로 분리될 수 있다고 보는 생각이야말로 문제 해결을 불가능하게 하는 불씨가 된다. 그런 전제 아래 학문은 더 이상 불가능하다고 단정하며 학문하는 노고를 떨쳐내버리려고 하면서도 역시 진지하고 열의에 찬 노력을 기울이는 듯한 모양새만은 갖추어나갈 속셈으로 학문하기에 어울리지도 않는 사람이 그런 전제에서 이러저러한 궁리를 짜내곤 하는데, 정말 그런 작태는 드러내지 않았으면 한다. 또한 이제는 그런 전제에서 생겨나는 의문에 답하는 일도 그만두어야만 하겠다.

그렇게 생각된 것은 어쩌다 우연히 떠오른 자의적(恣意的)인 관념이므로 이는 미련 없이 내던져버릴 수 있고 그와 결부해서 사용되는 '절대적인 것' '인식' '객관' '주관'이라는 등의 수많은 낱말도 그 의미는 누구에게나 주지되는 것으로 전제되어 있기는 하지만 이 또한 기만적인 언사라고 봐도 무방할 것이다. 의미는 주지하는 바와 같고 누구나가 그의 개념을 터득하고 있다는 식으로 내세우는 것은 개념을 올바르게 제시한다는 가장 핵심적인 작업을 피해가기 위한 구실에 지나지 않는다. 그런 생각이나 언사를 일삼는 정도라면 아예 학문 자체를 거론조차 할 수 없도록 가로막아버리는 편이 상책일 것이다. 왜냐하면 지금 얘기된 그런 생각이나 언사라는 것은 학문이 등장하는 날이면 곧바로 사라져버릴 지(知)의 허상에 지나지 않기 때문이다.

그러나 갓 등장해오는 학문은 이제 겨우 외양을 갖춘 데 지나지 않으며, 학문의 등장이 곧 그의 진리를 충분히 전개해놓은 것은 아니다. 따라서 학문이 다른 지와 동일선상에서 나란히 등장할 경우, 이를 두고 겉모양만의 학문이라고 하건 아니면 학문이 등장하면 사라져버릴 공허한 지를 겉모양만의 학문이라고 하건 어느 쪽이라도 상관 없다. 중요한 것은 학문이 그런 겉모양을 탈피해야만 한다는 것인데, 이를 위하여 학문은 그런 겉모양과 대결하지 않으면 안 된다.

학문은 참다운 지가 아니라고 하면 이를 비속한 것으로 여기며 가차없이 내던져버리고 자기의 인식은 그와 전혀 별개의 것이므로 그런 범속한 견해 따위는 아랑곳하지 않아도 된다는 식의 단언[4]만 하는 것으로 의기양양해서도 안 된다. 그렇다고 또 비속한 지에도 뭔가 받아들일 만한 것이 있다는 안이한 생각에 빠져들어도 안 된다. 마음껏 부풀려진 단언이나 하면서 학문이 존재한다는 것이 곧 학문 그 자체의 힘인 양 주장할 수 있다면 이는 참다운 지가 아닌 경우에도 가능할 터인즉, 참다운 지가 아니면서도 자기가 지로서 존재한다는 사실을 앞세워 학문이란 별것도 아니라는 식으로 단언할 수가 있는 것이다.

---

4) 헤겔은 애초에 직접적인 감각과 지각, 오성이라는 대상 의식에서 출발하여 자기의

아무런 내용도 없이 불쑥 단언만 하는 것이라면 누구라도 할 수 있는 일이다. 또한 참다운 인식이 아닌 것에도 눈여겨볼 만한 것이 있으니 그로부터 학문으로 통하는 길도 열릴 수 있다는 식의 안이한 생각을 품는다는 것은 더더욱 있어서는 안 될 일이다. 왜냐하면 이런 안이한 생각을 하게 되면 존재 그 자체에 의미가 있다고 생각하는 데 그치지 않고 참다운 인식이 아닌 것에 안주하는 학문의 존재에, 즉 학문의 그릇된 양식과 그의 외양에 가치가 두어짐으로써 학문이 진정으로 갖추어야 할 참모습은 어디론가 사라져버리고 말 것이기 때문이다. 학문이 이런 처지에 놓여 있거늘 지금 이 책에서 지의 현상화하는 모습을 논한다는 것은 참으로 시의적절한 데가 있다고 해야만 하겠다.

그런데 여기에 논술된 것은 순차적으로 현상화하는 지만을 대상으로 하는 것이므로 이 논술 자체도 제대로의 형태를 갖추고 움직여나가는 자유로운 학문의 체재를 지닌 것은 아니고, 그 나름의 입장에서 자연적인 의식이 참다운 지를 추구해나가는 도정의 형식을 취하고 있다. 다시 말하면 혼이 그의 본성에 따라서 미리 지정된 정류장과도 같은 갖가지 혼의 형태를 두루 거치고 난 뒤에 마침내 정신으로 순화되어가는 그런 도정을 그려낸 것이다. 이렇듯 자기 자신이 편력해온 경험의 도정을 완벽하게 마무리지을 때, 혼은 본래 그 자신의 모습이 어떠한 것인가를 깨우치게 된다.

자연적인 의식은 지에 대한 개념만 지녔을 뿐 실제로 지를 구비하고 있지는 않다. 그러나 애초에 이 의식은 자기가 지를 실제로 갖추고 있는 것으로 여기는 까닭에 참다운 지를 향한 도정은 오히려 지의 부정이라도 되는 듯이 받아들여지면서 의식의 개념을 실현해가는 도정이 오히려 자기상실인 것처럼 느껴진다. 즉 이 도정에서 의식은 자기가 진리라고 생각했던 것을 잃어버리게 되기 때문이다. 따라서 이 도정은 회의

식으로 나아갔는 데 반해 셸링은 일상적인 견해나 단언에서 출발했고 다시 피히테는 참다운 지에 대한 예감에 의존했는데, 여기서 이에 대한 비판적 지적을 하고 있다.

의 길(der Weg des Zweifels)로 볼 수 있고, 더 정확히 말하면 절망의 길(der Weg der Verzweiflung)인 것이다.

흔히 '회의'라고 하면 진리라고 생각되던 어떤 것이 동요를 일으키고 난 다음 이에 대응하는 조치를 통하여 회의가 벗겨져서 처음의 진리로 돌아가게 되고 사태가 원상으로 회복되는 그런 수순을 밟는 것으로 생각될 수 있지만 의식의 도정은 그렇지가 않다. 회의를 수반하는 의식의 도정은 연이어 나타나는 지가 진리를 벗어난 것임을 명석하게 통찰해나가는 여정(旅程)과도 같다. 왜냐하면 연달아 나타나는 불완전한 지에서는 본래는 실현되지도 않을 가능성에 지나지 않는 것이 가장 현실적인 것으로 생각되기 때문이다.

따라서 지의 도정을 스스로 개척해나가는 지금의 이 회의주의[5]는 진리와 학문에 진심으로 매진하는 자가 자기의 무기로서 충분히 가다듬고 있다고 자부하는 회의주의, 즉 학문적인 권위에 사로잡힌 나머지 타인의 사상에 의존하기는커녕 모든 것을 스스로가 음미하며 자기의 신념에만 충실하려고 하는 회의주의, 더 분명히 말한다면 일체의 것을 스스로 창출하여 오직 자기의 행위만을 진실한 것으로 여기는 그런 회의주의와는 분명히 유를 달리하는 것이다.

의식이 그 도상(途上)에서 경험하는 일련의 형태 변화는 의식 자체가 학문을 향하여 교양을 쌓아가는 구체적인 전개의 역사이다. 학문의 권위에 사로잡혀 있는 회의주의는 교양의 형성과정을 단순화하여 취급하는 나머지 이를 단번에 매듭지을 수 있는 것으로 생각하지만, 지가 연이어 나타나는 정신현상학의 도정에서는 그와는 달리 교양의 형성과정에 나타나는 진리에 반하는 것을 그때마다 현실적으로 극복해나가지 않으면 안 된다.

자기의 신념을 추종한다는 것은 물론 권위에 의존하는 것보다는 높

---

[5] 이러한 회의주의는 아무런 긍정적인 결과도 도출해내지 않은, 단적인 부정 일변도의 길을 가는 것이 아니라 '한정된 부정'(bestimmte Negation)을 동반한 변증법적 논리의 선회결과로서 긍정적인 요소를 산출해낸다.

이 살 만하다. 그러나 권위에 기초한 판단을 자기 신념에 기초한 판단으로 바꾼다고 해서 판단의 내용이 바뀌는 것은 아니며 또한 오류가 진리로 바뀐다고 할 수도 없다. 사념과 편견의 체계에 사로잡혀 있는 한은 타인의 권위에 눌려 있건 스스로의 신념에 기초해 있건 이는 진리와는 소원한 것으로서, 둘 사이의 차이라고 한다면 스스로의 신념에 기초해 있는 편이 허영심으로 채워지기 쉽다는 정도의 것이다.

이에 반하여 현상화하는 의식의 모든 영역에 대하여 의혹의 눈초리를 보내는 회의주의는 자기 것이건 타인의 것이건 이른바 자연적인 표상이나 사상이나 사념에 대한 절망감을 분명히 나타내는 것이므로, 이 회의주의에 매여 있는 정신은 무엇보다도 진리란 무엇인지 음미하는 법을 몸소 가다듬고 있다. 여기에 한마디 덧붙인다면 단도직입적으로 진리 여부를 음미하려고 드는 의식은 아직도 자연적인 표상이나 사념으로 충만된 채 여기에 얽매여 있는 까닭에 실제로는 진위를 음미하려고 해도 할 수가 없다.

실재성을 일탈한 의식의 형태가 전체적으로 어떤 의미를 지니는가는 지의 진행과 연관의 필연성을 통해서 밝혀지겠지만, 이러한 경위를 개념적으로 파악하는 데서 일반적인 전제로 삼아야 할 것은 진실하지 않은 의식의 비진실성의 표현도 한낱 부정적인 운동(eine bloß negative Bewegung)에만 그치지는 않는다는 점을 명심해야만 한다는 것이다. 자연적 의식의 입장에서는 도대체가 비진리라고 하면 그것이 단지 부정적인 것이라고 생각하기 쉽지만, 그렇듯 일면적인 시각에 사로잡혀 있는 지는 그 자체가 지의 도정에서 분석의 대상이 되는 불완전한 의식의 일개 형태에 지나지 않는다. 그런 일면적인 시각에 사로잡혀 있는 회의주의는 결론으로서 언제나 순수한 무(das reine Nichts)만을 알아볼 뿐, 이 무가 바로 그의 전제가 됐던 것의 무를 나타낸다는 사실은 간과하고 있다.

그러나 무라는 것은 어디까지나 전제가 되는 것의 무를 나타내는 것이라는 생각을 하게 될 때, 이때 비로소 그것은 결론으로서 의미 있는 것이 된다. 이로써 무는 그 자체가 한정된 무[6]이며, 내용을 갖고 있는 것이다. 추상적인 공허한 무로 끝나는 회의주의는 여기서 더 앞으로 나아갈 수 없고 다만 뭔가 새로운 것이 어디선가 나타나주기를 기다릴 수밖에 없는데, 나타났다고 해도 또 마찬가지의 공허한 심연으로 내던져질 수밖에 없다. 이와는 달리 무를 한정된 부정(bestimmte Negation)이라고 보는 올바른 결론이 얻어질 경우에는 이 결론으로부터 곧바로 새로운 형식이 발생하므로 부정이 그대로 다음 단계로 이행하면서 이렇게 이어지는 형태의 전진이 자력(自力)으로 완전하게 행해진다.

그러나 지의 진행 순서 못지않게 또한 지의 목표도 잡혀 있어야만 한다. 여기서 목표가 되는 것은 지가 이제 더 이상 앞으로 나아갈 필요가 없는 지점, 다시 말하면 지가 자기 자신을 발견하는, 개념과 대상이 완전히 일치하는 지점이다. 이 목표를 향해 가는 도정은 중단되는 일이 없고, 목표에 도달하기 이전의 그 어떤 지점에서도 만족해하는 일이 없다.

자연상태에 묶여 있는 동식물은 스스로의 힘으로 존재하는 대로의 직접적인 상태를 초탈할 수가 없고 다른 동식물에 의해서 초탈될 수밖에 없으니, 이렇게 초탈될 때면 만신창이가 되어 죽음[7]을 맞이한다. 그러나 의식의 경우는 자기 본연의 모습을 자각하는 가운데 그 자신의 한정된 상태를 스스로 초탈한다. 그런데 이 한정된 존재라는 것도 의식에 속하는 것이므로 이는 곧 의식이 자기 자신을 초탈하는 것이 된다. 이때 의식에는 그의 한정된 개별적인 존재와 함께 피안이, 비록 이것이 한정적인 요소를 안고 의식의 곁에 나란히 공간적으로 자리잡고 있을지언정, 하여간에 피안이 설정되어 있다.

그리하여 의식에서는 개별적이며 한정적인 상태에서 안겨지는 만족

---

[6] 한정된 무와 더불어 또한 한정된 부정에 대해서는 52쪽의 주 47 참조.
[7] '죽음'이라는 추상적 부정을 초월하여 자각적인 지와 의지의 소유자로서 살아남는다·연명한다(überleben)는 데에 의식의 특성이 있음을 강조한 것인데, 이에 대해서는 특히 231쪽의 주 22 참조.

따위를 뿌리칠 수 있는 힘[8]이 내면에서 솟구쳐나온다. 이 솟구치는 힘을 느끼게 되면 진리 앞에서의 불안은 자취를 감추고 상실될 위험에 처해 있던 것을 보존하려는 의욕이 생겨나면서 한계를 박차고 나아가려는 힘은 끝없이 솟아난다. 무사상(無思想)의 나태함에 머물러 있으려고 해도 사상은 무사상을 짓눌러버리고 그칠 줄 모르는 사상의 운동이 나태함을 뒤흔들어놓는다. 그런가 하면 섬세한 감각이 발동하여 만물은 그 나름대로 제 몫을 다하고 있다는 입장에서 움츠리고 있으려 해도 여기에 이성의 힘이 파고들어와 '그 나름대로'[9]라고 얼버무리는 투가 이미 뭔가 제 몫을 다하지 못하고 있는 증좌임을 일러준다.

혹은 또 진리를 두려워하는 사람이 그런 두려움을 자기나 타인에게도 드러내지 않기 위하여 다음과 같은 생각을 한다고 할 수도 있겠다. 즉 아무리 진리에 대한 불 같은 열의를 품었다 하더라도 자기의 사상이건 타인의 사상이건 하여간 사상이라고 불리는 것 가운데서는 자기가 내세운 것이 더 재치있고 값어치가 있다는 투로 허영심을 부추기는 진리 이상의 것을 발견하기란 쉽지 않고 아예 그것은 불가능하다는 것이다. 온갖 진리를 모두 다 허사로 돌리고 그 궁색함을 벗어나서 자기 안에 칩거하여 자기의 지성을 드높이며 온갖 사상을 모두 다 허물어버리는가 하면 일체의 내용을 팽개쳐버리고 무미건조한 자아만을 바라보며 의기양양해하는 그런 행태란 실로 자만의 극치라고나 하겠다. 참으로 이런 상태에서는 오직 자기에 관한 것 외에 보편적인 진리 따위는 안중에도 없으니까 말이다.

지금까지 지의 진행양식과 그 필연성에 대한 일반적인 서술을 해왔

---

8) 원어는 Gewalt이다. 이는 앞에서 하이데거가 「서론」의 근본명제 가운데 하나로 내세웠던 절대자의 의지에서 비롯된 것이다.
9) 원어는 alles in seiner Art gut zu finden이다. 의식은 개체이면서 또 종(種, Art, Espèce)이기도 하고 동시에 유(類)이기도 하다는 점에서 일체의 것은 그 나름으로 또는 나름대로 양호하다는 입장을 나타내는 표현이다.

는데, 이제 논의의 전개방법과 관련해서도 몇 마디 덧붙여두는 것이 좋겠다. 지금 논술하려는 것은 점진적으로 현상화하는 지와 학문의 관계를 다루면서 인식의 실재성을 탐구하고 음미(Prüfung)하는 것이 되겠는데, 이때 뭔가를 전제로 하여 이를 기준이 되는 척도(Maβstab)로 삼지 않는 한 소기의 목적을 달성할 수는 없을 것으로 보인다. 음미한다는 것은 적용하기로 한 자를 갖다 대보고 나서 음미된 대상이 그것에 맞는지 어떤지에 따라 그의 가부를 결정하는 것이기 때문이다.

척도가 되는 것으로는 여러 가지가 있는데, 이를테면 학문이 척도가 되는 경우, 그의 척도가 되는 것은 본질 또는 본체(das An sich)로 여겨진다. 그러나 여기서는 아직 학문은 갓 등장했을 뿐이므로, 학문이건 그 무엇이건 간에 본질이나 본체에 합당한 자격을 갖추고 있지는 않다. 그러면서도 또 문제가 되는 것은 본질 또는 본체가 없이는 음미는 이루어질 수 없을 듯이 보인다는 것이다.

이런 모순과 이 모순이 해소되는 실상을 명확히 드러내기 위해서는 무엇보다 먼저 지와 진리가 의식에서 어떻게 추상적으로 규정되는가를 살펴봐야만 하겠다. 먼저 의식의 건너편에 의식과는 구별되는 뭔가가 있는데 의식은 동시에 그것과 관계해 있다. 다시 말하면 의식에 대해서 뭔가가 있는데 이렇게 이루어진 관계의 측면, 즉 뭔가가 의식에 대해서 있는 측면이 바로 '지'이다. 그런데 이렇듯 뭔가가 타자에 대해서 있는 것과는 별도로 그 자체대로 있는 측면이 생각될 수 있다.[10] 즉 지가 관계하는 것을 보면 그것은 관계하는 동시에 지로부터 구별되어 이 관계의 바깥에 존재하는 것으로도 생각될 수 있는데, 바로 이 '그 자체, 즉자적인 것'이 '진리'라는 것이다.

과연 이러한 규정이 의미하는 것이 무엇이고, 어떤 함축을 지닌 것인가는 지금은 상관할 바가 아니다.[11] 왜냐하면 연이어서 현상화하는 지

---

10) 엄밀한 의미로 논리학에서 다루어져야 할 과제인데, 직접 이와 관련되는 자체(즉자)존재(Ansichsein)와 대타존재(Für-ein-anderes-Sein)에 대해서는 53쪽의 주 49 참조.

가 지금 우리의 대상이므로 지에 대한 규정도 일단은 직접 우리에게 나타나 있는 대로 받아들일 수밖에 없기 때문이다. 즉 규정적으로 파악된 것을 그대로 사태 자체의 규정으로 보면 되는 것이다.

지의 진위(眞僞)를 탐구하려고 하면 본래 지 그 자체가 무엇인가를 탐구해야 할 것으로 보인다. 이렇게 탐구를 시작하게 되면 지는 곧 우리의 대상이 되어, 우리에 대해서(für uns) 존재하는 것이 된다. 그리하여 이렇게 나타난 지의 본체란 오히려 우리에 대해서 있는 존재가 됨으로써 이제는 지의 본질이라고 내세워졌던 것이 지의 진리이기보다는 오히려 지에 관한 우리의 지(unser Wissen von ihm)에 지나지 않는 것이 된다. 그런가 하면 또 본질이나 진실을 가려내기 위한 잣대 · 척도라는 것도 단지 우리 자신 속에(in uns) 있는 것이 되므로 이 잣대와 비교되고 또 이 비교에 의해 가부가 결정되는 대상으로서의 지의 본체는 그런 잣대를 인정해도 되고 안 해도 되는 상태가 되어버린다.

그런데 이렇게 우리가 탐구하는 대상은 그 본성상 이와 같은 분열을, 또는 분열이나 전제와 같은 것을 탈피해 있다. 즉 의식은 그 자신의 잣대를 가지고 자기를 잴 수 있으므로 진위를 탐구하는 데서도 의식이 스스로 자기 자신과 비교만 하면 되는 것이다. 왜냐하면 위에서 논의된 지와 진리의 구별이란 바로 의식 자신이 행하는 구별일 뿐이기 때문이다.

이제 의식 속에 어떤 것이 타자에 대해서 있는[12] 그런 관계가 성립되기에 이르렀다. 다시 말하면 의식 그 자체가 지라는 성질을 지니며 동시에 또 하나의 타자가 의식에 대해서 있으면서 이와 더불어 또한 이 관계의 바깥에 의식이 그 자체로도 있게 되는데, 이것이 곧 진리의 요

---

11) 예컨대 의식형태의 진전과정에서 일반적인 감각이 지각으로 변화, 고양될 경우에는 대상 쪽의 '이것'(Dies)은 '사물'이 되고 지각이 오성으로 고양될 때는 사물이 '힘'으로 전환되는 것과 같은 양상이 여기서도 전개된다고 봐야만 하기 때문이다.
12) 의식 속에서 ①지의 '본체'와 ②이 본체를 인식하고자 여기에 맞서 있는 의식 '주체'는 서로 공존하는 동시에 양쪽 사이에는 분열이 생겨나 있음을 뜻한다.

소이다. 따라서 의식이 자기 안에 깃들어 있는 본체 또는 진리로 간주하는 것이 곧 우리가 말하는 척도로서, 이는 의식이 자기의 지를 재기 위하여 스스로 설정한 것이다. 여기서 지를 개념이라 부르고 본질 또는 진리를 존재 또는 대상이라고 부른다면 이때 진위의 음미는 개념이 대상과 일치하는지의 여부를 따져보는 것이 될 것이다.

그러나 반대로 대상의 본질 또는 본체를 개념이라 부르고 대상을 타자에 대해서 있는 대상의 의미로 받아들인다면 이때 진위를 음미하는 일은 대상이 개념과 일치하는가 어떤가를 따져보는 일이 되는 셈이다. 이때 이 두 개의 관점이 동일한 상태를 가리키고 있음은 분명하다. 여기서 중요한 것은 개념과 대상, '타자에 대한 존재', 즉 '대타존재'와 '즉자존재'라는 두 요소는 모두가 우리가 탐구하고자 하는 지 그 자체에 속하는 것이므로 우리가 잣대를 활용하거나 탐구하는 데서 우리의 착상이나 사상을 그 잣대에 적용할 필요는 없다는 점을 탐구의 전 과정에서 결코 잊어서는 안 되겠다는 것이다. 오히려 그 거추장스러운 잣대를 내던져버릴 때 우리는 사태 그 자체의 진상을 완벽하게 있는 그대로 고찰할 수 있게 된다.

결국 개념과 대상, 척도와 음미되는 것, 이 모두가 의식 자체 내에 깃들어 있다고 한다면 우리는 구태여 무언가를 밖에서 끌어들일 필요가 없을 뿐 아니라 또한 양자를 비교하거나 스스로 음미하기 위하여 발벗고 나서려고 애쓸 것도 없이 의식이 그 스스로 음미하는 것을 이쪽 편에서 다만 순수히 방관만 하고 있으면 되는 셈이다. 왜냐하면 의식은 한편으로는 대상을 의식하는 동시에 다른 한편으로는 자기 자신도 의식하고 있으니, 의식은 진리의 의식인 동시에 또한 진리의 지의 의식이기도 하기 때문이다. 그야말로 진리와 지, 이 모두가 동일한 의식에 대해서 있는 가운데 양자의 비교도 가능해지고 또 동일한 의식에게 대상의 지가 곧 대상과 일치하는지의 여부도 드러나게 되는 것이다.

이때 대상이 의식에 모습을 나타내는 것은 의식이 대상을 알고 있는 면에 한정될 뿐이고 의식에 나타나지 않는 그 자체로 있는 면에는 의식이 가닿지 않으므로 결국 지를 본체와 비교하여 음미한다는 것도 불가능한 듯이 보일 수가 있다. 그러나 의식이 대상에 대해서 안다고 하는 바로 이 작용 속에 이미 의식에 뭔가가 그 자체로 존재하고, 또 이와는 별도로 의식에 대한 대상의 존재양식을 나타내는 지가 있다는 구별이 존재하게 된다. 그리하여 지금 있는 이 구별을 바탕으로 음미가 행해지는데, 이렇게 비교해보고 나서 양자가 일치하지 않을 때는 의식은 그의 지를 변경하여 대상에 합치되도록 해야 할 것으로 생각된다.

그러나 지의 변화는 사실은 대상 그 자체의 변화를 수반하게 마련인데,[13] 왜냐하면 지금까지 있어온 지는 본질적으로 대상에 관한 지이기 때문이다. 이렇듯 대상이 대상의 지와 불가분하게 결부되어 있는 이상은 지가 변하면 동시에 대상도 변하지 않을 수가 없다. 그리하여 이전에 그 자체로 있다던 것이 실은 그 자체로 있는 것이 아니라 어디까지나 의식에 대해서 그 자체로 있는 데 지나지 않았던 것으로 의식된다.

이렇게 해서 의식이 대상의 곁에 자기의 지를 맞대어보고 이 양자가 서로 일치하지 않는다는 것이 알려지면 대상 그 자체도 지탱될 수 없게 되는바, 다시 말하면 음미되어야 할 대상이 음미된 결과와 일치하지 않을 경우에는 음미하는 잣대 자체가 변한다는 것이다. 이로써 음미란 단지 지의 음미에 그치는 것이 아니라 잣대의 음미이기도 한 것이 된다.

의식이 지와 대상의 양면에서 펼쳐나가는 이상과 같은 변증법적 운동이야말로 이로부터 새롭고 참다운 대상이 의식에 생겨나는 한 다름 아닌 '경험'이라고 불리는 것이다. 그런데 이 운동을 경험이라고 할 때 지금 바로 논의된 의식의 과정 속에서 다음에 서술하려는 학문적 성격

---

[13] 앞에서는 의식의 전개양식과 그 필연성에 대한 서술이 부정적인 운동이면서도 이 부정은 한갓된 부정이 아닌 '한정된 부정'이었던 까닭에 그 경우 일정한 결과가 필연적으로 조성된다는 면으로 고찰되었다. 그런데 여기서는 '의식과 대상'의 기본적인 동일화 가능성으로 인해 의식이 변하면 대상도 변하고 이렇듯 대상이 변하는 데서 '새로운 경험'(neue Erfahrung)이 획득된다는 점이 강조되어 있다.

에 새로운 빛을 던져주는 것으로서 특히 강조해둘 한 가지가 있다. 즉 의식은 무엇인가(Etwas)를 아는데, 이때의 대상이 본질 또는 본체라는 점이다.

그런데 대상은 의식에 대한 본체이기도 하므로 이렇게 되면 진리는 두 가지 의미를 지니게 된다. 마침내 우리는 의식이 두 개의 대상을 갖는다는 것을 알게 되는데, 그 하나는 첫번째의 본체이고 다른 하나는 이 본체를 의식하는, 의식에 대해서 있는 존재(das für es Sein dieses an sich)이다. 후자는 언뜻 보기에는 의식의 자기 자체 내로의 반조(返照)·반성으로서, 즉 대상의 표상이 아니라 첫번째 본체에 관한 지의 표상에 지나지 않는 것으로 보인다. 그러나 이미 보았듯이 의식이 작용하여 지가 생겨나는 것과 함께 그 최초의 대상에도 변화가 야기되면서 이것은 그 자체로 있는 것이 아니라 오직 의식에 대해서만 그 자체로 있는 그러한 것이 되어 있다. 이렇게 되면 진리는 오직 두번째 대상인 본체의 의식에 대한 존재에 귀속될 뿐이며, 그것이 본질 또는 대상인 것이 된다. 이 두번째의 새로운 대상은 최초의 대상이 무실해졌음을 드러내주는 것으로서, 최초의 대상에 대하여 행해진 경험이다.

경험의 형성과정을 이상과 같이 서술할 경우,[14] 일반적으로 경험이라는 뜻으로 이해되는 것과는 어딘가 부합되지 않는 면이 한 가지 눈에 띈다. 그것은 최초의 대상과 그의 지에서 두번째 대상으로 이행하는 것을 놓고 경험이 행해졌다고 한다면 최초의 대상에 관한 의식의 지, 또는 최초의 본체의 의식에 대한 존재가 두번째 대상 그 자체가 되기에 이르렀다는 점이다.

보통 '경험'이라고 할 경우 우리가 지녀왔던 최초의 개념이 옳지 않음을 아는 것은 전혀 별개의 대상이 어쩌다 외부로부터 다가와 우리의 경험에 와닿기 때문인데, 이때 우리가 할 일이라고는 다만 거기 있는

---

14) 이를테면 감각에서는 '이것'이 대상이지만 곧이어 '이것'은 참된 것이 아니라 의식에 대상적으로 존재하는 데 지나지 않는다는 것이 밝혀지면서 '사물'이 새로운 본체로서 발생하게 되는 경우가 여기에 해당한다.

대로의 것을 고스란히 받아들이기만 하면 된다. 그러나 지금 논의된 바로는 새로운 대상이 의식의 전환 그 자체에 의해서 생겨나게 되었다는 것이다. 이러한 사태의 고찰방식은 경험의 와중에 있는 의식에는 감지되지 않는 것을 방관자로서의 우리가 구태여 조명한 결과로 얻어진 것인데,[15] 이러한 경로를 거치면서 일련의 의식의 경험이 학문적인 단계로 발돋움하기에 이른다.

그러나 사실 이상과 같은 사태의 발생은 앞에서 이미 의식의 경험과 회의주의와의 관계를 다루는 데서 제기됐던 것과 유사한 성질의 문제로서, 다시 말하면 진리에까지 다다르지 않은 지에서 밝혀진 하나하나의 결과는 공허한 무로서 내버려지는 것이 아니라 그런 결과를 낳게 한 전제가 그릇된 것임을 밝혀내는 것으로 파악되어야만 한다는 것이다. 즉 결과 속에는 필연적으로 앞서간 지가 간직하고 있는 참다운 것이 담겨 있게 마련이다.

결국 지금까지 전개되어온 사태에 따른다면 최초에 대상으로 나타났던 것이 의식에 의해 대상에 관한 지로 변화하고, 있던 그대로의 본체가 의식에 대한 존재로 변화할 때 이 새로운 대상과 함께 새로운 의식의 형태가 등장하면서 그의 의식에서의 본질은 이전의 의식의 본질과는 별개의 것이 되어 있는 것이다.[16] 의식작용을 둘러싼 지와 대상 사

---

[15] 원어로 Zutat, 즉 부가물은 찬찬히 눈여겨본다(zusehen)는 동사에 대응하는 의미가 있다. 즉 선행하는 자기의식의 형태에서 새로운 의식의 형태가 발생할 때, 이 사태는 의식 자체에는 드러나지 않고 오직 연구자로서의 '우리'만이 그의 필연적인 연관을 인식할 수 있으므로, 이러한 의식의 자기전개는 '그 자체로' 이루어지는 것이 아니라 '우리에 의해서' 부가된 것이다. 이 책의 여러 곳에서 즉자(an sich)와 대자(für sich) 관계에 병행하며 본래 있는 대로의 사실을 '고찰하는 태도 그 자체'와 자발적인 이해에 수반되는 '주체적인 인식행위' 사이의 관계가 다루어지고 있다.

[16] 어떻게 생겨나는지 그 발생 경위가 밝혀지지 않은 상태를 두고 헤겔은 geschehen이라고 표현한다. 여기서 특히 강조되어야 할 점은 새로운 의식의 발생과 더불어 대상적인 지(知)까지도 포괄하는 진리를 향한 길이 열리게 된다는 것이다. 103쪽의 주 127 참조

이의 이러한 사태 전개야말로 연이어 생성되어가는 의식형태의 모든 계열을 그의 필연성에 따라 이끌어가는 동력인 것이다.

하지만 이러한 필연성 그 자체, 즉 사태의 발생과 진행의 전말을 알아차리지 못하는 의식에 새로운 대상이 발생하며 모습을 드러낸다는 이 필연성만은 의식의 배후에 도사리고 있는 우리에게만(für uns)[17] 간취될 수 있는 것이다. 그리하여 의식의 운동 속에, 경험의 와중에 있는 의식에는 보이지 않는 '그 자체로 있는 것, 즉자존재' 또는 '우리에 대해서 있는 것, 대자존재'라는 요소가 스며들게 된다. 그러나 또한 우리에게 드러나 보이는 사태의 내용은 의식에도 주어져 있으므로 우리가 파악하는 것이라고는 다만 사태의 형식을 이루는 순수한 생성작용일 뿐이다. 이때 양자 사이의 차이라면 의식에 대해서는(für es) 생성되어 있는 것이 대상으로만 존재하지만 사태의 추이를 엿보고 있는 우리에 대해서는 (für uns) 동시에 운동이나 생성과정으로서도 존재한다는 것뿐이다.[18]

이와 같은 필연적 연관성 속에서 이끌려나가는 한에서 학문을 향해 가는 도정은 그것 자체가 이미 학문이며, 내용을 덧붙여서 얘기한다면 의식의 경험의 학문이다.

의식이 자기에 관해서 행하는 경험은 그의 본질상 의식의 모든 체계

---

[17] 편의상 '우리에게, 우리에 대해서, 우리에게서' 등등으로 변역되는 'für uns'는 헤겔 철학의 입문자에게는 그때마다 정확한 의미 포착을 어렵고 혼란스럽게 하는 대표적인 표현법 가운데 하나이다. 이를테면 감각적인 '이것'이 지각의 '사물'로 이행할 경우, 분명히 사물은 감각적 차원의 '이것'에서 생겨난 것인데도 이러한 사실이 지각에게는 망각된 채 단지 주어진 대로 받아들여져 있는 대상에 지나지 않는다는 것이다. 이러한 현상은 지각되는 사물이 오성의 '힘'의 단계로 이행했을 때도 역시 마찬가지로 생겨난다. 결국 뒤에 생겨난 것이 앞서간 것으로부터 발생했다는 사실은 제3의 고찰자 또는 방관자로서의 우리들 철학자만이 파악할 수 있는 것이 된다.

[18] 의식이 '정신'의 단계에서 차지하는 그 자신의 참모습을 뜻하는데, 결국 이「서론」은 '정신의 현상'에 해당되기보다는 '의식의 경험의 학'으로 이름붙여진 이 책의 부제와 부합된다고 할 수 있다. 그러면서도 또 이 책의 내용이 '절대지'에까지 도달한다는 점을 감안하면 여기 서술되어 있는 이 부분은『정신현상학』의「서론」으로서 손색이 없다고 하겠다.

를, 또는 정신의 진리의 모든 영역을 송두리째 자체 내로 포괄하는 까닭에 각기 독자적인 규정 아래 나타나는 그때마다의 정신의 진리는 결코 추상적이고 순수한 진리로 나타나지는 않는다. 그보다는 도리어 의식과 진리와의 구체적인 연관 속에서 전체를 구성하는 각 요소마다가 그대로 의식의 형태로 나타나는 것이다.

마침내 의식이 자기 본연의 모습으로까지 다다르고 나면[19] 의식은 자기에 대하여 마치 타자로 존재하는 것과 같은 소원하고 이질적인 면을 떨쳐버림으로써 현상과 본질이 일치하고 의식의 표현이 그대로 본래적인 정신의 학문과 일치하기에 이른다. 이렇게 해서 끝내 의식이 스스로 자기의 본질을 포착하기에 이를 때 절대지의 본성이 참모습을 드러내게 되는 것이다.

---

19) 자기의식으로서의 의식이 직접적인 확신을 거쳐서 단계적으로 스스로의 비(非)실재성을 자각하게 되고, 이로써 마침내 의식은 자기 자신을 부정하기에 이른다. 그러나 이는 단순한 부정으로서의 '순수한 무'가 아닌 '한정된 무'로서 일정한 내용을 포함하는 무이다. 일정한 내용을 잉태하는 무인 이상, 이 무로부터 의식의 새로운 형태가 생성되면서 결국 의식이 지니는 무에 대한 '지와 대상' 모두에서 변증법적인 운동이 전개되기에 이른다.

의식

이제 분명한 것은 감각적 확신의 변증법이란
바로 이 감각적 확신의 운동과 경험의 단순한 역사이며
또한 감각적 확신 자체가 바로 이 역사라는 것이다.
따라서 자연적인 의식은 확신의 진리를 이루는
이 결론을 향하여 끊임없이 전진하면서
그의 진리를 경험은 하면서도 그때마다
그의 진리를 망각하고 다시 한 번 처음부터
운동을 시작하는 것이다.

I 감각적 확신, '이것'과 '사념'

애초에 곧바로 우리의 대상이 되는 지는 직접지로서, 이는 직접 목전에 있는 것을 안다는 것과 다름없다. 이러한 지를 우리는 직접 있는 그대로 받아들이기만 하면 되고, 거기에 있는 것에 아무런 변경도 가하지 않고 또 그것을 개념적으로 파악해서도 안 된다.[1]

감각적 확신의 구체적인 내용을 보면 일단은 감각적 확신이야말로 더없이 풍부한 인식, 아니 무한히 풍부한 내용을 지닌 인식인 듯이 보인다. 즉 내용이 아무리 밖으로 넓혀져나가도 공간과 시간[2]에 한계라고는 없으며, 그 충만한 내용에서 일부를 떼어내 아무리 이를 세밀히 분해해들어가도 한계에 부딪치는 일은 없을 듯이 보인다. 게다가 이

---

1) '파악한다, 이해한다'라는 뜻의 원어 Auffassen과 Begreifen은 전자가 감각적으로 확신한 사실을 그 자체로 '수용'하는 데 반하여 후자는 감각적 확신의 발생(Entstehen)을 개념적으로 '이해'하고 파악한다는 데 차이가 있다.
2) 칸트에게서 시간과 공간은 주로 감성이나 직관의 형식으로 고찰되고 있지만, 여기서는 '이것'이 갖는 공동의 두 측면, 즉 '지금'과 '여기'라는 비근한 의미로 파악된다. 이 대목에서 우리의 흥미를 끄는 것은 이미 중국의 전국시대 후기에 물(物)의 개념을 학문적으로 엄밀히 사용하여 "물은 감각에 의해서 포착된 현상이다"라는 정의가 내려졌으며, 그보다 더 일찍이 『장자』의 「추수」(秋水)에서도 "일체, 물이라는 시(時)는 영원할 뿐 개별 물에 분여(分與)된 성질에는 항상성이 없고, 그의 사(死)와 생(生)은 반복될 뿐 고정적인 것이 없다"고 하여 흐르는 시간으로 채워진 현상계와 그 일과성에 대한 올바른 논의가 이루어져 있었다는 사실이다.

감각적 확신은 가장 올바른 인식인 듯이 보이기도 하는데, 왜냐하면 대상에서 아직 아무것도 떼어내지 않은 채 대상을 온전한 모습 그대로 눈앞에 보고 있기 때문이다. 그러나 사실은 감각적 확신을 두고 진리라 일컫는 것은 더없이 추상적이고 더없이 가없는 노릇이다.

감각적 확신이 스스로 알고 있는 대상에 관해서 얘기하는 것이란 '그것이 있다'는 것뿐이고 그의 진리에 포함되는 것은 어떤 것, 즉 사상(事象)이나 사태[3]의 존재(das Sein der Sache)일 뿐이다. 의식 쪽에서도 뭔가를 감각적으로 확신하는 한은 단지 순수한 자아(reines Ich)로 있을 뿐인데 이러한 자아는 순수한 '이 사람'(reiner Dieser) 그 이상의 것이 아니고 또한 대상도 순수한 '이것' 이상의 것이 아니다. '이 사람'인 자아가 '이것'이 있다는 것을 확신하는 것은 자아가 의식으로서 자기의 전개를 통해 다양한 사유활동을 하기 때문은 아니며, 또한 내가 확신하는 어떤 것이 갖가지 성질을 지니고 스스로 풍부한 관계를 형성하여 다른 것과 다양한 관계를 맺기 때문도 아니다.

그 어느 경우도 감각적 확신의 진리와는 무관할뿐더러 자아도 사물·사태도 아무런 다양한 매개관계를 이루고 있지 않다. 자아가 갖가지 관념이나 사유에 매달리는 일도 없고 사태가 다양한 성질을 지니는 것도 아니다. 사태는 있을 뿐이고 있기 때문에 있는 것일 뿐이니, 감각적인 지에서는 이렇게 '있다'는 것이 본질적인 것이고 순수하게 단순히 직접적으로 있는 것[4]이 그의 진리이다. 또한 마찬가지로 확신에 따른

---

[3] 지금 논의되는 감각에서와는 달리 지각에서는 사물이 하나의 사물이면서 동시에 다수의 성질을 지닐 뿐 아니라, 또한 그것은 하나의 사물 자체로서 대자적·독자적으로 존재하면서 동시에 다른 사물과의 관계 속에서 대타적으로도 존재한다. 일반적인 의미의 사물 Ding과 여기서 다루어지는 물건·사태라는 의미의 Sache가 갖는 용법상의 차이에 유의할 것.
[4] 『정신현상학』은 의식과 대상과의 분열을 극복하여 학의 성립기반을 다지는 데 목표를 두고 있는데, 이렇게 해서 궁극적으로 성취된 개념이 바로 이 순수존재이다. 이는 논리학에서 모든 존재하는 것의 부정 또는 무로서의 존재에 해당한다. 역사적으로는 파르메니데스에게서 doxa(억견)의 대상에 대립되는 것으로서의 einai(존재)에 해당한다.

대상과의 관계라는 직접적인 순수한 관계이다. 의식은 자아이며, 순수한 '이 사람'이라는 것 이외에 다른 어떤 것도 아니다. 이러한 개별자가 순수한 '이것' 또는 개별물을 아는 것이다.

이렇듯 확신의 본질을 이루고 확신의 진리로 언명되는 것이 순수한 존재라고는 하지만, 곰곰이 살펴보면 이 순수한 존재에는 갖가지 부수적인 것이 안겨 있다. 실제로 행해지는 감각적 확신은 순수히 있는 것만을 대하는 데 그치지 않고 거기에 곁들여진 갖가지 사례를 동반하고 있다.

그런 사례들은 저마다가 무수히 많은 차이를 드러내는데, 이런 가운데서도 어떤 경우에나 볼 수 있는 기본적인 구별은 확신으로 얻어진 순수한 '있음'으로부터 이미 얘기된 두 개의 이것, 곧 '이 사람'으로서의 자아와 '이것'으로서의 대상이 갈라져나오는 것이다. 이런 구별을 곰곰이 따져보면 감각적 확신 속에서는 그 어느 쪽도 홀로 직접 그렇게 있는 것만이 아니라 동시에 매개를 거쳐서 거기에 있다는 것을 알 수 있다. 즉 내가 확신을 갖는 것은 상대 쪽에 있는 타자로서의 사태, '사물'을 통해서이고 사태가 확신되는 것은 타자인 '나'를 통해서인 것이다.

본질과 부수적인 사례, 직접성과 매개성이라는 구별은 방관자로서의 우리가 정립해놓았다는 데 그치지 않고 감각적 확신 그 자체를 통해 알아볼 수 있는 것이다. 그러므로 구별을 포착하는 데서는 앞에서 우리가 규정한 그러한 구별이 아니라 감각적 확신에 따른 구별의 형식이 그대로 받아들여져야만 한다.

이 점에 유의하여 사태를 바라보면 한쪽 편에 단순히 있는 그대로의 대상이 본질이고, 다른 쪽에 있는 자아 또는 지는 자체적으로 존재하는 것이 아니라 타자에 매개되어 존재하는 비본질적인 것임을 알 수 있다. 말하자면 지는 대상이 있음으로써만 대상을 알고, 또 지로서 존재할 수도 또는 존재하지 않을 수도 있는 그런 위치에 있다. 그러나 대상은 거기에 그대로 있는 참다운 것이며 본질이므로, 이것은 지에 의해서 받아들여지건 아니건 관계없이 거기에 있는 것이고 비록 알려지지 않는 경우에도 그대로 존속한다. 그러나 지는 대상이 없으면 지로서 존재하지 않는다.

여기서 문제가 되는 것은 감각적 확신의 본질에 해당한다는 대상이 실제로 그러한 것으로서 존재하는가, 다시 말하면 본질적 존재라고 하는 대상의 개념5)이 과연 대상의 실상에 합치되는가 하는 것이다. 그러나 지금의 우리로서는 아직 대상에 대한 숙고를 거듭하여 그의 진상을 추구할 필요는 없고, 다만 감각적 확신이 나름대로 대상을 어떻게 다루고 있는가를 살펴보기만 하면 된다.

이제 감각적 확신을 향하여 "이것이란 무엇인가?"라고 묻는다고 하자. '이것'이 있다는 것을 우리가 '지금'(Jetzt) 있다와 '여기'(Hier) 있다는 이중의 형식으로 나누어보면 '이것'이 지니는 변증법6)은 이것 자체와 마찬가지로 쉽게 이해될 만도 하다. 즉 "지금이란 무엇인가?"라는 물음에 대하여 이를테면 우리는 "지금은 밤이다"라고 대답한다. 이 감각적 확신의 옳고 그름을 가려내기란 별로 어려운 일이 아니다. 즉 이 진리를 종이에 써놓는다고 하자. 이렇게 써놓았다고 해서 진리가 사라질 리는 없고 그 종이를 보존했다고 해서 진리가 사라지는 것도 아니다. 그런데 '지금이 낮'이 됐을 때 바로 전에 써놓았던 진리를 다시 들여다보면 그것은 알맹이 없는 진리가 되어버리는 것이다.

밤으로서의 지금은 보존되어 지금이라고 불리는 존재로 취급된다고 하지만, 그 지금은 더 이상 존재하지 않는 것이 되고 말았다. '지금' 그 자체는 분명히 지속되고 있지만 지속되고 있는 지금은 더 이상 밤은 아니다. 마찬가지로 지금이 낮이 되었을 때 밤으로서의 지금은 낮이 아닌, 그에 부정적인 것으로 지속되고 있다.

---

5) 여기서 개념이란 「서론」에서 다루어진 이중적인 의미, 즉 그 자체로 있는 지의 본체와 우리에 대해서 있는 지 가운데 지로서의 개념을 일컫는 것이며, 대상 그 자체로서의 개념을 일컫는 것은 아니다.
6) 「서론」에서 경험으로서의 변증법적 운동이라고 불렸던 것과 같은 의미이다.

이렇게 지속되고 있는 '지금'은 따라서 직접적인 존재가 아닌 매개된 존재이다. 왜냐하면 그렇게 변함없이 지속되는 '지금'은 낮이나 밤과는 다른 성질의 것으로 규정되기 때문이다. 그러한 '지금'은 이전의 '지금'이나 마찬가지의 단순한 '지금'이지만 이 단순함이 낮이나 밤과 같이 거기에 부수되는 것과는 무관한 것이 되어 있다. '지금'은 밤도 낮도 아니면서 또한 낮도 밤도 될 수 있으므로 자기 이외의 존재인 낮이나 밤과 관계가 없는 것이다. 부정을 통해 생겨난 이렇듯 단일한 존재, 즉 이것도 저것도 아닌 불특정한 것이면서 또한 못지않게 이것도 저것도 될 수 있는 그런 단일한 존재를 우리는 보편적 존재(ein Allgemeines)라고 부르고자 하는데, 결국 보편적인 존재야말로 참으로 감각적 확신의 진리이다.

우리는 여기서 감각적인 것을 보편적인 것으로 표현하고도 있는 셈인데, 이렇게 되면 우리가 말하는 '이것'은 '보편적인 이것'이고 '그것이 있다'라는 것은 보편적인 '있다'라는 것이 된다. 물론 이럴 경우 우리가 머릿속에 떠올리고 있는 것은 보편적인 '이것' 또는 보편적인 '있다'는 아니지만 표현하는 것은 보편적인 것이다. 이렇게 되면 감각적 확신 속에서 생각하고 있는 것을 그대로 표현하고 있지는 않다는 것이 된다.

그러나 더 말할 나위 없이 언어와 감각적 확신을 놓고 본다면 진리는 언어 쪽에 있으니, 이렇듯 언어 쪽에 무게를 둔다면 우리가 사념하는 것은 당장 부정될 수밖에 없다. 그리하여 보편적인 것이 감각적 확신의 진리이고 언어는 바로 이 보편적인 진리만을 표현할 뿐이라고 한다면 우리가 사념하는 감각적인 '있음'을 말로 나타낸다는 것은 도대체 불가능한 것이 된다.

'이것'에 속하는 또 하나의 형식인 '여기'의 경우도 사정은 마찬가지이다. 예컨대 '여기'는 '나무'라고 하자. 그러나 내가 등을 돌리면 이 진리는 사라지고 다른 진리로 바뀌면서, "여기는 나무가 아니고 집이다"가 된다. 이때 '여기'라는 그 자체가 사라진 것은 아니고 '여기'는 그대로 존속하지만 집이나 나무 따위가 사라지면서 '여기'는 집도 되고 나무도 되는 것이다. 여기서도 역시 '이것'은 매개된 단일한 것(vermittelte Einfachheit), 즉 보편적인 것으로 드러난다.

이렇듯 감각적 확신 속에서 그 대상의 진리가 보편적인 것임이 밝혀진 이상, 확신의 본질을 이루는 순수한 '있다'는 단지 직접적인 '있다'는 것이 아니라 부정과 매개를 본질로 하는 '있다'라는 것이어야만 한다. 다시 말하면 우리가 흔히 '있다'고 사념하는 것이 아닌 추상화한 순수한 보편자로서의 '있다'이어야만 한다. 그럼에도 감각적 확신의 진리가 보편성을 띠어야만 한다는 것을 인정하려 하지 않는 사념은 무엇이라도 수용할 수 있는 공허한 '지금'과 '여기'에 대립하는 위치를 지켜나가려는 것이 된다.

지와 대상이 처음 나타났을 때의 관계와 이제 결과로서 얻어진 지와 대상과의 관계를 비교해보면 양자의 위치가 역전되어 있음을 알 수 있으니, 곧 감각적 확신의 본질이라던 대상이 이제는 비본질적인 것이 되어 있다. 왜냐하면 대상이 보편적인 것으로 변화했을 때 그것은 더 이상 감각적 확신에 의해서 본질적이라고 여겨졌던 대상의 모습을 나타내는 것이 아니라 확신의 본질은 이제 대상의 반대쪽이 되는, 지금껏 비본질적이라고 했던 지 안에 있기 때문이다.

이제 감각적 확신의 진리는 대상이 나의 대상이고 나의 사념에서 비롯된 것이므로 내가 대상에 대해서 아는 한에서만 대상은 존재하는 것이 된다. 그리하여 감각적 확신은 대상의 편으로부터 추방되기는 했지만 그렇다고 파기되어버린 것은 아니며, 다만 자아 속으로 떠밀려들어갔을 뿐이다. 이러한 경험이 실제로 어떠한 모습을 띠는지 살펴나가야만 하겠다.

마침내 확신을 진리일 수 있게 하는 힘은 자아 속에, 즉 내가 직접 보거나 듣거나 하는 활동 속에 깃들어 있는 것이 된다. 우리가 사념하는 그때마다의 '지금'과 '여기'는 사라져도 여전히 '지금'과 '여기'가 지탱되어 있는 까닭은 자아가 그것을 놓치지 않고 있기 때문이다. "지금은 낮이다"라는 것은 내가 낮을 보고 있기 때문이며, "여기가 나무이다"라는 것도 또한 마찬가지 이유에서이다.

그러나 이러한 관계 속에서도 감각적 확신은 앞에서 보았던 것과 동일한 변증법을 경험하게 된다. 바로 이 내가 나무를 보고 "여기는 나무이다"라고 주장할 때 또다른 나는 집을 보고 "여기는 나무가 아니고 집이다"라고 주장한다. 이 두 개의 진리는 동일한 만큼의 증명력에, 즉 직접 눈으로 보고 있다는 사실과 양자 모두가 자기의 지를 확신하여 단언하고 있다[7]는 사실에 의해 뒷받침되어 있다. 그러나 이때 어느 한쪽이 성립되기 위해서는 다른 한쪽은 사라져야만 하는 것이다.

이런 마당에 끝내 사라지지 않고 남아 있는 것은 이 나무를 보는 것도, 또 이 집을 보는 것도 아니고 단순히 보는 작용만을 하는 보편적인 자아이다. 집이나 나무가 부정된다는 매개를 거치면서 보는 작용은 단순히 보는 것으로만 그치고 거기에 부수되는 집이나 나무에 대해서는 무엇이라도 받아들이는 것이 된다. 자아는 '지금' '여기' '이것'과 마찬가지로 보편적인 것일 수밖에 없는 것이다.

나는 이 개별자로 있는 나를 생각할 수는 있지만 개별자로 있는 나를 그대로 말로 나타낼 수는 없으니, 이는 마치 '지금'이나 '여기'라고 생각한 것을 그대로 말로 나타낼 수 없는 것과 마찬가지이다. 내가 이 '여기' 또는 이 '지금'이라고 말하고 나서 이를 두고 개별적으로 있는 '여기'니 '지금'이니 하고 말하더라도 이렇게 말로 표현된 '이것'이나 '여기' '지금'이나 개별물은 모든 이것과 여기와 지금과 개별물을 지시하는 것이 되는데, 이와 마찬가지로 내가 나를 두고 '이 하나의 나'라고 말하더라도 이때의 그 '나'는 모든 나를 포함하며, 따라서 누구나가 자기를 두고

---

7) 감각의 비실재성과 관련하여 보면 사념하는 것은 "인간은 만물의 척도로서, 존재하는 것에 관해서는 그의 존재의, 존재하지 않는 것에 관해서는 그의 비존재의 척도이다"라고 한 프로타고라스의 감각론과 현상론이 사적인 배경을 이루고 있다. 따라서 이에 대한 반론으로서도 『테아이테토스』(*Theaitetos*) 8장에 나오는 플라톤의 견해가 그 배경을 이루고 있다.

'이 하나의 나'라고 말할 수가 있는 것이다. 이를테면 '이것' 또는 '이 하나의 인간'을 연역하고 구성하고 선험적으로(a priori) 드러내 보이라는 식으로 강변하면서 이러한 요구가 학문으로서는 도저히 감당하기 힘든 시금석이 된다는 등의 얘기를 멋대로 하는 경우가 있는데, 반문하고 싶은 것은 그런 요구를 하는 사람 자신이 '이것' 또는 '이 자아'라고 말할 때 과연 무엇을 염두에 두고 있는가 하는 것이다. 실로 이것을 말로 나타낼 수는 없으니까 말이다.[8]

그리하여 이제 감각적 확신이 경험하는 것은 대상과 자아 가운데 그 어느 쪽도 본질이 될 수는 없으며, 또한 직접 있다는 것만 하더라도 대상이나 자아 그 어느 쪽도 직접적으로 있는 것은 아니라는 사실이다. 왜냐하면 그 어느 쪽을 놓고 보아도 내가 생각하고 있는 것은 비본질적인 것이고, 보편적인 것으로서의 대상이나 자아 속에는 결코 내가 생각하는 것과 같은 '지금' '여기' '나'라고는 존속하지도 또 존재하지도 않기 때문이다.

그렇다면 이제 우리는 감각적 확신의 전체를 두고 그의 본질이라고 할 수밖에는 없다. 앞에서 얘기되었듯이 두 요소 가운데 어느 한쪽, 즉 자아에 대립되는 대상이 실제로 존재한다거나 아니면 반대로 자아가 실제로 존재한다거나 하는 것이 아니라 직접적으로 존재하는 것은 오직 감각적 확신의 전체일 뿐이어서, 여기에는 앞에서 생겨난 그런 대립관계는 전적으로 배제되어 있기 때문이다.

이렇게 해서 생겨난 순수한 직접적 확신은 더 이상 나무가 있는 '여기'가 나무가 없는 '여기'로 변한다거나 낮으로서의 '지금'이 밤으로서의 '지금'으로 변화하는 것과는 전혀 무관하며 또한 자기 이외의 어떤 다른 대상을 상대로 하는 자아와도 아무 상관이 없는 확신이다. 그의 진리는 자아와 대상과의 사이에 어느 쪽이 본질적이고 비본질적인가를

---

[8] 여기서 헤겔은 "관념철학은 일개 사물이나 또는 일정한 역사적 형상에 관한 표상을 연역하여 보여주어야 한다"고 한 크루크(W. T. Krug)의 요구에 답변하는 형식을 취하고 있다.

구별하지 않는, 따라서 또 어떤 구별도 끼어들 틈이 없는 양자의 완전히 일체화된 관계로서 유지된다.

'이' 나는 '여기'가 나무라고 주장하고 나서 곧바로 다른 쪽으로 등을 돌리거나 하지는 않으므로 '여기'가 나무가 아닌 것이 되는 경우란 있을 수 없다. 다른 자아가 나무가 아닌 '여기'를 보고 있거나 나 자신이 어떤 다른 기회에 나무가 아닌 '여기'나 낮이 아닌 '지금'을 대하거나 하는 일은 완전히 떨쳐버리고, 나는 오직 목전에 있는 것만을 순수히 직관한다. 나는 미동도 하지 않고 제자리를 지키면서 '지금은 낮이다' '여기는 나무이다'라는 생각만 할 뿐, '여기'와 '지금'을 서로 비교하지 않으며 '지금'과의 직선적인 관계 속에서 '지금은 낮이다'라고 생각하고 있을 뿐이다.

이런 마당에 우리가 이 확신을 향하여 밤이 된 '지금'이나 밤을 맞이한 자아에게 눈길을 돌리도록 권유하더라도 확신이 이렇게 권유하는 쪽으로 다가올 리는 없으므로, 우리 쪽이 앞장서서 낮이라고 하는 그 '지금'을 자기에게 제시한다고 하자. 이렇게 제시할 필요가 있는 이유는 이 직선적인 관계 아래 성립되는 진리가 하나의 '지금'이나 하나의 '여기'에 한정된 바로 '이' 자아의 진리이기 때문이다.

뒤에 가서 이 진리와 겨룬다거나 이 진리와 동떨어진 곳에 자리잡고 있다거나 하는 것은 진리와 아무 상관도 없다. 정작 눈앞에 닥쳐 있는 현장에서밖에는 진리일 수 없는 것을 현장을 벗어난 곳으로 끌어내는 것[9]이 되기 때문이다. 실로 우리는 현장에 있는 자아와 동일한 시간점 또는 공간점에 자리잡은 채 그의 진리를 자기에게 내보여야만 한다. 즉 확신을 안고 지(知)를 움켜쥐고 있는 존재인 바로 이 현장의 자아와 본래의 자아를 일체화[10]시켜야만 하는 것이다. 이렇게 해서 우리에게 명시되는 직접적인 존재란 어떠한 것인가.

---

9) 헤라클레이토스 학파의 지론으로서 플라톤의 『테아이테토스』 10장에서 다루어지고 있다.

'지금'은 있는 그대로의 '이 지금'으로 명시된다. 그러나 이렇게 명시된 '지금'은 이미 '지금'이 아니다. 지금 있는 '지금'은 명시된 '지금'과는 다른 '지금'이며, 따라서 참으로 '지금'이란 지금 있으면서 더 이상 지금이 아닌 것임이 판명된다. 우리에게 명시되는 '지금'은 벌써 지나가버린 '지금이었던 것'으로서, 이것이 '지금'의 진리이다. '지금 있는 것'이 '있다'라는 존재의 진리인 것이 아니라 '지금이었던 것'이 있음의 진리인 것이다. 그러나 또 지나가버린 지금이었던 것은 사실은 지금의 본질은 아니다. 즉 그것은 이미 없는 것이 되었거늘 '지금'의 본질은 당연히 '있음'에 깃들어 있어야만 하기 때문이다.

이렇게 볼 때 '지금'을 명시한다는 것은 다음과 같은 경로를 거쳐가는 하나의 운동임을 알 수 있다.

① 나는 '지금'을 가리키며 이것이 '참다운 지금'이라고 주장한다. 그러나 이렇게 명시되는 것은 이미 '지금'이었던 것이 되고 더 이상 '지금'은 아닌 것이므로 여기서 첫번째 진리는 파기된다.

② 두번째 진리로서 나는 '지금'이라는 것은 '지금'이었던 것이고 더 이상 '지금'은 아닌 것이라고 주장한다.

③ 그러나 '지금'이었던 것이면 지금은 있을 리가 없다. 따라서 '지금'이었던 것, 더 이상 '지금'은 아닌 것이라고 했던 두번째 진리가 파기됨으로써 부정됐던 '지금'이 다시 한 번 부정되어 결국 '지금'은 있다고 하는 첫번째 주장으로 되돌아가는 것이 된다.

이렇게 볼 때 '지금'과 '지금'을 명시하는 것은 그 어느 쪽도 모두가 직접 거기에 있는 단일한 것이 아니라 다양한 요소를 안고 있는 하나의

---

10) 이 책의 첫머리에서 이미 헤겔이 최초로 자아(Ich)의 이중성과 그의 양면적인 자기복귀를 통한 일체성문제를 제기하고 있다는 점에서 전반적인 헤겔 연구 중에서도 특히 『정신현상학』의 탐구를 위한 주요지침이 제시되었다고 할 수 있다. 이는 마치 생성(生成)하는 기(氣)의 세계 전체를 받쳐주고 포섭하는 자기의 '마음'이 중추를 이루면서 세계와 일체화하여 성(性)의 갖가지 발현도 가능하게 한다고 본 기력(氣力)으로 충만된 양명철학과의 공통성을 엿보게 하는 흥미로운 대목이다.

운동(eine Bewegung)이 된다. 즉 '이것'이 정립되고 나면 이렇게 정립된 것은 곧바로 '다른 것'이 되어 '이것'은 파기된다. 그러나 '이것'이 파기되고 난 뒤에 나타나는 '다른 것'이 다시금 파기되면서 운동은 최초의 지점으로 복귀한다. 하지만 자체 내로 복귀한 최초의 '지금'은 애초에 직접 거기에 있던 '지금'과 완전히 동일하다고는 할 수 없다. 즉 그것은 자체 내로 복귀한 이상 자기의 밖으로 나가면서도 자기를 그대로 간직하고 있는 단일한 '지금'인 것이다. 말하자면 이는 한 시점상의 지금이면서 절대다수의 '지금'이라고 할 그런 '지금'인 것이다.

실로 여기에 참다운 '지금'이 있으니, 즉 하루라고 하는 '지금'은 시간으로 이어지는 많은 지금을 포함하고 있으며, 한 시간이라는 '지금'은 많은 분(分)을 그리고 1분으로서의 '지금'은 많은 초를 포함하고 있다. 따라서 '지금'을 명시(明示)한다는 것은 참다운 '지금'이 무엇인가를 표현하는 운동이라고 하겠으니, 결국은 많은 '지금'을 총합한 결과야말로 참다운 '지금'이다. 즉 '지금'을 명시한다는 것은 '지금'이 온 곳에 널려 있음을 경험하는 것과 마찬가지이다.

또한 내가 놓치지 않고 있으면서 명시하는 '여기'도 마찬가지로 이 '여기'이긴 하지만 사실은 이 '여기'가 아니라 앞과 뒤, 위와 아래, 우와 좌이기도 한 그러한 '여기'이다. 위라고 해도 또다시 여러모로 나누어져서 위, 아래가 있게 된다.[11] 명시되었다던 하나의 '여기'는 사라지고 다른 '여기'가 나타나지만 이것 역시 사라져버린다. 그렇다면 결국 명시되고 또 견지되는 지속적인 '여기'는 오히려 '이것'이 부정되는 데서 비롯되는 것이므로, 그것이 존재하는 이유는 '여기'라는 것이 '여기'로 받아들여지는 그 즉시 파기되기 때문이 된다. 명시된 '여기'란 결국은 많은 '여기'를 내포한 단일한 복합체인 것이다.

'여기'는 점이라고 사념될 만도 하지만, 점은 존재하지 않는다. 그의

---

11) 아리스토텔레스의 『자연학』(205 b 30)에서 위, 아래, 앞, 뒤, 좌, 우가 장소(Topos)의 종(eidos)이라는 데 대해 주의를 환기시킨 것이라고 하겠다.

점이 존재하는 것으로서 명시된다고 한다면 그것은 '여기'를 명시하는 것이 직접 존재하는 것을 파악하는 데 그치는 지가 아니라 점으로서의 '여기'로부터 많은 '여기'를 거쳐서 보편적인 '여기'로 향하는 운동일 것이기 때문이다. 마치 '하루'가 많은 '지금'이 합쳐져서 이루어진 단일체이듯이 보편적인 '여기'는 많은 여기가 합쳐진 단일체이다.

이제 분명한 것은 감각적 확신의 변증법이란 바로 이 감각적 확신의 운동과 경험의 단순한 역사(歷史)[12]이며 또한 감각적 확신 자체가 바로 이 역사라는 것이다. 따라서 자연적인 의식은 확신의 진리를 이루는 이 결론을 향하여 끊임없이 전진하면서 그의 진리를 경험은 하면서도 그때마다 그의 진리를 망각하고[13] 다시 한 번 처음부터 운동을 시작하는 것이다.

그런데도 이러한 보편적인 경험과는 반대로 감각적인 '이것'과 같은 외적인 사물의 실재나 존재가 의식에서 절대의 진리라는 식의 생각이 철학적 주장이나 심지어 회의주의의 결론으로까지 제시되고 있으니 참으로 놀라울 뿐이다.[14] 그런 주장을 하는 사람은 그 자신이 무엇을 말하고 있는지를 알지 못할뿐더러 그 자신이 스스로 말하고자 하는 것과는 반대되는 말을 하고 있다는 것도 모르고 있다. 그들은 의식에서 감각적인 '이것'이 있다라는 진리가 보편적인 경험이라고 하지만, 보편적으로 경험되는 것은 그렇듯 진리라고 하는 것과는 정반대의 것이다.

개개인의 의식은 "여기는 나무이다"라거나 "지금은 대낮이다"라는 등의 감각적 진리를 파기하고 그와는 반대로 "여기는 나무가 아니고 집

---

12) 본래 '발생하다'라는 동사 geschehen에서 유래된 명사 Geschichte는 '역사'를 뜻하는데, '자기의식'에 속하는 '회의주의' 이전의 감각의 단계에서는 한낱 '사건'이라는 의미로 사용되었다.
13) 하나의 단계에서 다음 단계로 이행하고 나면 그 이전 단계는 망각되고 단지 현재 단계에서 경험된 내용만이 남겨져 있다는 데 대해서는 128쪽의 주 15 참조.
14) 아마도 헤겔은 흄(Hume)의 지론에 따라 외적인 감각적 대상의 실존을 믿도록 설파하는 야코비를 염두에 둔 것으로 보인다.

이다"라고 한다. 그러나 첫번째 주장을 파기하는 이 두번째 주장에도 역시 첫번째 경우와 마찬가지로 감각적인 '이것'에 얽매여 있다시피 한 그런 주장이 담겨 있어서 이것 또한 곧장 파기되고 만다. 그리하여 모든 감각적 확신을 통해 참으로 경험되는 것은 이미 보았듯이 '이것'이 갖는 보편적인 모습이라고 하겠으니, 이는 감각적인 것만이 의식에서 절대의 진리라고 하는 앞의 주장과 정반대되는 것이다.

'이것'을 확신하는 것이야말로 보편적인 경험이라고 내세우는 사람들에게는 무엇보다 실천적인 국면으로 눈길을 돌리도록 권장하고 싶다. 실천적인 면에서라면 감각적인 대상이 실재하는 것이 절대의 진리이며 확신이라고 주장하는 사람들에게는 엘레우시스[15]의 고장에서 행해졌던 풍요의 여신 케레스와 주신(酒神) 바쿠스의 비의가 지니는 지혜의 첫발로 돌아가서 빵과 포도주를 섭취하는 데 감춰져 있는 비밀을 새삼 터득했으면 하는 생각이다. 왜냐하면 그 비의에 접할 기회가 주어진 사람은 감각적인 사물의 존재를 의심할 뿐만 아니라 아예 그 존재에 절망한 나머지 비의의 한복판에서 스스로 빵과 포도주를 섭취해버리고는 그것이 모조리 없어져버리는 것까지도 눈여겨보기 때문이다.

동물에게도 그런 정도의 지혜는 갖추어져 있으니, 그의 행동을 보면 비의에 깊이 통달해 있음을 알 수 있다. 왜냐하면 동물은 감각적인 사물을 있는 그대로 방치해두지 않고 그것이 사물로서 실재하는 데 절망하여 그의 존재가 아무런 가치도 없다는 것을 철저히 확신하는 가운데 이를 거침없이 먹어치워버리기 때문이다. 실제로 동물뿐 아니라 전체 자연까지도 감각적 사물의 진리가 어떤 것인지 가르쳐주는 이 공공연한 비의를 축제 속에서 맞이하였다.

그런데 감각적 사물에 집착하는 사람들은 앞에서 지적했듯이 자신이 생각하는 것과는 정반대되는 것을 섣불리 들먹이곤 하는데, 어쩌면 이

---

15) 1796년 8월 헤겔은 「엘레우시스」(Eleusis)라는 한 편의 시(詩)를 횔덜린에게 바쳤는데, 본래 고대 그리스의 지명(地名)을 뜻하는 이곳 엘레우시스에서 베풀어지는 중요한 비밀제사 자체가 같은 이름으로 불린다.

런 현상은 오히려 감각적 확신의 본성을 누누이 따져보게 하는 좋은 길잡이를 제공하는 것이라고도 할 수 있다. 그들이 걸핏하면 입에 올리는 외부의 대상적 존재란 정확히 말하면 현실적이고 절대적으로 개별적이며 전적으로 개성적이고 개체적인 것, 따라서 이와 전적으로 동일한 것이라고는 있을 수 없는 그런 것으로 규정된다. 그런데 그것이 절대적으로 확실한 참다운 존재라는 것이다. 그들이 생각하고 있는 것은 이를테면 내가 지금 이 글씨를 쓰고 있다는 것 또는 이미 써놓은 이 한 장의 종이인 셈이다.

하지만 그들은 스스로 생각하고 있는 것을 그대로 말로 나타내지는 못한다. 그들이 생각하는 대로 이 한 장의 종잇조각을 실제로 말로 나타내려고 해도, 그리고 그들은 실제로 말로 나타내려고 하지만, 그것은 불가능한 일이다. 왜냐하면 그들이 생각하는 것은 하나의 특정한 감각적 사물인데 그 자체가 보편적인 의식에 귀속되는 언어로서 감각적인 것에 도달하기란 불가능하기 때문이다. 그리하여 실제로 감각적인 것을 말로 나타내려고 하면 오히려 감각적인 것이 문드러져버리고 만다. 감각적인 사물에 관한 것을 글로 쓰기 시작하더라도 이를 완성할 수 없고, 결국은 타인에게 맡긴다고 할 때 이 타인마저도 자기가 얘기하고 있는 것은 감각적으로 있는 것과는 다르다는 것을 자인하지 않을 수 없게 된다.

물론 그들이 지금까지 거론됐던 것과는 전혀 다른 이 한 장의 종이에 관해서 생각하는 것은 자유이지만, 이때 그들이 비록 현실로 있는 사물, 외적인 감각적 대상 또는 절대적인 개별체라는 등의 표현을 쓴다고 하더라도, 말로 표시되는 것은 보편적인 관념에 지나지 않는다. 그리하여 "말로 표현될 수 없는 것"(das Unaussprechliche)이라고 일컬어지는 것은 참이 아닌 것, 비이성적인 것 또는 단지 사념된 데 지나지 않는 것이라고 해야만 하겠다.

뭔가에 관하여 그것은 실제로 있는 사물이고 외적인 대상이라는 것 이상의 아무 말도 할 수 없다면 이는 보편성의 극치를 나타내는 것으로서, 즉 이렇게 얘기되고 있는 것은 다른 것과의 차이보다는 다른 모든 것과의 동일함을 나타내는 것이 된다. 내가 "개별체로 있는 사물"이라고 한다면 나는 그것을 전적으로 보편적인 것으로 나타내는 것이 되는데, 즉 이때 모든 것은 개별적인 사물이다. 마찬가지로 '이것, 이 물건'이라는 말도 모든 것에 적용할 수 있는 말이다. 더 나아가 '이 종잇조각'이라고 할 경우에도 이는 예외 없이 모든 종이에 해당되는 말로서 결국 말로 표현되는 것은 언제나 보편적인 관념일 뿐이다.

그리하여 언어란 머릿속에 떠오른 것이면 곧바로 방향을 전환하여 어떤 다른 것이 되도록 함으로써 본래 생각했던 대로의 것이 말로 표현되지 않도록 하는 신적 본성[16]을 지닌다고 보고 그런 언어를 보완하는 의미에서 이 종잇조각을 명시하는 것이라고 한다면, 이렇게 행해지는 경험이야말로 감각적 확신의 진리가 실제로 어떤 것인가를 여실히 드러내줄 것임에 틀림없다. 내가 제시하는 종잇조각은 하나의 '여기'이지만 그것은 또한 다른 '여기'의 '여기'이기도 한, 그야말로 다수의 '여기'가 하나로 모아진 단일한 집합체로서, 다시 말하면 그것은 보편적인 '여기'이다. 이것이야말로 '여기'라는 것의 진상이라고 하겠으니, 여기에 이르면서 나는 직접 거기에 있는 것을 안다는 차원을 넘어 '지각'의 단계로 접어들어 있는 것이다.

---

16) 언어의 중요성에 각별한 의미를 부여했던 헤겔은 특히 「창세기」 2: 19~20에 아담이 낙원에서 모든 가축, 금수, 날아다니는 새들에 각기 적절한 이름을 부여했다는 데에 유의하고 있다. 즉 온갖 잡다한 존재를 한데 엮어서 단적으로 간결명료하게 관념의 차원으로까지 끌어올린 최초의 언어행위를 통하여 아담이 모든 것에 대한 지배권을 확립하게 되었다고 한다.

II 지각; 사물과 착각

　직접적 확신이 진리를 내 것으로 장악하지 못하는 이유는 그의 진리가 보편적인 것인데도 의식은 개별물로서의 '이것'을 포착하려고 하기 때문이다. 이에 반해 지각은 자기에 대해서 존재하는 것을 보편적인 것으로 받아들인다. 보편성이 지각의 원리가 되어 있으므로 그 속에 직접 구별되어 나타나는 두 요소인 자아(Ich)와 대상(Gegenstand)도 또한 보편적인 것이다.

　보편적이라는 원리는 우리에게 의식적으로 발생한 것이므로[1] 지각을 받아들이는 우리의 방식은 감각적 확신에서와 같은[2] 표면상의 수용이 아니라 필연성을 따른 수용방식이다. 이 원리의 발생과 동시에 여기서 떨어져나오듯이 보이는 두 개의 요소가 성립되는데, 하나는 뭔가를 제시하고 지적하는 운동이며 다른 하나는 이 동일한 운동을 단일물(單一物)로 나타낸 것이다. 전자가 지각(das Wahrnehmen)이고 후자가 대상이다.

---

[1] 하나의 단계가 이전 단계로부터 발단되고 발생했다는 형식의 측면은 다만 '우리들' 철학적 고찰자만이 이해할 수 있는 것으로서, 경험의 와중에 합류하여 그 속에 매몰되어 있는 당사자 자신의 의식은 이를 이해하지 못한다. 다만 이해할 수 있는 것이라곤 그 이전(以前) 단계에 속하는 내용뿐이라는 데 대해서는 128쪽의 주 15 참조.

[2] 이 책의 제1장 133쪽 이하 참조.

대상은 본질적으로 지각하는 운동과 동일한 운동을 하는데, 지각의 운동이 갖가지 요소를 전개하고 구별하는 것이라면 그 요소들이 하나로 집약되어 있는 것이 대상이다. 방관자로서 우리가 보기에는 원리가 되는 보편적인 것이야말로 지각의 본질(das Wesen)이고 그러한 추상적 원리의 대극(對極)에 있는 두 요소, 즉 지각하는 것과 지각되는 것은 비본질적인 것(das Unwesentliche)이 되겠다. 그러나 실제로는 두 요소 자체가 보편적인 본질을 이루므로 모두가 본질적이라고 해야만 한다.

그러나 사실에서는 두 요소가 서로 대립하는 것으로 관계하므로, 이 관계 속에서는 한쪽만이 본질적이어서 결국 둘 사이에 한쪽만이 본질적이고 다른 한쪽은 비본질적이라는 구별이 생겨나게 마련이다.[3] 즉 단일체로 규정되는 대상 쪽이 본질을 이루며, 대상은 지각되고 안 되고에 상관 없이 존재한다. 반면에 운동으로서의 지각은 있어도 되고 없어도 되는 부수적이며 비본질적인 존재[4]이다.

이제 이 대상을 좀더 자세히 규정하고 다시 이 규정을 거기에 생겨난 결과와 관련시켜봐야만 하겠는데, 여기서는 아직 그 이상의 논술은 필요하지 않다. 대상은 그의 원리에서 보편적인 것이고 단일체 속에서 매개의 관계를 이루고 있으니, 이것이 대상 자체의 본성으로서 명시되어야만 한다. 이로부터 대상은 '다수의 성질을 지닌 사물'[5]이라는 성질을 띠게 된다. 결국 감각적인 지의 풍부함은 '이것'과 '여기'에 따른 갖가지 사례를 제시하는 감각적 확신이 아닌 지각을 통하여 생생히 드러나

---

3) 암묵적으로 스피노자 철학을 시사하고 있다. 지각의 입장에서 원리 일반으로서의 보편자는 스피노자의 실체에 해당하고, 지각되는 쪽과 지각하는 쪽은 역시 스피노자의 정의에 따른 속성으로서의 연장과 사유에 해당한다.
4) 감각적 확신에서의 대상과 맞먹는다.
5) 헤겔은, 사물에는 우선 성질(Eigenschaften)이 주어져 있는데 이 성질과 사물을 이어주는 관계가 소유(das Haben)인 까닭에 성질에는 바로 자기의 것(Eigentum)이라는 의미가 담겨 있다고 한다. 그런데 이 책의 제2장 「지각」 전체를 지배하다시피 하는 사물의 동(同)과 이(異) 양면의 상호감응성(感應性) 문제는 북송(北宋) 시대 장재(張載)의 일물양체론(一物兩體論)에도 이미 그 핵심이 드러나 있지 않은가 생각된다. 즉 모든 사물이 저마다 내면에 안고 있는 독자성으로서

게 된다. 왜냐하면 지각에서는 본질에 해당하는 대상에게서 구별이나 다양성과 같은 부정의 관계가 나타나기 때문이다.

그리하여 눈앞에 있는 '이것'은 '이것이 아닌 것'으로 또는 '이것을 지양한 것'으로 정립된다. 그렇다고 부정되어 그대로 없어져버리는 것이 아니라 어떤 내용을 가진 특정한 것이 없어진다는 것(ein bestimmtes Nichts)인데, 이렇게 없어지는 내용이 바로 '이것'이다.[6] 따라서 감각적인 것이 여전히 거기에 남아 있긴 하지만 직접적 확신의 경우에서처럼 말로 표현될 수 없는 개별물로서 거기에 있는 것이 아니라 보편적인 것, 즉 '성질'로 규정되는 것으로서 거기에 있다. '아우프헤벤'(Aufheben), 즉 '지양·극복·파기'라는 뜻의 독일어는 부정행위에서 오는 진리의 이중의 의미, 즉 '부정하다'와 함께 '보존하다'[7]라는 의미를 여실히 표현해주는 것이다. 즉 '이것'이 아니다라고 할 때 직접적으로 존재한다는 감각적인 사실은 보존하되 그의 존재하는 양식은 직접 보편적으로 있는 것(eine allgemeine Unmittelbarkeit)이다.

그런데 뭔가가 보편적인 것으로 존재한다는 것은 그 존재에 매개나 부정이 작용하고 있음을 뜻한다. 이러한 매개나 부정의 작용을 직접 표현하는 것이 사물이 지니는 갖가지 성질이다. 이때 사물은 많은 성질이 동시에 서로 타자를 부정하는 모양새를 하고 나타난다. 그 많은 성질이 사물이라는 보편적인 단일체 속에 함께 나타날 경우, 본래는 뭔가 밖으로부터의 힘이 작용하여 성질로 꾸며진 것이 서로 관계하는 것이 되지

의 '성질' 측면에서는 동과 이의 문제가, 그러나 외적인 다양성의 측면에서는 기화유행(氣化流行)하며 생생불식(生生不息)하는 천지만물의 보편적인 연관성문제가 지각활동의 중핵을 관통하는 근본원리로 자리잡고 있다.

6) 이 부정 역시 「서설」과 「서론」에서 거론되었던 한정된 의미의(bestimmte) 부정을 뜻한다.

7) 흔히 '지양·극복'이라고 번역되는 Aufheben이라는 단어가 갖는 양면성, 즉 ①부정되고 파기되는 면과 ②보존되고 지켜지는 면을 동시에 드러내주는 전형적인 사례이다. 특히 『대논리학』I(존재론) 가운데 「생성의 지양」(Aufheben des Werdens) 말미의 주해 참조.

만, 그러면서도 이들은 각기 서로 무관한 상태에서 타자로부터 독립하여 저마다 별개의 것으로 존재해 있다.

그런데 또 자기동일을 유지하는 보편적인 단일체, 즉 사물 역시 거기에 포함된 갖가지 성질과는 구별된 상태에서 자유로이 존재하고 있다. 즉 보편적인 단일체는 갖가지 성질을 내부에 간직한 채 순수한 자기 자신과의 관계를 지니는 매체[8]로 존재하는 가운데 이들 성질은 각기 서로가 타자와의 접촉 없이 단일체 속에 다 함께 어울려 있다. 사물의 성질은 이상과 같은 보편성에 직접 관여하는 한에서만 서로가 타자와 무관한 상태에 있을 수 있는 것이다.

추상적이고 보편적인 매체란 물성(物性, Dingheit) 일반에 안겨져 있는 사물의 순수한 본질이라고 할 수 있는데, 이는 바로 앞에서 다루어진 '여기'와 '지금'이 많은 성질의 단일체로 취합되어 나타났던 것과 마찬가지이다. 그러나 많은 성질이라는 것도 또한 저마다 서로 다른 특성을 지니면서 그 자체로는 보편적인 단일체이다.

예컨대 여기에 소금이 있다고 하자. 이 소금은 단일한 '여기'이면서 동시에 많은 성질을 가지고 있으니, 즉 흰색이면서 짠맛이 나는 것과 함께 '또 역시'[9] 정육면체이면서 일정한 무게도 갖고 있다. 이 모든 성질이 단일한 하나의 '여기' 속에 삼투되어 서로 통일되어 있다. 그 가운데 어떤 하나의 성질이 그밖의 성질과 다른 '여기'를 갖지 않은 채 저마다 다른 것과 마찬가지로 그 하나의 '여기'에 속속들이 스며들어 있는 것이다.

그런데 그 서로 다른 것이 '여기'로 분리되어 있지 않고 서로 삼투되

---

8) '매체'의 원어 Medium에 공간적인 요소의 의미가 포함되어 있다는 데 대해서는 이를테면 『예나 논리학』(G. Lasson, *Hegels Jenenser Logik, Metaphysik und Naturphilosophie*, 1923, p.36)에서 "상이한 성질이 함께하는 긍정적인 통일의 장은 공간이다"라고 한 데서 분명히 드러난다.

9) 원어의 Auch는 무엇보다 제2장에서 본격적으로 논의되어 있다. 이는 사물을 구성하는 하나의 계기로서 물성(物性)이라는 의미도 있다. 지각하는 의식은 일단은 갖가지 성질을 지니는 사물을 대상으로 삼지만, 이 의식으로서는 자기 눈앞에 놓여 있는

어 있으면서도 이들은 서로 영향을 주고받는 일이 없다. 흰색이 정육면체에 영향을 입힌다거나 변형시킨다거나 하는 일도 없고 이 둘이 짠맛에 영향을 입히는 일도 없이 저마다 단순히 자기와 관계할 뿐, 다른 성질에는 관여하지 않는다. 다만 이런 성질도 있고 저런 성질이 있다는 등의 '그저 또 역시'(das gleichgültige Auch)라는 상태가 이어질 뿐이니, 이 '또 역시'야말로 순수하고 보편적인 매체로서 많은 성질을 총괄하는 물성을 나타내준다.

지금 얘기된 물성과 관련해서는 우선 사물이 지니는 보편성이 갖가지 성질을 적극적으로 포용한다는 측면만이 관찰되고 또 전개되었지만, 거기에는 또다른 면도 드러나 있으므로 이제 이 부분을 함께 다루어나가고자 한다. 많은 성질이 아예 서로 무관하게 존재하면서 오직 자기 자신과의 관계만을 지닌다면 여기에 성질로서의 특수성이 나타날 리는 없다. 성질의 특성이란 서로가 다른 것과 구별되면서 저마다 자기의 대립물과 관계하는 한에서만 나타나는 것이기 때문이다.

그러나 서로 대립되는 성질은 단일한 매체 속에 통일되어 나타날 수는 없으므로 여기에는 통일작용만이 아닌 본질적인 부정작용이 발생한다. 대립되는 성질을 가지고 서로 구별된다는 것은 그 속에 이것저것 가리지 않고 아무 성질이라도 받아들여진다는 것이 아니라 배타적으로 다른 한쪽은 버린다는 것이므로 여기에는 단일한 매체의 작용만이 있는 것은 아니다. 말하자면 매체라는 것은 서로 무관한 성질을 '또 역시'라는 상태 속으로 몰아넣고 통일하는 것만이 아니라 1을 주축으로 배타적인 작용을 하는 통일체이기도 한 것이다.

감각적인 내용을 매개로 하여 사물을 본원적인 일자(一者: 하나의 사물)로서 포착할 때라야 비로소 진리가 성취된다. 따라서 이러한 진리를 성립시키기 위해 의식은 사물에서 발견되는 갖가지 내용을 성질로 간주하여 "이 사물은 또 역시 A이기도 하고 또 역시 B이기도 하고……"라는 진술을 하게 된다. A · B…… 등등의 서로 무관한 내용을 존립근거로 하는 사물이 이렇듯 또 역시로 이어지는 다수의 '여기'와 '지금'의 집합체인 이상, 거기에 안겨져 있는 갖가지 성질은 매체 역할을 한다.

1에는 부정의 요소가 담겨 있으니, 즉 단순히 자기와 관계하는 하나의 사물은 타자를 배척함으로써 일개 사물로서 물성을 띨 수 있다. 성질의 특성은 부정작용을 통하여 보편적인 것이 되는 직접적인 존재가 대립되는 성질을 부정[10]해줌으로써만 제 몫을 다하는 것이다. 그러나 하나의 사물이라는 테두리 속에 끼어들어 있는 성질은 대립물과의 통일에서 벗어난 완벽한 독자존재이다.

이상의 두 요소를 하나로 묶어놓은 것이 지각의 진리를 이루는 사물의 완성체인데, 이와 관련하여 다음의 세 가지가 구별되어야만 하겠다. ①많은 성질이 서로 무관하게 수동적으로 '또 역시'에 의한 보편성을 띠는 면을 들 수 있는데, 여기에는 물질이나 소재가 해당된다. ②사물이 부정을 통하여 단일성을 이루는 단계인데, 다시 말하면 대립적인 성질을 배제하고 하나의 사물이 확립되는 단계이다. ③위의 두 경우를 관계지음으로써 생기는, 즉 사물이 많은 성질을 지니는 면을 들 수 있다. 여기서는 부정의 힘이 서로 무관하게 뿔뿔이 흩어져 있는 성질을 그대로 수용하는 측면과 이런 바탕 위에서 서로 구별되는 많은 성질이 저마다 독자적으로 전개되는 측면을 들 수 있는데, 이 양면에 단일한 점으로서 존립해 있는 매체가 밖을 향하여 다양한 성질의 빛을 내뿜는다.

많은 성질이 단일한 매체에 속해 있는 한 이들은 저마다 단독으로 보편적인 바탕 위에서 자기와 관계할 뿐, 상호간에 영향을 입히거나 하지는 않는다. 그러나 또 한편으로 이들이 상호부정적인 관계 아래 통일되어 있는 한은 동시에 배타적인 관계를 지니기도 하므로 결국 여기에는 '또 역시'라는 상태에 어울리지 않는 대립적인 관계가 나타나게 된다.

감각적인 것을 보편적으로 파악하여[11] '이다'라는 면과 '아니다'라는

---

10) 부정(성)이 갖는 두 가지 의미, 즉 (현)존재(Dasein)에 안겨진 한정성이나 질적인 제약을 의미하는 경우와 자아나 주체의 독자성과 관련되는 경우이다. 이에 대해서는 52쪽의 주 47 참조.

면을 감각적인 것 속에서 곧바로 통일해놓고 볼 때라야 비로소 사물의 성질이 나타난다고 하겠다. 하지만 여기서는 바로 일자적(一者的)인 사물의 성질과 어디에나 있는 사물에 공통된 성질이라는 면이 구별되어 나타나 있으니, 이 양면을 총합한 것이 다름아닌 성질이다. 이러한 성질이 사물의 물질성이나 단일성이라는 순수한 본질적 요소와 관계될 때 비로소 '사물'의 전모가 드러나는 것이다.[12]

지각되는 사물이 이상과 같은 성질의 것이라고 할 때 바로 그러한 사물을 대상으로 하는 의식이 '지각하는 의식'으로 규정된다. 이때 의식은 대상을 단지 받아들여지는 대로 순수하게 파악해야만 하는바, 여기에 등장하는 것이 진리이다. 의식이 대상을 수용하는 행위에 나설 경우 여기에서는 뭔가가 부가되거나 제거됨으로써 진리에 변화가 생기게 마련이다.

대상이 자기동일성을 유지하는 보편적인 진리이고 의식은 가변적이고 비본질적인 것이라고 한다면, 의식 쪽에서 대상을 잘못 파악하여 착오를 일으킨다는 것은 충분히 있음직한 일이다. 그리하여 지각하는 쪽은 착오를 일으킬 수도 있다는 것을 의식한다. 왜냐하면 일반적으로 사물을 파악하는 지각의 원리에 따르면 감각적 대상으로서의 직접적인 존재와는 별개의 존재도 역시 '무의미한 것' '부정된 것'이라는 모습을 띠고는 있으면서도 마찬가지로 의식의 면전에 나타나 있기 때문이다.

따라서 의식에서 진리의 기준이 되는 것은 자기동일성[13]이며 의식은 그의 자기동일성을 파악하는 데 주력하지 않으면 안 된다. 자기동일성에 배치되는 것이 나타날 경우 거기서 파악되는 갖가지 요소 사이의 관계가 문제되는데, 이를 비교하는 가운데 동일하지 않은 것이 생겨난다

---

11) 원어로 sinnliche Allgemeinheit는 감각적 개별성과 추상적 보편성의 중간 역할을 하는 특수성을 뜻한다.
12) 이로써 지각하는 의식이 경험의 종착단계에 이른 것은 아니고, 우리들 철학적 고찰자의 눈에만 완성된 모습으로 나타난다는 것이다. 128쪽의 주 15 참조.
13) 동일률 또는 모순율을 뜻함.

면 이 불일치의 원인은 자기동일체로서의 대상이 아닌 그와 맞서 있는 지각하는 의식에 있는 것이 된다.[14]

이제 현실적인 지각작용에서 의식이 어떤 경험을 해나가는지를 보도록 하자. 물론 우리들 방관자에게는 바로 앞에서 논의된 대상의 전개와 대상을 대하는 의식의 행태 속에 이미 그의 경험이 깃들어 있으므로 다만 거기서 전개되는 모순의 양상만 살펴보면 될 것이다.

내가 지각적으로 받아들이는 대상은 순수히 1로 제시된다. 그러나 또 대상에게서는 개별성을 능가하는 보편적인 성질도 지각된다. 이렇게 되면 최초에 1이라는 것으로서 본질을 드러냈던 대상의 모습은 진실한 대상은 아니었던 것이 된다. 하지만 대상은 어디까지나 그 자체가 참다운 것이므로 결국 참답지 않은 것은 내 안에 깃들어 있는 것이 되어, 요는 파악하는 양식이 잘못되어 있었다는 것이 된다. 그리하여 성질의 보편성을 염두에 둔다면 대상의 본질은 오히려 타자와의 공동성으로 파악되지 않으면 안 된다.

그러나 지각이 더 진전되면 나는 성질을 다른 성질과 대립시켜 타자를 배제하는 특정한 성질로서 지각하게 된다. 이렇게 되면 내가 대상적 본질을 타자와의 연계성 속에서 구하고 연속성으로서 규정한다는 것은 사실 대상의 본질을 올바르게 포착하는 것은 아니며, 오히려 성질의 특성에 무게를 둔다면 연속성을 단절하여 배타적인 하나의 사물로서 대상을 정립하지 않을 수 없게 된다.

그렇지만 홀로 유리되어 있는 하나의 것에서 발견되는 많은 성질은 서로 상대방에 영향을 끼치는 일 없이 뿔뿔이 흩어진 채로 존재한다. 이렇게 볼 때 대상을 배타적인 것으로 파악하는 것은 옳은 지각방식이 아니며, 오히려 대상은 앞에서 본 연속성의 경우와 같이 보편적인 것이 공존하는 매체(ein allgemeines gemeinschaftliches Medium)라고 해야만 하겠다. 그리하여 거기에 감각적으로 공존하는 많은 성질은 그

---

14) 여기에는 로크에 의한 근세철학에서의 인식 비판적인 입장이 반영되어 있다.

하나하나마다가 배타적인 특질을 지니면서도 어디까지나 보편적인 매체로서 존재한다.

그런가 하면 또 내가 지각하는 단순한 진리는 어떤 것이라도 가리지 않고 받아들이는 매체가 아니라 자기만의 개별적인 성질 그 자체라고도 할 수 있지만, 그러면서도 또 특정한 존재에 속하는 성질이 아니라고도 할 수 있다. 왜냐하면 그것은 하나의 사물에 한정된 것도, 또 타자와 관계하는 것도 아니므로 하나의 사물 그 자체로 있으면서 타자와의 관계 속에 있다고 해야만 할 것이기 때문이다. 그렇다면 이러한 성질은 순수한 자기 자신과의 관계에만 매몰되어 있는 감각적 존재가 되므로, 여기에는 더 이상 부정의 힘이 작용할 여지라곤 없게 된다.

그리하여 이러한 감각적 존재를 대하는 의식은 단지 뭔가를 받아들인다는 사념을 하는 데 지나지 않는 감각적 의식으로서 이미 지각의 영역을 완전히 벗어나 감각의 차원으로 되돌아간 의식이다. 그러나 감각적인 존재나 사념하는 의식은 스스로 지각하는 데로 이행하게 마련인데, 이로부터 다시 원점으로 내던져지는 나는 그때마다 매번 부분과 전체를 모두 다 파기해가는 것과 같은 순환과정[15]에 휘말려들어간다.

이렇게 해서 의식은 동일한 순환과정을 다시 한 번 통과할 수밖에 없지만 그것은 첫번째와 동일한 양식을 따르지는 않는다. 즉 지각에 의한 경험을 통하여 지각의 참다운 결과가 지각의 해체를 초래하면서 진리의 밖으로 벗어나 자체 내로 복귀한다는 것을 알고 있기 때문이다. 다시 말하면 지각의 본질적인 성질은 어떤 것인가, 즉 지각이란 단순히

---

15) 순환과정이란 일자—타자와의 공동성—타자를 배척하는 일자—갖가지 성질 사이의 보편적 매체인 일자—개별적 성질 그 자체—감각적 존재—다시 지각과 일자로의 점진적인 확장 속에서 매 계기마다 연속적으로 이어지는 변증법적 반전과 상승의 과정을 뜻한다. 그런데 여기서 원어 Kreislauf를 순환 대신 '원환'이라는 뜻으로 새겨본다면 이는 무엇보다 수많은 단계로 이루어진, 전 체계를 구성하는 원환적인 소단위가 겹겹이 쌓여 하나의 거대한 총체적 원환운동을 나타내는 것으로 볼 수 있다. 「서설」에서 "진리는 전체이다"라고 한 그 전체를 되새겨볼 만하다.

있는 그대로의 것을 고스란히 받아들이는 데 그치는 것이 아니라 뭔가를 받아들이면서도 동시에 진리를 벗어나 자체 내로 복귀하는 운동이라는 것이 분명히 깨우쳐져 있는 것이다. 뭔가를 순수히 있는 대로 파악하는 작용 속에 자체 내로 복귀하는 의식의 자기 운동이 지각의 본질적인 모습으로 직접 개입하게 될 때, 진리로 받아들여졌던 것에 변화가 생긴다. 의식은 이 변화된 면을 자기 쪽에서 생겨난 것으로 몸소 받아들이고 대상은 어디까지나 참다운 것으로서 보존하려고 하는 것이다.

결국 여기서는 감각적 확신의 경우에서처럼 의식이 자체 내로 떠밀려들어간다는 상태가 지각에도 인지되지만, 그러면서도 감각적 확신의 경우와 달리 결과적으로 지각의 진리는 의식 속에 있다기보다 의식에 속하는 것은 오히려 거기에 생겨난 비진리로 인식되어 있다. 그러나 비진리가 인식되어 있는 것은 이를 극복할 만한 가능성도 있음을 뜻하는 것이다. 따라서 의식은 이제 진리의 파악과 비진리의 지각을 서로 구별하여 비진리를 정정하며 스스로 그 수정작업을 떠맡는 가운데 지각의 진리를 자기의 것으로 간직하는 것이다. 그리하여 이제부터 고찰하게 될 의식의 행태는 더 이상 뭔가를 막연히 지각하는 데 그치는 의식이 아니라 자체 내로의 복귀를 의식하며 이 자기복귀와 단순한 파악을 서로 분리하는 그런 의식의 모습이 되겠다.

이제 나는 첫째로[16] 사물을 단일물로 받아들이며 그것이 사물의 올바른 규정이라고 굳게 믿는다. 만약 지각의 운동 속에 이와 모순되는 것이 나타나면 이는 내 생각에서 비롯된 것으로 간주된다. 이를테면 지각 속에 갖가지 성질이 나타나서 이것이 사물의 성질인 듯이 보인다고 하자. 그러나 사물은 하나인데 거기에 갖가지 상이한 면이 나타난다면 사물이 하나라고는 할 수 없게 되므로 그 상이한 성질은 우리에게 귀속되는 것으로 의식된다.

---

16) 이 단락에서는 사물의 진실은 일자적 성질에 있으므로 다양성은 그에 벗어나는 것이 되어 있지만, 다음 단락에서는 곧 다시 관점이 변하여 이번에는 다양성이 진리

실제로 사물이 흰색을 띠는 것은 우리의 눈에 그렇게 받아들여진 결과이고, 짠맛이 난다는 것도 우리의 혀에 그렇게 와닿았기 때문이며, 또한 정육면체라는 것도 우리의 손에 그렇게 만져지기 때문이라는 것이다. 이런 갖가지 측면은 모두가 사물에서 비롯된 것이 아니라 우리에게서 비롯된 것이고, 그 모두가 제각기 우리의 눈이나 혀나 손에 귀속된다. 우리들 자신[17)]이야말로 그러한 요소를 각기 별도로 존재하게 하는 공통의 매체인 것이다. 이렇듯 공통의 매체라는 소임을 우리의 의식이 떠맡는다고 할 때 사물은 한 치의 빈틈도 없는 1이라는 진리를 유지할 수 있다.

그런데 의식이 자기편에서 떠맡은 갖가지 성질이라는 측면을 놓고 공통의 매체 속에 저마다 독존(獨存)하고 있는 것을 끌어내보면 그 모두가 특정한 성질이다. 이를테면 흰색은 검은색과 대립되는 한에서 흰색이 되고 매운 것은 단 것과 대립되는 한에서 매운 것이 된다는 식으로 오직 타자와의 대립 속에서만 사물은 하나의 것일 수 있는 것이다.

그러나 하나의 것이라고 하면 일반적으로 내적인 자기응집성을 지닌 것이 된다. 따라서 이렇게 본다면 모든 것은 예외 없이 하나인 까닭에, 사물은 하나가 됨으로 해서 타자를 배제하는 것이 아니라 저마다 특정한 성질을 지님으로써 타자를 배제한다고 해야만 하겠다. 그렇다면 사물은 저마다 예외 없이 특정한 성질의 완벽한 자존적 존재가 되는 까닭에, 오직 성질을 지님으로써만 타자로부터도 구별된다. 그런데 또 이렇듯 성질이 사물 그 자체의 성질 또는 사물에 안겨져 있는 성질이라고 한다면 사물은 복수의 성질을 지니는 것이 된다.

지금 얘기된 것을 요약해보면 첫째, 사물은 참다운 것으로서 고유한 자기체통을 지닌 존재이다. 따라서 사물에 안겨져 있는 것은 타자를 위

이고 일자는 비진리가 된다. 그러나 여기서 행해지는 지각의 변증법적 운동은 아직 의식에는 자각되지 않은 채 다만 그렇게 발생(geschehen)해 있을 뿐이다.
17) 여기서 헤겔은 시간과 공간은 물 자체를 수용하는 데서 우리의 직관이 사용하는 형식이라고 한 칸트의 지론을 원용하고 있다.

한 어떤 수단으로서가 아니라 사물 자체의 본질을 이루는 것으로서 존재한다. 그렇다면 둘째로 특정한 성질은 다른 사물의 탓으로, 그리고 다른 사물을 위해서 있는 데 그치는 것이 아니라 사물의 본질을 이루는 것으로서 존재한다. 그런가 하면 또 특정한 성질이 사물에 안겨져 있다는 것은 서로 구별되는 다수의 성질이 사물에 공존한다는 것에 다름아니다. 그리하여 셋째로 얘기되어야 할 것은 복수의 성질이 물성 속에 짜임새 있게 안겨져 있는 이상 성질은 모두가 완벽한 독자존재로서 서로 무관하게 존재한다는 것이다. 따라서 사실은 사물 그 자체가 희기도 하고 정육면체이기도 하고 또 매운맛도 나는 그런 존재이며, 많은 성질이 상호간에 접촉하거나 말소지도 않은 채 서로가 뿔뿔이 흩어진 대로 존재하기 위한 '또 역시'라는 공통의 매체라는 것이 사물의 진실한 모습이다.[18]

그런데 이상과 같은 지각작용을 행하면서 의식은 동시에 자체 내로 복귀하여 지각 속에 '또 역시'와 대립되는 요소가 나타나는 것을 의식하기도 한다. 이 '또 역시'와 대립되는 요소란 구별을 배제하는 사물의 자기통일성이다. 여기서 사물은 개개의 상이한 다수의 성질로 공존하고 있으므로 통일성의 요소는 의식이 자기 쪽에서 떠맡을 수밖에 없다. 사물에 대해서는 흰색이면서 정육면체이기도 하고 또 짠맛도 난다고 하겠지만, 그러면서도 흰색이라는 것은 정육면체와는 다르며 흰색의 정육면체인 한에서는[19] 또 역시 짠맛과는 다르다. 이럴 경우 사물이 지닌 갖가지 성질을 하나로 뭉치게 하는 일은 오직 의식활동이 감당할 수밖에 없으니, 그것이 사물 자체에서 하나로 모아진다는 것은 기대할 수가 없다.

---

18) 157쪽의 주 15에서 갖가지 성질 사이의 '보편적 매체'라고 한 대목을 다시 음미해볼 것.

19) '~한에 있어서'(insofern)라는 것은 사물을 구성하는 한 계기로서 물성 그 자체를 뜻한다고 할 '또 역시'(Auch)에 대치되는 의미가 있다. 사물의 자기동일성을 보존하기 위한 것이지만 여기에는 한정과 제한이 가해져 있어서, 주로 '지각의 논리학'을 위한 하나의 수단으로 활용된다.

의식은 여기서 성질마다의 차이를 확인하고 이를 하나로 합쳐보려고 하지만 그런 가운데서도 사물의 온갖 성질은 '또 역시'라는 공존의 매체로서 다 함께 유지된다. 의식이 온갖 다양한 성질을 하나로 통합하는 일을 떠맡으려고 하지만 사실 성질이라는 것은 그 어디에나 자유로이 전전하는 물질로 표상되어 있다. 이렇게 해서 사물은 참다운 의미의 '또 역시'라는 매체성을 띠는 것으로 자리매김되지만, 결국 이 매체라는 것은 곧 물질의 집합이라는 점에서 단일물이라기보다는 단지 내용물을 싸고 있는 포대기와 같은 것이다.

그런데 의식이 이전에 취했던 태도와 지금의 태도, 그리고 이전에 사물의 본질로 간주했던 것과 지금 여기서 본질로 간주하는 것을 되돌아보면 우리는 의식과 사물 양쪽이 서로 번갈아가며 두 가지로, 즉 그 어떤 것도 끼어들지 않은 순수한 단일성과 뿔뿔이 흩어져 있는 물질로 해체되어가는 '또 역시'라는 두 갈래로 교체를 거듭하고 있음을 알 수 있다. 이러한 비교를 통하여 의식이 깨우치게 된 것은 지각의 진리를 포착하려는 의식의 활동이 다양성의 파악과 자체 내로의 복귀라는 양면성을 띨 뿐 아니라 더욱이 진리 그 자체라는 사물이 이 또한 이중의 양식으로 나타난다는 것,[20] 즉 의식이 경험하는 것은 지각하는 의식에 대하여 한쪽의 표출방식을 지녔던 사물이 동시에 그런 표출방식을 탈피하여 자체 내로 복귀함으로써 자기와 대립되는 진리를 장악한다는 사실이다.

지각하는 의식이 취하는 두번째 행태로서 사물을 참다운 자기동일체로 간주하고는 스스로가 이 동일성을 탈피하여 자체 내로 복귀해가는 비동일로 받아들이는 입장이 있을 수 있지만, 의식은 이러한 지각의 행태마저도 탈피함으로써 이제껏 대상과 의식 양쪽으로 할당되어 있던

---

20) 이 단락에는 사물 그 자체 내에 깃들어 있는 변증법적 대립의 측면이 제시되어 있지만, 아직은 단순한 양식의 1과 다(多)의 변증법이 논의되어 있을 뿐 실재하는 하나의 사물과 또 하나의 사물, 즉 자타(自他)간의 변증법에 관한 것은 다음 항으로 미루어져 있다.

운동 전체가 대상에 귀속되기에 이른다. 이제 사물은 단일체로서 자체 내로 복귀한 독자존재이다. 그러나 또한 사물은 대타존재이기도 한데, 더욱이 독자존재로서의 사물과 대타존재로서의 사물은 서로가 다른 모습으로 병존한다.[21] 즉 사물은 자립적이면서 또 역시 타자에 대한 사물이라는 이중의 양식을 띠지만, 이런 가운데서도 사물은 또 역시 단일체이기도 하다.

그런데 단일체라고 한다면 이는 상이한 이중의 양식과는 모순된 것이다. 여기서 다시금 의식은 단일화하는 작업을 스스로 떠맡으며 이를 사물로부터 분리시키려고 한다. 이렇게 사물이 자기만의 독자존재로 있는 한 타자에 대해 존재하지 않는다고 해야만 한다. 그러나 의식의 경험에서 밝혀진 대로 단일존재라는 것도 사물 자체의 한 가지 존재양식이므로, 사물은 본질적으로 자체 내로 복귀해가는 존재인 것이다.

다시 말하면 '또 역시'라는 양태 속의 갖가지 차이와 단일체로서의 존재양식이 다 함께 사물에 귀속되지만, 그러면서도 이 양면은 별개의 것이므로 동일한 사물에 귀속되는 것이 아니라 서로 다른 사물에 귀속된다는 것이다. 즉 대상 전반에 본질적으로 안겨져 있는 모순이 두 개의 사물에 분담되는 것이다. 여기서 마침내 사물은 완벽한 존재로서의 자기동일성을 갖추게 되는데, 이러한 자기동일성을 교란하는 것은 다른 사물일 뿐이다. 이렇게 해서 사물의 통일성이 유지되는 동시에, 통일을 벗어나 있는 것은 사물과 의식 모두에서 배제되어버린다.

대상적 본질이 안고 있는 이러한 모순이 각기 다른 사물에 분담되었다 하더라도 바로 이런 이유에서 개개의 사물에는 차이가 생기게 된다. 이때 서로 다른 사물은 저마다 독자적으로 존재하는 것이 되고 따라서 대립은 사물 상호간에 생기게 되므로 사물은 각기 자기와 상이한 것이 아니라 타자와 상이한 데 지나지 않는다.

---

21) 이제 사물은 그 자체만으로 있는 독자적인 것 못지않게 또한 외부와 관계되는 대타적인 것이기도 하다는 모순된 성질의 것으로 드러난다.

그러나 이렇듯 그 자체로 타자와 상이하다는 것이 분명해지면 타자와의 본질적인 차이는 곧 사물 자체에 기인하는 것이 되지만, 동시에 사물 자체에 대립이 깃들어 있는 것은 아니고 사물은 어디까지나 타자와는 구별되는 단일체로서의 본질적인 성격을 지닐 뿐이다. 물론 실제로는 사물에 갖가지 상이한 성질이 안겨져 있는 까닭에 이렇듯 고유한 성질이 현실적인 성질상의 차이로서 사물에서 나타날 수밖에 없다. 하지만 여기서는 사물의 본질을 이루는 것이 그 사물을 타자와 상이한 것으로서 자립하도록 하는 그런 성질에서 찾아지므로 그것 이외의 갖가지 성질은 본질적인 의미를 지니지 못한다.

이렇게 볼 때 사물의 통일성 속에는 '~하는 한에서'라는 이중의 구조가 성립되지만 그 양면에는 서로 다른 가치의 등급이 있음으로 해서 결국 이 대립은 사물 그 자체의 현실적인 대립으로까지 번지지는 않는다. 아무리 절대적인 차이를 통하여 대립이 조성된다 하더라도 이때의 대립은 그 차이의 외면에 놓여 있는 또다른 사물과의 대립에 지나지 않는다. 그밖에도 성질상의 다양한 차이가 필연적으로 사물에 안겨져 있기는 하지만, 이러한 차이는 주요한 의미를 갖지는 않는다.[22]

사물을 다른 것으로부터 구별하여 그것대로 성립되게 하는 본질적인 성격이란 하나의 사물이 다른 사물과 대립하는 가운데 오히려 스스로의 독자성이 유지되는 그러한 성격이다. 그러나 사물이 독자적인 단일체일 수 있는 것은 오직 그것이 타자와 관계하지 않는 한에서이다. 왜냐하면 타자와 관계한다면 바로 그 타자와 연계되고 또 이렇게 타자와 연계된다는 것은 자립성을 소멸시키는 것이기 때문이다. 절대적 성격

---

22) 『장자』 「제물론」에서 비롯된 '도가'의 만물제동(萬物齊同) 철학에서는 지각 대상으로서의 사물인 만물에 안겨져 있는 모든 구별과 차이를 궁극적으로 탈각하기에 다다른 경지를 바로 도(道)에 통달하는 길목에 있는 '혼돈'이라고까지 일컫고 있다. 헤겔에게서도 역시 인간의 지각작용이 157쪽의 주 15에 전개되어 있는 변증법적 순환운동을 무한히 반복하면서 끝내 다다르는 지점은 실로 "자성(自性) 없는 것이 자성이다"라고 한 『반야경전』(般若經典)의 가르침을 되새겨주기에 충분한 심오하고도 통찰력 있는 논리라고 하겠다.

에 의해 타자와 대립하는 사물은 바로 타자와 관계하면서 이 관계를 불가결의 요소로 삼을 수밖에 없지만 관계라는 것은 자립성의 부정을 뜻하는 것이므로, 사물은 이러한 그의 본질적인 성질로 인하여 파멸하기에 이르는 것이다.[23]

사물이 그의 본질과 독자성을 이루게 하는 그 자신의 성질로 인하여 파멸한다는 것을 의식은 필연적으로 경험하게 되는데, 그 필연적인 줄기를 그대로 따라가보면 다음과 같이 된다. 사물은 독자적으로 존재하면서 타자와의 관계를 말끔히 부정하고 오직 자기 관계만을 유지하는 절대적 부정을 행하지만 자기와 관계하는 이 부정작용이 사물을 지양하는 것과 같은, 다시 말하면 타자 속에서 사물의 존재를 인정하는 그런 결과를 낳는다.

실제로 지금까지 대상에 대해서 내려진 규정을 되짚어보면 다음과 같이 요약할 수 있다. 대상은 단일한 독자존재로서 하나의 본질적인 성질을 지니지만, 또한 이와 함께 필연적이긴 하되 본질적이라고는 할 수 없는 갖가지 상이한 성질을 지니는 것으로 파악되어왔다. 결국 필연적이거나 본질적이라는 등의 이런 구별은 단지 표현상의 문제일 뿐 사실상 필연적이면서도 비본질적이라는 것은 스스로 지양될 수밖에 없으니,[24] 이것이 바로 앞에서 자기 자신의 부정으로 일컬어졌던 것이다.

이로써 마침내 독자존재와 대타존재를 분리하는 '~하는 한에서'라는

---

23) zugrundegehen, 즉 '몰락하다·파멸하다'라는 용어는 양의적(兩義的)인 면이 있어서 지금의 이 뜻과는 달리 무조건적·무제약적 보편성으로서의 근저·근거에 다다른다는 의미가 있다. 이것은 라이프니츠의 모나드적 실체가 각기 독립적이면서도 세계의 진상을 비추는 거울로서 다른 모나드와 서로 대응하는 관계에 있고, 따라서 또 근거율(Satz des zureichenden Grundes)의 바로 그 근거(Grund)에 의해 뒷받침되어 마침내 모두가 그곳으로 귀일된다는 논지를 원용한 것이라고 하겠다.
24) 본질적인 것이 도리어 비본질적인 것과 동등한 것이 되어 변증법적으로 지양된다는 이 논리는 이를테면 주인과 노예, 불변적 의식과 가변적 의식, 고귀한 의식과 비천한 의식에서 드러나는 대립상과 동일한 맥락에서 이해된다.

마지막 걸림돌이 제거된다. 대상은 오히려 하나의 동일한 관점에서 자기 자신의 반대물이 되는 것이다. 즉 타자에 대해 존재하는 한에서 독자적으로 존재하고 독자적으로 존재하는 한에서 타자에 대해서도 존재하는 것이다.[25] 대상은 독자적으로 존재하면서 자체 내로 복귀하는 단일체이지만 이렇듯 독자적이고 자체 내로 복귀한 단일체라는 것은 그의 대극을 이루는 타자에 대한 존재와 통일되어 있으니, 요는 대상이 지양되어 한 단계 높여져 있다는 것이다. 타자와의 관계만이 비본질적이라고 하던 차에 이제는 독자존재도 마찬가지로 비본질적이 되는 것이다.

이렇게 해서 대상은 그의 본질이라는 순수한 성질을 파기하는 동시에 감각적 존재를 초탈하는 경지로 고양되기도 한다. 이제 대상은 감각적인 존재에서 보편적인 존재가 된다. 그러나 이 보편적 존재는 어디까지나 감각적 존재에서 비롯된 것이고 본질적으로 감각적인 것에 제약되어 사물이 된 것이므로[26] 결코 참다운 자기동일적 존재는 아닌, 대립에 얽혀 있는 보편적 존재, 즉 성질의 단일성이라는 개별적인 극과 어디에나 널려 있는 물질의 '또 역시'라는 공존으로서의 보편적인 극으로 분열된 보편적 존재이다.

사물의 순수한 성질은 그대로 사물의 본질을 표현하는 듯이 보이지만 실로 그의 본질은 타자에 대한 존재와 한데 어우러져 있는 자립성에 있다.[27] 그러나 이 양면이 본질적으로 통일을 이루게 될 때 여기에 무

---

25) 이 대목은 「서설」의 주에서 상론했던 즉자와 대자라는 대립 개념에 근거한 동일과 비동일의 동일성문제, 또는 이를테면 이미 원효가 제기한 "일(一)은 비일(非一)에 응하면서 이(異)에 즉하므로 異와 같고, 異는 非異에 응하면서 一에 즉하므로 一과 같다"고 한 긍정과 부정의 이중의 이중성 문제를 떠올려주는 주목할 만한 논리적 단초를 보여주는 듯하다. 이종오,『국역 원효성사전서』5, 대승기신론소(大乘起信論疎), 239쪽 ("一應非一, 以卽異故如異, 異應非異, 以卽一故如一") 참조.
26) 여기서 독일어 bedingen은 '제약된다 · 조건짓는다'라는 의미로 사용될 뿐만 아니라 '사물로 만든다'(zum Dinge machen)라는 의미도 있는데, 이는 셸링의『철학의 원리로서의 자아에 관하여』(Vom Ich als Prinzip der Philosophie)에도 이미 서술되어 있다.
27) 위의 주 25 참조.

제약적인 절대적 보편자가 나타나면서 의식은 비로소 참다운 오성의 영역[28]으로 발돋움하는 것이다.

물론 감각적 확신의 변증법적 운동 속에서 감각적 개별성은 소멸되고 보편성이 고개를 들지만 사물에 안겨진 이 보편성에는 여전히 감각성이 곁들여져 있다. 그러나 여하튼 감각적인 사념은 사라지고 이제는 지각이 있는 그대로의 대상을 보편적인 것[29] 일반으로 받아들이는 단계에 와 있으므로 개별물도 참다운 개별성으로서 일자(一者)로서의 독자존재 또는 자체 내로 복귀한 존재가 되어 있다. 하지만 이는 아직도 제약되어 있는 독자존재로서, 여기에는 개별성과 대립하여 바로 이 개별성의 제약을 받는 보편적인 성질이 나란히 병존해 있다.

그러나 개별과 보편으로 대립되는 양극은 단지 나란히 병존해 있는 것만이 아니라 하나로 통일되어 있기도 하다. 다시 말하면 양자의 공통소를 이루는 독자존재는 대립에 얽매여 있기 때문에 이런 점에서 보면 독자존재라고는 할 수가 없다.

물론 지각하는 의식은 그 어떤 구실[30]을 대서라도 이런 모순으로부터 두 개의 극을 구출해내기 위하여 '또 역시'라거나 '~하는 한에서'라는 상반된 관점을 앞세워 중재하려고도 하고, 비본질적인 것과 본질적인 것과의 차이를 드러내는 데서 진리를 포착하려고도 한다. 그러나 이런 처방으로는 지각이 저질러온 착각을 막아주기는커녕 오히려 속수무책일 수밖에 없으니, 지각의 이러한 논리에 따라 얻어지리라던 진리는 오히려 진리를 추구해나가는 도상에서 비진리임이 입증되는 가운데 끝내 구별도 한정도 없는 보편자를 본질로 받아들이게 되고 마는 것이다.

---

[28] 오성의 영역으로 넘어선 무조건적 보편자는 더 이상 사물이 아닌 힘(Kraft)으로 나타난다. 이것이 자기의식 단계에서는 생명으로, 다시 그 다음에는 정신으로 전환된다.
[29] 보편적인 것 일반이 지각의 원리를 이루는데 대해서는 149쪽의 첫째 단락 참조.
[30] 원어는 흔히 철학에 대한 비난 섞인 표현으로 사용되는 Sophisterei(궤변)인데, 여기서 헤겔은 역으로 지각하는 오성이라고도 할 상식을 겨냥하여 문제를 제기하고 있다.

개별성과 이에 대립하는 보편성, 또는 비본질적인 것과 결부되어 있는 본질, 더 나아가 필연적이고도 비본질적인 것이라는 등의 이렇듯 공허한 추상성이야말로 지각단계에 머물러 있는, 이른바 건전한 인간의 상식이라고도 하는 오성적인 힘[31]의 유희이다. 상식이라는 것은 그 자신을 견실하고 실질적인 의식이라고 여기지만, 이것이 지각의 장에 들어서면 추상에 휘말린 유희거리에 지나지 않는다. 더욱이 여기서는 가장 풍부한 내용을 다룬다고 여기는 것이 실은 가장 빈약한 내용에 지나지 않는다.

상식은 공허한 관념에 휘둘려서 이쪽저쪽으로 이끌려 다니다가는 또 다른 품 속으로 기어들어가서 그때마다 궤변을 늘어놓으며 이번에는 이렇고 또 다음에는 저렇고 하는 식의 주장을 되풀이하여 내용을 바꾸어 나간다. 결국 그것은 진리에 반항하여, 철학이란 관념적인 것만을 다루는 것이라는 짐작을 하는 것으로 스스로 위안을 삼는다. 분명히 철학은 사유된 것을 다루면서 이를 순수한 본질이며 절대의 요소나 힘으로 인식하지만 동시에 그의 한계도 인식하는 가운데 사유된 것을 통제한다. 이에 반하여 지각에 의존하는 상식은 사유된 것이면 이를 그대로 진리라고 여기는 까닭에 진실에 가닿지 못하고 잇달아 오류를 저지른다.

상식에 매여 있는 오성은 자기 안에서 기세를 올리는 것이 한낱 단순한 본질 차원에 속하는 것임을 의식하지 못한 채 도리어 자신이 언제나 실질적인 소재나 내용을 다룬다고 짐작하고 있다. 이는 감각적 확신이 순수한 존재라고 여기는 공허한 추상 관념이 실은 자기의 본질임을 알지 못하는 것이나 마찬가지이다. 그러나 실제로 온갖 소재와 내용을 두루 거치면서 허둥대는 상식이 노리는 것은 사유된 것이며, 이것이야말로 소재나 내용을 총괄하고 지배한다. 다시 말하면 오직 이것만이 감각

---

31) 여기서 헤겔은 로크의 『인간 오성론』이 제1성질과 제2성질을 구별하고 있는 점을 언급하면서, 그가 즉자존재와 대타존재를 구별하여 전자를 진리라고 하면서도 모든 것은 오직 후자 속에서만 진리라는 입장을 취한 점을 비판하고 있다. 『철학사』(독일어본) Ⅲ, p.216 참조.

적인 것이 의식에 대하여 제공할 수 있는 본질적인 모습으로, 감각적인 것과 의식과의 관계를 결정하고 지각과 지각의 대상의 운동을 통제하는 것도 사유된 것에 다름아니다.

결국 무언가를 진리로 규정하고는 곧 다시 그 규정을 파기해나가는, 끊임없이 변전하는 이 운동이야말로 본래 지각에서 진리를 얻을 수 있을 것으로 여기는 의식이 날이면 날마다 변함없이 펼쳐나가는 활동상이다. 의식은 온갖 본질적인 관념이나 규정을 그때마다 파기하는 결과를 낳는 운동을 쉬지 않고 되풀이해나가지만, 의식이 당도하는 개개의 장면에서는 상반되는 요소 가운데 오직 하나의 특정한 관념만을 진리로 받아들인다.

그런데 의식은 필경 그것이 진리는 아니라는 것을 곧바로 감지하기 때문에, 진리 상실이라는 위험을 모면하기 위하여 바로 직전에 진리는 아니라고 주장했던 것을 뒤바꿔 진리라고 주장하는 궤변을 능사로 한다. 진리가 아닌 것의 본성이 지각에 의존하는 상식에게 독촉해 마지않는 것은 보편적인 성질과 개별물, '또 역시'와 '하나의 것', 비본질과 필연적으로 결부되어 있는 본질과 필연적인 비본질이라는 관념을 통합하고 또 통합함으로써 극복하는 일이다. 그러나 이에 반항하는 상식은 '~하는 한에서'라는 생각이나 여러 가지 관점상의 차이를 고집하면서 한쪽의 관념은 스스로 떠안고 또다른 관념은 그로부터 분리하여 진리로서 유지하려고 든다.

하지만 추상 관념은 그의 본성상 어쩔 수 없이 통합될 수밖에 없으니, 결국 건전한 상식이란 그러한 관념의 소용돌이치는 굴레 속에서 허덕이는 먹이에 지나지 않는다. 상식이 비진리를 몸소 떠안거나 신뢰할 바가 못 되는 것의 허상에 휘말려들어감으로써 착각을 저지르는 것이라고 둘러대거나 필연적이지만 본질적이라고는 할 수 없는 것과 본질적인 것을 분리하여 후자만이 진리라고 강변함으로써 어떻게든 관념적인 진리를 얻어내려고 하더라도 얻어지는 것은 진리가 아닌 비진리에 지나지 않는 것이다.

III 힘과 오성, 현상계와 초감각적 세계

 감각적 확신의 변증법에서 듣고 보고 한다는 것이 의식에게 덧없는 것이 되었는데, 그 다음 지각의 경험을 거쳐나가는 와중에 무조건적 보편자 속에(im unbedingt Allgemeinen) 통합된 갖가지 사상[1]이 출현하기에 이르렀다. 이 무조건적 보편자 역시 여기서 또한 독자존재라는 한쪽 극에 자리잡은 정지해 있는 단순한 본질로 출현할 수밖에 없고 여기에 반대극을 이루는 비본질체가 대립하게 된다. 그런데 이처럼 비본질과 관계하는 본질이란 그 자체가 비본질적이어서 의식은 지각이 저지르는 착각을 모면할 길이 없다. 이런 가운데서도 본질은 비본질적인 것에 제약된 독자성을 탈피하여 자체 내로 복귀한다는 데 대해서는 이미 밝혀진 대로이다.
 이제 의식의 참다운 대상은 무조건적 보편자가 되어 있지만 이것이 의식의 대상이라는 데는 변함이 없고, 의식은 아직 그의 진상을 개념 그 자체[2]로 파악하는 데까지는 이르지 못하고 있다. 의식과 대상은 본

---

[1] 여기서 사상(Gedanken)이란 지각작용의 마지막 단계에 등장한 보편성과 개별성, '또 역시'와 일자, 대자와 대타, 본질적인 것과 비본질적인 것 등을 말한다.
[2] 직역하면 개념으로서의 개념(Begriff als Begriff)이다. 75쪽의 주 102에서 보았듯이 개념은 자기적(自己的)이고 자아에서의 '자기의 것'(Eigentum), 즉 자아적인 것이다. 따라서 개념이 이 자기로서의 개념을 제대로 알지 못한다는 것은 개념이

질적으로 구별되어 있으니, 즉 의식이 파악하는 대상은 타자와의 관계를 벗어나 자체 내로 복귀해 있으므로 이 운동을 통하여 이미 개념의 단계에 들어서 있다고 하겠다. 그러나 의식의 경우는 아직도 자기 자신이 개념이라는 것을 자각하지 못하고 있으며, 따라서 자체 내로 복귀해 있는 대상을 앞에 놓고도 거기서 자기를 인지(認知)하지 못한다.

방관자인 우리에게는 무조건적 보편자라는 대상이 생겨난 것은 의식의 운동에 힘입은 것이므로 대상의 생성에는 의식이 개재해 있고 의식과 대상에서의 자기복귀는 동일한 운동에 지나지 않는다는 것이 분명히 드러나 보인다. 그러나 이 운동 속에서 의식은 다만 대상적인 본질만을 내용으로 삼을 뿐 그 자신을 내용으로 하고 있지 않으므로, 무조건적 보편자가 생겨나게 된 결과도 대상적인 의미로 받아들여지면서 의식은 뒷전으로 밀려난 위치에 있다. 여기서 본질로 간주되는 것은 어디까지나 대상적인 것이어야만 하는 것이다.

이로써 지각 다음에 오는 오성은 물론 자기의 그릇됨과 대상의 비진리를 극복하고는 있지만 이때 오성에 생겨나 있는 것은 그 자체로 있는 진리의 개념이다. 이것은 아직 의식의 독자성을 뜻하는 개념의 경지에까지는 다다르지 않은 오성이 자력(自力)으로 일구어내지 않으면 안 되는 진리이다. 그런데 의식에게는 진리가 스스로 제 몫을 다하고 있는 듯이 보이므로 의식은 그의 자유로운 실현에 아무런 관여도 하지 않고 다만 이를 바라만 보면서 그대로 받아들이는 수밖에 없다. 즉 방관자인 우리의 위치가 애초에는 의식의 위치이기도 하므로 결과 속에 포함되는 것을 개념으로 전개하여 내보이는 것도 방관자인 우리의 몫이 되는 셈이다. 대상이 전개되어가는 모습이 존재자의 운동으로서 의식에 드러날 때 의식은 이를 추적해감으로써 비로소 개념의 단계에 올라서는 것이다.

대상으로서 주어져 있으면서도 그 스스로가 자아이며 자기임을 모른다는 것이 된다. 결국 오성 단계에서 '개념으로서의 개념'은 사물의 내면이며, 더 나아가서는 무한성이고 마지막에는 자기의식의 자기이다.

지각의 결과로 나타났던 무조건적 보편자는 일단은 의식이 자기의 일면적인 개념을 부정하고 추상화하고 방기한 데서 생겨난 부정적이고 추상적인 의미를 지닐 뿐이다. 그러나 이렇게 생겨난 결과가 그 자체로는 긍정적인 의미를 지니기도 하는데, 즉 독자존재와 대타존재가 결과 속에서 통일되면서 절대적 대립(der absolute Gegensatz)이 그대로 동일한 본질로 정립된다는 데에 긍정적인 면이 드러난다. 언뜻 보기에 이런 결과는 대립적인 요소 사이의 형식에만 관련되는 듯이 보이지만 독자존재나 대타존재는 내용 그 자체이기도 하다. 왜냐하면 참다운 의미의 대립이라는 것은 지각에서 참이라고 여겨졌던 내용이 실은 형식적인 데 지나지 않고 이런 바탕 위에서 내용과 형식이 통일을 이루는 데에 그 진의(眞義)가 담겨 있기 때문이다.

이 내용은 동시에 보편적인 것이기도 하므로 그것 이외에 내용은 없으며, 특수한 성질로 인하여 무조건적인 보편성으로 복귀할 수 없는 것은 내용이라고 할 수가 없다. 만약 그런 내용이라면 어떤 방식으로든 독자적이기도 하고 대타적이기도 한 관계를 지닐 수도 있겠지만, 이와 같이 독자적이면서 대타적이기도 한 것이 내용의 본성이나 본질을 이룬다는 것이 지각의 운동이 나타내는 것으로서, 여기에서 무조건적 보편자야말로 진리라고 하는 결과가 생겨난다. 이러한 결과가 바로 내용과 형식 모두에 걸쳐 있는 보편자(schlechthin allgemein)로서 나타나고 있는 것이다.

그러나 이러한 무조건적 보편자는 의식의 대상으로 나타나는 것이므로 거기에는 형식과 내용의 차이도 드러나게 마련이다. 내용면에서 보면 대립되는 두 요소는 최초에 드러났던 구별을 그대로 간직한 채 한편으로는 존립하는 많은 물질을 함께 어울리도록 하는 공통의 매체(allgemeines Medium)인 동시에 다른 한편으로는 물질의 자립성을 해소하여 자체 내로 복귀한 일자존재(in sich reflektiertes Eins)이기도 하다. 전자는 사물로서의 자립성을 상실한 수동적인 대타존재인 데 반하여 후자는 독자존재[3]이다.

이제 이 두 요소가 그의 본질을 이루는 무조건적 보편성 속에서 어떻게 나타나는가를 살펴봐야만 하겠다. 먼저 분명한 것은 무조건적 보편성으로 뒷받침되어 있는 이 두 요소는 더 이상 서로 분리된 채로 병존해 있는 것이 아니라 본질적으로 양자가 서로를 지양하는 가운데 상대방에게로 상호이행하며 존재하고 있을 뿐이라는 것이다.

그리하여 한쪽 편에 있는 것은 여러 개의 독립적인 물질을 병존하도록 하는 공통된 매체의 모습을 띤다. 그런데 여러 개의 물질이 독립적으로 존재한다는 것은 이들 물질이 매체 역할을 한다는 것이다. 바꾸어 말하면 공통의 매체라는 것은 각기 상이한 여러 개의 보편적인 성질이 거기에 병존해 있다는 것을 말한다. 즉 공통적이라는 것과 여러 개의 성질을 안고 있다는 것은 불가분의 통일을 이루면서 여러 개의 물질이 동일한 공간 내에 공존하며 상호침투되어 있다.

그러나 또 한편으로 각기 상이한 여러 개의 성질이 독립적으로 존재하는 이상, 이들은 서로 접촉하지 않는다고도 할 수 있다. 이렇게 되면 또 여러 물질들 사이에는 또다른 물질이 끼어들 수 있는 틈바구니가 생겨나면서 독립성이 상실될 위험이 따르게 된다.[4] 하지만 이렇듯 독립성이 상실된다는 것, 다시 말하면 각기 상이한 성질을 순수한 독자존재로 환원한다는 것이야말로 사물의 매체성을 나타내는 것이며, 이로 인하여 각기 상이한 성질이 저마다 자립적인 존재로서 공존할 수 있는 것이다. 즉 독자존재로 정립되어 있는 물질이 곧바로 통일되고 이 통일이 다시금 자기전개를 이루면서 이렇게 전개된 것이 또다시 하나로 마무리되는 교호적인 운동이 '힘'이라고 불리는 것이다.

이때 독립해 있는 물질이 밖을 향하여 존재를 드러내는 운동이 '힘의

---

3) 여기서 형식상 대립관계에 있는 대자존재와 대타존재는 상호간에 유발하는 것과 유발당하는 것의, 즉 능동과 수동의 대립관계를 나타내며, 더 나아가 대타존재와 대자존재, 매체와 일자의 경우는 각기 전자가 수동적이고 후자는 능동적이다.
4) 이와 관련하여 헤겔은 이미 『예나 자연철학』 등에서 여러 종류의 가스 사이의 관계에 대한 돌턴(J. Dalton)의 이론을 예시하고 있다.

발현'이고, 밖으로의 전개를 멈추고 발현된 상태로부터 자체 내로 복귀하는 운동이 '떠밀려들어간 힘' 또는 '본래적인 힘'이다. 그러나 첫째, 자체 내로 떠밀려들어간 힘은 발현되어야만 하고, 둘째, 발현된 힘은 자기 내면에서 힘을 잃어버리는 것이 아니라 내면에 응집되어 다시금 밖으로 발현된다.

힘의 두 요소가 이렇듯 빈틈없이 통일되어 있는 마당에 이들 두 요소를 서로 구별된 것으로 받아들이는 개념의 작용은 힘의 개념을 소유하는 오성의 몫이라고 해야만 하겠다. 왜냐하면 대상에게는 힘의 발현과 본래의 힘이라는 구별이 있을 수 없으며, 구별은 오직 사유 속에 깃들어 있을 수밖에 없기 때문이다. 이와는 별도로 애초에는 힘의 개념만이 제시될 뿐, 힘의 실재성은 제시되어 있지 않다고 할 수도 있다. 그러나 사실 힘이라는 것은 무조건적인 보편자이므로 자기 곁에 타자에 대한 존재도 역시 내포하고 있다.

그런데 타자에 대한 존재란 곧 구별이므로 힘은 그 자신과 더불어 구별을 갖추고 있는 것이 된다. 그뿐 아니라 힘이 참다운 힘이 되기 위해서는 그것이 사유의 테두리를 완전히 벗어나 구별의 실체를 이루는 것으로 정립되어야만 한다. 우선 첫째로 힘의 전체가 본질적으로 완전무결한 부동의 존재로서 정립되고, 그 다음에 상이한 두 요소가 저마다 실체를 지닌 독자존재로 나타나야만 한다. 이때 자체 내로 떠밀려들어간 본래의 힘이 배타적인 일자로서 한쪽 편에 있고 다른 한쪽에 물질의 전개를 수반하는 또 하나의 독립적인 요소가 있는데, 이들 두 요소는 별개의 것으로 자리잡고 있다.

그러나 힘은 또한 전체를 이루고 있는 것이기도 하므로 이 전체로서의 힘이 그의 개념대로 자기를 고수해나간다고 할 때, 오히려 대립되는 두 요소는 표면상으로 나타났다가는 소멸되어버리는 순수한 형식에 지나지 않는다. 하지만 만약 자체 내로 떠밀려들어간 본래의 힘과 온갖 물질의 전개라는 두 요소가 저마다 독립적으로 존립하지 않는다면 이는 없는 것이나 다름없으며, 또한 힘이라는 것도 대립하는 상태로 존재하지 않는다면 없는 것이나 다름없어진다. 그런데 이렇듯 대립상태에서 존재한다는 것은 두 요소가 각기 독립적으로 존재한다는 것을 나타낸다.

이상과 같이 두 요소가 끊임없이 독립을 지향하면서도 또한 서로가 독립해서는 있을 수 없다고 하는 운동의 실태가 이제부터 우리의 고찰대상이 된다.

우선 일반적으로 말한다면 이 운동이야말로 지각의 운동이다. 이 지각작용 속에서 지각하는 의식과 지각되는 대상과의 양면은 다 함께 진리 파악을 위한 하나의 양식을 이루면서 일단 서로가 불가분의 관계에 있지만, 그러면서도 또 이 두 측면은 저마다 자체 내로 복귀하여 독자적 존재를 이루는 운동으로 나타나는데, 이 양면이 여기서 힘의 두 요소로 나타나 있는 것이다.

이들 두 요소는 통일되어 있으면서도 동시에 저마다 독자적으로 존재하는 양극을 연결하는 통일이 매개하는 중심부를 이루는 가운데 비로소 이들이 존재하는 양극으로 끊임없이 갈라져나간다.[5] 앞의 지각의 경우에는 모순되는 개념의 자기해체로 나타났던 이 운동이 여기서는 대상적인 형식을 띤 힘의 운동으로 나타나는바, 이로부터 마침내 무조건적 보편자가 대상 속에 가려져 있는 사물의 내면으로서 표면화하는 것이다.

지금 규정된 대로 자체 내로 복귀하는 본래의 힘이라고 하는 이 힘은 힘의 개념의 일면을 이룰 뿐이고, 그 반대의 극은 일자로 매듭지어지는 실체적인 극이다. 그리하여 물질이 각기 독립적으로 존립하며 전개해나가는 계기는 그와 반대되는 극으로 정립된다. 그런데 힘 그 자체란 독자적으로 존립하는 물질로서 밖으로 발현될 수밖에 없는 것이므로, 이러한 힘의 발현양식은 반대극이 힘에게로 다가와서 힘을 유발

---

5) 제2장에서 지각하는 쪽과 지각되는 쪽이 제3장에서는 외화되고 발현되는 힘과 안으로 떠밀려들어간 힘으로 나타나 있는 데 주목할 것.

하는 것6)으로 상정된다. 그러나 사실은 스스로 발현될 수밖에 없는 것이 힘인 까닭에 반대극의 작용으로 간주되었던 것도 실은 힘 그 자체에서 생겨난 것이다.

힘이란 하나, 즉 1로 응어리져 있는 것이어서 힘의 발현이라는 작용은 힘의 외부에서 다가오는 그런 힘과는 별도의 작용이라는 생각이 다시 한 번 되살아나면서 오히려 물질을 독립적인 요소로서 병존하게 하는 매체도 힘 그 자체인 것으로 간주되기에 이른다. 다시 말하면 힘은 스스로를 발현하는 것이므로, 힘을 유발하는 힘 이외의 그 어떤 것도 힘 그 자체일 수밖에 없는 것이다. 이렇게 해서 힘은 스스로 전개해나가는 물질의 매체로 존재한다.

그런데 힘은 그 본질상 물질의 독자적인 존립을 제압하여 전체를 하나로 묶어내는 형식이기도 하다. 이렇게 되면 일자존재로서의 힘이 다양한 물질의 매체로 정립되어 있는 힘에 대해서는 오히려 힘 이외의 것이 되면서 힘의 본질이 힘의 외부에 있는 것이 된다. 그러나 또 이렇듯 아직 힘이 아니라고 여겨지는 일자존재도 필연적으로 힘의 요소를 이룰 수밖에 없는 것이므로 이 타자가 힘에게로 다가와 힘으로 하여금 자체 내로 복귀하도록 유발하여 힘이 발현되는 상태를 파기해야만 한다. 하지만 사실 여기서 발현의 상태를 가로막고 자체 내로 복귀해가는 것은 힘 그 자체이다. 일자존재는 나타날 때도 그러했듯이 소멸될 때도 힘과는 별개의 존재로서 소멸되어가지만, 이렇게 별개의 존재로 보이던 것도 실은 힘 자체이고 자체 내로 떠밀려들어간 힘인 것이다.

힘의 외부에 있는 것으로 등장하여 힘의 발현과 힘의 자체 내로의 복귀를 다 함께 유발하는 것이란 곧 알게 되듯이 그것 자체가 힘이다. 왜냐하면 힘의 외부에 있는 것이란 공통의 매체이거나 아니면 일자존재로서 나타나는 것인데, 그 어떤 형태도 나타났다가는 동시에 사라져가

---

6) 원어는 sollizitieren, Sollizitation인데, 이와 같이 안팎으로부터 두 개의 힘이 제각기 실체화하는 것은 유발하는 작용에서 비롯된다.

는 힘의 요소에 지나지 않기 때문이다.

　이렇게 본다면 힘이 자기 이외의 것과 관계하는 상태에 있는 한, 힘은 아직도 참으로 현실적인 힘이 되어 있지는 않다. 그럴 경우에 두 개의 힘은 동시에 현존해 있다는 것이 되는데, 그렇다면 이 양자의 본질은 동일하면서도 통일되지 않은 채 둘로 분열되어 있는 것이다. 대립이란 본질적으로 힘의 두 요소를 걸머지고 있는 것이어야만 하는데, 여기서는 완전히 독립된 두 개의 힘으로 분열된 채 하나로 통일될 기미라고는 보이지 않는다. 이 자립적인 두 개의 힘이란 어떤 것인지 좀더 꼼꼼히 따져보도록 하자.

　먼저 두 개의 힘은 유발하는 것(das sollizitierende), 즉 내용상으로는 공통의 매체와 유발되는 것(das sollizitierte)으로 나뉘어 나타난다. 그러나 유발하는 것이란 본질적으로는 그 자체가 두 요소의 교체작용을 일으키는 힘인 까닭에 힘이란 실제로는 그 유발되는 것에 의해서 비로소 공통의 매체가 되는 것이며, 더 나아가서는 그렇게 유발됨으로써 비로소 타자를 부정하는 통일체로서 힘의 복귀를 유발하는 것이 된다고 할 수 있다. 따라서 이 두 요소 사이에서 한쪽이 유발하는 것이고 다른 쪽이 유발되는 것이라는 힘의 구별은 여기서도 역시 공통된 매체와 부정적 통일이라고 하는 내용상의 규정에서와 마찬가지로 서로가 역할을 교체하는 것으로 볼 수 있다.

　이렇게 두 힘 사이에 벌어지는 유희[7]는 두 개의 대립적인 성질을 지닌 것이 대립하면서 서로 관계하는 가운데 곧바로 저마다의 역할을 정반대쪽으로 교체하는 모습을 나타내며, 이러한 이행작용 속에서 두 개의 힘은 각기 다른 성질을 지닌 독립적인 힘으로 등장하게 된다. 이를테면 유발하는 쪽이 공통의 매체이고 유발되는 쪽이 떠밀려들어간 힘

---

7) 힘의 유희(Spiel der Kräfte)란 본래적인 힘과 외화된 힘, 일자와 보편적 매체, 형식상 유발하는 것과 유발당하는 것이 갖는 대립적인 규정이 일순에 상호교체되는 운동으로 전개되는 모습과 같다. 이 힘의 유희가 자기의식 단계에서는 개인 대 개인 사이의 상호인정관계라는 새로운 의미를 띠고 나타난다.

이라고 할 때, 여기서 한쪽이 유발하는 것일 수 있는 이유는 어디까지나 다른 한쪽이 유발되는 것이기 때문이다. 말하자면 떠밀려들어간 힘은 오히려 전자를 유발하여 공통의 매체가 되게끔 하는 것이다. 이로써 전자는 어디까지나 후자에 의해서 비로소 유발하는 것이 되므로, 더 자세히 말하면 유발하는 것이 되도록 상대방에 의해 유발됨으로써 비로소 유발하게 된다는 것이다.

그러나 이때 전자는 이미 유발하는 것이라는 그의 성질을 상실해버렸으니, 왜냐하면 상대방은 이미 유발하는 쪽으로 이행하였고, 아니 오히려 이미 유발하는 것이 되어 있으니 말이다. 밖으로부터 다가와서 힘을 유발하는 것이 공통의 매체라는 모습을 띠고 나타나긴 하지만 사실 이것은 힘에 유발됨으로써 비로소 유발하는 것으로서 나타난다. 다시 말하면 힘이야말로 유발하는 것을 발동시키면서 또한 이 힘 자체가 본질적으로 공통의 매체이기도 한 것이다. 결국 힘이 유발하도록 그렇게 발동시키는 것은 바로 이 유발하는 것이 힘에서 본질적인 것이고, 또한 유발하는 것이 오히려 힘 그 자체이기 때문이다.

이 운동의 진상을 완전히 이해하려면 두 힘의 구별 그 자체가 다시금 이중의 구별로 나타난다는 데 주목할 필요가 있다. 하나는 내용상의 구별로서 자체 내로 복귀하는 힘의 극과 물질의 매체라는 극의 구별이고, 다른 하나는 형식상의 구별로서 능동적으로 유발하는 것과 수동적으로 유발되는 것의 구별이다.

내용상의 구별은 방관자인 우리에게만 보일 뿐이지만 형식상의 구별은 양극이 자립적인 모습을 띤 채 서로가 관계하면서 또한 서로가 분리된 상태로 대립해 있다. 형식적으로 분리된 양극이 저마다 그 자체로 존재하는 것은 아니고, 비록 서로 구별되는 것이 따로 존립하는 듯이 보일지라도 이들은 마침내 소멸되어버릴 요소에 지나지 않는바, 여기서는 각기 반대되는 쪽으로의 이행이 단적으로 생겨난다는 사태가 마침내 힘의 운동을 지각하는 의식에게 분명히 깨우쳐지게 되는 것이다.

그러나 방관자인 우리에게는 이미 앞에서 지적하였듯이 내용상의 구별이나 형식상의 구별이 모두 다 소멸되어버렸음에 틀림이 없다. 즉 형식상의 구별에서 능동적인 것, 유발하는 것 또는 자립적으로 존재한다고 얘기됐던 것이 내용면으로는 자체 내로 떠밀려들어간 힘에 해당하는가 하면 반대로 형식상의 수동적인 것, 유발되는 것 또는 타자에 대해서 있는 것이 내용상으로는 많은 물질을 한데 어우러지게 하는 공통의 매체인 것으로 드러난 것이다.

여기서 분명히 해둘 것은 힘의 개념은 두 개의 힘으로 나뉘는 이중작용(die Verdopplung in zwei Kräfte)에 의해서 현실적인 힘이 된다는 것이다. 두 개의 힘은 일단은 독자적인 두 개의 힘으로 존재하지만 이들의 존재는 상호간의 운동으로서 성립되는 것이므로, 결국 이 두 힘은 오직 타자와의 관계를 통해서만 정립될 뿐이고 존재는 오히려 소멸될 수밖에 없는 것으로서 순수하게 포착된다.

두 개의 힘은 양쪽 극에 저마다 확고한 뿌리를 내린 채 서로가 만나는 중간지점[8]에 밖으로부터의 성질을 밀어넣듯이 하는 그런 것이 아니다. 두 힘의 진상은 바로 이 두 힘이 한데 어우러지는 중간지점(Mitte und Berührung)에 있을 뿐이다. 자체 내로 떠밀려들어간 자립적인 힘도 또 힘의 발현도, 즉 유발하는 힘도 유발되는 힘도 모두가 오로지 중간지점에 존재함으로써 결코 이들 두 힘이 첨예하게 대립하는 두 개의 자립적인 극으로 분할되는 일은 있을 수 없다. 이 두 힘의 본질로 말하면 어느 쪽도 다른 쪽이 없이는 존재할 수 없다는 것, 그러면서도 또 이렇듯 타자에 의존해 있다는 것은 바로 타자를 통해 있음으로 하여 결코 참다운 자기는 아니라는 것이다.

따라서 사실상 이 두 개의 힘은 독자적인 실체를 갖추고 있는 것도 아니고 그러한 실체를 유지하는 것도 아니다. 힘의 개념은 오히려 그것이 현실화할 때 본질로서 유지되는 것이므로 현실적인 힘이란 단적으

---

8) 여기서 중심·중간·매사(Mitte)는 상호작용하는 두 개의 실체적인 힘, 즉 유발하는 쪽과 유발되는 쪽이 교호적인 관계 속에서 하나의 전체적인 힘으로 정형화하는 것을 말하는데, 이것은 사물의 내면을 구성한다.

로 발현된 힘이면서 동시에 이 발현은 힘이 스스로를 파기하는 것에 다름아니다. 현실적인 힘이 자기발현에 구애받지 않고 독자적으로 존재한다고 할 때 이것이 곧 자체 내로 떠밀려들어간 힘이기는 하지만, 앞에서도 보았듯이 실은 이 힘 자체가 발현의 한 요소인 것이다.

이렇게 되면 힘의 진리란 어디까지나 힘의 관념으로 귀착되고야 만다. 여기서 힘의 현실적 요소나 힘의 실체 그리고 힘의 운동은 지탱할 곳을 잃고 하나로 뒤엉키다시피 한 통일상태로 휩쓸려들어가게 되는데, 이렇게 통일된 힘은 자체 내로 떠밀려들어간 힘이 아니라 (그것은 힘의 한 요소에 지나지 않으므로) 관념상으로 파악된 개념[9]으로서의 힘이다. 이렇게 해서 힘의 실현은 동시에 힘의 실재성의 상실로 이어진다. 여기서 실현된 힘이란 현실적인 힘과는 전혀 별개의 보편성을 띠게 되는데, 이 보편성을 오직 힘의 본질로서 인식하는 것이 바로 오성의 작업이다. 힘이 마땅히 깃들어 있어야만 할 현실의 물체에서 보편자[10]로서의 본질적인 힘이 나타나는 것을 오성은 밝혀내야만 하는 것이다.

힘이 아직 자립성을 띠지 않은 상태에서 우리가 힘이라는 최초의 보편자를 오성의 개념[11]으로 고찰해온 터에 이제 여기에 나타나는 두번째의 보편자는 힘의 본질을 완전무결하게 표현해주는 것이 된다. 다시 말하면 최초의 보편자가 의식 앞에 직접 놓여 있는 현실적인 대상이었다고 한다면 지금의 이 두번째 보편자는 감각적으로 대상화한 힘을 부정하는 데서 나타난 것이다. 따라서 이는 어디까지나 오성의 대상으로서만 그의 진상이 파악될 수 있는 그러한 힘이다. 첫번째 보편자가 자체 내로 떠밀려들어간 힘 또는 실체로서의 힘이라고 한다면, 두번째 보

---

9) 169쪽의 역주 2 참조.
10) 무조건적 보편자와 마찬가지이다.
11) 첫번째 보편자는 오성의 개념에 해당하지만, 이 개념은 잠재적인 가능성을 지닐 뿐 현실적인 것은 아니다. 그러므로 여기서는 본래적인 힘과 발현된 힘, 또는 대자와 대타가 현실적으로 유리되어 있는 데 반해, 두번째 보편자에서는 양자가 사물의 내면으로 통합되어 있다.

편자는 사물의 내면에서 꿈틀거리는 힘, 즉 개념 그 자체와 일체화한 내면적인 힘이다.

이제 사물의 참다운 본질은 다음과 같이 규정되기에 이르렀으니, 즉 그것은 의식에 직접 나타나는 것이 아니라 의식은 사물의 내면과 간접적으로 관계하며 오성을 작용시키는 가운데 두 힘의 유희가 벌어지는 한복판을 관통하여 겉으로 드러나지 않은 사물의 진정한 배후[12]를 투시해야만 하는 것이다. 오성과 내면이라는 양극을 연결하는 매개적 중심은 힘이 전개되어가는 장이지만 이는 오성에서는 소멸되어버리므로 이런 의미에서 그것은 현상이라고 불린다. 현상을 가상(假象)으로 본다면 필경 그 자체가 소멸돼버릴 수밖에 없는 것이 되겠지만, 여기서는 그에 그치지 않고 힘이 현상화하는 모습의 전체를 나타내는 것으로 사용된다.

일반적인 현상으로서의 전체가 사물의 내면을 구성하는 힘의 유희이며 자체 내로 복귀하는 힘의 운동이다. 힘의 유희 속에서 지각되는 사물의 본질이 의식에 대상화되어 나타나는데, 여기서 눈에 띄는 것은 두 개의 요소가 한시도 멈추지 않고 당장 반대물로 전화하는 운동, 즉 일자존재는 공통의 매체로, 본질적인 것은 곧바로 비본질적인 것으로 전화하는 운동 또는 그 역방향으로의 운동이다. 따라서 힘의 유희란 부정의 힘의 전개이면서도 그의 진상은 긍정적인 것, 즉 그 자체로서 존재하는 보편자이다.

보편적 존재는 현상의 운동을 통하여 의식 앞에 나타나는데, 이 현상의 운동 속에서 지각의 대상인 감각적 존재는 어디까지나 진리에 부정적인 것으로만 받아들여진다. 따라서 의식은 이 대상적인 국면을 빠져나와 자기 내면에 깃든 진리로 복귀하지만, 그러나 역시 의식은 저 나름으로 이 진리를 대상의 내면에 있는 것으로 여기는 가운데 사물의 자

---

[12] 사물의 진실한 근거를 이루는 배후(Hintergrund)에 대해서는 오성 단계의 끝 부분에도 거론되어 있다. 거기에서는 두 힘 상호간의 유희나 그 현상이라는 장막의 배후에 있는 자기를 가리킨다.

기복귀와 이 사물의 자체 내로의 복귀를 별개의 것으로 생각한다. 이에 따라 의식에서는 매개작용을 하는 현상의 운동도 대상 쪽에서의 운동으로 간주된다. 따라서 사물의 내면은 의식에게는 자기의 반대극을 이룬다. 하지만 그러면서도 이것이 진리로 여겨지는 이유는 의식이 사물의 본체인 내면에 깃들어 있으면서 동시에 자기를 확신하는 자각적인 힘을 지니기 때문이다.

그러나 이러한 이치가 의식에게는 아직 깨우쳐지지 않고 있다. 왜냐하면 내면에 안겨져 있다는 자립성은 현상을 부정하는 의식의 운동 결과인데도 의식은 아직도 이 운동을 대상 쪽에서 생겨난 현상의 소멸로서만 받아들일 뿐, 자기 자신의 자립성과는 관계시키지 않기 때문이다. 따라서 사물의 내면도 분명히 의식의 개념작용과 일치하는데도 의식은 여전히 이러한 개념의 본성에 통달해 있지 않은 것이다.

이렇듯 보편과 개별의 대립을 말끔히 벗어난 절대적 보편자가 사물의 내면적 진리로서 오성 앞에 모습을 드러낼 때 여기에 비로소 감각적 현상계를 넘어서는 하나의[13] 초감각적인 진리의 세계, 즉 덧없이 사라져가는 차안의 세계를 넘어선 항구적인 피안의 세계가 개시(開示)된다. 이것이 물 자체의 세계라고 일컬어지는 것이지만, 갓 드러났을 뿐인 지금 단계에서는 그것이 겨우 불완전한 이성[14]의 모습을 한, 진리의 골격만을 나타내는 순수한 장으로 정립되어 있을 뿐이다.

여기서 우리의 대상은 사물의 내면과 오성을 양극으로 하고 중간에 현상계를 자리잡게 하는 삼단계적 추리형식(der Schluß)을 띤 것이 된다. 이 삼단계적 운동이야말로 오성이 중심부를 관통하는 그 내면에서 (durch die Mitte hindurch im'Innern) 과연 무엇을 투시하고 또 중심부와 내면의 연결관계를 어떠한 것으로서 경험하는가를 소상히 밝혀

---

13) '하나의'라고 얘기된 이유는 여기에 출현한 것은 최초의 초감각적인 세계로서, 그뒤를 이어 두번째의 초감각적 세계가 출현할 것이기 때문이다.
14) 칸트에게서 이성은 물 자체라는 초감각적 세계의 인식을 지향하는 데 반하여 오성은 현상계의 인식에 국한되어 있음을 나타내기 위한 것이다.

줄 것이다.

의식은 아직 사물의 내면에서 자기 자신을 발견하고 있지는 않으므로 내면은 의식에게 여전히 순수한 피안으로 남아 있다. 그런가 하면 내면은 현상계는 아니라는 점에서 적극적인 의미로는 단순한 보편자에 지나지 않는 공허한 것이다. 내면이 이렇게 공허하다고 보는 것은 사물의 내면은 인식될 수 없다[15]고 주장하는 사람들의 생각과 그대로 일치하지만, 그러면서도 이 두 관점 사이에는 큰 차이가 있다.

물론 지금 논의되고 있는 내면에 관해서도 어떠한 인식도 성립되어 있지 않지만, 이는 이성이 근시안적이거나 한계가 있다[16]는 등의 불충분한 면을 지니기 때문이 아니라 이성에 관해 아직 깊이 다루어지지 않은 이 단계에서는 그 점에 관한 한 아무것도 알려진 것이 없다는, 다시 말하면 공허함 속에서는 아무것도 인식될 수 없다는 단순한 이유 때문이다. 이를 또 달리 얘기하면 의식의 피안으로 규정되는 것 속에서는 아무것도 인식될 수 없다는 것이다.

만약 초감각적 세계가 그 세계에 특유한 내용의 것이건 아니면 의식이 만들어낸 내용이건 간에, 아무튼 뭔가 풍요로운 광경을 빚어내고 있는 그 한복판에 맹인이 있게 될 경우와, 이번에는 반대로 말짱한 시력을 지닌 사람이 칠흑 같은 어둠 속에 또는 구태여 말한다면 초감각적 세계가 해맑은 광명이라고 가정하여 이 백야(白夜)와도 같이 맑은 광명 속에 있게 될 경우, 이들이 당하는 결과는 마찬가지일 것이다. 즉 눈뜬 사람이라도 칠흑 같은 어둠 속 못지않게 또한 티 없이 해맑은 광명 속에서도 보이는 것이라곤 아무것도 없으니, 마치 맹인이 자기 앞에 놓여 있는 온갖 풍요로운 모습을 대하면서도 아무것도 보지 못하는 것과 마

---

15) 「인간적인 덕」(1730)이라는 제목으로 쓰어진 할러(A. v. Haller, 1708~77)의 시 구절 속에 "어떠한 인간의 정신도 자연의 내면에 침투하지는 못하는도다" (Ins Innere der Natur dringt kein erschaffener Geist)라고 한 대목을 빗대어서 한 말.
16) 이론이성에 따른 인식의 한계에 관한 칸트의 이론을 가리킨다.

찬가지이리라는 것이다.

내면이나 내면과 현상의 연관성에 관하여 아무것도 알아낼 수 있는 길이 없다고 할 때 현상계에 집착[17]하여 참이 아니라고 알고 있는 것을 참이라고 생각하거나 아니면[18] 처음에는 대상적인 것이 결여된 공허함으로 여기다가도 또 온갖 정신적인 관계나 의식 그 자체의 다양성마저도 결여된 공허함 그 자체로 나타나는 것을 두고는 이것이 바로 '성스러운 것'이라고 부르기도 하겠지만, 어쨌건 이럴 경우 어떻게 해서라도 의식이 조작해낸 꿈이나 환영에 의해 공허함을 메워나가는 길밖에는 도리가 없다. 공허한 내면에 비하면 심지어 꿈이라도 더 낫다고 얘기할 정도의 수준이라면 이렇듯 졸렬한 미봉책이라도 우선 타당하다고 할 수밖에는 없는 것이다.

그러나 사물의 내면이나 초감각적인 피안은 일정한 경로를 거쳐 현상계에서 유래된 것이므로,[19] 여기서는 현상계가 피안계로 통하는 매개체가 된다. 이렇게 본다면 현상계야말로 내면이나 피안의 본질로서, 사실상 내면이나 피안을 충만케 하는 것이다. 즉 초감각적인 것이 감각이나 지각에서 오는 것이라고 한다면 감각적이거나 지각된 것의 진상은 초감각적인 것이 현상화한 데 있다고 해야만 하겠다. 하지만 감각되거나 지각된 것의 정체는 현상계의 존재라고 하겠으니, 그렇다면 초감각적인 세계가 곧 현상계 그 자체라는 것이 된다.

하지만 그렇다고 해서 직접적인 감각적 확신이나 지각에 비쳐진 대로의 감각적인 세계가 그대로 초감각적인 세계라고 생각한다면 이는 잘못된 생각이다. 왜냐하면 현상계란 감각적인 지식이나 지각의 대상

---

17) 칸트에 의한 현상계와 본질계(Phänomena u. Noumena)의 구별을 염두에 둔 말.
18) '아니면'으로 이어지는 또다른 입장은 낭만주의자를 지칭한 것으로 보인다.
19) 내면은 현상에서 유래된 것이므로 현상이 내면적인 것의 내용이 되는 셈인데, 이때의 현상은 곧 '두 개의 힘과 그의 유희'로 표출된다. 그런가 하면 내면적으로 단순성을 띤 두 힘의 유희를 단순한 양태로 정립한 것이 내면적인 것의 내용으로서, 이것이 마침내 힘의 법칙(das Gesetz der Kraft)을 이룬다.

으로서 주어져 있는 세계가 아니라 어디까지나 그러한 세계가 극복되어 내면세계로서 정립된 것이기 때문이다. 흔히 초감각적 세계는 현상계는 아니라고들 하는데, 이는 현상계의 참뜻을 제대로 이해하지 못한 채 감각적인 사물의 세계가 현상계로 간주된 데 기인한다.

지금 문제가 되고 있는 오성은 내면세계를 아직도 내용 없는 물 자체라는 일반적인 의미(das allgemeine noch unerfüllte Ansich)로 받아들이는 단계에 있다. 힘의 유희는 실체가 확인되지 않은 것이라는 점에서는 부정적이지만 물 자체와 의식을 이어주는 매개 구실을 한다는 점에서는 긍정적으로 평가된다. 이것은 여전히 오성적 사유의 외부에 속한다.

그러나 오성이 힘의 유희를 매개로 하여 내면세계와 관계할 때 이는 오성이 행하는 운동으로서, 내면세계가 충만되는 것도 이 운동에 의한 것이다. 오성에게 직접 눈에 띄는 것은 힘의 유희이지만 그것이 추구하는 진리는 단순한 내면세계에 있다. 그러므로 힘의 운동도 단순화되어서 비로소 진리가 된다. 그러나 이미 보았듯이 두 힘 사이의 유희는 상대방으로부터 유발되어 힘을 발현하면서 동시에 자기도 상대방을 유발함으로써 유발됐던 상대방이 이번에는 유발하는 힘이 되게 하는 관계로 나타난다.

이때 논의의 초점이 되는 유일한 내용은 공통의 매체이거나 타자를 배제하는 부정적인 통일이라는 두 규정 사이의 단적인 변전과 절대적 교체일 뿐이다. 일정한 내용을 안고 등장한 것이 바로 그 즉시에 등장했을 때의 모습과는 다른 것이 된다. 결국 이렇게 등장하는 양식이란 다른 쪽을 유발하면 바로 그 다른 쪽이 스스로 발현한다는 데 있다. 다른 쪽이 자기를 유발했던 것의 바로 그 위치를 차지한다는 것이다.

이렇듯 힘의 유발에 따른 양쪽의 관계와 상호대립하는 일정한 내용의 관계라는 두 측면은 저마다 서로가 절대적 전도와 혼동을 야기한다. 그러나 이 쌍방의 관계는 그 자체가 다시금 동일한 운동의 양면을 이룰 뿐이어서, 유발되는 것과 유발하는 것의 형식상의 구별은 그대로 내용상의 구별과 겹쳐지면서 유발되는 쪽이 수동적인 매체가 되고 유발하는 쪽은 활동적이며 부정적인 통일 또는 일자가 되어 있다.

이로써 힘의 운동 속에 존재하는 갖가지 특수한 힘의 차이는 전적으로 소멸된다. 특수한 힘의 차이라는 것이 모두가 형식상의 구별이나 내용상의 구별에 귀착되므로 이러한 차이가 하나로 모아지면 힘의 차이도 하나로 합쳐져버린다. 이제는 힘도 없고, 유발하는 것과 유발되는 것도 없으며, 공존의 매체나 자체 내로 복귀하는 통일체의 성질도 소멸되어 뭔가가 홀로 존립하거나 갖가지 대립이 야기되는 일도 없이 오직 무한한 변전을 거듭하는 운동 속에는 온갖 대립을 하나로 집약한 보편자로서의 구별밖에는 없다.[20] 바로 이 보편자로서의 구별이야말

---

[20] 구별(Unterschied) 또는 차이(Differenz) 개념은 헤겔 철학의 근본정신과 궤를 같이한다고도 할 만큼 중요하고도 독특한 의미를 지닌다. 무엇보다 절대적 구별(absoluter Unterschied), 구별 그 자체(Unterschied an sich) 또는 내적 구별(innerer Unterschied)이라고 할 때 이는 '자기 자신과의 구별'(Unterschied mit sich selbst)이라는 데 초점이 맞춰져 있다. 즉 구별이 구별 그 자체와 '구별'된다는 근본규정 아래 '무한성'에 근거를 둔 '참다운 존재'란 우선 '참다운 존재'와 '가상'을 올바르게 구별짓는 데에 그 본질이 있고, 그 다음으로는 이러한 구별을 지양하여 가상과의 동일성 또는 일체성에 도달함으로써만 성립될 수 있다는 것이다. 이러한 '구별의 무구별성' 또는 '무구별의 구별성'이란 근원적으로는 '일물양체', 즉 "하나인 까닭에 신묘(神妙)하고 둘인 까닭에 헤아릴 수 없다"(一物兩體者 氣也 一故神: 장재, 『횡거역설』(橫渠易說), 설괘)고 했던 것과 같이 만사·만물을 관통하는 '기'가 있고 이것이 한시도 쉼없는 무한한 구별과 차이를 낳으면서 동시에 궁극적으로는 동일한 귀착점에 이른다고 한 『역경』의 근본원리와도 그대로 일치한다고 하겠다.
이 점과 관련하여 중세 스콜라적 사변논법의 백미를 이룬다고 할 토마스 아퀴나스의 『신학대전』(Summa Theologiae) 제2절 「성자는 성부께 대해 타자인가」에는 "하나님의 본질의 단순성이 제거되지 않기 위해 분리의 명칭과 전체를 부분으로 쪼개는 것으로서의 구분(divisionis)의 명칭도 피해야 한다" "……하나님 안에서 차별(diversitatis)과 차이(differentiae)의 명칭을 피해야 한다. 그것은 본질의 일성(一性)이 상실되지 않기 위해서다. 그러나 우리는 관계적인 대당성(對當性) 때문에 구별의 명칭을 사용할 수 있다"고 쓰여 있다. 이때 구별성과 무구별성에 대한 기본논의는 헤겔에게서도 역시 구별을 넘어서는 차원의 궁극적인 차이·차별 모두가 제외, 제거될 수밖에 없는 변증법적 자기 연소과정(Verbrennungsprozeβ, K. 야스퍼스)으로 종결되어야만 함을 지시하는 것이 아니겠는가 여겨진다(『신학대전』 제4권, 제1부, 정의채 옮김, 바오로딸, 1997, 53쪽 참조). 헤겔 사상과의 의미 있는 비교연구 가능성이 엿보이는 대목이다.

로 힘의 유희의 내면에 있는 단순한 진리로서 이것이 곧 '힘의 법칙'이다.

무한히 변전하는 현상계는 단순한 내면세계나 오성과 관계하는 가운데 보편성을 지닌 단순한 구별로 귀착된다. 내면세계는 단지 보편자로서 있을 뿐이고 거기에 있는 단순한 보편자가 그의 본질상 일반적인 구별을 절대적으로 나타내준다. 왜냐하면 보편자는 오로지 변전을 본질로 하고 변전의 결과로서 생겨나는 것이며, 변전의 진리가 내면화하여 보편적일 수밖에 없는 안정되고 자기동일적인 부동의 구별로서 내면세계에 수용되는 것이기 때문이다. 다시 말하면 이제 부정의 힘이 보편자의 본질적인 요소가 되어 있으니, 보편자 속에 부정이나 매개의 힘이 작용하면서 보편적인 구별이 생겨나는 것이다.

그런데 이러한 구별은 변화무쌍한 현상의 안정된 상(像)으로서 법칙 속에 표현된다. 따라서 초감각적인 세계는 평온한 법칙의 왕국으로서 비록 부단한 변화를 통하여 법칙을 표현하는 지각세계의 피안에 자리잡고 있기는 하지만, 지각의 세계를 터전으로 하여 이 지각세계를 직접 모사(模寫)한 안정된 상을 이루게 된다.

이 법칙의 왕국이 밝혀낸 진리는 법칙 자체에 안겨진 차이는 곧 내용의 다양함을 드러낸다는 것이지만, 이때 진리란 단지 오성에 의하여 갓 발견된 진리에 지나지 않으므로 현상계를 속속들이 담아낸 것은 아니다. 법칙은 현상계를 터전으로 하고는 있지만 그의 구석구석에까지 가 닿는다고는 할 수 없으니, 사정에 따라서는 언제라도 또다른 현실에 대응해나가지 않으면 안 된다. 말하자면 법칙이 적용되는 현상계에는 내면세계와는 어울리지 않는 그 나름의 고유한 측면이 있으니, 이런 한에서 현상은 법칙의 틀을 벗어나는 독자성을 갖추고 있다.

법칙이 현상계를 빈틈없이 담아내지 못한다는 결점은 법칙 자체에 반영되는 면도 없지 않다. 즉 결점으로 꼽히는 것은 법칙 그 자체에 구별은 있지만 그 구별이 일반적이고 모호하다는 것이다. 그러나 법칙이 전체 법칙이 아닌 특정한 일개 법칙인 한 거기에는 한정이 있게 마련이며, 따라서 법칙에는 불특정한 다수의 것이 있게 된다. 그런데 법칙이 여러 개가 있다는 것은 그 자체가 결점이기도 하다. 단순한 내면세계를 의식의 대상으로 하여 거기에 깃든 보편적 통일을 진리로 삼는다는 오성의 원리[21]에 여러 개의 법칙이 있다는 것은 모순이라는 것이다. 따라서 오성은 많은 법칙을 하나의 법칙으로 집약해야만 하는데, 예컨대 돌의 낙하법칙과 천체의 운행법칙을 하나의 법칙으로 파악하지 않으면 안 된다.[22]

그러나 하나로 합치되면 법칙마다의 특성이 사라지고 법칙은 점차 피상적인 것이 되고 실제로는 특정한 몇 개의 법칙을 합쳐놓은 것이 아니라 특정한 법칙 따위는 무시해버린 통일된 법칙이 된다. 이를테면 지구에서의 낙하의 법칙과 천체 운행의 법칙을 합쳐놓은 하나의 법칙은 사실 둘 가운데 어느 것도 표현하고 있지 않다. 모든 법칙을 통일한 '만유인력의 법칙'은 법칙 속에 깃들어 있다는 법칙의 개념 이외의 어떠한 내용도 표현하고 있지 않다. 만유인력이 말해주는 것은 만물은 모두가 서로 예외 없이 다른 것과는 상이하다는 것뿐이다.

이때 오성은 현실 전체를 그대로 표현하는 일반 법칙을 발견한 것으로 생각하지만 실제로 발견한 것은 법칙의 개념일 뿐이며, 이를 나타내기 위하여 현실 전체는 어디까지나 합법칙적이라는 식의 알쏭달쏭한[23] 언명을 하고 있을 뿐이다. 이런 점에서 '만유인력'이라는 표현이 대단한 의미를 갖는 것은 사고력을 갖추지 못한 표상에나 해당될 뿐이다. 사고

---

21) 여기서 원리라는 것은 "오성에서 참다운 것은 단순한 내면"이라고 한 대목과 일치한다.
22) 갈릴레이·케플러와 특히 뉴턴의 만유인력의 법칙을 말함.
23) 대립적인 두 계기가 상호 교체, 변전하여 하나가 되고 다시 이 하나가 분열, 대립하고 나서는 다시금 이 양자의 통일로 귀착되는 것이 개념의 운동인 데 반해, 이 법칙에서는 시간과 공간, 양전기와 음전기와 같은 대립물이 서로 관계지어지면서도 이들이 각기 별도로 정립되어 상호전환이 이루어지지 않는 데에 개념과 법칙의 차이가 있다. 여기서 그저 그대로 있다(seiend)는 것은 개념과 비교했을 때 드러나는 법칙의 특징을 나타낸 것이다.

력이 딸리는 표상으로서는 만물은 우연히 거기에 있는 것이므로 규정상으로는 감각적으로 독립된 형식만이 존재할 뿐이다.

  이렇게 해서 특정한 법칙에는 만유인력이라는 순수한 법칙 개념이 대립하게 된다. 그리하여 이 순수한 개념이 법칙의 본질이며 참다운 내면세계로 간주되는 한, 특정한 법칙이 지니는 한정성은 현상계나, 오히려 감각적인 존재에 속하는 것이 된다. 이런 가운데 순수한 법칙의 개념은 서로가 대립해 있는 특정한 법칙을 초월한 데 있을 뿐만 아니라 법칙 그 자체마저도 초월해 있는 것이 된다.[24] 지금까지 논의되어온 법칙의 규정에 따르면 특수적인 면은 본래 그 자체가 소멸될 수밖에 없는 요소로서 더 이상 본질이라고는 할 수 없으니, 참다운 법칙은 어떤 한정성에도 구애받지 않은 것이기 때문이다.

  그러나 법칙의 개념은 이 참다운 법칙마저도 뒤흔들어놓는다. 법칙 그 자체에서는 말하자면 일정한 구별이 직접 눈에 띄게 되어 있는데, 그것이 보편자로 받아들여지게 되면 여기서 관계지어지는 갖가지 요소는 저마다 상호무관한 독자적인 존재로 간주된다. 법칙에 안겨져 있는 이러한 부분의 차이가 곧 법칙의 한정성을 이루거니와, 따라서 만유인력이라는 순수한 법칙 개념은 진정한 의미에서는 법칙 그 자체에 안겨져 있는 부분의 차이를 단순히 통일된 내면세계로 끌어들이다시피 한 절대적으로 단순한 개념으로 파악되어야만 한다. 결국 이러한 통일이 법칙이 갖는 내적 필연성을 나타내는 것이다.

  여기서 법칙은 이중의 양식을 띠게 된다. 한편에는 서로 구별되는 요소가 자립적인 존재로 표현되는 그러한 법칙이 있고, 다른 한편에는 자체 내로 복귀하여 단일체의 형식을 띠는 법칙이 있다. 후자는 이것 또한 '힘'이라고 불릴 수 있다. 그러나 이때의 힘은 자체 내로 떠밀려들어간 힘이 아니라 힘 일반 또는 힘의 개념(der Begriff der Kraft)이라고

---

[24] '법칙의 순수한 개념'은 다음 단계에서 힘으로 규정된다. 이때의 힘은 한정적인 법칙의 힘이 아니며 또한 보편적 법칙이나 법칙 그 자체로서도 외화 · 발현(Äußerung)과 대립하지 않는, 양자의 대립을 초월한 힘이다.

할 수 있는 것으로서, 견인하는 쪽과 견인되는 쪽과의 구별을 자체 내로 끌어들인 추상적인 개념이다. 이러한 힘으로는 이를테면 전력이라는 단일체가 있는데 구별되는 요소를 법칙으로 표현하면 양전기와 음전기의 구별이 생겨난다. 낙하운동의 경우에는 힘은 중력이라는 단일체가 되는데, 이를 법칙으로 나타내면 운동의 두 요소인 경과하는 시간과 통과하는 공간의 양(量)은 근(根)과 제곱의 관계로 표시된다.

전기 그 자체는 본래 구별되지 않는 단일한 힘으로서, 본질적으로 양전기와 음전기로 이루어진 이중의 존재는 아니다. 그럴수록 오히려 전기는 양과 음으로 분리되는 법칙을 갖는다거나[25] 또는 양과 음으로 발현되는 성질을 갖는다고 얘기되곤 한다. 물론 그러한 성질은 전기에 안겨진 본질적이고 유일한 성질로서 전기에 필수불가결한 것이기는 하지만 여기서 얘기되는 필연성이란 공허한 낱말에 지나지 않는다. 즉 전기는 그렇듯 양과 음으로 이중화될 수밖에 없으니 그렇게 나누어졌을 뿐이라는 데 지나지 않는다. 물론 양전기가 정립된다면 음전기도 동시에 정립될 수밖에 없으니, 양은 오직 음과의 관계 속에서만 양이면서 또한 양은 스스로 자기와 구별되는 음을 인정하는 것으로서, 이는 음에도 그대로 해당된다.

하지만 전기가 이렇듯 양과 음으로 분리되는 것은 그 자체가 필연적이라고 할 수는 없다. 단일한 힘으로서의 전기는 양과 음으로 분화된다는 법칙에 구애될 필요는 없으며, 만약 우리가 단순한 힘을 힘의 개념이라 부르고 음양으로 분화하는 법칙을 힘의 존재라 부른다고 하면 전기의 개념과 그의 존재는 서로 무관한 것이니까 말이다. 힘에는 그러한 성질이 따르는 것일 뿐, 본래부터 그러한 성질이 갖추어져 있다고 할 수는 없는 것이다.

---

25) 헤겔은 '갖는다'(haben)와 '이다'(sein)를 구별하였다. 예컨대 제5장의 1. 관찰하는 이성에서는 이성을 '갖는다'라고 되어 있지만 제7장 「정신」에서는 정신은 이성 '이다'라고 되어 있다. 말하자면 '갖는다'라는 편이 '이다'의 경우보다 주체에 대하여 더 외면적인 관계에 있다.

만약 음과 양으로 분화되는 것이 전기의 정의(定義)라거나 이것이 단적으로 전기의 개념이며 본질이라고 얘기된다면 앞에서 얘기된 상호무관성은 또다른 양상을 띤다. 이럴 경우에는 전기라는 힘의 존재는 힘이 현실로 있는 것을 뜻하지만 앞에서 내려진 정의는 힘이 현실로 존재하는 필연성을 말하는 것은 아니다. 전혀 필연적인 것도 아니고 어쩌다 전기가 현실적으로 눈에 띠었으므로 그것이 존재한다고 얘기되거나 아니면 그밖에 갖가지 힘을 통하여 전기가 현실로 존재하게 됐을 뿐이라는 것이 되므로, 이 경우에는 필연성이 외부로부터 가해진 것이 된다.

그러나 필연성이 다른 힘의 작용에 의한 것이라고 한다면 바로 앞에서 오직 법칙 그 자체(das Gesetz als Gesetz)를 살펴보기 위해 내던져버렸던 그 많은 특수한 법칙이라는 데로 되돌아가고 만다. 다만 힘의 개념 그 자체나 필연성을 논하는 데서는 역시 수많은 법칙이 아닌 법칙 그 자체와의 비교가 행해져야만 하는데, 여기서는 필연성이 온갖 형식을 띠고 나타나더라도 이는 모두가 한낱 빈말에 지나지 않는 것이다.

지금까지 제시된 것과는 다른 양식으로 법칙과 힘, 또는 개념과 존재의 상호무관성이 밝혀지는 경우도 있다. 예컨대 운동의 법칙에서 운동이 시간과 공간으로, 그리고 거리와 속도로 나누어지는 것은 필연적이라고 할 수 있다. 운동이란 오직 이들 두 요소의 관계에서 비롯된 것이므로 운동이라는 보편적인 요소는 스스로가 두 부분으로 나뉜다고 할 수 있다.

그런데 이 두 부분, 즉 시간과 공간 또는 거리와 속도를 저마다 따로 떼어놓고 보면 하나의 동일한 존재에서 비롯된 것이라기보다는 서로 무관하게 존재하고 있다. 공간은 시간이 없이도 생각될 수 있고, 또한 공간이 없는 시간이나 아니면 적어도 속도가 없는 거리를 생각할 수는 있다. 더 나아가 이들은 양전기나 음전기처럼 서로가 본질적인 관계를 맺는 것은 아니므로 크기를 통하여 서로가 영향을 주거나 받거나 하지는 않는다. 운동이 시간과 공간으로 나뉘는 것은 필연적이지만, 이 두 부분이 서로 필연적으로 연결되지는 않는다.

그러나 이렇게 되면 둘로 나뉘는 필연성도 사실과는 다른 거짓된 필연성이 된다. 즉 운동은 단일하고 순수한 존재로서 표상되는 것이 아니라 아예 처음부터 각기 두 요소에 의해서 이루어진 것으로 표상된다. 그리하여 시간과 공간은 운동의 각기 독립된 부분이거나 운동을 저마다 본질적으로 체현하는 것으로 나타나는 가운데 거리와 속도가 이들의 존재양식으로서 제시된다. 이렇게 해서 시간과 공간, 속도와 거리는 서로가 다른 쪽이 없어도 존재할 수 있다는 경우에 결국 운동은 이 두 개의 부분을 표면적으로 연결하는 것일 뿐, 본질적으로 연결하는 것은 아니다. 힘이라는 단일체로 놓고 본다면 필경 운동의 힘은 중력으로 나타나지만, 중력에는 시간과 공간의 구별이 포함되지 않는다.

따라서 전기와 운동 그 어느 경우에도 요소의 구별은 그 자체로 필연적인 것이 아니다. 즉 전기의 경우 보편자로서의 힘은 법칙에서 나타나는 음양상의 양분(兩分)과는 무관한 것이고, 운동의 경우는 법칙을 구성하는 두 요소가 서로 무관한 상태에 있다. 그러나 오성에는 구별된 것을 개념으로 파악하려는 자세가 갖추어져 있으니, 이에 따르면 법칙은 한편으로는 분열이 없는 내면적인 것 자체이면서 동시에 자체 내에 구별되는 요소도 지니는 것이 된다. 이 구별을 내적인 구별이라고 하는 것은 법칙이 단일한 힘이라는 법칙의 개념으로서 존재하는 가운데 여기에 개념상의 구별이 생겨나 있다는 것을 뜻한다.

그러나 이 내적인 구별은 여전히 오성의 테두리 안에 이루어져 있을 뿐, 현실세계 내에 정립되어 있지는 않다. 즉 오성 자신이 필연적인 것으로 요구하는 구별에 지나지 않는바, 오성으로서는 이 구별이 현실적인 사태 자체에서 생겨난 구별은 아님을 언명하는 것이기도 하다. 결국 말로만 끝나는 이런 필연성은 필연의 원환 속에 갇혀 있는 요소를 말로 늘어놓는 것일 뿐이어서, 비록 요소는 서로 구별된다고 하지만 동시에 이 구별은 사태 자체 내에서 생겨난 것은 아니라고 언명됨으로써 구별은 곧바로 없는 것이 되어버리고 만다. 이러한 운동이 '설명'이라고 불리는 것이다.

이 '설명'에 따르면 하나의 법칙이 언표되고 이와는 구별되는 보편적인 근거로서 힘이라는 것이 있게 된다. 그런데 이 구별은 사실은 아무런 차이를 나타내는 것도 아니고 오히려 근거가 되는 힘은 법칙과 전혀 다름없는 성질을 지닌다. 예컨대 어디에선가 번갯불이 번쩍인다고 할 때 이를 보편적인 것으로 파악하여 여기에 전기의 법칙을 준용(準用)했다고 하자. 이를 설명하려면 법칙과 힘을 하나로 묶어서 법칙의 본질을 풀이하게 된다. 여기에 작용하는 힘이 발현되면 양전기와 음전기로 양분되고 곧이어 그것은 다시금 서로가 소멸되어버리는 성질을 갖는다고 한다. 그렇다면 힘과 법칙은 완전히 동일한 성질을 갖는 것이 되고 양자 사이에는 아무런 구별도 없는 것이 된다. 구별되어 나타나는 것은 순수하고 일반적인 발현, 즉 법칙과 순수한 힘의 양자이지만, 이 양자는 동일한 내용과 동일한 성질을 지니는 까닭에 내용상의 구별, 즉 사태에 따른 구별은 여기서도 또 파기되기에 이른다.

이러한 동어반복의 운동에서 드러나듯 오성은 대상이 평온한 통일을 유지한다는 생각에 집착하므로[26] 운동은 단지 오성적인 사유 자체 내에서만 맴돌고 있을 뿐 대상 속에서 행해지지는 않는다. 설명하는 것이 그의 운동이라고 하지만, 그것은 아무런 설명도 하지 않을 뿐 아니라 이미 얘기된 것과 다른 것을 얘기하려고 하면서도 변함없이 이전과 동일한 것을 되풀이하고 있음이 분명하다. 이 운동을 통하여 사태 그 자체에는 새로이 생겨나는 것이라곤 아무것도 없고 운동은 오직 오성의 운동으로 그치고 만다.

그런데 우리가 이 오성적인 사유의 운동 속에서 인식하는 것이 있다면 그것은 법칙 아래에서는 놓쳐버렸던 바로 그 절대적 변전[27]이라고

---

[26] 규정을 고정시키고 나서 거기에 생겨나는 구별에 집착하는 것이 오성의 본성이다. 이러한 구별은 보편적이 아닌 부분적·개별적인 구별이다. 185쪽의 주 20 참조.

하겠으니, 곰곰이 따져보면 이 운동은 그대로 자기 자신의 정반대가 될 뿐이다. 말하자면 운동이 정립하는 구별이 방관자인 우리에게 아무런 구별도 아닐 뿐만 아니라 바로 이 운동 자체에 의해서 파기되어버리는 그런 구별이다.

이 변전과 교체는 힘의 유희로 나타났던 변전과 전혀 다름없는 변전이다. 힘의 유희의 경우 유발하는 것과 유발되는 것, 발현하는 힘과 자체 내로 떠밀려들어간 힘 사이의 구별이 있기는 했지만 사실 이는 아무런 구별도 아니었으므로 그대로 파기되어버렸던 것이다. 그렇다고 처음부터 아예 구별이라곤 정립되지 않은 채 단지 통일만이 있는 데 그칠 수는 없으니, 즉 운동이 있는 한 당연히 거기에는 구별이 생기기는 하지만 이는 결코 구별될 수 있는 것은 아니어서 곧 다시 파기되어야만 했던 것이다. 이제 설명이라는 운동의 변전으로 돌아가보면 일찍이 현상계에서만 행해졌던 변화·변전이 내면화된 초감각적인 세계로 침투한 셈이지만, 우리의 의식은 이 대상으로서의 내면세계를 빠져나와 반대편에 있는 오성 속으로 이동하여 거기서 변전하는 모습을 보게 되는 것이다.

이러한 변전은 아직 사실상의 변전(ein Wechsel der Sache)은 아니며, 변전하는 요소의 내용이 이전에 행해진 변전과 다를 바 없으니 그대로 순수한 변전으로 표현된다. 이때 오성이 파악한 개념과 사물의 내면이 동일한 이상 이 변전은 오성에는 내면의 법칙으로 간주된다. 말하자면 오성이 현상계 그 자체의 법칙으로서 경험하는 것은 구별이 전혀 구별이 아니라는 것, 즉 동질(同質)의 힘이 서로 반발한다는 것이다.

더 나아가 구별되는 것은 실은 구별이 되지 않고 구별 없는 것이 되

---

27) 『주역』「서괘전」(序卦傳)은 기제(旣濟)에서 미제(未濟)로, 시종(始終)이 아닌 종시(終始)로의 끊임없는 운동·변환를 이어가는 천지인(天地人)의, 만사의 근본이치를 논하고 있다. 이는 결국 영원한 상인(相因)과 상반(相反) 간의 전도(轉倒)와 부전도라는 변증법적 이중운동의 논리를 설파한 헤겔의 기본입장과 합치된다는 점에서 비교 고찰의 여지가 아주 많다고 보인다. 대산(大山) 김석진(金碩鎭), 『대산 주역강의』 3, 한길사, 1999, 426쪽 참조.

는 것, 말하자면 이질적인 것이 서로를 끌어당긴다는 등의 경험이다. 이는 제2의 법칙이라고도 할 수 있으니 구별된 것이 변함없이 동일한 위치에 머무르는 이전의 법칙과 정반대되는 법칙이다. 왜냐하면 이 새로운 법칙은 동질적인 것이 이질적인 것이 되고 이질적인 것이 동질적인 것이 된다는 것을 나타내기 때문이다.

여기서 개념적 사유가 수행해야 할 일은 위의 두 법칙을 통합하여 그의 대립을 의식하는 데 있지만 오성의 힘이 이를 감당하기엔 역부족이다. 어쨌건 제2의 법칙도 법칙에 필요한 내면적인 자기동일성을 갖추고는 있지만, 이 자기동일성은 오히려 비동일적인 것의 동일성이며 그의 일관성은 일관되지 않은 것의 일관성이다.

힘의 유희에서는 이 법칙이 그야말로 양단 사이를 오락가락하는 절대적 이행 또는 순수한 변전으로 나타났는데 여기서는 동질의 힘이 해체되어 대립이 싹트고, 이 대립이 일단은 자립적인 양자 사이의 구별인 듯 보이면서도 사실 여기에는 자립적인 것이라곤 아무것도 없다는 것이 밝혀진 셈이다.[28] 왜냐하면 동질의 것이 상호간에 반발한다고 하지만 이때 반발하는 것은 본질적으로 서로를 끌어당기는 것이기도 하므로 결국 반발과 견인은 서로 동일한 것으로 드러나기 때문이다.

따라서 구별은 되지만 구별이라곤 어디에도 없으므로 구별은 다시금 지양된다. 이러한 구별은 사태 자체에 곁들여져 있는 구별 또는 절대적 구별로서 표현되지만, 결국 사물에 안겨져 있는 이러한 구별이란 동질적인 것 상호간의 반발에 지나지 않으므로 이러한 대립은 전혀 대립일 수가 없는 것이다.

이러한 원리를 통해 지각의 세계를 직접 모상(模像)한 평온한 법칙의 왕국인 최초의 초감각적 세계는 정반대의 것으로 역전된다. 앞에서는 법칙도, 거기서 드러난 구별도 마찬가지로 자기동일적인 것으로 여겨

---

28) 앞에서 "초감각적 세계는 법칙의 평온한 나라"라고 했듯이 그의 법칙에는 두 힘의 유희에서와 같은 쌍방간의 교체·변전은 없으며, 따라서 양자의 통일과 대립에서도 교체는 행해지지 않는다.

졌지만 이제는 모두가 그와는 정반대의 것으로 정립되면서 자기동일적인 것이 서로 반발하고 자기와 동일하지 않은 것이 자기동일자로 나타나기에 이른다. 실제로 이러한 상태에서만 비로소 구별은 내면화되어 물 자체의 구별이 되는가 하면 동일한 것은 동일하지 않은 것으로, 또 동일하지 않은 것은 동일한 것으로 된다.

이렇게 해서 제2의 초감각적 세계는 전도된 세계가 되고 더욱이 그의 한쪽 측면은 이미 최초의 초감각적 세계에 터전을 두고 있음으로써 결국 최초의 초감각적 세계를 전도시켜놓은 세계가 되는 셈이다. 이제 내면세계는 현상계로서 완성된다. 왜냐하면 최초의 초감각적 세계는 지각의 세계를 직접 추상화하여 보편적인 장으로 고양시켜놓았을 뿐이고 초감각적인 그의 세계의 필연적인 반대상으로서 여전히 변전과 변화의 원리를 유지하는 지각세계를 간직하고 있었기 때문이다. 결국 최초의 법칙의 왕국에는 변전과 변화의 원리가 결여되어 있었지만 전도된 세계에는 그 원리가 작용하고 있는 것이다.

따라서 전도된 세계의 법칙에 따르면 첫번째 세계에서 동질적인 것 (das Gleichnamige)은 자기와 이질적인 것이고, 비동일적인 것은 곧 비동일적인 것에 대한 비동일적인 것(ihm selbst ungleich)이 됨으로써 자기동일화가 이루어진다. 이를 특정한 요소에 비추어보면 첫번째 세계의 법칙에서 단맛이 나는 것은 두번째의 전도된 세계에서는 신맛이 되고 저쪽의 검은색은 이쪽에서는 흰색이 된다. 또한 첫번째 세계의 법칙에서 자석의 북극이 되는 것이 또 하나의 초감각적 세계(즉 지구)에서는 남극이 되고 저쪽의 남극은 이쪽의 북극이 된다. 마찬가지로 전기의 첫번째 법칙에서 산소극이 되는 것은 두번째의 초감각적 세계에서는 수소극이 되고, 반대로 저쪽의 수소극은 이쪽의 산소극이 된다.

이와 다른 영역에 속하는 일상의 법칙에 따르면 적에 대한 복수는 피해 당사자에게 더없는 만족감을 안겨준다. 그러나 자신을 독자적인 인격으로 취급하지 않는 사람에게 자신의 존재를 그렇게 받아들이도록 하기 위하여 상대자의 인격을 해치려고 하는 이 복수의 법칙[29]은 또 하나의 세계의 원리에 의거하여 정반대의 법칙으로 전도된다. 즉 적의 말살에 의한 자신의 인격 회복이 자기파괴로 둔갑하는 것이다.

이러한 사태의 전도가 범죄에 대한 처벌양식의 차이를 초래하여 이것이 법칙으로 확립되면 첫번째 세계의 법칙과 전도된 초감각적 세계의 법칙이 대립을 빚으면서 저쪽에서 경멸당하는 것이 이쪽에서는 존경스러운 것이 되고 반대로 저쪽에서 존경받는 것이 이쪽에서는 경멸스러운 것이 된다. 그야말로 첫번째 세계의 법칙에서는 인간을 능멸하고 말살하는 듯한 형벌이 전도된 세계에서는 인격을 수호하고 인간의 명예를 되살리는 사면으로 뒤바뀌는 것이다.

표면적으로 보면 이 전도된 세계는 첫번째 세계의 대극을 이루며 두 개의 세계는 서로가 상대방을 밀쳐내고 나란히 함께 있으니, 한쪽이 현상계라면 다른 한쪽은 물 자체의 세계가 되고 또 한쪽이 타자에 대해서 존재하는 세계라면 다른 한쪽은 자립적인 세계로 있는 듯이 보인다. 앞에서 본 예에 따른다면 단맛이 나는 것은 사물의 내면에서는 본래 신맛이 나고, 현상계에 실제로 존재하는 자석에서 북극에 해당하는 곳은 내면의 본질로 보면 남극이 되는가 하면, 현상계의 전기에서 산소극을 나타내는 것이 물 자체에서는 수소극이 되는 셈이다. 또한 현상계에서는 범죄시되는 행위가 내면세계에서는 선한 것이 되고 악한 행위는 선한 의도를 지닌 것이 되는가 하면, 형벌도 현상계에서는 형벌에 지나지 않는 것이 이와 다른 본래의 세계에서는 범죄자에 대한 자비[30]일 수가 있는 것이다.

어쨌든 내면적인 것과 외면적인 것, 현상계와 초감각적 세계와 같은

---

29) 원어는 Dieses Gesetz인데 여기서 'Dieses'는 제1장에서 범주적 기능을 지녔던 Dieses와 같다는 점에서 Dieses Gesetz는 바로 위에 나오는 일상의 법칙(dem unmittelbaren Gesetze)과 동일하다.
30) 바로 앞에서 얘기됐듯이 현실세계에서라면 당연히 범인에게 강력히 따르는 형벌이 가해지게 마련이지만 표상의 나라인 천국에서는 그것이 자비로움으로 바뀐다는 것이다. 그러면서도 헤겔이 이런 견해에 동조하지만은 않는다는 것이 곧 밝혀진다.

두 개의 세계(zweierlei Wirklichkeiten)가 서로 대립한다는 구도(構圖)는 더 이상 통용되지 않는다. 상호반발하는 양자가 저마다의 몫을 떠맡은 채 서로 다른 기반을 이루는 두 개의 실체에 새삼 의존하는 일은 있을 수가 없다.

그렇다면 오성은 내면세계를 벗어나 다시금 그 이전의 위치로 되돌아갈 수밖에 없으니, 이럴 경우에는 한쪽의 세계가 둘 가운데 한쪽의 법칙을 본질로 하는 지각세계가 되고 이에 대립하는 내면세계는 첫번째 세계와 전혀 다름없는 감각적인 세계이면서도 관념 속에만 존재하는 것이 되고 만다. 두번째 세계는 감각적인 세계로 제시될 수는 없고, 볼 수도, 들을 수도, 맛을 볼 수도 없는 세계이지만, 그럼에도 감각적인 세계로 표상된다는 것이다.

그러나 한쪽이 지각된 것이면서 그의 반대물인 물 자체도 역시 마찬가지로 감각적인 것으로 표상된다고 한다면 실제로는 단맛 나는 것의 실체라고 할 수 있는 신맛 나는 것도 단맛이 나는 것과 마찬가지로 현실로 존재하는 신맛이 되는 것이다. 흰색의 본체라고 할 검은 것도 현실로 있는 검은 것이고, 남극의 본체라고 하는 북극도 동일한 자석에 위치가 표시된 북극이며, 수소극의 본성에 해당하는 산소극도 동일한 전지에 위치가 표시되어 있는 산소극이 된다.

이에 반하여 실제로 저질러진 범죄의 경우, 가능성이라는 면에서 그의 전도된 내면세계를 의도로 내세울 수는 있지만 그런 의도를 선한 의도라고 할 수는 없다. 왜냐하면 의도의 진실성 여부는 오직 행위에 의해서만 판가름나는 것이기 때문이다. 오히려 내용상으로 보면 범죄는 현실로 행해지는 형벌을 통하여 자체 내로의 복귀 또는 자기전도를 이루는 셈이다. 형벌이야말로 범죄로 인하여 법과 대립하는 현실에 직면했을 때 이 양자를 화해시키는 역할을 하는 것이다. 끝으로, 현실로 가해지는 형벌은 하여간에 그 자체가 전도된 현실을 빚게 마련이다. 이렇게 형벌이라는 명목으로 법이 효력을 발휘하게 되면 행위로서의 형벌은 그의 역할을 마감하고 활동하는 법으로부터 다시금 정지된 법

질서로 흡수됨으로써 마침내 개인과 법 사이의 대립관계가 해소되어 버린다.[31)]

이렇듯 초감각적 세계의 일면적인 본질을 이루는 전도의 표상을 통하여 두 개의 구별된 것이 각기 상이한 두 요소 속에 고착되어 있다는 감각적인 표상은 제거되고 구별은 내면의 구별로서, 즉 동질적인 것의 자기 자신으로부터의 반발이나 이질적인 것 그 자체의 동질성으로서 이제 절대적인 개념의 형태를 띠고 순수하게 표출되면서 마침내 개념으로서 파악된다.

여기서 무엇보다 유념할 것은 순수한 변전과 자체 내에서의 대립 그리고 모순 그 자체이다. 왜냐하면 내면적인 구별에서는 둘 가운데 하나만이 대립물로 정립되는 것이 아니라——그렇지 않다면 대립물은 존재물이지 대립물은 아닌 것이 되므로——대립물은 대립물의 대립물이라는 점에서, 양쪽은 서로가 다른 쪽에 그대로 함께 엉켜들어가 있기 때문이다. 이를테면 나는 이쪽에 대립항을, 그리고 저쪽에 이와 대립되는 타자를 자리잡게 함으로써 대립항을 타자 없이도 그 자체만으로 독자적으로 존재하게끔 정립할 수 있다. 그런데 이렇듯 내가 한쪽 편에 독자적으로 존립하는 대립물(das Gegenteil an und für sich)을 마련해 놓는다고 하는 바로 이 사실이야말로 대립항을 자기의 대립항(das Gegenteil seiner selbst)이 되도록 하는 것인데, 실제로 그의 대립항 속에는 타자에 해당하는 대립항이 직접 함께 엉켜들어와 있는 것이다.

그리하여 전도된 초감각적 세계는 동시에 또 하나의 세계로 덮쒸워지면서[32)] 그 또 하나의 세계를 내 것으로 삼게 된다. 전도된 세계는 이제 자기에 대해서 전도된, 자기 자신과 반대되는 세계가 되면서 마침내 전도된 세계와 본래대로의 세계를 하나로 합쳐놓은 세계가 된다. 이럼으로써 비로소 세계의 구별은 내적인 구별이며 자기 자신으로서의 구

---

31) 형벌에 대한 이와 동일한 생각은 『법철학』 §99에 소상히 다루어져 있다.
32) 원어는 übergreifen으로, 위에서 덮치며 감싸안는다는 뜻.

별, 즉 무한성을 드러내는 것이다.

이제 우리[33]는 구별이 무한상태에 휘말리면서 법칙 그 자체가 필연성에 따라 완성되고 현상계의 온갖 요소가 내면세계 안으로 수용된다는 것을 알게 되었다. 지금까지 논의된 바에 따르면 단순한 법칙이 무한하다는 것(Das Einfache des Gesetzes ist die Unendlichkeit)은 다음과 같은 의미를 지닌다.

① 법칙이 스스로 구별을 지니는 자기동일체라는 것, 다시 말하면 동질의 것이 스스로 자기반발을 일으켜 분열된다는 것이다. 단일한 힘으로 불렸던 것이 이중화된 무한의 운동을 되풀이하는 것으로서 법칙을 이룬다.

② 이렇게 양분된 것은 법칙을 구성하는 두 부분이 되어 각기 독립적인 존재로서 표현된다. 이 양분된 두 요소가 내적인 구별을 도외시한 채로 고찰될 경우, 이를테면 중력의 계기로서 등장하는 공간과 시간 그리고 거리와 속도는 상호관계에서나 중력과의 관계에서도 아무런 필연적 연관 없이 서로가 뿔뿔이 흩어져 있을 뿐 아니라 중력의 경우도 또한 그의 두 요소와 아무런 상관이 없는 것이 된다. 단일한 전기와 양전기·음전기와의 관계도 동일한 성질의 것임을 알 수 있다.

③ 그러나 내적인 구별의 개념에 따라 공간과 시간 같은 상호무관한 두 요소는 아무런 구별도 아닌 구별 또는 동질적인 것 사이의 구별에 지나지 않는 구별을 이루면서, 마침내 통일이 그의 본질을 이루게 된다. 두 요소는 각기 양과 음이라는 형태로 정신화(精神化)하지만, 여기서 이들의 존재는 오히려 서로가 자기를 말소하며 통일을 이루는 것이 된다. 구별되는 양자가 있지만 이들은 저마다 자체적으로 있으면서도 또 그 자체가 대립물로 있는 까닭에 결국 저마다가 자기 자신의 대립물이며, 따라서 또 서로가 자기의 타자를 스스로 걸머진 채 모두가 하나

---

[33] '우리'라고 지칭된 것은 아래에 전개되는 '무한성'이 오성의 힘으로 경험되고는 있지만 순수히 파악되어 있지는 않다는 점을 나타내기 위한 것이다.

로 통일되는 것이다.

이 단순한 무한성 또는 절대적 개념이야말로 생명의 단순한 본질이며 세계의 혼이며 또한 만물에 스며 있는 혈기라고 불릴 수가 있다. 이는 어떤 구별에 의해서도 혼탁해지거나 단절되는 일 없이 전체로 번져 나가면서 스스로 온갖 구별을 일구어내고 동시에 이를 극복하여 마치 정중동(靜中動)과 같이 움직이지 않으면서 약동하고 평온한 가운데서 꿈틀거리는 모습을 띤다.[34] 이러한 구별은 전혀 구별이라고 할 수 없는 동어반복에 지나지 않으므로 이 무한운동은 자기동일화하는 운동에 다름아니다.

그런데 자기동일적인 것은 오직 자기 자신과 관계할 뿐이라고는 하지만 자기 자신과 관계하는 경우에도 스스로 관계를 맺는 상대는 자기가 아닌 타자이어야만 한다. 그러므로 결국 자기 자신과 관계한다는 것은 분열을 가져오는 것이고, 자기동일성이라는 것은 내적인 구별을 지니는 것이 된다. 그야말로 이러한 분열은 완전한 절대적 분열이고 여기서 양자는 저마다가 다른 쪽에 대해서 부정적인 대립자가 되어 있다. 이럼으로써 양자 모두에게는 동시에 타자가 이미 깃들어 있는 것으로 밝혀지게 된다.

달리 말해서 어느 쪽도 결코 타자의 대립항이 아닌 순수한 대립항이므로, 스스로가 자기에 대립해 있는 대립항인 것이다. 또 달리 말한다면 여기에는 도대체 대립항이라고는 없고 오직 순수하게 자립적인, 아무런 구별도 지니지 않는 순수한 자기동일적 존재만이 있으니, 이제 우리는 이 순수한 존재에서 어떻게 구별이나 타자존재가 생겨나는지 물을 필요가 없다. 더욱이 그런 물음을 안고 노심초사하는 것을 두고 철학함이라고 여긴다거나 철학으로서는 그러한 물음에 답할 수 없다고는 생각할 필요가 없다. 왜냐하면 그런 물음이 던져질 때 이미 분열은 발생해 있으

---

34) 여기에는 '무한성'을 성립시키는 오성 단계까지가 헤겔 철학 특유의 '개념'의 생성을 다룬 부분에 해당한다는 점과 함께 개념이 생명의 의의를 지닌다는 점이 밝혀져 있다.

며 또한 그렇게 생겨난 구별이 자기동일자에서 비켜나온 채 그대로 이 자기동일자 곁에 꿈쩍 않고 머물러 있으니까 말이다.

이렇게 되면 자기동일자라는 것은 절대적인 존재라기보다는 오히려 이미 분열되어 있는 두 요소 가운데 하나가 된다. 따라서 분열이 빚어진 그곳에 존재하는 자기동일자가 분열되어 있다는 것(Das sich selbst Gleiche entzweit sich)은 결국 자기동일자로서 이미 분열된 상태에 있는 자기와 자기의 타자존재가 다 함께 지양된다는 것에 다름 아니다.

흔히 통일에 관하여 얘기할 때 거기에는 구별이 생겨나지 않는다고 하지만, 사실 그러한 통일은 분열의 한 요소에 지나지 않는 것, 즉 구별에 대립해 있는 추상적인 단일성에 지나지 않는 것이다. 그런데 이렇듯 추상적인 통일이 대립적인 두 요소의 한쪽을 이룬다고 한다면 이것은 이미 분열이 생겨나 있다고 얘기하는 것과 마찬가지이다. 왜냐하면 통일이 이렇듯 부정성을 지닌 대립물이라고 한다면 바로 이 통일은 대립을 자체 내에 안고 있는 대립물로 봐야만 할 것이기 때문이다.

그러므로 결국 분열과 자기동일화가 구별되는 것은 오로지 자기를 지양하는 운동(nur diese Bewegung des sich Aufhebens)이 있기 때문인 것이다. 스스로 분열을 야기하여 자기의 대립물을 낳는 처음의 자기동일자라는 것이 하나의 추상물에 지나지 않고 그 자체가 이미 분열된 존재라고 한다면, 지금 이 자기동일자에 의한 분열은 추상적인 존재를 극복하는 것으로서 분열의 가능성을 지양하는 것이 된다. 이런 점에서 자기동일화는 또한 분열이라고도 하겠으니, 결국 자기동일화되는 것은 분열과 대립해 있는 가운데 동일화되어가는 셈이다. 이렇게 되면 결국 자기동일자는 단지 한쪽 편에 자리잡은 채, 오히려 분열된 양측[35] 가운데 한쪽에 지나지 않는 것이 된다.

---

35) 「서설」에서 이미 정신이 지니는 깊은 종교적 연관성에 대해서 논의되었듯이, 여기서도 ①자기동일적인 것이 ②양분되고 난 뒤에 다시금 ③자기동일성을 회복하는 기독교의 삼위일체론과 맥을 같이한다.

이렇듯 무한하고 절대적인 동요를 이어가는 순수한 자기 운동은 그 어떤 양식으로든 간에 하여튼 '있다'로 규정된 것이면 오히려 그 규정과는 반대의 것이 된다는 사실을 드러내기에 이르렀다. 이러한 자기 운동이야말로 지금까지 의식이 쌓아온 모든 의식의 경험을 관통하는 혼으로서, 이제야 비로소 내면세계에서 그의 모습이 활짝 드러나게 되었다. 힘의 유희가 벌어지는 현상계에서도 벌써 그러한 무한성이 표출되기는 했지만 이제 '설명'의 단계에 와서 그의 모습이 제대로 드러나 있다.

마침내 이 무한성이 운동 그 자체로서 의식의 대상이 될 때 의식은 '자기의식'36)이 된다. 오성에 의한 설명이란 무엇보다도 자기의식이란 어떤 것인가를 기술하는 것이다. 오성은 법칙 속에 이미 순수한 모습으로 존재하고는 있지만 아직은 서먹서먹한 관계인 그들 사이의 구별을 지양하여 이를 힘이라는 하나의 통일체 속으로 합쳐놓는다. 하지만 이 통일은 곧바로 분열이기도 하므로 오성이 구별을 지양하여 하나의 힘을 정립한다는 것은 곧 법칙과 힘이라는, 실은 아무런 구별도 아닌 하나의 새로운 구별을 낳지 않을 수 없게 된다. 그런데 또 이 새로운 구별이라는 것도 아무런 구별도 아닌 것이므로, 힘과 법칙은 동일한 성질을 지니는 것이 되면서 구별은 다시금 지양되기에 이른다.

그러나 이러한 필연의 운동은 아직 오성의 필연성이며 운동일 뿐이어서 그 자체가 오성의 대상이 되어 있지는 않다. 말하자면 양전기나 음전기·거리·속도·인력(引力) 등 그밖에 운동의 내용을 이루는 수많은 요소는 사유하는 운동 속에서 생겨나는 대상인 것이다. 그렇다면 설명이란 자기만족을 누리기 위한 것이라고도 하겠다. 왜냐하면 의식은 그야말로 자기와 직접 대화하는 가운데 자기 자신을 마음껏 주물러대면서도 마치 어떤 다른 것을 염두에 두고 있는 듯한 모습을 띠지만 실은 오직 자기 자신만을 상대로 하고 있기 때문이다.

---

36) 여기서 헤겔이 오성으로부터 자기의식으로의 이행을 거론한 것은 오성으로서의 자아를 자연의 입법자라고 한 칸트의 견해가 그 이후 독일 관념론의 논조로 정착되었음을 보여주는 대목이다.

제1의 법칙을 역전시켜놓은 제2의 법칙이나 여기서 제시된 내적인 구별 속에서는 무한성 그 자체가 오성의 대상이 되어 있기는 하지만, 동질적인 것의 자기반발과 비동일적인 것의 상호견인이라는 구별의 진상을 두 개의 세계나 두 개의 실체적 요소에 분담시키는 오성으로써는 구별의 무한성이 의미하는 바를 제대로 포착할 수가 없다. 무한한 운동으로 경험되는 것이 오성에게는 한낱 그렇게 생기(生起)된 것으로 여겨지면서 동질적인 것과 이질적인 것은 토대의 구실을 하는 본체의 술어쯤으로 생각된다. 이렇듯 오성에는 감각적인 덮개로 씌워져 있는 대상이 방관자로서의 우리에게는 순수 개념이라는 본질적인 형태로 나타난다.

어쨌든 참다운 의미의 내적인 구별이나 무한성 그 자체를 파악하는 것은 어느 모로 보나 사태의 진상을 파악하려는 우리에게만 가능한 일이다. 결국 이 무한성의 개념을 제시하는 일은 학문이 도맡아야 할 과업일진대, 개념을 직접 눈앞에 두고 있는 의식은 여기서 다시금 독자적 형태를 띤 새로운 의식으로 등장은 하지만, 지금까지 보아온 무한성의 본질을 인식하는 데까지 이르지는 못하고 도리어 그와는 전혀 별개의 것을 눈여겨보는 데 그치고 만다.

무한성의 개념을 대상으로 하는 의식은 구별을 의식하면서도 또한 구별이 곧 다시 지양되는 것마저 의식하는 그러한 의식이다. 즉 구별이 구별이면서도 구별이 아니라는 것과 또한 구별되지 않는 것이 구별된다는 것(Unterscheiden des Ununterschiedenen), 바로 이러한 실상을 깨우치는 것이 '자기의식'이다. 나는 나를 나 자신으로부터 구별한다. 그러나 이렇게 구별되는 것이 구별된 것이 아니라는 것이 나에게 직접 깨우쳐진다. 동질자로서의 내가 나 자신에게 반발하여 구별이 생기지만 여기서 구별된 것은 그저 구별되었다는 것뿐, 그것이 나에게는 전혀 다른 어떤 것이 아니다.

어쨌건 나로부터 구별된 나라는 대상을 의식하는 것은 필연적으로 자기의식의 역할에 속하는 것으로서, 이는 자체 내로 복귀하는 가운데 자기의 타자 속에서 자기 자신을 의식하는 것이다. 자기가 아닌 다른 사물을 놓고 진리라고 했던 지금까지의 의식형태가 마침내 자기의식을 향한 필연적인 진전을 이룰 수밖에 없는 이유는 사물을 의식하는 것도 오직 자기의식에게만 가능하다는 데 기인할 뿐만 아니라 자기의식이야말로 지금까지 지탱되어 온 의식형태의 진리라는 사실에 근거한 것이기 때문이다. 그러나 이렇게 드러나는 진리는 방관자로서의 우리에게만 깨우쳐질 뿐, 의식에게는 자각되어 있지 않다. 자기의식은 이제 비로소 제자리를 차지하였을 뿐, 아직 의식 일반[37]과 통일되어 있지는 않은 것이다.

이제 우리는 현상의 내면에서 오성이 경험하는 것은 참으로 현상 그 자체이며, 그것도 더욱이 힘의 유희와 같은 그런 현상이 아니라 절대적이고 보편적인 요소의 유희이며 운동이므로, 사실로 말하면 이는 사유가 사유 자체를 경험하고 있다고나 할 그러한 사태임을 알게 되었다. 지각의 단계를 넘어서 있는 오성적 의식은 이제 현상을 매개로 하여 바로 이 현상의 배후를 투시할 수 있게끔 초감각적인 세계와 연결되기에 이르렀다.

여기서 마침내 순수한 내면세계와 이 순수한 내면세계를 투시하는 내면적 사유로서의 양극이 합일되면서 양극이 극으로서의 실상을 잃게 되는 동시에 양극과는 또다른 중간항도 소멸되어버린다. 내면세계에 씌워져 있던 장막이 걷히면서 내면적 사유가 내면세계를 투시할 수 있는 경지가 마련되었다. 구별되지 않는 동질의 것이 자기에게 반발하는 데서 서로 구별되는 두 개의 내면이 정립되고 여기에 보는 쪽과 보여지는 쪽과의 관계가 조성되지만, 이 양자가 구별되지 않는다는 것(die

---

37) 이미 뉘른베르크 시대(1809년 이후)에도 그러했듯이 여러 곳에 개진된 「의식론」에서 제1단계가 '의식 일반'(감각 · 지각 · 오성)이고, '자기의식'(욕망, 주인과 노예, 자기의식의 보편성)이 제2단계 그리고 '이성'이 제3단계를 이룬다. Hegel, *Nürnberger und Heidelberger Schriften 1808~1817*, Suhrkamp Verlag, 1970, pp.111~123 참조.

Ununterschiedenheit beider)도 분명히 자각되기에 이르렀으니, 이것이 바로 자기의식이다.

내면세계를 덮고 있는 장막의 배후에는 우리가 스스로 그것을 헤치고 들어가서 직접 눈으로 보고 또 확인하지 않는 한 그 어떤 것도 보이지 않을 것임에 틀림없다. 그러나 동시에 그 배후에 다다르기 위해서는 우리가 지금껏 더듬어온 일정한 사유의 경로를 따라나서야만 한다는 것 또한 부언의 여지가 없다. 왜냐하면 현상계와 내면세계라는 관념상의 진리를 향한 지적 탐구는 여러 의식형태에 해당하는 사념·지각 그리고 오성이 순차적으로 소멸해가는 짜임새 있는 운동을 통하여 비로소 결실이 얻어질 수 있기 때문이다. 그리하여 마침내 의식이 자기 자신을 의식하게 될 때 과연 이 의식의 내용이 어떤 것인가를 인식하기 위해서라도 앞으로 이어질 사태의 추이를 예의 주시해야 하는 것은 물론, 이 점을 분석하는 것이 앞으로의 과제이다.

자기의식

실제로 자기의식은 감각세계와 지각세계에 터전을 두고 있는 타자존재에 대한 반성을 통하여 자체 내로 복귀하는 것을 본질로 하는 것으로서, 이것이 자기의식이 행하는 운동이다.

Ⅳ 자기확신의 진리

    지금까지 의식이 확신한 바에 따르면 대상이 되는 진리는 의식과는 다른 어떤 것(etwas anderes als es selbst)이었다. 그러나 진리를 경험하는 가운데서 이러한 진리의 개념은 사라져간다. 감각적 확신이 획득하는 직접적인 존재나 지각이 알아내는 구체적인 사물 그리고 오성이 파악해내는 힘은 대상 그 자체인 것으로 받아들여졌지만, 사실은 그렇게 있는 것은 아니고 그 자체로, 즉자적으로 있다는 것도 어디까지나 그것을 파악하는 타자, 즉 의식이 있음으로 해서 비로소 그렇게 있는 것이다. 그 자체로서의 대상이라는 개념이 현실의 대상에게는 무의미한 것이 되고, 대상이 경험 속에 본래대로 나타나서 의식이 그것을 확신한다는 그런 파악양식은 더 이상 의식이 경험하는 진실을 담아낼 수 없게 된다.[1]

    그 대신에 등장하는 것이 지금까지는 성립된 일이 없는, 확신과 진리가 일치한다는 사태이다. 확신 그 자체가 바로 이 확신하는 의식의 대상이 되고 의식 그 자체가 의식에게 그대로 진리가 되는 것이다. 물론 의식 속에는 의식 이외의 것도 안겨 있어서 의식은 구별활동을 하지만, 이 구별은 동시에 의식에게 구별이라고는 할 수 없는 그러한 구별이다.

---

[1] 원문은 "die Gewiβheit ging in der Wahrheit verloren"이다. 「서론」 마지막 부분 참조.

만약 우리가 지의 운동을 '개념'이라고 하고, 반대로 지를 취급하는 정지(靜止)해 있는 통일체인 자아를 '대상'이라고 한다면 분명히 방관자인 우리에 대해서뿐만 아니라 지 그 자체에게서도 대상과 개념은 일치해 있다. 이번에는 또다른 방식으로 대상이 그 자체대로 있는 것을 '개념'이라고 하고 대상이 타자에 대해서 있는 것을 '대상'이라고 한다면 분명히 그 자체로 있는 '즉자존재'(das Ansichsein)와 타자에 대해서 있는 '대타존재'(das für ein anderes Sein)는 동일한 것이다. 왜냐하면 이때 '그 자체로 있는 것'은 의식이며, 마찬가지로 그것 자체에 맞서 있는 '타자존재'도 역시 의식이기 때문이다.

대상 그 자체로 있는 것과 타자에 대해서 있는 대상이 동일하다는 것이 의식에게 자각되면서, 이제는 자아가 자기의식이 빚어내는 관계의 내용이면서 동시에 관계 그 자체인 것이다. 자아는 자기에게 맞서 있는 타자에 대해서도 자아 그 자체이면서 동시에 바로 그와 맞서 있는 자기에게로 자리바꿈을 하지만, 이때 그 건너편에 있는 자기 역시 자아 그 자체이다.

이러한 자기의식의 출현과 때를 같이하여 우리는 진리의 본고장으로 들어선다. 여기서 우선[2] 자기의식이 어떤 형태를 띠고 나타나는가를 살펴봐야만 하겠다. 자기를 안다고 하는 지의 새로운 형태와 타자를 안다고 하는 앞서간 지의 형태를 비교해볼 때 일단 타자라는 것이 소멸되어 있음을 알 수 있는데, 그러면서도 동시에 타자 속에 깃들어 있는 요소는 그대로 보존되어 있으므로 실제로 소멸된 것은 타자가 그 자체로 존재한다는 측면뿐이다.

감각적으로 사념된 '이것'이라는 존재나 지각의 대상인 개별성과 이

---

[2] 여기서 '우선'이라고 한 것은 사물(생명 있는 것)과의 관계에서 자기의식이 일단 욕망으로 대두된다는 점을 염두에 둔 것인데, 이에 대해서 '둘째로'라고 한 것은 하나의 자기의식이 다른 자기의식과의 관계 속에서 대두되는 것을 말한다. 다시 '셋째로'라는 것은 자기의식이 주인-노예의 관계로, 그리고 '넷째로'는 정신화된 주노 관계(스토아주의-회의주의-불행한 의식)로 대두됨을 나타낸다.

에 대립되는 보편성 그리고 오성의 대상인 공허한 내면세계는 모두가 더 이상 의식의 본질을 이루는 것이 아니라 자기의식과 추상적으로 구별되는 요소로 존재하는 데 지나지 않으며, 더욱이 그 구별은 도저히 구별이라고는 할 수 없는 소멸되어버릴 무의미한 것으로 의식되어 있다. 그리하여 여기서 참으로 상실된 것이라고 한다면 대상이 의식에 대해서 단일하고 자립적인 대상으로서 존립한다는, 이전 단계에서 받아들여졌던 이해방식일 뿐이다.

그러나 실제로 자기의식은 감각세계와 지각세계에 터전을 두고 있는 타자존재에 대한 반성을 통하여 자체 내로 복귀하는 것을 본질로 하는 것으로서, 이것이 자기의식이 행하는 운동이다. 그런데 이 운동에서는 자기로부터 구별되는 것 또한 다름아닌 자기인 까닭에 여기서는 타자존재가 의식으로부터 구별된다는 것은 있을 수가 없다.[3] 즉 구별은 없다고도 할 수 있으니, 있다고 한다면 그것은 "나는 나이다"라는 아무 운동도 없는 동어반복일 뿐이라고도 하겠다.

그렇지만 구별이 존재의 형태를 띠지 않는 터에 그러한 의식을 자기의식이라고는 할 수가 없다. 이렇게 되면 의식에는 타자존재가 일단 자기와 구별되는 요소로서 존재하기는 하지만, 의식에게는 이 구별되는 요소와 자기의식의 통일 역시 두번째 요소로서 있다는 것이 된다. 첫번째 요소를 놓고 생각해보면 자기의식은 감각세계의 모든 영역을 상대로 하는 의식에 지나지 않지만, 두번째 요소에 따른다면 그의 감각세계는 동시에 자기의식의 자기통일과 관계하고 있는 것이다. 감각세계는 의식에 대해서 독자적으로 존립하는 듯이 보이지만 이는 겉보기에 지나지 않을 뿐, 의식과 세계와의 구별은 본래 그 자체로 있는 그런 구별은 아닌 것이다.

이렇게 겉으로 드러나 보이는 현상과 진리의 대립은 자기의식의 자기통일이라는 진리 없이는 성립될 수 없다. 이때 그의 진리를 자기의

---

[3] 185쪽의 주 20 참조.

본질로서 확신하고자 할 때 자기의식은 '욕망'(Begierde)이라는 모습을 띤다. 이렇게 의식이 자기의식으로 부상(浮上)하면서 그의 앞에는 두 개의 대상이 나타난다. 하나는 직접적인 감각적 확신이나 지각의 대상으로서, 이는 자기의식에게는 '부정되어야 하는 것'이라는 성격을 지니는 것으로 의식되는가 하면 또 하나의 두번째 대상은 자기 자신으로서, 일단 이것은 첫번째 대상과 대립되는 존재에 지나지 않지만 이것이야말로 참다운 본질적 존재이다. 이런 양상 속에서 전개되는 자기의식의 운동은 앞에서의 대립이 극복되어 의식의 자기통일이 성립되어가는 그러한 운동이다.

자기의식에서 부정되어야 하는 것으로 나타나는 대상은 사태의 진상을 파악하는 우리에게는 역시 그 나름대로 의식과 마찬가지로 자체 내로 복귀해 있다.[4] 바로 이 자체 내로의 복귀를 통하여 대상은 '생명'(Leben)이 되는 것이다. 자기의식이 존재하는 가운데 자기로부터 구별하는 것은 그것이 존재하는 것으로 정립되는 한에서 한낱 감각적 확신이나 지각의 대상이라는 데 그치지 않는, 자체 내로 복귀한 존재이기도 하므로 결국 직접적인[5] 욕망의 대상이 되는 것은 '생명이 있는 것'임에 틀림이 없다. 오성과 사물의 내면과의 관계의 결과로 생겨난 본체로서의 보편자[6]는 구별되지 않는 것의 구별, 다시 말하면 구별된 것의 통일이다. 하지만 이 통일은 이미 보았듯이 스스로 자기반발을 하는바, 이렇게 해서 생겨난 개념의 분열이 자기의식과 생명과의 대립을 야기하는 것이다.

---

4) '이중의 반성, 복귀'(die gedoppelte Reflexion)라는 사상을 나타낸 것이다. 즉 스토아주의적인 자기의식에서는 자기 이외의 것도, 그렇다고 또 자아 이외의 순수한 추상체도 본질은 아닌 까닭에 이 자기의식은 자기 이외의 자연적인 존재에 대해 무관심한 동시에 이 존재마저도 자유로이 방면함으로써 이중의 복귀를 행하는 것이 된다.
5) '직접적'이라고 한 이유는 두 자기의식의 상호관계가 성립되고 난 뒤에도 욕망은 수시로 출현하기 때문이다.
6) '보편자'란 오성 단계의 결론으로 도출된 '무한성'을 말한다.

이때 대립의 한쪽 극을 이루는 자기의식은 온갖 구별이 무한의 운동 속에서 통일되는 것을 자각하는 통일체인 데 반해, 다른 쪽 극을 이루는 생명은 다만 통일체라는 데 그칠 뿐 이 통일을 자각하는 데는 이르지 못하고 있다. 그러나 의식이 자립적인 만큼, 이에 맞먹는 정도로 그의 대상도 본래는 자립적이다. 그리하여 오직 자각을 앞세워 막무가내로 부정되어야만 한다는 성격에 따라서 대상을 송두리째 지배하려 하는 욕망으로서의 자기의식은 이로 인해 오히려 대상의 자립성을 체득하기에 이른다.

생명에 대한 규정과 관련해서는 자기의식의 영역에 들어서기까지 의식이 경험해온 보편적인 결과만으로도 그 특징이 충분히 밝혀져왔으므로 더 이상 그 본성에 대한 상세한 논술은 필요하지 않으니, 이제 그 대의만 요약해보기로 한다. 생명의 본질은 일체의 구별을 지양해나가는 무한의 순수한 회전운동[7]으로서, 정지해 있는 가운데서도 변화무쌍하게 이어져가는 무한의 운동이다. 말하자면 온갖 운동이 해소된 가운데 하나의 자립적인 존재로 응어리져 있는 것이 생명이다. 이것은 시간이라는 자기동일성 속에 안겨 있는 단일한 본질적 존재로서 확고한 형태를 띠고 공간 내에 자리하고 있다.

생명이라는 이 단일한 공통의 매체에는 또한 갖가지 요소의 구별이 상존(尙存)해 있으니 모든 것을 유동화하는 생명은 바로 그러한 구별을 지양하는 운동 속에서 비로소 부정의 힘을 발휘한다. 그러나 구별을 지양하려고 할진대, 그 구별되는 요소는 저마다가 자립적인 존재여야만 한다. 그리하여 생명이 자기동일적인 자립성을 안고 유동화하는 것이야말로 구별된 요소의 독자적인 존립도 보장하면서 생명의 흐름 속에서 각 요소마다가 별도의 기관이나 독립된 부분으로서 존재하게 하는 기반이 된다.

따라서 생명이 '있다'는 것은 결코 뭔가가 추상적으로 있다는 것이

---

[7] 원어로는 'ihr Kreis'(원환)이다.

아니며 또한 생명의 순수한 본질은 추상적 보편성을 띤 그런 것도 아니다. 생명이 있다는 것은 바로 순수한 운동을 행하는 단일하고 유동적인 실체가 자기 자체 내에서 꿈틀거리는 것이다. 이렇게 볼 때 기관(器官) 상호간의 차이라는 것은 무한한 순수운동을 이어나가는 요소들 사이의 차이 이외에 다른 것이 아니다.

독립된 기관은 저마다 뿔뿔이 존재한다. 그러나 저마다 따로 존재한다 하더라도 이들은 모두가 내부적으로 직접 통일되어 있으며, 또한 반대로 하나의 생명은 갖가지 자립적인 형태로 분열되어 있다. 통일체가 절대적 부정성을 안고 무한의 운동을 하는 이상, 분열은 필지(必至)의 것이다. 그러면서도 통일은 확고히 존립해 있는 까닭에 구별된 부분도 그에 힘입어 자립적으로 존재할 수 있는 것이다.

이렇듯 분열을 거쳐서 생겨난 자립적인 형태는 타자와 대립하는 특정한 존재로 나타나므로 이런 한에서는 분열의 극복도 타자와의 관계 속에서 생겨난다고 해야 하겠지만, 그러면서도 또한 분열의 극복은 통일에 힘입은 것이 된다. 왜냐하면 앞에서 본 생명의 유동성이야말로 자립적인 형태를 받쳐주는 토대를 이루는 가운데 결국 이 토대가 무한한 운동을 펴나가면서 온갖 형태는 스스로 존립하면서 분열을 자아내기도 하고 또 자립성을 지양하기도 하기 때문이다.

지금 논의되고 있는 요소를 자세히 살펴보면 첫번째 요소로서 자립적인 형태가 스스로 존립하는 단계, 다시 말하면 상호분리된 구별[8]만이 있을 뿐 자체적으로 존립할 수 있는 아무런 바탕도 마련되어 있지 않은 상태를 억제하는 단계를 들 수 있다. 두번째 요소로 들 수 있는 것은 그런 자립적인 상태를 제압하여 구별의 무한성(die Unendlichkeit des Unterschiedes)이 전개되는 단계이다.

---

8) 이른바 인과법칙의 경우, 근저에는 통일적인 힘이 뒷받침되어 있지만 이 통일 자체에 각기 독립적인 구별 항이 본래의 내적인 구별로서 갖추어져 있음을 뜻한다. 원어는 das Unterscheiden an sich(자체적·본래적 구별)로서, 무한성이라는 의미가 있다. 185쪽의 주 20 참조.

첫번째 단계를 이루는 자존적인 형태는 일정한 성질을 띠고 무한운동을 하는 자립적인 생명체로서, 보편적인 생명의 힘과는 대립되는 것으로 등장하여 생명계의 물결을 타면서도 이것과의 일체화를 거부하여 그 속에 용해되어 스스로를 소실함이 없이 오히려 무기적인 자연에서 이탈한 채 이로부터 영양소를 흡수함으로써 자기보존을 꾀한다. 만물이 유동하는 한복판에서 생명이 갖가지 형태를 평온하게 병존시키는 가운데 바야흐로 생명의 힘 그 자체에 따라 형태의 운동이 야기되는바, 여기에 과정으로서의 생명이 움터나온다.

생명의 힘이 가닿는 곳이면 어디에나 나타나는 단순한 유동성이 생명의 본연의 모습인데, 이와는 달리 갖가지 형태로 구별되는 상태는 그와는 별개의 모습을 띤다. 그러나 이 유동성이라는 것도 형태가 구별되는 상태를 기준으로 하여 본다면 그와는 또다른 모습을 띤다고 하겠다. 유동성과 대립되는 형태로 구별이 이루어지는 모습은 전체에 대립하는 개체의 절대적 생명력에서 비롯된 무한의 운동을 행하는 가운데 정지해 있는 보편적 매체를 영양분으로 하는 생동하는 개체적 생명으로 나타나기 때문이다.

그러나 본래의 모습과 이것이 한 차례 전도되고 난 뒤의 모습은 여기서도 또 한 번 사태의 자기전도를 초래함으로써 오히려 영양분으로 제공되는 쪽이 생명의 본질을 이룬다고 할 수도 있다. 폭넓게 펼쳐져 있는 생명계에서 영양소를 섭취해 자기를 보존하며 자기와의 일체감을 만끽하는 개체는 이 행위에 의해서 자기의 독자적 존립근거가 되는 타자와의 대립을 극복한다. 그야말로 개체에 의한 자기통일의 자각이 오히려 타자와의 구별을 유동화하여 형태의 전면적 해체(die allgemeine Auflösung)를 가져오는 것이다.

또한 반대로 개체적인 존립을 지양하는 것이 그의 자존적 상태를 재산출하는 것이기도 하다.[9] 왜냐하면 개체적 형태의 본질인 보편적인 생명계와 자립적인 생명체는 본래 단일한 실체이므로 자립적 생명체가 자기와는 별개의 것을 자체 내로 받아들일 경우에는 이 단일체의 본질이 와해되어 스스로 분열을 일으키게 마련이지만, 이렇듯 무차별적인 유동상태로의 분열이야말로 개체를 형성하는 것이기 때문이다.

결국 단일한 생명의 실체는 분열되어 온갖 형태를 자아내면서 동시에 자기에게 안겨 있는 구별을 해소해나간다. 그런데 또 이러한 분열의 해소는 새삼 분열과 분화를 초래하게 마련이다. 전체적인 운동 속에서 구별되는 두 개의 측면, 즉 자립적인 보편적 매체 속에 평온하게 공존하는 형태와 생명의 과정이 서로 맞물리면서 이 생명의 과정은 형태를 이루는 것 못지않게 형태를 허물어버리는 가운데, 형태화한 것이 허물어졌다가는 또다시 구축되기에 이른다. 그런데 유동적인 요소라는 것은 다만 생명의 본질을 추상화한 것으로서, 생명은 오직 형태를 띰으로써만 비로소 현실적인 생명이 된다. 또한 그것이 부분으로 나뉜다는 것은 부분이 다시금 분열되어 이것이 해체된다는 것과 같다.

이렇듯 완벽한 순환과정(Dieser ganze Kreislauf)을 이루는 것이 생명을 이룬다고 한다면 애초부터 있던 대로의 생명계의 전체가 한치도 어긋남이 없는 연면(連綿)한 상태를 이루거나 각기 독자적인 형태가 뿔뿔이 흩어진 상태를 이루는 것을 생명 그 자체로 간주할 수는 없다. 그뿐 아니라 형태의 순수한 운동과정이나 거기에 나타난 요소의 단순히 취합된 상태를 놓고 생명으로 간주할 수도 없으니, 그야말로 생명이란 외부로 전개되면서 이렇게 전개된 것을 쉴새없이 해체해나가면서 오직 이 운동 속에서 단순히 자기를 보존하는 전체인 것이다.

본래대로의 단초적인 생명의 통일에서 출발하여 갖가지 형태와 과정을 거쳐 마침내 이 형태와 과정의 통일로 향함으로써 끝내 생명이 움트는 최초의 단순한 실체로 복귀하는 것이 생명의 운동이라고 할 때, 이

---

9) 자기통일에 대한 개체적인 자각이 첫째로 개체가 지니는 타자와의 구별 또는 경계를 허물고 둘째로는 자타(自他) 모두의 형태 자체를 아예 해체하고 소멸시켜버린다고 한 것은 "자성(自性)이 없는 것이 자성이다"라고 한 『반야경전』의 유연한 사상적 면모를 떠올리게 한다.

렇듯 자체 내로 복귀한 통일은 최초의 직접적인 통일과는 양태를 달리한다. 애초의 직접적인 통일을 존재하는 통일체라고 할 수 있다면 생명의 운동을 이어온 모든 요소를 내포하는 두번째의 통일은 한낱 존재하는 차원을 넘어선 보편적인 통일이다. 이 보편적인 통일은 단일한 유(類)를 이루되 생명의 운동 속에서는 유독 그것만이 단일한 생명체로서 존재하지는 않는다. 오히려 운동과 자기복귀의 결과로 나타나는 생명은 이제 생명과는 다른 유로서의 통일체임을 자각하는 의식의 입지를 마련하게 된다.

생명의 자기 내적 활력에 의한 유 그 자체의 존재를 자각하면서 스스로가 유로서의 모습을 드러내는 또 하나의 생명인 자기의식은 일단은 전적으로 단일한 본질을 지닌 순수한 자아로서의 자기를 대상으로 한다. 이제부터 다루게 될 자기의식의 경험 속에서 이 추상적인 대상은 우리가 바로 생명 부분에서 본 바와 같은 풍요로운 내용을 전개해나가게 될 것이다.

먼저 단일한 자아를 유로서의 단순한 보편적 존재라고 하겠는데, 어디까지나 형태화한 자립적인 요소를 부정하는 존재라는 점에서 이 자아는 자기와 구별되는 어떤 형태의 존재도 인정하려고 하지 않는다. 그리하여 단일한 자아, 즉 자기의식은 자립적인 생명으로 나타나는 타자를 무화(無化)함으로써 비로소 자기의 존재를 확신하는데, 이것이 '욕망'의 활동이다. 타자를 무화시킬 수 있다는 확신 아래 자기의식은 무화되는 것이 타자의 진실한 모습이라고 여김으로써 자립적인 대상을 무화시키는 것이 곧 자기의 확신이 객관적으로도 입증된 참다운 확신이라고 여긴다.

그러나 이와 같은 욕망의 충족 속에서 자기의식은 자기의 대상이 자립성을 띠고 있다는 경험을 하게 된다. 물론 욕망과 그의 충족을 통해서 얻어지는 자기확신은 어디까지나 대상을 지양함으로써만 성립되는 것이므로 이러한 지양이 행해지기 위해서는 먼저 자기 이외의 타자를 전제할 수밖에 없으니, 이로써 자기확신은 대상에 제약될 수밖에 없는 것이 된다. 따라서 자기의식은 대상에 대한 부정적인 관계 속에서도 대상을 소멸시킬 수는 없고, 오히려 그보다도 욕망을 재생산하는 동시에 대상도 재생산하기에 이른다.

이렇게 되면 사실상 욕망의 본질은 자기의식이 아닌 타자에게 안겨지는바, 이러한 경험을 통하여 자기의식에게 욕망의 진상이 밝혀진다. 그러면서도 동시에 자기의식은 절대적인 독자성을 지닌 존재로서 이를 실현하는 데는 오직 대상을 소멸시킬 수밖에 없고 이런 바탕 위에서 참다운 충족이 안겨지지 않으면 안 된다. 결국 자립적인 대상과 겨루면서 충족을 얻으려고 한다면 대상 스스로가 부정을 자청[10]하는 그런 관계를 형성할 수밖에는 없다. 즉 대상 자체가 본원적으로 부정성을 띤 것으로서 자기부정을 행하며 타자에 대해서 제 모습을 드러내 보이는 것이어야만 한다.

그런데 이렇듯 대상이 스스로 부정작용을 하는 가운데서도 동시에 자립적이라고 한다면 이는 다름아닌 의식이다. 욕망의 대상인 생명의 경우에는 부정의 작용은 어떤 타자, 즉 욕망에서 행해지거나 아니면 그 어떤 형태이거나 상관 없는 그런 힘을 부정하여 일정한 모습을 띠기도 하고 무기적인 자연의 요소를 발동시키거나 하는 데서 나타날 수밖에 없다. 그러나 보편적이며 자립적인 자연에서 절대적 부정[11]의 힘을 행사하는 것이라면 생명을 초탈한 유 그 자체, 즉 자기의식으로서의 유일 수밖에 없다. 그리하여 자기의식은 오직 다른 자기의식 속에서만 스스로 만족에 도달할 수 있는 것이다.[12]

다음과 같은 세 개의 요소 속에서 자기의식의 개념은 비로소 그의 전

---

10) 스스로 자기부정을 떠맡아 이를 실행에 옮기는 대상이란 바로 이 자기의식 자체가 되는데, 이때 자기의식은 동시에 자립적이기도 하다.
11) '절대적'이라는 것은 비유기적인 보편적 자연, 즉 자연환경을 나타내는 것이면서 동시에 독특한 의미에서 '무한성'을 나타내기도 하다.
12) '자아 대 비아'의 관계에만 고착된 나머지 비아(Nicht-Ich)가 아닌 '타아'(anderes Ich)에 의한 적극적인 인정행위의 측면을 간과한 피히테 철학을 염두에 두고 펼친 반론이다.

모를 드러낸다. ①자기의식의 최초의 직접적인 대상은 전혀 구별되지 않은 순수한 자아이다. ②그러나 이 직접적인 존재는 절대적 매개를 거친 것으로서 자립적인 대상을 지양함으로써만 성립된다는 점에서 이 직접적인 존재는 욕망이다. 이 욕망의 충족을 통하여 자기의식은 자체 내로 복귀하는 가운데 자기확신은 진리로 고양된다. ③ 그러나 이 확신이 다다른 진리란 다름아닌 이중의 반성, 즉 두 개의 자기의식(die Verdopplung des Selbstbewuβtseins)이 각기 저마다 반성한다는 데 있다.[13]

여기서 의식의 대상이 되는 것은 자기로 있으면서 자기의 타자존재를 떠안은 채 자타의 구별에 사로잡히는 일 없이 자립해 있는 그러한 존재이다. 단지 살아 있는 데 지나지 않은 온갖 생명체는 생명의 전개 과정 속에서 스스로의 자립성을 상실하고 형태상의 구별이 스러져버리는 것과 함께 생물로서의 존재성을 잃게 되지만 이와는 달리 자기의식이 대상으로 하는 것은 자기를 부정하면서도 여전히 자립성을 지키는 그러한 존재이다. 이로써 자기의식은 스스로가 유임을 자각하여 자기의 고유한 특성을 확보하는 가운데 생명계 전체의 유동성을 몸소 떠안게 되는바, 이것이 살아 있는 자기의식이다.

자기의식은 또 하나의 자기의식과 대치해 있다. 이것이야말로 자기의식의 실태라고 하겠으니, 이제야 비로소 자기의식은 스스로가 타자화되는 가운데서의 자기통일이 성립되는 것을 알아차릴 수 있게 된

---

[13] 헤겔 사상 전반에 걸쳐서 이중의 반성(gedoppelte Reflexion), 중복된 자기의식 (Verdoppelung des Selbstbewuβtseins) 등등으로 표현되는, 그의 특유한 변증법적 사유의 본질과 형식을 나타내는 구절은 그의 다른 어떤 저서에서보다 바로 이 『정신현상학』 전편에 걸친 수많은 곳에 등장하고 있다. 이중성문제가 함축하는바 그 의미의 핵심요소는 어디에 있는지 살펴보는 데 일조할 것으로 생각되어 다양한 헤겔 연구문헌 가운데 특히 이 점을 강조해놓은 졸저 『헤겔의 노동의 개념-『정신현상학』 해설 시론』(지식산업사, 1990; *Der Begriff der Arbeit bei Hegel-Versuch einer Interpretation der Phänomenologie des Geistes*, Bonn, 1963, 1966)의 147 · 272 · 278 · 282 · 286쪽을 참조할 것을 권한다.

다. 자기의식의 본래의 대상인 자아는 사실은 대상은 아니다.[14] 욕망의 대상으로 말한다면 절멸 불가능한 보편적인 실체로서 유동적인 자기동일성을 지닌 존재이므로 자립적인 대상이라고 할 수는 있다. 그러나 자기의식이 대상이 될 경우 이는 대상이면서 또한 자아이기도 한 것이다.

여기에 이미 '정신'의 개념이 떠오르고 있다. 이제부터 전개되는 의식의 경험은 세계의 절대적 실체인 정신이란 어떤 것인가를 밝혀주게 될 것이다. 그것은 독자적으로 존재하는 각기 상이한 자기의식이 완전한 자유와 자립성을 지니고 대립해 있으면서도 여기에 통일이 형성되어 있다는 데 대한 경험이며, '나'가 '우리'이고 '우리'가 '나'(Ich, das Wir, und Wir, das Ich)라고 하는 그러한 경험이다. 의식은 정신의 개념과 더불어 대두되어 있는 자기의식에 이르러서 일대 전환을 맞이한다. 즉 현란하게 펼쳐지는 감각적 차안과 공허한 암야에 잠겨 있는 초감각적 피안이라는 이원적인 세계를 벗어나 대낮 속에 모습을 드러낸 정신의 현재로 발돋움하는 것이다.

1. 자기의식의 자립성과 비자립성: 지배와 예속

자기의식은 또 하나의 자기의식에 대하여 융통자재(融通自在)하는 가운데 바로 이를 통하여 상생상승(相生相勝)한다. 즉 자기의식이란 오직 인정된 것(ein Anerkanntes)으로서만 존재할 뿐이다. 이중화한 의식이 통일된다는, 자기의식 속에 실현되어 있는 무한성[15]의 개념은 다면적이고 다의적으로 착종되어 있어서 거기에 포함되어 있는 요소를 정확하게 식별하여 구별된 가운데서도 동시에 구별되지 않는 것, 또는

---

14) 원어는 der Gegenstand seines Begriffs로, 직역하면 '자기의식의 개념의 대상'인데 여기서는 Begriff를 '본질적·본래적'이라는 의미로 풀어서 사용하였다.
15) 이 '무한성'은 제3장의 '오성'이 다다른 결론이다.

구별된 것과는 정반대되는 의미를 잡아내서 인식하지 않으면 안 된다. 이때 구별된 것이 이중의 의미를 지니는 것은 자기의식의 본질에서 비롯된 것이니, 즉 자기의식이란 스스로 무한한 운동을 펴나가는 가운데 일단 정립되고 난 성질과 정반대의 것으로 즉각 전화(轉化)한다. 이렇듯 이중화한 자기의식의 정신적 통일이란 어떤 것인가를 나타내주는 것이 '인정'의 운동이다.

자기의식에 또 하나의 자기의식이 대치될 때 자기의식은 자기의 밖에 벗어나 있다. 여기에는 이중의 의미가 있는데, 하나는 자기의식이 자기를 상실하여 타자를 두고 자기라고 생각한다는 의미이고, 다른 하나는 타자를 참다운 자기로 보는 것이 아니라 타자 속에서 자기 자신을 본다는 식으로 타자를 지양한다는 의미이다.

이제 자기의식은 자기를 타자로 보는 그런 일은 지양해야만 한다. 이는 지금 얘기된 이중의 의미를 지양하는 것이 되지만, 이렇게 되면서 여기에는 또다른 이중의 의미가 발생한다. 하나는 자기의식이 자기 이외의 다른 자립적 존재를 지양하고 이로써 자기야말로 본질적인 존재라는 것을 확신하도록 노력해야만 한다는 의미이며, 다른 하나는 이 타자는 바로 자기 자신이므로 이제는 자기 자신을 지양하도록 노력하지 않으면 안 된다는 의미이다.

결국 이중의 의미를 지닌 타자의, 이중적인 의미에서의 지양은 동시에 이중의 의미에서 자체 내로의 복귀(eine doppelsinnige Rückkehr in sich)이다. 왜냐하면 첫째로 자기가 타자라고 하는 상태를 벗어나 자기와 일체화된 자기의식은 자기를 되돌려왔기 때문이며, 둘째로 자기의식은 타자 속에 있던 자기의 존재를 지양하는 방식으로 타자를 완전히 방임함으로써 여기에 다시금 또 하나의 자기의식이 이쪽 편에 대치하는 것이 되기 때문이다.

자기의식과 다른 자기의식과의 관계에서 생겨나는 이러한 운동이 여기서는 한쪽 편의 행위로만 표상되어 있지만, 한쪽의 행위라는 것은 이미 한쪽 당사자의 행위인 동시에 또한 다른 쪽에서의 행위이기도 하다는 이중의 의미를 지닌다. 왜냐하면 타자도 역시 자립적인 완연한 존재이므로, 그 자신 속에 있는 것은 모두가 그 스스로의 힘으로 이루어내는 것이기 때문이다. 따라서 최초의 자기의식도 단지 욕망의 대상에 지나지 않는 그러한 생명체를 눈앞에 두고 있는 것이 아니라 독립자존하는 생명체를 상대로 하고 있으므로 무엇을 하려 하건 간에 상대 쪽에서도 자기가 그에게 행하는 것과 동일한 것을 해주지 않으면 아무것도 실현될 수가 없다.

따라서 운동은 어김없이 두 개의 자기의식이 행하는 이중의 운동으로서, 양쪽 모두가 상대방이 자기와 동일한 것을 행하는 것을 보고 있는 것이 된다.[16] 양쪽 모두가 자기가 상대방에게 요구하는 것을 스스로 행하고 상대방이 그와 동일한 것을 행하는 한에서만 자기도 또한 동일한 것을 행하게 되므로 한쪽에서만의 행위로는 아무런 소용이 없고, 정말로 실현되어야 하는 것은 오직 쌍방의 행위를 통하여 비로소 가능해지는 것이다.

행위는 일차적으로 자기에 대한 행위인 것 못지않게 타자에 대한 행위라는 점에서 이중의 의미를 지닐 뿐 아니라 서로가 불가분 한쪽의 행위인 것 못지않게 또한 다른 쪽의 행위라는 점에서도 이중의 의미를 지닌다.

이러한 운동 속에서 우리는 일찍이 힘의 유희로 표현되던 과정이 되풀이되는 것을 보게 되는데, 다만 여기서는 그것이 의식 내부에서 행해지고 있다. 힘의 유희에서는 방관자인 우리에게만 보여졌던 것을 여기서는 양극에 위치한 두 개의 자기의식이 바라보고 있다. 이 양쪽 중심[17]에 있는 것도 자기의식으로서, 이것이 양극으로 분열되면서 두 개

---

16) 청대(淸代)의 대진(戴震)이 상인우(相仁偶)라는 상관적인 인관(仁觀)을 제시하여 인간 대 인간, 즉 자타간의 관계에서 나타나는 정(情)이나 욕(欲)의 문제를 슬기롭게 조정하고 조화하는 데서 생생(生生)하는 기(氣)의 근본성을 강조한 것 역시 헤겔이 여기서 강조하는 중간 위치에서의 매개를 통한 자타간의 화합과, 다시 이 화합 속에서 오히려 각자마다의 독자성을 확보할 수 있다고 한 변증법적인 통찰에 견주어볼 만한 의미있는 대목이다.

의 극이 서로의 역할을 교환해가며 저마다 반대의 역할로 무한히 이행한다.

물론 이것은 의식의 운동인 이상 자기의 밖으로 벗어날 수밖에 없지만, 이렇게 자기의 밖으로 나가는 것이 동시에 자체 내로 되돌아와 자기를 고수하는 것이어서 결국 자기가 자기의 밖으로 벗어나 있다는 것이 명확히 의식되어 있다. 자기가 직접 타자의 의식이면서 또한 타자의 의식은 아니라는 것이 자각되어 있다. 그런가 하면 또 타자가 독자적 존재가 되는 데서도 스스로 독자적 존재임을 포기하여 타자의 독자성 속에서 스스로를 자각하는 상태가 이루어져야만 한다.

---

17) 원어로 Mitte는 본래 중앙·중간·중심, 더 나아가 중용(中庸)이라는 뜻을 갖는 낱말인데, 형식논리학의 3단논법적 추론에서는 소전제와 대전제를 결합·매개하는 중간항으로서 매사(媒辭) 또는 매개념의 뜻을 지닌다. 그러나 헤겔에서는 추론 역시 논리적이라는 것 그 자체와 마찬가지로 인간의 한낱 주관적인 사유활동에 그치는 것이 아니라 주관-객관을 관통하는 이성적인 구조형식을 지닌 것으로서, 그 중간항은 개별과 보편 양자를 연결하고 관계시키는 실제적인 매개활동 그 자체이다. 이를테면 지구를 비롯한 수많은 혹성이 지축을 중심으로 자전하면서 자기의 중심을 자기 안에 두고 있는 상대적 중심의 경우와는 달리 여기서 중심 Mitte는 태양을 중심으로 공전하는, 즉 태양을 자기의 중심으로 하는 절대적 중심 위치를 차지하는 의미로 볼 수 있다. 이는 생명의 일체화된 창조적 힘이 약동하는 근원이라고도 하겠다. 중국 명대(明代)의 왕수인(王守仁)이 주자학적 수양(修養)에 의한 심(心)의 본체적 현현에 좌절한 나머지 일종의 신비적 체험을 통하여 인간의 심에는 올바른 이(理)의 판단력(良知)이 항상 존재, 기능하고 있고 그런 판단에 따라 만사에 이를 실현함으로써 인간은 성인이 될 수 있다는 확신을 얻게 되었음은 잘 알려진 대로이다. 여기서 더 나아가 그는 이 심이야말로 태양 중심으로서의 절대적 중심인 우주에 넘쳐흐르는 생생함(천지의 심)과 더불어 천지 만물을 성립시키는, 즉 생생함을 안고 있는 중심점이라는 데 대한 강렬한 체험적 자각 속에서 천지 만물에 대한 일체적 공을 불러일으키는 본질이라는 점을 특히 강조하였다. 이러한 만물일체의 인(仁)과 동일한 방향에서 주희와 동시대의 인물 육구연도 이가 충일하는 우주 전체는 자기의 심과 일체화하고, 더욱이 이는 시공을 넘어서 만인의 심과 동일하다는 데 대한 직접적인 체험에 기초하여 우주의 이와 일체화된 활발하게 발동하는 본심, 심즉리(心卽理)를 직관적으로 파악하고 함양할 것을 주장하였다. 『中國思想文化事典』, 溝口雄三 외 편, 東京大學出版會, 2001 참조. 이상 서술된 '중심'의 개념과 관련하여 219쪽의 주 13과 함께 『헤겔의 노동의 개념』 13·28·43·59·88·169·175·228·236쪽 참조.

각자마다가 상대방에 대하여 중간 위치를 차지하고, 이렇듯 중간항을 이루는 상호적인 타자를 매개로 하여 각기 저마다가 자기와의 매개 아래 자기와 합일된다. 결국 각자마다가 자기와 타자에 대하여 직접 독자적인 위치에 있는 존재로 나타나긴 하지만 이러한 독자성은 동시에 타자를 매개로 하여 비로소 얻어진다. 두 개의 자기의식은 교호적인 인정상태에 있는 의식으로서, 서로가 서로를 인정하고 있는 것이다.

두 개의, 이중화한 자기의식이 통일을 이룬다는 것이 인정의 순수한 개념으로서, 이제 이 인정의 과정이 자기의식에 어떻게 나타나는가를 고찰해야만 하겠다. 우선 처음에 나타나는 것은 두 개의 자기의식이 서로 부등한 위치에 있는 경우인데, 여기서는 매개체로서의 중간항이 양극으로 갈라져 대립하는 가운데 한쪽은 인정될 뿐이고 다른 한쪽은 인정하기만 하는 관계가 이루어진다.

자기의식은 우선 단일한 독자존재로서, 일체의 타자를 배제하는 자기동일성을 지닌다. 이때 자기의식의 본질이며 절대적 대상이 되는 것은 '자아'로서, 자기의식은 직접 이 '자아'와 어우러진 가운데 '자아'라는 독자적인 개별자로서 존재한다. 이 개별자는 타자와 맞서 있는데, 이때 타자는 부정되어야 하는 것으로 성격지어진 비본질적인 대상이다. 그러나 이 타자 역시 자기의식인 까닭에 여기에는 개인과 개인의 대립이 형성된다.

그러나 갓 출현했을 때의 이들 개인은 서로가 흔히 마주치는 대상일 뿐이어서, 비록 독립된 형태를 띠었다고는 하지만 그의 의식은 생명이라는 존재——여기서는 생명이 대상과 같은 존재이다——속에 매몰되어 있다. 따라서 이 두 개의 의식은 서로가 직접적인 자기존재를 송두리째 말소해 자기동일적 의식을 지닌 순수한 부정적 존재로서 감당해야 할 절대적인 추상화운동을 수행하는 데에는 아직 이르지 못하고 있어서, 서로가 순수한 독자존재 또는 자기의식으로 대치하고 있지는 않다.

결국 이들은 저마다 자기존재를 확신하고는 있으면서도 타자의 존재를 확신하고 있지는 않으므로, 아직 스스로에 대한 자기확신이 진리가 되어 있다고 할 수는 없다. 진리일 수 있기 위해서는 자기만의 독자존재가 자신에게 자립적인 대상으로서, 다시 말하면 대상이 순수한 자기확신으로서 나타나야만 하기 때문이다. 그러나 이러한 사태가 인정 개념을 뒷받침할 수 있게 되기 위해서는 타자가 자기에 대해서 있는 것과 마찬가지로 자기도 타자에 대해서 있고, 또 각기 서로가 자기 자신의 행위와 마찬가지로 타자의 행위를 통해서도 저마다 독자존재일 수 있는 순수한 추상화운동(diese reine Abstraktion des Fürsichseins)을 펼쳐나가야만 한다.

그런데 자기의식의 순수한 추상운동으로서 상호간의 행위가 나타날 때, 이들은 각기 자기의 대상적인 양식을 순수하게 부정할 수 있다는 것, 다시 말하면 어떤 특정한 것에 집착하지도 않고 일반적인 개별 사안이나 심지어 생명에도 집착하지 않을 수 있다는 것을 보여주어야만 한다. 이는 이중의 행위[18]로서, 즉 타자의 행위이면서 동시에 자기의 행위이기도 하다. 그것이 타자의 행위인 한은 각자가 서로 타자의 죽음을 겨냥한 행위를 하는 것이다. 그러나 여기에는 둘째로 또한 자기의 행위도 포함되어 있으니, 타인을 죽음으로 내모는 것은 곧 자기의 생명을 거는 것이기도 하기 때문이다. 따라서 두 개의 자기의식의 관계는

---

18) 이 이중성, 이중의 행위와 관련하여 언급해둘 것은 신라의 고승이며 한국사상사의 독보적인 존재인 원효 선사의 경우 '부정과 긍정의 이중인화(二重印畵)' 또는 '이중회기'(二重會期, la double Séance)의 본질적인 의미를 올바르게 통찰함으로써 결국은 '진속무이이불수일'(眞俗無二而不守一)에 의한 변증법적 지양과 통일로의 해석 가능성을 보여주었다는 탁월한 철학적 업적을 되새겨봐야만 하겠다. 그런데 이러한 이중적 사고의 본성을 놓고 데리다(J. Derrida)의 이른바 '연좌의 법' '연루의 법' 또는 '부정과 긍정의 교차배어법(交叉配語法, le chaisme)'을 한 마디로 '불가사의'하다고 보고 '이언절어'(離言絶語)하는 관점에서만 보아버릴 수 있는 것인지, 각기 동서양 철학에서 나타난 변증법적 논리의 구조와 본질에 대한 비교연구자의 입장에서는 이 점을 좀더 깊이 있게 새로이 고구해야 할 필요가 있다고 하겠다. 이 점에 대해서는 김형효(金炯孝) 외 저, 『원효의 사상과 그 현대적 의미』 가운데 「텍스트 이론과 원효 사상의 논리적 독법(讀法)」, 한국정신문화연구원, 1994, 3~124쪽과 이 책 219쪽의 주 13 참조.

생사를 건 투쟁을 통해 각자마다 서로의 존재를 실증하는 것으로 규정된다.

쌍방이 이러한 투쟁에 뛰어들 수밖에 없는 이유는 자기가 독자적인 존재라고 하는 자기확신을 쌍방 모두가 진리로까지 고양시켜야만 하기 때문이다. 말하자면 자유를 확증하는 데는 오직 생명을 걸고 나서는 길만이 있을 수 있으니, 자기의식에게는 단지 주어진 대로의 삶을 살아가는 것 그리고 삶의 나날 속에서 덧없는 세월을 보내는 것이 본질적인 것이 아니라, 무상함을 되씹으며 살아갈 수밖에 없는 처지에서도 결코 놓칠 수 없는 순수한 독자성(reines Fürsichsein)을 확보하는 것이 본질적이라는 것마저도 생명을 걸고 나서지 않고서는 확증될 수가 없게 되어 있는 것이다. 물론 생명을 걸고 나서야 할 처지에 있어보지 않은 개인도 인격으로서 인정될 수 없는 것은 아니지만, 그러한 개인은 자립적인 자기의식으로 인정받는 참다운 인정상태에는 이르지 못하고 있다.

이때 각자는 자기의 생명을 내걸 뿐만 아니라 타인을 죽음으로 내몰아야만 한다. 타인은 추호도 자기 이상으로 가치 있는 것이 아니며 그의 본질을 자기 안에 지니지 않고 자기의 밖으로 벗어나 있으니, 밖으로 벗어나 있는 존재는 지양되어야만 하는 것이다. 타자는 다양한 일상사에 매여 있는 그런 의식이지만, 자기의식이 스스로의 타자로서 맞서려고 하는 것은 순수한 독자존재 또는 절대적 부정성을 지닌 존재로서의 타자인 것이다.

그러나 죽음에 의한 이러한 확증은 필경 이로부터 발현되어야 할 진리는 물론이고 심지어 자기확신마저도 전적으로 무산시켜버린다. 왜냐하면 생명이란 의식을 떠받쳐주는 자연적인 기점(基點)이며 절대적 부정성까지는 갖추지 않은 자립적인 힘으로서, 그의 자연적인 부정상태로서의 죽음은 아무런 자립성도 없는 부정성을 뜻한다는 점에서 여기서 요구되는 바와 같은 인정의 의의를 담보해주지는 않기 때문이다. 물론 죽음을 통하여 두 개의 자기의식이 서로 목숨을 걸고 상대방의 생명을 업신여기는 것은 확증되지만, 이러한 확증은 싸움을 견뎌낸 당사자에게 안겨지지는 않는다. 죽음을 걸고 맞서 있는 두 당사자는 자연적 존재라는 생소한 토대에 뿌리내리고 있는 의식으로서의 자기 자신을 파기하고 자립성을 고수하려는 양극에 자리한 자기의식으로서 서로가 맞서는 경우라고는 없게 되었다.

그리하여 두 개의 자기의식은 교호적인 관계 속에 양극으로 대립해 있다는 본질적인 계기는 상실한 채 다만 죽은 통일체라고나 할 중간 지점에 자리잡고 있을 뿐이니, 이렇게 죽음의 궁지로 내몰린 상태에서는 이 중간 지점도 역시 대립 없는 양극에 묻혀버리게 된다. 양극이 더 이상 의식적으로 대응하면서 서로가 주거니 받거니 하는 관계를 이루는 것이 아니라 두 개의 물체가 아무런 관계도 맺지 않은 채 거기에 내던져 있을 뿐이다. 생사를 건 투쟁은 무의미한 부정으로서, 이는 상대를 타파하면서도 또한 그것을 보존하고 유지[19]함으로써 파국을 견뎌내고 살아남는 의식의 부정과는 다른 것이다.

이 경험의 와중에서 생명이 순수한 자기의식과 마찬가지로 자기에게 본질적이라는 것이 자기의식에게 깨우쳐진다. 간신히 자기를 의식하기에 이른 의식에게는 단순한 '자아'가 절대적 대상이지만 이 대상은 사태의 진상을 제대로 파악하는 우리에게는 절대적인 매개를 거쳐 나타난 것으로서, 자립적 생명을 본질적인 요소로 하고 있다. '자아'라는 단순한 통일체는 최초의 경험의 결과로서 와해되고 만다.

이로 인하여 여기에 순수한 자기의식과 순수히 자립적이 아닌, 타자와 관계하는 의식, 즉 사물의 형태를 띠고 존재하는 의식이 등장하게 되는데 이것은 의식에게는 모두가 본질적이다. 그러나 일단 이 양자는 서로 부등한 상태에서 대립해 있는 가운데 서로가 통일로 복귀할 수 있는 길잡이는 아직 나타나 있지 않으므로 서로 대립하는 두 개의 의식형

---

19) '지양하다'라는 뜻의 단어 'Aufheben'이 갖는 이중적인 의미가 명쾌하게 겹쳐져서 드러나 있는 전형적인 경우이다.

태로서 존재할 수밖에 없다. 한쪽이 독자성을 본질로 하는 자립적인 의식이고 다른 한쪽은 생명, 즉 타자에 대한 존재를 본질로 하는 비자립적인 의식이다. 여기서 전자가 '주인'(der Herr)이고 후자가 '노예'(der Knecht)이다.

주인은 자주 · 자립적인 의식으로서, 단지 개념상으로만 그런 존재라는 데 그치는 것이 아니라 사물의 형태를 띤 자립적인 존재와 한데 묶여 있는 타자의 의식과 매개된 가운데 자립적으로 존재하는 의식이다. 주인은 욕망의 대상인 사물 그 자체와 물성을 본질적으로 여기는 의식이라는 두 개의 요소와 관계한다. 이때 주인으로서의 자기의식은 ①독자적으로 직접 상대방과 관계하는 측면과 ②타자를 통하여 비로소 자립적일 수 있는 매개의 측면을 지니는 것과 함께, ①위의 두 측면과 직접 관계하는 경우와 ②어느 한쪽을 매개로 하여 타자와 관계하는 경우가 있다.

우선 주인은 사물이라는 자립적인 존재를 매개로 하여 노예와 관계한다. 노예는 바로 사물에 속박되어 있다. 노예는 생사를 건 싸움에서 사물에 의한 속박에서 벗어날 수 없고, 따라서 물성을 띠지 않고는 자립할 수 없는 종속적인 모습을 드러낸 바 있다. 이에 반하여 주인은 싸움을 치르는 가운데 사물의 존재란 소극적인 의미밖에 지니지 않는다는 것을 입증함으로써 사물에 대한 지배력을 확립하였다. 주인의 지배 아래 있는 사물은 주인에 대치하는 노예를 지배하는 힘을 지니는 까닭에 이 지배적인 힘의 사슬 속에서 주인은 노예를 자기에게 종속시키는 것이다.

그런가 하면 또 주인은 노예를 매개로 하여 사물과 관계한다. 노예로서도 자기의식은 갖고 있으므로 사물에 부정적인 힘을 가하여 사물을 없애버리려고 한다. 그러나 동시에 사물은 노예에 대하여 자립적인 존재이므로 노예는 부정의 힘을 가한다고 해도 사물을 아예 폐기해버릴 수는 없고 사물을 가공하는 데 그친다. 이에 반하여 노예를 통하여 사물과 관계하는 주인은 사물을 여지없이 부정할 수 있으므로 주인은 마음껏 사물을 향유한다.

　이로써 욕망의 의식으로서는 이루지 못했던 것, 즉 사물을 마음 내키는 대로 처리하고 소비하는 가운데 만족을 누리는 일[20]을 주인은 해낼 수 있게 된다. 결국 사물의 자립성으로 인하여 욕망의 의식에게 그러한 결과가 성취되지 못하던 참에 주인은 사물과 자기 사이에 노예를 개재시킴으로써 사물의 비자립성을 미끼로 하여 사물을 고스란히 향유한다. 이때 사물의 자립성이라는 측면은 노예에게 위임되고 노예는 이를 가공하는 것이다.

　위의 두 관계 속에서[21] 주인은 노예에게서 그의 존재를 인정받는다. 두 관계 가운데 어느 경우에도 노예는 비본질적인 존재로서, 한편으로는 사물을 가공해야만 하고 다른 한편으로는 특정한 물건에 종속될 수밖에 없다. 요컨대 노예로서는 그 어느 경우에도 사물을 지배하고 이를 절대적으로 부정할 수가 없는 것이다. 따라서 주인 쪽에서 보면 노예라는 타자의 의식이 스스로의 자립성을 포기하고 주인인 자기가 상대방인 노예에게 할 일을 노예 자신이 행한다는 의미에서 인정의 관계가 성립되어 있다. 그런가 하면 또 노예가 행하는 것은 본래는 주인이 행해야 하는 것이므로 노예의 행위는 곧 주인 그 자신의 행위라는 의미에서도 인정관계가 성립되어 있다.

　어디까지나 독자성을 지닌 본질적 존재로서의 주인은 사물을 홀대하는 순수한 부정의 힘을 행사함으로써 이 관계 속에서 순수한 본질적 행위자에 해당되는 데 반하여 노예는 자기를 관철시키지 못하는 비본질적인 행위자이다. 그러나 노예에 의한 주인의 인정이 실효를 거두기 위해서는 주인이 상대에 대해서 행하는 것을 주인 그 자신에 대해서도 행하고, 또 노예가 그 자신에 대해서 행하는 것을 역시 그의 상대인 주인

---

20) 욕망을 충족시키는 가운데 오히려 사물의 자립성을 경험하는 계기가 마련된다는 의미.
21) 여기서 두 관계, 즉 양면적 요소란 ①주인에 의한 노예의 지배와 ②사물의 향유 또는 노예의 노동을 말한다.

에 대해서도 행해야만 한다. 이런 점에서 여기에 조성되어 있는 상태는 일방적인, 부등한 인정의 관계이다.

이렇게 해서 비본질적인 의식이야말로 주인에게 있어서의 대상이며 또한 주인의 자기확신을 객관적으로 드러내주는 진리라고 해야만 하겠다. 그러나 분명한 것은 이 대상은 본질적인 의미의 자기의식이라고는 할 수 없고 오히려 주인의 자기실현으로 여겨지는 이 상태에서 생겨나는 것은 자립적인 의식과는 전혀 별개의 비자립적인 의식이다. 따라서 주인은 의식의 독립성을 객관적 진리로서 확신하는 것은 아니며 거기에 객관적 진리로서 있는 것은 비본질적인 의식과 이 의식에 의한 비본질적인 행위이다.

이렇게 되면 자립적 의식의 진리는 노예의 의식에 있는 것이 된다. 물론 노예의 의식은 일단 자기를 상실한 상태에서 자기의식의 진리를 체현하는 것은 아니다. 그러나 지배의 과정에서 바로 이 지배의 본질이 스스로 지향했던 것과는 반대의 것으로 전도되었듯이 예속의 본질도 역시 그것이 관계 속에 실현되는 가운데 직접 드러나 보이는 것과는 반대되는 것으로 전도된다. 노예의 의식은 자체 내로 떠밀려들어가서 자기복귀할 때 참다운 자립성을 획득하는 것이다.

지금까지 우리가 살펴본 것은 지배와의 관계 속에서 예속은 어떤 위상을 지니는가 하는 것이다. 그러나 예속되는 것도 자기의식이므로 이런 점에서 예속이 의미하는 그의 전체적인 실상이 고찰되어야만 하겠다. 우선 예속된 의식에서는 주인이 본질적인 존재이므로 주인 쪽의 자립 자존하는 의식이 예속된 의식에서 객관적인 진리를 이루지만 아직도 이 진리는 예속된 의식에서 실현되어 있는 것은 아니다. 이런 가운데 실은 예속된 의식이야말로 스스로가 순수한 부정성을 지닌 독자존재라는 진리를 사무치게 깨우친다고 하겠으니, 노예는 주인의 존재를 몸소 경험하고 있는 것이다.

예속된 의식이 안고 있는 불안은 단지 우발적으로 나타난 어떤 것에 관한 불안도 그리고 특정한 순간에 닥치는 불안도 아닌, 그야말로 자기의 존재에 흠뻑 닥쳐오는 불안으로서 이것이 무한정한 힘을 지닌 주인에게서 닥쳐오는 죽음의 공포[22]라는 것이다. 이러한 공포 속에서 내면으로부터의 파멸에 직면한 노예는 걷잡을 수 없는 전율을 느끼면서 그를 지탱해왔던 모든 것이 동요를 일으킨다. 도처에 생겨나는 이 순수한 운동, 즉 존립하는 모든 것의 절대적인 유동화는 자기의식의 단순한 본질인 절대적 부정성의 발로로서, 자기의식의 순수한 자립성이 이러한 모습으로 노예의 의식에 나타나 있는 것이다. 더욱이 주인에게 갖추어져 있는 순수한 독자적 요소도 그의 대상으로 받아들여지는 까닭에 노예는 주관적으로나 객관적으로도 자립성을 감지하기에 이른다.

그뿐만이 아니다. 이것은 노예의 의식에 단지 막연한 심정상(心情上)의 자괴감으로만 다가오는 것이 아니라 노예노동 속에서 현실적으로 붕괴에 직면하게 한다. 이렇듯 노동을 수행하는 매순간마다 노예는 자기에게 가해진 물리적 속박으로부터 탈피하려는 뜻에서 사물을 가공하고 변형하는 것이다.

그러나 일반적인 감정상으로나 공포 속에 행해지는 개별적인 노예노동에서도 감지되는 주인의 절대권력은 붕괴를 예고하는 것에 지나지 않는바, 비록 주인에 대한 공포가 지혜의 실마리를 이룬다고는 하지만 의식은 여전히 대상에 얽매인 채 독자성을 갖추고 있지는 않다. 결국 의식이 자기에게로 되돌아오는 데는 노동이 개재해야만 하는 것이다 (Durch die Arbeit kommt es aber zu sich selbst).

주인의 의식에서 욕망에 해당하는 것이 노예의 의식에서는 노동이 되는 셈인데, 어쨌든 노동에서 사물의 자립성이 유지되는 이상 노예는 사물에 대해서 종속적인 위치에 있는 듯이 보인다. 욕망이라는 것은 대상을 전적으로 부정하며, 그럼으로써 티 없는 자기 감정을 확보하는 것

---

[22] 죽음을 곧 무한정한 힘을 소유한 주인으로 보는 시각은 제6장에서 다루는 인륜과 그뒤의 절대적 자유에서도 나타난다.

이다. 하지만 그러니만큼 또 거기서 얻어지는 만족감은 그대로 소멸될 수밖에 없다. 왜냐하면 이때 욕망에는 대상의 존립이라는 측면이 결여되어 있기 때문이다.

이에 반하여 노동의 경우는 욕망을 억제함으로써 사물이 탕진되고 소멸되는 데까지 밀어붙이지 않고 사물의 형성으로 나아간다. 여기서 대상에 대한 부정적인 관계란 대상의 형식을 다듬어가며 그의 존재를 보존하는 쪽으로 나아간다. 왜냐하면 노동하는 노예에게 대상은 어디까지나 자립성을 띤 것이기 때문이다. 사물을 부정하는 가운데 형식을 다듬어가는 행위라는 이 매개적인 중심은 동시에 의식의 개별성 또는 순수한 독자성이 발현되는 장(場)이기도 한데, 결국 의식은 노동하는 가운데 자기 외부에 있는 지속적인 터전(das Element des Bleibens)으로 나아가는 것이다. 이렇게 해서 노동하는[23) 의식은 사물의 자립성을 곧 자기 자신의 자립성으로 직관하기에 이른다.

그러나 사물의 형성은 봉사하는 의식의 순수한 독자성이 존재하는 모습을 띤다는 긍정적인 의의를 지닐 뿐만 아니라 공포라고 하는 첫째가는 요소를 불식시키는 부정적인 작용도 하게 마련이다. 왜냐하면 봉사하는 의식이 사물을 형성하는 데 따른 그의 자립적인 부정성은 당면해 있는 사물의 형식을 타파하는 과정을 거쳐서 대상화되지만, 이 부정되는 대상이야말로 노예로 하여금 공포에 떨게 했던 그 낯선 외적인 힘이기 때문이다.

이제야 노예는 이 낯선 부정적인 힘을 파괴하여 스스로가 부정의 힘을 지닌 것으로서 지속적인 터전에 자리를 차지하여 독자존재로서의 자각을 지닌다. 주인에게 봉사할 때 독자적인 존재는 타자로서 자기와

---

23) 욕망과 마찬가지로 노동에 관해서는 제6장에서 다루는 인륜에서의 공동체 또는 국가와 교양에서의 '재부'(財富)에도 거론되어 있다. 여기서 욕망이나 노동은 모두가 자기의식에 귀속되는 범위 내에 있는 개인적인 차원의 것이 아니라 조직화한 사회적 체계와 관련된 것으로서, 결국 이는 『법철학』에서의 욕구의 체계(System der Bedürfnis)로 이어지는 문제이다.

맞서 있다. 말하자면 주인에 대한 공포 속에서 스스로 독자적인 존재임이 몸소 깨우쳐지는 것이다. 사물을 형성하는 가운데 스스로가 독자적 존재라는 것을 깨우치면서 마침내 그는 완전무결한 독자존재임을 의식하기에 이른다. 사물의 형식은 외면에 자리잡게 마련이지만, 그렇다고 이것이 의식과 별개의 것은 아니며, 오직 형식만이 봉사하는 의식의 순수한 독자성을 갖춘 진리의 모습이다. 그리하여 의식은 타율적으로밖에는 느껴지지 않는 노동 속에서 오히려 자력으로 자기를 재발견하는 주체적인 의미(eigner Sinn)를 이끌어내는 것이다.

봉사하는 의식이 이렇듯 반성적인 자기복귀를 이루는 데에는 공포와 봉사라는 두 요소와 함께 사물의 형성이라는 또 하나의 요소가 필요하며 더욱이 이들 요소가 노예생활 전반을 뒤덮고 있어야만 한다. 봉사와 복종의 기강이 잡히지 않고서는 공포는 형식적인 데 그칠 뿐, 현실생활에 의식적으로 퍼져나가지는 않는다. 또한 사물의 형성이 없이는 공포는 내면에 잠겨 있을 뿐이어서 의식이 이를 명확하게 의식할 리가 없다. 더욱이 최초의 절대적인 공포를 느끼지 않은 채 의식이 사물을 형성하게 된다면 의식은 다만 자기의 허영심을 채우는 데 그치고 말 것이다. 왜냐하면 형식에 나타난 의식의 부정성이 역시 자기마저도 부정하는 힘이었다고는 느껴지지 않으며, 따라서 사물을 형성하더라도 이것이 본질적인 자기실현이라고는 의식되지 않을 것이기 때문이다.

의식이 절대적인 공포를 실감하지 않은 채 다만 어쩌다 불안감에 젖어들 뿐이라면 자기를 부정하는 힘은 자기의 밖을 맴도는 데 그치며, 자기의 심혼마저도 뒤흔들어놓는 일은 없을 것이다. 자기의 일상적인 의식이 안주해 있던 스스로의 지반이 여지없이 동요하는 데까지 내몰리지 않는 한 어딘가에 기댈 만한 언덕이 남아 있겠지만, 그런 상태에서 자기존립을 지탱할 수 있다고 지레짐작한다는 것은 속절없는 생각에 지나지 않으며, 그의 자유라는 것도 예속된 상태의 자유에 그칠 뿐이다. 사물의 순수한 형태가 그대로 자기의 본질로 화하지 않는 한, 개개의 사물에 각인된 모습이 의식 전체를 통째로 감싸안는 절대적 개념에 이르지는 못한다. 그것은 이러저러한 사물을 잔재주를 통하여 가공하는 손놀림에 그칠 뿐, 보편적인 자연력이나 대상 세계 전체를 압도하는 것과 같은 그런 힘이 될 수는 없는 것이다.

2. 자기의식의 자유; 스토아주의, 회의주의, 불행한 의식

자립적인 자기의식에게는 한편으로는 '자아'라는 순수한 추상만이 본질을 이루므로, 다른 한편으로 '자아'의 형성과정에서 갖가지 구별이 생겨나더라도 이 구별은 그 자체가 대상으로 존재하는 것으로는 생각되지 않는다.[24] 다시 말하면 이 자기의식은 그의 단일성 속에서 참다운 구별을 생겨나게 하거나 절대적 구별 속에서 자기동일성을 유지하는 그러한 자아는 아니다.

이에 반하여 자체 내로 떠밀려들어간 노예의 의식은 사물을 형성하는 가운데 그 자신을 사물의 형식으로 대상화하는 것과 함께 주인에게 독자적인 의식이 주어져 있음을 직관한다. 그러나 봉사하는 의식 그 자체에는 이 두 요소, 즉 자립적인 대상의 형식을 지닌 자기 자신과 이 대상에 스며들어 있는 의식으로서의 자기본질이 통일되지 않은 채로 병렬되어 있다.

---

24) 주인이라는, 또는 주인으로서의 자기의식이 대상성이나 객관성을 띠지 못하는 이유는 그에 의한 욕망의 충족이란 어차피 소멸되는 것인데다가 주인이라는 존재가 실은 자기에게 예속되어 있는 노예에 의존할 수밖에 없으므로 이 양자 가운데 자립성은 오히려 주인이 아닌 노예 쪽에 주어져 있기 때문이다. 그런데 여기서 '그 자체'라고도 표현되는 본체 또는 즉자존재(Ansichsein)는 객관적 존재를, 그리고 스스로를 자각하고 있는 독자존재 또는 대자존재(Fürsichsein)는 주관적 존재와 자아·의식을 가리킨다. 예컨대 제5장의 1. 관찰하는 이성에서 "······ diese Einheit des Ichs und des Seins, des Fürsich - und Ansichseins"라는 대목에 유의할 것.

그런데 사태의 진상에 접하고 있는 우리가 보기에는 사물의 형식과 의식의 독자성은 동일한 것으로서, 자립적 의식의 개념 아래에서는 존재 그 자체가 의식에 해당하므로 노동 속에서 형상이 다듬어지는 사물 그 자체라는 측면도 의식의 테두리를 벗어난 것일 수가 없으니, 여기에 새로운 자기의식의 형태[25]가 마련되기에 이른다. 이것은 무한성[26] 또는 순수한 의식의 운동을 본질로 하는 '사유하는' 자유로운 자기의식이다. 여기서 '사유한다'는 것은 추상적인 자아를 대상으로 하는 것이 아니라 그 자체가 '존재'에 버금가다시피 하는 자아를 대상으로 하는 것, 다시 말하면 대상 세계에 대하여 그것이 의식의 주체적인 독자성을 드러내준다는 그런 의미에서 관계하는 것이다.

사유에 포착되는 대상의 운동은 표상이나 형상(形象)으로 나타나는 것이 아니라 개념의 형태를 띠고, 즉 그것 자체가 대상이 되어 있기는 할지언정 결코 의식으로부터 구별된 채 의식 앞에 있지는 않은 그런 것으로서 나타난다. 표상되거나 형태화된 존재는 형식상으로 의식과는 별개의 것이라고 하지만 개념은 그대로 나의 존재인 까닭에, 여기에 보이는 구별도 개념 자체에 주어져 있는 한 그것은 개념의 내용이 지니는 차이를 나타내는 것에 지나지 않는다.

더욱이 그 내용은 개념적으로 파악된 것이라는 점에서 그의 특정한 내용과 의식의 통일은 직접적으로 이루어져 있으니, 표상의 경우에서처럼 이것은 나의 표상이라는 식으로 새삼 확인할 필요는 없고 개념은 그대로 내 사유의 결정체이다.[27] 사유하는 데서 내가 '자유롭다'는 것

---

25) 새로운 의식의 형태가 발생하는 과정은 다만 즉자적·자체적으로 생성될 뿐, 이러한 사태의 추이가 의식적인 행위 당사자에게는 자각되지 않은 채 우리들 제3의 고찰자에게만 파악된다는 데 대해서는 「서론」의 '경험' 개념과 관련하여 서술된 바 있다. 그런데 여기서는 스토아주의가 주인보다도 오히려 노예에서 발생하는 것으로 서술되어 있지만, 회의주의의 단계에서는 관점의 변화에 따라 스토아주의가 주인에게 그리고 회의주의가 노예에게 속하는 것으로 되어 있다.
26) '무한성'은 제3장 「오성」이 다다른 결론이지만, 제4장 「자기확신의 진리」에서도 생명과 인정의 문제와 관련하여 이는 중요한 의미를 갖는 개념이다.

은 내가 나 아닌 타자 속에 있지 않고 어디까지나 자신에게 머물러 있으며 나에게 본질적인 대상이 자각적 존재로서의 나와 불가분의 통일을 이루고 있기 때문이다. 결국 개념을 추구하는 나의 운동은 나 자신 안에서의 운동(eine Bewegung in mir selbst)인 것이다.

이렇듯 자기의식의 새로운 형태를 규정하는 데서 무엇보다 중요한 것은 그것이 '사유하는' 의식 일반[28]이며, 그의 대상이 내면적인 본체와 외형을 띠고 있는 주체와의 직접적인 통일체(unmittelbare Einheit des Ansichseins und des Fürsichseins)라는 데 있다. 동일한 의식이 스스로 자기에게 반발한다는 것이 본원적으로 사유 그 자체의 요소를 이루고 있지만, 이 요소는 우선 애초에는 보편적인 세계의 모습으로 나타나 있을 뿐 아직 다양한 존재가 운동을 전개하는 대상 세계로서 존재하고 있지는 않다.

이러한 자기의식의 자유가 의식화한 현상으로서 정신사 속에 등장한 것이 알려진 바와 같이 '스토아주의'라고 불리는 사상이다. 스토아주의의 원리는 의식이란 사유활동을 하는 것이며, 무엇인가가 의식에게 본질적인 의미에서 참답고 선할 수 있는 것은 오직 의식이 사유활동을 하는 한에서 그렇다는 것이다.

복잡다단한 삶의 한복판에서는 개별 행동에 따르는 온갖 분규도 발생한다는 것이 욕망이나 노동으로 인해 빚어지는 대상적인 국면이다. 그런데 이렇게 벌어지는 다양한 행위가 마침내 사유의 순수한 운동 속에 드러나는 단순한 구별로 집약된다. 이제는 더 이상 특정한 사물, 특정한 생활에 매여 있는 의식·감정·욕망 등으로 나타나는 온갖 구별

---

27) 헤겔의 '개념'이 '자기'(Selbst) 또는 자아와 불가분적이라는 데 대해서는 제8장의 '절대지' 단계에서 "자아란 개념으로서의 제 모습을 갖춘 순수한 개념이다"라고 한 데서도 나타난다.
28) 스토아주의가 표상의 단계에 머무르지 않고 사유나 개념의 입장으로까지 고양된 것은 그것이 전반적인 교양 형성기의 산물이었음을 뜻한다. 그러나 이때 사유가 사유 일반으로서의 추상성을 탈피하지 못한 것은 당시의 사회상태에서는 로마 법제의 법사상이 지배적이었던 데에 기인한다.

이나 욕망의 대상이 되는 구별, 또는 목적을 자기의 의식이 정립하였는가 아니면 타인의 의식이 정립하였는가라는 식의 구별은 중요하지 않으며, 오직 내 의식 자체에서 그때마다 솟구쳐나오는 사유 속에서의 구별만이 의미 있는 것이 된다.

따라서 이 의식은 지배와 예속의 관계에 구애받지도 않고 주인의 위치에서 노예에게 실질적으로 행위의 부담을 떠맡도록 하지도 않으며 또한 노예의 입장에서 주인의 의지야말로 진리라고 하며 여기에 복종하지도 않는다. 그보다도 오히려 왕좌에 올라서 있거나 사슬에 묶여 있거나 간에, 그 어떤 자질구레한 일상적 조건에도 구속되지 않고[29] 세상사에 휘말려서 음양으로 닥쳐오는 여하한 작용에도 꿈쩍하지 않은 채 단순한 사상의 세계 속에 침거해 있는 것이 스토아주의이다.

아집이라는 것도 이것이 제 마음에 드는 사소한 일에 매여서 예속상태를 벗어나지 못하는 한에서 일종의 자유이기는 하다. 그러나 스토아주의는 사물에 대한 예속관계를 말끔히 청산하고 순수하고 보편적인 사상의 세계(die reine Allgemeinheit des Gedankens)로 복귀하는 데서 자유를 획득하는 것이므로, 세계정신의 보편적인 형식으로 본다면 이는 사회 전체에 공포와 예속이 만연해 있으면서도 동시에 일반적인 교양의 폭이 현실적인 도야와 형성을 위한 사유의 함양으로까지 고양되어 있는 그러한 시대[30]에만 출현하는 것이다.

물론 이 자기의식에게 본질적인 것은 자기 이외의 것도 아니고 순수하게 추상적인 자아도 아니며, 어디까지나 타자를 사유의 내용으로 승화시켜서 자기 이외의 타자를 사유하는 것이 자기 내로 복귀하는 것이라고 보는 그러한 자아의 사유인 까닭에 이 자기의식의 본질은 역시 추상성을 띤다고 해야만 하겠다. 자기의식의 자유는 일상적인 존재에는

---

29) 스토아주의의 사상체계는 논리학과 자연학과 윤리학으로 구성되어 있는데, 여기서는 윤리학의 기본명제 가운데 하나인 'Apatheia'(파토스를 결한 것)를 뜻한다.
30) 로마법에 따라 만인의 소유권과 인격권은 인정되어 있으면서도 동시에 만인이 로마 황제의 권력에 예속되어 있는 공포의 시대라는 것.

무관심하여 이에 전혀 개의치 않으므로 여기서 사유와 생활은 전혀 상치된다. 사유의 자유는 생활에 젖어들지 않는 순수한 사유만을 진리로 간주하므로, 이러한 자유는 생각으로만 그치는 자유일 뿐 생동하는 자유라고 할 수는 없다. 이 자유에게는 오직 사유 일반이, 즉 자립적인 사물의 영역은 아랑곳하지 않고 자체 내로 복귀해 있는 한낱 형식으로서의 사유만이 값어치 있는 것이다.

그러나 개인이라는 것은 행동하는 데 이르면 살아 있는 모습으로 나타날 수밖에 없고 또한 사유하는 데 이르면 생동하는 세계를 사유의 체계로서 포착하게 마련이므로 결국 행동면에서는 선이란 무엇이고 사유의 면에서는 참이란 무엇인가가 내용으로서 사유 속에 포함되어야만 한다. 그런데도 스토아주의의 의식에 함유되어 있는 것이라고는 사유의 기본을 이루는 개념말고는 전혀 아무것도 없다.

이때 개념이란 사물의 다양한 세계로부터 완전히 단절된 추상물에 지나지 않으므로 내용이 될 만한 것이라곤 아무것도 없으니, 내용은 밖으로부터 주어지는 수밖에 없다. 물론 의식이 사유할 때면 이질적인 성질의 것은 내용으로 삼을 필요가 없다. 그러나 개념에는 특정한 내용이 담겨 있어서[31] 이것이 개념의 추상성에 제동을 거는 요소가 되어 있다.

스토아주의의 개념에는 바로 그런 내용이 결여되어 있기 때문에 고대 스토아주의의 표현대로라면 진리의 '기준'에 대한, 즉 엄밀한 의미에서 사유의 내용 그 자체에 대한 질문이 주어질 때면 그들은 궁지에 몰리게 된다. 스토아주의로서는 무엇이 선이고 무엇이 참인가에 대한 질문을 받으면 그저 내용 없는 사유로써 답변에 대신할 수밖에 없으니, 이성 속에 참과 선은 담겨 있다고 답하는 것이 고작이다. 그러나 사유가 사유에 일치한다(Sichselbstgleichheit des Denkens)는 이 동어반

---

[31] 개념이 지니는 한정성·피규정성(der Begriff ist bestimmter Begriff)을 극복하는 것이 회의주의의 과제이다.

복적인 화법은 내용에 아무런 규정도 내리지 않는 순수한 형식에 지나지 않는다. 스토아주의가 어김없이 내세우는 참다운 것과 선한 것, 지혜와 덕이라는 등의 일반적인 어구는 전체적으로 숭고한 느낌을 주기는 하지만 사실 이로부터 내용이 전개될 수 있는 것은 아니므로 어느덧 권태로움을 자아내기에 이른다.32)

오직 사유에만 전념하는 이러한 의식은 추상적인 자유로 규정됨직도 한데, 이는 타자존재에 대한 불완전한 부정의 차원에 머물러 있는 의식이다. 일상세계로부터 자기 내면으로 첩거하는 데 그치는 이 의식은 현존하는 세계에 대한 절대적 부정을 관철하고 있지는 않다. 흔히 내용은 사상으로서만 의미가 있을 뿐이라고는 하지만, 이 사상은 분명히 한계를 안고 있는, 현실과는 유리된 사상이다.

'회의주의'33)는 스토아주의가 단지 개념상으로만 다루었던 것을 실행에 옮김으로써 사상의 자유란 어떤 것인가를 현실로 경험한다. 자유로운 사상은 본래 부정의 힘을 지니므로 이는 밖으로 표출될 수밖에 없다. 자기의식이 스토아주의에서는 자기 자신의 단순한 사상으로 복귀함으로써 그의 무한운동 속에서 사물의 자립적인 존재나 사물의 고유

---

32) 여기서 헤겔은 '감동적인 생각·표상'(die ergreifende Vorstellung)을 진리의 기준으로 삼았던 스토아 학파의 이론을 염두에 두고 있는데, 이 이론은 아카데미아 학파의 공격 대상이 되었다.
33) 칸트는 흄에 의해 "독단의 잠에서 깨어났다"고는 하지만, 이 근대 회의주의는 '사유와 존재의 구별'을 단지 상식적인 확신의 차원에서 이해하는 데 그침으로써 참다운 철학을 제시하는 데는 역부족이었다. 이에 반하여 헤겔은 섹스토스 엠피리쿠스(Sextos Empiricus)를 통해 전해져온 피론(Pyrrhon)·아이네시데모스(Ainesidemos) 등의 고대 회의주의에서 이 사상의 진가를 발견하였다.
그런데 이 고대 회의주의가 변증법의 부정적 측면인 '이율배반'(Antinomie)을 주제화하는 데 그쳤다고 한다면 헤겔은 여기에서 더 나아가 '철저히 관철된 회의주의'로서의 '정신의 현상학'을 통하여 참다운 철학으로 나아가는 길을 열어놓았다. 상대주의를 철저화함으로써 스스로의 주관성을 뚜렷이 자각하는 회의주의, 더 나아가 회의주의 사상의 핵심적 요소를 이루는 '주관성'의 형성은 그리스적 인륜세계에서 출발하여 로마-기독교 세계라는 거대한 세계사의 새로운 흐름을 열어놓은 것이 된다.

한 특성은 사실상 도외시되어버렸지만, 회의주의에서는 타자의 세계가 전적으로 비본질적이고 비자립적인 것이라는 사실이 명확히 의식화되어 있다. 이제 사상은 다양한 성질을 지닌 세계의 존재를 말끔히 부정해버리는 완전한 사유가 됨으로써 자유로운 자기의식의 부정성은 생의 다양한 형태를 현실적으로 부정하는 셈이 된다.

이렇게 볼 때 스토아주의가 지배와 예속의 관계로서 나타나는 자립적 의식의 개념에 상응하는 역사적 대응물이라고 한다면 회의주의는 타자존재의 부정이라는 양식으로 자립적 의식을 구체화한, 욕망과 노동에 대한 역사적 대응물이라고 할 수 있다. 그러나 스토아주의에서의 욕망과 노동이 부정을 관철시키면서 자기의식을 성취하는 데까지는 이르지 못한 데 반하여 사물의 다양한 자립성을 부정하는 회의주의는 이미 자체 내에 완전한 자유를 지니는 자기의식으로서 타자존재에 부정의 화살을 겨눈다는 점에서 지대한 효과가 기대된다.

더 자세히 말하자면 여기서의 부정은 사유의 무한성을 나타내는 것이므로, 이에 비하면 갖가지 차이를 드러내는 자립적인 사물의 존재는 어쩔 수 없이 소멸될 수밖에 없는 크기를 지닐 뿐이다. 순수한 자기사유 속에서는 추상적인 구별에 지나지 않는 것이 여기서는 모든 구별을 떠안음으로써 구별된 존재는 모두가 자기의식이 떠안은 구별이 되는 것이다.

이상 얘기된 데서 회의주의의 행위 일반과 그의 양식은 스스로 밝혀진 셈이다. 회의주의는 감각적 확신, 지각 그리고 오성으로 이어지는 변증법적 운동을 개진하고는 다시 지배와 봉사의 관계 속에서 규정됐던 것과 추상적인 사유에서 명확해진 것마저도 불신한다. 지배와 봉사의 관계에서 명확하다는 것은 주인의 명령으로 제시되는 도덕법칙 등을 가리키며, 추상적 사유에서 명확하다는 것은 내용 없는 사유가 전개해나가는 학문의 개념을 가리킨다. 이렇듯 내용 없는 사유는 개념의 내용을 이루는, 개념과는 무관한 존재에 단지 외적으로 개념을 적용하고 이렇게 해서 생겨난 내용 있는 개념만은 가치 있는 것이라고 하지만, 사실 여기서 개념 그 자체는 순수한 추상물에 지나지 않는다.

변증법적인 것이 아무런 사려 없이 직접적으로 행해지는 부정의 운동으로 나타날 경우, 우선 이 운동은 의식으로서의 자기가 만들어낸 것이 아니라 자기가 거기에 통째로 내맡겨져 있는 운동으로 나타난다. 이에 반하여 회의주의의 변증법적 운동은 자기의식에서 비롯된 것이므로 참으로 실재하는 것이 어찌된 영문인지도 모르게 소멸되는 일이라곤 있을 수 없고, 의식은 스스로의 자유를 확신하는 가운데 참으로 실재한다는 듯 자처하고 나서는 것을 부정해나간다.[34]

더욱이 대상 그 자체만 부정되어버리는 것이 아니라 바로 그 대상이 대상으로서 거기에 있고 또 그렇게 있는 것이 당연하다고 생각하는 자기와 대상의 관계마저도 부정됨으로써 결국 자기의 지각이나 언제라도 흔들릴 수 있는 확신이나 궤변 또는 자기 임의대로 확정지어놓은 진리마저도 부정된다. 이러한 자각적 부정에 의해서 의식은 그 자신이 자유롭다는 데 대한 확신을 안고 실제로 이 자유에 대한 확신을 경험하는 가운데 마침내 확신을 진리로 고양시킨다.

이렇게 해서 소멸되는 것은 세부적으로 규정되고 구별지어진 것, 즉 어디서 어떻게 만들어진 것이든 하여간에 확고부동하다고 내세워진 것이 된다. 세부적으로 규정된 것은 그 자체로서 지속성이 없이 외면적으로 규정되어 오직 타자 속에 존립기반을 두고 있는 데 지나지 않으므로 사유에 직면하면 소멸될 수밖에 없다. 이렇듯 사유란 세부적으로 구별된 것의 그러한 본성을 통찰하는 것으로서, 결국 사유 자체는 단순한[35] 부정의 힘으로서 있는 것이다.

---

34) 감각·지각과 오성의 변증법적 운동은 그때마다 의식의 자각적인 행위에 의한 것이 아니었는 데 반하여 스토아주의에서는 표상에 대립하는 사유의 입장이 확립되어 있음으로써 변증법적 운동은 의식에 의해 자각적으로 행해진 것이다.
35) 회의주의에서의 부정은 이른바 현상론이나 실증론 또는 경험론에 그치는 흄과 슐츠(Schulze)의 지론과는 달리 철저한 부정을, 즉 '무규정적 부정'(die unbestimmte Negation)이 아닌 철저하면서도 단순하고 순수한 부정을 행사하는 가운데 일정한 결론을 도출해내는 것이다. 이렇듯 헤겔은 회의주의를 일체의 부정 속에서 가변적인 의식과 대치되는 불변적인 의식을 환기시켜주는 것으로 본다. 장

그리하여 회의주의의 자기의식은 견고한 듯이 보이는 일체의 것이 동요하는 가운데 자기의 자유를 스스로의 힘으로 획득하였다는 경험을 한다. 여기에는 자기 자신을 사유하는 부동심(不動心, Ataraxie)[36)]과 흔들림 없는 참다운 자기확신이 뒷받침되어 있다. 이 자기확신은 다양하게 전개되어온 것을 내부에 채워넣어서, 자기와는 소원한 어떤 우여곡절을 거친 결과로서 생겨난 것이 아니라 의식 그 자체가 무한한 변증법적 동요(die absolute dialektische Unruhe)를 겪으면서 잡다한 감각적 표상이나 사상적인 표상을 감싸안은 채 그의 구별을 없애버리고, 더 나아가서는 동일성마저도——이것 역시 비동일과 구별되는 것이므로——해체해나가는 그런 운동이다.

바로 이 자기확신의 운동 속에서 실제로 의식은 이미 자기동일적인 의식이 아니고 걷잡을 수 없이 밀려오는 혼란에 노출된 채 현기증에 사로잡힌 듯한 무질서의 와중에 있다. 이런 가운데서도 의식은 사태의 혼란함을 명확히 깨닫고 있으니, 왜냐하면 이 간단없는 혼란은 의식 스스로가 자초하고 스스로가 야기한 것이기 때문이다.[37)] 그러므로 의식은 이러한 혼란의 자초지종을 자기 탓으로 여기면서 자신이 전적으로 우연에 나부끼는 개별적인 의식임을 자인하게 된다. 눈앞의 현실을 살아가는 그의 의식은 터무니없는 일에 신경을 곤두세우고 근거도 없는 일에 아웅다웅하며 옳지 않은 일을 행하거나 실현시키거나 하는 의식인 것이다.

발(Jean Wahl)이 지적했듯이 헤겔이 바라보는 회의주의는 구약의 「전도서」 첫머리에 나오는 "공(空)의공, 공의공 일체는 공이다"라는 결론에 다다름으로써 불변의 의식을 재촉발하기에 이르렀으니, 여기에서 '불행한 의식'으로 가는 과도기적 현상을 낳는 결과를 가져오게 되었다.

36) '안정'이라는 뜻의 아타락시(Ataraxie)는 혼란·동요가 없는 부동심(不動心)의 경지로서, 회의주의가 이상으로 여기는 경지이다.

37) '한정된 부정'이 아닌 순수한 부정은 부정해야만 하는 것이 새로이 외부로부터 주어져야 하는 경우인데, 이는 「서설」 가운데 '논변적 사유의 부정적인 면'과 관련하여 서술된 것과 마찬가지이다.

그러나 이토록 우연한 개별적 의식이라면 실로 이는 동물적인 생활을 영위하며 자기의식을 상실한 것인 양 보이기도 하지만 또한 이에 못지않게 회의주의의 의식은 다시금 보편적인 자기동일적 의식으로 탈바꿈한다. 왜냐하면 끝내 이 의식은 온갖 자질구레한 정황이나 이해득실도 모조리 부정할 만한 힘을 지니고 있기 때문이다. 이렇듯 자체 내에 자기동일성을 간직하면서도 이 의식은 다시금 우연과 혼미 속으로 전락하게 되는바, 왜냐하면 쉴새없이 이어지는 부정의 운동은 개별적인 처지에 얽매인 채 우연한 상대와 맞닥뜨릴 수밖에 없기 때문이다. 그리하여 회의주의의 의식은 자기동일적인 자기의식이라는 한쪽의 극과, 혼란이 또다른 혼란을 부르는 우연의 소용돌이에 휩싸인 의식이라는 다른 쪽 극 사이를 무의식중에 우왕좌왕하는 허튼 놀음으로 시종하는 것이다.

의식은 자기 자신에게서 발단된 이 두 개의 사상을 합일시킬 수가 없다. 즉 한편으로는 그 자신의 자유가 온갖 혼란과 우연에 휘말려 있는 삶의 현장을 초탈해 있음을 인식하면서 다른 한편으로는 전혀 대수롭지 않은 일에 매몰되어 그 속에서 허우적거리는 처지에 놓여 있는 것이다. 값어치 없는 내용은 자기의 사유 속에서 사라져버리도록 방치하지만 바로 이런 소행(所行)이 값어치 없는 것을 의식하도록 하는 계기가 된다. 모든 것이 절멸된다고는 하지만 그러한 발언은 지워지지 않은 채 의식 속에 남아돈다. 시각이나 청각은 믿을 만한 것이 못 된다고 하지만, 스스로 보거나 듣거나 하고 있다. 또한 인륜적 본성이란 허망한 것이라고 하면서도 스스로 행동에 임할 때는 이를 근간으로 삼는다.

그가 행하고 말하는 모든 것은 언제나 서로 모순되어 있고 더욱이 불변의 자기동일적인 의식과 전적으로 우연에 이끌린 비동일적인 의식이 모순 속에 혼재해 있다. 그런가 하면 또 의식은 서로 모순되는 양쪽을 별도로 분리해놓고는 모순에 대해서도 다만 부정적인 운동으로 대처한다. 동일성이 제시되면 곧바로 비동일성을 제시하고, 지금 막 얘기된 비동일성이 내세워지면 이번에는 또 동일성을 내세우는 것이다. 끊임없이 내뱉는 이런 말투는 마치 아이들이 아귀다툼하는 것과도 같아서, 상대방이 B라고 하면 이쪽은 A라고 하고 반대로 상대방이 A라고 하면 다시 이쪽에서 B라고 하는 투의 자기모순을 빚고 있으니, 실로 이런 모순된 상태를 서로가 흥겨워하는 듯한 꼴이다.

사실상 회의주의에서 의식은 그 자신의 내부에 모순을 안고 있는 의식이라는 것을 경험한다. 그런데 바로 이 경험이야말로 이제껏 회의주의에서는 서로가 분리되어 있을 수밖에 없던 두 개의 사상을 하나로 뭉치게 하는 새로운 의식형태를 낳는 씨앗이 된다. 새로이 등장하는 이 의식은 두 갈래로 나뉘었던 사고방식을 다 함께 걸머진 하나의 의식인 이상, 지금껏 회의주의가 지녀왔던 자기 자신에 대한 무정견성(無定見性)은 더 이상 존속될 수 없게 된다. 이 새로운 형태는 자유로운 가운데 불변적이고 자기동일성을 지닌 자기와 절대적인 혼란과 도착 상태에 빠져 있는 자기가 지녀왔던 이중의 의식을 자각함으로써 새삼 자기의 모순됨을 의식하는 그러한 자각적 존재이다.

스토아주의의 자기의식이 자기만을 위한 단순한 자유의 의식이었다고 한다면 회의주의에서는 자유가 실현됨으로써 특정한 존재에 안겨져 있는 일면적인 요소를 부정해나가는 가운데 오히려 의식은 이중화하여 두 개의 의식이 되어 있다. 이렇게 해서 예전에는 주인과 노예라는 두 개인으로 분담되어 있던 이중성이 하나로 합쳐진다.[38] 이로써 본질적인 의미에서는 정신의 개념에 부합하는 자기의식 자체 내에서의 이중화가 현존해야만 하는 것이지만, 여기에는 분열이 있다는 데 그칠 뿐 그에 앞서야 할 통일은 아직 생겨나 있지 않다. 분열된 가운데 스스로 이중화된 모순된 존재로서의 자기를 의식하는 것이 '불행한 의식'이다.

자체 내에 분열되어 있는 불행한 의식은 존재의 모순을 떠안은 채 하

---

38) 이로써 지배와 예속의 관계가 불행한 의식에서도 여전히 의의를 지닌다는 것을 알 수 있다.

나의 의식으로서 존재하므로 둘로 분열되어 있는 어느 한쪽의 의식 속에 언제나 다른 한쪽의 의식을 지니지 않을 수 없으니, 결국 양분된 것을 통일시킨다는 데서 오는 승리감이나 안정감에 다다랐다 하면 곧바로 그 어느 쪽인가로부터 반발에 부딪친다. 그러나 이 불행한 의식이 참으로 자기에게 복귀하여 자기와 화해하기에 이르면 생동하는 모습으로 현실세계를 살아가는 정신의 개념이 나타나게 될 것이다. 왜냐하면 불행한 의식에서도 이미 이중화됐던 의식이 하나의 불가분적 의식이라는 것은 깨우쳐져 있기 때문이다.

하나의 자기의식이 또다른 자기의식을 직시하는 가운데[39] 그 어느 쪽도 모두가 불행한 의식이라고 한다면 이 양자가 통일된 데에 의식의 본질이 깃들어 있다고 해야만 하겠다. 그러나 불행한 의식은 여기서도 아직은 그 자신의 이러한 참모습을 자각하지 못한 채 양자를 통일하는 데에는 이르지 못하고 있다.

결국 불행한 의식은 애초에 분열됐던 양자를 그대로 합쳐놓은 것뿐이다. 더욱이 이들은 동일화되지 않은 대립하는 것이므로 그 중 한쪽을 이루는 단일한 불변의 존재가 본질이 되고 또다른 쪽에 있는 다양하고 불안정한 의식은 비본질적인 것이다. 이때 양자 모두가 서로에게 이질적인 존재라는 것이 의식에게 깨우쳐져 있으니 결국 의식 그 자체가 스스로 모순을 안은 채, 이는 불안정한 의식 쪽에 자리잡은 비본질적인 존재가 된다.

---

39) 『인륜의 체계』(System der Sittlichkeit)에서 헤겔은 셸링의 지적 직관이 현실적으로 작용하는 장(場)은 인륜의 세계이며, 여기서 정신의 눈과 신체의 눈은 완전히 일치하고 인간은 타인에게서 자기와 동일한 정신을 본다고 하였는데, 이는 "하나의 자기의식이 또 하나의 자기의식에 대해서 있다"는 명제와 동일한 문맥에서 이해된다. 이런 점에서 또한 일종의 중국적인 천부인권론이라고도 할 강유위(康有爲)의 『논어 주』에 다루어진 '평등과 자주'의 사상이 모든 인간을 천(天)의 일부로 보고 천을 매개로 하여 인간만이 아닌 전체 생물의 일체성(一體性)까지도 포괄하는 상호연속성 또는 동질성문제를 제시한 것은 헤겔 사회철학이론과의 비교검토를 가능하게 하는 하나의 대목으로 평가될 만하다.

그러면서도 또 의식은 불변적인 단일한 존재의 의식이기도 하므로 이 비본질적인 자기로부터 자유로워지려고 하지 않을 수가 없다. 왜냐하면 분명히 가변적인 의식과 불변의 의식이 서로 상반되는 것으로 자각되어 있다고는 하지만 의식 그 자체는 단일한 불변의 의식이므로, 이것이 곧 자기의 본질이라는 것은 의식되어 있기 때문이다. 다만 여기서는 아직 의식 자체가 그런 본질적인 차원에 다다라 있지는 않을 뿐이다.

따라서 의식이 양자에게 부여하는 위치는 서로가 전혀 무관한 이질적인 관계에 있는 그런 것이 아니며, 또한 의식이 불변의 존재에 대해 무관한 위치에 있는 것도 아니고, 오히려 의식은 양자 모두를 직접 자기 슬하에 둠으로써 양자의 관계를 어디까지나 본질과 비본질의 관계로서 자각하지 않으면 안 된다. 물론 비본질적인 것은 파기되어야만 하지만 의식에게는 양자가 다 같이 본질적이면서 모순되는 것이다. 따라서 그야말로 의식은 모순을 떠안고 있는 운동(die widersprechende Bewegung)으로서 존재할 수밖에 없으니, 여기서는 상호대립하는 한쪽 극이 다른 쪽 극으로 이행한다고 하여 안정되기보다는 오히려 연이어 새로운 대립물을 낳을 수밖에 없는 것이다.

이렇듯 양자가 하나로 얽혀들어 있는 처지에서 승리는 오히려 패배라고나 할 그런 피아간의 싸움이 벌어지고 있으니, 한쪽에서 획득하는 것이 있으면 그로 인하여 반대쪽에서는 그것을 상실하게 되는 형국이 빚어진다. 생명의 힘으로 약동하며 행위하는 의식이 이러한 자신의 처지를 고통스러워할 수밖에 없게 되었으니, 왜냐하면 여기서 의식되는 것은 본질적 존재로서의 자기는 반대편에 처져 있어서 정작 지금의 자기는 무실(無實)한 존재에 지나지 않는 것이 되어 있기 때문이다.

물론 의식은 이러한 처지를 탈피하여 불변자인 신에게로 상승해갈 수는 있지만, 이렇게 상승하며 앞서가는 것은 결국 동일한 의식이 행하는 것이므로 상승해가는 그 앞에 있는 것은 개별자로서의 자기와는 정반대되는 것이다. 이런 경로를 통하여 의식 속에 참모습을 드러내기 시작하는 불변자는 개별 존재와 접촉하며 오직 개별자와의 연계 속에서만 생명 있는 것이 된다. 이렇듯 불변자를 의식하는 가운데 개별자가 말소되어버리는 것이 아니라 어디까지나 개별자는 개별자로서 불변자의 세계에 군림하는 것이다.

바로 이러한 운동 속에서 불행한 의식은 불변자의 곁에 개별자가 함께 출현하고 개별자의 곁에 불변자가 함께 출현한다는 것을 경험하기에 이른다.[40] 그 어떤 개별자라도 불변자를 밀쳐낼 수는 없으므로 물론 개별자로서의 자기도 역시 불변자의 곁에 함께 있다는 것이 의식된다. 왜냐하면 이 운동의 진리는 바로 이 개별자와 불변자라는 이중의 의식의 일체화(das Einssein dieses gedoppelten Bewußtseins)에 있기 때문이다.

그러나 이러한 통일이 갓 이루어진 시점에서는 오히려 양자간의 차이가 더욱 두드러지게 부각된다. 이 경우 개별자와 불변자 사이에는 다음과 같은 세 가지[41] 결합양식이 있을 수 있다. 첫번째는 개별자가 새삼 불변자와 대립하여 나타나는 경우인데, 이때 개별자는 불변자와의 전반적인 관계의 토대를 이루었던, 바로 그 싸움이 처음 시작됐던 국면으로 되돌려지게 된다. 두번째는 불변자 자신이 개별자의 모습으로 의식에 비쳐지는 경우인데, 여기서는 개별자가 불변자인 신의 모습을 드러내는 것이 되면서 개별자의 존재 전체가 신격화된다.[42] 세번째는 개별적 의식 자체가 스스로 불변자의 품에 안겨져 있음을 의식하는 경우이다. 첫번째 불변자는 개별자를 단죄하는 초월적인 존재에 지나지 않지만 두번째 불변자는 인간과 같은 개별자의 형태를 지닌 존재이고, 세번째 불변자는 성령이 되어 자신의 품속에서 기쁨을 누리면서 개별자로서의 신과 보편자로서의 성령이 화해했음을 의식하는 경우이다.

---

40) 인간과는 달리 본원적·본래적으로(an sich) 변화·변전에서 벗어나 있는 신 또는 로고스(Logos)가 인간화·육화(Menschwerdung)되는 양상을 가리키는데, 자세한 것은 제7장의 3. 계시종교 참조.
41) 삼위일체의 교의(敎義)에 따른 것.
42) 여기서 불변자는 개별자의 모습을 띠면서 동시에 이 불변자는 어디까지나 보편적인 존재로서 개별적인 현실 전체를 끌어안고 있는 것이 된다.

이렇게 해서 드러난 불변자의 모습은 분열된 자기의식이 불행을 되씹어가면서 스스로 경험해온 바 그대로이다. 그러면서도 이러한 경험은 자기의식만의 일방적인 운동은 아니다. 왜냐하면 자기의식 그 자체가 불변의 의식이지만 이 불변의 의식은 동시에 개별 의식이기도 하므로, 운동은 운동 속에서 개별 의식과 더불어 등장해오는 불변적 의식의 운동이기도 하기 때문이다. 이제 이 운동이 경과하는 단계를 보면, 첫째 불변의 의식과 개별 의식이 일단 대립을 빚은 다음에 개별 의식과 또 하나의 개별 의식의 대립으로 이행하고 나서 마지막으로 양자가 통일된다는 세 개의 과정을 이룬다.

그러나 이것은 방관자인 우리만이 알아차릴 수 있는 것인데, 지금은 이 문제를 다룰 계제가 아니다.[43] 왜냐하면 지금까지 우리에게 문제가 되어온 불변성은 아직 대립을 극복한 참다운 의미에서가 아닌 한낱 의식의 불변성에 한정되어 있어서, 완전무결한 불변자는 아직 등장하지 않은 상태이기 때문이다. 따라서 지금으로서는 아직 완전무결한 불변자가 어떤 것인지를 우리는 모르고 있다. 다만 여기서 드러난 것은 우리의 주된 대상인 불행한 의식에서 지금까지 거론되어온 것이 불변자의 구체적인 내용으로 나타나 있다는 것뿐이다.

이상과 같은 이유에서 비록 불변의 의식이 인간의 형태를 띠고 나타난다 하더라도 이는 개별 의식과는 별개의, 자기분열을 자각하는 존재라는 기본성격을 띠는 것이 된다. 이제 불변의 존재가 인간 개인의 형태를 띠는 것은 개별 의식에는 도대체 하나의 사건이다. 물론 개별 의식으로서는 자기가 어쩔 수 없이 불변자와는 대립하는 것으로 여길 수밖에 없을뿐더러 더욱이 이를 당연한 것으로 받아들인다. 그러나 마침내 개별 의식이 불변자로서의 예수 그리스도 역시 자기와 동일한 인간이라고 생각하게 될 때, 이 생각은 어느 면으로는 개별 의식이 스스로

---

43) 불변자가 제6장의 2.에서 다루는 본원적인 즉자존재(Ansichsein)로, 그리고 제7장의 3.계시종교에서는 즉자대자적인, 완전무결한 절대적 존재(An-und-Fürsichsein)로 표현되어 있다.

산출해낸 것이고 개별자가 개별적인 한에서 생겨난 것으로 생각되지만, 다른 한편으로 이러한 통일은 그의 발생면으로나 통일의 양식면으로 보더라도 불변자의 육화작용을 떠나서는 생각할 수가 없다.

그런데 신과 인간의 대립은 이러한 통일 속에서도 그대로 존속된다. 실제로 불변자가 인간의 모습을 띤다 하더라도 피안이라는 요소는 그대로 존속될 뿐 아니라 오히려 더 강조된다. 왜냐하면 불변자가 현실적인 개인의 형태를 띠고 개별적인 의식에 좀더 가까이 와닿는 존재로 보이는 것은 분명하지만, 다른 한편으로 현실의 개별 사물이 여전히 불투명한 감각적인 단일물로 있다는 점에서 오히려 완강한 현실의 힘을 동원해 불변자 쪽을 뿌리쳐버린다고 할 수도 있기 때문이다.

결국 불변자와 일체를 이루고자 하는 희망은 어디까지나 희망에 그칠 뿐, 현재 속에서 충족될 수는 없는 것이다. 왜냐하면 그러한 희망이 충족되느냐의 여부는 희망의 근거가 신의 육화에 있는 이상, 육신이 처해 있는 불가항력적 우연성과 한 치의 흔들림도 없는 물질성에 좌우되기 때문이다. 신이 현실에 존재하는 일자, 예수 그리스도로서 현현했다는 사태에 따를진대는 그것이 시간의 흐름 속으로 사라지고 공간적으로 머나먼 곳에 그대로 머물러 있으리라는 것은 필연의 이치이다.

최초에 의식이 단지 양분되어 있는 단계에서는 개별 의식을 지양하여 불변의 의식으로 나아가는 데 주안점이 두어졌지만, 신의 육화라는 이 단계에서 추구해야 할 목표는 형태를 지니지 않은 순수한 불변자와의 관계를 지양하고 오직 형태화한 불변자[44]인 신과의 관계를 마련하는 것이다. 의식이 분열되어 있던 상태에서는 단지 무형의 추상적인 불변자만이 본질적인 대상이 될 수밖에 없었지만, 여기서는 개별자와 불변자의 통일이 핵심이며 대상이 되어 있다. 이제 의식은 애초에 있었던

---

44) 원어는 der gestaltete Unwandelbare라는 남성형으로 되어 있으므로, 이 형태화한 불변자는 예수 그리스도로 보는 것이 타당하다.

개념의 절대적 분열이라는 상태에 등을 돌려야만 한다. 형태화한 불변자와 관계하는 것이 애초에는 이질적인 존재와의 외면적인 관계일 수밖에 없지만, 의식은 여기서 더 나아가 신과의 절대적인 일체화를 향하여 매진해야만 한다.

비본질적인 개별 의식이 이렇듯 불변자와의 일체성을 지향해나가는 운동은 육화된 피안의 신과의 관계가 삼중화되어 있는 데 따른 이 역시 삼중의 운동[45]이 된다. 첫째가 순수한 의식[46]으로서의 운동이고 다음은 욕망이나 노동을 통하여 현실에 대처하는 개별 존재의 운동[47]이며 셋째는 자기의 독자성을 의식하는 운동[48]이다. 이제 비본질적인 의식의 이상 세 가지 양태가 신과 인간의 보편적인 관계 속에서 어떤 위상을 지니고 또 어떻게 규정되는가를 살펴나가야만 하겠다.

우선 비본질적인 의식을 순수한 의식으로서 고찰해야만 하겠는데, 이때 순수한 의식에 나타나는 신 예수 그리스도는 완전무결한 절대존재로 자리잡고 있는 듯이 보인다. 그러나 이미 지적했듯이 완전무결한 불변자는 자기의식의 차원에서는 아직 나타나지 않는다. 불변자가 완전무결한 모습으로 의식 속에 나타나기 위해서는[49] 먼저 의식의 활동이 발단이 되기보다는 오히려 불변자 자신으로부터 발동해야만 한다. 그런데 지금 현재로 있는 불변자는 일방적으로 의식에 의해서만 신으로 정립된 것이므로, 바로 이런 이유에서 진정한 절대의 불변자일 수 없는, 대립을 안고 있는 불완전한 존재이다.

---

45) 이 삼중의 관계와 운동 역시 삼위일체의 교의를 해석한 것이다.
46) 여기서 순수의식이란 육화된 신 예수 그리스도에게서 신성을 우러러보면서도 자기에게 신성이 깃들어 있음은 자각하지 못하는 상태를 일컫는다. 『차이 논문』에서는 피히테의 "자아는 자아이다"가 순수 자아의식(reines Ich-Bewuβtsein)으로 불리고 있는데, 이는 다시금 경험적 의식에 대립되는 의미에서의 순수의식이라고도 불린다.
47) 이 두번째 단계는 곧이어 '현실적인 의식'으로 규정된다.
48) 삼위일체의 세번째 단계인 영(靈)에 눈뜬 상태를 말하며, 이 영성은 곧 교단의 정신이다.
49) 의식에 현현된다는 의미에서 계시의 필요함을 가리킨다.

그러나 불행한 의식이 비록 완전무결한 불변자를 생생한 모습으로 소유하고 있지는 않다 하더라도 이 의식은 개별적인 인연이라곤 전혀 도외시하는 스토아주의의 추상적인 사고나 불안정한 회의주의적 사고, 즉 실제로는 모순을 의식하지 않은 채 간단없이 떠돌고 있는 개별자의 사고와 같은 순수사유에 머물러 있는 것은 아니다.[50] 불행한 의식은 스토아적 또는 회의주의적인 순수사유를 초월함으로써 순수한 사유와 개별 존재를 하나로 엮어서 보존하고는 있지만, 이보다 더 나아가 개별 의식과 순수사유의 화해를 명확하게 의식하는 데까지는 아직 이르지 못하고 있다.

오히려 불행한 의식은 추상적 사유와 개별 의식 그 자체가 서로 마주치는 중간 지점에 자리하고 있다. 불행한 의식 그 자체가 이 접촉점에 자리잡고 있으니, 이것이 순수사유와 개별성의 통일을 이루는 현주소이다. 여기서는 사유하는 개별자와 순수사유의 존재뿐만 아니라 불변자인 신마저도 그의 본질상 개별자로서 존재한다는 사실이 자각되어 있다. 그러면서도 본질적으로 개별자의 형태를 띠는 이 불변자가 개별자의 의식인 불행한 의식 그 자체라는 것까지는 자각되어 있지 않다.

따라서 우리가 불행한 의식을 순수의식으로서 고찰하는 이 첫번째 단계에서는 의식과 대상[51]의 관계는 사유하는 데까지는 이르지 않고 순수히 사유하는 개별자와 대상이 되는 개별자가 서로 마주보는 가운데, 순수사유에 기초한 상호관계가 성립된다기보다는 이를테면 의식은 사유를 향한 희구에 지나지 않는 '기도'[52]하는 기본자세를 지닌다. 의식의 사유 그 자체가 하염없이 울려퍼지는 종소리이거나 따사로이 느껴지는 짙은 안개와도 같은 음악적인 사유에 그침으로써, 대상 파악을

---

50) 기독교가 애초에 불행한 의식으로 출현하게 된 전제로서의 스토아주의와 회의주의에 관한 것은 제6장의 법의 지배와 제7장의 3. 계시종교 등에 언급되어 있다.
51) 여기서 '대상'이란 형태화한 불변자로서의 예수 그리스도를 가리킨다.
52) 본래 Andacht란 원어는 '사유', 즉 Denken에 전치사 an이 덧붙은 것으로서 사무치게 생각한다, 즉 사모(思慕)·기도·신앙·경건이라는 뜻이다.

위한 유일한 내재적 방법인 개념에는 다다르지 못하고 있는 것이다.

이렇듯 무한히 순수한 내적인 감정에도 대상이 나타나기는 하지만 대상이 개념화되는 일은 없으니, 따라서 그것은 낯선 존재로서 다가온다. 결국 순수한 심정[53]의 내면적인 운동이 행해질 때의 이 자기감정이란 신과의 분열을 서글퍼하는 고뇌의 감정이다. 무한한 동경[54]에서 우러나오는 이 운동을 뒷받침하는 것은 그렇듯 순수한 심정이, 즉 그 자신을 개별체로서 사유하는 순수사유가 그의 본질을 이룬다는 데 대한 확신이며, 나아가서는 동경이 바로 개별체로서 받아들여지는 대상에 의해서 인지되고 인정된다[55]는 확신이다.

그러나 동시에 이 존재는 손에 넣으려고 하면 도망쳐버리는, 아니 이미 도망쳐서 놓쳐버리고 만 피안의 존재이다. 이미 도망쳐버렸다는 것은 그것이 개별자의 모습을 띤 것으로 여겨진 불변자로서, 의식은 스스로가 그의 존재에 직접 감싸여 있다는 것은 알면서도 끝내 그 자신이 불변자와 대립하는 것이기 때문이다. 결국 의식은 신의 존재를 포착한다기보다는 단지 느낌으로 받아들일 뿐이고, 이런 느낌 속에서 자기에게로 되돌아올 뿐이다.[56]

신에게 다가서려는 마당에 그 자신이 처해 있는 신과의 대립상태를 견뎌낼 수 없다면 결코 신을 포착하지 못한 채 다만 신의 허울만을 포착하는 데 그치고 말 것이다. 결국 신의 품에 안기려고 노력하는 의식

---

53) 원어는 Gemüt인데, 『미학』에서는 정신의 내면성(Innigkeit des Geistes)으로 규정되어 있다.
54) 앞의 사모·경건과 마찬가지로 동경 역시 중세 기독교인의 전반적인 심정을 여실히 나타낸 것이다. 헤겔의 논문 「신앙과 지식」에서는 동경을 야코비 철학의 원리로 지목하고 있으며, 다시 이 야코비의 철학적 원리가 슐라이어마허에 의해 더욱 구체화된 것으로 평가되어 있다.
55) 처음으로 제4장의 1. 자기의식의 자립성과 비자립성에서 논의되었던 '인정'(Anerkennen)의 의미와 동일하게 사용되고 있다.
56) '불행한 의식'을 논하면서 "불변자의 위치로 상승해갈 수는 있지만 이렇게 상승하는 것 역시 동일한 의식이 행하는 것일 뿐이므로……"라고 했던 대목을 떠올려 보라.

이 실제로 손에 넣은 것이라곤 한편으로는 신으로부터 단절된 자기의 현실(die eigne getrennte Wirklichkeit)인데, 그렇다고 또 자기가 상대로 하는 타자는 현실의 개별자[57]일 수는 없다. 구하려고 하는 것이 그 구하고자 하는 곳에서 찾아지지가 않는 것이다. 피안이란 눈에 띄지 않는 것이니, 실로 이는 그럴 수밖에는 없는 것이다.

여기서 구해 마지않는 것은 사유의 대상인 일반적인 개인이나 개인의 개념이 아니라 대상적으로 현존하는 개인, 예수 그리스도이며 직접 감각적 확신의 대상이 되는, 그러나 바로 이로 인하여 소멸되어버리는 그런 개인이다. 그러므로 이때 의식에 생생히 떠오르는 것은 오직 예수의 생명을 증거하는 분묘[58]일 뿐이다. 그런데 분묘 그 자체가 하나의 현실인 이상, 바로 그런 점에서 언제까지라도 소유할 수 있는 그런 것은 아니므로 결국 분묘를 에워싼 싸움[59]은 패배의 낙인이 찍혀버린 헛수고라고 할 수밖에는 없다. 그러나 현실의 불변자인 예수의 묘는 아무런 현실성을 띤 것이 아니며 또한 소멸되어버린 개인 예수의 사체(死體)가 참으로 존재하는 개인이 아니라는 것은 분명하다. 그러므로 마침내 불변의 개별자를 현실의 개인으로서 추구하거나 사체로서 확보하려는 시도는 단념하게 되고 이로써 개별자를 참다운 보편적 개별자로서 맞이할 수 있게 되는 것이다.

그러나 여기서 일단 자체 내로 복귀해가는 심정은 개별자의 심정으로서 현실성을 지닌 것으로 받아들여져야만 한다. 이때의 순수한 심정은 사태 자체를 파악하는 우리에게는 당연히 자기를 발견하여 스스로 흡족해하는 것으로 보인다. 왜냐하면 심정적인 의식이 신과의 분리를 자각하지 않을 수는 없다 하더라도 신에 대한 감정이란 그 자체가 자기감정[60]이며, 따라서 의식은 자기의 순수한 감정의 대상인 불변자에 동화(同

---

57) 제1장에 등장하는 '이것' '이 사람'으로 지적된 바로 그 개별자를 뜻함.
58) 예루살렘에 있는 것으로 알려진 예수 그리스도의 무덤, 즉 그리스도가 사후 3일 만에 부활한 그 묘이다.
59) 십자군을 뜻한다.

化)하지만 이때의 대상은 의식 자신이기 때문이다. 이로써 자기감정은 독자적으로 존재하는 현실적인 감정으로서 등장한다.

이러한 심정의 자기복귀 속에서 욕망과 노동이라는 불행한 의식의 두번째 관계가 조성되는데, 여기서 얻어지는 의식의 내면적인 자기확신은 자립적인 사물[61]의 형식을 띠고 존재하는, 자기와는 이질적인 존재를 없애버리거나 소비하거나 하는 데서 확증된다. 그러나 불행한 의식은 그 자신이 다만 욕망과 노동에 종사하는 것으로만 여길 뿐, 그러한 의식의 근저에 내면적인 자기확신이 깔려 있고 또한 그가 지니는 신에 대한 느낌이 곧 자기감정이라는 것을 자각하고 있지는 않다.

그런데 의식이 이렇듯 스스로 확신하는 바를 제대로 깨우치지 못하는 것은 의식 내면의 자기확신에 균열이 빚어져 있다는 것이 되는데, 이와 마찬가지로 노동과 향유를 통하여 얻어져야 할 확증에도 역시 균열이 생겨나 있다. 이렇게 해서 의식은 오히려 자진해서 그러한 확증을 부정해야만 할 궁지에 몰리는 까닭에 여기서 확증은 의식에 감지되는 의식의 분열을 확증하는 것에 지나지 않는다.

욕망과 노동이 마주하는 현실은 이 의식에서는 더 이상 그 자체가 하찮은, 한낱 파기되고 소모되어버리는 그러한 것이 아니라, 의식 자체와 마찬가지로 분열된 상태에서 한편으로는 하찮은 것이면서도 다른 한편으로는 신성한 세계[62]이기도 한 그러한 현실이다. 이 신성한 세계로서의 현실은 불변자의 모습을 하고 있다. 왜냐하면 불변자는 본래 개별자

---

60) 본래 '자기감정'(Selbstgefühl)이란 합목적적 활동을 하는 유기체에게 자기의 목표 달성을 위해 필수적으로 전제되는 것이다. 예컨대 먹이를 취하는 것과 같은 자기보존(Selbsterhaltung)을 위한 활동과 이를 통한 목적 수행에 필수적으로 수반되는 자기감정이 그것이다.
61) 무엇보다도 신도들의 노동의 결실인 빵과 포도주로 치러지는 성찬식에 관한 것이지만, 다른 한편으로는 예수 그리스도에 의해 바쳐진 피와 살을 받아들인다는 점에서 그리스도와 영성체(靈聖體)를 뜻한다.
62) 신이 육화하여 개별체로서 예수 그리스도의 형태를 띰으로써 세계 내의 모든 개별자가 불변자의 모습을 한 신성한 존재가 되었음을 가리킨다.

의 모습을 하고 있기는 하지만 동시에 전지전능한 존재이기도 하여 일체의 현실을 걸머쥐고 있기 때문이다.

만약 의식이 자기만의 자립적인 의식이고 의식에 대해서 있는 현실이 전적으로 무가치한 것이라고 한다면 의식은 노동하고 향유하는 가운데 자기야말로 현실을 무화시켜버리는 것이라는 자각 아래 자기의 자립성을 실감하게 될 것이다. 그러나 현실이 어디까지나 불변자의 모습을 빼닮은 것이라고 한다면 의식은 이를 파기해버릴 수는 없다. 그보다도 도리어 의식이 현실을 부정하여 현실적으로 향유한다고 한들, 이는 본질적으로 불변자가 자기를 빼닮은 것을 희생시켜 의식으로 하여금 이를 향유하도록 내맡긴 데서 생겨났다[63]는 생각을 하지 않을 수가 없다.

여기서는 의식도 역시 그 나름의 현실적인 존재이며 더욱이 내면적으로 분열된 현실존재로 등장하는데, 이러한 분열은 노동과 향유 속에서 자립적인 의식이 현실과 관계하는 장면과 의식 그 자체의 분열로서 표현된다. 노동을 통하여 현실에 관계하는 것이 곧 개별 의식 자체에 속하는 자립적인 행위이며 사물에 변화를 가져오는 동인이다. 그러나 의식은 또한 그 자체로 존재하는 면도 있으니, 본래 그것은 불변의 피안에 속하는 것이다. 이것이 바로 갖가지 능력이나 역량이라고 일컬어지는 것이며, 불변자는 이러한 천부적인 재능[64]을 사용하도록 의식에 허용한다.

---

63) 제7장의 2. 예술종교에도 등장하는 견해로서, 불변적인 것 그 자체를 인간이 마시거나 먹거나 할 수는 없지만 형태화한 불변자가 빵과 포도주가 되어 있는 경우에는 이것이 가능하다는 것이다. 특히 그노시스(Gnosis)파의 기독교에서와 같은 수난(受難)의 예수 상(像)이 여기에 해당한다.
64) 『기독교의 정신과 그의 운명』(Der Geist des Christentums und sein Schicksal)에도 생활하며 기쁨을 누리는 이 모든 것을 신이 하사한 은혜로움으로 받아들이는 '경건한 사상'(andächtiger Gedanke)에 관한 언급이 있는데, 「사도신경」 제1조에 대한 루터의 해설에 따르면 인간이 지닌 사지(四肢)·감관·이성 등이 모두 창조신의 시혜에 의한 것이 된다.

따라서 의식은 그의 행위에서 우선 양극 사이의 관계 속에 놓이게 된다. 즉 능동적으로 행위하는 차안의 존재로서 의식이 한쪽 편에 있고 그의 반대편에는 수동적인 현실이 있는데, 이 양자는 상호간에 관계는 하면서도 모두가 불변자의 그늘 아래 확고한 자리가 마련되어 있다. 따라서 서로가 대립적으로 벌여나가는 운동은 단지 표면상으로 행해질 뿐이다. 수동적인 현실의 극은 능동적인 극에 의해서 제압당하지만, 이렇게 현실의 극이 제압당하게 되는 이유는 불변의 존재가 현실을 그의 품에서 밖으로 밀쳐내고 방기해버림으로써 이를 능동적인 행위자의 수중에 넘겨주기 때문이다. 이렇게 해서 능동적인 힘은 현실을 해체하는 불변자의 위력[65]으로서 나타난다.

그런데 이렇게 되면 능동적인 힘의 소유자인 의식에서도 신 그 자체가 자기 외부에 있는 것이 됨으로써 의식의 활동을 뒷받침하는 위력도 의식과 동떨어진 피안[66]에 속하는 것이 된다. 그러므로 의식은 자기의 행위에서 출발하여 자체 내로 복귀해 여기서 자기의 독자성을 확인하는 것이 아니라 오히려 행위의 원동력을 찾아서 순수한 보편자이며 절대적 위력으로 나타나는 반대극으로 가 다다를 수밖에 없으니, 이를 기점으로 하여 운동은 온갖 방향으로 나아가면서 최초에 봤던 대로 양극으로 분해되기도 하고 양극이 서로 교체되기도 한다.

불변의 의식인 신이 스스로 조성해놓은 형태를 단념하고 양도하는 데 반해 개별 의식인 인간은 감사의 염(念)을 안고 이를 받아들이는 가운데 여기에는 의식의 자립성이 안겨주는 만족을 포기하여 행위의 본체인 신은 피안에 있다는 두 측면에서의 이중의 방기가 생겨나 있지만,

---

[65] 『기독교의 정신과 그의 운명』에서 헤겔은 「요한복음」 제1장에 나오는 신의 아들로서의 그리스도의 힘은 천상의 신이 죄의 있음과 없음을 판정하는 힘, 즉 'Macht'인 데 반하여 세속적인 의미의 재판과 형벌에 의한 강제적인 지배력은 또 다른 의미의 힘, 즉 'Gewalt'라고 표현하고 있다. 이렇듯 'Macht'를 권위와 위력으로, 'Gewalt'는 권력과 폭력으로 보는 입장은 헤겔 철학 전반에 걸쳐 나타난다.
[66] 신의 위력 앞에서는 현실적으로 노동하는 능력도 하늘이 내린 것이라는 취지를 담고 있다.

이로 인하여 의식은 불변자와의 통일을 의식하게 된다. 그러나 동시에 이 통일은 분리될 수 있는 소지를 안고 있어서 다시금 내적 분열을 야기하는바, 여기에서 또다시 보편자인 신과 개별자인 인간의 대립이 생겨난다. 왜냐하면 의식은 겉으로는 자기감정의 만족을 단념한 듯이 보이지만 실제로는 만족을 누리고 있기 때문이다.

실로 욕망과 노동과 향유의 의식이란 이러한 것으로서, 그의 의지와 행위와 향유도 모두가 의식으로부터 발단된다. 의식이 반대극에 있는 신적 본질을 인정하여 자기를 방기하는 데서 우러나오는 감사의 염이라는 것도 어디까지나 의식 자신의 소행으로서, 이것이 반대극의 행위에 맞먹는 값어치를 지니면서 반대극의 자기희생적인 선행에 대등한 행위로서 응답하는 것이다. 그뿐 아니라 반대의 극이 그의 표면만을 의식에 내맡기는데도 여전히 이에 감사함을 느끼는 의식은 이런 마음가짐으로 자기의 본질인 행위마저 방기하게 되고, 단지 그의 표면만을 자기로부터 단절해버린 반대극보다도 더 알찬 행위를 하는 것이 된다. 따라서 단지 현실적인 욕망과 노동과 향유 속에서만이 아니라 사태가 역전되는 듯이 보이는 감사의 행위에서조차도 운동 전체는 개별성의 극으로 복귀하게 된다.

이렇듯 복귀하는 가운데 의식은 개별자로서의 자기감정을 지니고 더 이상 자기단념이라는 외양에 현혹되지는 않는다. 왜냐하면 스스로 단념했다고는 하지만 그의 참뜻은 오히려 자기방기를 하지 않았다는 데 있기 때문이다. 이렇게 해서 생겨난 결과라고 한다면 양극이 제각기 이중의 자기복귀[67]를 했다는 것뿐이니, 이로써 다시금[68] 의식의 분열, 즉 불변자의 의식과 이에 대립하는 의지 · 실행 · 향유와 자기방기로 나아가는 자립적인 개별 의식과의 분열이 생겨나고 있다.

---

67) 자기의식 개념을 전개하는 데서 그것이 다다른 "확신의 진리는 오히려 이중의 복귀이며 자기의식의 이중화이다"라고 한 185쪽의 주 20 참조.
68) 삼위일체성을 구성하는 첫번째 단계인 대립이나 싸움이 이 관계의 전체 국면을 관통하는 요소가 되어 있다.

이제 불행한 의식의 운동에서 세번째 상태가 나타나는데, 즉 두번째 상태와의 연관 속에서 보면 의지와 실행을 통하여 스스로의 자립성을 엄정하게 실증하려는 것이 세번째의 의식이다. 첫번째 관계에서는 현실 의식의 개념만이 내적 심정의 차원에서 드러났을 뿐 그것이 현실의 행위나 향유로 이어지지는 않았지만, 두번째 관계에서는 밖으로 향하는 행위와 향유 속에서 의식이 현실적인 의식이 되었다. 여기서 다시금 자체 내로 복귀하는 것이 세번째의 의식인데, 이 의식은 스스로 현실에 힘을 발휘하고 있음을 실감하는 가운데 자신의 참다운 모습을 자각하고 있다.

그러나 여기서는 또한 적(敵) 쪽[69]에서도 그의 진면목이 어떠한 것인가를 여실히 드러내주고 있다. 심정의 싸움에서는 개별 의식이 다만 음악적이고 추상적인 요소로서 존재할 뿐이다. 심정적 차원에 머물러 있는 의식에 실재성을 부여하는 노동과 향유 속에서 의식은 홀연히 자기를 잊은 채 거기에 휩쓸려 들어가버리지만, 이러한 현실 속에 고유한 자기를 견지하고 있다는 의식은 불변자를 감사의 염으로 인정하는 행위에 의해 제압되고 만다. 그러나 실은 이러한 제압이 의식의 자기복귀를 가져옴으로써 마침내 의식은 참다운 현실인 자기에게로 복귀한다.

그런데 참다운 현실이 한쪽 극을 이루는 세번째 관계는 현실이 보편 존재인 신과의 관계 속에서 덧없는 것이 되어버리는 그런 관계인데, 이제 여기에 얽힌 관계가 어떻게 진전돼나가는가를 고찰해야만 하겠다.

먼저 의식이 실재한다는 것이 전혀 무가치한 것으로 여겨지는 그런 상태가 나타난다. 여기서는 현실의 행위가 아무 의미도 없는 행위가 되면서 욕망의 향유가 불행의 감정을 불러일으킨다. 행위와 향유는 그것 자체가 행위와 향유를 위한 완전한 자기충족 요건이 되는 일체의 사회적인 내용과 의미를 상실한 채 개별 국면의 행위나 향유에 그침으로써, 의식으로서는 이를 방기하는 수밖에는 다른 도리가 없다. 이렇듯 그 자

---

[69] 244쪽 이하에서 모습을 드러낸 '적'(Feind)에 주목할 것.

신을 개별 국면에 묶여 있는 현실 존재로서 의식하게 되면 의식은 스스로가 동물적인 기능을 하는 것이나 다름없어진다.

동물적인 기능은 아무런 가치도 없고 정신에서 아무런 의미도 가치도 없는 것으로서 꾸밈없이 적나라한 행태를 일삼게 마련이지만, 동물의 차원은 적수(敵手)와도 같은 욕망과 쾌락이 본래의 텃밭을 이루고 있어서 여기서는 금욕이 오히려 진지한 노력의 대상이며 실로 가장 긴요한 사안이 되어 있다. 그러나 욕망과 쾌락이라는 적은 아무리 패퇴하고 제재당하고도 여전히 되살아남는다. 여기에 고착되어버리는 의식은 거기에서 해방되기는커녕 언제나 거기에 말려든 채 그때마다 불순한 자기를 눈여겨보게 된다. 그런가 하면 더욱이 스스로 노력을 기울이는 내용이란 본질적인 것과는 아무 상관도 없는 비천한 것, 그리고 아무런 사회적인 요소를 갖추지 않은 사적(私的)인 것으로서, 결국 이렇듯 자기와 자기의 하찮은 행위에만 얽매여 노심초사하는 의식은 불행하고 가련한 인격이라고 할 수밖에 없다.

그런데 이렇듯 불행의 감정과 행위의 초라함이 있는 곳에 불변의 신과 일체화된 의식이 결부되어 있다. 왜냐하면 자기의 현실존재를 결단코 부정해버리려는 시도는 불변자에 대한 사상(思想)을 매개로 하여 불변자와의 관계 속에 생겨나는 것이기 때문이다. 개인으로서의 자기를 부정한다는 운동의 본질은 신과의 간접적인 관계를 맺는 데에 있으니, 관점을 바꾸어보면 이 운동은 관계 그 자체로서는 불변자와의 통일을 이루어낸다는 긍정적인 면도 지니는 것이다.

이 간접적인 관계라는 것은 애초에 신(das Ansich)에 대립하는 위치에 있는 개별자가 신이라는 반대극과 제3자를 매개로 하여 비로소 합일된다고 하는 추론형식에 따른 것이다. 이 매개적인 중간항을 통하여 불변적인 의식의 극이 비본질적인 개별 의식 앞에 모습을 드러냄으로써 비본질적인 의식 속에서 중간항을 매개로 한 관계가 자각되는 것과 동시에 다시 이 중간항이 양극을 마주 대하도록 함으로써 양쪽이 서로를 돌보는 봉사하는 것으로 자각된다. 이 중간항은 바로 의식 자체 내에서 매개하는 행위자인 이상 그 자체가 곧 의식을 지닌 존재[70]이므로, 그의 행위의 내용은 불행한 의식에 매여 있는 개별자로 하여금 그런 의식을 떨쳐낼 수 있도록 힘을 실어주는 것이 된다.

이렇듯 매개하는 중간 위치를 차지하는 가운데 의식은 더 이상 행위나 향유가 자기의 행위이며 향유라는 입장에 얽매이지 않게 된다. 의식은 자기의 극에 자립적으로 존재함으로써 의지의 본체를 스스로 떨쳐버리고 중간 위치에 있는 성직자에게 결단의 주체성과 자유(die Eigenheit und Freiheit des Entschlusses)를, 따라서 또 행위에 대한 책임(die Schuld seines Tuns)[71]을 떠넘기게 된다. 불변자와 직접 관계하는 이 매개자로서의 성직자는 무엇이 옳은 행위인지에 대해 충언하면서 개개인을 신에게로 인도하는 것이다.

그런데 타인의 결정을 따르는 행위란 의지에 바탕을 둔 행위라는 점에서 보면 더 이상 본인 자신의 행위라고는 할 수 없지만, 행위의 대상적인 측면을 이루는 노동의 성과와 그의 향유는 여전히 비본질적인 의식의 소관 아래 있다. 따라서 의식은 이것마저도 스스로 뿌리쳐버릴 수밖에 없으니, 이렇듯 자기의 의지를 포기할 바에는 노동과 향유 속에서 획득된 현실마저도 포기하게 된다. 결국 전혀 생소한, 의미도 알 수 없는 것[72]을 꾸며내거나 읊어대는 것은 자기의식이 획득한 그의 자립성[73]이라는 진리를 방기하는 것이고, 그 다음 노동에 의해 획득한 것 가운데 일부를 양도한다는 것은 실제로 손에 넣은 재산을 방기하는 것이며,

---

70) 교단의 정신에 따라 불변자를 갈구하는 사제나 승려를 가리키는데, 일반적으로는 교회를 뜻한다.
71) 책임에는 동시에 죄의 요소가 수반되므로 Schuld라는 단어는 '죄책'이라는 이중의 의미로도 번역된다.
72) 예컨대 성가대가 합창하는 가사가 자국어가 아닌 라틴어일 경우, 그 의미가 분명하지 않음을 가리킨다.
73) 244쪽 이하에서 언급된 대로 노동하고 향유하는 것은 동시에 사물을 무화(無化)·말소한다는 것이기도 하므로 마침내 양면적인 결실에 따른 노동과 향유는 그 자체가 자립성의 의식을 획득하는 것이면서 동시에 이 의식이 진리를 획득하는 것이 된다.

끝으로 단식과 고행에 힘쓰는 것은 향유할 수 있는 만족을 단념하는 것이다.

이처럼 자기결정을 포기하고 그 다음 재산과 향유를 포기하고 나서 마지막에는 까닭도 알 수 없는 임무를 수행하는 불행한 의식은 이제야 오히려 내면이나 외면 모두에서 자유롭다는 의식, 즉 현실이 곧 자기의 모습을 그대로 본뜬 것이라는 의식을 참다운 의미에서 완전히 내 것으로 삼는다. 이때 의식은 참으로 그 자신의 자아를 방기함으로써 자기가 친히 간직해왔던 자기의식을 대상물로 전환[74)]하였음을 확신한다. 결국 의식의 자기방기는 오직 이러한 실제적인 희생적 행위를 통하여 비로소 그의 존재가 확증되는 것이다.

오직 현실적인 희생을 통해서만 마음의 소리나 입으로 얘기되는 말에 담겨 있는 감사의 염은 자주·자력(自力)에 의한 일체의 것을 자기 밖으로 몰아내고 이를 위로부터 시혜받은 것이라는 점을 내면적으로 인정한다. 그러나 이렇듯 자기 나름의 독자성을 털어버린다 하더라도 명백한 자기희생이 따르지 않는 한, 내면적인 인정에 잠겨 있는 기만성(der Betrug)이 사라지지는 않는다. 왜냐하면 스스로의 독자성을 떨쳐버린다 하더라도 소유를 방기하지 않는다면 외면적인 자기 모습을 그대로 간직한 채 스스로의 결단을 방기하지 않을 것이며, 또한 스스로 결정한 내용을 아무 까닭도 없이 외부로부터 낯설게 다가오는 풍요로운 내용으로 바꿔놓는 일을 하지 않는다면 내면적인 자기 모습을 그대로 유지하게 될 것이기 때문이다.

---

74) 제5장 「이성」의 첫 부분과 1. 관찰하는 이성의 총괄 부분에 기술되어 있는 내용을 감안하면 현실적인 헌신을 통하여 자기의식이 자기를 외화해 이를 사물이나 대상으로 삼는 것은 한편으로는 제2부의 자기의식이 다시금 제1부의 대상 의식으로 돌아가는 것이 된다. 하지만 다른 한편으로 자기를 사물이며 대상으로 삼았다 하더라도 이제는 이 대상이 대상의식의 대상 그 자체가 아니라 무엇보다도 자기의식에 의해 성립된 것이므로 사실은 대상 또는 존재와 자기의 통일체이다. 이것이 불행한 의식으로 하여금 대상 의식과 자기의식의 통일로서 제3부의 이성을 성립하게 하는 까닭이 된다.

그런데 희생행위가 현실로 완수되고 나면 실은 의식이 자기 자신의 행위를 방기한 것이 되므로 의식의 불행도 스스로 의식으로부터 사그러든다.[75] 다만 이렇듯 순조롭게 불행이 사그러질 수 있는 근거는 3항 사이의 추론관계에서 본래 신이 자리하고 있는 그 반대극의 행위에서 찾아진다.[76] 다시 말하면 비본질적인 개별자의 극이 행하는 희생행위는 일방적인 행위가 아니라 동시에 타자의 행위도 포함하는 것이라고 봐야만 하는 것이다. 자기의 의지를 포기한다는 것이 한편으로는 부정적인 면이 있음에 틀림이 없지만, 본래의 의미로 보면 이는 타인의 의지를 받아들임으로써 의지를 개별적이 아닌 보편적인 의지로서 받아들인다는 긍정적인 면[77]을 지닌다.

개별 의지가 부정되는 데서 긍정적인 의미를 지니는 것으로 나타나는 공동의 의지는 불행한 의식의 반대극에 있는 의지로서, 이것이 자기의 밖에 있는 것인 이상 의식 자체가 그의 의지를 산출해낸다는 것은 있을 수가 없으며 그것은 중간 위치에서 매개하는 성직자의 충언으로 나타난다. 따라서 개별자의 의지가 본래의 공동의지로 고양되는 것은 자각되지만, 의식 그 자체가 본래의 의지 그대로를 체현하고 있는 것은 아니다. 즉 자기만의 개별 의지를 방기했다고 해서 공동의 의지가 적극적인 내용을 지니는 것으로 논리적으로 파악되어 있다고 할 수는 없는 것이다.

또한 마찬가지로 소유나 향유를 포기한다는 것도 한낱 부정적인 의미를 지닐 뿐이어서, 여기에서 생겨나는 보편적인 것[78]은 개별 행위에 포함되는 것이 아니다. 행위의 개념[79]에 따르면 대상과 의식의 독자성

---

75) abgelassen은 본래 진정(鎭靜)시킨다는 의미에서 '사면(赦免)하다'가 된다. 신자가 어떤 죄를 저질렀을 때 사제 앞에서 이를 고백(confessio)하면 사제는 죄의 정도에 따라 응분의 죗값을 치르도록 한 뒤에 사면선고를 내리는데, 본문에서는 헌신적으로 수행함으로써 이미 신자는 사실상의 사면을 받은 것으로 간주되어 있다.
76) 제4장의 1. 자기의식의 자립성과 비자립성에서 나오는 '인정 개념'에 따른 것.
77) 사면을 가리킴.

이 통일되어 이것이 대상의 본질로서 나타나게 마련이다. 그러나 이러한 통일은 의식에게 자기행위로서 성립되어 있지 않은 까닭에 결국 주객의 통일이 직접 의식 자체에 의해서 조성된 것으로 분명히 대상화되는 일은 없고 중간에서 매개 역할을 하는 성직자에 의해서 아무런 확신도 없는 어정쩡한 말투로 그대의 불행은 온전한 의미에서의 불행이 아니라는 식의 언명으로 그칠 수밖에 없다. 그대의 행위 속에 담겨 있는 것은 행위에 따른 자기만족과 축복을 누리는 것이며 이와 마찬가지로 초라해 보이는 행위는 본래가 전혀 반대되는 절대의 행위로서, 결국 그 어떤 경우이건 행위라는 것은 오직 개별자의 행위로 나타날 수밖에 없는 것이다.

그러나 의식 자체로 보면 그의 현실적인 행위는 여전히 초라한 행위일 뿐이고 그가 향유한다는 것도 고통이랄 수밖에 없으니, 그 초라함과 고통을 벗어난 긍정적인 의미가 되살아나는 데는 피안의 힘을 기다리는 길밖에는 없다. 하지만 피안이 아닌 현실의 대상에서 개별 의식으로서의 스스로의 행위와 존재가 바로 행위 자체이며 존재 자체가 될 때, 개별 의식에게는 이성의 표상이 떠올라온다. 이성이란 개별 의식이면서도 절대적으로 그 자체가 곧 온갖 실재라는 의식의 확신[80]인 것이다.

---

78) 교단, 즉 Gemeinde를 가리킨다.
79) 이 개념의 실현은 보편이성의 단계에서 이루어지는데, 특히 제5장 410쪽의 정신적인 동물의 왕국과 기만, 또는 사태 그 자체에 서술되어 있는 목적-수단(행위)-현실의 일체성을 참조하라.
80) 『영혼에 관하여』(de anima) 431 b 21에서 아리스토텔레스는 "영혼·마음은 어떤 의미에서는 일체를 총합하는 존재"이며 따라서 마음은 형상·본질(eidos)을 포착하고 있음을 말해주고 있다.

이성

이성이란 곧 "온갖 실재이다"라는 의식의 확신이다. 이성의 개념을 이렇게 표명하는 것이 관념론의 입장이다. 이성으로서 등장하는 의식이 곧 온갖 실재라는 확신을 그대로 자기 것으로 삼고 있는 관념론이 확신을 곧바로 말로 나타낸 것이 "자아는 자아이다"라는 명제이다.

V 이성의 확신과 진리

　의식은 개별 의식 그 자체가 절대적 존재이다라는 사상[1]을 머금고 자체 내로 복귀한다. 불행한 의식으로서는 본원적·즉자적 존재(das Ansichsein)는 자기의 피안에 있다고 했지만 의식의 운동 속에서 개별 존재가 완전히 전개, 발양되어 현실의 의식인 개별자가 자기 자신을 부정하고 자기 외면으로 나와서 반대의 극에 자리잡음으로써 기어이 독자적 존재를 획득하기에 이른 것이다. 이렇게 되면 역시 의식에게도 대상 세계 전체와의 통일이 자각되면서 개별자가 극복되고 보편자와 맞닿게 되었으니, 제3자인 우리가 보기에는 통일은 더 이상 개별 의식의 외면에 있는 것이 아니라 자기를 부정하는 가운데 자기를 유지한다는 의식 그 자체를 그의 본질로 삼게 되는 셈이다.

　여기서 의식의 참모습은 두 개의 극이 절대적 대립자로서 등장하는 추리적 연결 속에 양극을 매개하는 중간항[2]으로서 나타난다. 이 매개적인 중심은 불변의 의식(신)에 대해서는 개별 의식이 스스로를 방기했다고 언명하고 개별 의식에 대해서는 불변자가 더 이상 반대극에 있는 것이 아니라 개별자와 화해했다고 언명한다. 이 매개하는 중심이야말

---

[1] 263쪽의 "……개별 의식이면서도 절대적으로 그 자체가 곧 온갖 실재라는 의식의 확신"을 지칭한 것.
[2] 여기서 매개자는 승려 또는 교회를 뜻한다.

로 양극을 직접 알고 이들을 관계시키는 통일체로서, 이러한 통일을 의식에게, 따라서 자기 자신에게도 언명함으로써 불변자와 개별자의 통일이 의식될 때 의식은 일체의 진리가 자기에게 안겨 있음을 확신하는 것이다.

자기의식이 이성으로 고양되는 것과 함께 이제껏 의식이 지녀왔던 타자존재와의 부정적인 관계는 긍정적인 관계로 전화한다. 지금까지 의식은 다만 자기의 자립성과 자유에만 관심을 둔 채 자기의 존재를 부정하는 듯이 보이는 세계[3]와 자기의 신체를 희생해가면서 자기 자신을 구(救)하고 유지하려고 애써왔다. 그러나 자기 자신을 이성으로서 확신하게 된 의식은 이제 세계나 자기의 신변에 대해서도 평정을 유지[4]하며 이를 감내할 수 있게 되었다. 왜냐하면 이성적인 의식은 자기 자신이 실재한다는 것을, 다시 말하면 일체의 현실이 이성 이외의 다른 어떤 것도 아니라는 것을 확신하고 있기 때문이다. 이제 자기의 사유가 직접 그대로 현실이 되면서 의식은 곧 관념론[5]의 입장에서 현실과 관계하기에 이르는 것이다.

이렇게 자기를 파악하게 될 때, 이성적 의식에게 세계는 이제 바야흐로 생겨나기라도 하는 듯이 여겨진다. 지금까지 의식은 세계를 이해한 것이 아니라 이를 욕망이나 가공의 대상으로 삼은 채[6] 거기에서 빠져나와 자체 내로 복귀하고는[7] 자기 나름으로 세계의 존재를 말살하는

---

3) 세계라는 개념은 제5장 「이성의 확신과 진리」에서 처음 등장하는데, 여기서 이성은 아직 세계를 관찰하며 세계에 대해 있는 행위자로 작용할 뿐 아직 세계와 하나가 되어 있지는 않다. 제6장 「정신」의 단계에서 비로소 이성은 세계와 하나가 되고 의식의 형태가 곧 세계의 형태가 된다.
4) 자기의식이 자기의식으로서 확립될 때 비로소 세계나 객체에 대한 자기의식의 안정적인 관계가 형성되는데, 헤겔은 이를 '근대'의 두드러진 특징으로 꼽는다.
5) 이 관념론의 역사적인 계보는 ①피히테의 자아의 철학, 특히 자아와 비아를 종합한 절대자아의 철학과 ②그의 발전적인 형태로서의 셸링 철학, ③이들에게 수용된 범위 내에서의 칸트 철학으로 이어진다. 이렇게 등장한 관념론의 계보를 양면적으로 파악하여 제5장의 1.관찰하는 이성은 이론적 관념론으로, 2.에서 다루는 행위하는 이성은 실천적 관념론으로 나뉜다.

동시에 세계를 본질로 여기는 의식이나 세계를 무의미하다고 보는 그런 의식마저도 말살하였다.[8]

그러나 진리로 섬겨져오던 묘[9]가 사라지고 의식이 몸담아온 현실을 말살하려는 시도 자체가 말살되면서 개별 의식 그 자체가 절대적 존재임이 의식되기에 이른 이상, 이제 세계는 의식이 삼투된 새로운 현실세계로서 재발견되고[10] 이전에는 그의 소멸에만 관심이 쏠렸던 세계가 존속상태에서도 관심의 표적이 된다. 왜냐하면 세계가 존립해 있다는 것이 곧 의식이 그의 진리를 현재 손에 넣고 있다는 것에 다름아닐뿐더러 의식은 이제 세계 속에 바로 이성으로서의 자기가 경험되고 있음을 확신하고 있는 것이다.

이성이란 곧 "온갖 실재이다"라는 의식의 확신이다. 이성의 개념을 이렇게 표명하는 것이 관념론의 입장이다. 이성으로서 등장하는 의식이 곧 온갖 실재이다라는 확신을 그대로 자기 것으로 삼고 있는 관념론이 확신을 곧바로 말로 나타낸 것이 "자아는 자아이다"라는 명제이다.[11] 다만 여기서 나의 대상이 되는 자아는 자기의식이 일반적으로 대상으로 하는 것과 같은 공허한 자아가 아니다. 또한 자유로운 자기의식[12]이 대상으로 하는 것과 같은, 즉 자기와 나란히 병렬되어 있는 것[13]을 그대로 방치해둔 채 이 타자를 멀리하는 그러한 자아도 아니다. 오히려 이 자아는 자기 이외에 그 어떤 대상도 존재하지 않음을 의식하고 있는 자아이며, 또한 현재 속에 실재하는 온갖 것의 유일한 대상인

---

6) '주인과 노예'에까지 다다른 자기의식.
7) '자기의식의 자유'에 다다른 스토아주의.
8) 회의주의.
9) 253쪽의 주 58 참조.
10) 역사적으로는 르네상스 시대를 가리킴.
11) 피히테가 그의 「명명백백한 보고」(1801)에서 자아가 자아인 것은 그것이 자기 자신에 관한 것인 한 누구도 이를 부정하지 않는다고 한 점을 들고 있다.
12) 스토아주의와 회의주의와 불행한 의식 가운데서도 특히 스토아주의를 가리킨다.
13) 이와 관련해서는 212쪽의 주 4에서 말하는 스토아주의에서의 이중의 복귀에 주목하라.

자아이다.

그러나 자기의식이 곧 온갖 실재이다라는 사실을 단지 자각하는 것뿐만 아니라 본원적으로 그러한 것임을 드러내기 위해서는 자기의식이 실재하는 세계가 되거나 자기를 그러한 것으로서 증명해내야만 한다. 물론 이러한 증명은 지금껏 의식의 도정에서 행해져온 셈이다. 즉 처음에는 사념과 지각과 오성의 변증법적 운동 속에서 물 자체로서의 타자 존재가 소멸되었고, 다음에는 지배와 예속의 관계에서의 의식의 자립성이나 자유의 사상에서, 그리고 다시 내적으로 분열된 의식의 회의적 자유와 절대적 자유의 획득을 위한 투쟁의 전개 속에서 의식에 나타나는 한에서의 타자가 의식과 대립하는 것은 아니라는 것까지도 밝혀진 바 있다.

이 의식의 도정에서는 두 개의 측면이 교호적으로 나타났다. 하나는 의식에게 본질 또는 진리인 것은 그 자체로서 엄연히 거기 있는 것이라고 규정된 경우이고, 다른 하나는 본질 또는 진리는 어디까지나 의식에 대해서만 존재할 뿐이라고 하는 경우이다. 그러나 결국 이 두 측면은 '하나의 진리'(Eine Wahrheit), 즉 그 자체로 있는 것은 오직 의식에 대해서 존재하는 한에서만 존재하고 의식에 대해서 있는 것은 그 자체로도 엄연히 존재한다는 진리로 귀착되었다.

이러한 진리를 표방하고 나온 의식이 바야흐로 이성의 이름으로 등장하게 될 때, 지금껏 의식이 거쳐온 도정은 뒷전으로 처져서 잊혀지게 될 것인즉,[14] 이때 새로이 등장한 이성으로서는 그의 진리를 단지 확신하고 있는 데 지나지 않는다. 이러한 이성은 그 자신이 온갖 실재이다라는 단언만 할 뿐, 그 이치를 제대로 파악하고 있지는 않다. 그도 그럴 것이 여기에는 말로만 표명된 데 지나지 않는 주장을 개념적으로 해명해야 할 의식의 도정이 망각되어 있기 때문이다. 그 잊혀져버린 도정을

---

14) '망각'과 관련해서는 이미 129쪽의 주 17과 144쪽의 주 13에 논의된 내용을 참조하라.

스스로 경험해보지 않은 사람이 구체적인 경과는 누락해버린 채 순수히 형식적인 단정에만 귀를 기울인다고 한들, 그 의미를 제대로 이해할 수는 없는 것이다.

따라서 의식이 거쳐온 단계적인 과정을 서술함이 없이 단도직입적으로 이성이 온갖 실재이다라고 주장하는 관념론은 스스로에게도 뭔가 이해가 닿지 않을 뿐 아니라 타인에게도 그 뜻하는 바가 와닿지 않는 벌거숭이의 단정이라고 할 수밖에 없다. 그러한 관념론이 직접 확신한 바를 언표할 때면 의식의 도정에서 망각되었던, 또다른 직접적 확신을 여기에 맞세울 수가 있다. 이럴 경우 어느 쪽의 확신을 단정한 것이건 서로가 다른 쪽의 확신과 동격에 놓이는 것이다. 여기서 이성은 어떤 의식이건 그것이 자기를 의식하고만 있다면 그 자기의식에 의거하여[15] "자아는 자아이다" 또는 "나의 대상과 본질을 이루는 것은 자아이다"라고 할 수 있을 터이니, 이 진리를 거부할 만한 의식이란 존재하지 않는다.

그런데 이런 식으로 내세워진 의식에 의존하기로 한다면 그와는 또 다른 확신, 즉 "나에 대치해 있는 것은 나에게 타자이며, 이런 나의 타자가 나의 대상이며 본질이다"라는 확신, 또는 "내가 나의 대상이며 본질인 것은 내가 나의 타자로부터 발을 빼고 그와 나란히 또 하나의 현실로서 등장하고 있기 때문이다"라는 확신도 역시 진리로 받아들여져야만 할 것이다. 이성의 자기주장이 한낱 확신이나 단언에 그치지 않고 진리로서, 그것도 다른 것과 나란히 있는 진리가 아닌 유일한 진리로서 평가되기 위해서는 오직 이성이 반성의 힘을 통해 저마다의 확신이 각기 서로 대립하여 병렬되어 있다시피 한 굴레를 벗어나 그의 진리가 다른 것과 병존하지 않는, '유일한 진리'가 되지 않으면 안 된다.

아무런 과정을 거치지 않은 채 막 등장한 것은 추상적으로 나타난 것일 뿐이니, 그의 본질이며 본체를 이루는 것은 그것이 생성되어가는 운

---

15) 269쪽의 주 11 참조.

동 속에 깃들어 있는 절대적인 개념으로서 명시되어야만 한다. 그런데 의식과 타자존재 또는 대상과의 관계는 이 의식이 때마침 세계정신이 다다라 있는 의식의 어떠한 단계에 처해 있는가에 따라 다양한 양식을 띠게 된다. 또한 세계정신이 각 단계마다에서 자기나 대상을 직접 어떻게 받아들이며 규정하고 있는가, 다시 말해 그의 정신이 어떻게 자각되고 있는가는 세계정신이 이미 경과해온 과거와 정신이 지니는 본원적인 가능성 여하에 따라 좌우된다.

이성이란 온갖 실재이다라는 확신이다. 그러나 이렇듯 그 자체로 실재하는 것은 아직은 전적으로 일반적인 것, 즉 순수하게 추상적인 실재성이다. 자기의식이 본래대로의 자기를 자각하여 이를 애초에 적극적으로 표명하는 것이 이성의 확신으로서, 여기에 나타나는 자아는 존재의 순수한 본질성을 지닌 단순한 범주[16]에 지나지 않는다.

흔히 지금까지 범주[17]란 존재의 본질, 즉 막연히 존재 일반의 본질이라고도 하고 의식에 대립되는 존재의 본질이라고도 했지만 아무튼 보통 존재의 본질을 규정하는 것으로 이해되어왔는데, 여기서는 오직 사유하는 현실존재로서의 존재의 본질 또는 단순한 통일성을 나타낸다.

---

[16] 전통적인 형식논리학이 '올바른'(richtig), 그릇됨이 없는 사유를 위한 형식적 기준 설정에 집착해 '형식'의 이해에만 급급하였듯이 칸트의 선험논리학도 순수오성 개념을 한낱 주관의 형식으로 보고 어떻게 이 순수오성 개념이 객관적 타당성을 지니는가에 대한 해답을 얻는 데만 급급하였다. 이와는 달리 헤겔은 사유형식 자체의 내용적 고찰을 위하여 범주(Kategorie)를 아리스토텔레스에게서와 같이 대상의 객관적인 규정성이나 반대로 칸트에게서와 같이 주관적인 것으로 파악한 것이 아니라 '자아와 존재의 동일성'으로 파악하였다. 이런 가운데 헤겔은 칸트 범주론의 삼중성을 원용하여 『대논리학』과 『엔치클로페디』를 삼분법적으로 구성하였다. 더욱이 『정신현상학』에서는 범주를 '관찰하는 이성'에 대해서는 '존재'의 형식으로, '이성적 자기의식'에 대해서는 '자각적인' 대자존재의 형식으로, 그리고 '즉자대자적으로 실재하는 개체성'에 대해서는 즉자대자적인 완벽한 '실재'로 제시하는 삼중구조를 정립하였다. 헤겔에게서 자기의식 또는 자기와 존재 그리고 주관과 객관의 통일성으로 파악된 '범주'에 관해서는 뒤에 재론된다.

[17] 헤겔은 아리스토텔레스의 『범주론』에 기초해 존재자의 본질로서의 범주를 논할 경우, 이를 곧바로 실체나 본질, 즉 ousia(Substanz, Wesen) 개념과 연관시킨다.

다시 말하면 범주란 자기의식과 존재가 동일한 본질을, 그것도 어떤 상대적인 비교를 통해서 동일한 것이 아닌 절대적으로 동일한 본질임을 나타내는 것이다. 단지 일면적인 열악한 관념론[18]만이 이러한 통일에 균열을 가져와서 한편에 의식을 놓고 다른 한편에 물 자체를 대치시키곤 한다.

그런데 자기의식과 존재의 단순한 통일을 의미하는 범주에도 본래 구별이 안겨져 있다. 왜냐하면 범주의 본질이란 타자와의 절대적인 구별을 뛰어넘어서 그런 가운데 직접 자기동일성을 보전해나가는 것이기 때문이다. 따라서 구별이 있다고는 하지만 이는 완전히 투명한 구별로서 구별이라고는 할 수 없는 구별이다.[19] 이러한 구별이 다수의 범주가 존재하는 그런 모습을 띤다.

관념론이 자기의식의 단순한 통일성을 두고 이것이 곧 온갖 실재이다라고 언명하면서 실재하는 세계를 절대적 부정의 힘[20]이 지배하는 것으로 파악하지 않은 채 실은 여기가 아닌 그 어디에도 부정이나 한정성이나 구별은 없는데도 실재라는 그것만을 직접적으로 본질로 여긴다고 할 때, 이성이 곧 온갖 실재이다라는 이치를 깨우치기란 쉽지 않다. 뿐만 아니라 이보다 더더욱 이해하기 곤란한 것은 범주 속에 구별이나 종별(種別)이 있다는 사실이다.[21]

이러한 사실을 단정한다는 것, 또 마찬가지로 범주 속에는 일정 수의 종류가 있다는 단정을 하는 것은 여기서 새로이 제기된 것이지만 이러한 단정은 그리 순수하게 받아들일 수만은 없음이 자명하다. 왜냐하면 순수한 자아나 순수한 오성[22] 자체 내에 구별이 생겨나게 된다면 두말할 필요도 없이 직접적인 단정이나 발견이 아닌 개념적인 사유가 시작

---

18) 특히 칸트의 경우를 두고 한 말.
19) 185쪽의 '구별'에 관한 주 20 참조.
20) 52쪽의 주 47 참조.
21) 칸트의「범주의 선험적 연역」(die transzendentale Deduktion der Kategorien)에 관한 것으로서 헤겔은 이를 범주 상호간의 내면적 발전이라는 의미로 받아들였으며, 이 점에서 피히테의 공적을 높이 평가하였다.『엔치클로페디』I, §42 참조.

되어야만 할 것으로 여겨지기 때문이다. 차제에 다수의 범주를, 이를테면 판단 속에서 발굴해내기라도 한 것처럼 이끌어내고는 여기에 그 나름의 의미가 있는 듯이 받아들인다는 것[23]은 실로 학문의 수치라고 해야만 하겠다. 그야말로 그 자신이 순수 필연성인 오성 스스로가 이 필연성을 명시하지 못한다면 오성은 과연 그밖에 어디에서 이런 필연성을 명시할 수 있겠는가?

어쨌건 사물의 순수한 본질 규정이나 그의 구별이 이성의 활동에 귀속된다고 한다면 의식에게 부정적인 것으로 의식될 수밖에 없는 사물이 더 이상 논급될 여지라고는 없을 것이다. 왜냐하면 다수의 범주라 하더라도 순수한 범주와 동류(同類)의 것으로서, 순수한 범주는 다수의 범주와 대립하는 것이 아니라 이들을 수합해놓은 유 또는 본질이기 때문이다. 그러나 다수의 범주라는 데에는 또다른 의미가 곁들여져 있으니, 즉 다수의 범주가 있다는 것 자체가 이미 순수한 범주와는 배치되는 이질적인 요소를 안고 있다는 것이다. 이런 점에서 다수의 범주와 순수한 범주는 모순되므로 순수한 통일체인 범주는 다수성을 극복하여 구별의 부정적 통일체로서 구성되어야만 한다.

그런데 부정적 통일체로서의 범주는 아예 구별을 배제하는 동시에 최초의 직접적인 순수한 통일 그 자체마저도 배제하는 것으로서 이것이 개별성으로서의 범주이다. 이 새로운 범주는 배타적인 의식에 어울리는 범주로, 배타적이라는 점에서 여기에는 타자가 대치하게 된다. 개별성으로서의 범주는 개념을 벗어나 외적인 실재로 이행해가는 순수한 도식[24]을 이룬다. 그러나 이 도식은 한편으로는 의식의 활동을 나타내는 것과 함께 개별성으로서의 배타적인 일자라는 점에서 타자로 눈을 돌리는 것이기도 하다.

---

22) 정확히 표현하면 이성이 되어야겠지만 칸트가 범주를 순수오성 개념(der reinen Verstandesbegriffe)으로 받아들인 데서 오성이라는 표현으로 사용되어오고 있다.
23) 칸트가 『순수이성 비판』의 「선험적 분석론」(die transzendentale Analytik) 제9절의 판단표를 근거로 범주표를 만들어낸 것을 두고 한 말.

그러나 또 개별성의 범주로서의 이 타자는 애초부터 있어온 또다른 범주를 일컫는 것으로서, 즉 순수한 본질 규정이며 순수한 구별이다. 그리하여 타자로서 정립된 이 개별성이라는 범주 속에서, 즉 타자 그 자체 내에서도 의식은 자기대로 있는 것이다. 개별성을 지닌 각기 상이한 요소가 다른 요소와 대치해 있지만 이런 가운데서도 이성이 다른 어떤 것이 되는 일이라고는 없는 것이다.

순수한 범주가 종으로서의 범주와 대치하고 이 종으로서의 범주가 부정적으로 통일되어 개별성으로서의 범주로 이행하지만 개별성으로서의 범주가 이번에는 순수한 범주로 되돌아온다. 개별성으로서의 범주는 그 어떤 경우에도 티없이 맑은 자기통일을 유지하는 순수한 의식[25]이므로, 이 통일체가 마주하게 되는 타자란 존재하는가 하면 어느덧 소멸되고 소멸되었다가는 다시금 되살아나는 그러한 타자이다.

여기서 우리는 순수한 의식이 이중의 양식으로 정립되어 있음을 본다. 즉 한편으로 순수한 의식은 모든 요소를 두루 거치면서 거기에 떠오르는 대상물을 자기 안으로 끌어안기 위하여 쉬지 않고 우왕좌왕하면서도 다른 한편으로는 자기가 진리를 파악하고 있음을 확신하며 평온한 통일상태를 유지하고 있다.[26]

통일을 유지하는 쪽에서 보면 끊임없이 운동하는 쪽이 타자가 되고 운동하는 쪽에서 보면 평온한 통일을 이루는 쪽이 타자가 되는데, 결국 이 양극 사이에서 어느 쪽에 위치하는가에 따라 의식과 대상의 위치가 뒤바뀐다. 즉 한편으로는 의식이 이리저리 움직여가며 탐색을 거듭할

---

24) 순수한 도식에 대하여 헤겔은 이밖에도 또 "……심정 속에는, 자기의식 속에는 순수오성 개념과 순수직관이 깃들어 있으며 이 양자간의 상호관계가 순수오성의 도식이며 선험적 구상력을 이루지만, 또한 이 구상력은 순수직관을 순수오성 개념인 범주에 따라 규정하는 것이므로 결국은 경험으로의 이행을 나타내는 것이 된다"고 하였다. 『철학사』 III, p.347 참조.
25) 250쪽의 주 46 참조.
26) 「서론」의 지와 진리를 논한 부분에서 개념과 대상에 각기 이중의 의미가 주어진 것과 같은 경우이다.

때 대상은 순수히 그 자체로 존재하고, 반대로 의식이 단일한 범주로서 통일을 유지할 때면 대상이 갖가지 구별을 자아내는 운동을 한다. 실로 이 모든 과정이 의식의 본질을 그대로 나타내는바, 단일한 범주로서의 의식은 개개의 범주로 나뉘어 대상으로 이행하여 대상의 움직임을 직시하는 가운데 그렇게 드러난 온갖 양상을 하나로 묶어서 내 것으로 삼거니와, 마침내 여기서 의식은 그 자신이 자기와 대상 모두를 포함한 온갖 실재이다라는 확신을 언명하는 것이다.

의식이 최초로 언명하는 것은 "일체가 자기의 것이다"라는 추상적이고 공허한 말투에 지나지 않는다. 온갖 실재이다라는 확신은 애초에는 순수한 범주를 나타낸 데 지나지 않기 때문이다. 대상 속에서 스스로를 인식하는 이성이 이러한 그의 최초의 확신을 표현하는 것만으로는 공허한 관념론에 머무른 채 이성의 단초적인 모습을 파악한 것에 지나지 않는데도, 온갖 존재 속에서 의식의 순수한 활동을 나타내고 사물이란 감각[27]이나 표상에 지나지 않는다고 언명하는 것으로써 실재하는 세계의 전모를 드러냈다는 듯이 지레짐작한다.

그러므로 이런 관념론은 동시에 절대적 경험론이기도 하다. 왜냐하면 나의 것이라는 공허한 낱말에 충만한 의미를 부여하여 그것이 온갖 모습으로 전개되는 구체적인 형태를 띠도록 하는 데에는 외부로부터의 충격을 받아서 다종다양한 감각이나 표상을 받아들이는 일이 반드시 필요하기 때문이다. 따라서 이 관념론은 앞에서 본 회의주의와 마찬가지로 상호모순되는 양의성을 안고 한쪽이 부정적인 표현을 하면 다른 한쪽은 긍정적으로 표현한다는 차이는 있을지언정, 순수한 의식이 온갖 실재이다라는 사상과 그리고 동일한 실재 세계인 외부로부터의 충격에 의해서 감각이나 표상을 얻어낸다는 사상과의 모순을 조화시키지 못한 채 이쪽저쪽을 오락가락하는 감각적인 악무한(惡無限)에 빠져들

---

[27] 버클리(Berkeley) 철학의 원리인 esse=percipi(존재, 즉 감각)의 입장이 그대로 피히테 철학에 받아들여져 있음을 뜻한다.

수밖에 없는 것이다.

이성이 추상적으로 자기야말로 사물의 세계에 팽배해 있고 그밖에 타자는 자기와는 무관한 이질적인 것이라고 한다면 외적인 타자에 관한 이성의 이러한 지는 지금껏 '사념'이나 '지각'이나 또는 사념과 지각의 대상을 도식적으로 파악하는 '오성'에 의해서 얻어진 지와 전혀 다름없는 것이 되고 만다.[28] 그러한 지는 추상적인 관념론의 입장에서 봐도 참다운 지라고는 할 수 없다. 왜냐하면 이 관념론이 추구하는 지의 진리는 오직 전체를 통일하는 통각작용[29] 속에서만 얻어질 수 있기 때문이다.

이렇게 볼 때 추상적 관념론이 주장하는 순수이성은 자기 안에는 없지만, 자기에게 필수적인 본체인 타자에 도달하기 위하여 진리에는 미달한 지로 스스로 되돌려지는 것이 된다. 결국 이 순수이성은 지와 의지를 갖추고서도 스스로를 진리일 수 없는 지라고 선고함으로써 진리의 틀을 벗어나 있는 사념이나 지각을 떨쳐버리지 못한다. 이때 이성은 '통각에 의한 통일'과 '사물'이라는 단적으로 대립되는 양자를 다 함께 본질이라고 주장하는 어처구니없는 모순에 빠져든다. 물론 이때 사물은 의식에 가해지는 외부로부터의 자극이라느니 경험적 존재 또는 감성이라느니 또는 물 자체라느니 여러 가지로 일컬어지지만, 이는 모두가 개념상으로는 분명히 통각에 의한 통일의 밖으로 벗어나 있는 것이다.

관념론이 이와 같은 모순에 빠져드는 이유는 그것이 이성에 관한 추상적인 개념을 놓고 진리라고 주장하는 데 있다. 이런 까닭에 이성이 온갖 실재이다라는 확신을 하고 있으면서도 오히려 여기에는 이성이

---

28) 자연적 의식으로부터 점진적으로 고양되어가는 감각-지각-오성은 실제로는 제5장의 1.관찰하는 이성에서의 기술-기호-법칙을 통해 그 의미가 더 구체화된다.
29) 일상적인 의미와는 달리 칸트의 『순수이성 비판』 「분석론」 17절에 나오는 "der Grundsatz der ursprünglichen synthetischen Einheit der Apperzeption"에서의 Apperzeption(통각)을 말한다.

확신하는바 실재하는 세계라고는 할 수 없는 것이 대두되어 있다. 그리하여 이성이 아무리 끊임없는 탐구에 열을 올리며 그런 쪽으로 노력을 기울여나간다고 한들, 끝내 만족할 만한 발견과 성과를 이루기는 불가능하지 않겠는가 하고 생각하게 된다.

그러나 현실적인 이성은 그토록 불합리한 것은 아니다. 즉 온갖 실재이다라는 확신이 애초에는 단지 머릿속에서만 의식되어 있을 뿐 여전히 확신을 지닌 자아가 진실로 실재하는 세계 속에 팽배해 있는 것이 아니라고 할진대, 이성은 그러한 자기확신을 진리로 고양시키기 위해 세계는 '나의 것'이라는 공허한 생각을 충실하게 하는 쪽으로 발돋움하는 것이다.

1. 관찰하는 이성

이성이란 존재는 곧 자기의 것(das Seinen)이라는 데 대한 의식이므로 여기서 우리는 다시금 사념이나 지각작용으로 밀려들어가는 셈이 되지만, 그러면서도 지금의 이 의식은 대상을 단지 타자로서 확인하는 것뿐만 아니라 자기가 이 타자 자신이라는 것을 확신하고 있다. 이전에는 사물을 놓고 갖가지 지각이나 경험이 불현듯 의식에게 생겨나곤 했지만 여기서는 의식 스스로가 관찰하며 경험하는 데로 나서고 있다. 연구자로서의 우리에게는 이미 극복되었던 감각이나 자각이 이제 와서는 의식 자신의 힘으로 의식에 의해서 극복되는 가운데 이성은 진리의 지(知)를 향하여 발돋움한다.

사념이나 지각의 대상이었던 사물을 개념[30]으로 포착하는 것, 다시 말하면 사물을 사물일 수 있게 하는 것은 오직 사물의 의식(das Bewuβtsein

---

[30] 개념에는 자기적인 성격이 안겨 있어서 개념을 구성하는 것은 곧 자기를 구(求)하는 것이라고도 하겠지만, 관찰하는 이성이 구하는 것은 개념의 대상적 형태인 법칙이므로 자연의 관찰은 결국 법칙을 구하는 데로 귀착된다. 개념이 갖는 자기(Selbst)의 성격과 관련해서는 69쪽의 주 86 참조.

ihrer selbst)이라는 것을 밝혀내는 일이야말로 이성이 지향하는 바이다. 그리하여 이성은 이제 세계의 전체에 관심을 갖게 되는데, 왜냐하면 이성은 자기가 세계 속에 현존해 있다는 것, 또는 세계의 현재가 이성적이라는 것을 확신하게 되었기 때문이다. 이성이 세계로서의 타자를 탐구하는 것은 타자에게서 다름아닌 자기 자신을 소유[31]할 수 있다는 것을 알고 있기 때문인데, 여기서 이성은 오직 자기 자신의 무한성(nur ihre eigne Unendlichkeit)을 추구하고 있는 것이다.

애초에는 다만 자기가 현실 속에 몸담고 있음을 막연히 예감하는 정도로 현실이 자기 것임을 알고 있는 이성이 이제 자기 것이라고 확신하는 세계 전체를 모조리 손에 넣으려는 나머지 그 어떤 높고 낮은 곳이라도 오르내리며 거기에 지배자의 팻말을 꽂으려고 한다. 그러나 이렇듯 표면상으로 자기의 흔적을 남기는 일이 이성의 궁극의 관심사는 아니다. 그런 방식으로 전체를 수중에 넣음으로써 기뻐한다고 한들, 그렇게 수중에 들어온 것을 곰곰이 살펴보고 나면 거기에는 추상적인 이성으로서는 다스릴 수 없는 이질적인 것이 발견된다.

이성은 자기가 그보다는 좀더 깊이 있는 존재라는 예감을 갖고 있다. 왜냐하면 이성의 핵심을 이루는 순수한 자아[32]는 다종다양한 존재가 자기 것이 되는 가운데 그의 현실이 곧 자기이고 자기가 온갖 사물의 형태를 띠고 거기에 있게 되기를 요구하기 때문이다. 그러나 이성이 아무리 사물의 오장육부를 속속들이 훑어내어 모든 혈관을 절개함으로써 그로부터 이성이 솟구쳐오르게 하려고 해도 일은 그리 뜻대로 풀리지는 않으며, 도리어 이성이 완전한 그의 모습을 경험하기 위해서는 이성 스스로가 먼저 자기 나름의 완전한 모습을 가다듬지 않으면 안 된다.[33]

---

31) 관찰하는 이성이 이성으로서 있는 것만이 아니라 또한 이성을 '갖는다, 소유한다'(besitzen)는 것이 여기에도 밝혀져 있다.
32) 이미 자아와 욕망의 문제가 다루어졌던 자기의식 단계에서 종종 등장했던 개념으로서, 피히테의 "자아는 자아이다"를 나타낸다.

의식이 관찰한다고 할 때 이성이 노리는 것은 자기를 존재하는 대상으로, 즉 감각적으로 생생하게 받아들여지는 현실존재로 알고 또 소유하는 데 있다. 그러나 관찰하는 의식으로서는 이때 자기 자신을 경험하려고 하기보다는 반대로 사물 그 자체의 본질을 경험하려고 생각하며 또 그렇게 말하기도 한다. 그런 생각이나 말을 하는 것은 의식이 이성이 되어 있기는 하지만 아직 이성 그 자체를 대상으로 하는 데까지는 이르지 못하고 있기 때문이다.

　만약 의식이 이성이란 사물의 본질인 동시에 또한 의식의 본질이기도 하고 나아가서는 의식 속에 나타난 이성이야말로 고유한 형태를 띤 이성의 생생한 모습이라는 것을 알고 있다면 의식은 사물 쪽으로 눈을 돌리기보다 오히려 자기 자신 속으로 깊숙이 파고들어서 그곳에서 이성을 찾아나설 것이다. 그리하여 이제 의식으로서는 자기의 깊숙한 곳에서 발견한 이성이 감각적으로 표현되는 모습을 바라볼 심산으로 다시금 현실로 돌아와서 거기에 감각적으로 표현된 이성을 감각 그대로가 아니라 어디까지나 개념으로서 받아들일 것임에 틀림없다.[34]

　그 자신이 온갖 실재이다라고 서슴없이 내세우는 그런 의식의 확신을 안고 등장한 이성은 실재하는 세계를 눈앞에 드러나 있는 그대로 받아들이면서 자아와 대상 세계의 통일도 직접 눈앞에 통일되어 있는 것으로 받아들인다.[35] 여기서는 존재와 자아라는 두 요소를 일단 서로 분리하고 나서 이를 새삼 통일시키는 일은 없으니, 다시 말하면 이들 요

---

33) 이 단계에 와 있는 의식은 불행한 의식을 거쳐서 대상 의식과 자기 의식과의 일치 선상에서 형성된 것으로서, 이성이긴 하면서도 아직 이를 자각하지 못한 채 다만 본능적으로 이성을 지닐 뿐이다. 그러나 그 자체로는(즉자적으로는) 이미 이성으로서 완성되어 있음을 관찰하는 것이 가능하므로, 결국 관찰을 진행해나가는 것은 잠재적인 이성의 완성을 현실적으로 경험하게 하는 계기를 마련한다는 뜻을 담고 있다.
34) 자연철학이 풀어나가야 할 작업이다.
35) 관찰하는 이성은 존재와 자아의 통일인 범주를 존재의 측면에서 고찰할 때 성립되는 것이다.

소를 각각 따로 인식하는 데까지는 다다라 있지 않다.

　이러한 이성이 관찰하는 의식으로서 사물에 다가갈 때 이성은 사물의 진실을 자아에 대립하는 사물인 양 받아들이려고 생각하지만, 이성이 실제로 행하고 있는 것은 이런 생각과는 상치된다. 왜냐하면 이성이 하고자 하는 것은 사물을 인식하고 감각적인 존재를 개념이며 동시에 자아이기도 한 존재로 전환하는 가운데 사유를 존재하는 사유로 또는 존재를 사유된 존재로 전환하는 것이므로, 사실상 여기서 주장하는 것은 사물의 진리는 오직 개념으로서만 얻어진다는 데 있기 때문이다. 여기서 관찰하는 의식에게는 사물로 보이는 것이 우리에게는 의식 그 자체로 보이게 된다. 그리하여 의식이 펴나가는 운동의 결과로서 마침내 의식의 참모습이 의식 자체에도 자각되기에 이르는 것이다.

　관찰하는 이성의 행위를 운동하는 단계에 따라서 보면 세 요소로 구분된다. 즉 자연과 정신 그리고 이 양자의 관계가 감각적 존재로서 어떻게 이해되고 또 그것이 자기를 현실존재로서 추구하는 이성과는 어떻게 관련되는지가 고찰되기에 이른다.

1) 자연의 관찰

기술(記述) 일반

　사고를 결한 의식이 관찰과 경험이야말로 진리의 원천이라고 언명할 때, 이는 마치 미각·후각·촉각·청각 그리고 시각만을 염두에 두고 있는 것으로 생각되기 십상이다. 이때 사고를 결한 의식은 미각·후각 따위를 치켜세우는 데 열중하는 나머지, 자기가 실은 그러한 감각 대상을 이미 그의 본질에 따라서 규정하고 그러한 규정이 자기에게 적어도 감각작용과 동일한 정도의 중요성을 갖는다는 것을 망각하고 있다. 그러나 생각컨대 지각만이 중요하다는 등의 말을 할 수 없다는 것은 쉽사리 알 수 있는 일이다. 이를테면 담뱃갑과 나란히 칼이 놓여 있다는 지각작용이 관찰에 버금간다고는 할 수 없는 것이다. 지각된 것은 감각적인 개체로 있는 것으로만 그칠 수는 없고, 적어도 보편적인 의미를 갖지 않으면 안 된다.

그런데 보편적인 것이란 우선 변함없이 자기동일성을 유지하는 것으로서 그의 운동은 동일한 행위에 의한 동일한 형태의 반복에 지나지 않는다. 대상 속에서 단지 보편적인 의미나 추상적인 자기라는 표시밖에 알아보지 못하는 의식은 대상이 행하는 본래의 운동을 스스로 떠맡아야만 하는데, 그러면서도 이 의식은 대상을 합리적으로 이해하는 데까지는 이르지 못하고 있다. 그러므로 기억력만이라도 동원하여 현실 속에서는 개별적인 양식으로만 생겨나는 것을 보편적인 방식으로 표현하지 않으면 안 된다.

개별적인 사실을 표면상으로만 다루고 보편적인 의미를 수박 겉핥기식으로 넘겨버린 채 감각적인 것에만 얽매여 참으로 보편적인 형식을 제대로 갖추지 않은 것이 사물의 '기술'(das Beschreiben)이라는 것이다. 이는 대상 자체 내에서 행해지는 운동을 추적하는 것이 아니라 운동을 기술하는 데서 그쳐버린다.[36]

그리하여 일단 기술되고 난 대상은 더 이상 관심을 끌 리가 없고 대상의 기술이 끝난 다음에도 기술이 중단되지 않도록 하기 위해서는 또 다른 대상을 찾아나서야만 하는데, 이런 식의 탐구가 끊임없이 이어진다. 전혀 새로운 것을 발견하기가 여의치 않을 경우에는 이미 발견된 것으로 되돌아가서, 이를 다시금 세분하고 분석하여 새로운 물성(物性)을 음미하게도 된다. 결국 쉬지 않고 뭔가를 찾아 헤매는 본능이 다룰 만한 소재는 넘쳐날 정도로 많지만, 새롭고 유별난 종류의 것, 이를테면 개체이면서도 보편적인 성질을 지닌 새로운 혹성(惑星) 따위를 발견한다는 것은 대운을 타고난 사람에게나 있을까 말까 한 일이다.

하지만 코끼리나 오크 나무나 금(金)과 같은 것의 특징을 나타내주는

---

[36] 자연 관찰의 3단계를 이루는 기술과 징표와 법칙은 그대로 감각과 지각과 오성의 3단계와 일치한다.

유나 종의 한계를 어떻게 설정할 것인가가 문제가 되면 혼돈스러울 만큼 복잡한 동식물이나 암석류 또는 인공적인 노력에 의해서 비로소 모습을 드러내는 금속이나 토양 등등을 여러 층으로 나누어 무한히 분류해나가야만 한다. 이렇듯 서로의 특징이 불분명한 채로 묻혀 있는 세계에서는 분류한다는 것이 개별화하거나 심지어 개체를 속속들이 뒤적거리는 차원에서 그쳐버릴 수도 있지만, 아무튼 여기에 관찰하고 기술할 만한 재료가 넘쳐나는 것은 사실이다.

그러나 끝없이 광활한 영역을 눈앞에 두고 보편적인 특징을 찾아내려고 하면 관찰자는 자기 앞에 펼쳐진 무한정한 부에 만족하기보다는 오히려 자연의 제약과 관찰행위의 한계를 절감하게 된다. 즉 관찰하는 입장에서는 고유한 종으로 여겨지는 것이 혹시 우연의 산물은 아닌지 제대로 가늠할 수가 없는 것이다. 혼란하고 미숙하고 나약한 채로 자연의 모호함을 벗어나지 못한 상태에 있는 것은 아예 기술할 가치조차 없는 것으로 여겨진다.

징표

이러한 탐구나 기술에서는 오직 사물에만 관심이 집중되는 듯이 보이지만, 이 경우에 우리가 실제로 목도하는 것은 감관에 의한 지각의 전개는 아니다. 그보다는 사물을 식별하는 데 도움이 되는 징표가 그밖의 온갖 감각적 성질보다도 더 중요한데, 즉 사물은 그러한 감각적 성질이 없이는 있을 수가 없지만 의식은 그러한 것을 무시해버릴 수가 있다. 이렇듯 본질적인 것과 비본질적인 것을 구별짓는 가운데[37] 산만한 감각적 대상으로부터 개념이 부상(浮上)하게 되는바, 이런 방식으로 진행되는 인식에서는 적어도 의식의 작용이 사물에 못지않을 만큼의 의미를 지닌다.

---

37) 본질적인 것과 비본질적인 것의 구별에 대해서는 제2장 「지각」에서 집중적으로 다루고 있다.

이와 같이 사물과 의식 양쪽이 모두 본질적인 의미를 갖는다(bei dieser gedoppelten Wesentlichkeit)고 한다면 과연 인식에서 필수불가결한 것이 사물에도 역시 필수불가결한 것인지 어떤지가 불분명해진다. 한편으로 징표라는 것은 사물과 사물을 식별하는 데서 인식에 도움이 된다고도 하지만, 다른 한편으로 정작 인식되어야만 하는 것은 사물이라는 비본질적인 요소가 아니라 존재 전반에 걸친 폭넓은 연속성 속에서도 사물이 서로 분리되어 타자와 구별되는 가운데 독자적인 존재의 모습을 지닌 그런 본질적인 것이어야만 한다.

이렇게 되면 징표는 단지 인식에 대한 본질적인 관계를 지니는 것뿐만 아니라 사물의 본질적인 성질[38]과도 합치되어야 할 필요가 있으니, 이렇게 되면 인공적인 체계라는 것도 자연의 체계에 부합되어 오직 자연의 체계를 표현해야만 하는 것으로 생각된다. 이성의 개념[39]에 따라서 이는 당연히 그럴 수밖에 없으니, 실로 이성의 본능이 그야말로 본능적으로 관찰을 수행하는 가운데 그의 체계 속에 이상과 같은 인식과 사물의 통일이 형성되는 것이다. 대상 그 자체가 본질적인 독자성을 지니는 것으로서 체계 속에 자리매김되어야만 하는바, 결코 어떤 순간에 우연히 여기 있는[40] 그런 것으로 그쳐서는 안 되는 것이다.

예컨대 동물을 구별하는 징표로서 발톱과 이빨을 들 수 있는데, 실제로 발톱과 이빨은 관찰자가 동물을 식별하는 길잡이가 될 뿐 아니라 동물 자신은 그것을 통해 자기를 타자와 구별한다. 발톱과 이빨이라는 무기를 앞세워 그들은 자연적인 생존조건에 굴하지 않는 자립적인 생활을 영위해나가는 것이다. 이에 반하여 식물의 경우는 독자적인 존재에까지는 이르지 못하고 다만 개체성을 띨 듯 말 듯한 한계선상에 놓여 있다. 식물은 이런 한계선상에서 웅성(雄性)과 자성(雌性)으로 갈라지

---

38) 이성이 온갖 실재이다라는 것.
39) 관찰하는 이성이 여기서는 이성의 본능으로 되어 있다.
40) '여기'와 '지금'이 제1장 「감각적 확신, '이것'과 '사념'」에서 다루어진 기본개념 그대로 활용되어 있다.

며, 이것이 식물을 구별하는 징표가 된다.

그러나 식물보다 더 하위에 속하는 존재는 도저히 자기를 타자로부터 구별하시 못한 채 대립이 생겨나면 형체가 사라져버린다. 결국 홀로 안정되어 있는 상태와 타자와 관계해 있는 상태가 서로 모순된 가운데 이 두 성질을 어떻게 보는가에 따라 사물은 다른 것으로 보인다. 물론 개체의 경우는 타자와의 관계 속에서 개체로서의 자기를 유지하는 것인데,[41] 이렇듯 자기를 유지하지 못한 채 화학적인 방식과 경험적인 방식이 일치하지 않는 무기물은 인식에 혼란을 초래하여 과연 어떤 측면을 그를 이해하는 데 길잡이로 삼아야 하는지 알 수 없게 된다. 왜냐하면 이런 경우에는 사물 그 자체가 동일성을 간직하지 못한 채 갖가지 측면이 마구잡이로 얽혀 있는 상태로 사물이 성립되어 있기 때문이다.

일반적으로 자기동일성이 유지되고 있는 체계에서는 이 자기동일성이 인식과 사물 모두의 실마리가 되기도 한다. 자기동일적인 성질의 것이 자연계에 확산되어 있는 모습을 보면 그 하나하나마다가 일정한 계열을 이루어 저마다 독자적인 기능을 수행할 만한 여지가 주어져 있긴 하지만, 동시에 본질적으로 질서와는 정반대의 혼란상을 드러내기도 한다. 왜냐하면 징표가 되는 보편적인 특징은 특수적인 것과 보편적인 것이라는 대립물의 통일에 있으므로 이 양면은 대립을 빚을 수밖에 없기 때문이다.

한편으로는 본질을 이루는 보편적인 면에 대하여 특수적인 면이 승리를 거두는 듯하지만 다른 한편으로는 보편적인 면이 특수적인 면을 제압하여 이를 한계점까지 밀고 나감으로써 서로 구별되어야 할 징표가 한데 뒤섞여서 공통의 징표가 되고 만다. 갖가지 성질을 반듯하게 정돈하여 거기서 어떤 확고한 길잡이를 마련한 것으로 여기고 있던 관찰자의 눈에 원리와 원리가 서로 맞부딪치거나 서로 어우러지기도 하

---

41) 이런 연유에서 헤겔은 유기체를 중심으로 자연 관찰을 서술하였다.

는 혼란한 모습이 나타나는가 하면 애초에는 단적으로 분리되어 있던 것이 결합되기도 하고 한데 어우러져 있던 것이 분리되기도 한다. 따라서 평온하게 자기동일성을 유지하는 존재 속에서 확고한 길잡이를 마련하려고 하더라도, 이를테면 동물이나 식물의 본질적인 징표로 삼을 만한 가장 보편적인 성질에서조차도 규정을 무효화하는 상황에 직면하여 모처럼 손에 넣었던 보편적인 성질이 무력해져서 관찰과 기술을 사고를 결한 것으로 퇴행(退行)시키기도 하는 것이다.

법칙

그리하여 단일한 성질에만 국한하여 감각적 다양성을 보편적 성질에 의해서 한정하려고 하는 관찰이 실제로 대상과 마주치게 되면 스스로의 원리에 동요를 초래하게 된다. 왜냐하면 특정한 성질이라는 것은 그의 본성상 어떤 대립물에 마주치면 스스로를 유지할 수가 없기 때문이다. 그렇다면 이성으로서는 동일한 상태에 머물러 있는 듯이 보이는 타성적인 성질에서 눈을 돌려 그의 실상을, 즉 그와 그의 대립물의 관계(sich auf ihr Gegenteil zu beziehen)를 관찰하는 방향으로 나아가지 않을 수 없게 된다.

그러나 본질적인 징표라고 불리는 것은 안정된 성질의 것이므로 이것이 단일한 성질로 표현되며, 또 그렇게 파악될 경우에는 자체 내로 복귀하는 운동의 소멸되어가는 요소라는 그의 본성을 그대로 표현하지는 않는다. 그리하여 마침내 이성의 본능이 징표가 되는 특정한 성질을 그의 본성상 자립적인 본질을 지닌 것이 아니라 대립물로 이행하는 것으로 파악하려고 하면 거기서 얻어지는 것은 법칙 또는 법칙의 개념[42]이다. 물론 징표는 현실로 존재하는 것이기는 하지만 이성의 본능 앞에서는 어쩔 수 없이 소멸되어 법칙을 구성하는 한 요소로서 순수히 추상

---

[42] 여기서 '법칙'은 제3장 「힘과 오성, 현상계와 초감각적 세계」에서의 제1법칙에, 법칙의 '개념'은 제2법칙에 해당한다.

적으로 파악된다. 이렇게 해서 법칙은 아무러하든 상관 없이 그대로 펼쳐져 있는 감각적 현실을 압살하듯 하는 개념의 힘으로서 등장한다.

관찰하는 의식에게 받아들여지는 법칙의 진리는 감각적 존재가 자체적이며 절대적으로 있는 것이 아니라 의식에 대해서만 존재한다는 경험 속에 나타난다. 법칙은 개념의 틀 속에 그의 진리를 담아내지 않는다면 필연성을 결한 우연한 존재에 지나지 않을 것이며 실제로 법칙이라고 할 수가 없다. 그러나 법칙이 본질적으로 개념으로 존재한다고 해서 그것이 관찰의 대상이 되지 않는 것은 아니며, 오히려 개념인 이상 그것은 반드시 관찰도 될 수 있는 것이어야만 한다.

이성이 자연 전체에 팽배해 있다는 것은 그것이 의식에 대해서도 생생한 현실로서 있다는 것, 다시 말하면 개념이 사물의 형태를 띤 감각적인 존재로서 표현된다는 것이기도 하다. 하지만 개념으로서의 본성을 상실하여 타성적인 존재가 되거나 아무런 의미도 없이 존재 차원에 연연해 있어도 된다는 것은 아니다. 자연 전체를 지배하는 힘을 지닌 법칙은 실제로 자연 전체에 유효한 것이어야만 한다. 마땅히 있어야만 하는 것은 실제로 있어야 하는 것이지, 단지 있어야만 할 뿐 있지는 않은 것은 진리가 아니다.

이런 점에서 이성의 본능이 어디까지나 존재에 집착하는 것은 당연하다고 하겠으니, 그야말로 이성이란 경험 속에서는 어디서도 마주치지 않으면서 당위적으로만 있어야 하고 또 당위로서만 진리에 지나지 않는 관념적 존재, 즉 갖가지 가설이나 눈에 보이지 않으면서 끝없는 당위[43]로 이어지는 그런 것에 현혹되어서는 안 된다. 왜냐하면 이성이란 온갖 실재이다라는 데 대한 의식의 확신이므로, 의식에게 실재하는 자기를 드러내지 않는 것, 다시 말하면 스스로가 현상화되지 않는 것은 의식에게 무나 다름없기 때문이다.

---

43) 이 끝없는, 영속적인 당위(das perennierende Sollen)는 종종 칸트와 피히테의 입장이 악무한으로 치달을 수밖에 없음을 나타내는 데 사용되고 있다.

법칙의 진리는 본질적으로 실재하는 것으로 나타나야만 한다는 것은 관찰자의 위치에 머물러 있는 의식으로 보면 그 자체가 보편적인 형식을 띤 개념으로서의 법칙과 대립하는 듯이 여겨지기도 한다. 즉 법칙으로 나타나는 것은 이성의 본질에는 합치되지 않고 또 이성과는 생소한 것이 그저 그렇게 있는 듯이 생각된다.

그러나 이러한 모순은 다음과 같은 방식으로 제거될 수 있다. 즉 법칙이 자연 전체를 지배한다고 하여 법칙을 진리라고 주장하는 데에서 온갖 개별적인 감각적 사물에 법칙이 합당하다는 것을 입증할 필요는 없다고 할 수 있다는 것이다. 돌을 지면에서 들어올린 다음 거기서 손을 떼면 돌은 낙하하게 마련인데, 이런 법칙을 밝혀내기 위하여 모든 돌을 놓고 그와 같은 실험을 할 필요는 없는 것이다. 적어도 어느 정도의 실험을 되풀이하면 다른 돌에 대해서도 최대의 확률과 충분한 정당성을 가지고 동일한 일이 벌어지리라는 것을 유추할 수 있다.

다만 문제는 유추한다는 것에 완전한 정당성이 주어질 수 없다는 것인데, 즉 유추는 그 본성상 번번이 모순을 저지를 뿐 아니라 유추에 근거한 추론결과로부터 또다시 유추에 의한 어떤 결론을 이끌어낸다는 것은 있을 수 없는 일이다. 유추에서 결론지어지는 확률만 하더라도 진리를 판가름하는 데에 확률의 대소는 아무런 의미도 갖지 않는다. 확률이 아무리 높더라도 이는 진리에 비하면 무나 마찬가지인 것이다.

그러나 이성의 본능은 실제로 낙하의 법칙과 같은 것을 진리로 간주하여 인식이 가닿지 않는 법칙의 필연성이 문제가 될 때라야만 비로소 확률의 대소라는 등의 구별을 이끌어내고는 사태의 진위를 확률의 문제로 바꾸어버린다. 순수한 개념을 여전히 통찰하지 못하는 의식에서는 진리가 불충분한 모습으로밖에 나타나지 않는다는 것이 거기에 드러나 있다. 왜냐하면 여기서는 보편법칙이 한낱 단순한 직접적 보편성으로밖에는 생각되지 않기 때문이다.

또한 법칙은 그의 보편성으로 인하여 의식에게 진리로 간주되는 면도 있다. 이를테면 돌의 낙하가 진리인 것은 돌이 무게를 갖기 때문이며, 또한 무게를 가짐으로써 낙하해가는 지면과 절대적으로 본질적인 관계를 지니기 때문이라는 경우가 그것이다. 이때 의식은 법칙의 존재를 경험하고 있지만 이는 개념으로서의 법칙의 경험이기도 한데, 이 두 가지 경험이 하나로 합쳐짐으로써 비로소 법칙은 진리가 된다. 결국 법칙이 법칙으로서 타당할 수 있는 이유는 그것이 바로 현상 속에 나타나는 것과 함께 또한 그 자체가 개념이기도 하기 때문이다.

 동시에 법칙은 그 자체가 개념인 까닭에 의식이 지니는 이성본능은 반드시, 그러나 부지불식간에 법칙과 그의 요소를 개념으로 순화하는 쪽으로 나갈 수밖에 없다. 즉 이성본능은 법칙 탐구에 착수하는 것이다. 갓 등장했을 때의 법칙은 감각적인 개별물에 휩싸여 있는 불순한 것으로서 그의 본성을 이루는 개념은 경험적인 소재 속에 매몰되어 있다. 따라서 이성의 본능은 그의 탐구과정에서 각이한 상황 아래 빚어지고 있는 것을 발견하려고 한다. 그럴수록 법칙은 감각적인 존재 속에 흠뻑 젖어드는 듯이 보이지만 탐구가 진행되면서 오히려 감각적인 존재의 편이 소멸되어간다.

 탐구는 법칙이 성립되는 순수한 조건을 발견한다는 내면적인 의미를 지닌다. 그러나 사실 순수한 조건을 발견하려는 사람들은 동의하지 않는다 하더라도 여기서 시도되고 있는 것은 법칙으로 하여금 그의 구성요소나 특정한 존재로부터의 구속을 완전히 탈피하여 법칙을 전적으로 개념의 형태로 고양하는 것이다. 예컨대 처음에는 음전기는 수지(樹脂)전기로, 양전기는 유리전기로 불려왔지만, 탐구의 과정에서 수지나 유리와 관련된 의미는 완전히 사라지고 특정한 사물과의 관계가 사라지면서 순수한 양과 음의 전기로 여겨지게 되었다. 그리하여 양전기가 되는 물체와 음전기가 되는 물체가 있다는 투의 말은 더 이상 할 수 없게 되어버렸다.

 마찬가지로 산(酸)과 알칼리의 관계와 이들 상호간의 반응도 역시 물체의 대립을 나타내는 듯한 법칙을 이루고 있었지만 이렇게 분리되어 있는 특정한 사물은 아무런 현실성도 지니지 않는다는 것이 분명히 밝혀진 바 있다. 물체를 떼어놓는 힘이 물체를 곧 다시 하나의 과정으로 끌어들이는 힘이 되기도 하므로 여기서는 관계만이 의미를 지니는 것이다.

산과 알칼리는 이빨이나 발톱과 같이 각각 따로 떨어져 있을 수도 없거니와 그런 것으로 제시되지도 않는다. 서로가 곧장 중화되어 중성의 물질이 된다는 데에 그의 본질이 있으니, 거기서는 양쪽 모두가 본래의 자기 성질을 상실하여 보편적인 존재가 됨으로써 산과 알칼리는 오직 보편적인 성질로서만 진실로 존재하는 것이다. 마치 유리나 수지가 꼭 같이 양전기나 음전기로도 될 수 있듯이, 산과 알칼리도 어떤 특정한 현실의 물질과 결부된 성질은 아니며 그 어떤 것이건 상대하기에 따라서 산성이 되거나 알칼리성이 되거나 한다. 확실히 알칼리나 산 그 어느 한 쪽일 수밖에 없을 듯이 보이는 것도 이른바 물리화학적 결합(Synsomatien)에서는 조건 여하에 따라서 반대의 성질을 띠게 되는 것이다.

탐구의 결과로서 이제는 법칙의 구성요소를 이루는 것이 특정한 사물에 고유한 성질일 수는 없게 되면서 술어는 주어에서 분리된다. 주어에서 분리되어나간 술어는 술어에 어울리는 보편적인 형식이 주어진다. 이러한 독립성으로 인하여 술어는 물체도 성질도 아닌 '물질'을 일컫는 것이 되고, 이제는 더 이상 산소라거나 양전기·음전기·열 등등을 물체라고 부를 수는 없게 된다.

그런데 물질이란 하나의 존재하는 사물이 아니라 개념의 형식을 띤 보편적인 존재이다. 아직 본능단계에 있는 이성은 무의식중에 물체와 물질을 올바르게 구별하고 있으니, 즉 온갖 감각적 존재를 지배하는 법칙을 탐색하면서 한낱 감각적 존재의 차원을 넘어선 법칙의 구성요소를 일반적인 물질로 파악하고, 그 용어 사용에서도 이를 비감각적인 감각물 또는 물체의 형태를 띠지 않은 대상적 존재로 표현하고 있다.

이상과 같은 탐구의 결과가 어떠한 사태의 변화를 가져오고 또 그 결과로서 어떤 새로운 형태가 관찰의 대상으로 등장하는가를 살펴봐야만 하겠다. 이때 탐구하는 의식의 진리로서 우리는 감각적 존재로부터 자유로워진 순수한 법칙, 나아가서는 개념을 보게 된다. 이는 감각적 존재 속에 나타나 있으면서도 그 속에서 아무 거리낌 없이 활보하는가 하면 또한 그 속에 깊숙이 잠겨 있으면서도 그로부터 자유로울 수 있는 단순한 개념으로서의 법칙이다. 이렇듯 탐구의 결과로 얻어진 핵심요소가 이제 관찰하는 의식에게는 대상으로 나타나면서도 이것이 의식에게는 결과로서 얻어진 것이라고는 생각되지 않는다. 또한 여기서는 앞서간 운동과의 관계도 자각되지 않으므로 특별한 종류의 대상이 나타난 것으로 보이며 그와 관계하는 의식도 지금까지와는 다른 관찰자로 간주된다.[44]

유기체의 관찰

(1) 유기체와 무기물의 관계

탐구의 과정을 단순한 개념의 모습으로 갖추고 있는 대상이 '유기체'이다. 유기체란 절대적 유동성을 띤 것으로서, 그 속에서는 단지 타자에 대한 관계로서나 있음직한 그러한 성질은 여지없이 해체되어버린다. 무기물은 타자와 구별되는 성질을 그의 본질로 하는 까닭에 어떤 다른 것과 함께할 때라야만 비로소 개념의 요소가 제대로 갖추어지기는 하지만, 운동을 시작하면 스스로를 상실하게 된다. 이와는 달리 유기체에서는 타자와 어울릴 수 있는 온갖 성질이 단순한 유기적 통일체로 결합되어 있어서 그 가운데 어떤 하나가 홀로 자유롭게 타자와 본질

---

[44] 여기서도 「서론」에서 얘기된 바와 같이(128쪽의 주 15 참조) 새로운 의식형태가 발생할 때 당사자 자신인 의식은 그 스스로가 선행 단계로부터 발생하게 된 경위를 자각하지 못한 채 다만 우리들 철학적 고찰자만이 제3의 위치에서 사태의 진상을 파악할 뿐이라는 것을 말해주고 있다.

적인 관계를 맺는 일이란 있을 수 없다. 유기체는 타자와 관계하는 가운데 자기를 유지하는 그런 존재인 것이다.

이제 이성본능이 관찰하고자 하는 법칙의 구성요소가 되는 것을 앞에서 규정된 바에 따라 얘기한다면 첫째는 유기체와 무기물의 상호관계이다. 단일한 개념으로 존재하는 유기체와는 달리 무기물은 갖가지 성질이 뿔뿔이 흩어진 채 모여 있을 뿐이어서 개체적인 모습이라곤 찾아볼 수가 없으며, 더욱이 마디마디가 빈틈없이 이어져 있는 자연의 연속성에서 단절된 채 제각기 독자적인 모습을 하고 존재한다.

공기 · 물 · 흙 · 지대 · 기후 등이 유기체의 모호하면서도 단순한 본질에 영향을 미치는 보편적인 요인인데, 개체는 이러한 조건 속에서 자체 내로 복귀한다. 유기적인 개체는 자기만으로 있는 절대적 존재도 아니려니와 그렇다고 무기적인 자연조건이 절대적인 것도 아니다. 오히려 양쪽 모두가 자유로운 독자존재로서 관찰의 대상이 되는 가운데 서로가 본질적인 관계 아래 있다고 봐야만 한다. 그러면서도 이 양자는 상호무관한 독자적인 면이 두드러져서 서로의 관계란 부분적인 것일 뿐이다. 그리하여 이런 실정에 있는 법칙은 무기적인 자연적 요소와 유기체의 형상과의 관계를 나타내는 것이 되는데, 여기서 유기체는 한편으로는 무기적 요소와 대립하면서 다른 한편으로는 그러한 요소를 자기복귀에 따르도록 한다.

그러나 여하튼 공중에 서식하는 동물은 조류의 특성을 지니며 수중에 서식하는 동물은 어류의 특성을 지니고 북방에 생존하는 동물은 두터운 모피로 덮여 있다는 등의 법칙은 유기체의 다양성을 드러내기에는 역부족일 수밖에 없는 빈약한 법칙이다. 이밖에도 환경조건에서 자유로운 유기체의 활동은 그와 같은 경직된 형식을 탈피하여 도처에서 이를테면 법칙이나 규칙에 따르지 않는 예외를 나타낸다. 비록 법칙을 따르는 유기체라 하더라도 거기에 나타나는 성질은 표면적이어서, 결국 거기에 법칙의 필연성이 있다 하더라도 한쪽이 다른 쪽에 지대한 영향을 미친다는 정도 이상의 것이 아니다. 게다가 실제로 유기체의 형상에 얼마만한 영향이 미치는지도 분명히 알 수 없는 노릇이다.

따라서 유기체와 무기적 자연의 관계란 엄격히 말하면 법칙이라고 할 만한 것은 못 된다. 왜냐하면 이미 얘기되었듯이 그러한 관계는 내용면으로 볼 때 유기체의 모든 영역을 총망라한 것은 아니며, 관계되는 요소 하나하나마다가 뿔뿔이 흩어져 있어서 이것이 어떤 필연성을 나타내고 있지는 않기 때문이다. 산(酸)의 개념 속에는 마치 양전기의 개념 속에 음전기의 개념이 포함되듯이 알칼리의 개념이 포함되어 있는 것은 사실이지만, 두터운 모피와 북쪽 지방이, 또는 어류의 생태와 물이 그리고 조류의 생태와 공기가 밀접하게 연결되어 있는 것이 아무리 분명하다 하더라도 결코 북쪽 지방이라는 개념 속에 두터운 모피라는 개념이, 또는 바다나 공기라는 개념 속에 물고기나 새의 구조라는 개념이 포함되는 것은 아니다. 이들 두 개념은 서로가 유연하게 연결되어 있어서 육지에 서식하는 동물 중에도 본질적으로 조류나 어류와 같은 성질을 지닌 것도 존재하는 것이다.

그뿐 아니라 법칙의 필연성이라는 것도 본질에 어울리는 내적인 필연성으로 이해될 만한 것은 아니므로 감각적인 성질을 띠고 나타나지 않는 경우도 있고 현실세계 속에서 관찰되지 않고 이와 어긋나는 것일 수도 있다. 하여간 이는 실재하는 세계에서는 발견될 수 없는 필연성인 까닭에 목적론적 관계[45]라고 불리면서도, 이는 어디까지나 관계되는 것의 외부에 있는 관계일 뿐이므로 도무지 법칙이라고는 할 수 없는 관계이다. 결국 그러한 사고는 자연의 필연성에서 완전히 이탈하여 자연을 팽개치고 멋대로 활개치는 그런 사고이다.

(2) 목적론

지금까지 거론된 유기체와 무기적 자연과의 관계는 유기체의 본질을

---

45) 여기서는 칸트 『판단력 비판』 77절의 목적론적 연결(teleologische Verknüpfung) 또는 목적의 결합(Zweckverbindung)을 총괄하는 의미의 목적론적 관계(teleologische Beziehung)가 논의되고 있다.

표현하는 것은 아니지만, 반대로 유기체의 본질이 그 안에 담겨 있다는 점에서는 목적 개념과 연관되어 있다. 물론 관찰하는 의식에서 목적 개념은 유기체의 고유한 본질을 이루는 것이 아니라 지금 바로 얘기된 대로 유기체의 외부에 속하는, 즉 외면적인 목적론적 관계에 지나지 않는 듯이 여겨지지만, 앞에서 유기체를 규정한 데서 얘기됐듯이 유기체란 실은 목적 그 자체가 사물의 형태를 띤 것이다. 왜냐하면 유기체란 타자와의 관계 속에서 스스로를 보존하는 가운데 다름아닌 자연이 개념으로 복귀한 존재이므로 여기서는 원인과 결과, 능동적인 것과 수동적인 것과 같은 대립적인 요소가 필연적인 연관 속에서 하나로 응결되어 있기 때문이다.

여기서는 무엇인가가 필연의 결과로서 나타나는 것만은 아니다. 도리어 생겨난 것이면 자체 내로 복귀하는 까닭에 최종적인 결과(das Letzte oder das Resultat)가 운동이 시작되는 출발점(das Erste)과 일치하며 또한 실현된 목적과도 일치한다. 이렇게 본다면 유기체란 뭔가를 산출한다기보다는 오히려 자기를 보존할 뿐이며, 뭔가가 산출된다 하더라도 이미 현존하는 것이 산출될 뿐이다.

유기체의 자기보존이 그 자체로 어떤 의미를 지니며 또 이성본능이 이를 어떻게 파악하고 있는가를 자세히 따져보면 이성본능이 정작 이성의 터전 위에 있으면서도 거기에 자리잡고 있는 자기의 참뜻을 인식하고 있지는 못하다는 것을 알 수 있다. 관찰하는 이성이 명확한 개념으로 포착했던 목적 개념은 하나의 현실적인 존재로서도 있는 것이므로 이는 유기체의 외적인 관계를 나타내는 데 그치지 않고 유기체의 본질을 이루기도 한다. 그 자체가 목적이기도 한 현실의 유기체가 타자와의 사이에서 목적에 버금가는 관계를 맺는다고 할 때 이 관계는 양자의 직접적인 상태에 좌우될 것이므로 양자가 각기 독립된 이질적인 존재인 이상 관계는 우연적일 수밖에 없다.

그러나 관계의 본질은 표면에 나타나는 것과는 별도의 것으로서, 목적론적인 행위는 직접 감관작용에 의해서 지각되는 것과는 다른 의미를 지닌다. 필연성은 발생한 사건의 내면에 은폐되어 있던 것이 최종 단계에 가서 비로소 모습을 드러낸 것인데, 더욱이 여기서 드러나는 것은 애초부터 존재하는 필연성이었다는 사실이다. 그런데 종국에 가서 나타나는 필연성이 애초부터 있어왔다는 것은 행위에 의해서 야기된 변화란 이미 애초부터 있던 것만을 만들어냈을 뿐이라는 것을 뜻한다. 다시 말해서 우리가 만약 최초의 것으로부터 출발하여 자기행위의 결과로서 최종 국면에 이르렀다고 할 때 이는 스스로가 오직 자기 자신에게로 복귀했다는 것이나 마찬가지이다.

결국 이렇게 되면 최초의 것은 아예 자기 자신을 최종 목적으로 삼고 있는 존재이며 또한 그것은 최초의 것으로서 이미 자체 내로 복귀해 있는 원융적(圓融的)인 절대적 존재(an und für sich selbst)라는 것이 된다. 따라서 애초부터 있던 것이 아무리 그의 행위를 발동하여 뭔가를 실현했다 하더라도 그것은 곧 자기 자신일 뿐이며, 오직 자기를 실현할 뿐이라는 것이 그의 자기감정이다. 애초부터 있는 그대로의 것과 그것이 얻어내려는 것과의 사이에는 분명히 차이가 있지만 이는 외관상의 차이에 지나지 않는바, 바로 이 차이를 극복하는 데서 유기체는 개념이 된다.

그런데 또 마찬가지로 자기의식의 경우도 유기체에서처럼 자기를 자기로부터 구별한다고 하지만 여기에는 아무런 구별도 나타나지 않는다. 따라서 자기의식이 유기체의 관찰을 통해서 발견하는 것도 결국은 다름아닌 자기본질이다. 유기체란 그 자신이 생명이 있는 사물로서 존재하기에 이른 것이므로 자기의식 그 자체와 이렇듯 자기의식이 발견한 것 사이에는 차이가 있을 리 없다. 동물의 본능은 먹이를 찾아서 이를 씹어삼키면서도 여기서 얻어내는 것이라곤 자기 이외의 다른 어떤 것도 아니듯, 이성의 본능이 추구하는 것 또한 이성 이외의 다른 어떤 것도 아니다. 다만 동물의 경우에는 자기감정이 절정을 이루는 데 반해 이성본능은 동시에 자기의식이기도 하다는 점에서 차이가 있다.

그러나 본능은 어디까지나 본능일 뿐 의식과는 반대편에 있어서, 이와는 대립되는 관계에 있다. 따라서 본능적으로 얻어지는 만족감은 대립으로 인한 분열에 의하여 자기 자신을 곧 목적으로 삼긴 하지만, 이렇게 발견되는 것은 사물로서의 목적이다. 하지만 이런 그의 목적이 처음에는 목적으로 표현되는 사물의 외부에 있는 듯이 보인다. 그런 다음에 이 목적 자체가 동시에 대상화되어 나타나는데, 이렇게 되면 목적은 의식으로서의 자기 안에 있는 것이 아니라 또다른 오성[46] 속에 있는 것으로 간주된다.

더 자세히 살펴보면 이성의 이러한 규정은 유기체에 목적이 갖추어져 있다고 하는 사물의 개념 속에 나타나 있다. 유기체는 자기를 보존하지만 동시에 자기보존의 필연성을 은폐하고(die Notwendigkeit zu verbergen) 우연한 관계 속에서 살아가는 듯한 모습을 띠는 것이 그의 본성이다. 유기체의 자유와 독자성은 필연의 과정에 대하여 무관심한 태도를 취하는 데서 성립되므로, 개념과 존재가 별도로 있다는 것이 유기체의 본연의 모습이다.

이와 마찬가지로 이성도 자기 자신에게 갖추어진 필연성[47]이라는 개념을 자기의 외부에 있는 것, 즉 사물과 같은 것으로 바라볼 수밖에 없으니, 여기서도 필연적인 사물과 이성 사이에 또는 사물과 개념 사이에 생소한 관계가 맺어져 있다. 본능으로서의 이성은 이렇듯 생소한 존재의 내면에 머물러 있으므로, 개념을 표현하는 사물은 이성본능에게는 개념과는 별개의 것이고 개념은 사물과는 별개의 것이 되어 있다. 따라서 유기체는 그 자체가 곧 목적이라 하더라도 유기체의 행위 속에 은폐되어 있는 필연성은 행위자가 필연성과는 전혀 무관한 독자적인 형태를 나타내는 이상 유기체의 외부에 있는 것으로밖에는 보이지 않는 것이다.

하지만 그 자체가 목적이나 다름없는 유기체로서는 목적이 있는 듯

---

46) 칸트의 '직관적 오성'(der anschauende Verstand)은 창조신 또는 조물주로서의 근원적 오성을 가리킨다.
47) 「서론」에서 이미 언급되었던 '이성의 간계'(die List der Vernunft)를 논한 것.

한 행태를 취할 수밖에 없으니, 그 자신이 목적을 갖추고 있다는 것은 겉으로 분명히 나타나 보이고 또 의식도 유기체를 그와 같이 관찰한다. 유기체는 자기를 보존하면서 자체 내로 복귀하려 하고 또 이미 복귀해 있는 것으로 드러나 보인다. 그러나 관찰하는 의식은 유기체의 존재 그 자체 내에 목적 개념이 깃들어 있다는 것을 인식하지 못하는바, 다시 말하면 목적 개념이 어딘가 다른 곳에 있는 오성 속이 아니라 바로 지금 여기에 유기체라는 사물로 있다는 것을 인식하지 못하는 것이다.

이때 의식은 목적 개념과 독자적이고 자기보존적인 활동을 구별하지만 사실 여기에는 아무런 구별도 없다. 그것이 아무런 구별도 아니라는 것은 자각되지 않은 채 행위와 그리고 바로 이 행위에 의해서 생겨나는 것과의 관계는 어찌됐건 상관이 없는 우연적인 것으로 여겨지고 있다. 그리하여 행위와 행위의 결과라는 양자를 한데 묶어주는 통일은 무산되고 행위와 목적이 분리되어버린다.

이런 견지에서 보면 유기체 자체의 행위라고 할 수 있는 것으로는 그의 시초와 종착점 사이에 개재하는 개별적인 성질의 행위가 있을 뿐이다. 그러나 이렇게 되면 보편적인 성질을 지닌 행위와 행위의 주체에 의해서 산출된 것이 서로 동일화되는 합목적적인 행위는 유기체의 독자적인 행위로는 간주되지 않는다. 그런데 한낱 수단에 지나지 않는 개별적인 행위란 바로 이 개별성으로 인하여 전적으로 특정한 경우에 한해서만 유효한 우연한 필연성에 지배된다.

이로써 유기체가 개체로서의 자기보존이나 유로서의 자기보존을 위해서 행하는 것은 보편적인 개념의 틀을 벗어난 것이므로 그의 직접적인 내용으로 볼 때 여기에 법칙성이라고는 전혀 없는 것이 된다. 결국 그러한 유기체의 행위는 내용도 없고 효력도 없으므로 기계의 작동만큼에도 미치지 못한다고 하겠으니, 기계에는 목적이 있고 따라서 그의 작동에는 일정한 내용이 따르기 때문이다. 보편적인 목적을 일탈한 개별적 행위란 어쩌다 벌어진 일에 지나지 않으며, 심지어 그것은 산(酸)이나 알칼리의 활동만큼도 자체 내로 복귀하지 않는다. 그의 활동은 직접적인 생존조건에서 분리되는 일도 없고 더욱이 대립물과의 관계 속에서 소멸되어가는 것을 단절해버리는 것도 아니지만, 그러면서도 자기보존은 되는 그러한 것이다.

그러나 이런 양식의 활동이 그대로 관찰되는 유기체 그 자체는 대립물과의 관계 속에서 자기를 보존하는 것이라고 할 수 있으므로, 그가 벌이는 활동 자체도 본질을 결한 상태에서나마 자립적인 순수한 형식을 지닌 가운데 한낱 개별적인 존재를 넘어선 보편성을 갖춘 활동의 실체, 즉 활동의 목적도 활동의 외부에 속하는 것이 아니다. 활동은 스스로 자체 내로 복귀할 만한 힘을 지니고 있어서, 결코 어떤 생소한 힘을 빌려서 자체 내로 복귀해가는 것은 아니다.

보편 개념과 개별 활동과의 이러한 통일(Diese Einheit der Allgemeinheit und der Tätigkeit)은 관찰하는 의식에게는 감지되지 않는다. 왜냐하면 그의 통일은 본질적으로 유기체의 내면의 운동으로서 어디까지나 개념으로만 파악될 수 있을 뿐(nur als Begriff aufgefaßt werden kann)이지만 관찰하는 의식이 추구하는 것은 지속적인 존재의 형식을 지닌 요소이기 때문이다. 하나의 전체를 이루는 유기체는 본질적으로 그를 구성하는 요소 하나하나마다를 존재의 형식으로 보존한다거나 겉으로 드러내 보인다거나 하지 않으므로, 의식은 유기체에 나타나는 대립을 자기 나름의 견지에 합치되도록 바꾸어서 파악할 수밖에 없다.

(3) 내면과 외면

이렇게 해서 유기체는 두 개의 고정된 존재의 관계로서, 다시 말하면 그 양면이 다 함께 관찰되는 듯이 여겨지는 동시에 내용면에서는 유기체의 목적 개념과 현실의 대립을 나타내는 듯이 보이는 대립의 관계로서 의식에 나타난다. 그러나 이런 상태에서는 개념 그 자체가 말소된 채 전체가 모호하고 불분명한 것으로만 나타날 뿐이어서 사고마저도 표상 속에 묻혀 있다. 결국 목적 개념과 현실이 각기 내면과 외면이라는 식으로 막연히 연관지어지면서 이러한 그의 관계가 바로 "외면은 내면의 표현이다"라는 법칙을 낳게 되는 것이다.

외면을 동반하는 내면과 이들 상호간의 관계를 자세히 살펴보면 첫째, 법칙의 양면이 더 이상 이전의 법칙에서와 같이 저마다 자립적인 사물이나 특정한 물체로서 나타나는 일이 없고, 둘째, 양면을 아우르는 보편적인 요소가 어딘가 존재의 외부에 자리하는 그런 일은 없다는 것도 분명해진다. 오히려 유기체란 그 본질상 불가분의 존재로서 기초지어져 있는 가운데 내면과 외면 모두의 내용이기도 한 동일한 존재로서 양면을 걸머지고 있다. 이렇게 되면 대립은 순수히 형식적인 데 지나지 않고, 저마다 실재하는 것으로 나타나는 양면은 동일한 존재를 본질로 하는 것이 된다. 그러면서 동시에 내면과 외면은 사물로서도 대립해 있으니, 관찰자로서는 별개의 존재로서의 양면이 저마다 독자적인 내용을 지니는 것으로도 보인다.

그러나 이 독자적인 내용은 유기적으로 통일된 동일한 실체로 이루어진 것이므로 실제로는 유기체의 형식상의 차이에 지나지 않는바, 관찰하는 의식에 따른다면 외면은 내면의 표현에 지나지 않는다고 얘기할 수가 있는 것이다. 이와 동일한 관계가 이미 목적 개념을 통하여 나타난 바 있는데, 여기서도 또한 구별된 것이 저마다 자립적으로 존재하면서도 마침내 그의 구별은 소멸되어 통일이 이루어지기도 하는 것이다.

① 내면 — 순수한 내면적 요소의 법칙인 감수성 등등, 그리고 내면과
그의 외면

이제 살펴보아야 할 것은 내면과 외면이 각기 어떤 형태를 띠고 존재하는가 하는 것이다. 우선 내면도 외면이나 마찬가지로 의식의 대상이며 관찰되는 것으로 존재하는 까닭에 그것 역시 외면적인 존재와 형태를 지녀야만 한다.[48]

내면에 깃들어 있는 유기적 실체는 단일한 혼이며 순수한 목적 개념

이라고 불리는 보편적인 힘으로서, 이는 부분으로 나뉘더라도 전체로 번져나가는 유동성을 잃는 일이 없으며 따라서 그의 존재양식은 마치 현실의 행위나 운동이 스러져가는 듯한 모습을 띤다. 이에 반하여 내면에 대립하는 외면은 유기체의 정지된 모습을 하고 나타난다. 그리하여 내면과 외면을 관계짓는 법칙은 그의 내용을 한편으로는 보편적인 요소나 단일한 본질로 표현하며, 다른 한편으로는 실현된 본질이나 형태로서 표현한다.

이때 전자의 단일한 유기적 성질로는 '감수성' '반응력' '재생능력' 세 가지가 있는데, 이들 성질 가운데 특히 앞의 둘은 유기체 전반에 적용되지 않고 단지 동물에만 해당된다. 식물의 경우는 유기체가 갖는 단순한 개념을 표현할 뿐, 그것을 세 요소로까지 전개하는 데에는 이르지 못한다. 따라서 우리로서도 이상 세 요소를 관찰하는 데서 그것이 형태로 나타나 있는 동물에 주안점을 두어야만 하겠다.

이상 유기체의 세 가지 특성을 놓고 볼 때 그것은 모두가 직접 자기목적이라는 개념으로 이해될 수 있다. 감수성이란 유기체의 자기복귀 또는 보편적 유동성이라는 단일한 개념을 뜻하며, 반응력은 자기복귀하면서 동시에 외부에 탄력적으로 반응하는 유기체의 실상과 첫번째의 안정된 자체 내 존재에 반(反)하는 외적인 전개, 즉 추상적인 독자존재에 반하는 대타존재를 나타내는 말이다. 재생능력은 감수성과 반응성이 함께 자체 내로 복귀해 있는 유기체의 전체적인 활동, 즉 목적 그 자체가 여실히 드러나는 활동 또는 유로서의 활동을 일컫는 것인데, 여기서는 개체가 자기 자신에게 반발하면서 유기체의 일부나 개체 전체를 재생산한다. 자기보존이라는 의미에서 보면 재생능력이란 유기체의 형식적 개념인 감수성을 나타낸다고도 하겠지만 본래 그것은 실재하는 사물로서의 유기적 전체에 관련되는 개념이다. 이때 유기체의 전체는

---

48) 뒤에 가서 밝혀지겠지만 내면은 감수성-반응-재생능력으로서, 이들 사이에는 비례의 관계가 성립되므로 그 가운데 어떤 임의의 것이라도 다른 것의 표현일 수 있다.

이를 개체로서 보면 개개의 부분을 재생함으로써 자체 내로 복귀하는 것이고, 유로서 보면 개체의 재생을 통해 자체 내로 복귀해가는 것이 된다.

이러한 유기적 요소가 갖는 또 하나의 외면적인 의미로 들 수 있는 것은 현실적이면서 동시에 일반적인 부분 또는 유기적 조직으로 존재하는 형태에 관한 것이 되겠다. 즉 감수성을 관장하는 것은 신경조직이고 반응력을 관장하는 것은 근육조직이며 재생능력을 관장하는 것은 개체와 유의 보존기관인 내장이 된다. 그러므로 유기체에 고유한 법칙은 이중의 의미에서 유기적인 요소의 관계를 나타내게 되는데, 하나는 유기체의 부분적인 형태에 관련된 것이고, 다른 하나는 모든 조직에 두루 삼투되어 있는 보편적인 유동적 성질과 관련된 것이다. 따라서 그러한 법칙의 표현에서는 예컨대 유기체 전체의 한 요소인 특정한 감수성이 일정한 구조를 지닌 신경조직 내에서 표현될 수도 있고 아니면 또 개체의 유기적인 부분의 특정한 재생이나 개체 전체의 번식과 결부된다는 등으로 볼 수 있다.

이러한 법칙이 갖는 두 개의 측면은 관찰할 수가 있는데, 즉 외면은 그의 개념상 대타존재인 까닭에, 이를테면 감수성은 감관조직 속에 직접 실현되어 있고 일반적인 성질로서의 감수성이 그 조직의 활동으로서 대상화된다. 이에 반하여 내면에 해당하는 측면은 여기에 상응하는 고유한 외면을 갖추고 있으므로, 고유한 외면으로 총칭되는 것과는 구별되지 않으면 안 된다.

결국 유기체의 법칙을 이루는 두 개의 측면은 필경 관찰될 수 있지만, 다만 이 두 측면이 관계하는 법칙은 관찰의 대상이 되지 않는다. 관찰활동이 거기까지 다다르지 않는 이유는 관찰이라는 그 자체가 근시안적이며 경험적인 수순을 밟기보다는 이념을 앞세우려 하기 때문이다. 다시 말해서 그러한 법칙이 뭔가 실재하는 것을 지배하는 법칙이라면 이는 당연히 현실적으로 존재해야만 하고 또 관찰의 대상도 되어야겠지만, 지금 얘기되고 있는 이런 종류의 법칙은 전혀 진실성이 없는

것으로 드러나기 때문이다.[49]]

법칙에 어울릴 만한 관계가 성립되는 데는 앞에서 보았듯이 유기체의 보편적 성질이 유기적 조직에 따라 사물 속으로 스며들어서 사물의 형태를 띠고 나타나고 이럼으로써 성질과 조직이 지니는 본질이 한편으로는 보편적 요소로서, 다른 한편으로는 사물로서 존재하는 것이어야만 한다. 그러나 그밖에 내면만을 놓고 보더라도 여기에는 다면적으로 얽혀 있는 관계가 있으니, 말하자면 법칙의 사상(思想)이라고 할 만한 것은 유기체의 일반적인 활동 또는 여러 특성 사이의 관계이다. 그러한 관계가 성립되는지의 여부는 보편적 성질 여하에 따라 판가름되어야만 한다.

그런데 보편적 성질이 유기체 전체에 스며들어 있다고 할 때 그것이 사물의 형식에 한정되거나 각이한 형태를 지닌 사물 속에 매몰되어버리는 것은 아니다. 이를테면 감수성의 경우라면 신경조직 이상으로 유기적인 조직 전체에 삼투되어야 함은 물론이고 더 나아가 그것이 전체 속으로 스며드는 그런 성질인 이상은 반응력이나 재생능력도 불가분의 요소로서 본질적으로 갖추고 있어야만 한다. 그럴 수밖에 없는 이유는 자체 내로 복귀하는 감수성은 이 과정에서 갖가지 반응을 일으키게 되기 때문이다. 단지 자체 내로 복귀하는 것만으로는 수동적인 죽은 상태나 마찬가지여서 감수성이라고 할 수는 없으니, 이는 작용이건 반작용이건 자체 내로 복귀하지 않는 한 반응력이라고 할 수 없는 그런 경우와 마찬가지이다.

작용과 반작용 속에서 자기복귀가 행해지고 자기복귀하는 데서 작용과 반작용이 생겨나는 것이 유기체에 합당한 통일성이라고 하겠는데 유기체의 재생능력이라는 것도 이와 동일한 통일성을 지닌다. 이런 점

---

49) 이미 제3장 「힘과 오성, 현상계와 초감각적 세계」에서 제1법칙과 제2법칙이 구별되었지만, 헤겔에 따르면 "외면은 내면의 표현이다"라는 것도 제2법칙의 입장을 따른 것이 된다. 그런데 관찰은 법칙의 두 측면을 존재와 지속이라는 형식으로 받아들이므로 법칙은 제1법칙의 입장을 취한다.

으로 본다면 유기체가 어떤 현실에 당도하건 간에 감수성의 크기는—여기서는 감수성과 반응력의 크기를 비교한 경우에 관한 것이지만—반응력의 크기와 동일해야만 하고, 또한 하나의 유기적인 현상은 감수성과 반응력 그 어느 쪽을 척도로 삼더라도 파악되고 규정되고 또 구태여 말한다면 설명할 수가 있게 된다.

뭔가가 고도의 감수성을 지닌다고 한다면 이는 역시 고도의 반응력 또는 동일한 정도로 고도의 반응력을 갖는다고 할 수 있다. 이들 감수성과 반응력을 유기체의 인자(因子)[50]라고 부르는 데는 나름대로의 의미가 있다고 하겠는데, 즉 이는 보편적 성질이 개념에 수반되는 요소이고 이 개념을 본질로 하는 실재하는 대상이 두 개의 보편적 성질을 동일한 방식으로 갖추고 있어서, 한편으로 감수성이 크다고 할 수 있다면 다른 한편에서도 마찬가지로 반응력이 크다고 할 수 있다는 것이다.

보편적 성질은 당연히 서로가 구별되는데, 이러한 구별은 개념에 따른 것으로서 이들의 대립은 질적[51]인 대립이다. 그런데 이 참다운 구별 이외에도 양자를 각기 법칙의 한 측면을 이루는 것으로 표상할 때 존재의 형식을 띠는 구별도 생각할 수 있으니, 이럴 경우 여기에 양적인 차이가 생겨난다. 이렇게 해서 본래의 질적인 대립은 크기의 국면으로 옮겨감으로써 이를테면 감수성과 반응력은 반비례하는 관계에 놓이게 되어 한쪽이 증가하면 다른 쪽은 감소한다는 식의 법칙이 생겨난다. 또는 크기라는 것 자체가 내용을 이루는 것으로 취급되면서 뭔가의 크기가 증가하면 그 나머지 작은 쪽은 감소한다고 할 수도 있다.

더욱이 이러한 법칙에 일정한 내용이 주어져서, 예를 들면 구멍의 크

---

[50] '구성인'(構成因)이라고도 하겠는데, 셸링의 『자연철학체계의 제1초안』(*Erster Entwurf des Systems der Naturphilosophie*, 1799)에서는 감수성과 반응성이 생명의 인자 또는 내면적 조건(Faktoren, innere Bedingungen)이라고 불린다. 이런 점에서 본문은 은연중에 셸링 비판을 염두에 두었다고 할 수 있다.
[51] 헤겔에게서 양적인 구별은 외면적이며 오직 질적인 구별만이 참다운 것이다. 질적 구별은 우선 질적 대립을, 이른바 변증법적 대립을 조성하고 더 나아가서는 사변적 명제 또는 동일성 명제를 형성한다.

기는 그 속에 채워진 알맹이가 감소하는 만큼 반대로 증가하는 경우 이 반비례의 관계를 곧바로 정비례의 관계로 전환하여 구멍의 크기는 거기서 제거된 만큼의 크기에 비례한다고도 표현할 수 있다. 어느 쪽의 표현을 보더라도 얘기되고 있는 것은 동어반복적인 명제임에 틀림없으니, 결국 여기서 표현하려는 본래의 내용은 크기가 증가하는 데 따라 그만큼 크기가 증가한다는, 그 이상의 의미가 있는 것은 아니다.

구멍과 그 속에 채워지거나 거기서 빼내진 것은 질적으로 상이하더라도 그의 소재와 그때그때마다의 크기는 전적으로 동일한 것이고 또한 큰 것의 증가와 작은 것의 감소는 서로가 동일한 것이어서 이런 식의 무의미한 대립은 동어반복으로 그칠 수밖에 없다. 이와 마찬가지로 유기체의 요소도 또한 그의 소재나 소재의 크기는 서로가 불가분하게 얽혀 있어서, 한쪽이 감소하면 다른 쪽도 감소하고 증가하면 역시 동일하게 증가하며 또한 한쪽이 없다면 다른 쪽도 아무 의미가 없어진다.

그렇다면 심지어 유기적인 현상을 놓고 그것이 반응력이냐 감수성이냐 하는 것은 아무렇거나 상관이 없고 또한 크기가 문제인 경우에도 그 어느 쪽이건 마찬가지이다. 이는 구멍의 증가를 공허한 부분의 증가라고 하건 아니면 거기서 빼낸 내용물의 증가라고 하건, 아무 상관이 없다는 것이다. 또다른 예를 든다면 '3'이라는 수를 플러스·마이너스 어느 쪽으로 받아들이건 그 크기는 변함이 없고, 만약 3을 4로 확대하면 플러스·마이너스는 모두가 4로 확대된다. 마찬가지로 자석의 남극은 북극과 동일한 만큼의 강도를 지니며 양전기나 산은 음전기나 알칼리와 동일한 만큼의 강도를 지닌다.

이와 같이 3이나 자석 등의 크기는 유기적인 존재로서, 증가하거나 감소할 때면 양쪽의 인자가 함께 증가하거나 감소하는데, 이는 자석이나 전력의 강도가 높아지면 자석의 양극이나 전기의 양극이 함께 증가하는 것과 같다. 따라서 감수성과 반응력이라는 두 요소 역시 내포와 외연에서 서로 다른 것이 아니므로, 한쪽은 외연상으로 감소하더라도 내포상으로는 증가한다거나 다른 쪽은 반대로 내포가 감소하더라도 외연은 오히려 증가한다는 식으로 얘기하는 것은 공허한 대립의 도식을 들먹이는 데 지나지 않는다. 사물로 나타나는 내포는 외연의 크기와 단적으로 동일하고 그 반대의 경우도 또 마찬가지인 것이다.

이상과 같이 법칙이 정립되어가는 경위를 살펴보면, 우선 반응력과 감수성이 특정한 유기체의 질적인 대립을 조성하지만 마침내 질적인 내용은 소멸되고 대립은 크기의 증감이나 내포와 외연의 증감과 같은 형식적인 대립으로 이행함으로써 대립은 더 이상 감수성과 반응력의 본성과는 상관이 없는, 그의 본성을 전혀 표현하지 않는 것이 되고 만다. 그리하여 법칙 정립이라는 것이 어느덧 유기체의 요소와는 동떨어진 공허한 유희로 화하여, 그 어디에서건 어떤 것이건 상관 없이 적용될 수 있게 됨으로써 끝내 대립물의 논리적인 본성을 깨우치지 못하는 상태(Unbekanntschaft mit der logischen Natur dieser Gegensätze)로 그쳐버리고 만다.

그러나 마침내 감수성과 반응력 대신 재생능력이 등장하면서 이것이 감수성이나 반응력 가운데 그 어느 쪽과 관계하게 되면 여기서는 아예 그러한 법칙을 정립할 여지마저 사라져버린다. 재생능력과 감수성 또는 반응력 사이에는 감수성과 반응력 사이에서와 같은 대립관계는 존재하지 않은 채,[52] 법칙 정립은 대립관계를 전제로 해야만 하므로, 여기서는 그러한 성립을 위한 겉치레조차 찾아볼 수 없게 되는 것이다.

지금까지 보아온 법칙 정립은 유기체의 개념에서 비롯된 요소들 사이의 차이에 무게를 두고 있어서 본래는 선천적인(apriorisch) 법칙 정립이라고나 할 만한 것이다. 그러나 법칙을 정립한다는 것은 본질적으로 눈앞에 있는 형태의 차이에 중점을 두어야 하는 것이므로 단지 대상을 관찰하는 데 그치는 의식은 어쩔 수 없이 그러한 존재에 눈길을 돌려야만 한다. 이와 함께 유기체의 현실은 필연적으로 그의 개념에 의해

---

52) 감수성이 수동적이고 반응력이 능동적인 데 반해 재생능력은 수동과 능동을 총합한 유기체의 전체를 뜻한다.

서 표현되는 바와 같은 대립을 지니게 마련이므로 거기에는 반응력과 감수성의 규정에 합치되는 요소나 이와는 구별되는 재생능력에 해당하는 요소 등이 눈에 띄게 마련이다. 유기체의 개념의 요소가 드러난 것으로 지금까지 고찰해온 외면은 내면 그 자체가 직접 외면화한 것으로서, 전체적인 형태를 그대로 드러낸 그런 외면은 아니다. 이제부터 이 전체로서의 외면과 내면의 관계가 고찰되어야만 하겠다.

그런데 개념의 요소가 지니는 대립이 하나의 존재 전체에 안겨 있는 것으로 받아들여질 경우에는 감수성·반응력과 재생능력은 어디에나 흔히 있는 평범한 성질 정도로 격하되어 서로가 아무 관계도 없는 별개의 것, 이를테면 비중·색채·경도(硬度) 등과 같이 존재하는 것으로 생각된다.[53] 그런 정도의 것을 관찰하기로 한다면 예컨대 어떤 유기체의 감수성이나 반응력·재생능력이 다른 유기체보다 크다는 것은 쉽게 알아차릴 수 있을 것이고 또한 감수성의 질이 유기체의 종류에 따라 다르다는 것, 일정한 자극에 대해서 서로 다른 반응을 나타낸다는 것, 말하자면 귀리와 마른풀을 놓고도 말이 각기 다른 반응을 나타내거나 또는 그 동일한 귀리나 마른풀에 대해서 개는 또다른 반응을 나타낸다는 등의 사실이 마치 물체 사이의 경도의 차이와 마찬가지로 관찰된다.

그러나 경도나 색채와 같은 감각적 성질이나 귀리의 자극에 대한 감수성 그리고 하중(荷重)을 견뎌내는 반응력이나 새끼를 낳은 수와 낳는 방식이라는 등의 현상을 서로 관계시키거나 비교한다는 것은 법칙을 정립하는 시도와는 본질적으로 다른 것이다. 왜냐하면 그런 감각적 존재의 특성은 전적으로 서로 무관하게 존재하는 것으로서, 이들은 관계의 통일을 나타낸다기보다는 오히려 개념을 벗어난 자유로운 본성(die des Begriffs entbundne Freiheit der Natur)을 표출하는 것이기 때문이다. 더 나아가 이는 개념의 요소 그 자체라기보다는 오히려 요소들 사이의 우연한 크기의 폭(幅)에만 주목하여 설왕설래하는 비합리적인

---

53) 비중·색채·경도 등은 제2장의 '지각'에서 사물이 지니는 성질이다.

작태라고나 하겠다.

② 내면과 형태로서의 외면

이와는 달리 유기체의 개념을 이루는 단순한 세 가지 성질과 형태화한 요소를 서로 비교하는 방식의 경우, 이 비교를 통하여 비로소 내면을 그대로 옮겨놓은 참다운 외면이 나타나면서 본래의 법칙이 구해질 듯이 보이기도 한다. 그러나 유기체의 단순한 세 요소는 전체에 삼투되는 유동적인 성질의 것이므로, 각 형태마다가 다르게 나타나는 개개의 조직[54]과는 달리 유기체의 어떤 부분엔가에 서로가 분리된 채로 사물로 표현되는 것은 아니다.

달리 말하면 앞에서 거론된 세 요소는 저마다 독립적으로 존재하지 않고 단지 개념과 운동의 요소(nur Momente des Begriffs und der Bewegung)를 이룸으로써만 비로소 유기체의 추상적인 이념이 이 세 요소 속에 제대로 표현되게 마련이므로, 그렇다면 그의 유기체를 형태상으로 파악하기 위하여 마치 해부학에서와 같이 유기체를 세 갈래의 특정한 조직으로 나누어서 다룬다는 것은 옳은 방법일 수 없다. 실제로 유기체 내에서 그러한 조직을 발견하고 또 그런 발견을 통하여 유기적인 체계 자체를 정당화하려는 사람도 있지만, 이때 그가 염두에 두어야 할 것은 해부학이 제시하는 조직은 세 개만으로 한정되는 것이 아니라 그보다 훨씬 더 수(數)가 많다는 것이다.

그것과는 별도로 또 언급해두어야만 할 것은 도대체 감수성의 조직이란 신경조직으로 불리는 것과는 전혀 다른 것을 뜻하며 반응력의 조직과 근육조직, 재생의 조직과 내장의 재생기관과는 별개의 것이라는 사실이다. 형태 그 자체가 조직화되어 있다고 할 유기체는 추상적인 죽은 존재에 지나지 않으며, 그런 상태에서 파악된 각 요소는 시체 해부에나 필요한 지식일 뿐 살아 있는 유기체의 인식을 위한 것이라고는 할 수 없다. 그

---

[54] 신경조직과 근조직 그리고 내장조직.

러한 부분으로 분할되고 나면 각 요소는 더 이상 과정일 수는 없게 된다.

유기적 존재는 모든 부분마다가 자체 내로 복귀하는 데에 그 본질이 있다. 그러므로 존재 전체나 각 요소마다가 해부학적인 조직 속에 자리 매김되는 것이 아니라 생명 전체를 현실에 표출시키는 외면은 오히려 갖가지 형태화한 부분을 관통하는 운동으로서만 존재할 뿐이어서 개개의 조직으로 분리되어 고정화되는 것은 본질적으로 운동과정에 있는 유동적인 요소로서 표현되어야만 한다. 따라서 해부학에서 다루는 현실은 유기체의 실상을 그대로 드러내주지는 않으며 오직 과정으로서의 현실만이 유기체의 참모습이라고 하겠으니, 해부학이 다루는 부분도 오직 그의 과정 속에서만 의미가 있는 것이다.

지금까지 확인된 바로는, 우선 유기체의 내면적인 요소를 형태에서 분리하여 그것만을 따로 법칙의 한 요소로 삼을 수는 없다는 것이다. 그 이유는 내면적 요소가 법칙의 테두리 안에 갇혀 있게 되면 그것은 일정한 조직과의 관계 속에서 서로가 구별지어지는 가운데 더 이상 변환 가능한 것으로는 생각되지 않기 때문이다. 그런가 하면 또 내면적 요소가 법칙의 일익을 담당하고 이와 다른 쪽에는 사물로서의 일정한 조직이 자리잡는다고 할 수도 없다. 왜냐하면 고정된 조직은 어떤 내면적 요소를 표현하는 것이 아니며 또한 유기체의 진리가 거기에 담겨 있는 것도 아니기 때문이다. 전체가 하나로 어우러져 있는 유기체에서 본질적인 것은 각 요소 하나하나마다가 전체를 관통하는 과정 속에 짜맞춰져서 현실로 존재하는 것이어서, 홀로 유리된 어떤 하나의 것 속에 보편적인 상(像)이 마련되어 있거나 하지는 않는 것이다.

이렇게 되면 결국 유기체를 법칙이라는 표상 아래 다룰 수는 없게 된다. 법칙은 대립을 정지해 있는 양면으로 파악하고 표현하려는 것인데, 여기서 양면은 어디까지나 일정한 성질을 갖춘 상태에서 관계지어져야만 한다. 보편적인 성질의 내면과 정지된 형태를 지닌 부분으로 이루어진 외면이 저마다 법칙의 양면을 이루는 것으로 생각되는데, 이렇듯 양면이 분리되어버리면 유기체로서의 의의가 사라져버린다. 법칙이라는 표상의 기본이 되는 것은 그 양면이 각기 독자적으로 존립하면서 서로에게 부합되는 이중의 성질을 띠고 관계한다는 것이지만, 유기체의 내면과 외면은 도리어 온갖 특수한 성질을 해소시키면서 보편성을 일구어내는 단일한 힘이자 이런 해소의 운동 그 자체(die Bewegung dieses Auflösens)이다.

지금 논의되고 있는 법칙 정립이 어떠한 것인가를 이해하는 데는 예전에 있어왔던 법칙과 어떻게 다른가를 비교해보는 것이 으뜸가는 방법이다. 지각의 운동이나 자체 내로 복귀해가면서 대상을 규정했던 오성의 운동을 되돌아보면 이들 지각이나 오성은 보편적인 것과 개별적인 것, 본질적인 것과 외면적인 것과 같은 몹시 추상적인 규정의 관계를 대상에게서 찾아내는 것이 아니라 오히려 서로 엇비슷한 성질 사이를 이리저리 떠돌아다닐 뿐, 그런 이행작용을 대상으로 삼지는 않았다.[55]

이에 반하여 유기체의 관찰에서는 유기체의 통일을 뜻하는 대립항의 관계 그 자체가 순수한 이행작용으로서 대상이 된다. 단일성을 축으로 하여 이행하는 운동이 그대로 전체에 걸쳐 있는 가운데 거기에 구별이 생겨나고 이 구별된 것들의 관계가 법칙으로 표현된다고 할 때, 이렇게 구별된 요소는 관찰하는 의식의 보편적인 대상이 되어야만 한다. 이때 법칙은 "외면은 내면의 표현이다"라는 형식을 띤다. 앞에서는 오성이 법칙만을 추구할 뿐 정작 법칙의 구성요소는 내용상 한정되어 있어서 그러한 요소가 법칙에 관한 사상(思想)을 제시하는 데까지는 이르지 않았지만, 여기서는 법칙의 사상 그 자체를 포착하게 된 것이다.

내용에 관해 얘기한다면 순수한 존재로서의 구별을 정지해 있는 것으로 하여 일반적인 형식으로 파악하는 법칙이 아니라, 구별된 것 속에서 직접 개념의 동요를 알아차리고 동시에 두 측면의 관계의 필연성[56]까지 파악해내는 그런 법칙이 추구되어야만 한다. 그러나 이때 대상이

---

55) 오성의 총괄 단계에서 '무한성'이 순수한 의미에서가 아니라 감각적인 것에 잠식된 상태에서 다루어졌음을 뜻한다.
56) 이미 제3장에서도 법칙의 내적 필연성이 문제로 대두된 바 있다.

되는 유기체의 통일은 존재의 무한한 극복과 절대적 부정이 정지된 존재와 직접 일체화된 것으로서, 개개의 요소가 그 본질에서 순수하게 타자로 이행하는 운동(reins Übergehen)인 까닭에 법칙을 세우는 데 필요한 뿔뿔이 존재하는 내면과 외면이 나타나는 일이라곤 없다.

뿔뿔이 존재하는 내면과 외면을 소유하기 위하여 이제 오성은 유기체의 관계의 또다른 면, 즉 유기체가 자체 내로 복귀하는 면에 주안점을 두어야만 하겠다. 하지만 유기체가 자체 내로 복귀하는 운동은 너무나 완벽하게 행해지는 까닭에 타자와 관련될 여지라고는 전혀 없어진다. 직접적인 감각적 존재의 경우는 존재와 그의 성질이 직접 일체화되어 있어서, 예컨대 빨간색이 아닌 청색, 또는 산성이 아닌 알칼리성이라는 등으로 다른 것과의 질적인 차이를 그대로 나타낼 수 있다. 그러나 자체 내로 복귀하는 유기체는 타자와는 전혀 무관하게 자기만의 단순한 보편성을 지니고 있으므로 지속적인 감각상의 차이가 관찰되지는 않는다. 다시 말해서 그의 본질적인 성질은 지금 있는 성질이 끊임없이 교체되는 데서 찾아질 수밖에 없다.

따라서 다른 것과의 차이를 형태가 있는 것으로 표현하려면 크기의 차이와 같이 아무런 본질적 의미도 없는 것을 들고 나올 수밖에 없으니, 결국 크기의 관계 속에서는 개념은 말살되고 필연성은 소멸되어 있는 것이다. 하지만 본질과는 무관한 크기라는 존재를 충만하게 하는 내용으로서 감각적 성질의 끊임없는 변화를 들 수 있지만, 이를 단일한 유기체의 성질로서 한데 엮어본다면 이 단일한 성질은 직접 눈으로 볼 수 있는 것으로서 확연히 이것이라고 점찍을 수 없는 것은 분명하므로, 앞에서도 보았듯이 질적인 것은 단지 크기의 차이로밖에는 포착될 수가 없는 것이다.

물론 유기적인 성질을 지닌 것으로 파악된 대상이 개념을 갖추고 있고 그럼으로써 법칙의 내용을 순수히 지각상으로만 파악하는 오성과는 대상의 양식이 상이하기는 하다. 하지만 그렇게 파악된 것이 법칙의 요소로 이용되는 한은 유기체에 대한 이러한 파악양식도 한낱 지각하는 데 지나지 않는 오성의 원리나 방법으로 전락하고 만다. 왜냐하면 법칙에 연연하다 보면 유기체는 고정된 성질을 띠게 되고 직접 눈에 보이는 정지해 있는 존재로 화하여 끝내 크기의 문제로 한정됨으로써 개념은 억압당하고 말 것이기 때문이다. 따라서 단지 지각된 것을 자체 내로 복귀한 것으로 바꿔놓음으로써 한낱 감각적인 성질을 유기적인 성질로 변환한다는 것은 이 역시 무의미한 노릇이며, 결국 이는 오성이 아직도 법칙 정립의 차원을 벗어나지 못하고 있기 때문이다.

이런 식의 변환이 생겨나는 몇 가지 사례를 들어보면, 지각에서는 근육이 억세 보이는 동물이 법칙 정립적인 오성에서는 고도의 반응력을 지닌 유기체로 간주되는가 하면, 지각에서는 허약한 상태라고 보이는 것이 법칙 정립적인 오성에서는 고도의 감수성을 지닌 상태로 또는 이를테면 비정상적으로 민감하거나 감수성이 크게 증진되어 있는 것으로 규정된다.(이렇게 Affektion이나 Potenzierung과 같은 표현을 쓰는 것은 감각적인 것을 개념화하지 않은 채 독일어를 라틴어로, 그것도 부적절한 방식으로 옮겨놓은 것뿐이다.)

동물의 근육이 강한 것을 두고 단순히 오성적으로는 동물이 억센 근력을 지녔다고도 하고 반대로 약한 동물은 보잘것없는 근력을 지녔다고도 한다. 반응력에 의한 규정은 자체 내로의 복귀를 명확히 표현하고 있다는 점에서 자기복귀의 모호한 표현인 힘에 의한 규정보다 우월하다고 하겠는데, 이는 근육에 고유한 힘이 바로 반응력으로 나타나는 까닭이다. 이와 마찬가지 이유에서 반응력이라는 규정은 억센 근육이라는 규정보다 우월한 면이 있다. 이밖에도 작고 연약한 힘이나 유기체의 수동성은 감수성을 통해서 명확히 표현된다.

그러나 이렇듯 감수성 그 자체만이 단독으로 취급되어 고정된 채 크기의 규정과 결부되면서 크고 작은 감수성으로서 또다른 크고 작은 반응력과 대비될 경우에는 감수성과 반응력 모두가 완전히 감각적인 요소가 되어 아무런 특색도 없는 성질로 전락해버린다. 따라서 그의 관계라는 것조차도 개념은커녕 사고를 결한 크고 작음의 차이를 나타내는 것에 그치고 만다. 이렇듯 감수성과 반응력이라는 표현이 사용되는 데에는 분명히 오성이 부여하는 힘이나 지각이 부여하는 강함과 약함이라는 모호한 표현은 제거되지만, 그 대신 이번에는 더 높고 낮은 감수성이나 반응력 또는 상호간의 상승과 하강 또는 상호대립하는 상승과 하강이라는 식의 공허하고 모호한 표현이 마구잡이로 사용된다.

강하고 약하다는 것이 단지 감각적이고 사려 없는 규정인 것 못지않게 크고 작은 감수성이나 반응력이라는 것 역시 사려 없이 받아들여진 감각적인 현상을 나타낼 뿐이다. 개념 없는 표현을 대신해서 개념이 등장했다고는 할 수 없으니, 결국 강한 것과 약한 것을 나타내는 규정은 유독 그 자체만으로 보면 개념에 의거하여 개념을 내용으로 삼고는 있을지언정 개념[57]의 기원과 성격을 전혀 고려하지 않은 공허한 규정이 되어 있는 것이다. 그리하여 개념적인 내용이 법칙의 일익을 담당하도록 단일한 직접적 형식이 마련되어, 크기에 따라 그 성질의 차이가 표현되기에 이르면 애초에는 개념으로 존재하여 개념으로서 정립되었던 것이 감각적으로 지각될 수 있는 것이 됨으로써 힘의 강약이나 직접적인 감각적 성질에 의해서 규정된 것과 아무런 차이가 없을 정도로 인식과는 무관한 존재가 되어버린다.

③ 내면과 외면으로 성립된 외면 또는 유기체 이념의 무기물에 대한 적용—이 측면에서 본 유기체의 유와 종과 개체성

이제 여전히 남아 있는 문제는 유기체의 외면이란 무엇이며, 이 외면에 깃들어 있는 바로 이 외면의 내면과 외면 사이의 대립은 어떻게 규정되는가를 그 자체만으로 고찰하는 일이다. 그런데 이는 앞에서 전체를 이루는 내면이 그 자신의 외면과의 관계에서 어떻게 규정되었는지

---

57) 여기서 개념이란 유기체의 자기목적 또는 목적 그 자체를 뜻한다.

고찰되었던 것과 표리관계에 있다.

외면이란 그 자체만으로 보면 존재의 터전 위에 온갖 모습을 하고 분포되어 있는 생명의 체계화된 형태이면서 동시에 그 본질상 외계(外界)에 대한 유기체의 존재, 즉 자기독자성을 간직한 채 타자와 맞서 있는 존재(gegenständliches Wesen in seinem für sich Sein)이다. 이때 외계란 일단은 유기체의 외부에 자리잡고 있는 무기적 자연을 말한다. 이 양자를 법칙과의 관계에서 보면 이미 보았듯이 무기적 자연이 유기체와 맞먹는 법칙의 일익을 담당한다고는 할 수 없다. 왜냐하면 유기체는 어디까지나 독자적으로 존재하므로 무기적 자연에 대해서도 보편적이고 자유로운 관계에 있기 때문이다.

이 양면의 관계를 유기적인 형태에 비추어서 더 자세히 살펴보면, 유기체는 한편으로 무기적 자연에 대립해 있으면서 다른 한편으로는 독자적으로 자체 내로 복귀해간다. 그리하여 현실의 유기체는 독자적인 생명과 그 자체로 존재하는 외계를 통합하는 매개적 중심[58]이다. 그러나 독자적인 생명의 극은 무한의 일자로서의 내면적 존재(das Innere als unendliches Eins)로서, 이는 형태상의 갖가지 요소가 스스로 존속하거나 외계와의 연관 속에서 존재하는 것을 자체 내로 되돌려옴으로써 무한의 일자라는 무내용의 형태로부터 내용을 받아들이며 스스로가 이 형태의 변화과정으로 나타나는 것이다.

단순한 부정성 또는 순수한 개별성으로서 존재하는 이 극에서 유기체는 절대의 자유를 누리는 가운데 타자존재나 형태상의 이런저런 성질에 구애받지 않고 자기가 보존된다. 이러한 자유는 동시에 형태를 이루는 갖가지 요소의 자유이기도 하며, 이런 자유에 힘입어서 각 요소는 거기 있는 그대로 현상화되고 그렇게 파악될 수가 있다. 이때 각 요소는 외계에 대해서와 마찬가지로 그들 상호간에도 자유롭고 무관심한

---

[58] 추리적으로 연결되는 한쪽 극은 유(類)로서의 보편적 생명이고 그의 반대극은 보편적 개체 또는 지(地)라고 할 개체화의 원리이다. 이때 중간역할자로서 양극과의 관계 속에 있는 매사는 유 쪽에서 보면 종이고, 지 쪽에서 보면 개체에 해당한다.

관계를 유지하고 있으미, 왜냐하면 절대자유의 단순성은 존재를 구성하는 유기적 요소의 단일한 실체이기 때문이다. 순수한 자유라는 바로 이 개념은 유기체의 형태나 이것이 타자와 관계하는 양태가 아무리 다양한 변화를 겪는 가운데서도 오로지 생명의 동일성을 이루는 것으로서, 이 자유로운 생명의 물결 속에서는 어떤 종류의 풍차가 이 흐름을 타고 돌아가는가는 문제가 되지 않는다.

그런데 첫째로 주목해야 할 것은, 이전에 본래적인 내면을 관찰했을 때는 자유의 개념이 유기체의 각 요소가 전개되어가는 과정으로 파악되었는 데 반하여, 여기서는 그의 개념이 현실의 살아 있는 유기체에 대하여 순수히 보편적인 측면을 이루는 단순한 내면으로서 또는 형태상의 각 부분을 존립하게 하는 장으로 파악되어야만 한다는 것이다. 여기서 우리가 고찰하는 것은 유기체의 형태이지만 거기서는 생명의 본질이 형태 자체를 지탱하는 단순한 힘으로 나타나 있다.

다음으로 주목해야 할 것은 여기서 대타존재의 성질을 띤 현실의 형태가 그의 본질을 이루는 단일한 보편적 내면에 둘러싸여 있어서, 이것 역시 단일한 보편적이고 비감각적인 성질을 띰으로써 오직 수(數)로서 표현될 수 있을 뿐이라는 것이다. 수라는 것은 내면에 깃든 모호한 생명을 외적인 현실의 생명체와 연결짓는 중간 매체로서, 전자의 경우로는 단일하지만 후자의 경우에는 명확한 한정이 지어져 있다. 내적인 생명에 수로서 존재하는 것을 유기체의 외형은 그때마다 다양한 현실의 형태·생존양식·색채 등등으로, 통틀어 말한다면 현상계에 나타나는 온갖 모습으로 표현하도록 되어 있는 것이다.

유기적인 전체의 두 측면—한쪽이 내면이고 다른 쪽이 외면인데, 다시금 이들이 각기 내면과 외면으로 나뉜다—에 나타난 두 개의 내면을 비교해보면 첫번째 내면은 불안정한 추상운동으로서의 개념이고 두번째 내면은 정지해 있는 명확한 보편 개념인 수이다. 따라서 비록 개념이 그의 요소를 전개해나가는 전자 쪽에서 마치 거기에 관계의 필연성이 있다는 듯이 꾸며냄으로써 법칙의 성립을 기약했다 하더라도 두번째 내면을 이루는 수가 법칙의 한쪽 편에 자리잡게 되면 법칙의 성립은 곧바로 무산될 수밖에 없다. 왜냐하면 수라는 것은 완전히 정지되어 죽은 채로 무엇에도 상관하지 않는 성질의 것이어서, 거기서는 일체의 운동이나 관계가 사라지고 활력에 넘치는 충동이나 생존양식이나 그밖의 갖가지 감각적 존재로 다가설 수 있는 가교(架橋)가 단절되어 있기 때문이다.

그러나 유기체 그 자체의 형태와 형태의 내면을 이루는 것에 관한 지금과 같은 고찰은 사실 더 이상 유기체의 고찰이 아니다. 왜냐하면 관계지어져야만 할 두 측면이 여기서는 상호무관한 상태로 정립되어 있어서, 결국 유기체의 본질을 이루는 자체 내로의 복귀는 불가능해져 있기 때문이다.

이런 가운데 내면과 외면의 비교는 오히려 무기적인 자연 쪽으로 옮겨져서 추구된다. 무기적 자연에서는 본질을 이루는 무한의 개념이 내밀하게 은폐되어 있거나 자연의 밖에 있는 자기의식 속에 들어와 있거나 해서 더 이상 유기체의 경우에서처럼 현재 속에 대상화되어 있지는 않다. 내면과 외면의 이러한 관계가 그의 본령에 해당한다고 할 무기물을 통하여 고찰되어야만 하겠다.

우선 첫째로 무기물을 단일한 개별체로서 있게 하는 형태의 내면은 '비중'이다. 비중은 단일한 존재로서도 관찰되고 무기물의 개별체에 안겨진 유일한 수적 성질로서도 관찰될 수 있어서 엄밀히 말하면 몇 개의 관찰을 비교하는 데서 발견되는데, 이런 점에서 법칙의 일익을 담당하는 듯이 보인다. 그 다음으로 형태 · 색채 · 경도 · 강인성 그리고 그밖의 무수히 많은 성질이 다 함께 외면을 이루며 내면에 있는 수의 크기를 표현하는 셈이 되는데, 여기에는 한쪽이 다른 쪽의 모상(模像)이라는 관계가 성립되어 있다.

그런데 여기서는 부정성이 다양성을 하나로 결집시키는 과정의 운동으로서가 아니라 수라는 정지된 통일체 또는 단순한 독자존재로서 파악되어 있다. 그런 까닭에 사물은 오히려 그의 부정성으로 인하여 과정의 운동에 저항하면서 과정의 운동과는 무관한 곳에서 자기를 유지하려는 것으로 보인다. 그러나 단일한 독자존재는 타자와 추호도 얽혀들어가는 일이 없으므로 비중은 다른 성질과 나란히 있는 하나의 성질로서 나타날 수밖에 없으니, 이렇게 되면 갖가지 성질과 비중의 필연적인 관계나 법칙성은 모두 소멸되고 만다.

비중은 이렇듯 단순한 내면을 이루면서 그 자신이 구별을 지니지 않거나, 설사 지닌다 하더라도 한낱 비본질적인 구별에 지나지 않는바, 왜냐하면 비중이 갖는 순수한 단일성이 일체의 본질적인 구별을 말소해버리기 때문이다. 바로 이러한 비본질적인 구별이 '크기'라는 것인데, 이 구별은 다수의 성질이라는 또다른 측면에 반영되고, 이렇듯 다른 면에 반영됨으로써 비로소 구별이 제대로 드러나 보이게 된다. 그리하여 만약 다수의 성질이 단일한 대립으로 총괄되어 응집력이라는 등으로 규정될 경우, 비중은 순수한 독자적 존재가 되고 응집력은 타자존재 속에서 작용하는 독자적 존재가 된다. 이 응집력은 무엇보다도 개념으로 정립된 순수한 특성으로서, 이러한 법칙의 정립방식은 이미 앞에서 감수성과 반응력의 관계를 통해 고찰된 것과 비슷하다.

그러나 더 나아가 응집력이라는 것은 타자존재 속에서 작용하는 독자적인 힘으로 개념화된 것으로서 비중에 대립하는 측면을 추출한 것에 지나지 않을 뿐, 그 자체로 확고한 존재를 지니는 것은 아니다. 왜냐하면 타자존재 속에서 작용하는 독자적인 힘이란 무기물이 스스로의 독자성을 자기보존을 위한 활동으로서 표현하고 이런 활동을 통하여 뭔가가 만들어져서 외부로 유출되는 것을 방지하는 과정이 되어야만 하는데, 바로 이것이야말로 보편적인 목적을 지니지 않는다는 무기물의 본성에 위배되는 것이기 때문이다. 따라서 무기물의 과정이란 오히려 독자적 존재인 비중이 파기되어가는 것과 같은 사태를 명확히 드러내주는 진행에 지나지 않는다.

그러나 응집력이 그의 개념에 어울리는 방향으로 진행되는 이러한 사태의 전개와 무기물의 비중의 크기는 개념면에서 서로 아무런 관계가 없다. 만약 사태의 전개양식을 완전히 도외시하고 비중의 크기만을 문제삼는다면 좀더 큰 비중을 지닌 쪽이 그만큼 고도의 내향성을 지니는 것이 되므로 비중이 작은 쪽보다도 운동의 과정으로 진입하기가 쉽지 않다고도 할 수 있다.

그러나 또 반대로 독자적 존재가 어느 정도의 자유로움을 지니는가는 주변의 온갖 것과 어울려 있는 다양한 관계 속에서 자기를 어느 정도까지 보존할 수 있느냐에 달려 있다. 관계의 외연(外延)은 넓히지 않은 채 안으로만 집중되는 것은 내용 없는 추상에 지나지 않으며, 반대로 폭넓은 외연을 지닌 것이야말로 내포되어 있는 강도를 형태화한 것이다. 하지만 무기물이 타자와 관계하면서 자기를 보존한다는 것은 이미 지적한 바와 같이 무기물의 본성에는 어울리지 않는다. 무기물은 운동의 원리를 자발적으로 갖추고 있지는 않으며, 절대적 부정성을 지닌 개념으로서 존재하는 것도 아니기 때문이다.

이에 반하여 무기물의 또다른 측면이 앞에서와 같은 과정으로서가 아니라 정지해 있는 존재로서 고찰될 경우 그것이 곧 공통의 응집력이라는 것이다. 뿔뿔이 흩어진 채 자유롭게 방면되어 있는 타자존재가 비중과 마찬가지로 그 가운데 한 가지 성질로서 거기에 자리잡고 있는 데 반하여, 지금의 이 응집력은 단일한 감각적 성질로서 그의 대극에 위치해 있고 또 이와 반대되는 위치에는 수많은 성질이 하나로 뭉쳐져서 자리하고 있다.

이때 그 어느 쪽에서도 명확한 성질을 드러내주는 것으로는 오로지 수가 있을 뿐이다. 그러나 수에 의해서는 이들 성질 상호간의 관계나 이행을 표현할 수 없을 뿐 아니라 바로 그의 본질상 필연적인 관계라고는 아무것도 밝혀주지 못한 채 도리어 온갖 법칙이 말살될 수밖에 없다. 왜냐하면 수가 가리키는 것은 비본질적인 성질일 뿐이기 때문이다. 따라서 비중의 크기를 수치로 나타내서 그 순서에 따라 물체를 병렬해 놓는 것은 다른 성질과의 차이를 있는 그대로 순서에 따라 나타내는 것은 아니다.

이럴 경우, 문제를 손쉽게 풀어가기 위해서는 그 성질 가운데 단 몇 개만을 골라내서 보기만 해도 된다. 물론 이때 모든 성질은 순서대로 올바르게 배열되어야만 비로소 비중과 성질 사이의 완전한 대조표(對照表)가 이루어지는 것은 사실이다. 이렇게 한 묶음이 되어 있는 것을 내부적으로 정돈하여 하나의 전체로 총괄하는 데에는 한편으로 관찰되는 갖가지 성질을 수량화하는 방법도 있을 수 있지만, 다른 한편으로 그러한 차이는 질적인 것으로 등장하기도 한다.

이렇듯 한 묶음이 되어 있는 잡다한 성질 가운데 긍정이나 부정의 표시가 붙여져서 서로가 상대를 말살해나가는 것, 즉 일반적으로 말해 극히 복합적인 공식(公式)의 내면적인 구성을 표시하는 것은 개념만이 다스릴 수 있는 문제이지만, 바로 성질이 거기에 있는 것으로서 제시되고 또 그렇게 받아들여지는 까닭에 여기에 개념이 가세할 여지라고는 없다. 여기서는 그 어떤 성질을 들더라도 타자를 부정하는 그런 성격을 지닌 것은 없고 모두가 동격에 놓여 있어서 전체적인 질서 속에 일정한 위치가 주어지는 경우는 없다.

일정한 병행관계를 유지하면서 질의 차이가 나타나는 계열에서는—병행관계에 있는 두 측면이 동시에 상승하거나, 아니면 한쪽만이 상승하고 다른 쪽은 하강하거나 하는 두 가지 경우를 생각할 수 있지만—어쨌든 문제의 관건이 되는 것은 비중에 대립하여 법칙의 또 하나의 측면을 구성하는 전체를 하나로 총괄해서 여기에 궁극적인 단일한 표현을 부여하는 데 있다.

그의 전체가 비중에 대립해서 법칙의 또다른 일면을 이루는 셈이지만, 결과로서 생겨난 이 계열은 이미 언급된 바와 같은 이른바 공통의 응집력이라고 일컬어졌던 개별적인 성질이다. 또한 이 응집력과 나란히 있는 비중을 포함한 그밖의 성질은 응집력과 함께 유난히 강한 유대라고는 지니지 않는다. 그러므로 결국 그 어느 것도 모두가 응집력과의 병행관계를 대표하는 것으로 우선시될 수 있으니, 역으로 보면 그 어느 쪽도 대표로 내세워지기에는 합당하지 않다.

결국 어느 것을 취해서 보더라도 일면의 본질을 대표할 뿐, 사태 자체를 대표하지는 않는다. 따라서 두 측면이 단순한 병행관계를 이루는 가운데 이 관계를 법칙화함으로써 물체의 본성이 표현될 수 있는 그런 물체의 계열을 발견하려는 시도는 아직도 그 자신의 과제와 이 과제를 수행해야 할 수단을 아는 데까지 이르지는 못하고 있는 것이다.

지금까지는 관찰자의 눈에 보이는 유기체의 형태에서 외면과 내면의 관계가 그대로 무기물의 영역으로 전이된 면을 고찰해왔다면, 이제는 원위치로 돌아가 유기체에서의 내면과 외면의 관계를 좀더 자세히 살펴봄으로써 지금까지와는 또다른 형식과 관계를 떠올려보고자 한다.

유기체에는 무기물에서 보이는 바와 같은 내면과 외면의 비교 가능성을 제시할 만한 것이라곤 존재하지 않는다. 무기물의 내면이란 지각의 대상에나 합당한 성질을 띠고 나타나는 단순한 존재이다. 따라서 그 성질을 명확히 하려면 크기에 의존할 수밖에 없는데, 이렇게 해서 드러난 성질은 외계나 그밖의 많은 감각적 성질과도 아무런 관계가 없다. 그러나 유기적 생명체라는 독자적인 존재는 외계에 대립해 나타나는 것이 아니라 도리어 타자존재의 원리를 자기 것으로 삼고 있다.

이때 우리가 독자존재를 '자기에 대한 단순한 자기보존적 관계'로 규정한다면 타자존재는 단순한 '부정성'으로 규정될 수 있으니, 이렇게 되면 유기체의 통일이란 자기동일적인 자기관계와 순수한 부정성과의 통일이 된다. 이 통일이 1이라는 단위로 유기체의 내면을 이루며, 이로써 그 자체가 보편적인 것으로서 파악될 때 이것이 유(類)라고 하는 것이다.

그런데 유가 스스로의 현실에 대해서 자유로울 수 있는 폭은 비중이 형태에 대해서 지니는 자유와는 질을 달리한다. 비중이 갖는 자유는 존재하는 자유로서, 다시 말하면 자유라는 특수한 성질을 가지고 한쪽 편에 등장해오는 것과 같은 자유이다. 하지만 그것은 실제로 존재하는 자유인 까닭에 이 형태에 본질적으로 귀속되는 하나의 성질에 지나지 않으며, 이로 인하여 이 형태가 본질로서의 확연한 모습을 띠게 된다.

이에 대하여 유의 자유는 보편적인 자유로서, 이는 그의 형태나 현실 어느 쪽에도 구애받지 않는다. 따라서 무기물의 독자존재 그 자체에 안겨지는 성질은 무기물의 존재의 일면을 이루지만 유기체의 경우에는 그의 독자적인 생명의 지배 아래 있다. 무기물에서는 비중이 단지 하나의 성질에 불과할지라도, 그것은 단순한 부정성으로서 대타존재와 대립하는 것인 이상 거기에는 무기물이 지니는 값어치가 나타나 있다고 할 수 있다. 결국 이 단순한 부정성이 궁극적인 개별체로 확정지어지게 된 것이 바로 수라는 것이다.

그러나 또 유기체는 순수한 부정성이 전체에 팽배해 있는 개체이므로 뿔뿔이 흩어진 존재를 확정짓는 데에 합당한 고정된 수의 규정은 자체 내에서 말소되고 만다. 유기체에도 마구 흩어진 채로 존재하는 그런 요소가 없는 것은 아니며 거기에 수라는 요소가 끼어들지 않는 것도 아니지만, 이때 수는 단지 노리개로서 거기에 개재할 뿐, 생명체의 본질을 이루는 것으로 받아들여질 수는 없는 것이다.

그런데 아무리 과정을 이끌어가는 원리인 순수한 부정성이 유기체의 외부에 속해 있지 않고, 따라서 또 유기체가 부정성이라는 자기본질을 외부로부터 규정된 것으로서 지니고 있지도 않고 도리어 개체로서의 유기체 자체 내에 보편적인 힘이 움터 있다 하더라도 개체로서의 유기체가 그의 추상적이며 보편적인 요소 속에서 유의 본질을 순수하게 전개하고 현실화하는 것은 아니다. 그보다도 유기체가 표현하는 것은 내면에 물러서 있는 유의 보편성의 외부에 있는 것으로서, 현실의 형태를 띠고 발전해가는 개체와 유기적인 보편자인 유 사이에는 보편적인 유를 몇 갈래로 분류한 종(種)이 개재한다.

보편적인 유의 부정성이 가닿는 종으로서의 이 현실존재는 존재하는 형태의 온갖 부분을 따라서 경과하는 과정의 운동이 전개된 것일 뿐이다. 만약 유가 정지해 있는 단일성으로서 갖가지 부분을 지니는 가운데 그의 단순한 부정성 그 자체가 유의 요소로서 현실로 존재하는 단순하면서도 자체의 힘으로 온갖 부분을 관통하는 운동을 행한다면, 유기체의 유는 의식으로 발돋움할 것이다. 그러나 사실 유기체의 단일한 규정성은 종의 양식을 띨 수밖에 없으니, 여기에 정신이 담겨 있지는 않다. 결국 현실은 종이라는 단순한 성질의 것에서 발단되므로 현실에 등장하는 것은 유 그 자체는 아니며, 따라서 도대체 사유활동을 하는 것은 아니다.

유를 현실의 유기체에서 얻어내려고 한다면 이는 유를 대리(代理)하는 것을 통할 수밖에 없는데, 이를 대리하는 것이 바로 수이다. 유에서 개체적인 형태로의 이행을 나타내는 수는 관찰자에게는 필연성의 두 개의 측면을, 즉 하나는 단순한 한정이며 부정으로서의 필연성을, 다른 하나는 다양한 전개를 거쳐서 움터나온 형태의 필연성을 제시하는 듯이 보인다.

그러나 사실 여기서 제시되는 것은 보편적인 유와 개체와의 상호무관한 자유로운 관계로서, 이때 개체는 유 쪽에서 보면 본질을 결한 크기의 차이만 있는 듯이 보이지만 실제로 개체는 그러한 구별에서 자유로운 곳에 살고 있다. 이미 지적한 바와 같이 참으로 보편적인 유는 오직 내적인 존재일 뿐이다. 보편성이 종으로 나타날 때는 형식적인 보편성으로서 이와 대립되는 참다운 보편성은 개체의 편에 나타날뿐더러 개체는 이로써 살아 있는 개체가 되고 또한 바로 그의 내면에 힘입어서 종으로서의 한정성을 넘어서게 된다.

하지만 이 개체는 동시에 보편적인 유를 자기의 외적인 현실로 삼다시피 하는 보편적인 개체[59]가 아니라 오히려 유를 자기 외부에 지니는

---

59) 여기서 보편적 개체란 유에 강압적인 힘을 미치는 대지(大地, Erde)를 뜻한다. 이것은 한편으로 지수화풍(地水火風)의 네 원소 중 하나에 지나지 않지만, 다른 한편으로는 그밖의 다른 세 원소를 자기 안에 포함하는 자립자존하는 개체이다. 결국 이 개체는 온갖 개별적인 개체를 자기 안에 포함하며 이들의 근저를 이루는 보편적 개체이다.

유기적인 생명체이다. 더욱이 보편적인 개체가 직접 있는 그대로의 자연적인 형태를 지닌 개체로 존재할지라도 이는 의식을 지닌 존재일 수는 없다. 하여간 개개의 유기적 생명체로서 존재하는 개체는 보편적인 유로서의 개체를 향해 가는 도상에 있으니, 이와 동떨어져 있을 수는 없는 것이다.

여기서 유기체의 세계는 삼중으로 연결된 추리적 형식을 띠게 되는데, 여기서 한쪽의 극은 보편적인 유의 형식을 지니는 보편적 생명이고 다른 한쪽의 극은 개별적인 개체 또는 보편적인 개체로서의 생명이다. 여기서 중심을 이루는 매사는 양극의 합성물로서 한쪽 극으로부터는 종의 형태를 띤 한정된 보편적 존재가, 다른 쪽 극으로부터는 본래의 개별적인 개체가 중심부로 합류하는 모습을 나타낸다.[60] 그런데 이 삼중의 추리형식은 대체로 유기적 자연의 형태를 띤 것으로 나타나므로, 이와 구별되는 무기적 자연도 이 관계 속에 포괄되어 있다.

이제 유라는 단일한 본질로서의 보편적인 생명이 자기 편으로부터 갖가지 개념을 전개하여 이를 단순한 성질의 계열로 표현할 수밖에 없다면 여기에 나타나는 것은 각기 상이한 것들이 줄지어 늘어서 있는 수의 계열이다. 앞에서 개별체의 형태를 띤 유기체는 그의 생동하는 본성을 표현하지도 않고 포함하지도 않는 수에 의한 비본질적인 구별과 대립한다는 것이 분명히 드러났다. 또한 무기물에 대해서도 다수의 성질로 분화되는 그의 전체상이 수적인 구별에 어울리지 않는다고 해야겠지만, 지금 여기에 나타난 생명력에 넘치는 개체는 수에 기초한 유의 분류에서 자유로울 뿐 아니라 오히려 분류를 관장하는 힘마저 지닌다고 봐야만 한다.

---

60) 이 3단계의 추리적 연결에 따르면 생명의 개체적 형태는 한편으로는 유적 생명의 한정성을 나타내는 것이고 다른 한편으로는 보편적 개체로서의 '대지'에 의한 한정성을 나타내는 것이다. 그러나 대지는 또한 생명과 함께하는 환경조건이기도 하므로, 헤겔이 앞에서 유기체의 관찰로 넘어가고 나서 곧장 환경이 유기체에 미치는 영향을 논하고 있는 것도 이 추리적 형식에 따른 것이다.

수의 보편적 성질에 따라 종으로 분화되기도 하고, 이를테면 형상(形像)이나 색채와 같은 개별적 성질을 분류의 근거로 삼기도 하는 유는 이렇듯 정지(靜止)된 분류작업을 하는 가운데 보편적인 생명체인 '지구'(Erde)로부터 강한 영향을 받는다. 이 보편적인 생명체는 만물에 대한 부정성을 발휘하는 가운데 본래 스스로가 처해 있는 생태상의 차이라는 그의 뿌리깊은 부동의 성질로 인하여 유의 본성과는 다른 본성을 안고 유의 계열화에 대항하는 힘을 발산한다.

결국 유의 분류와 계열화 작업은 오직 지구라는 막강한 자연력이 떨치는 장(場) 안에서 영위되는 수밖에 없으므로 극히 한정된 것일 수밖에 없고, 거침없이 맹위를 떨치는 자연력의 위세에 눌려 도처에서 작업이 차단되면서 결함투성이의 볼품없는 모습을 띨 수밖에 없는 것이다. 그렇다면 유기체의 형태를 관찰하는 의식에 나타나는 이성으로서는 오직 생명 일반으로서의 이성이 있을 뿐이니, 이 생명이 갖가지 구별을 자아내는 곳에서는 결코 이성적인 계열이나 분류가 현실적으로 행해지지도 않거니와 또한 확고하게 정초된 형태의 체계가 이루어질 리도 없다고 해야만 하겠다.

유기체의 형성이 삼중의 추리형식을 띠는 가운데 종과 개별화된 개체라는 현실화되어 있는 종이 마주치는 중간항이 만약 내면적인 보편성의 극과 생명체로서의 개체의 극을 다 함께 갖추고 있다고 한다면, 이 매개하는 중간자야말로 현실의 운동 속에서 보편적인 생명의 본성을 표현하며 체계적인 발전의 과정을 나타낼 수도 있었을 것이다. 실제로 의식은 그런 방향으로 보편적인 정신과 그의 개별 형태인 감각적 의식 사이에 매개하는 중간자를 마련해놓고, 온갖 의식형태의 체계를 전체적으로 질서지어주는 정신의 생명으로서 존재한다. 이것이야말로 이 책에서 우리가 고찰하고자 하는 체계로서, 이 체계는 곧 세계사로서 대상화되어 나타나는 것이다.

그러나 유기체에게 역사란 없다. 유기체는 보편적인 생명으로부터 곧장 개별화된 존재로 전락하고 현실계에 통일되어 있는 단일한 유와 개별적인 생명력이라는 두 요소는 각기 저 나름의 활동을 하면서 전체가 유지되어 있기는 하지만, 이렇게 생성되는 과정은 다만 우연한 운동에 지나지 않는다. 그런데 여기서 자각적 활동이 국부적으로만 한정되어 있는 이유는 거기에 전체가 담겨 있지 않기 때문이며, 또한 이 국부적인 면에 전체가 포함되지 않는 이유는 전체가 전체로서 자각되어 있지 않기 때문이다.

따라서 관찰하는 이성이 유기체 속에서 자기 자신을 직관하려 해도 다다르는 곳은 보편적인 생명 이외에는 없으며, 또한 생명의 발전과 실현의 모습을 각이한 체계로서 바라보는 경우에도 그의 본질은 유기체 자체 내에서가 아닌 지구라는 보편적인 생명체 안에서 그리고 유의 계열을 제약하는 지구의 생태조건 안에서 눈에 띄게 마련이다.

자연계에 팽배해 있는 유기적 생명이 참으로 자각된 매개작용을 거치지 않은 채 곧바로 개별화된 유기체의 극으로 전락해버린다면 관찰하는 의식으로서는 스스로 사념한 바를 목전에 있는 사물에 의탁하는 수밖에는 없다(nur das Meinen als Ding vor sich). 그리하여 비록 이성이 그러한 사념을 관찰하려는 부질없는 호기심을 품는다고 한들, 이성이 할 수 있는 일이라곤 자연에 관한 사념이나 발상을 서술하고 이를 애깃거리로 삼는 것이 고작이다.

물론 이렇듯 정신이 결여된 채 나름대로 사념한 것이 걸핏하면 법칙의 시초나 필연성의 흔적 또는 질서나 배열을 시사하는 등, 그럴싸해 보이는 기발한 연관을 떠올려주는 경우는 도처에서 벌어지는 광경이긴 하다. 그러나 법칙이나 필연성을 찾아낼 셈으로 유기체와 자연환경, 지대와 기후 등의 갖가지 무기적 자연의 요소를 관계지으며 여기서 필연의 법칙을 찾아내려 하더라도 기껏 알아낼 수 있는 것이라곤 서로가 미치는 '영향은 크다'는 것 이상은 아니다.

그런가 하면 또 개체를 지구라는 의미로서가 아니라 유기적 생명에 내재하는 일자라는 의미로 받아들임으로써 이 일자가 자연계 전반에 감도는 생명의 힘과 직접적인 통일을 이루는 가운데 유가 형성된다는 생각을 한다 할지라도 이 유의 단순한 통일은 그의 단순함으로 인하여 수로써밖에는 규정될 수 없고 질(質)의 문제는 배제될 수밖에 없다. 따라서 관찰하는 의식으로서도 재치 있는 지적을 하거나 흥미로운 관계를 들춰내면서 개념에 호의적으로 접근하는 정도로 만족할 수밖에는 없다.

그런데 재치 있는 지적을 한다는 것은 필연성의 인식은 아니며 흥미로운 관계라는 것은 흥미 위주의 것을 이성으로 여기고 있는 데 지나지 않는다. 그러므로 결국 개인이 호의적으로 개념에 손짓을 한다는 것은 천진난만한 우애(友愛)의 표현이라고는 하겠지만, 이것 자체에 참으로 큰 의미가 있다고 생각한다면 그야말로 이는 철없는 아이의 놀음이나 다름없는 짓이라고 해야만 하겠다.

2) 순수한 상태에 있는 자기의식의 관찰과 외적 현실과 관계하는 자기의식의 관찰. 논리학적 법칙과 심리학적 법칙

자연 관찰은 무기적 자연 속에 실현되어 있는 개념, 즉 법칙을 발견하면서도 동시에 그의 구성요소인 사물은 추상물로 취급하였다. 그러나 이렇게 얻어진 개념은 자체 내로 복귀한 단일한 존재가 될 수는 없었다. 이와는 달리 유기체의 생명이란 오직 자체 내로 복귀해가는 단일한 존재인 것이다.

보편적인 생명과 개별적인 생명이라는 둘 사이의 대립은 생명 그 자체의 본질에 분열을 초래하거나 하지는 않는다. 생명의 본질은 유의 경우에서처럼 아무런 틈새도 없는 터전 위에서 분열과 운동을 전개하며 온갖 대립을 자아내는 가운데서도 확고히 자기를 유지해나가는 그런 것은 아니다. 보편성을 띠면서도 그 안에 개별적인 존재도 절대적인 요소로서 포함한다는 자유로운 개념은 존재 그 자체가 개념으로 있다시피 하는 자기의식 속에서만 관찰된다.

논리학적 법칙

이제 관찰하는 의식이 자체 내로 돌아와서 자유로운 개념으로서 현실적으로 의미 있는 것에 눈을 돌릴 때 맨 먼저[61] 발견하는 것이 '사유의 법칙'[62]이다. 사유를 떠맡고 있는 개별자의 운동은 단일한 관념세계로 완전히 복귀해가는 추상적인 부정의 운동으로서, 그의 법칙은 실재하는 세계의 외부에 있다. 법칙이 아무런 실재성도 갖지 않는다는 것은 법칙에 진리가 결여되어 있다는 것과 다름없다. 이렇듯 법칙에 진리가 완전히 나타나 있지는 않더라도 형식적인 진리는 갖추어져 있다고 할 수도 있겠지만, 실재성을 띠지 않은 순수한 형식은 머릿속에만 감도는 공허한 추상물로서, 여기에는 바로 내용이나 다름없는 분열[63]이 결여되어 있다.

그러나 또 한편으로 법칙이 순수한 사유의 법칙이고 사유라는 것이 그 자체로 보편적인 것이며, 존재와 직접 맞닥뜨려서 온갖 실재를 자기 것으로 삼는 지라는 점을 생각한다면, 사유의 법칙이란 절대적인 개념을 나타내면서 형식의 본질과 사물의 본질을 불가분의 것으로 제시하는 것이라고도 할 수 있다. 만물의 자발적인 운동이 단일한 개념의 분열을 자아낸다는 점에서 개념은 그 자체로 내용을 갖추고 있다 하겠으며, 더욱이 그 내용[64]이란 감각적 존재는 아니라는 단서는 붙을지언정 어쨌든 온갖 내용을 포함하는 것이다. 그것은 형식과 모순되거나 형식과 분

---

61) '맨 먼저'라고 한 것은 심리학적 법칙을 지칭한 것.
62) 개념-판단-추리의 관계나 보편-특수-개별의 관계를 뜻하면서도 특히 동일률-모순율 또는 배중률-근거율의 관계에 역점을 둔 것으로 보인다. 다시 『차이 논문』에서 세 개의 원칙은 피히테의 「전지식학의 기초」에서 내세운 세 가지 원칙과 결부되어 A=A는 자아=자아에 상응하고 A=Nicht-A는 자아=비아에 상응하는 가운데, 결국 A와 Nicht-A를 종합하는 근거가 마련되는 것은 자아와 비아를 총합한 절대자아가 성립되기에 이른 경위와 동일하다.
63) 여기서 분열은 주객(主客)으로의 분열을 뜻하므로 지(知)·지식은 객관을 통해서 내용을 획득하는 것이 된다.
64) 논리학에서 형식과 내용의 일치에 관해서는 『대논리학』I의 「서론」(Einleitung) 참조.

리된 것도 아니며 오히려 그 본질상 형식 그 자체라고 해야만 하겠으니, 왜냐하면 형식이란 오직 만물이 순수한 요소로 분화되어나가는 모습(das in seine reinen Momente sich trennende Allgemeine)이기 때문이다.[65]

형식이나 내용을 막론하고 그러한 것이 관찰하는 의식 앞에 나타날 때 그것은 단지 거기 있는 대로의 것으로 주어지고 또 그런 것으로서 눈에 띈 것이라는 규정을 받는다. 그것은 정지해 있는 일정한 관계나 특수한 필연성을 나타내는 것이 되며 확정된 내용으로서 눈에 띈 그대로의 모습이 절대적 진리로 받아들여지는 가운데 실제로는 형식이 배제된 내용만의 것이 된다.

그러나 이렇듯 특정한 규정이나 다종다양한 법칙을 절대의 진리로 간주한다는 것은 자기의식의 통일성이나 사유와 형식의 통일성과는 상치된다. 그 자체로 지속성이 있는 확고한 법칙이라고 얘기되는 것은 자체 내로 복귀하는 의식의 통일성의 일면을 나타낼 뿐 별로 큰 의미를 지니지는 않는다. 그러나 고찰되는 과정에서 운동의 연관성으로부터 분리된 채 개별적인 법칙으로 정립된 것은 일정한 내용은 있게 마련이므로 내용이 결핍되어 있다기보다는 오히려 그의 핵심이 되는 형식이 결여되어 있다. 그런데 실은 법칙이 단지 형식적일 뿐, 아무런 내용도 갖추지 않았다고 해서가 아니라 반대로 일정한 내용은 갖추고 있으면서도 그야말로 형식을 결한 내용에 지나지 않는 것이 절대적인 법칙으로 간주됨으로 해서 법칙은 사유의 진리를 나타낸다고는 할 수 없는 것이다.

결국 법칙은 사유의 통일 속으로 소멸되어간다는 것이 그의 진실이라고 하겠으니, 그렇다면 결국 법칙은 지의 법칙으로서가 아니라 지나 사유의 운동으로 받아들여져야만 하겠다. 그러나 관찰하는 의식은 지

---

[65] 여기서 형식으로 일컬어지는 것은 앞의 「서설」에서 "방법이란 전체의 구조를 순수한 본질적 형상에 따라서 제시하는 것"이라고 하면서 이 전체의 구조가 '방법'에 다름아니라고 했던 '그 방법'과 동일하다.

그 자체는 아닐뿐더러 지를 알지 못하는 까닭에 지의 본성을 존재의 형태로 전도하여 지의 부정성을 바로 지의 법칙으로서 파악할 수밖에는 없다.

여기서는 이른바 사유법칙의 부당성을 일반적인 사실에 근거하여 지적해두는 것만으로 충분하다. 사유법칙의 세부적인 전개는 사변철학이 감당해야 할 몫인데, 여기서는 사유법칙의 진실이, 즉 개개의 법칙은 소멸되어가는 와중에서 진리는 오직 사유운동의 전체를 떠안고 있는 지 그 자체(nur das Ganze der denkenden Bewegung, das Wissen selbst)로 나타난다는 사실이 밝혀지는 것이다.

심리학적 법칙

사유에 의한 부정적 통일은 독자적인 바탕 위에서 행해지는 자각적인 활동이기도 하므로 개체의 원리도 거기에 담겨 있는 가운데 이러한 원리가 실재화하면 행위하는 의식이 된다. 그리하여 관찰하는 의식은 당연히 법칙의 실재성을 담보하는 행위하는 의식 쪽으로 진척되어간다. 그러나 사유와 행위의 이러한 연관성을 깨우치지 못하는 관찰하는 의식에게 사유의 법칙은 어디까지나 한쪽 편에 있고 이와 다른 한쪽에 행위하는 의식이 또 하나의 존재로서 대상이 되어 있다고 생각한다. 결국 이 행위하는 의식은 타자존재를 부정하며 이 부정하는 자기의 힘을 직시하는 가운데 독자적인 현실존재가 되는 것이다.

이렇게 해서 관찰하는 의식 앞에는 '행동하는 현실적 의식'이라는 새로운 영역(ein neues Feld an der handelnden Wirklichkeit des Bewußtseins)이 펼쳐진다. 이 영역을 관장하는 심리학은 많은 법칙을 안고 있는데, 이는 목전에 타자존재로 있는 온갖 현실에 대하여 정신[66]이 다양하게 대응하는 방식을 표현하는 것이 된다. 한편으로 정신은 외적인 현실을 자기 안으로 수용하여 기존의 관습·도덕 그리고 사고방

---

66) 278쪽 1. 관찰하는 이성의 '정신'에 해당된다.

식에 적응하는 자세로써 현실세계에 확고한 위치를 차지하기도 하고, 다른 한편으로는 현실에 대한 주체적인 자세를 바탕으로 하여 기호나 정열에 따라 특별히 값어치 있는 것만을 현실에서 이끌어내어 대상을 자기에 적응하도록 조작해내기도 한다.

전자의 경우에는 개별 존재로서의 자기가 부정되고 후자의 경우에는 보편적 존재인 자기의 현실이 부정된다. 자립화된 의식은 전자의 경우, 기존의 현실에 대해서 의식적인 개체의 형식을 부여할 뿐이고 내용면에서는 기존의 공동세계 안에 그대로 자리잡고 있다. 그러나 후자의 경우는 기존의 현실에 대하여 적어도 자기 나름의 수정을 가하려고 하는데, 이렇게 가해지는 수정은 현실의 내용과 본질적으로 모순되지 않을 수도 있고 또 개인의 특수한 현실과 독자적인 내용이 기존의 세계와 대립할 수도 있으니, 이때 대립이 범죄행위[67]가 된다고도 생각할 수 있다. 그 범죄라는 것도 현실을 부분적으로 부정하는 경우와 전면적이고 총체적인 부정의 형태를 띠고 기존의 현실이 아닌 별도의 세계나 별도의 정의·법률·도덕을 정립하려는 경우가 있다.

관찰심리학은 우선 활동하는 개인이 나타내는 일반적인 행동양식을 놓고 여기서 얻어진 갖가지 지적 소견을 이론화하는 것인데, 이때 개인에게서는 다종다양한 능력·기호·정열 등이 주어져 있는 것이 눈에 띈다. 이와 동시에 그렇게 수집된 요소를 골고루 설명할 경우에는 자기의식의 통일성이 이루어져 있다는 점도 충분히 감지되게 마련인데, 어쨌든 이때 '정신의 보따리'[68] 속에 그토록 다양하고 이질적인 것이 우연히 함께 얽혀들어 있다는 것, 더욱이 이들이 정지해 있는 죽은 사물로서가 아니라 간단없는 운동상태에서 공존하고 있다는 데 대해서는

---

67) 여기서 범죄는 통상적인 의미로 사용되는 경우와 혁명적인 사태에 속하는 경우로 구별된다.
68) 헤겔은 슐츠의 경험심리학이 정신을 마치 갖가지 능력으로 채워진 보따리와 같은 것으로 보았는가 하면 칸트의 경우도 역시 '마음의 보따리' 속을 여기저기 뒤져서 이성을 찾아내려고 했던 그런 것으로 보았다.

놀라움을 금할 수가 없다.

행위하는 의식이 지닌 그토록 다양한 능력을 열거하는 것은 관찰행위의 보편적 측면에 해당한다고 하겠지만, 다양한 능력을 통일하는 것은 이 보편적 성질의 반대 측면을 이루는 현실의 개인이다. 그런데 현실로 있는 서로 다른 개인을 놓고 누구는 여기에 더 마음이 끌리지만 또 누구는 저기에 더 마음이 끌린다거나, 또는 사람에 따라 이해력에 차이가 있다는 등의 사실을 넌지시 입 밖에 낸다는 것은 심지어 곤충이나 이끼의 종류를 셈하는 것보다도 더 하찮은 짓이다.

왜냐하면 곤충이나 이끼 정도라면 그 본질상 우연히 여러 가지 종으로 개별화되어 있다고 봐야 하므로 별다른 생각 없이 그 하나하나를 열거해나가더라도 어쩔 수 없는 일이지만, 이와 달리 의식의 소유자인 개인을 놓고 그렇듯 아무렇지도 않게 취급한다는 것은 정신의 보편성을 본질로 하는 개인에게 합당한 처사는 아니기 때문이다. 이 범위를 넘어서서 관찰하는 의식이 개인을 보편적인 틀에 맞추어 파악하게 되면 개인의 법칙이라는 것이 눈에 띄면서 관찰활동은 어느덧 이성적인 목적을 지닌 필연적인 과제를 수행하려는 것으로 보인다.

법칙의 내용을 이루는 요소로서 한편에는 개인 그 자체가 있고 다른 한편에는 개인을 둘러싸고 있는 환경, 즉 그가 놓여 있는 상황·여건·풍속·도덕·종교 등등이 있는데, 이런 주변 환경을 기점으로 하여 특정한 개인의 면모가 파악된다. 환경에는 특정한 내용뿐만 아니라 보편적인 내용도 포함되어 있어서 이것이 눈앞에 있는 관찰의 대상도 되고 다른 한편으로는 개인의 형식 속에도 표현된다.

결국 이 양면 사이의 관계의 법칙은 이상과 같은 특정한 상황이 개인에게 일정한 작용과 영향을 미친다는 점을 받아들이지 않을 수 없게 한다. 그러나 개인으로 말하면 한편으로는 보편적인 존재로서, 아무 거리낌 없이 기존에 보편화되어 있는 도덕이나 습관 등에 합류하여 이에 순응해가는 존재이면서도 또한 보편성과 대립하여 도덕이나 관습을 전복하려 하거나 개별자로서의 자기 위치에서 그것을 완전히 무시한 채 그로부터 영향을 받아들이지도 않고 또 영향을 입히지도 않는다는 선택가능성을 지닌 존재이다. 그리하여 무엇이 개인에게 영향을 끼치며 또 그것이 어떤 영향을 끼치는가는—사실 이 둘은 같은 의미이지만—오직 개인 자신에게 달린 문제이다.

어떤 영향 아래에서 이 개인이 어떠어떠한 인간이 되었다는 것은 실은 그 개인이 본래 그러한 인간이었다는 것이나 마찬가지이다. 한편으로는 사실 그대로 눈앞에 있는 것으로, 다른 한편으로는 특정한 개인 속에 받아들여진 것으로 드러나는 상황·여건·도덕 등등은 개인의 실상과는 아무런 상관도 없는 것을 모호하게 표현하는 것에 지나지 않는다. 만약 이런 상황이나 사고방식·도덕 또는 시대상황이 없었더라면 필경 개인은 지금 있는 그런 개인이 되지는 않았을 것이다. 왜냐하면 지금의 시대상황 속에서는 마침 이 공동의 생활이 유일하게 가능한 삶의 양식이기 때문이다.

그러나 시대상황이 바로 이 개인 속에 특수화될 때—물론 그 특수화되어 있는 모습이 파악되어야겠지만—시대상황은 하나도 남김 없이 특수화됨으로써, 그렇게 특수화된 것으로서 개인에게 영향을 입혀야만 하는 것이 된다. 이렇게 될 때라야 비로소 시대상황은 지금 있는 바대로의 명확한 성질을 지닌 개인의 상황으로 화했다고 할 수 있는 것이다. 만약 외면적인 세계가 개인에게 투영되어 나타날 때의 그 모습과 전혀 어긋남이 없이 객관적으로 존재한다고 한다면 외면을 보는 것으로 개인을 올바르게 이해할 수도 있겠다.[69]

여기서 우리는 한쪽 면이 다른 한쪽을 반영하는 이중의 화랑(eine gedoppelte Gallerie)을 연상하게 되는데, 즉 하나는 내용과 윤곽이 완전히 정해진 외적 환경이라는 화랑이고 다른 하나는 그것이 개인이라는 의식적 존재 속으로 투영되어 꾸며진 화랑이다. 전자는 구면(球面)에 해당하고 후자는 구면을 자체 내에서 표상하는 중심점이다.

---

69) 이로써 "외면은 곧 내면의 표현이다"라는 근본법칙이 분명히 적용되고 있다.

그러나 구면을 이루는 개인의 세계는 본래 그 자체대로 존재하는 세계이면서 동시에 개인이 처해 있는 세계라는 이중의 의미를 지닌다. 그런데 본래 그 자체로 있는 세계가 개인의 세계가 되려면 개인이 그의 세계와 일체화되어 이를 있는 그대로 받아들이는 가운데 그와의 대립을 단지 형식적인 차원에 그치도록 하거나 아니면 기존의 세계를 변혁함으로써 개인의 세계로 만들거나 하는 그 어느 쪽이어야만 한다.

그런데 개인이 그럴 만한 자유를 누림으로써만 현실이 이중의 모습으로 나타난다고 할 때 실로 개인의 세계란 오직 개인 자신에 의해서밖에는 파악될 수 없다. 더욱이 그 자체로서 존재한다는 현실의 개인에 대한 영향도 어디까지나 개인이 자기에게로 흘러들어오는 현실의 물결을 그대로 수용하든가 아니면 흐르는 물줄기를 가로막고 역류시키든가 하는 데 따라서 완전히 정반대의 의미를 띠게 된다. 이렇게 되면 '심리적 필연성' 운운하는 것은 한낱 공허한 낱말에 그쳐버릴 터이니, 즉 이러이러한 영향력을 갖는다는 것에 반하여 그런 영향력이라곤 전혀 없을 가능성도 충분히 생각할 수가 있으니 말이다.

이렇게 되면 그 자체로 절대적이면서 법칙의 한쪽 측면, 즉 보편적인 측면을 이룬다는 존재는 무산되어버리고 만다. 이제는 개인이 곧 세계를 자기 것으로 좌지우지할 수 있는 주인공이다. 세계란 곧 개인의 행위가 연쇄적으로 만들어낸 원환[70]과 같은 것으로서 그 안에서 개인은 현실의 존재로 나타나는 가운데 사전에 이미 부여된 존재와 새삼 형성

---

[70] 원어는 Kreis(원환·순환)인데, 헤겔 사상의 전 체계를 놓고 보면 마치 수많은 소단위의 원환이 무수히 엉켜들어 있는 하나의 거대한 원환임을 연상시킨다. 이때 작은 부분은 언제나 전체와 상통하는 동일한 형태를 유지한다는 점에서 모든 원환은 그 자체가 체계적인 논리 전개를 위한 궁극적인 최소단위를 이룬다고 할 수 있다. 이 원환의 논리는 예컨대「서설」속의 "전체는 진리이다"(Das Ganze istdas Wahre)의 '전체'를 이룬다고 할 수 있다. 절대적 자기완결체로서의 존재의 근거를 자체 내에 지니고 그 어떤 타자와도 관계함이 없이 오로지 독자적인 자기에만 관계하는 체계가 여기서는 마치 개인이 행위하는 데서 목적과 수단과 결과, 다시

된 존재[71)]를 통일시켜놓는다. 이러한 통일은 심리학의 법칙이 생각하듯 그 자체로 존재하는 세계와 자각적으로 존재하는 개인의 양극으로 분열되는 성질의 것이 아니다. 만약 이 양자를 그렇듯 각기 별개의 것으로 간주하더라도 이들을 서로 관계지을 수 있는 그런 필연성이나 법칙이라곤 어디에도 존재하지 않는다.

3) 자기의식과 신체의 관계 관찰. 관상학과 두개론(골상학)

심리학적인 관찰은 자기의식과 이에 대립되는 현실세계의 관계에 대하여 아무런 법칙도 발견하지 못한 채 양자가 서로 무관한 위치에 있음을 알아차린 가운데 자각적이면서 본원적이기도 한 대립을 절대적으로 매개하여 이를 말소함으로써 객관적이면서 동시에 주관적인 존재이기도 한 실재하는 개인의 고유한 특성[72)]을 규명하는 데로 되돌아간다. 이제는 그러한 개인이 관찰의 대상이 되기에 이른다.[73)]

말하면 처음과 중간과 끝[始中終]을 일거(一擧)에 투합하여 결행할 때의 모습을 떠올려준다. 무극이태극(無極而太極)이라고 한 주염계(周廉溪)의 태극도설(太極圖說)이 원의 형상을 그려내고 있는 점과 곰곰이 비교 검토해볼 것.

71) 원어는 das gemachte Sein인데 「서설」에서 이미 갓 태어난 인간의 본래적인 자연과 이를 탈피한 작위적이며 자각적인 상태가 구분되어 있듯이, 여기서도 이미 형성되고 부여된 대로 있는 존재와 작위적이며 후천적으로 만들어진 존재에 대해 논하고 있다. 다음의 자기의식과 신체의 관계에서는 '형성되어 있는 것이 아닌 손수 만들어진 존재와의 통일'을 중심에 놓고 인간의 신체는 생득적·천성적으로 주어진 것이면서도 동시에 인간의 의지에 따라 형성된 것이기도 하다는 데 주목하고 있다. 그러므로 부여된 존재와 새삼 만들어진 존재와의 통일은 관찰하는 이성이 심리학적 입장을 넘어서 '자기의식과 신체의 관계'의 문제로 이행할 수밖에 없는 계기를 이루고 있음을 나타내는 것이기도 하다.

72) 이 실재하는 개인(die reale Individualität)은 대자존재와 즉자존재의 통일체이므로 실재적이기는 하지만 또한 여전히 관찰의 대상이 되어 있는 까닭에, 아직 이 통일을 자각하지 않고 있는 통일이므로 정신과 신체가 존재하는(seiende) 상태로 통일되어 있는 데 지나지 않는다.

73) 이때의 '~이 되다, 되면서'(geworden)는 생성·발생을 뜻한다. 즉 하나의 의식형태가 앞서간 의식형태로부터 생겨나면서도 이 새로이 생겨난 의식형태 자체에는 스스로의 이행작용이 자각되지 않고 있음을 뜻한다. 128쪽의 주 16 참조.

개인은 본원적·즉자적이면서 또한 자각적·대자적인 존재이다. 그는 자각적인 존재로서 자유로이 행동할 뿐만 아니라 또한 본래 타고난 대로의, 즉 근원적인 한정된 존재이기도 한바,[74] 이러한 양면에서의 한정된 관계는 개념상으로는 심리학이 발견하려고 했던 것과 동일한 성질의 것이다. 즉 그 어느 쪽으로부터의 한정적인 관계도 개인을 떠나서 있는 것이 아니므로 의식의 운동과 고정된 존재로 나타나는 현실 사이의 대립적인 이중의 양상이 바로 개인 자신에게 갖추어져 있는 것으로 나타난다.

이때 고정된 존재란 특정한 개인의 '육체'를 말하는데, 이는 개인에게 근원적으로 갖추어져 있는 것으로서, 행위의 결과로 생겨나는 것은 아니다. 그러나 동시에 개인은 오직 자기가 행위한 것이 겹겹이 쌓여가면서[75] 존재하는 것이므로 개인의 육체는 개인이 일구어낸 자기표현이라고도 할 수 있다. 또한 그것은 직접 있는 그대로의 물체를 초월한 기호(記號)라고도 하겠으니, 즉 개인이 그의 근원적인 본성을 어떻게 조작해내려고 하는가가 거기에 드러나는 것이다.

여기에 나타난 요소를 심리학적인 관점과 관계시켜보면 이전에 있었던 공동세계 내에서의 습속이나 문화를 대신하여 이제는 일반적인 인체[76]나 아니면 적어도 풍토·지역·민족의 전반적인 형태에 주안점이

---

74) '근원적으로 한정된 자연'(die ursprünglich bestimmte Natur)이라고도 하며, 자주 등장하는 이 기본개념은 천성적·생득적으로 주어진 소질을 말한다.
75) "nur ist, was es getan hat"로 표현된 이 대목은 이미 「서설」과 그밖에 『역사 속의 이성』을 비롯한 많은 저서에서 거론되는, 헤겔 사상의 근간을 이루는 그의 실천적인 정신의 중요한 징표이다. 일반적으로 인간 각자의 경험적이고 특수적인 성향이 언제나 보편적이며 절대적인 천(天)과의 일체성 속에서 고찰되고 있는 동양사상과 상치되는 면이 있기는 하지만, 예컨대 곽상의 『장자』「제물론 주」에 나오는 자생자화론(自生自化論)은 헤겔의 기본적인 논점과 직접 겨루어볼 만한 충분한 여지가 있다. 이밖에도 「마태복음」 7: 16~18, 12: 33~35, 「누가복음」 6: 4 참조.
76) 일반적인 인간의 형태, 즉 체형(eine allgemeine menschliche Gestalt)은 칸트 미학에서와 마찬가지로 헤겔 미학에서도 중요한 개념으로 등장한다.

두어져야만 하겠다. 일반적인 현실의 내부에 특수한 상황이나 상태가 추가되면서 이렇게 조성된 특수한 현실이 개인의 특수한 체형으로 나타나는 셈이다. 그런가 하면 이전의 관찰에서는 개인의 자유로운 행위와 현실이 개인의 것으로서[77] 기존의 현실과 대비되었지만, 여기서는 인간의 체형이 바로 개인 자신에 의해 정립된 자기실현의 표시로서 자기활동적인 개인의 용모를 특징짓는 것이 되어 있다.

앞에서 관찰의 대상이 되었던 보편적인 현실과 특수한 현실은 모두가 개인의 외부에 존재하지만 그와는 달리 여기서는 개인의 현실로서의 타고난 육체가 나타나면서 행위가 자아내는 표현도 바로 육체 속에 나타나 있다. 심리학적인 관찰에서는 그 자체로 존재하는 현실[78]과 특정한 개인이 서로 관계지어져 있었지만, 여기서는 특정한 개인 전체가 그대로 관찰의 대상이 되고 대립하는 양극이 제각기 개인의 전체에 걸쳐 있는 것이다.

외면의 전체를 이루는 것은 근원적 존재인 타고난 육체만으로 그치지 않고 내면의 활동에서 비롯된 후천적인 육체의 형태도 여기에 가미된다. 육체는 생래적인 면과 후천적인 존재의 통일로서 개체의 독자성이 삼투된 현실존재이다. 육체는 생래적으로 형태화된 고정적인 부분과 행위에 의해서 비로소 생겨난 특징을 함께 내포하여 그의 전체가 구성되어 있는데, 바로 이 존재가 의식과 운동이 지배하는 개인의 내면을 표현한다. 이 내면은 더 이상 내용과 내실을 앞에서와 같이 외부 상황에서 취득해오는 형식적이고 무내용적인 모호한 자기활동이 아니라 그것 자체가 일정한 근원적 성격을 지니면서 이것이 활동적인 모습을 하고 나타난 것이다. 이제 이 양면 사이의 관계가 어떻게 규정되고 어떻게 내면이 외면으로 표출되는가를 밝혀내야만 하겠다.[79]

---

[77] '자기 것'으로서의 자기 개인의 세계, 즉 개인적·개체적인 것이란 다름아닌 자기 행위의 결과이며 소산이라는 것을 명백히 한 것이다.
[78] 이 '현실'은 그 자체로, 즉자적으로 존재하는 완전한 세계 또는 상황이면서 또한 동시에 개인의 세계이기도 하다는 이중의 의미를 지닌다.

외면은 첫째 기관으로 자리매김되어 내면을 들여다보이게 함으로써 타자에 대한 존재가 되도록 한다. 이때 기관 속에 나타나는 내면은 활동 그 자체이다. 말하는 입이나 노동하는 손 그리고 여기에 발까지 더하면 이 모두가 일을 실현하고 성취하는 기관으로서, 여기에는 행위 그 자체 또는 내면 그 자체가 간직되어 있다. 그러나 기관을 통하여 내면이 얻어낸 외면적인 결과는 개인과는 단절된 현실로서의 결과물이다.

말이나 노동(Sprache und Arbeit)이 외화되고 나면 개인은 더 이상 자기를 보존할 수도 소유할 수도 없으며, 여기서는 내면이 완전히 밖으로 드러내서 타인의 수중에 넘어가 있다. 따라서 이런 경우에 외면적인 결과는 내면을 과도하게 표현한다고 할 수도 있겠고 반대로 표현이 미흡하다고 할 수도 있다. 과도하게 표현한다는 것은 내면이 그대로 외면으로 넘쳐나서 외면과 내면의 대립이 소멸되어 외면이 단지 내면의 표현인 데 그치지 않고 아예 내면 그 자체가 되어 있기 때문이다. 반대로 표현이 미흡하다는 것은 내면이 말이나 행동으로 표출되고 나면 어딘가 그 자신과 다른 것이 되어 결국은 스스로가 중심을 잃고 변화의 장으로 내몰림으로써 말로 나타난 언어나 실현된 행동이 어떤 식으로든 왜곡되어 특정한 개인의 행동이 참으로 지향하는 것과는 다른 것으로 만들어져버리기 때문이다.

결국 행동에 의한 작업 결과는 타자로부터의 작용을 감수하는 것과 같은 외면적인 것이어서, 일단은 다른 개인에게 언제나 변함없는 것으로 있다는 성격을 상실한다. 그뿐 아니라 또한 작업 결과는 그 안에 포함되는 내면에 대하여 그와는 아무 상관도 없는 별개의 외면이 되어 있어서 그 당사자 개인에 의해서 내면을 그대로 표현하지 않는 것으로 조작된다고도 할 수 있다.

이 두 경우에 개인은 고의로 작업 결과를 진실과는 어긋나게 만들어

---

79) 내면에서의 반성이 외면적인 표정, 즉 외화된 형태와 결부된다는 사실을 지적한 것.

버릴 수도 있고, 또 개인 자신이 본래 욕구했던 대로의 외형을 만들어 내거나 타인에 의해서 자기의 작업 결과가 변질될 수 없을 만큼 반듯한 외형을 만들어낼 만한 기량이 부족할 경우도 있다. 어쨌든 이렇게 해서 행위가 완성된 작업 결과로 매듭지어지면 행위는 상반되는 이중의 의미를 지니게 되는데, 하나는 제대로 표현해내지 못한 내면의 개성이고 다른 하나는 내면과는 유리된, 즉 내면과는 별개의 것이 되어 있는 현실의 외형이다.

기관으로서의 외면이 갖는 의미의 이런 이중성으로 인하여 우리는 줄곧 개인의 주변을 에워싸고 있는 눈에 보이는 외형을 갖추었다고 할 그의 내면을 어떻게든 찾아나서야만 한다. 그러나 용모나 체격처럼 기관을 통하여 틀이 짜여져 있는 내면은 직접적인 행위로서 불거져나오는 것이므로 이 행위가 결과까지도 자아내게 되면 내면을 표현한다고도, 또 표현하지 않는다고도 할 그러한 외형이 생겨나게 된다. 따라서 이런 대립적인 관점에서 보면 기관이란 얻어내고자 하는 그런 표현을 제공해주는 것은 아니다.

그리하여 만약 기관도 아니고 그렇다고 행위도 아닌, 정지해 있는 전체적인 외형[80]이 그것만으로 내면의 개성을 표현할 수 있다고 한다면 이는 자기와는 이질적인 내면을 수동적으로 고이 받아들여서 내면의 기호가 된 그런 안정된 사물이어야만 한다. 다만 그것은 외면적인 우연한 표현물이므로 그의 실재하는 면은 그것만으로는 아무런 의미도 없다. 예컨대 외면을 언어라고 할 경우, 음이나 음의 결합은 그의 내용과는 아무런 관계도 없고 그야말로 어떤 음이 어떤 내용과 결부되는가는 우연에 달려 있다.

각기 외면적인 성질의 것을 임의로 결합한다고 해서 거기에 법칙이 생겨날 리는 없다. 그러나 흔히 관상학이란 그토록 졸렬한 술수나 터무니

---

80) '전체적 외형'이란 지금의 관찰이 내면을 표현하는 외면을 손이나 얼굴과 같은 인체의 특별한 부위에 한정시키는 것과 반대되는 의미에서 체형·체격이라고 할 수 있다.

없는 연구와는 분명히 구별되는 것이라고 한다. 그 이유는 특정한 개인을 내면과 외면, 의식적 존재로서의 성격과 외형으로 나타나는 특성 사이의 필연적인 대립의 결과로 취급하여 두 측면을 개념적인 관계 아래 결합시켜 여기에 법칙에 상응하는 내용을 채워넣기 때문이라는 것이다.

그런데 점성술이나 수상학(手相學)과 같은 학문은 서로가 아무 관계도 없는 하나의 외면과 또 하나의 외면을 서로 연결하는 데 지나지 않는 것으로 보인다. 출생시와 일치하는 별자리나 천체에 좀더 가까이 와 닿는 육체로 눈길을 돌려서 이 손금의 특징 같은 것이 각 개인의 수명의 장단이나 운세를 가늠하는 외적인 요소라고 보는 것이 점성술이며 수상학이다. 여기에는 서로 아무런 관계도 없는 것이 외면적으로 결합되어 있을 뿐, 당연히 외면과 내면의 관계 속에서 찾아져야 할 필연성이라고는 전혀 눈에 띄지 않는다.

말할 필요도 없이 손은 운명에 대한 외적인 것이라기보다는 운명과 내적으로 관계되는 것으로 보인다. 왜냐하면 운명이라는 것은 특정한 개인이 애초에 내면적인 근원적 성격으로 지니고 있던 것이 겉으로 드러난 것에 지나지 않기 때문이다. 그렇다면 어떤 특정한 개인 본연의 모습을 알아내는 데는 예컨대 한 인간의 전 생애를 마무리하고 난 다음이 아니고서는 이를 알아낼 수 없다고 한 고대 그리스의 현인 솔론의 말을 따르느니보다 수상가나 관상가의 말을 귀담아듣는 편이 낫다고 하겠다. 솔론이 운명의 변화에 주목한 데 반하여 수상가나 관상가는 그 안에 내재하는 본래의 모습을 찾아내려고 한다.

아무튼 손이 개인의 운명을 진솔하게 표현하고 있다는 것은 바로 이 손이야말로 언어를 관장하는 기관인 입 다음으로 인간의 자기표현이나 자기실현에 가장 유용한 수단이라는 점에서도 쉽게 납득이 간다. 손은 인간의 행운을 일구어내는 혼이 배어 있는 달인(達人)이라는 것이다. 어쨌든 손은 인간의 행위를 나타내는 것이라고 하겠으니,[81] 왜냐하면 자기실현을 위한 활동기관인 손을 들여다보면 거기에는 혼이 아로새겨진 살아 있는 인간의 면면이 보일 뿐만 아니라 근원적으로 자기의 고유한 운명을 헤쳐나가는 인간 본연의 모습이 표현되어 있다고 할 수 있으니 말이다.

이렇듯 활동의 기관을 존재에 못지않게 행위로(ebensowohl ein Sein als das Tun) 규정하는 것, 아니면 또 내면에 깃든 본연의 존재가 기관 속에 그대로 나타나면서 타자에 대해서 존재한다는 이런 규정은 지금까지의 기관의 이해방식과는 차이가 있다. 즉 기관 속에는 행위가 다만 동작하는 것으로 포함되어 있을 뿐, 행위의 결과는 기관을 벗어난 외딴 곳에 존재할 뿐이어서 내면과 외면은 분리되어 서로가 이질화되어 있으니 결국 기관을 내면의 표현으로 취급할 수는 없다는 것이 지금까지의 논지였다. 이에 대해 이제 새로이 고찰된 바에 따르면 기관을 타고 나타나는 행위는 외면으로 드러난 행위이기는 하지만 어디까지나 개인의 소행에서 비롯된 외형으로서 단지 외면화된 행위의 결과와는 별개의 것이므로 마땅히 기관은 내면과 외면을 이어주는 중심부로 받아들여져야만 한다는 것이다.

내면과 외면을 통일하는 중간항으로서의 기관은 우선 무엇보다도 그 자체가 외면적인 존재이기는 하지만 동시에 이 외면성은 내면으로 끌려들어와 있다. 기관의 외면성은 단순한 형체를 띤 외면성으로서, 이는 개인 전체로 놓고 보면 개개의 우연적인 작업이나 상태 또는 많은 작업이나 상태로 분산되어 있는 외면계 전체를 걸머쥔 운명 등으로 나타나는 다채로운 외면성과는 대립된다. 그러므로 단순한 수상(手相)이나 언어 표현상의 개인적 특징을 나타내는 음질이나 성역 그리고 음성보다도 손을 통해 더욱 뚜렷하게 언어의 틀을 마련해주는 문자, 그 가운데서도 특히 수서체(手書體)로 된 문자 등 이 모든 것은 하나같이 내면의 표현이긴 하지만, 이렇듯 단순한 외적 표현을 다시금 행동이나 운명에 따르는 복잡한 외형과 대비할 경우 복잡한 외형에 대해서는 그의 내면

---

81) 이것은 헤겔 사상 전반에 걸친 가장 핵심적인 명제의 하나로서, 인간의 진실한 모습은 바로 그의 행위의 결과 또는 행동의 계열이라는 것이다. 334쪽의 주 75 참조.

을 이루는 것으로 생각할 수도 있다.

따라서 개인의 개성이나 타고난 특성을 교양을 통하여 형성된 내용까지도 포함하여 행동이나 운명의 본질을 이루는 내면으로 받아들인다면 이러한 내면의 본질이 최초로 외면화된 것이 곧 입과 손과 목소리와 필적 그리고 그밖에 신체의 여러 기관이나 거기에 깃들어 있는 불변의 성질이 된다. 그러한 것이 먼저 있고 난 뒤에야 비로소 내면은 그의 외부에 있는 세계의 현실을 향하여 표출되는 것이다.

그런데 중간항이 내면으로 되돌려진 표현이라고 규정됨으로 하여 직접 행위를 하는 기관만을 중간항으로 한정할 것이 아니라 오히려 아무 뜻도 없이 얼굴이나 몸체가 움직이는 모습까지도 중간항으로 생각할 수가 있다. 그런 표정이나 움직임은 그 본래의 성질상 억제당한 듯이 개인에게 밀착되어 있는 행위로서, 현실적인 행위와의 관계에서 보면 스스로 현실의 행위를 감독하고 관찰하는 것, 말하자면 현실의 표현에 반성을 가하는 것과 같은 표현이다. 개인은 외면을 향해 행위할 경우 동시에 자체 내로 복귀하기도 하지만 그렇다고 침묵을 지키는 것이 아니라 자체 내로 복귀하는 모습마저도 표현한다. 이렇듯 개인이 이론적 행위로서 자기 자신과 대화하는 말은 그 자체가 하나의 표현인 이상 이는 당연히 타인으로서도 알아듣게 마련이다.

외부를 향한 표현이면서 내면적인 데 머물러 있다는 표정이나 움직임에서는 현실로부터 자체 내로 복귀하는 개인의 모습이 관찰되는데, 이렇게 이루어진 내외의 통일에 어떠한 필연성이 있는가는 생각해볼 일이다. 복귀한다는 것은 우선 행위 그 자체와는 구별되는, 행위와는 별개의 것으로서 실제로 그렇게 보인다. 사람의 표정을 보면 그의 말과 행위가 진심어린 것인지 어떤지를 알 수 있는데 이것이 그 좋은 예가 된다.

그러나 반대로 내면의 표현이라고 할 얼굴 표정은 동시에 생겨난 모습 그대로 그렇게 있는 것으로서, 이는 어디까지나 육체적인 존재이므로 자기의식을 지닌 개인에게는 어딘가 어울리지 않은 면이 있다. 따라서 그것은 표현이라고는 하지만 동시에 한낱 기호에 지나지 않는다고도 할 수 있으므로 표현되는 내용과 그것을 표현하는 당사자 본인의 성질과는 아무 관계도 없다.

물론 내면은 겉으로 나타난 표정 속에 보이지 않을 듯하면서도 보이게끔 나타나 있기는 하지만 그것이 이렇게 나타나 있는 것과 결합되어 있지는 않다. 내면은 드러나 있는 대로의 모습과 다르게 나타날 수도 있고 서로 다른 내면이 동일한 외양을 하고 나타날 수도 있는 것이다. 그런 의미에서 리히텐베르크가 "관상가가 인간을 순간에 낚아채기라도 하듯 단번에 알아냈다고 한다면 바로 그 인간이 앞으로 천 년을 두고 자기를 불가해한 인물일 수 있게 하는 데는 단지 용기있는 결단을 내리기만 하면 충분하다"고 한 말은 정곡을 찌른 것이다.

앞에서 본 관계에서 개인은 주변 상황으로부터 자기에게 가능하거나 자기가 소망하는 것을 마음에 두고 있을 경우, 자기를 그 상황에 순응하도록 할 수도 있고 상황을 전도시킬 수도 있으므로 결국 상황 속에 개인의 필연성이나 본질이 내포된다고는 할 수 없었다. 그러나 여기서도 마찬가지로 개인의 신체로 나타나는 것은 개인이 현실로부터 자체 내로 복귀한 그 내면의 모습을 표현하는 경우도 있지만, 그렇게 표현된 것과는 아무런 관계가 없고 따라서 사실은 아무것도 지시하는 바가 없는 한낱 기호와 같은 것일 수도 있다. 그것은 개인에게 표정인 동시에 언제라도 벗어던질 수 있는 가면이기도 한 것이다.

개인은 그의 신체적인 형태 속에 침투하여 그 테두리 안에서 움직이며 말을 하지만, 또한 그러한 몸가짐 전체가 의지나 행동과는 아무 상관이 없는 존재로서 제 길을 가기도 한다. 이제는 개인이 자체 내로 복귀한다거나 그 자신의 참다운 본질을 자체 내에 간직한다는 앞에서와 같은 표정이 갖는 의미는 사라지고, 개인의 본질은 오히려 의지나 행위의 결과 속에 담겨 있게 된다.

이제 개인은 자체 내로 복귀해 있는 모습을 표정으로 나타내려 하지 않고 자기의 본질을 작업 속에 담아내려고 한다. 그렇다면 이것은 개인의 자기의식을 관찰하려는 이성본능이 내면과 외면 사이에 있음직한 것으로 상정하는 그런 관계와는 모순된 것이다. 이런 관점에서 문제를 따져들어가게 되면 부득불 우리는 관상학의——구태여 이를 학문이라고 한다면——근저에 놓여 있는 본래의 사상에 눈길을 돌리지 않을 수 없게 된다.

여기서 관찰자가 목도하는 대립은 형식상으로는 실천적인 것의 내부에 나타나는 실천적인 것과 이론적인 것과의 대립, 즉 가장 폭넓은 의미로는 행동 속에서 그를 통하여 자기를 실현하는 개인과 이 행동 속에서 그곳을 탈피하여 자체 내로 복귀함으로써 행동을 대상화하는 개인 사이의 대립이다. 관찰자는 이 대립을 현상 속에 그 의미가 드러나 있는 대립과는 반대되는 방향으로 파악한다. 비본질적인 외면으로 간주되는 것이 언어이건 견실하게 다져진 현실이건 이것이 행위의 결과나 작업이고, 본질적인 내면으로 간주되는 것이 개인의 내적 존재라는 것이다.

실천적 의식이 안고 있는 안팎의 두 측면인 의도와 행위, 즉 행동을 염두에 두고 있는 상태와 행동 그 자체를 놓고 관찰자는 전자를 참다운 내면으로 간주한다. 이 내면이 다소나마 비본질적인 면을 떠안은 채 외면화된 것이 행위의 결과인데 이렇게 참으로 외면화된 것이 육체의 형태라는 것이다. 두번째의 외면화는 개인의 정신이 직접 감각적인 존재가 된 경우인데, 이에 반하여 참다운 내면성이란 개인의 독자적인 의도나 자립적인 개성을 말한다. 내외면에 속해 있는 이 양자가 정신으로 상정되어 있는 것이다. 따라서 관찰의 대상으로 내세워지는 것은 상정된 존재인데, 이렇게 상정된 두 존재 사이에서 법칙이 추구된다.

정신의 현상(現狀)을 마음내키는 대로 상정하여 얼핏 살펴보는 정도로 그의 내면의 성질이나 성격을 재빨리 판단하는 것은 관상학에서 흔히 볼 수 있는 섣부른 작태이다. 이런 억측을 자아내게 하는 대상이란 그의 본질상 직접적인 감각적 존재와는 다른 곳에 참다운 존재가 깃들어 있는 그런 것이다. 감각적인 것 속에 있으면서 감각적인 것으로부터 자체 내로 복귀해가는 것, 즉 보이지 않으면서 보이는 듯한 것이 바로 관찰의 대상이 되어 있다. 그러나 이렇듯 직접 감각적으로 현재화되어 있는 것이야말로 한낱 상정된 대로 받아들여진 정신의 현실상이다. 이때 관찰하는 의식은 스스로 짐작하는 대로 관상·필적·성대 등등을 실마리로 하여 그 이상의 것을 밝혀내려고 한다.

결국 의식에게 단서가 될 만한 존재는 나름대로 상정된 내면과 관계지어진다. 이때 인식되어야만 하는 것은 그 당사자가 살인자인가 또는 도적인가가 아니라 그럴 능력이 있는가 어떤가 하는 것이다. 이렇게 되면 고정된 추상적인 성질을 넘어서 있는 한 개인의 구체적인, 무한히 많은 성질을 찾아내는 일에 휘말리게 되므로 여기에는 겉모습을 평가하는 것 이상의 기교에 넘치는 묘사가 요구된다.

이렇듯 기교적인 묘사라면 살인자라거나 도적이라거나 또는 선량하다거나 순진하다거나 하는 등의 평가로 그치지는 않겠지만, 요는 그 이상을 넘어선다고 해도 상정된 존재나 개개인의 개성을 짚어내려는 목적을 이루기에는 도저히 불충분하다는 것이다. 이마가 평평하다거나 코가 길다는 것 따위를 열거하는 데 그치지 않고 체형까지 묘사한다고 한들, 그것으로도 미흡하기는 마찬가지이다. 왜냐하면 개개인의 형태나 자기의식을 상정된 존재로 놓고 이를 말로 표현한다는 것은 거의 불가능한 일이기 때문이다.[82]

따라서 상정된 경우의 인간을 표적으로 하는 인간인식의 학이나 상정된 현실을 뒤쫓아가며 어설픈 관상학의 무의식적인 판단을 지의 단계로까지 끌어올리려고 하는 인간인식의 학은 어디까지나 상정하는 데 그칠 뿐이고 내용도 역시 상정되는 것에 지나지 않는다. 그러므로 이는 끝없는 나락으로 빠져드는 학문이 될 수밖에 없으니, 도저히 제대로 된 표현을 해낼 수는 없는 것이다.

---

[82] 사념(Meinen)된 것과 언명·언표(Aussprechen, Anssagen)된 것이 그대로 일치할 수 없다는 데 대해서는 제1장에서 자주 논의되어왔다.

이러한 유의 학문이 찾아내려고 하는 법칙은 상정된 양면 사이의 관계를 나타내는 것이어서, 이는 공허한 상념에 매달리는 것일 뿐이다. 게다가 사념이 뒤섞여 있는 이러한 지가 정신의 현실을 연구 대상으로 삼으려 할진대 정신으로서는 감각의 영역을 벗어나서 자체 내로 복귀하여 감각적 성질을 지닌 것은 정신에게 전혀 관심거리가 될 수 없는 우연지사에 지나지 않는다는 것을 분명히 알아차릴 것이다. 그러니 비록 법칙이 발견됐다 하더라도 실은 무엇인가가 밝혀지는 것이 아니라 다만 자기의 사념을 늘어놓은, 한낱 넋두리에 불과하다는 것이 곧 드러나버린다.

이런 것을 놓고 끝끝내 지식이라고 우겨대는 것이 관상학의 설명 내용인데, 실제로는 자기가 사념한 것을 말로 나타낸 것일 뿐이고 따라서 실상을 밝혀내는 것이 아니라 단지 자기에 관한 사념을 털어놓는 것에 지나지 않는다. 그러므로 내용상으로 보면 이러한 관찰은 소매상인이 '대목장이 서는 날이면 언제나 비가 내린다' 거나 또는 가정주부가 '빨래를 말리려고만 하면 언제나 비가 온다' 는 식의 관찰과 아무런 다름이 없는 것이다.

관상학적인 관찰의 특징에 대하여 리히텐베르크는 이렇게도 표현하고 있다. 만약 누군가가 "자네는 정직한 사람인 양 처신은 하지만 사실은 억지로 그러는 척할 뿐, 본심은 악한(惡漢)이라는 것이 자네 얼굴에 드러나 있네"라고 한다면 그런 말을 듣는 순간 적어도 사나이답게 행동할 줄 아는 사람이라면 당장에 세상을 날려버리기라도 할 기세로 그의 따귀를 후려칠 것이 틀림없다. 그렇게 응수하는 것은 당연하다고 할 수밖에 없으니, 참으로 이렇게 대응하는 것만이 '인간의 현실성은 그의 얼굴에서 드러난다' [83]는 생각을 학문의 으뜸가는 전제로 내세우는 데 대한 반박이 될 것이기 때문이다.

---

83) 이 명제가 두개론(頭蓋論)에 와서는 "정신의 현실성은 뼈이다"라는 쪽으로 전개되었는데, 이 문제는 제8장 「절대지」에서 다시 중요하게 부각된다.

인간의 진실한 존재는 오히려 그의 행위의 결과에 있다.[84] 행위의 결과 속에 개인은 현실로 존재하는바, 행위란 상정된 것을 두 가지 의미에서 극복할 수 있다. 먼저 정지해 있는 육체적 존재로서 상정된 것이 극복된다. 즉 행동의 와중에 있는 개인은 오직 존재를 극복하는 한에서만 존재한다고 할 그런 부정의 힘[85]을 지닌 존재이다. 다음으로 행위는 자기의식적인 개인에 관한 한, 당치도 않은 무한정한 사념 속에서 넋두리를 일삼는 데 대한 종지부를 찍는다. 행위가 달성되면 그런 악무한으로 치닫는 사념은 말살되어버린다.

행위의 결과는 단순한 내용을 지닌 보편적인 성질의 것으로서, 추상화하여 파악할 수 있다. 행위라면 예컨대 살인, 절도, 선행, 용감한 행위 등등 가운데 어떤 것인데, 그것이 어떤 것인지는 얘기할 수가 있다. 그것은 더도 덜도 아닌, 행해진 바대로의 것으로서 한낱 기호로 표시되는 것만이 아니라 실물이기도 하다. 행위자로 자리매김된 개체적인 인간의 참모습이 거기에 그대로 드러나는 것이다. 이렇듯 단순한 모습으로 존재하는 개인이 다른 누구에 대해서나 존재하게 될 때 개인은 더 이상 상정된 데 그치는 그러한 존재는 아니다.

물론 행위하는 가운데 있는 개인을 두고 정신이라고는 할 수 없다. 그러나 개인의 존재가 문제가 되면서 한편으로 신체의 형태와 행위의 결과라는 이중의 존재가 개인에 대치하는 가운데 양쪽 모두가 개인의 현실을 나타낸다고 생각될 경우라면 오히려 행위만을 개인의 진술한 존재로 보고 개인이 행하려고 마음먹었던 것이나 그런 일을 할 만하다고 사람들이 짐작하는 것을 표현하는 신체의 형태는 개인의 참다운 존재라고는 할 수 없다고 보는 편이 이치에 맞는다.

그런가 하면 또 개인의 작업 결과와 능력이나 의도와 같은 개인의 내

---

84) 앞의 334쪽의 주 75, 339쪽의 주 81 참조.
85) 여기서 '부정'은 일찍이 스피노자가 "모든 규정은 부정이다"(omnis determinatio est negatio)라고 했던 뜻에서의 한정적인 부정이 아니라, 이를 지양하고 넘어서는 '활동성 또는 주체성'으로서의 부정이다.

면적인 가능성이 서로 대치될 경우, 여기서도 개인이 작업에 관하여 스스로 오판한 나머지 행동에서 손을 떼고 자체 내로 물러선 채 내면의 자기는 행위의 결과로서의 자기와는 별개라고 생각하는 경우가 있다 하더라도 작업만을 개인의 참다운 현실상이라고 봐야만 한다. 작업에 착수하면서 대상의 장에 몸을 내맡긴 개인은 필경 변화하고 탈바꿈해야 할 존재가 되기는 한다. 그러나 이때 행위의 성격을 판가름하는 것은 바로 이 행위한 것이 지속성이 있는 현실적인 존재인가 아니면 덧없이 사라져가는 한낱 상정된 데 지나지 않는 존재인가 하는 데 있다. 대상의 장으로 옮겨졌다고 해서 행위 자체에 변화가 초래되는 것이 아니라 다만 행위가 무엇인가, 다시 말하면 행위가 실질적인가 무실한가가 분명히 드러날 뿐인 것이다.

관상술이 행위라는 현실적 존재를 갖가지 의도나 그밖에 자질구레한 면으로까지 분해하고는 인간의 현실을 나타내는 그의 행위의 결과를 다시금 상정된 존재로 환원하여 당사자로 하여금 현실의 행위를 둘러싼 특별한 의도 따위를 꾸며내게 한다거나 하는 것은 사념을 일삼는 부질없는 노릇으로 돌려버리는 것이 좋겠다. 행위는 저버린 채 머리로 짜낸 지혜에만 의지하여 행동에 수반되는 이성적인 성격을 거부하며 행위보다도 오히려 용모나 표정이 행위자의 실상을 표현한다는 투의 억지 주장을 되풀이한다면 응당 그런 부질없는 인간에게도 앞에서와 같이 뺨을 후려치는 편이 나을 듯싶다. 봉변을 당하고 나면 그 부질없는 인간은 얼굴이라는 것은 그대로 있는 것이 아니라 사실은 이런 매서운 맛을 봐야 할 대상이라는 것을 깨우치게 될 테니까 말이다.

이제 자기의식을 지닌 개인과 외계 사이에 관찰되는 관계의 전반적인 범위에서 볼 때 아직 한 가지 미처 관찰의 대상으로 삼지 못했던 것이 있음을 알 수 있다.

심리학에서는 사물로서 이루어진 외면적인 현실은 정신에 영향을 끼치고 정신에 의식적으로 반영되므로 정신의 이해에 없어서는 안 되는 것으로 취급되었다. 이와 달리 관상학에서는 정신은 그 자신을 드러내는 신체적인 외형을 통하여 인식된다는 입장에서 그의 외형이 보이지 않는 것의 현현이라고 할 정신의 본질을 나타내는 언어로 간주되었다. 이밖에도 또 한 가지 현실 쪽에 여전히 문제로 남아 있는 것은 직접적으로 고정되어 있는 순수한 현실존재 속에 개인의 본질이 표현되는 경우이다.

지금의 이 관계와 관상학적인 관계가 서로 다른 점은 관상학의 대상이 되는 것은 외면을 향하여 행동하는 동시에 자체 내로 복귀하여 자기 내면을 응시하듯 하는 개인의 모습을 여실히 나타내는 것이며, 운동으로 나타나는 표현이나 정지해 있는 표정의 경우에도 본질적으로 개인에 의해서 매개된 표정이다. 그러나 여전히 관찰의 대상이 되는 것은 그것 자체가 뭔가를 표현하는 기호가 되는 것이 아니라 자기의식의 운동으로부터는 단절되고 독립하여 한낱 사물[86]로 존재하는 것과 같은 전적으로 정지해 있는 현실체에 관한 것이다.

이렇듯 외면과 내면의 관계에서 우선 분명해진 것은 자체적으로 존재하는 것은 그 어느 쪽도 모두가 서로 필연적인 관계를 이루는 까닭에 관계는 곧 인과관계로서 파악되어야만 하리라는 것이다.

그런데 정신적인 개인이 육체에 작용을 가할 수 있기 위해서는 원인이 되는 개인 그 자체가 육체적인 존재여야만 한다. 원인이 되는 정신적 개인이 몸담고 있는 육체는 기관으로서 존재한다. 그러나 이 기관은 외적 현실을 향해 행동을 야기하는 기관이 아니라 자기의식적 존재가 자기 내면을 향한 행동을 일으키는 기관으로서, 외면을 향하는 경우라고는 오직 자기의 신체를 상대로 하는 경우밖에는 없다. 이럴 경우 어느 기관이 거기에 해당하느냐가 문제가 된다.

일반적으로 기관을 놓고 볼 때 예컨대 노동하는 기관으로는 곧바로 손을 생각할 수 있고 성욕의 기관으로는 생식기를 떠올리게 된다. 그런데 이러한 기관은 한쪽 극에 있는 정신이 다른 쪽 극에 있는 외적인 대

---

86) 이때의 사물·물건이 두개골이다.

상과 마주칠 때 그 중간에 있는 도구 또는 부품으로 볼 수 있는 것들이다. 그러나 여기서 말하는 기관은 한쪽 극을 이루는 자기의식적인 개인이 자기와 대립되는 그 자신의 신체적 현실과의 관계 속에서 자기의 독자성을 유지하기 위한 기관이므로, 결국 개인은 이때 외부를 향하는 것이 아니라 행동 속에서 자체 내로 복귀하는 까닭에 그의 존재는 타자에 대한 존재로는 생각할 수가 없다.

물론 관상학의 관계 속에서도 기관은 자체 내로 복귀하는 가운데 행위가 이루어지는 상태를 일러주는 존재로 간주되었지만, 그의 존재는 대상으로서 거기에 있으므로 관상학적 관찰의 결과로 얻어진 것이라면 자기의식과 이 육체적 현실 사이에는 소원한 이질적인 관계밖에 없다는 것이 된다. 그러나 자체 내로 복귀해가는 자기의식이 상대방에 작용을 가하게 되면 서로간의 생소한 관계는 사라지고 기관은 자기의식과 필연적인 관계를 맺지 않을 수 없게 된다. 자기의식이 신체적인 상태에 작용을 가하기 위해서는 자기의식은 본래의 자기와는 다른 대상적인 존재를 지녀야만 하는바, 바로 이러한 기관으로서 자기의식의 기관은 명시되어야만 한다.

일상생활에서는 이를테면 노여움이 그런 종류의 내면적 행위로서 간(肝) 속에 그 터전을 두고 있다고 한다. 심지어 플라톤은 간을 그보다 더 고차적인 활동을 하는 것, 아니 사람[87]에 따라서는 최고의 기능을 하는 것이라고 하면서, 예언을 한다거나 또는 신성하고 영원한 것을 예사롭게 입 밖에 내도록 하는 그런 능력이 간에 주어져 있다고 했다. 그러나 개인의 간이나 심장박동 같은 것은 자체 내로의 복귀를 전담하는 운동이라고 볼 수는 없다. 오히려 그런 운동은 이미 신체 속에 뿌리를 내리고 있어서 육체로부터 외면으로 향해 가는 동물적인 것이라고 해야만 하겠다.

간이나 심장과는 달리 신경조직은 운동하는 유기체가 그대로 정지해

---

[87] 셸링·야코비·슐라이어마허 등 낭만주의자를 지칭한 것.

있다시피 한 모습을 하고 있다. 신경 자체는 이미 외부로 향할 태세를 갖춘 의식의 기관이지만 뇌수와 척수는 자체 내에 그대로 머무른 채 대상화되지도 않고 밖으로 나가지도 않는 자기의식의 직접적인 현재를 나타내는 것이라고 할 수 있다. 이런 기관이 드러내는 존재양식이 타자에 대해서 관계하는 것으로 간주되는 한, 이는 해부학에서와 같은 죽은 존재이지 더 이상 자기의식의 현재를 나타내는 것은 아니다.

그러나 자기 내 존재로서의 자기의식은 그의 본질상 유동성을 띤 것이어서, 일단 그 소용돌이에 말려들어간 것은 곧바로 용해되어 구별이 존재하는 것인 양 표현되는 일은 없다. 그러면서도 정신은 추상적인 단일체가 아니라 오히려 갖가지 요소로 분지되는 가운데 바로 이런 분지 속에서 어디까지나 자유로운 상태를 유지하는 운동의 체계이므로 그의 육체도 각기 다른 기능을 떠맡도록 조절되어 있고 각 부분마다가 한 가지 기능만 분담하도록 지정되어 있다.

따라서 이렇게 본다면 뇌수에 깃들어 있는 정신의 내향적인 유동성이 부분으로 나뉜다고 보는 것도 잘못된 생각은 아니다. 왜냐하면 뇌수에서 자체 내로 복귀하는 정신은 다시금 순수한 본질과 신체적인 분지의 중간 위치에서 양쪽 성질을 구비하고 있고, 더욱이 신체적으로 분지된 면에서 보면 분지된 기관이 그대로 신체상으로 드러나야만 한다고 보는 것이 합당하기 때문이다.

중간 위치를 차지하는 정신적 유기체는 동시에 두개골이라는 정지해 있는 독립된 존재로 있다고 볼 수밖에 없다. 이때 정신적인 유기적 측면은 독자존재의 극으로서 배후에 물러서고 정지해 있는 존재의 측면이 반대의 극으로서 전면에 나서는데, 이것이 원인으로서의 정신면으로부터 영향을 받는 대상이 된다. 뇌와 척수가 정신의 신체적 독자성을 나타내는 존재라고 한다면 두개와 척추는 독자존재에서 분리되어 또 하나의 극을 이루는 고정된 부동의 사물이다. 그러나 정신이 기거하는 본래의 고장이 어디인가를 생각하며 누구나가 떠올리는 것은 등이 아닌 머리일 것이므로 두개론에 관한 지식을 탐구하는 이 마당에 두개골에만 논의를 한정하는 것이 그리 잘못된 일은 아닐 듯싶다.

그런데 등으로부터 지(知)나 행위가 수시로 출입하기도 하므로 등에 무게를 두고 생각하는 사람도 있겠지만, 그렇다고 척추를 정신의 장소라고 생각한다거나 척추를 정신이 반영되어 있는 고장으로 생각한다는 것은 지나친 발상이다. 왜냐하면 그렇게 얘기될 바에는 정신의 활동을 야기하거나 억제하거나 하는 신체적인 수단으로는 그밖에도 많은 것을 생각할 수 있을 테니까 말이다. 이렇게 되면 척추를 논외로 접어두는 것도 당연하다고 하겠다.

그런가 하면 또 두개만이 정신의 기관에 해당하는 것은 아니라는 견해도 많은 자연철학 이론이 내놓고 있는 터이다. 왜냐하면 두개가 정신의 기관이라고 하는 견해는 그의 뇌수에 대한 관계 설정에 따라서 이미 배제된 바 있으므로 당연히 두개는 사물 쪽에 속하는 것이 되어 있기 때문이다. 결국 문제를 개념의 차원으로까지 추구해들어가지는 않더라도 눈이 사물을 보기 위한 기관이라는 것과 동일한 맥락에서 두개를 살인이나 절도나 시작(詩作)을 위한 기관이라고 할 수는 없다는 것쯤은 우리가 경험하는 바로써도 알 수 있는 일이다.

따라서 앞으로는 두개의 의미를 논하는 과정에서 되도록 '기관'이라는 표현은 삼가는 것이 좋겠다. 왜냐하면 사람들은 흔히 이성적인 인간에게는 말보다도 사실 자체가 중요하다고들 하지만, 그렇다고 해서 사실에 부합되지 않는 투의 말을 해도 된다는 것은 아닐 것이기 때문이다. 단지 합당한 어휘가 발견되지 않았다는 이유만으로 사태나 개념이 결여되었음을 알아차리지 못한다면 이는 어처구니없는 자기기만이다. 만약 개념이 바로잡히기만 한다면 그에 합당한 말도 따른다고 봐야만 할 것이기 때문이다. 아무튼 여기서 한 가지 분명한 것은 뇌수가 살아 있는 머리라고 한다면, 두개는 죽어 있는 머리(caput mortuum)임에 틀림이 없다는 것이다.

따라서 두개라는 이 죽은 존재 속에 뇌의 온갖 정신적인 움직임과 그의 일정한 양태가 외부에 나타난 현실을, 그러나 필경 개인에게 안겨 있는 그러한 현실을 표현해주고 있으리라는 것이다. 그리하여 죽은 존재인 이상 그 내부에 정신이라곤 깃들어 있지 않은 두개와 뇌의 운동 그리고 그의 상태와의 관계는 일단 앞에서 이미 확인된 바대로 외적이고 기계적인 관계로서 드러난 가운데 결국은 뇌의 정신적인 활동 여하에 따라 두개의 이쪽 부분은 둥근 모양을 하고 다른 쪽은 넓고 평평하다는 식으로 그의 작용이 가해진다는 것이다.

그러나 두개도 모든 뼈와 마찬가지로 그 자체가 유기체의 일부분으로서 거기에는 생명의 자기형성작용이 이루어진다고 봐야 하므로, 이런 점에서 보면 오히려 두개 쪽에서 뇌에 압력을 가하여 밖으로부터 제한을 가한다고도 할 수 있고 더욱이 두개 쪽이 뇌보다도 더 견고하므로 그런 능력도 더 세다고 할 수가 있다. 물론 그렇다 하더라도 뇌와 두개의 상호작용하는 양식에 어떤 변화가 생기는 것은 아니다. 두개 쪽이 관계의 주도권을 쥐건 아니건 간에 이것이 인과관계에는 아무런 변화도 가져오지 않기 때문이다. 다만 유의할 점은 두개가 자발적인 원인 제공자일 경우에는 뇌가 아닌 두개 쪽이 자기의식의 직접적인 기관으로 자리잡는다는 점에 차이가 있다고 하겠다.

하지만 더 나아가 독자적인 유기적 생명력이 뇌와 두개 모두에 동등하게 배분될 경우 여기서는 사실상 양자간의 인과관계는 소멸된다.[88] 즉 양자가 내면적인 연관에 의해서 동일하게 형성된다면 내면에 일종의 유기적인 예정조화가 성립되는 것이 되는데, 이렇게 되면 서로 관계하는 양면은 자유롭게 풀려나서 저마다 독자적인 형태를 이루는 가운데 그 어느 쪽도 상대방과 일치할 필요는 없게 된다. 형태와 성질 상호간의 관계에서는 이러한 현상이 더욱 두드러진다고 하겠는데, 이는 마치 포도알의 모양과 포도주의 맛이 서로 아무 관계가 없는 그런 경우와 같은 것이다.

---

88) 예정조화가 전제된 조건 아래 행해지는 상호작용에 관한 쪽으로 논의가 옮겨지고 있음을 나타낸다.

그러나 뇌 쪽에 독자존재라는 규정이 안겨지고 두개 쪽은 물체로서 그저 있는 것이므로 유기적인 통일성 안에는 또 역시[89] 인과관계가 성립된다고 할 수도 있다. 이렇게 해서 생겨난 것은 서로가 외적으로 맺어진 필연적인 관계로서, 말하자면 서로가 밖으로 드러나 보이는 관계에 따라 저마다의 형태가 결정되는 것이다.

그런데 자기의식의 기관인 뇌가 반대쪽에 있는 두개에 어떠한 인과작용을 가하는가에 대해서는 여러 가지 면에서 설왕설래할 수 있다. 왜냐하면 인과관계로 말하면 한낱 물체가 갖는 형태나 크기를 고찰하면 되겠지만, 여기서 문제가 되는 뇌의 내면적인 독자성은 직접 육안으로 보이는 존재라는 것과는 무관하기 때문이다.

첫째로, 두개의 유기적인 자기형성은 뇌에서 가해지는 기계적인 인과작용과는 무관하게 행해지며 또한 두개는 오직 스스로 자기와 관계하는 활동이라는 점에서, 이 자기형성과 뇌의 인과관계는 도무지 명확하게 밝히기가 힘들어진다. 둘째로, 뇌가 정신의 차이를 존재의 차이로 받아들이는가 하면 또한 뇌라는 내적 기관이 다양한 장소를 차지하는, 복잡한 구조를 지닌다고 한다면 이는 이치에 맞지 않는 해석이라고 하겠다. 왜냐하면 그럴 경우 이와 관련된 개념의 요소 하나하나마다에 상응한 존재를 부합시켜서 단일한 유동체인 유기적 생명을 순수히 한쪽 편에 놓고 다른 한쪽에는 유기적 생명이 온갖 부분으로 분지된 상태가 설정됨으로써 각 부분마다가 여기서 요구되는 특수한 해부학적 소재로서 명시될 수 있는 방안이 나와야만 할 것이기 때문이다.

결국 여기서는 뇌가 뒷받침되어 있는 각이한 정신적인 요소를 놓고 이것이 원천적으로 갖추고 있는 힘의 강약에 따라 팽창한 뇌기관이 되는지 수축된 뇌기관이 되는지가 분명하지 않다. 마찬가지로 정신의 발달 정도에 따라서 뇌라는 기관이 확대되는지 아니면 축소되는지, 또는

---

89) '또 역시'는 제2장「지각: 사물과 착각」에서 처음으로 등장했던 헤겔의 기초개념 가운데 하나이다.

그것이 불룩하고 둔탁한 것이 되는지 섬세한 것이 되는지도 분명하지가 않다.

이렇듯 원인이 어떠한 성질인지가 분명하지 않은 이상 그것이 두개에 미치는 작용, 즉 두개를 팽창시키는 것인지 수축시키고 통합하는 것인지도 분명하지 않다. 또한 이 작용이 외적인 자극보다도 더 값진 것으로 받아들여진다 하더라도 역시 그런 작용방식이 수포고(水泡膏)처럼 팽창한다는 것인지 아니면 식초처럼 수축된다는 것인지가 가려지지 않는다. 결국은 어떤 견해를 취하더라도 그럴싸한 이유를 내세울 수가 있게 되는데, 왜냐하면 이런 식으로 나타나는 유기적인 관계에 대해서는 어떤 해석이라도 가능할 것이고 엄연한 유기체의 관계란 그런 해석과는 아무런 관계도 없는 것이기 때문이다.

그러나 관찰하는 의식으로서는 뇌와 두개의 관계를 규명하는 일에 주된 관심을 쏟지는 않는다. 왜냐하면 여기서 한쪽 편에 자리잡고 있는 것은 동물학적인 의미의 뇌가 아니라 개인의 자기의식의 본거지로서의 뇌이기 때문이다. 개인의 두드러진 성격이나 활력적인 의식행위는 독자적으로 있는 자체 내 존재이다. 이 독자적인 자체 내 존재의 대극에 있는 것이 타자에 대해서 있는 현실의 존재이다. 이 독자적인 자체 내 존재가 본질이며 주체로서 뇌에 둥지를 틀고 뇌는 이 본질에 포섭된 채 바로 여기에 내재해 있는 본질에 힘입어서 가치 있는 것이 된다. 그런데 이렇듯 자기의식적인 개인의 또다른 측면, 즉 개인이 자립적인 주체적 사물과 같은 것으로 존재하는 측면은 뼈이다. 결국 인간의 현실과 존재라는 것은 그의 두개골에 있다. 이상 다루어진 것이 뇌를 관찰하는 의식에 받아들여지는 양극의 관계이며 그 의미이다.

이제 이 양극 사이의 관계를 면밀히 살펴봐야만 하겠다. 두개골은 일반적으로 정신이 있는 그대로의 현실을 드러내준다고 한다. 그러나 정신이 갖는 다면적인 요소와 마찬가지로 두개골에도 온갖 의미가 안겨 있으니, 여기서 밝혀내야 할 것은 두개골을 구성하고 있는 각 부분이 갖는 특정한 의미와 또한 두개골과 정신의 연관성이 과연 어떻게 풀이

될 수 있겠는가 하는 것이다.

두개골은 활동하는 기관도 아니려니와 또한 무언가를 시사하는 그런 운동을 하는 것도 아니다. 두개골을 가지고 절도나 살인을 저지를 수 있는 것도 아니며 또한 그런 행위를 한다 하더라도 두개골이 쭈그러들어서 무언가를 시사하는 듯한 모습을 띠거나 하는 것도 아니다. 게다가 두개골이라는 존재는 기호로서의 가치도 없다. 얼굴의 기색이나 몸짓, 목소리, 심지어 외딴 섬에 세워진 기둥이나 말뚝조차도 단지 거기에 직접 있다는 것말고도 뭔가 다른 사연이 그 이면에 숨겨져 있음을 말해준다. 그런 것들이 곧장 기호라는 이름으로 불리는 이유는 본래 그것과 직접 관련이 없는 어떤 다른 것을 시사해주는 듯한 그런 성질이 거기에 갖추어져 있기 때문이다.

물론 두개골의 경우도 햄릿이 요릭의 두개골을 앞에 놓고 그랬듯이[90] 거기서 온갖 상념을 떠올릴 수는 있지만 두개골 그 자체로는 아무 의미도 없이 그저 거기에 있는 것뿐이므로 직접 그것을 앞에 놓고 거기에서 어떤 다른 것을 보거나 생각할 수 있는 것은 아니다. 뇌나 뇌의 상태에 대해서, 또는 다른 모양의 두개골에 대해서 어떤 연상을 할 수는 있겠지만, 얼굴 기색이나 몸짓이 거기에 스며 있는 것도 아니고 의식적인 행위와 관련된 그 무언가를 나타내줄 만한 것이 거기에 각인되어 있는 것도 아니므로 의식적인 운동을 유발하는 일이라곤 없다. 왜냐하면 두개골이란 개인이 지니는 또다른 면이라고 할 자체 내로 복귀하는 면과는 무관하게 순수한 물체 그대로 거기 있는 측면을 나타내는 육체의 부분이기 때문이다.

이밖에도 또 두개가 뭔가를 느끼거나 하는 일은 없지만, 이런 정황을 세밀히 따져보면 일정한 감정이 그의 위치의 근접도에 따라서 두개와 관계가 있는 것으로 생각됨직도 하다. 만약 정신이 발동하는 양식이 두개골의 일정한 부위에서 감지된다고 한다면 바로 그 부위가 갖는 형태

---

90) 셰익스피어의 『햄릿』 제5막 1장.

가 정신의 활동양식과 특성을 시사하는 것이 된다.

예컨대 집중적으로 사유에 골몰하거나 아니 단지 생각한다는 것만으로도 머릿속 어딘가에 통증에 가까운 압박감을 느낀다고들 호소하는데, 그렇다면 역시 마찬가지로 도적질이나 살인이나 시작(詩作)의 경우에도 그때마다 독자적인 감정이 수반되면서 그 감정을 느끼는 특별한 부위가 어딘가에 정해져 있다고 생각해볼 만도 하다. 이렇게 되면 감정의 율동에 따라 꿈틀거리는 뇌의 일정 부위가 이에 근접해 있는 뼈의 일정 부분에 영향을 끼친다는 짐작도 할 만은 한데, 결국 뼈의 그런 부분은 공감(共感)하거나 동의하는 기분에 따라 확대되거나 축소되는 등 여러 가지 형태를 띤다고도 생각될 수 있다.

그러나 이런 가설은 받아들일 수가 없다. 그 이유는 도대체 감정이란 모호한 것으로서, 몸의 중심을 이루는 머리 부분에서의 감정은 온갖 정념이 뒤섞여 있는 일반적인 감정인데, 이를테면 도적이나 살인자나 시인의 어지럼증이나 두통에는 이와 유사한 또다른 경우의 어지럼증이나 두통도 혼재해 있어서 이들은 서로 구별되지도 않거니와 또한 한낱 육체적인 이유에서의 어지럼증이나 두통과도 구별되지 않기 때문이다. 이는 마치 순수하게 육체적인 의미의 두통을 놓고 이로부터 어떤 병인지 식별하기가 어려운 경우와도 흡사하다.

결국 이 문제를 어떤 측면에서 고찰하건 두개골과 정신 사이의 필연적인 관계나 자명하다고 할 만한 관계를 시사해주는 것이라곤 아무것도 없다. 그런데도 여기서 그 어떤 관계를 찾아내려고 한다면 어쩔 수 없이 남는 방법이라곤 양쪽에 각기 서로 대응하는 성질이 주어져 있어서 그것이 개념을 결한 채 나름대로의 예정조화를 이룬다는 정도가 되겠다. 그럴 수밖에 없는 것이, 한쪽의 극은 결국 정신을 결한, 단지 거기에 있는 사물에 지나지 않기 때문이다.

한편에는 고정된 두개의 부위가 여러 개 있고 다른 한편에는 심리상태에 따라 그 종류나 성질이 결정되는 정신의 여러 가지 특성이 있다. 이때 이 양면을 포괄하는 정신의 표상이 빈약하면 빈약할수록 정신에 의한 사태의 처리는 간단해진다. 즉 그런 상태에서라면 정신의 특성은 수적으로 한정되고 서로가 흩어진 채 굵은 뼈로 굳어져 있어서 두개와 비슷한 꼴이 되므로 비교하기도 쉬워지기 때문이다.

  그러나 아무리 정신의 표상이 빈약하여 난마같이 얽혀 있는 사태를 간결하게 한다고는 하지만 양쪽에 나타나는 요소의 수는 결코 적지 않을뿐더러 이들의 우연한 관계 전체가 관찰의 대상이 된다. 이스라엘의 자손들은 흔히 바닷가 온 곳에 널려 있는 모래알에 비유되곤 하는데,[91] 이들이 만약 저마다 자기를 지시하는 모래알을 집어내려고 한다면 정확히 그 한 알의 모래를 손에 넣을 수 있는 방법이라곤 다만 아무런 뜻도 없이 그저 손에 잡히는 것을 집어내는 수밖에 다른 도리가 없을 터이다. 이와 마찬가지로 인간이면 누구나 저마다가 지니고 있는 혼의 능력이나 정열 또는 그밖에 번잡한 심리학이나 인간학에서 자주 거론되는 성격상의 미묘한 부침에 꼭 들어맞는 두개의 부위나 뼈의 형태를 알아낸다는 것 역시 그런 정도로 황당한 노릇일 수밖에 없다.

  이를테면 살인자의 두개골에는 이것이, 즉 기관도 기호도 아닌 이 혹이 있다고 하자. 그러나 이 살인자는 그밖에도 여러 가지 성질을 갖고 있고 또다른 혹도 갖고 있으며 이 혹과 함께 또한 오목하게 파인 곳도 있을 터이니, 이럴 경우 혹과 오목하게 파인 곳 가운데 어느 쪽이 살인자의 것인가를 가려내지 않으면 안 된다. 그뿐 아니라 살인을 저지를 수 있는 기질은 혹과 오목하게 파인 곳 가운데 그 어느 쪽과도 관계지어질 수 있고, 또한 혹과 파인 곳 역시 살인자의 그 어떤 성격과도 관계지어질 수 있다. 왜냐하면 살인자는 살인자라는 추상체로서 존재하는 것만은 아니며, 또한 각별히 하나의 혹과 하나의 파인 곳만을 갖는 것은 아니기 때문이다. 따라서 이런 식의 관찰이란 마치 장이 서는 날 비를 만난 소매상이나 빨래할 때 비를 만난 주부의 관찰이나 다를 바 없다. 그야말로 상인이나 주부는 "이웃집 사람이 지나갈 때나 그가 돼지

---

91) 「창세기」 22: 17, 32: 12 등 참조.

고기를 구워 먹을 때면 언제나 비가 내린다"는 투의 말을 예사롭게 할 수도 있었던 것이다.

비가 온다는 것이 주변 상황과 아무 관계가 없듯이 관찰자에게서 정신의 바로 이 성질과 두개골의 이 형태는 서로 아무런 상관도 없다. 왜냐하면 관찰된 두개의 대상 가운데 한쪽은 뼈대가 있는 정신의 특성이라는 무미건조한 의식적 존재이고 다른 한쪽은 한낱 메마른 물건으로서의 존재이므로, 이렇듯 양쪽 모두 앙상한 뼈로 이루어져 있는 물건은 자기 이외의 어떤 것과도 전혀 관계가 없기 때문이다. 큰 혹이 달려 있다는 것이 그의 이웃에 살인자가 살고 있는가 아닌가 하는 것과 아무 상관도 없듯이, 살인자로서도 평평한 두개골을 가진 사람이 근처에 있는가 없는가 하는 것과는 아무 상관도 없는 일이다.

물론 어떤 성격이나 정열이 두개골의 일정 부위에 있는 혹과 결부될 수 있는 가능성은 여전히 남아 있다. 누구에게든 살인자를 두고 그의 두개골의 이 부위에 큰 혹이 있다거나 도적의 경우는 그와 다른 부위에 혹이 있다는 식으로 관계를 맺어보는 것은 자유이다. 이 방면에서는 두개론은 아직도 다분히 연구, 발전될 여지가 있다. 지금까지의 두개론은 어떤 혹이나 어떤 성질을 지닌 개인의 경우, 이 두 가지가 서로 결부되어 있다는 정도를 넘어서지 못하고 있으니 말이다.

그러나 풋내기 두개론마저도──풋내기 관상학이 있듯 풋내기 두개론도 있음직하므로──이런 한계를 넘어서 있다. 즉 풋내기 두개론은 교활한 사람은 주먹만한 혹이 귀 뒤편에 붙어 있다고만 하는 것이 아니라 부정한 아내는 그녀 자신이 아닌 남편 되는 사람의 이마에 혹이 달려 있다고까지 할 정도이다. 이런 식으로 생각을 넓혀나간다면 살인자와 동거하는 자나 그의 이웃 되는 사람, 심지어 그의 동료 시민까지도 두개골의 어느 부위엔가 큼직한 혹이 달려 있다고도 할 정도일 터이니, 이는 마치 "게가 당나귀 등에 타고 이 당나귀를 탄 게에게 소가 애무를 받고 질주했다"는 식의 얘기와 다를 바가 없다. 하지만 가능성이라는 말을 그저 짐작이 가는 대로의 가능성이 아닌 사태에 내재하는 가능성으로, 즉 개념적인 의미로 받아들인다면 두개란 그런 의미를 지닌 것도 아니려니와 도대체 그럴 수는 없는 순수한 물체이므로 거기에 어떤 의미를 안겨주기 위해서는 표상에 의존하는 수밖에 없다.

이처럼 정신과 두개라는 서로 무관한 두 개의 극을 앞에 놓고 관찰자는 여전히 이들의 관계를 규정하는 작업으로 임한다. 이때 한편으로는 "외면은 내면의 표현이다"라는 보편적인 이성의 소리에 힘이 북돋워지기도 하고 다른 한편으로는 동물의 두개에서 유추된 것을 길잡이로 하기도 한다. 물론 동물은 성격면에서 인간보다 단순하다고도 하지만 동물의 본성을 제대로 파악하기란 쉽지가 않아서, 결국 동물이 어떤 성격을 지니는가를 얘기한다는 것은 인간에 대해서보다도 더 어렵다고 할 수 있다. 그런데 이런 어려움을 무릅쓰면서도 관찰자는 자기가 발견한 것으로 생각되는 법칙을 확신하려는 나머지 누구나가 알아볼 수 있는 인간과 동물의 차이를 들먹이면서, 이로부터 특별한 도움을 얻어내려고 한다.

여기서 관찰자가 우선 착안하는 점은, 정신이라는 존재는 적어도 절대부동의, 불굴의 것은 아니라는 것이다. 인간은 자유이며, 따라서 본래대로의 인간 존재는 스스로의 힘으로 이러저러하게 변화할 수 있는 소질을 지닌 것뿐이어서, 그것이 계발되는 데는 그 나름의 유리한 조건이 필요하다는 것이다. 즉 정신의 근원적인 존재는 특정한 것으로 실재하지는 않는다는 것이 된다.

법칙으로서 확정지으려고 생각하는 사태와 관찰된 사실이 모순된다고 하자. 장날이나 빨래하는 날이면 종종 날씨가 좋았다고 해서 상인이나 주부가 본래는 비가 와야만 하고 또 그럴 수 있는 조건도 마련되어 있었는데 하고 둘러대는 것과 마찬가지로 두개골의 관찰자는 두개골의 법칙에 따르는 것이 본래 개인이 간직하고 있는 성향으로서, 애초에 개인은 마땅히 그럴 수 있는 근원적인 소질을 지녔으면서도 다만 그것이 제대로 계발되지 않았다는 것이다. 말하자면 두개골에 뿌리를 두고 있는 것으로 여겨지는 성질은 실제로는 존재하지 않지만 그것은 마땅히 존재했어야만 한다고 하는 셈이다.

  법칙이나 당위는 실제로 비가 내리는 것을 관찰한다거나 두개의 형태가 당사자의 실제 기질과 결부되어 있음을 관찰하는 데 근거해 있지만 그러한 현실이 목전에 드러나지 않을 때는 공허한 가능성으로 현실을 대신하게 된다. 결국 확립된 법칙이 비현실적인 가능성으로 그치면서 그와 모순되는 사실이 관찰되는 그런 사태가 야기되는 이유는 자유로운 개인이나 수시로 변화, 발전하는 주변 상황이 법칙에 짜맞춰진 존재 일반과, 즉 근원적인 의미에서의 정신의 내면이나 밖으로 드러나 있는 뼈의 존재하는 모습과는 전혀 무관할 뿐만 아니라 더욱이 개인이라는 내면에 깃들어 있는 본래의 모습이나 하물며 뼈의 형태와는 별개의 것이 될 수 있기 때문이라는 것이다.

  이제 우리가 얘기할 수 있는 것은 두개골의 이 혹이나 이 파인 곳은 뭔가 현실적인 것을 가리킬 수도 있지만 또한 한낱 소질에 지나지 않는 것, 그것도 더욱이 막연히 뭔가가 될 수 있는 정도의 소질을 나타내는 것으로서 결국 비현실적인 뭔가를 나타내는 것일 수도 있다는 것이다. 자칫 서둘러 둘러대는 구실이라는 것은 언제나 그러하듯 감싸고 넘어가야 할 것을 오히려 망쳐놓는 결과를 빚게 되고 만다. 즉 나름대로 생각하고 있던 것을 입 밖에 내는 사이에 어느덧 사태가 흘러가는 것을 아는 둥 마는 둥, 결국은 본래 마음먹고 있던 것과 반대되는 말을 하고 마는 것이다. 구태여 말한다면 뼈가 뭔가를 암시하는 경우는 있지만 동시에 아무것도 말해주는 것이 없을 수도 있다는 것이다.

  그러한 말투를 늘어놓는 사람의 뇌리에 떠오르는 것은 도대체 있는 그대로의 것은 정신의 진리일 수 없다고 하는, 오히려 그 사람 자신의 생각을 말살해버리는 것 같은 진실한 사상이다. 마치 소질이라는 것이 정신의 활동과는 전혀 무관한 근원적인 존재이듯이 뼈는 또 그것대로 정신의 활동과는 무관한 존재이다. 정신적 활동을 결한 존재란 의식과 대치되는 사물과 같은 것이어서 그런 것이 의식의 본질을 나타낼 수는 없으며 오히려 의식의 본질은 그와는 정반대되는 것이다. 그러한 존재를 부정하고 말살함으로써 비로소 의식은 현실적이 된다. 이런 점에서 뼈를 가지고 의식이 현실로 존재하는 것이라고 내세우는 것은 이성을 전적으로 부인하는 것이라고 해야만 한다.

어쨌든 함부로 그런 말을 하게 되는 이유는 뼈는 정신의 외면에 해당하는데 이 외면이 곧 현실의 모습이라는 생각을 하기 때문이다. 외면은 그와는 별개의 내면으로 추론해나갈 수 있는 단서가 되는 것뿐이어서 결코 외면은 내면 그 자체가 아니라 내면의 표현에 지나지 않는다고 얘기한들, 이로써 문제를 제대로 파악하는 데 별 도움이 되지도 않는다. 왜냐하면 양자의 관계를 놓고 볼 때 내면에는 현실로 사유하는 관념적 토대가 자리잡고 있고 그 반대되는 외면에는 존재하는 그대로의 현실이 자리잡고 있기 때문이다.

따라서 만약 어떤 사람에게 "너의 두개골은 이렇게 생겼으므로 너라는 인간(너의 내면)은 이런 사람이다"라고 한다면 이는 곧 두개골이 너라는 인간의 실상을 그대로 보여주는 것이라고 말하는 것과 다름없다. 관상학에서 그런 판단을 하게 되면 뺨을 후려치는 것으로 응수할 수밖에 없다는 얘기를 했지만, 그것은 관상학이 떨치는 위세나 지위를 허물기 위하여 단지 부드러운 안면에 가격을 했을 뿐이고, 그렇게 내려친 안면이 정신의 본체도 그리고 정신의 실상도 아니라는 점을 보여준 것일 뿐이다. 그러나 사실 여기서는 그런 방식으로 응수하는 데 그칠 것이 아니라 상대방의 뇌를 박살낼 정도의 타격을 가함으로써 뼈라는 것이 인간에게 그 자체로는 아무런 의미도 없고, 하물며 그것이 인간의 실상을 진실로 나타내주는 것은 아니라는 사실을 바로 그 당사자의 지능에 어울릴 정도로나마 받아들이게 하는 길밖에 없다.

자기의식을 지닌 이성이 본능대로의 처신을 한다면 두개론 따위는 서슴없이 내던져버릴 것이다. 두개론이 그 나름대로 관찰에 주력하는 또다른 이성본능에 의거하여 인식의 예감이 명하는 대로 "외면은 내면의 표현이다"라는 사려 없는 생각을 내놓는다 하더라도 말이다. 그런데 실은 변변치 않은 열악한 사고일수록 더욱더 무엇이 잘못된 것인지 알 수 없게 되면서 내면과 외면의 관계를 제대로 분별해내기가 힘들어진다. 왜냐하면 열악한 사고는 자기가 본질이라고 생각하는 것을 순수하고 공허한 추상체로서 파악하려 하면 할수록 더욱더 열악해지게 마련이기 때문이다.

그러나 이 두개론에서 문제가 되고 있는 대립은 양쪽 편에 자기의식을 지닌 개인과 전적으로 사물화해버린 추상적인 외형이 자리잡은 형상을 하고 있어서 이때 정신의 내면적 존재인 개인은 고정화된 몰정신적인 존재이면서 동시에 고정화된 사물에 대립해 있다. 여기서 관찰하는 이성은 실제로 그의 정점[92]에 도달해 있는 듯이 보이지만, 오히려 이때 관찰하는 이성은 이 지점에서 탈피하여 일대반전을 이루어야만 한다. 왜냐하면 더할 나위 없이 열악한 상태에 이르렀을 때야말로 방향 전환을 할 수 있는 더없는 호기(好機)이기 때문이다.

유대 민족[93]에 대하여 말하기를, 바로 구제받을 수 있는 문턱에까지 다다라 있음으로 하여 신으로부터 가장 저주받은 민족이 되어 지금에 이르렀다고 하는데, 실제로 유대 민족은 그 자신이 절대적으로 간직해야만 할 자기의 본질을 자각하지 못하고 이를 다다를 수 없는 피안에 두어버렸다. 다만 이러한 외화를 거쳐서 그의 대상을 다시금 자체 내로 되돌려올 수 있다면 그저 주어진 대로의 일상생활에 안주하는 경우에 비해 한층 더 고차적인 생활을 영위할 수 있을 것이다. 실로 정신은 그가 겪는 대립이 크면 클수록 자체 내로 복귀했을 때 그의 존재는 그만큼 더 커지게 마련이기 때문이다.[94]

---

92) 이 단계에서 정점에 도달했다는 사실이 제8장 「절대지」에서 중요한 의미를 지니게 되는 이유이다.
93) 유대 민족에 관해서는 청년시기의 수기인 「유대교의 정신」(Der Geist des Judentums)과 「체계단편」에서, 그리고 정치논문집 가운데 「독일헌법론」(Die Verfassung Deutschlands, 1800~1802)과 『역사철학 강의』 등 여러 곳에 언급되어 있다.
94) 이와 동일한 취지의 글이 『차이 논문』에도 실려 있다. "고정되어 있는 대립을 지양하는 것이야말로 이성의 유일한 관심사이다. 이때 이성의 관심사라는 것은 이

그러나 정신이 그러한 대립을 조성하기 위해서는 자기가 처해 있는 안일한 통일을 뿌리치고 자기 위주의 일상생활을 단념해야만 한다. 이런 가운데서도 또 그러한 의식이 자체 내로 복귀하지 않는 한, 어중간한 위치에 있는 대립의 상태는 불행한 공허함에 그칠 뿐이고 이 공허함을 충만시켜야만 하는 것이 양극으로 고정된 채로 있을 뿐이다. 관찰하는 이성이 다다른 최종 단계도 이에 버금가는 최악의 상태라고 하겠으니, 그럴수록 이 단계에서의 방향전환은 필요하다고도 하겠다.

이제 지금까지 관찰의 대상과 내용이 되어온 일련의 관계를 개괄적으로 살펴보면 첫째, 무기물의 관계를 관찰하는 단계에서 이미 감각적인 존재는 시야에서 사라져버렸음을 알 수 있다. 관계를 만들어내는 요소는 순수한 추상체나 단순한 개념으로 표현되고 본래는 사물의 존재와 고착되어 있어야만 했던 것이 사물이 사라져버린 탓에 순수한 운동 또는 보편적인 요소로 드러나기에 이르렀다. 이 자기완결된 자유로운 과정은 당연히 대상 속에 있는 것으로 간주되어야 하지만 의식에 대해서는 일자[95]로서 등장할 뿐이다.

그런데 일자라는 것은 무기물의 과정에서는 내면에 존재하는 일이 없고 어디까지나 유기물로서 존재할 수밖에 없다. 일자란 독자존재 또는 부정적 본질로서 보편자와 대립하여 보편자를 벗어난 독자적이고 자유로운 존재를 유지한다. 이와 같이 절대적인 개별화의 터전 위에서만 실현될 수 있는 개념은 유기체에서는 보편자로서 거기에 있다고 하는 참다운 표현에 다다르지 못한 채 유기체의 외면이나 내면, 그 어느 쪽이건 마찬가지 상태에 머물러 있을 수밖에 없다.

유기적인 과정은 본래 자유롭기는 하지만 그러한 자유가 유기체에게 자각되어 있는 것은 아니다. 유기체의 자유는 목적 속에서 자각되지만,

---

성이 대립이나 제한에 대립한다는 뜻을 갖는 것이 아니다. …… 그야말로 총체성이란 오직 극단적인 분열로부터의 재생을 통해서만 최고의 생명력을 지니는 것이기 때문이다"(『차이 논문』, 한국어판, 24쪽 참조).
95) 여기서 일자는 재생작용을 하는 유(類)를 뜻한다.

그것은 유기체와는 별개의 존재, 즉 유기체의 외부에 있는 자각적인 지혜[96]로서 존재한다. 이제 관찰하는 이성은 이 지혜에, 즉 정신에, 다시 말하면 보편적인 요소로 존재하는 개념에, 또는 목적이라는 것을 자각한 목적에 눈길을 돌린다. 여기서 이성의 고유한 본질은 마침내 이성의 대상이 된다.

이성은 먼저 그의 본질의 순수성[97]으로 눈을 돌리지만 여기서 이성이 파악하는 것은 온갖 요소 속에서 움직이고 있는 존재로서의 대상이므로 이성에 의한 사유의 법칙은 불변적인 것과 불변적인 것의 관계를 나타낸다. 그러나 법칙의 내용은 단지 일시적인 것에 지나지 않으므로 전체로서 일자[98]를 이루는 자기의식 속으로 흘러들어가버린다. 이 일자라는 새로운 대상이 관찰하는 이성에게는 역시 존재하는 것으로 받아들여지므로 이 대상도 개별적이며 우연적인 자기의식이다.

따라서 관찰은 정신을 상정한 그런 테두리 안에서 행해지면서 의식이 있는 현실과 의식을 지니지 않은 현실의 우연한 관계 속을 감도는 것이 된다.[99] 이때 정신 그 자체만이 관계의 필연성을 걸머지고 있다. 그러므로 관찰은 정신과 간발의 차이에까지 다가가서 정신이 의욕하며 행위하는 실상과 이 역시 대상화되어 자체 내로 복귀하며 성찰하는 정신의 실상을 서로 비교하게 된다. 이렇게 해서 외면으로 나타난 것이 개인 자신이 직접 발하는 언어이기는 하지만, 동시에 기호로서의 이 언어는 외면적으로 지칭해야 할 내용과 관계를 갖지는 않을뿐더러 또한 마찬가지로 기호를 정립하는 내면적인 것도 기호와는 관계를 갖

---

[96] 칸트가 『판단력 비판』에서 '직관적 오성'이라고 칭한 것인데, 여기서는 자연을 외부로부터 관찰하는 주관을 말한다.
[97] 325쪽의 2) 순수한 상태에 있는 자기의식의 관찰과 외적 현실과 관계하는 자기의식의 관찰을 참조하라.
[98] 이때의 일자는 328쪽의 심리학적 법칙에서 논의된 자기 자신만의 존재, 즉 개체성의 원리를 뜻하며, 이런 점에서 행위하는 의식에 의해 수행되는 부정적 일자 또는 부정적 동일성(das negative Eins)에 해당한다.
[99] 본래적인 심리학이나 개체성의 법칙을 밝혀내는 데 주력하는 심리학의 경우.

지 않는다.[100]

이런 이유에서 언어에 휘둘림당한 관찰은 끝내 고정된 존재로 복귀하여 본질[101]이 지시하는 바에 따라서 기관도, 그리고 언어나 기호도 아닌 생명 없는 물건으로서의 외형이 곧 정신이 직접 밖으로 드러난 실상이라고 언명한다. 무기물의 관찰이 시작됐던 애당초부터 개념이 사물로서 존재한다는 것은 있을 수 없는 일이 되었는데도 지금의 이 마지막 형국에 이르러서는 정신의 실상이 사물의 모습을 띠게 되었으니, 역으로 표현하면 생명 없는 존재에 정신적인 의미를 부여하게 된 것이다. 이로써 관찰하는 의식은 일찍이 그의 개념이 말했던 바 그대로, 이성을 확신하는 것과 동시에 이성이 대상적인 현실로 나타나 있는 모습을 추구하는 것이라는 발언을 하기에 이르렀다.

그렇다고 두개골로 표상되는 정신이 사물이라는 식으로 얘기될 수 있는 듯이 생각되어서는 안 된다. 흔히 일컬어지는 유물론이란 지금의 이 사상과는 전혀 무관한 것으로서, 정신은 오히려 있는 그대로의 두개골과는 다른 것이다. 그러나 정신이 "존재한다"고 한다면 이는 "정신은 하나의 물건이다"[102]라고 하는 것이나 마찬가지이다. 정신에 관하여 "존재한다" 또는 "물건이다"라는 술어를 덧붙일 경우, 이 말의 참뜻은

---

100) 관상학을 지칭함.
101) 여기서 '본질'은 원어인 Begriff, 즉 개념을 번의한 것. 즉 이성이란 온갖 실재이다라는 확신이며, 또한 자아와 존재의 통일인 범주의 틀 안에서 성립되는 것이 관찰임을 말해준다.
102) 두개론이 제시하는 "정신은 물건이다" 또는 "자아는 물건이다"라는 명제는 정신 또는 자아를 물건·사물(ein Ding)로까지 격하시킨다는 점에서 유물론의 성격을 띠지만, 동시에 물건을 정신 또는 자아로 승화시킨다는 점에서는 관념론적인 기조 위에 있다. 여기에 서로 대립하는 두 개의 의미가 공존하는 이유는 이 명제가 긍정판단이면서 동시에 부정판단이기도 하고 긍정판단인 한에서 주어와 술어가 전적으로 동일화되는, 「서설」에서 논의했던 동일성 명제(Satz der Identität)인가 하면 또한 유물론과 관념론이 전혀 상반적이었던 경우와 마찬가지로 주어와 술어가 전적으로 대립해 있으면서도 또 양자는 동일성으로 귀착된다는 점에서 바로 사변 명제이기 때문이다. 이 사변 명제가 본문에서 논의된 무한판단(das unendliche Urteil)이다.

정신을 두개골과 동일시하는 것이다.

이런 점을 감안한다면 정신에 관하여 "정신이 있다"고 명확히 얘기되는, 그런 정확한 표현법이 발굴되었다는 것은 더없이 중요한 의미가 있다고 하겠다. 그러므로 여기서 유의할 점은 "정신이 있다" "정신은 존재를 갖는다" 또는 "하나의 물건이다" "개별적인 현실이다"는 등의 얘기를 할 경우, 물론 이것이 눈으로 보거나 손에 넣거나 만지작거리거나 하는 등으로까지 생각되는 것은 아니라 해도 어법상으로는 그런 뜻을 담고 있음에 틀림없다는 것이다. 따라서 지금 얘기되고 있는 진의를 제대로 표현하려면 "정신의 존재는 두개골이다"라고 해야만 하겠다.

그런데 이 결론에는 이중의 의미가 담겨 있으니, 하나는 지금까지 행해진 자기의식의 운동의 결과를 보충해주는 올바른 의미이다. 즉 불행한 자기의식은 스스로의 자립성을 방기하여 혼신의 힘을 다해 자기의 독자존재를 사물로 뒤바꿔놓으려는 것이었다. 따라서 자기의식은 의식으로, 즉 존재 또는 사물을 대상으로 하는 의식으로 되돌아가기에 이르렀다.

그러나 지금 이렇게 사물이라고 얘기되는 것은 실은 자기의식으로서, 곧 자아와 존재를 통일한 범주(die Einheit des Ich und des Seins, die Kategorie)이다. 의식의 대상이 바로 이렇게 규정될 때 의식은 이성을 지닌다.[103] 의식과 자기의식은 본래 그 자체가 이성이지만, 대상 스스로가 범주로 규정하게 되는 의식에 대해서만 이성을 지닌다고 할 수 있다. 그러면서도 아직은 이성을 갖는 것과 이성이 무엇인지를 아는 것과는 구별되어 있다.

존재와 자기와의 직접적 통일인 범주는 이 두 형식을 통과해야만 하는데, 관찰하는 의식은 존재라는 형식으로 나타나는 범주를 대상으로 하는 의식이다. 이 의식의 결론으로 도출되는 것은 무의식적인 확신으로 내세워졌던 것을 하나의 문장으로 표현한 것, 즉 이성의 개념에 합

---

103) '갖는다'(haben)에 대해서는 189쪽의 주 25 참조.

치되는 명제이다. 이 명제는 "자기가 사물이다"라는 무한판단(das unendliche Urteil)이며 결국 자기 자신을 지양하는 부정판단이다. 이제 이 결론을 통하여 범주가 자기를 초탈하는 대립의 운동이라는 것이 명확해진 셈이다.

의식에 대한 직접적인 존재의 형식을 띠고 있는 순수한 범주는 아직도 타자와 아무런 매개도 거치지 않은 채 다만 거기에 현존하는 대상이며 의식도 또한 대상과 전혀 매개되지 않은 상태에 있다. 여기에 "자기가 사물이다"라는 무한판단이 덧붙으면 직접적인 상태가 타자와 매개된 부정의 상태로 이행한다.

결국 눈앞에 있는 대상은 부정되어야 할 요소를 지닌 것으로 규정되고 의식은 자기를 의식하며 그와 대치하는 가운데, 이렇듯 존재의 형식을 띠고 관찰의 대상이 되어온 범주가 마침내 자각적으로 자기와 맞서는 그런 형식을 띤다. 의식은 더 이상 그 자신을 직접적으로 알아차리려는 것이 아니라 자기의 활동을 통해서 자기 자신을 창출하려고 한다. 관찰에서는 오직 사물만을 문제로 삼아왔던 의식이 마침내 그 자신을 행위의 목적으로 삼게 된 것이다.

앞의 결론이 갖는 또다른 의미는 이미 고찰된바 몰개념적인 관찰이 갖는 의미이다. 개념 없는 관찰에 매몰된 의식은 감각적인 사물로서 줄곧 의식의 대상이 되고 있는 두개를 놓고 거리낌없이 자기의식의 현실적인 모습이라고 언명하는 수밖에는 다른 도리가 없다. 이때 관찰자로서는 자기가 말하는 것을 명확히 깨닫고 있는 것도, 또한 자기가 정립해놓은 명제의 주어와 술어의 성질이나 이 양자의 관계를 제대로 파악하고 있는 것도 아니며 더욱이 자기해체를 가져오는 무한판단이나 개념으로서 그의 명제를 파악하고 있지도 않다. 그보다도 오히려 천성적인 정직함을 안고 있는 정신의 깊숙한 자기의식에 이끌려서 두개야말로 자기의식의 현실의 모습이라는 몰개념적인 벌거벗은 사상의 파렴치함을 감추려는 나머지 이 관찰하는 의식은 원인과 결과, 기호나 기관 등과 같은 아무 의미도 없는 온갖 관념을 혼합하여 이로부터 생겨나는 우여곡절 속에서 명제의 강도(强度)를 낮춘다는 식의 무사상(無思想)으로 치달으면서 자신의 치부를 덧칠해놓는다.

뇌섬유 등이 정신의 존재로 간주된다는 것은 그 자체가 한낱 가설에 지나지 않으며 실제로 그것은 있지도 않고 만지거나 볼 수도 없는 허황된 존재이다. 만약 그것이 실제로 존재하고 눈에 보이는 것이라 하더라도 이는 생명 없는 대상에 그칠 뿐이므로 결코 정신의 존재로 받아들여지지는 않는다. 그러나 대상이라는 것은 본래 직접 존재하는 감각적인 것일진대, 결국 정신은 두개라는 이 생명 없는 대상 속에—왜냐하면 뼈는 생명체에 주어져 있는 생명 없는 존재이므로—현실로 존재하는 것으로 여겨진다.

두개론에 바탕을 둔 이러한 생각의 핵심은 이성은 온갖 사물에 팽배해 있어서 순수하게 대상적인 것도 다름아닌 이성이라는 데 있다. 그러나 이성이 그러하다는 것은 개념에 의해서만 파악될 수 있는 것이므로 오직 개념만이 이성의 진리를 담아낼 수 있는 것이다. 그리하여 개념의 내용이 개념에까지 이르지 못한 채 표상의 단계에 머물러 있는 한, 개념이 순수하면 순수할수록 여기에 뒤따라다니는 표상은 터무니없는 것으로 전락하고 만다. "자기가 사물이다"라는 자기를 부정하고 지양하며 판단이 거기에 담겨 있는 무한성을 의식하지 않은 채 틀에 박힌 명제로서 상정하게 될 때 주어와 술어는 각기 독립된 존재로 간주되면서 자기는 자기, 사물은 사물로 고정되어 이쪽저쪽 모두가 그것이 그것이라는 투로 받아들여질 터이니, 개념은 어처구니없는 표상으로 전락해버릴 것이다.

그의 본질을 개념에 두고 있는 이성은 곧바로 자기 자신과 자기의 대립물로 분열되면서도 더욱이 이 대립은 다시금 지체 없이 극복된다. 그러나 자기 자신과 자기의 대립물이 분열되어 서로가 뿔뿔이 갈라진 채 개별적인 요소로 고정되어버리면 이성의 파악양식이 비이성적이 된다. 또한 이 경우에 대립적인 요소가 순화되면 될수록 대립되는 두 내용의 모습은 더욱더 예각을 드러내면서 한쪽은 의식에 대하여 존재하는 데 그치는 사물이 되고 다른 한쪽은 의식에 의하여 아무런 분별 없이 언명되는 데 지나지 않는 자기가 되어버린다.

이렇듯 정신이 그의 깊숙한 내면에 이르고자 하면서도 다만 표상적인 의식에 머물러 있는 상태와 또한 표상에 매몰된 의식이 그 스스로 말하는 바가 무엇인가를 이해하지도 못하는 그런 상태가 공존한다는 것은 실로 높은 것과 낮은 것과의 결합이라고나 하겠다. 이는 마치 그의 본성상 최고도로 완성된 생식기관과 방뇨기관이 격의 없이 연결되어 있는 생물체의 모습과 좋은 대조를 이룬다. 결국 무한의 힘을 지닌 무한판단이 생명의 자기파악의 완성을 뜻한다고 한다면, 표상에 매몰되어 있는 의식은 방뇨작용과 맞먹는 의식인 셈이다.

2. 이성적인 자기의식의 자기실현

자기의식은 사물이 자기이고 자기가 사물이라는 것을 알아차리게 되었으니,[104] 이는 자기가 본래(an sich) 대상적인 현실이라는 것을 의식이 자각(für es)하게 되었음을 뜻한다. 의식은 더 이상 그 자신이 온갖 실재이다라는 직접적인 확신에 그치지 않고, 직접적인 존재는 지양되어야만 하고 이것이 대상으로 나타나 있는 것은 표면적인 것에 지나지 않으며 그 내면의 본질이 곧 자기 자신[105]임을 확신하게 된 것이다.

따라서 의식이 적극적으로 관계하는 대상은 자기의식[106]이다. 이것은 사물의 형식을 띤 자립적인 존재이지만 의식은 이 자립적인 대상이

---

104) 여기서 '자기의식'이란 이를테면 "정신은 하나의 물건이다"라는 무한판단 또는 동일성 명제가 성립되는 경우의 자기의식이다.
105) 대상을 자기의식이라고 한 것은 예컨대 자아와 욕망의 문제에서처럼 "자기의식은 그의 만족을 오직 다른 자기의식에게서만 획득할 뿐"이기 때문이다.
106) 예컨대 378쪽의 쾌락에서나 384쪽의 마음의 법칙에서도 대상은 본질적으로 타인이다.

자기와 이질적인 것은 아니라는 것을 확신하고 있다. 의식은 또한 자기가 본래 이 대상에 의해서 인정되어 있다[107]는 것을 알고 있으니, 이때 의식은 곧 정신이다. 즉 자기의식이 이중화하여 양자가 각기 자립성을 띠는 가운데 자기의식의 통일을 확신하는 그러한 정신[108]이다. 이 확신이 이제 와서는 진리로 고양되어야만 하는바, 즉 자기의식이 본래 내적으로 확신하고 있던 것이 의식 속으로 들어와 명확하게 자각되어야만 하는 것이다.

이러한 자기실현의 전반적인 도정이 어떤 경로를 거치는가는 지금까지 의식이 경험해온 길목을 되돌아보면 이미 그 윤곽이 드러난다. 말하자면 관찰하는 이성이 범주[109]의 차원에서 제1부 「의식」에서의 운동을, 즉 감각적 확신과 지각 그리고 오성의 운동을 되풀이해나갔듯이 자기실현을 향해 가는 이성은 제2부 「자기의식」에서의 이중운동을 다시 한 번 되풀이함으로써 자립적인 상태로부터 자유로운 상태[110]로 이행해간다. 이 활동하는 이성은 애초에는 자기를 단지 하나의 개인으로 의식하고 일개인으로서의 자기의 현실적인 모습이 타자 속에서도 발현되기를 요구할 수밖에 없었다. 그렇지만 마침내 이 의식이 보편정신으로 고양되면서 보편적인 이성이 되어 자기를 곧 이성으로서, 즉 그의 순수한 의식 속에 일체의 자기의식을 통합하다시피 하는 절대적 인정을 쟁취한 존재로서 의식하기에 이른다.

---

107) 자기의식은 본질적으로 자기의 상실과, 이럼으로써 오히려 타자의 지양·극복이라는 이중적인 의미에서의 이중의 자기복귀를 가능하게 하는 '인정관계' 속에 있다는 데 대해서는 이 책의 220쪽 이하 참조.
108) 의식이 정신의 개념이며 본질로서의 자기의식에 이르러 마침내 감각적인 차안의 세계와 초감각적인 피안에 갇혀 있는 세계로부터 현재의 대낮으로 들어서게 될 때의 그 정신을 말한다.
109) 범주에 대해서는 272쪽의 주 16 참조. 자아이면서 존재이고 존재이면서 자아인 다름아닌 범주를 존재의 면에서 성립시키는 것이 관찰하는 이성이다. 이때 A. 관찰하는 이성에서 기술은 감각에, 징표는 지각에 그리고 법칙은 오성에 해당한다.
110) 제4장에서 자기의식의 자립성과 자유가 각각 제5장의 2. 이성적인 자기의식의 자기실현과 3. 절대적인 실재성을 획득한 개인에 해당한다.

보편정신이란 단일한 정신적 존재로서, 이것이 의식에 안겨 있는 것이 현실적인 실체로서의 공동체이다. 그런데 앞서간 의식의 형태는 자기의 토대를 이루는 이 보편정신으로 복귀하는 까닭에 그 갖가지 형태는 보편정신의 생성과정에서 생겨난 개별적인 요소에 지나지 않는다. 물론 갖가지 형태는 토대에서 유리된 채 저마다 독자적인 형태를 띠고 나타나긴 하지만, 실은 그것이 토대에 의해서 뒷받침될 때라야만 비로소 현실성을 띤 존재가 되고 또한 그 속에 뿌리를 내리는 한에서만 진리를 간직하게 마련이다.

연구자로서의 우리에게는 이미 개념으로 나타나 있는 이 목표, 즉 타자의 자유로운 자기의식 속에서 자기를 확신하고 거기서 자기의 진리를 발견하는 그런 인정된 자기의식(das anerkannte Selbstbewuβtsein)을 실재하는 것으로 받아들임으로써 아직껏 내면에 잠겨 있는 정신을 일상생활에 뿌리내린 실체로서 떠올리게 될 때 이성의 개념은 인륜의 왕국으로서 꽃을 피운다고 할 수 있다. 왜냐하면 인륜의 왕국이란 개개인의 자립적인 현실생활 속에서 그의 본질이 절대적인 정신적 통일을 유지하며 나타나는 것이기 때문이다.

여기서는 본원적으로 보편적인 자기의식이 타자의 의식 속에서 자기가 현실적임을 몸소 알아차림으로써 이 타자의 의식이 사물과 같은 완전한 자립성을 띠며, 더욱이 이 의식과의 연관 속에서 자기의식이 상대방과의 통일을 의식하는 가운데 이렇듯 맞서 있는 대상적 실재와의 통일 속에서 비로소 자기의식일 수가 있게 된다. 이러한 인륜적 실체를 추상적이고 보편적으로 나타낸 것이 사유의 산물인 법률이다. 그러나 또한 인륜적 실체는 직접 현실을 살아가는 자기의식 속에도 스며들어 있으니, 이것이 관습[111]이라고 불리는 것이다. 반대로 개인의 의식이 인륜세계에 하나의 인간으로서 존재하기 위해서는 자기 안에 있는 보

---

111) 373쪽에 나오는 피타고라스 학파의 "인간의 지혜와 덕성은 자기 민족의 관습대로 살아가는 데에 있다"는 격언 참조.

편적 의식이 자기의 것임을 자각하는 가운데 개인의 행위나 생활이 보편적인 관습을 벗어나지 않아야만 한다.

자기의식적인 이성의 실현이란 타자의 자립성을 인정하고 이 타자와의 완전한 통일을 실감하는 것, 또는 나에게 부정적인 힘을 지닌 타자의 자유로운 존재를 눈앞의 사물로 받아들이면서 이를 나의 독자존재로서 대상화하는 데 있으니 이러한 개념을 완벽하게 실현한 것이 민족[112]의 생활이다. 온 곳에 팽배해 있는 유동적인 보편적 실체로서의 이성은 불변의 단일물로 존재하면서 동시에 완전히 자립적인 수많은 존재로 분화해나가는데, 이는 마치 한 줄기의 빛이 무수히 많은 독립된 광점(光點)을 이루는 별로 분열되어가는 것과도 흡사하다.

이렇듯 절대적인 독자성을 띤 무수히 많은 점으로서의 개인은 각자마다가 단일하고 독자적인 실체 속으로 용해되는 가운데 동시에 자기를 보존해나가는 존재로서 살아가고 있다. 개개인은 스스로의 개별성을 희생하여 보편적 실체인 공동체 정신을 자기의 혼이며 본질로 삼는 가운데 개별자로서의 독자적인 삶을 영위할 수 있다는 것을 의식하고 있다. 그러나 또 한편으로 이 공동의 세계는 개개인의 행위를 통해서 성립되는 것이며 개개인에 의해서 이루어진 작업의 결과이다.

개인의 순수히 개별화된 행위나 작업은 저마다가 육신을 지닌 자연존재로서의 개인의 욕망과 관계되어 있다. 그러나 이 개인의 욕망[113] 충족이라는 가장 비속(卑俗)한 기능이 탈없이 실현되기 위해서는 공동체를 유지하는 매체로서의 민족 전체의 힘이 뒷받침되어야만 한다. 개인의 행위를 존립하게 하는 형식으로는 공동체가 필요한 것만이 아니

---

112) 여기서 민족·민중을 뜻하는 ein Volk는 폴리스(Polis) 제도 아래 자유로운 삶을 누리던 그리스인을 가리킨다.
113) 원어로 Bedürfnisse인 욕구는 욕망(Begierde)이라는 표현과 혼용되기도 한다. 하지만 후자가 개인적인 데 중점이 두어져 있다면 전자는 사회생활에서 표출되는 욕망, 즉 수요를 뜻한다. 『법철학』 §188 욕구의 체계(System der Bedürfnisse) 참조.

라 행위의 내용마저도 공동체에 의해서 부여된다. 즉 개인이 행하는 것은 만인에게 공통된 기능과 습관에 기초한 그러한 행위이다.

행위하는 내용은 산산이 개별화되어 있어도 행위가 이루어지는 실상을 보면 그의 내용이 만인의 행위와 한데 얽혀들어 있다. 자기의 욕망을 채우기 위한 개인의 노동은 자기 자신의 욕망을 충족시키는 것 못지않게 타자의 욕망을 충족시키는 것이고 또한 자기의 욕망도 타자의 노동을 통해서만 비로소 성취되는 것이다. 개인은 자기의 개별적인 노동을 행하는 가운데 이미 무의식적으로 공동의 노동을 수행하고 또 공동의 노동을 자기의 의식적인 대상으로 하여 수행한다. 이렇듯 전체는 어디까지나 전체로 이루어진 개인의 작품으로서, 이를 위하여 개인은 자기를 희생하며 동시에 바로 이 자기희생을 통하여 오히려 자기 자신을 되돌려오는 것이다.

여기에는 그 어떤 것도 교호적[114]이 아닌 것이라곤 없으니, 즉 개인으로서는 자기의 독자성이 해체되고 자기가 부정되는 듯이 보이면서도 그 이면에는 반드시 개인의 자립화라는 적극적인 의미가 담겨 있다. 타인을 위하여 자기를 물화(物化)한다는 것과 자기의 독자성을 지킨다는 양면 사이의 이러한 통일이야말로 공동체 정신의 활동이며, 이를 보편적인 언어로 표현한 것이 바로 민족의 관습이며 법률이다.

그러나 불변적인 것으로 정착되다시피 한 관습이나 법률이란 실은 그와 대립하는 듯이 보이는 개개인의 표현 이외에 다른 어떤 것도 아니다. 법률은 개개인이 생활하며 행위하는 것의 내용을 언표하지만 개인은 그것을 자기에 대상화되어 있는 공동의 산물로 인식하는 것 못지않게 또한 법률 속에서 자기를 보며, 바로 이 법률이 자기 자신의 개성이나 자기와 이웃하고 있는 시민 개개인 속에 나름대로 살아 있음을 보는 것이다.

그리하여 누구나 각자가 보편정신을 안고 자기 자신을 확신하는 가

---

114) 교호성 또는 상호성에 대해서는 특히 제4장에서 주인과 노예 사이에 주고받는 인정 또는 상호인정(ein gegenseitiges Anerkennen) 개념의 실현 부분 참조.

운데 이제 그 자신이 몸담고 있는 현실 속에 있는 것은 자기 이외의 다른 어떤 것도 아니라는 확신을 갖는다. 그런데 여기서 그는 자기의 존재를 확신하는 것 못지않게 또한 타인의 존재도 확신한다. 그 어디를 둘러봐도 모든 인간이 나와 마찬가지로 스스로를 자각하며 자립적인 생활을 영위하고 있다. 나는 모든 사람이 타자와 자유로운 통일을 이루고 있음을 직관하며, 더 나아가서는 이로써 만인이 나를 포함한 타인의 힘에 의해서 살아가고 있음을 알게 된다. 만인이 나이며, 내가 만인인 것이다(Sie als Mich, Mich als Sie).

따라서 자유로운 민족 속에는 이성이 참으로 실현되어 있다. 이성이 현재에 살아 있는 정신이 됨으로써 개인은 자기의 본분을, 즉 자기의 보편적인 면과 개별적인 면을 분명히 언표하며 이를 실체로서 목전에 두고 있을 뿐 아니라 실제로 그러한 생활을 영위하면서 자기의 본분을 다하고도 있는 것이다. 그래서 고대의 으뜸가는 현자들은 "인간의 지혜와 덕성은 자기 민족의 관습대로 살아가는 데에 있다"고 하였던 것이다.

그러나 단지 직접 주어진 대로의 삶을 영위하는 것이 정신의 개념에 합치된다고 여기는 그런 자기의식은 자기의 본분을 달성하고 그 바탕위에서 살아간다는 행복의 상태를 이탈하였거나 아니면 이 행복한 상태에 아직 도달해 있지 않다. 여기서는 어떤 방식으로 표현해도 무방하다.

이성은 이 행복한 상태를 벗어나야만 한다. 왜냐하면 자유로운 민족의 생활은 본래 있는 그대로의 현실적인 인륜성을 바탕으로 그 토대 위에 존재하는 세계이므로 이런 상태에서라면 보편정신은 개별적인 정신으로 존재하는 데 지나지 않기 때문이다.[115] 관습이나 법률 전체가 명확한 인륜적 실체로 나타나기 위해서는 좀더 고차적인 단계에 이르러

---

115) 그리스적 인륜세계의 기본적인 한계는 정신이 아직 자연적인 직접적 상태를 탈피하지 못한 데 있다. 즉 여기서 인륜성은 보편과 개별의 통일을 뜻하기는 하지만, 이때 개별자란 국가나 가족의 일원일 뿐 그리스 민족 자체를 뜻하지는 않는다. 따라서 아무리 참다운 개별과 보편의 통일을 얘기하더라도 이는 자연적인 조건에 의존한 것일 수밖에 없다.

서 인륜적 실체의 본질이 의식되고[116] 그의 한계가 극복되어야 하는데, 실로 인륜적인 실체가 단지 있다는 것만이 아니라 그의 참모습이 인식될 때라야만 비로소 그것은 절대적 진리가 되는 것이다. 단지 있다는 것으로만 그치는 인륜적 실체는 한정된 의미를 띨 수밖에 없거니와 그의 절대적인 한계는 바로 정신이 존재의 형식을 띤다는 데 있다.

더 나아가 인륜성이 살아 있는 민족의 일원으로서 일상생활을 영위하는 개별 의식은 실체에 대한 확고한 신뢰감을 안고 있으므로, 그의 의식에서는 보편정신이 추상적인 요소로 분열되는 일도 없으려니와 의식 자체가 순수한 개별자로서 자기에만 집착하는 일도 없다. 그러나 당연한 귀결로서 순수한 개별 사상이 고개를 들기 시작하면 보편정신과의 직접적인 통일을 이루어 거기에 안주할 수 있다는 신뢰감은 사라져버린다. 여기서는 단독으로 고립되어 있는 자기만이 본질적인 존재일 뿐, 보편정신은 더 이상 그렇게 받아들여지지 않는다.

자기의식이 이렇듯 개별적인 모습을 띤다는 것은 물론 보편정신의 한 가닥 측면을 이루는 것이기는 하지만 전체로서 보면 극히 일부분을 이루는 것, 즉 나타났다 하면 곧 다시 사라져버리는 그런 것이어서 이는 다만 개별적인 자기에 대한 신뢰로서 의식되는 데 지나지 않는다. 그리하여 개별 의식이 신뢰할 만한 것으로 정착되어 개별자가 본질적인 존재의 한 요소로 자리잡을 경우에 그 각 요소마다가 본질적인 것으로 표현되는 것은 당연한 일이지만, 이때 개인은 법률이나 관습과 대립하는 위치에 놓이게 된다. 이럴 경우 법률이나 관습은 절대적 핵심이 결여된 사상이며 현실성을 결한 추상 이론에 그치지만, 반대로 이 나라는 개인이야말로 살아 있는 진리가 된다.

또 달리 말하면 자기의식은 인륜적 실체인 민족정신을 체현한다는 행복에 아직 도달해 있지 않다고도 할 수 있다. 왜냐하면 일단 관찰활

---

116) 『법철학』에서는 인륜성이 도덕성보다 높은 차원에 있지만 『정신현상학』의 경우 인륜성은 제6장의 1.에 속해 있음으로써 3.단계의 도덕성이 더 고차적인 위치에 있다. 따라서 "의식되고"라는 것은 도덕성(Moralität)에 의한 것임이 분명하다.

동으로부터 자체 내로 되돌아온 정신은 아직 정신으로서 자기를 실현하는 데는 이르지 않은 채 내면적인 추상적 존재에 머물러 있기 때문이다. 다시 말해서 정신은 단지 있는 그대로 존재할 뿐이며, 그렇듯 있는 그대로의 개별적 정신에 지나지 않는다. 그것은 개별자로서의 자기를 이중화하여 자기와 마주하고 있는 듯한 또 하나의 자기를 만들어낸 다음 자기와 대상 세계의 통일을 의식한다는 목적 아래 현존하는 세계[117]로 발돋움하려는 실천적인 의식이다.

의식은 자기와 대상 세계의 통일을 확신하고 있을 뿐 아니라 또한 이 통일은 본원적으로 이루어져 있어서 자기와 대상 세계의 일치는 이미 현존해 있는 것으로 알고 있긴 하지만, 그러면서도 이것을 자기 힘으로 성사시키고 또 이렇게 성사되는 가운데 이를 새로이 발견할 것을 다짐하고 있다. 이러한 통일이 행복이라고 불릴 수 있다는 점에서 개인은 이제 스스로의 행복을 누리기 위하여 자기의 정신에 의해 세계로 내몰리는 것이다.

결국 이성적인 자기의식의 진리는 연구자로서의 우리에게는 인륜적 실체라고 할 수 있다 하더라도 의식 그 자체에게는 인륜세계에 대한 경험은 갓 시작되었을 뿐이다. 의식이 아직 인륜의 실체에 다다르지 않았다는 면에서 본다면 이 의식의 운동은 인륜적 실체를 지향하는 운동이므로, 여기서는 뿔뿔이 흩어져 있는 개별적인 요소는 파기된다. 이들 요소는 거리낌없이 분출되는 의욕이나 자연 충동의 형식을 띠므로 일단 그것이 충족되고 나면 그것은 다시금 새로운 충동의 내용이 된다.

그러나 실체 속에 깃들어 있다[118]는 행복을 자기의식이 상실해버렸

---

117) 제5장에서 처음 등장하여 먼저 1.에서 관찰 대상이 되었던 '세계'는 2.의 '행위적 이성' 또는 '실천적 의식'과도 관계된다. 이 실천적 의식은 아직 세계에 대하여 부정적으로 대립해 있을 뿐이지만 3.의 단계를 거쳐서 이성과 세계와의 대립이 사라지고 제6장의 '정신'으로 이행하고 나면 예전에는 의식의 형태이던 것이 마침내 세계의 형태가 된다. 그러나 이미 행위적 이성의 단계에서도 '경험'은 세계경험이, 목적은 세계목적이 되어 있다.
118) 실체 속에 안겨 있다는 것은 실체에 대한 신뢰를 품는다는 것을 뜻한다.

다는 면에서 보면 이 자연 충동은 참다운 사명이나 본분에 해당하는 목적의식과 결부되어 있다. 그럴 수밖에 없는 것이 여기서 인륜적 실체는 자기를 결한 술어로 전락하여 생동하는 주어의 자리는 개개인이 차지하고 있으니, 여기서 개개인은 스스로의 힘으로 인륜적 실체를 충실하게 하면서 자발적으로 본분을 찾아나서야만 하는 것이다.

이렇게 보면 첫째, 개별 의식의 형태는 인륜적 실체를 성립시킨다는 면에서 실체에 선행한다. 그러나 두번째로 개별자의 활동형태가 인륜적 실체를 뒤따르면서 자기의식의 본분이 무엇인가를 자기의식에게 일러준다. 첫번째 경우에는 실체의 진리란 어떤 것인가를 경험하는 운동 속에서 적나라한 조야한 충동은 자취를 감추고 그의 내용은 고도로 승화되기에 이르지만, 두번째 경우에는 그러한 충동이 곧 자기의 본분이라고 여기는 의식의 잘못된 관념이 자취를 감춘다. 첫번째 경우에는 직접적인 인륜적 실체를 획득하는 데 목표가 두어진다. 하지만 두번째로는 그것을 의식하면서 더욱이 여기에 자기 핵심이 담겨 있다는 것을 아는 데 목표가 주어져 있으니, 이런 한에서 그의 운동은 첫번째 경우에서보다도 더 고차적인 형태의 도덕을 형성하게 된다.

그러면서도 이 개인의 활동형태는 도덕 생성의 일면을, 즉 의식이 자기의 목적을 파기하고 도덕성을 스스로 깨우쳐나가는 측면을 이룰 뿐이므로, 이는 인륜적 실체로부터 도덕성이 발현되는 면과는 관련이 없다. 도덕의 요소는 상실된 인륜성에 대립하여 목적으로 떠받들어지는 데까지는 이르지 않았으므로 그의 소박한 내용대로 타당시되면서 그가 추구하는 목표는 곧 인륜적 실체가 되는 것이다. 그러나 지금 우리 시대에는 인륜적인 생활을 상실한 의식이 이를 추구하며 도덕적인 경험을 되풀이해나가는 까닭에 도덕성이 자기와의 관계에서 나타나는 편이 좀더 가까이 와닿는 느낌을 주고, 또 도덕성의 표현도 그렇게 행해지는 것이 바람직할 것으로 여겨진다.

이제 겨우 정신의 개념에 다가서 있는 자기의식은 개별 정신이야말로 인륜성의 본질을 이룬다는 확신 아래 도덕의 세계를 구현하는 길로 나서는데, 그가 목적하는 바는 개별자로서의 자기실현을 꾀하고 그의 실현을 통하여 개별자로서 자기만족을 누리는 데 있다.

독자적 존재로서의 자기가 인륜성의 본질을 이룬다면 타자는 부정되지 않으면 안 된다. 따라서 의식 속에 나타나는 자기는 긍정적인 존재로서 분명히 존재는 하면서도 결코 본원적인 존재일 수는 없는 타자와 대립해 있다. 의식은 목전에 있는 현실과 바로 이 현실의 지양을 통하여 달성되고, 또 이 현실을 대신하는 현실로서 드러나게 될 목적으로 서로가 분열되어 있다.

하지만 의식의 최초의 목적은 직접적으로 존재하는 자기가 추상적으로 자립해 있는 상태에서 개별자로서의 자기를 타자 속에서 직관하고 타자의 자기의식을 자기로서 직관하는 데 있다. 이 목적의 진의를 알아차리게 되면서 자기의식은 좀더 높은 차원으로 올라서게 되며, 그의 목적도 이제는 보편적인 차원에서 법률을 직접 자기 것으로 체득하는 경지에 이른 목적이 된다.

그러나 마음속에 있는 법칙을 실현하는 데서 의식이 경험하는 것은 개별적 존재란 더 이상 유지될 수 없고 선(善)은 오직 개인을 희생함으로써만 비로소 구현될 수 있다는 것이니, 여기서 덕을 갖춘 의식이 형성되는 것이다. 마침내 덕의 의식이 경험하는 것은, 덕의 목적은 그 자체로서 이미 실현되어 있고 행복은 바로 행위 그 자체 내에서 발견되므로 행위야말로 곧 선이라는 사실이다.

이런 가운데 이성의 전 영역을 관통하는 개념이, 즉 사물의 세계가 곧 정신의 독자적인 존재에 다름아니라는 그의 본질이 이성의 운동 속에서 자기의식에게 자각된다. 이를 어렴풋이나마 알아차린 의식은 직접 자기가 뜻하는 바를 언표하는 개인의 입장에서 세계 내에 굳건히 자리잡은 채 건너편에 있는 현실에서 더 이상 아무런 저항도 느끼지 않으면서 오직 자기표현 그 자체를 대상이며 목적으로 하는 개인이 되어 있는 것이다.

1) 쾌락과 필연성

실재하는 세계에 형통해 있는 자기의식은 자기자신에게서 자기의 대상을 마련하지만, 그러나 이는 이제 겨우 의식이 깨우친 것일 뿐 아직 실재하는 대상이 되어 있는 것은 아니다. 여기서 존재는 자기의식이 생각하는 현실과는 다른 현실로 나타나 있으니, 이때 자기의식은 자기가 뜻한바 대상을 실현해냄으로써 자기를 현실과는 다른 자립적 존재로서 직관하려고 한다. 이 최초의 목적이란 다른 자기의식 속에서 개별 존재로서의 자기를 의식하는 것이며 또한 타자를 자기 자신으로 만드는 것이니, 여기서 자기의식은 이미 이 타자가 본래 자기 자신에 다름아니라는 것을 확신(die Gewiβheit, daβ an sich schon dies andre es selbst ist)하고 있다.

자기의식은 인륜적 실체나 평온한 사유의 세계에서 벗어나 독자적인 존재로 고양되는 가운데 관습이나 생활상의 법칙 그리고 관찰을 통한 지식이나 이론을 덧없이 사라져가는 회색빛 그림자와도 같이 뒷전으로 밀어내버린다. 왜냐하면 그러한 지(知)는 자기의식이 생각하는 독자성이나 현실과는 다른 별개의 독자성이나 현실을 내용으로 하는 지이기 때문이다. 이제 자기의식 속으로 파고드는 것은 개별적인 감각이나 쾌락은 잠재운 채 보편적인 지와 행위만을 챙겨나가려는 천상에 빛나는 성령이 아니라 개별 의식에 엉켜 있는 현실존재만을 참다운 현실로 여기는 대지의 영(靈)이다.

> 그것은 지성이나 학문을,
> 인간이 누리는 최고의 선물을 경멸하는도다.
> 악마에게 몸을 내맡긴 이상은
> 파멸로 다다를 수밖에 없느니라.
> ─ 괴테의 『파우스트』 중에서

이제 자기의식은 생의 한복판에 뛰어들어서 그가 걸치고 있는 순수한 개성을 활짝 꽃피우려고 한다. 행복을 얻기 위하여 머리를 짜내기보다는 당장에라도 행복을 움켜잡으며 이를 실컷 즐기려는 것이다. 자기와 자기의 현실 사이를 연결하는 유일한 굴레였던 학문·법칙·원리와 같은 그림자는 그 본모습이라곤 찾아볼 길 없는 뿌연 안개 속으로 사라져버린다. 자기의식은 주렁주렁 매달린 채 손짓하는 무르익은 열매를 낚아채기라도 하듯 생명을 움켜잡는다.

자기의식의 행위가 욕망의 행위라는 것은 단지 일면적인 진리에 지나지 않는다. 자기의식은 대상적 존재 전체를 말살해버리려는 것이 아니라 한낱 실체 없는 가상(假象)에 지나지 않는 타자존재와 그것이 지닌 자립성의 형식을 부정하려고 하는 것뿐이다. 그도 그럴 것이 여기서 타자존재란 본래 자기와 동일한 본질을 지닌, 아예 자기와 동일한 존재인 까닭이다. 욕망과 그의 대상이 서로 무관하게 자립적으로 대치하는 가운데서도 이를 존립하게 하는 것은 생명의 존재로서, 어차피 욕망을 만족시키기 위해서는 대상이 생명을 지니는 한 그의 생명을 파기하지 않을 수 없었다.

그러나 여기서 대치해 있는 양자를 저마다 현실존재이게끔 해주는 요소는 범주[119]로서의 존재, 즉 본질적으로 표상된 관념적 존재이다. 이렇게 대치해 있는 개인이 저마다 지니는 것은 그것이 본래 있는 그대로의 자연적인 의식인가 아니면 법칙의 체계로 다듬어진 의식인가 하는 차이는 있을지언정, 아무튼 그것은 자립성의 의식이다. 이때 타자의 자기의식이 곧 자기와 동일한 자기성(自己性)을 지니는 것으로 인식하고 있는 자기의식에서 양자의 분리는 본원적인 것이 아니다. 따라서 자기의식이 쾌락을 향유한다는 것은 자립적인 듯이 보이는 의식 속에서 자기를 실현하였음을 의식하는 것이며, 나아가서는 두 개의 자립적인 자기의식의 통일을 직관하는 것이다.

---

119) 앞에서 이미 범주는 자아와 존재의 통일로 규정되었다.

이렇듯 자기의식이 그의 목적을 달성하게 되면 바로 그 한가운데서 참으로 목적이란 무엇인지가 분명히 밝혀진다. 자기의식은 자기를 개별적인 독자존재로 파악하고 있지만, 목적을 실현한다는 것은 바로 개별자로서의 독자성을 파기하는 것이다. 왜냐하면 자기의식은 더 이상 '이 개별자'로서 대상이 되는 것이 아니라 오히려 자기와 다른 자기의식과의 통일이나 또는 개별자가 아닌 '보편자'로서의 자기가 대상이 되기 때문이다.

쾌락을 향유한다는 것은 물론 자기 자신이 자기의식으로서 대상화된다는 긍정적인 의미와 함께 자기 자신을 파기한다는 부정적인 의미도 지니고 있다. 따라서 자기의식이 쾌락을 통한 자기실현을 오직 긍정적인 의미로만 보려고 하더라도 그의 경험은 의식에게 모순된 것으로 다가올 수밖에 없으니, 개별자로서 현실성을 획득한 자기는 현실성을 결한 채 그의 개별성과 비현실의 장에서 공허하게 대립하는 가운데서도 이 개별성을 병탄해버릴 만한 힘을 지닌 부정적인 상황의 출현으로 인하여 해체되어버린다. 이 부정적인 국면이야말로 개인에게 본원적으로 갖춰져 있는 본질이다.

그러나 이때 개인은 더없이 빈약한 정도의 자기실현을 이룬 정신일 뿐이므로, 아직 추상적인 이성(die Abstraktion der Vernunft)으로서, 또는 자기 안의 자기와 타자 안의 자기가 직접적인 통일을 이룬 상태로 존재하는 데 지나지 않는다. 따라서 그의 본질은 추상적인 범주로밖에는 나타나지 않는다. 그러면서도 범주는 더 이상 관찰하는 정신에 대해서와 같은 직접적이고 단순한 존재의 형식을 띠지는 않는다. 즉 관찰하는 이성은 범주를 추상적인 존재 또는 자기와 이질적인 사물의 세계로서 정립하였지만, 여기서는 사물의 세계 속에 자기분열과 매개의 과정[120]이 개재해 있으니 말이다.

그리하여 사물의 세계는 단순한 본질존재가 순수한 관계를 전개해나

---

120) 여기서는 무한판단이 정립된 경우를 되돌아보게 되는데, 364쪽의 주 101 참조.

가는 원환으로서 나타난다. 개체성이 이러한 모습으로 실현된다는 것은 개별자가 단일한 자기의식 내에 유폐되어 있던 상태를 벗어나 자기와 맞서면서 자기를 대상 세계에 펼쳐나가려는 추상적인 원환운동(Kreis von Abstraktionen)을 전개하는 것과 다름없다.

결국 쾌락을 향유하는 것과 함께 자기의식에서 본질적으로 대상화되는 것은 순수한 통일과 순수한 차이 그리고 그의 관계라는 공허한 범주의 전개이다. 개인이 그의 본질로서 경험하는 대상에는 그 이상의 내용이라고는 없다. 이렇듯 추상성이 전개되는 것이 바로 '필연성'이라고 불리는 것이다. 필연성이나 '운명'이라는 등의 것은 도대체 그것이 무엇을 하는지, 그의 일정한 법칙이나 구체적인 내용이 어떤 것인지를 말로는 할 수 없는 것이다. 왜냐하면 오직 거기에 그렇게 '있다' 고밖에는 할 수 없는 절대적이고 순수한 개념, 즉 단순하고 공허한 가운데 한 치의 흔들림 없이 자기를 관철시켜나가는 관계야말로 운명의 본모습으로서, 개인으로서는 여기에 생겨나는 사태에 대해 속수무책일 수밖에 없기 때문이다.

그것은 확고한 연줄로 얽혀 있긴 하지만 이 연줄을 지탱해주는 것은 공허한 추상적인 순수관념에 의한 통일, 차이 그리고 관계(Einheit, Unter-schied und Beziehung)라는 범주에 지나지 않는다. 이 각각의 범주는 독자적으로 존립하는 것이 아니라 오직 대립물과의 관계 속에서만 간신히 존재할 수 있는 것으로, 그 하나하나마다가 따로 떼어질 수 있는 것이 아니다. 또한 그 하나하나마다는 순수한 개념으로서 이들을 관계시키는 것 역시 개념일 수밖에 없으니, 결국은 이 개념의 절대적 관계 또는 추상적 운동이 필연성의 내용을 이룬다. 따라서 이성의 순수한 개념을 활동의 내용으로 할 수밖에 없는 단순한 개인으로서는 이제 죽은 이론의 세계로부터 생명이 넘치는 곳으로 뛰어드는 것이 아니라 오히려 자기의 생명력이 결핍되었음을 의식할 뿐, 여기서 자기에게 주어지는 것이라곤 한낱 죽은 현실과도 같이 엄습해오는 공허하고 불가해한 필연성일 뿐이다.

여기서 의식은 일(一)이라는 형식에서 보편성의 형식으로, 절대적 추상에서 그 반대물로, 타자와의 공동성을 거부하는 순수한 자기 위주의 목적에서 그와 정반대의, 이 또한 추상적인 불가지(不可知)의 세계로 이행한다. 이 와중에서 개인은 여지없이 몰락할 뿐이며 어떻게 해서든 자기를 수호하려는 경직성이 그에 못지않게 꼼짝없이 굳어 있는 냉혹한 현실의 벽 앞에서 산산이 조각나버리는 것이다.

그러나 개인은 새삼 의식을 가다듬고 자기와 자기에 대립해 있는 현실과의 통일에 무게를 두고 있으니, 즉 자기몰락을 직시하면서도 그의 목적과 목적이 실현되는 모습은 분명히 의식되며, 더 나아가서는 자기에게 본질로 여겨졌던 것과 참으로 본질인 것 사이의 모순도 의식하게 된다. 여기서 의식은 자기의 생명을 나의 것으로 삼기 위하여[121] 자기가 행한 것 속에 담겨 있는 이중의 의미를 깨우치는 가운데 결국 개인은 생명을 나의 것으로 삼기는 했으면서도 이와 함께 오히려 주검을 거머쥐기에 이른다.

이때 의식에게는 생명 있는 존재로부터 생명 없는 필연성으로의 이러한 이행은 갑작스러운 돌발사태인 듯이 생각된다. 이 두 측면이 하나로 모아지는 매개작용을 거쳐서 의식은 두 요소의 통일을 인식한다고는 하지만, 즉 자기의 목적과 행위가 운명과 합일되고 다시 자기의 운명은 자기의 목적·행위와 합일됨으로써 자기 자신의 본질이 운명의 필연성과 일체화되는 그런 관계가 상정된다고는 하지만, 사실 이러한 통일은 지금의 이 의식에게는 쾌락이라는 단순한 개별적인 감정으로밖에는 나타나지 않는다.

따라서 자기의 목적이라는 측면에서 자기의 참다운 본질이라는 측면으로의 이행은 대립물로의 일순(一瞬)의 비약에 지나지 않는다. 왜냐하면 여기서 두 측면이 함께 감정 속에 포함되어 결합되는 일은 있을 수

---

[121] 'nimm sich sein Leben' 또는 'sein Leben sich genommen zu haben'이라는 표현은 자기를 손안에 휘어잡는다는 긍정적인 면과 함께 자기가 자기를 굴복시킨다는 부정적인 면에서의 죽음을 초래한다는 뜻도 있다.

가 없고, 오직 그것은 세계 전체를 놓고 사유하는 순수한 자기만이 할 수 있기 때문이다. 그리하여 자기의 진실이 보일 만도 하던 그러한 경험을 거치면서 의식에게는 오히려 자기의 존재가 수수께끼와 같이 느껴지게 되었으니, 행위의 결과는 의식이 의도했던 바를 거역하는 것이 되어 있다.

의식에 다가와 있는 것은 자기의 정체가 명확한 모습을 드러낸다고 하는 그러한 경험이 아니다. 여기서의 이행은 동일한 내용과 본질이 단지 형식의 변화만을 가져오는 데 그치는 그런 것, 즉 한 번은 의식의 내용과 본질로서 표상되고 그 다음은 대상의 형식을 띤 눈에 보이는 본질이 된다는 그런 수순을 밟는 것이 아니다. 그야말로 추상적인 필연성이 온 곳을 뒤덮는 위력을 안고 까닭도 알 수 없이 오직 부정의 힘을 휘둘러대는 마당에 개인은 그 그늘에서 여지없이 짓밟혀버리고 마는 것이다.

쾌락이라는 자기의식의 형태는 여기까지 경험을 쌓아왔다. 이제 마지막 단계에 나타나는 것은 필연의 운명 속에서 실존적인 자기상실에 당도하여 결국 운명을 자기와는 절대적으로 소원한 존재라고 여기는 사상이다. 그러나 자기의식은 여기서 실은 필연의 운명을 딛고 살아남은 것이다. 왜냐하면 운명의 필연이라는 온 곳에 펼쳐져 있는 순수한 힘은 바로 자기의식의 고유한 본질이기 때문이다. 의식이 자체 내로 복귀하여 운명의 필연을 자기의 본질[122)]로서 인식하게 될 때 의식은 새로

---

122) 놀라우리만큼 깊은 통찰과 예지로써 노자 사상에 대한 진지한 내면적 접근과 본질적인 탐색을 시도한 바 있는 20세기 독일의 대표적인 철학자 야스퍼스(K. Jaspers)는 여기서 얘기되는 불가해한 운명의 놀음과 그러면서도 동시에 이 순수한 필연의 힘이라는 것이 노자 사상에서는 "대상적인 지로서 추동되는 지성작용의 활동"이나 "목적지향적인 계획에 따라서 행동하는 의지"의 전유물 그 어느쪽도 아니라고 한다. "그보다도 오히려 노자는 지성이나 목적에 의해 은폐되어 있는 우리의 근원적인 내면을 향하고 있다. 즉 그는 의지의 힘으로 자기를 강제하려 하기보다는 우리의 내적인 추진력을 꼼꼼히 챙겨나가는 쪽으로 나아가고 있다"(Lao-tse wendet sich vielmehr an den Ursprung in uns, der durch

운 형태를 띠고 나타나게 되는 것이다.

2) 마음의 법칙과 자만의 광기(狂氣)

참으로 자기의식이 운명의 필연이란 무엇인가를 깨우치게 되면서 의식의 새로운 형태가 나타나는 것과 함께 여기서는 의식 그 자체가 필연적인 것이 된다. 의식은 보편적으로 타당한 법칙이 그대로 자기 안에 깃들어 있음을 인식하는바, 이 법칙은 의식이 바로 자기의 것으로 갖추고 있음을 자각하고 있다는 의미에서 '마음의 법칙'이라고 불린다. 마음의 법칙도 앞에서 본 쾌락의 경우와 마찬가지로 개별자로서의 자기야말로 의식의 본질을 이룬다는 입장에 있기는 하지만, 이렇게 자각된 자기는 필연적이고 보편적이라는 점에서 내용상 쾌락보다도 더 풍부한 데가 있다.

자기의식이 직접 자기의 소유물로 하고 있는 법칙이나 자체 내에 법칙을 갖추고 있는 마음은 자기의식으로서 실현해나가야만 할 목적[123]이다. 이때 실현의 과정이 목적의 개념에 합치되는 것인지, 그리고 이 실현의 과정에서 의식이 법칙을 본질로서 경험하는지의 여부를 놓고 따져봐야만 하겠다.

마음에는 하나의 현실이 대립해 있다. 왜냐하면 마음속에 있는 법칙은 다만 마음이 법칙이라고 여기고 있을 뿐 아직 그의 법칙이 현실에

Verstand und Zwecke verdeckt ist. Daher geht er nicht auf Selbst durch die Macht des Willens, sondern auf eine tiefere unserer Antriebe selber).
K. Jaspers: *Lao-tse-Nagarjuna. Zwei asiatische Metaphysiker*, Piper Verlag, München, 1957, p.48.
이 경우 헤겔이 제기하고 있는 '자기의식의 고유한 본질'이 노자가 접근을 시도했던 '인간의 내면적인 추진력'이라는 것과 어떤 공통점을 지니는지 의미 있는 비교고찰이 행해질 만하다. 동시에 여기에는 현재와 영원, 유한과 무한을 대하는 양자의 입장을 둘러싼 폭넓은 논의의 가능성이 주어진다고 하겠다.

[123] 목표로서의 인류의 왕국과 도덕성의 함양을 통한 개별자로서의 자기완성이라는 이중성문제와 관련된다.

팽배해 있지는 않은 채 법칙의 참모습을 갖추었다고는 할 수 없기 때문이다. 이때 법칙이 본래의 법칙일 수 없는 이유는 실현되어야만 할 현실에 대립되는 그러한 현실이 존재함으로써 법칙과 개인의 마음 사이에 모순(der Widerspruch des Gesetzes und der Einzelnheit)이 개재해 있기 때문이다.

즉 한편에는 개인을 억압하는 법칙, 즉 마음의 법칙에 모순되는 포악한 기존 질서가 있고 다른 한편에는 그런 질서 밑에서 고통받는 인류, 즉 마음의 법칙에 따르는 것이 아니라 도대체 가능할 수도 없는 필연성에 종속되어 있는 인간이 존재하기 때문이다. 마음속에 법칙을 지닌 의식이 마주하고 있는 이 현실은 여기서 보는 바와 같이 개인과 그의 진리가 분열된 채(entzweite Verhältnis der Individualität und ihrer Wahrheit) 개인은 냉혹한 필연의 힘 앞에 압살당하는 바로 앞에서 본 세계의 양상과 전혀 다름없는 것이다.

방관자인 우리에게는 앞의 '쾌락과 필연성'에서의 운동이 새로운 형태에 대립되는 과정이 드러나 보이지만, 어쨌든 새로운 형태는 이전의 운동으로부터 발단된 이상 출발점이 됐던 현실이 새로운 형태에 어우러져 있다는 것은 당연한 이치라고 하겠다. 그러나 새로운 형태 그 자체는 자기의 근원 따위는 의식하지 않은 채 자기를 짓누르는 현실을 부정하고 자기를 확립하는 데만 골몰하는 까닭에 현실이 갑자기 눈앞에 나타나기라도 한 듯이 느껴지는 셈이다.

결국 마음의 법칙에 모순되는 필연적인 현실을 극복하고 또 이 현실로부터 닥쳐오는 고통을 제거하는 일이 마음의 법칙을 지닌 개인의 지향점이다. 따라서 이 개인은 더 이상 앞 절(節)에서의 개인과 마찬가지로 자기만의 쾌락을 추구하는 경박함을 탈피하고 진지한 자세로 고매한 목적을 향한 자기의 탁월한 뜻을 발휘함으로써 인류의 복지를 구현하는 것이 곧 쾌락이라고 생각한다. 이렇게 되면 개인이 실현하는 것 자체가 곧 법칙이고, 그의 쾌락은 동시에 만인의 가슴에 와닿는 공동의 쾌락이다.

이 양자는 불가분적인 것이니, 여기서 자기의 쾌락은 법칙에 합치되게 마련이고 전 인류의 법칙의 실현은 곧 개인의 쾌락과 맥을 같이하는 것이 된다. 개인의 내면에서는 개체성과 필연성이 직접 일체화되어 (unmittelbar die Individualität und das Notwendige Eins) 필연의 법칙이 곧 마음의 법칙이 되는 것이다. 그러면서도 개인은 여전히 개별자의 위치를 벗어나 있지는 못하므로 개인과 필연의 세계의 통일은 상호매개된 운동에 의해서 성취되는 것도 아닐뿐더러 또한 도야에 의해서 성취되는 것도 아니다. 오히려 그 무엇에도 개의치 않고 제멋대로의 기질을 발현하는 것이 마음의 탁월함을 나타내는 것이고 인류의 행복을 가져오는 것으로 여겨진다.

그런가 하면 또 마음의 법칙에 대립되는 법칙은 마음으로부터 단절되어 자기 나름대로 자유로이 존재한다. 이 법칙에 따르는 인간은 법칙과 마음의 행복한 통일 속에서 살아가는 것이 아니라 혹독한 분열과 고통 속에서 살아가거나, 거기까지는 아니라 하더라도 법칙을 준수하게 되면 자기의 만족을 누릴 수 없게 되고 반대로 법칙을 유린하면 탁월한 의식을 보유하지 못하는 그런 상태에 직면한다. 폭력도 불사하는 신의 질서와 인간의 질서[124]는 마음에서 분리되어 있으므로 그러한 질서 속에 마음의 둥지를 틀 수는 없고, 다만 거기에 밀착되어 있는 폭력성과 현실성을 제거하기만 하면 된다고 생각한다.

물론 그러한 질서가 내용상으로 마음의 법칙과 우연히 일치할 수도 있다. 이렇게 되면 마음으로서도 질서를 반겨할 수는 있지만, 이때 마음이 참으로 중요하게 여기는 것은 오로지 법칙에 합치되는 데 있는 것이 아니라 법칙을 곧 자기로 의식하여 거기서 자기만족을 누리는 데 있

---

124) 이것은 제6장의 1.에서 다루는 신의 법칙과 인간의 법칙에 해당하는데, 전자는 가족의, 후자는 국가의 법칙을 말한다. 이때 가족의 법칙은 인간의 꾸밈없는 애정에 기초한 것인 데 반해 국가의 법칙은 인간의 작위적인 관여에 의한 것이다. 결국 신과 인간의 질서란 가족의 제도, 따라서 사유재산제도와 국가의 제도, 더 나아가서는 이 모두를 뒷받침하는 종교적인 제도를 말한다.

다. 반대로 온 곳에 팽배해 있는 필연성의 내용이 마음과 일치하지 않을 경우에는 필연성은 내용면에서도 아무런 실효성을 거두지 못하므로 마음의 법칙에서 사라져버릴 수밖에 없다.

　이렇게 해서 개인은 자기의 마음의 법칙을 실현하여 법칙이 보편적인 질서가 되면서 법칙에 더없이 합당한 현실을 기꺼이 맞이할 수 있게 된다. 그런데 일단 이렇게 실현되고 난 법칙이 사실 그대로 개인의 수중에서 빠져나가버림으로써 이 갑작스러운 사태는 도무지 종잡을 수 없는 것으로 다가온다. 즉 마음의 법칙은 스스로 실현되는 동시에 이로써 더 이상 마음의 법칙은 아닌 것이 되어버리고 마는 것이다. 왜냐하면 일단 실현되고 난 법칙은 엄연히 존재하는 보편적인 권력으로 둔갑하여 개인의 마음과는 동떨어진 것이 되는가 하면 또한 개인은 자기 자신의 질서를 공적인 차원으로 올려세움으로써 더 이상 이를 자기 자신의 질서로는 생각지 않게 되기 때문이다.

　이렇게 되면 자기의 법칙을 실현한다는 것은 모름지기 자기의 법칙을 마련하지 않는 것이나 마찬가지가 된다. 즉 애초에 법칙의 실현에 착수한 것은 개인 자신이었음에도 그것이 자기와 소원한 것이 되어 다만 자기를 현실의 질서 속으로 휘말려들어가게 했을 뿐이며, 더욱이 그 질서라는 것은 자기에게 생소할 뿐만 아니라 자기에게 적대적이고 위압적인 권력인 것이다. 그러나 또 이런 행위의 와중에서 개인은 자기를 둘러싸고 있는 현실과 폭넓게 어우러지면서 오히려 이를 지탱하는 보편적인 힘의 구실을 한다고도 하겠으니, 결국 개인의 행위는 그 자신의 안목으로 보아도 보편적인 질서에 동화된 것으로 평가됨직도 하다는 생각이 든다.

　이런 가운데 개인은 자기만의 사사로운 입장을 벗어난 자유로운 상태에서 공동세계를 충실히 받드는 존재로 성장하면서 개별자로서의 자기로부터 탈피한다. 물론 공동체를 직접 자기와 대치하는 것으로 인식하려 하는 개인으로서는 자기와 유리되어 있는 공동세계 속에서 자기를 인정받을 수는 없지만, 또한 이 공동의 세계는 자기가 만들어낸 것인 이상 어쩔 수 없이 자기는 거기에 속해 있을 수밖에 없는 것이다.

그런데 또 개인의 행위는 보편적인 질서와 모순된다는 정반대의 의미도 갖고 있다. 왜냐하면 개인의 행위란 어디까지나 당사자 개인의 마음의 행위로서, 이러한 행위가 그의 마음을 떠나 보편적인 현실이 된다는 것은 있을 수 없는 일이기 때문이다. 그러나 또 이런 가운데서도 개인은 보편적인 현실을 사실상 인정하고 있기도 하다. 왜냐하면 행위한다는 것은 개인이 자기의 참뜻을 열려 있는 현실 앞에 드러내놓고 나서 현실을 자기의 있을바 본고장으로서 인정한다는 의미를 지니기 때문이다.

개인은 그의 행위의 본성상 스스로가 어김없이 소속되어 있는 것으로 여겨오던 현실의 공동체가 자기에게 대항해오는 그런 상황에 직면하기에 이른다. 개인의 행위는 현실의 장에서 보면 공동체에 기여한다고 하겠지만 그 내용으로 보면 어디까지나 하나의 개별자로서 보편자에게 대립하고자 하는 특유의 개성을 지니고 있다. 제대로 된 모양새를 갖춘 법칙을 제정하는 일이 중요한 것이 아니라 개개인의 마음과 보편 정신이 직접 일체화되는 데에 기본적으로 법칙 제정의 정당성이 있으므로, 이런 점에서 법칙이라는 것은 모든 인간이 그 속에서 자기의 마음을 읽어낼 수 있는 그런 것이어야만 한다.

그러나 개인의 행위란 바로 그 당사자인 개인의 독자적인 소신이나 그 자신이 가장 선호하는 것을 표현하는 것이므로 행위 속에서 자기 마음의 실상을 알아차릴 수 있는 것은 오직 당사자로서의 개인뿐이다. 그의 행위가 곧바로 보편적인 요소로 받아들여져야 할 것으로 당사자는 생각하지만, 사실 이 개인의 행위는 형식면에서만 보편성을 띤 것일 뿐 실제로는 특수한 면이 다분히 포함되어 있는데도 그의 특수한 내용을 고스란히 공동체에 받아들여지도록 하려고 한다. 이런 까닭에 타인으로서는 이 내용 속에서 자기의 마음의 법칙을 발견하기보다는 오히려 타인의 법칙이 실현되어 있다고 보는 것이다.

그런데 또 법칙이라고 하면 누구나가 그 속에서 자기의 마음을 읽어내야만 할 일반 원칙에 충실해야만 하는 까닭에, 애초에는 개인으로서의 그 당사자가 타인을 거스르며 구축해놓은 현실에 대하여 이번에는 다른 모든 사람들이 저항한다. 이렇게 되면 애초에는 완강한 필연의 법칙과 대결을 벌여왔던 개인이 이제는 모든 사람들의 마음마저도 자기가 내놓은 가상(嘉賞)할 만한 의도에 반대하는 것으로 생각하게 되면서 마침내 법칙 자체를 혐오하기에 이른다.[125]

이러한 의식은 애당초 보편정신이라고는 하지만 직접 자기 마음에 와닿는 보편성밖에는 알지 못하고 필연성이라고 해도 마음의 필연성밖에는 알지 못한다. 그런 까닭에 그 자신이 마음의 법칙을 실현하여 이것이 현실로 효력을 발휘할 경우에는 그것이 곧 현존하는 힘으로서 사실상 공동체를 지배하는 그의 질서가 한낱 개별적인 존재가 되면서 공동체에 스스로를 의탁하고 있는 의식의 개성을 오히려 괴멸시켜버리는 본성을 지닌다는 데에까지 생각이 미치지는 못한다. 이렇게 되면 개인은 자기의 존재를 인정받기는커녕 반대로 질서 속에서 스스로가 소외되고 만다.

하지만 개인이 그 안에서 스스로를 인지할 수 없게 된 지금의 이 보편적 질서는 더 이상 예전의 생명 없는 필연의 세계[126]가 아니라 모든 인간의 개성에 의해서 생명이 불어넣어진 필연의 세계이다. 지금껏 의식은 줄곧 타당시되어왔던 신의 질서와 인간의 질서를 죽은 현실로 간주하면서 보편적 질서와 대립하는 독립자존하는 마음으로 스스로를 확립하려 하는 자기 자신도, 그리고 그러한 질서에 동참하는 그밖의 사람들도 죽어 있는 현실 속에서 자기의 정체성을 알아차릴 수 없을 것으로 생각해왔다. 그러나 이제는 그의 질서가 만인의 의식에 의해서 생명이

---

[125] 최초에는 마음의 법칙을 거스르는 것은 오직 기존의 객관적 질서나 법칙이었는데, 이제는 사람의 마음조차도 그런 쪽으로 옮겨지게 되었다.
[126] 죽은 필연성은 '쾌락'의 경우에 해당되고, 생명이 깃든 필연성 또는 질서는 마침내 '세계행로'와 함께 전개되어나간다.

불어넣어지고, 만인의 마음의 법칙으로 존재하는 것이 감지되기에 이른 것이다.

그야말로 현실이 생명이 불어넣어진 질서라는 데 대한 경험은 의식이 자기의 마음의 법칙을 실현한다는 행위 속에서 생겨난다. 결국 마음의 법칙을 실현하려는 행위란 개인이 스스로를 보편정신으로서 대상화하면서도 결코 그의 보편정신 속에서 자기를 인식하지 못한다는 경험이나 다름없다.

이렇게 해서 지금의 이 자기의식의 형태가 경험을 통해 얻어낸 진리는 애당초 자기의식이 염두에 두었던 것과는 확연히 모순된다. 그러나 사실 자기의식이 머금고 있던 생각도 그 자체로는 절대적 보편정신이라는 형식을 띠고 나타난 것이므로 여기서 마음의 법칙과 자기의식은 직접 일체화되어 있다. 그런가 하면 현존하는 질서도 자기의식의 본질을 빼닮은 작품으로서 그대로 자기의식이 창출한 것이므로, 이 역시 자기의식과 직접 일체화되어 있다.

이 두 개의 대립하는 질서를 함께 걸머진 자기의식은 스스로 모순에 빠져든 채 극심한 내적 혼란을 겪게 된다. 물론 몸소 와닿는 마음의 법칙 속에서만 자기의식은 스스로를 인식하게 마련이지만, 현존하는 보편적 질서도 나름대로 마음의 법칙을 실현하는 가운데 바로 이 자기의식의 본질과 현실성을 어김없이 구현하고 있다. 결국 의식 속에서 모순을 불러일으키는 두 개의 질서가 다 함께 자기의식의 본질이며 현실성이 되어 있는 것이다.

이처럼 스스로가 의식하는 가운데 몰락해가는 실태와 이렇게 얻어진 경험의 결과를 자기의식[127)]이 언표하는 마당에 바로 이 자기의식의 내면적 전도는 본질을 그대로 비본질이라고 하고 현실을 그대로 비현실이라고 하는 의식의 착란[128)]으로 드러난다. 이 착란을 오해하여 비본질

---

127) 예컨대 실러의 작품 「군도」(群盜, Räuber)에 나오는 주인공과 같은 의도(義盜)를 말한다.

적인 것이 본질적인 것이 되고 비현실적인 것이 현실적인 것이 된다고 생각하거나, 어떤 사람에게는 본질적이고 현실적인 것이 다른 사람에게는 그렇지 않다는 식으로 현실과 비현실의 의식 또는 본질과 비본질의 의식이 분열되어 있는 것으로 봐서는 안 된다.

무엇인가가 실제로 일반인의 의식에는 현실적이고 본질적인데도 나에게는 그렇지 않다고 할 경우, 나는 그 무엇인가를 무의미한 것으로 의식하면서도 동시에 나는 일반인의 의식이기도 하므로 그의 현실성 역시 의식하고 있다. 이렇듯 자기분열된 양면이 밀착된 가운데 통일을 이루려고 할 때 여기에 광기라는 것이 생겨난다. 즉 이런 경우 광기에 휘말려 있는 것은 의식의 저편에 있는 대상 쪽에서만의 일이고, 의식 그 자체가 내면에서 또는 의식이 의식에 대해서 착란을 일으키고 있는 것은 아니다.

그러나 여기에 나타난 경험의 결과를 보면 법칙을 마음속에 간직하고 있는 의식은 자기를 현실적인 것으로 의식하면서 동시에 바로 이 본질과 이 현실이 소외되어 이질적인 것이 되어 있으므로, 마땅히 절대적 현실성을 지녀야 할 자기의식이 자기를 비현실적이라고 의식하지 않을 수가 없다. 다시 말하면 현실성과 비현실성이라는 두 측면이 중첩되고 서로가 모순되는 가운데 이 모두가 자기의식의 본질을 이룸으로써 자기의식은 극심한 내면적 착란에 빠져드는 것이다.

이럼으로써 인류의 행복을 향한 심장의 고동(Das Herzklopfen für das Wohl der Menschheit)이 광기가 휘몰아치는 망상에 빠져들면서 자기파괴로부터 스스로를 지켜내려는 의식의 분노로 바뀌는가 하면, 더욱이 이 분노는 자기가 빚어낸 도착을 외부로 투영하여 이 외부의 타자야말로 도착되어 있다고 보고 또 애써 그렇게 발언하려고도 한다. 그리하여 공공의 질서는 광신적인 승려나 탐욕스러운 폭군의 무릎 아래

---

128) 착란이 본질적인 것을 비본질적인 것으로, 비본질적인 것을 본질적인 것으로 여긴다는 점에서는 지각에서의 착각과 흡사하지만, 착각이 대상 의식으로서의 광기인 데 반해 여기서 광기는 자기의식 내에서의, 자기의식에 의한 것이다.

짓눌러놓고 그의 억압을 다시금 시종에게 덮어씌우는 것으로 메워버리는 승려나 폭군에 의해 날조된 질서로서, 이는 마음의 법칙과 마음의 행복을 짓밟고 사람들을 기만하면서 더할 나위 없는 궁핍으로 몰아넣는 것으로서 규탄된다.

이렇듯 광기를 내뿜으면서 의식은 개인이 광적으로 도착되어 있다고 언명하지만 이 개인은 어쩌다 그런 위치에 있게 된 낯선 개인인 것이다. 그러나 실은 광기에 사로잡혀 착란을 빚고 있는 것은 자기 자신이 그대로 보편적 질서이고자 하는 개별적 의식의 마음가짐(die unmittelbar allgemeinseinwollende Einzelheit des Bewußtseins)으로서, 그의 행위야말로 이렇게 야기되는 모순을 분명하게 의식시켜주고도 남는다.

왜냐하면 의식에게는 마음의 법칙이 진리이지만 이때 진리는 한낱 사념된 것에 지나지 않으므로 현행 질서와는 달리 백일하에 드러나는 일이라곤 없으며 오히려 그렇게 드러나게 되면 붕괴되어버리기 때문이다. 그런 마음의 법칙이 현실의 법칙이 되어야만 한다고 주장된다. 즉 법칙이 현실에 통용되는 보편적 질서로 자리잡게 되는 것이 의식의 목적이며 본의(本意)인 것이다. 그러나 마찬가지로 의식에게는 현실 그 자체, 즉 현행 질서로서의 법칙 그 자체는 오히려 가치 없는 것으로 여겨진다. 그런가 하면 또 생생한 자기, 즉 개별 의식으로서의 자기 자신도 자기에게 하찮은 것이기는 하지만 이 생생한 개별자로서의 자기를 현실 속에 자리잡도록 하는 것이 의식의 목적이다. 그리하여 의식의 자기는 곧바로 개별적인 차원을 넘어서 법칙이 되는 것을 본의이며 목적으로(sein Selbst als Nichteinzelnes das Wesen, oder Zweck als Gesetz) 하고 있으니, 바로 여기서 자기가 보편정신임이 의식되는 것이다.

이러한 의식의 참모습은 그의 행위를 통하여 대상화된다. 의식은 오히려 자기라는 존재가 비현실적인 것임을 알게 되고 비현실적이라는 데에 그의 현실성이 있음을 알게 된다. 그렇다면 어쩌다 우연히 있는 자기 이외의 개인이 착란상태에 있는 것이 아니라 오히려 자기의 마음이 전적인 착란상태에 있다고 해야만 한다. 그러나 직접 공동체에 몸담고 있는 개인이 착란상태에 빠져 있다고 한다면 보편적인 질서마저도 착란상태에 있는 만인의 마음의 법칙에 다름아닌 것이 되므로, 광기에 들떠 있는 의식이 말하듯이 보편적인 질서 그 자체가 착란상태에 있다고 해야만 하겠다.

그러면서도 또 한 개인의 마음의 법칙이 다른 개인의 법칙과 다투는 상태에서 실로 보편적 질서는 곧 만인의 마음의 법칙이라는 것이 드러나기도 한다. 개인의 법칙을 물리치고 기존의 보편적 법칙이 수호되는 이유는 이 기존의 법칙이 무의식적인 공허하고 생명 없는 필연성인 것이 아니라 보편정신이 그 근저에 확고히 뿌리내린 채 거기에 살고 있는 개인이 보편정신을 현실적으로 체득하고 또 명확하게 의식도 하고 있기 때문이다.

사람들은 보편적 질서가 내면의 법칙에 위배된다고 불평하면서 마음 같아서는 그러한 질서를 못마땅하게 여긴다 하더라도, 실제로는 보편적 질서야말로 자기들이 본심으로 거기에 집착하는 나머지 이 질서를 박탈당하거나 스스로 질서를 벗어나거나 하면 삶의 근간을 모조리 상실해버리고 만다. 바로 이 점에 공공질서의 현실성과 위력이 깃들어 있으니, 실로 공공질서란 만인에 의하여 생명이 불어넣어진 자기동일적인 안정된 존재로서, 개인은 이러한 질서를 형식으로 나타낸 것이다. 그런데 이 질서마저도 역시 착란상태에 있는 것이다.

보편적 질서가 만인의 마음의 법칙이며 마음의 주인공인 모든 개인이 직접 이 질서의 담당자라는 점에서 보면 질서의 현실성을 이루는 것으로는 각기 저마다 존재하는 개인의 현실성 또는 마음의 현실성만이 있을 뿐이다. 이렇게 본다면 자기 마음의 법칙을 옹립하려는 의식은 자기의 법칙과 모순되는, 이 또한 개별적인 법칙을 마음에 품고 있는 타인과 충돌을 빚으면서 그의 저항을 받게 되는 셈인데, 이렇게 저항하는 타인은 또 그 나름으로 자기의 법칙을 옹립하여 이를 보편적으로 타당화하려고 한다. 그렇다면 현존하는 공동체는 오직 만인의, 만인에 대한 저항과 투쟁[129]의 장일 수밖에 없으니, 여기서는 누구나가 자기의 개별적인 뜻을 펴나가려고는 하지만 언제나 동일한 저항에 부딪치면서 서로 각축을 벌이는 가운데 모두가 파멸로 치달으면서 제 뜻을 이루지는 못한다.

공공의 질서로 보이는 것은 실은 현실의 전면(全面)을 뒤덮고 있는 반목의 상태이다. 여기서는 각자마다 무엇이든 닥치는 대로 낚아채서 다른 개인에게 정의를 행사하는 시늉을 하며 자기의 정의를 확립하려고 하지만, 타인과의 투쟁 속에서 그 어느 쪽의 정의도 제대로 기(氣)를 펴지 못하고 만다. 이렇듯 반목으로 얼룩진 공공의 질서가 '세계의 행로'라는 것이다. 언뜻 보기에 이는 차분한 걸음걸이를 내딛는 듯하지만 세계행로란 보편정신이 깃든 것이라는 속절없는 생각에 지나지 않고 사실은 개개인의 뜻이 실현되었다가는 곧 다시 스러져버리는 부질없는 힘의 유희에 지나지 않는다.

보편적 질서 속에 깃든 안정된 전체와 불안정한 개인이라는 양면을 대비시켜보면 동적인 질서의 내실을 이루는 것은 불안정한 개체의 사념을 법칙으로 간주하며 현실을 비현실로 보고 비현실을 현실로 보는 불안정한 개인이다. 그러면서도 이 개인은 질서의 현실성을 뒷받침하는 것으로서 질서는 독자적인 개인(das Fürsichsein der Individualität)을 기반으로 하여 비로소 성립된다.

보편적 질서가 갖는 또 하나의 측면은 안정된 질서로서의 공동체라는 데 있지만 안정된 질서라면 이는 내면의 질서로서밖에는 존재하지 않는다. 이런 내면적인 질서란 전혀 무실한 것은 아니지만 현실성을 띠었다고는 할 수 없으니, 자기야말로 곧 현실이라고 자처하는 개인은 오직 자기를 방기할 때라야만 비로소 현실성을 지닌 존재가 된다. 그 자체가 진(眞)과 선(善)을 체현하고 있는 법칙을 섬기는 가운데

---

[129] 홉스의 '만인의 만인에 대한 투쟁'(bellum omnium contra omnes)을 가리킴.

더욱이 개별자가 아닌 보편존재로서의 법칙을 안고 살아가면서 개인에게 안겨져 있는 착란상태를 자각하며 개별성으로서의 의식을 방기하지 않으면 안 된다고 생각하는 의식의 형태가 '덕성'이라고 불리는 것이다.

3) 덕성과 세계행로

행위하는 이성의 첫번째 형태에서 자기의식은 스스로를 순수한 개체성으로 파악하였고 이 개체성에 대립하는 것은 공허한 보편성이었다. 두번째 형태에서는 대립되는 두 개의 항이 저마다 법칙과 개체성이라는 두 개의 요소를 갖추고 있었다. 다만 여기서 한쪽 항을 이루는 마음에는 두 요소가 직접적인 통일을 이루고 있었는 데 반해 다른 한쪽을 이루는 자만의 의식은 대립에 시달리고 있었다.

지금의 이 덕성과 세계행로의 관계에서는 양쪽이 저마다 보편성과 개체성의 통일과 대립을 함께 걸머진 채 법칙과 개체성 사이에 운동이 전개되지만, 이 운동은 상반적인 관계에 있다. 덕성의 의식에서는 법칙만이 본질적인 것이고 개체성은 지양되어야 하는 것이므로 의식에서나 세계의 행로에서도 그래야만 하는 것으로 여겨지고 있다.[130]

이때 의식으로 말하면 각자마다의 개성을 도야함으로써 참답고 선한[131] 보편정신을 체득하도록 하지 않으면 안 된다. 그런데도 여전히 거기에 개인의 의식이 남아 있다면 이를 제거하기 위한 참다운 도야로서는 개인의 인격 전체를 방기하고 더 이상 개성에 집착하지 않는다는 것을 확인할 수 있는 것이어야 한다. 의식의 편에서 이렇듯 개별성이 지양되고 나면 세계행로 쪽에 있는 개체성도 말소되는데, 왜냐하면 개체성이란 덕성과 세계행로라는 두 영역에 공통되게 나타난 단일한 요소이기 때

---

130) 개체성이 덕의 의식에서뿐만 아니라 세계의 행로에서도 지양되어야만 한다면 덕의 기사(騎士)와 세계행로의 싸움은 필지(必至)의 것이다.
131) 여기서 참답고 선한 것은 법칙이다.

문이다.

그런데 세계행로에서는 개체성이 덕성의 의식에서와는 정반대의 위치를 차지한다. 즉 개체성은 스스로를 본질로 간주하여 참으로 진과 선에 다름없는 보편정신을 자기의 지배 아래 두려고 한다. 다시 말하면 세계의 행로란 덕성의 의식에서 보면 개성에 의해서 전도된 보편적 세계이며 더욱이 절대적인 보편적 질서는 덕성과 세계행로 모두에게 공통된 요소인데도 그것이 세계행로에서는 현실에 존재하는 것으로 의식되지 않고 내면적인 본질로서만 받아들여지는 것이다.

결국 보편적 질서란 덕성을 통해 비로소 실현될 수 있는 그런 것은 아니다.[132] 왜냐하면 실현한다는 것은 행동하는 가운데 개체의 의식을 동반하는 것(als Tun, Bewußtsein der Individualität)인데 덕성은 오히려 개체성을 지양하는 데서 성립되기 때문이다. 그러나 덕성에 의한 개체성의 이러한 지양을 통하여 다름아닌 세계행로의 진상이 만천하에 드러날 수 있는 공간이 마련되기에 이른다.

현실적인 세계행로의 전반적인 내용은 이미 얘기된 대로이지만 자세히 살펴보면 이는 앞서간 두 개의 자기의식의 운동 이외에 다른 어떤 것도 아니다. 그 두 갈래의 운동으로부터 덕성이라는 의식의 형태가 출현하였으므로 말하자면 운동은 형태의 기원(起源)으로서 형태에 선행하여 행해져왔던 것이다. 그런데도 덕성의 의식은 그의 발생 기원에 아랑곳하지 않고 자기를 실현하여 독자적인 위상을 갖추려고 한다.

결국 세계행로란 한편으로는 거기에 관여하는 개개인마다가 자기의 쾌락과 향유를 추구하는 나머지 스스로가 파멸에 이르면서 마침내 보편정신을 자각해나가는 일련의 과정이다. 그런데 이러한 자각 그 자체나 거기까지에 이르는 일체의 관계라는 것도 보편정신의 도착된 형태이며 운동이다. 현실로 있는 것은 오직 개별적인 쾌락과 향유일 뿐이

---

132) 세계의 행로는 무질서하고 맹목적인 운행(運行)을 하는 듯이 보이지만 본원적·잠재적으로는 이미 '질서지어져 있는 것'이기 때문에, 세계행로와 덕의 기사와의 싸움에서는 후자가 패할 수밖에 없다.

고, 이에 대립되는 보편정신은 공허한 형식상의 필연성일 뿐이며, 개별적인 움직임에 대하여 부정적인 반응만을 일삼는 내용 없는 행위에 지나지 않는다.

세계행로의 또 하나의 요소는 어떻게 해서라도 법칙이 되려는 나머지 그러한 망상 속에서 기존의 질서를 파괴하는 개인이다. 물론 보편적 법칙은 이러한 자만에 항거하여 스스로의 체통을 지켜나가는 까닭에 더 이상 의식에 대립하는 공허한 죽은 필연성으로는 등장하지 않고 의식 속에 뿌리내린 필연성으로서 등장하는 것은 분명하다. 그러나 보편적 법칙은 절대적 모순을 안고 있는 현실의 관계를 의식화한 것으로서 광기에 버금갈 정도의 것이 되어 있으니 현실의 대상으로 제시될 경우에는 도착된 모습을 드러내게 마련이다. 이 두 경우 모두에서 보편정신이 운동을 야기하는 힘이 되어 있기는 하지만, 이 힘의 실상은 어느 모로 보나 도착된 모습을 피할 길이 없다.

그런데 덕성 쪽에서 보면 보편정신이 참다운 현실성을 띠기 위해서는 도착의 원리라고도 할 개체성을 지양해야만 한다. 여기서 덕성이 목적으로 하는 것은 개체성의 지양을 통하여 도착된 세계행로를 다시 한 번 역전시킴으로써(den verkehrten Weltlauf wieder zu verkehren) 그의 참다운 본질을 발현하는 데 있다. 참다운 본질은 세계행로에 본래 갖추어져 있을 뿐, 아직은 그것이 현실화되지 않은 채 덕성의 의식은 단지 이를 믿는다는 선에 머물러 있다.[133]

덕성의 의식은 이러한 믿음이 눈앞에 나타나기를 바라기는 하지만 이로써 노동과 자기희생의 결실인 보편정신을 자기의 것으로 향유할 정도가 되어 있지는 않다. 왜냐하면 덕성의 의식이 개체성에 머물러 있는 한 세계행로와의 사이에는 투쟁이 끊이지를 않고 이 와중에서 덕성은 세계행로를 제압하는 일을 목적이며 정도(正道)로 삼고 있어서, 만

---

[133] 신앙(Glaube)에 대해서는 『차이 논문』에서도 심도 있게 다루어져 있듯이 이는 본원적인 것에 대한 자각은 없이 주어진 대로의 것을 받아들이는 자세이다.

약 이로써 선이 실현되고 나면 그의 행위와 개체적 의식은 더 이상 존재할 수 없게 되기 때문이다.

과연 이 싸움을 어떻게 이겨낼 것인가, 덕성은 여기서 무엇을 경험하는가, 자기가 감수하는 희생을 통하여 세계의 행로가 패배하고 덕이 승리할 것인가 등등의 문제는 오직 전사들의 손에 쥐어진 생생한 무기의 성격에 따라 결정된다. 그런데 여기서 무기라는 것은 서로 대적해 있는 전사들 이외에는 그 누구에게도 보이지 않는 그들만의 본질(das Wesen der Kämpfer selbst)을 나타낼 따름이다. 따라서 그들이 어떤 무기를 손에 넣고 있는가는 본래 그 투쟁 속에 무엇이 포함되어 있느냐에 따라 저절로 결정되는 셈이다.

유덕(有德)한 의식에서는 보편정신은 신념으로 또는 본원적으로 참다운 것으로 여겨져 있을 뿐인데, 그러한 보편성은 현실로 존재하는 보편성이 아닌 추상적인 보편성이다. 유덕한 의식의 목적이 되는 보편정신은 세계행로의 내면에 깃들어 있는 것으로 여겨진다. 유덕한 의식에서 보편정신은 그러한 것으로서 세계행로와 대적해 있다. 보편정신을 선으로 여기며 이를 스스로 실행해나가려는 덕성으로서는 선은 아직 현실화되어 있지 않다고 보는 것이다.

그런데 이 관계를 또다른 면에서 보면 세계행로와의 투쟁의 와중에 나타나는 선은 바로 이런 싸움을 벌임으로써 타자에 대한 존재라는 것이 되고, 그 자체가 절대적으로 존재하지 않는다는 것이 된다. 이것이야말로 상대방을 정복함으로써 비로소 자기를 참다운 존재일 수 있게 하는 그런 경우에 해당한다. 선이란 애당초 타자에 대한 존재에 지나지 않는다는 것은 이전에 이를 반대 측면에서 보았을 때 사용한 표현을 빌린다면 선은 애초에는 추상적인 존재라는 것이고, 그 자체가 완전무결한 것이 아니라 어디까지나 관계 속에서 비로소 실질적으로 존재한다는 것과 같다.[134]

결국 여기에 등장하는 보편적 선이란 '천부적 재능' '능력' 또는 '힘'으로 불리는 것이다. 이는 정신적인 것의 한 가지 양태로서, 누구나 모두가 갖추고 있지만 이의 생생한 작용을 위해서는 개체성의 원리가 뒷받침되어야만 하고 또 오직 개인에게서만 현실성을 띠는 그런 것이다.

이러한 개체성의 원리가 덕성의 의식에 안겨 있는 한은 이 보편적인 힘이 선용(善用)되지만, 반대로 개체성의 원리가 세계행로에 편승할 경우에는 그것이 악용된다. 즉 누구에게나 갖추어져 있는 이 힘은 자유롭게 개인의 수중에서 임의로 활용될 수 있는 수동적인 도구이며, 심지어 보편적 질서를 파괴하는 데 일조하는 그런 현실을 꾸며내는 데 악용될 수도 있다. 그뿐 아니라 이 수동적인 도구는 스스로 자립할 수 없는 생명 없는 물질과도 같아서 어떤 형태로라도 가공될 수 있고, 심지어 그 자체를 망쳐버릴 수 있는 형식으로까지도 가공된다.

이렇듯 능력이나 힘이라는 보편적인 것이 덕성의 의식이나 세계행로 모두에 동일하게 이용될 수 있는 것이라면 아무리 그런 무기를 손에 넣은 덕일지라도 과연 악덕을 물리칠 수 있을는지는 가늠할 수가 없으니, 즉 양쪽 모두가 동일한 능력이나 힘을 무기로서 갖추고 있기 때문이다. 다만 덕성의 의식은 자기의 목적과 세계행로의 본질이 근원적으로 통일되어 있다는 믿음을 은연중에 품고 일체화된 양자의 힘이 싸움의 한복판에서 적의 배후를 공략하여 저절로 목적을 달성해줄 것으로 생각하고 있다.

따라서 실제로 덕성의 기사[135]에게서 자기의 행위와 싸움은 진지하게 대처할 만한 것이 못 되는 그런 수박 겉핥기식의 싸움이라고 하겠

---

134) 선하고 참다운 것은 신앙의 대상이다. 이때 본원적인 것이 실현되어야만 한다는 경우 이는 그 자체만으로도 의미 있는 일이지만, 세계행로에 대적할 경우에는 대타적이 되면서 결국 이 두 경우는 모두가 추상적인 한쪽만의 규정으로 끝나고 만다. 따라서 선이 갖는 즉자성과 대타성이라는 양면을 각기 단독으로 분리해놓고 보면 모두가 추상성에 빠지므로 오직 "관계 속에서 비로소 실질적"으로 된다고 해야만 한다. 이러한 헤겔의 지론과 예컨대 "함양(涵養)하면 내가 전일(專一)해진다"고 한 주자(朱子)의 가르침을 직접 대비시켜볼 때 양자 사이에 과연 어느 정도의, 그리고 그 어떤 성질상의 일치점과 괴리가 있는 것인지 매우 흥미로운 논구가 이루어질 수 있을 것으로 기대된다. 주희, 『근사록』(近思錄), 이민수 옮김, 을유문화사, 1984, 140쪽 참조.

이성의 확신과 진리 399

다. 왜냐하면 덕성의 기사에게 안겨 있는 참다운 강점(强點)은 선이 스스로 자기를 실현하는 완전무결한 존재[136]라는 데 있으므로 기사로서는 어디까지나 이런 수박 겉핥기식의 싸움을 진지하게 다루어서는 안 되기 때문이다. 결국 기사가 적을 겨냥하건 아니면 적이 자기를 겨냥하건, 이럴 경우 자기편에서건 적의 편에서건 하여간 손실과 마멸을 당하는 것은 선 그 자체가 아니라(soll nicht das Gute selbst sein) 선악과는 관계가 없는 재능이나 능력이 된다. 선은 마멸되거나 손상될 수 있는 대상은 아니며, 오히려 그의 보존과 구현을 위하여 싸움이 벌어지는 것이다.

그러면서도 또 재능이나 능력은 실은 이 싸움을 거치면서도 보존되고 실현되어야 할 개인적 차원을 넘어선 공동의 선(dasjenige individualitätslose Allgemeine selbst)이다. 그러나 또 동시에 싸움의 개념 그 자체로 본다면 공동의 선은 싸움과 직접적인 관계가 없고 이미 실현되어 있다고 할 수도 있다. 즉 공동의 선은 본원적이고도 보편적인 것으로서, 이를 실현한다는 것은 그것을 곧 타인에게도 와닿게 한다는 것에 지나지 않기 때문이다. 공동의 선이 추상적으로 나타난 것이 앞에서 보았던[137] 덕성의 의식과 세계행로라는 두 측면인데, 이제 이들은 더 이상 분리됨이 없이 싸움의 한복판에서, 이 싸움을 거치면서 다 함께 선을 정립해나게끔 되어 있는 것이다.

그러나 싸움의 와중에 있는 덕성의 의식은 그와 겨루고 있는 세계의 행로를 선에 대립하는 것으로 간주한다. 이 세계행로와의 싸움이 덕성의 의식에게 제시해주는 것은 공동의 선이지만, 이는 단지 추상적인 공동선에 그치는 것이 아니라 개체적인 생명이 불어넣어지고 타자에 대

---

135) 예컨대 세르반테스의 돈키호테나 칼데론의 비극의 주인공과 같은 격이 된다.
136) 보편적인 선이 유덕한 의식에 진실한 것으로 받아들여지면서도 이는 단지 믿음 속에서 즉자적으로 성립될 뿐이므로 덕의 기사에 의해서 그것이 새삼 실현되어야 할 필요가 있었지만, 이미 그 자체로 완전무결한 절대적 상태에 이르러 있다면 더 이상 실현을 위해서 힘을 기울일 필요는 없게 된다.
137) 덕성과 세계행로 양자간의 싸움을 상기시킨 것.

해서도 존재하는 그런 현실적인 선이다. 이런 까닭에 덕성의 의식이 그 어디서 세계행로와 맞닥뜨린다 하더라도 거기서는 언제나 선의 존재가 눈에 띄게 되고 더욱이 선은 세계행로 자체의 생명줄과도 같이 그 도상에 벌어지는 온갖 현상의 구석구석에까지 불가분하게 얽혀든 채 세계의 현실 속에 굳건히 뿌리를 내리고 있으니, 결국 세계의 행로는 덕성에게는 불사신이나 마찬가지이다.

그런데 바로 이와 같은 선의 실태나 여기에 힘입은 불가항력적인 세상 물정이야말로 덕성의 의식에 의해서 위험에 노출되고 희생에 받쳐지게 될 온갖 요소이다. 그럴진대 싸움은 어쩔 수 없이 보존과 희생의 한복판을 오락가락하면서, 덕성도 세계행로도 다 같이 자기의 것을 희생에 바칠 수도 없고 그렇다고 타인의 것을 침해할 수도 없는 처지에 놓인다.

덕성의 의식은 마치 싸움을 벌여나가는 와중에도 자기 칼날에 상처를 입히지 않으려고 신경을 곤두세우는 전사와 같다고 하겠고, 아니 그보다도 오히려 싸움을 시작한 것 자체가 무기를 보호하기 위한 것이었다고도 할 수 있다. 덕성은 자기의 무기를 사용하지 않아야 할 뿐만 아니라 적의 무기에도 손상이 가지 않도록 보살피면서 자기 쪽에서 손상을 입히지 않도록 배려도 해야만 한다. 왜냐하면 이 모든 것이 덕성의 의식이 싸움에서 얻어내야 할 선의 귀중한 일부이기 때문이다.

그러면서도 또 이 적에게서는 본원적인 선이 본질이 아니라 바로 개체성이 본질이 된다. 개체성으로 뒷받침된 적의 힘은 보편자를 부정하는 데 있으니, 실로 이 부정을 견뎌낼 수 있는 절대적으로 신성한 것이라곤 있을 수가 없으며, 그 앞에서는 어떠한 것도 예외 없이 상실의 위험에 처해지며 더욱이 부정의 원리는 이 상실을 견뎌낼 수가 있다. 그리하여 개체성을 원리로 하는 세계행로로서는 그 자신이 휘두르는 부정의 힘을 통해서나 그의 적수인 덕성의 의식에 얽혀 있는 모순을 통해서 보더라도 승리는 자기편에 있다는 확신을 할 수 있다.

덕성의 의식에서는 잠재해 있던 것이 세계행로 속에서는 제 모습을 드러낸다. 덕성의 의식을 결박하고 구속했던 온갖 요소에서 풀려난 의식은 세계행로 속으로 자유로이 줄달음친다. 세상 풍파에 그대로 떠밀려가는 의식은 그런 요소를 마음 내키는 대로 파기할 수도, 또 존속시킬 수도 있는 경지에 이름으로써 이를 기화로 하여 마음 조이고 있는 덕의 기사마저도 손아귀에 넣어버린다. 그러나 덕의 기사는 스스로 노심초사해왔던 그런 요소를 마치 겉에 두르고 있는 외투처럼 훌훌 벗어 던지며 유유자적할 수는 없으니, 왜냐하면 그에게는 이것이야말로 포기하려야 할 수 없는 자기본분이기 때문이다.

끝으로, 본원적인 선이 어딘가에 몸을 숨기고는 보기 좋게 세계행로의 배후를 엄습한다는 생각을 해볼 수도 있지만 그런 희망이란 아예 기대할 바가 못 되는 헛된 희망이다.[138] 그도 그럴 것이 세계의 행로는 한 치의 빈틈도 없이 자신감에 넘쳐 있는 의식으로서, 뭔가가 배후에서 닥쳐오도록 놓아두기 전에 언제라도 그것을 맞받아칠 수 있는 만반의 준비를 갖추고 있으니, 모든 것을 자각하여 자기 면전에 두고 있는 것이 세간에 정통한 의식인 것이다.

그런가 하면 본원적인 선의 경우 적과 대결할 때는 앞에서 보았듯이 싸움에 말려들지만 적과 맞서지 않고 그것만으로 있을 때는 재능이나 능력과 같은 수동적인 도구로서 현실성을 결한 소재에 지나지 않는다. 세간(世間)을 헤쳐나가는 입장에서 본다면 어딘가 알 수 없는 배후에 도사린 채 잠들어 있는 의식이라고나 할 만한 것이다.

그리하여 추상적이고 비현실적인 본질을 사실상 자기의 목적으로 하여 현실에 관해서는 다만 말로만 그치는 차이[139]에 지나지 않는 것을 놓고 아웅다웅하는 덕성의 의식은 세계행로에 패퇴당하고 만다. 덕성의 의식은 개인을 희생양으로 하여 선을 실현하는 데 뜻을 두었지만, 현실을 주도하는 것은 개인 이외에 다른 그 어떤 것도 아니다.

---

138) 배후에서 엄습해오는 복병을 구태여 동원할 필요가 없다는 생각을 이끌어내기 위한 것.
139) 곧 밝혀지게 될 개체성과 현실성의 차이 그리고 대자와 대타의 차이를 뜻한다.

선이란 본원적으로 있는 것으로서 실제로 있는 것과는 대립된다고 하지만, 이 본원적인 것이 현실에 그의 참모습을 드러내는 것을 보면 이는 곧 현실 그대로 있는 것에 다름아니다. 본원적인 것은 현실과 대립하는 한에서는 추상적인 본질에 지나지 않는바, 이 추상적인 본질은 참으로 존재하는 것이 아니라 의식에 대해서 존재할 뿐이다. 그러나 또 달리 보면 의식에 대해서 있는 것이야말로 현실적이라고 일컬어지는 것이니, 왜냐하면 현실적인 것이란 본질적으로 의식이라는 타자를 대하면 실제로 거기에 있는 것(was wesentlich für ein anderes ist, oder es ist das Sein)이기 때문이다.

그런데 덕성의 의식은 본원적인 것과 실제로 있는 것이라는 아무 뜻도 없는 차이를 고수해나가려고 한다. 덕성의 의식에 따르면 세계의 행로는 개인을 원리로 하고 있으므로 선이 전도된 상태라고 하지만 실은 개인이야말로 현실의 원리(das Prinzip der Wirklichkeit)이다. 왜냐하면 개인이야말로 본원적인 것으로 하여금 동시에 타자에 대해서 존재하는 것이 되도록 매개하는 의식이기 때문이다. 물론 세계의 행로는 불변의 선을 전도시켜버린다고는 하지만 사실 그의 전도는 추상적인 무로서의 선을 실재하는 것으로 전도시켜놓은 것이다.

마침내 세계행로는 덕성과의 대립 속에서 덕성이 노리는 것을 제압하고 만다. 즉 본질을 결한 추상성에 바탕을 두고 있는 덕성의 의식으로서는 세계행로를 당해낼 수가 없는 것이다. 그러나 세간에서 이렇게 거두어들인 승리는 결코 실질적인 상대에 대한 승리가 아니라 아무런 근거도 없이 조성(造成)된 구별(das Erschaffen von Unterschieden, welche keine sind)에 대한 승리, 즉 인류의 지선(至善)이니 인간성의 억압이니 또는 선을 위한 희생이니 재능의 악용이니 하는 등등의 미사여구에 종지부를 찍는다는 의미에서의 승리이다.

이렇듯 이상(理想)에 사로잡힌 생각이나 목적은 사람들의 마음을 들뜨게 하고 이성은 오히려 텅 빈 채로 기를 북돋워주면서[140] 아무것도 제대로 일으켜세우는 것이라곤 없는 공허한 말에 지나지 않는다는 것

이성의 확신과 진리 403

이 명백해지면서 어제는 어디론가 자취를 감추고 만다. 덕의 의식이 내뿜는 열변을 듣고 있노라면 고귀한 목적을 위한 행동임을 표방하면서 탁월한 말솜씨를 놓하는 개인이야말로 훌륭한 인격자라는 듯이 이 점만을 애오라지 단언하여 그칠 줄을 모르는데, 그 장광설에 귀를 기울이다 보면 머리가 뜨겁게 달아오르기는 하지만 결국 그것은 알맹이는 없는 호언장담에 지나지 않는다.

거슬러 올라가보면 고대인의 덕성[141]은 명확하고 확고한 의미를 지니고 있었다. 즉 민족의 실체를 내용이 풍부한 토대로 하여 이미 현실에 존재하는 선을 목적으로 삼는 가운데 현실이 총체적으로 전도되었다고는 생각지 않았고 또한 세계행로에 이의를 제기하는 일도 없었다. 그러나 지금까지 보아온 근대의 덕성은 실체를 일탈한 본질 없는 덕성이며, 실질적인 내용을 갖추지 않은 한낱 관념이나 말잔치로 끝나는 덕성이었다.

세계행로를 말로만 질타하는 덕의 공허함은 이 미사여구에 담겨 있는 의미가 어떤 것인지 밝혀지고 나면 그의 정체가 여지없이 드러나므로 아무런 신선미도 없게 된다. 따라서 이렇듯 알려져 있는 것을 구태여 말로 해야 한다면 봇물 터지듯 새로이 열변을 토하거나 아니면 반대로 단지 마음에나 호소하여 말하고자 하는 것을 내심으로 중얼거리는 정도로 끝내버릴 수밖에 없겠다. 아무튼 그것을 제대로 말로 하기가 불가능하다는 것은 덕성의 의식에도 잘 알려진 터이다.

그런데 현대인의 교양 수준에서는 무의식중에나마 이상과 같이 덕을 내세우며 열변을 토한다는 것이 무의미한 짓임을 확신하고 있는 셈이다. 그 이유는 그렇듯 마구 쏟아내는 미사여구나 이를 자화자찬하는

---

140) 원어는 Erbauung으로 공경(심)·경건(성)·신심(信心)이라는 뜻인데, 낭만주의자의 종교성에 대해 부정적이듯 개개인의 심정이나 심정적 차원에서의 덕성에 대해서도 본질적이라고 보지 않는 헤겔에게서 그것은 얄팍한 신심이나 설교에 불과한 것이다.
141) 고대의 현자로부터 전해오는 "인간의 지혜와 덕성은 자기 민족의 관습을 지키며 살아가는 것이다"라는 잠언을 가리킨다.

모습 앞에서 더 이상 그 누구도 흥미를 갖지 않게 되었기 때문이다. 한낱 권태로움을 자아내는 이야기가 흥미를 앗아가버리는 것은 당연한 일이다. 이제 덕성과 세계행로의 대립에서 빚어진 결과로 말하면 의식이 아직 현실성을 띠지 않은 본원적인 선의 관념을 헛껍데기만의 외투인 양 팽개쳐버린다는 것이다. 이 싸움의 와중에 의식이 알아차리게 된 것은, 세계행로라는 것이 그대로 보편정신이 아로새겨진 현실의 모습인 이상 겉보기처럼 그리 나쁜 것은 아니라는 사실이다.

이와 더불어 또한 개체성이야말로 본원적인 선을 실현하는 힘인 이상 개체성을 무력화함으로써 선을 구현[142]한다는 그런 수단은 폐기된다. 그리하여 세계행로에서 전도된 상태라는 것도 결코 선이 전도된 것이 아니라 한낱 목적으로 정립된 데 지나지 않는 추상적인 선이 전도된 것(die Verkehrung desselben als eines bloßen Zwecks)으로서 오히려 그러한 선이 현실성을 획득하고 난 상태로 간주되어 있다. 결국은 개인의 움직임(die Bewegung der Individualität)이야말로 보편적인 것을 실재화하는 것이 된다.

그러나 동시에 세계행로도 본원적인 선의 의식에 대립하는 한, 그것 역시 제압되어 소멸되어버린다. 세계행로가 선과 대립해 있는 한, 개인의 독자적인 행보는 본질에 해당하는 보편정신과 대립함으로써 본원적인 선과는 단절되어 있는 현실로 나타나 있었다. 그러나 현실이 보편정신과 불가분하게 통일되어 있음이 밝혀진 마당에 세계행로에서 개개인의 독자적인 행보(das Fürsichsein des Weltlaufs)라는 것은 마치 덕성의 의식이 줄기차게 감싸왔던 본원적인 선이라는 것(das Ansich der Tugend)이 단지 하나의 견해[143]에 불과했던 것과 마찬가지로 외견상 그렇게 보일 뿐이라고 해야만 한다.

물론 온갖 세파를 헤쳐나가야 하는 개인으로서는 마치 그가 자기만

---

142) 내적 본질로서의 절대적 질서는 엄밀히 말하면 덕에 의하여 비로소 창출되는 것은 아니다.
143) 선이란 즉자적·내면적인 추상이라는 입장.

을 위해서 이기적으로 행동하는 듯이 지레짐작할 수는 있겠지만 사실 그는 스스로 짐작하기보다도 더 양질(良質)의 존재여서, 그의 행위는 동시에 본원적인 선을 실현해나가는 공동의 행위[144]이기도 하다. 개인이 이기적으로 행동하고 있다면 이는 개인이 자기가 하고 있는 것이 무엇인지를 스스로 알지 못한다는 것을 뜻하며, 더 나아가 만인이 이기적으로 행동한다는 등으로 단언하는 것은 만인이 행위란 무엇인지를 의식하고 있지 못하다고 주장하는 것과 다름없다.

개인이 자기를 위하여 행동할 경우, 바로 이 자기를 위한 행위야말로 본원적 상태에 있는 선 그 자체를 현실로 이끌어내는 행위(die Hervorbringung des nur erst Ansichseienden zur Wirklichkeit)이다. 따라서 본원적인 선에 대립해 있는 것으로 여겨졌던 이기적인 목적이나 약삭빠른 행태, 그리고 더 나아가서는 가는 데마다 사리(私利)를 앞세우고 득의양양하며 큰소리치는 작태[145]란 이 모두가 본래의 목적이라는 등의 말짓거리를 농하는 것과 마찬가지로 어디론가 사라져버리고 마는 것이다.

그러므로 이제는 개인이 행위하며 영위하는 것이 그대로 목적[146] 그 자체가 된다. 힘의 사용과 이렇게 발현된 힘의 유희야말로 생명 없는 잠재적 상태에 머물러 있는 힘에 생명을 부여하는 것으로서, 이때 아직 구현되지 않은 채 잠재해 있는 추상적인 보편적 원리에 생명이 불어넣어지면서 개인이 전개하는 생생한 현실 도정이 그대로 보편정신을 체현하게 된다.

---

144) 이는 『법철학』에 논술되어 있는 '욕구'의 체계로서의 시민사회가 안고 있는 긍정적인 면이 된다. 이와 동일한 생각은 제6장의 교양 단계에서 국가권력(Staatsmacht)에 대립하는 재부(Reichtum)에도 해당된다.

145) 「뷔르템베르크(Württemberg) 주의회에 대한 비판」(Über die neuesten inneren Verhältnisse Württembergs, 1798)에서 '역사의 심리학적 관점'이라고 이름붙여진 것이다. 이에 관한 자세한 내용은 『법철학』 §124 참조.

3. 절대적인 실재성을 획득한 개인

자기의식은 애초에는 다만 연구자로서의 우리에게만 알려져 있던 개념,[146] 즉 온갖 실재이다라는 데 대한 자기확신을 마침내 자기의 것으로 포착함으로써 천부적인 자질이나 능력과 같은 보편적인 요소와 개체성의 역동적인 상호침투 작용이 자기의식의 목적[148]과 본질이 되어 있다. 양자가 어우러져 통일되기 이전에 개별적인 요소가 충족되고 침투되어가는 각 단계가 지금까지 의식의 목적으로서 고찰되어온 터이다.

지금까지 내세워왔던 목적은 정신적인 자기의식이 지녔던 초기의 불충분한 형태에 걸맞은, 즉 마음이나 상상력이나 언변(言辯)의 세계에서 목적이라고 여겨졌던 추상적인 환영(幻影)[149]이었다고 한다면, 그것이 사라져버린 지금, 절대적으로 자기의 실재성을 확신하는 이성은 더 이상 직접 존재하는 현실에 대립하는 것으로 하여 목적을 실현하려는 것이 아니라 이러한 대립의 구도를 넘어선 범주 그 자체[150]를 의식의 대상으로 하고 있다. 다시 말하면 갓 등장하고 난 이성이 걸치고 있던, 타자를 부정하고 자기와 맞서 있는 그런 자기의식은 이미 극복되어 있다. 자기의식이 일찍이 마주하고 있던 현실은 자기의식에게 부정적인 것이

---

146) 378쪽의 1) 쾌락과 필연성에서 자기의식은 그 스스로가 실재한다고 생각하는데, 이는 존재하지 않는 것에 연연해하는 것과도 같은 입장이다.
147) 제4장의 맨 끝부분에서 "이성이란 개별 의식이면서도 절대적으로 그 자체가 곧 온갖 실재라는 의식의 확신이다"와 맥락을 같이한다.
148) 행위하는 이성이 지금껏 정립해온 목적은 쾌락과 마음의 법칙과 덕성이다.
149) 자기의식의 입장에서 자기와 현실 사이에 가로놓여 있는 것은 자기가 실재한다는 데 대한 확신과는 견줄 바가 못 되는, 안개와 같이 사라져버리고 말 학문이나 율법이나 원칙임을 나타낸 것.
150) 앞의 쾌락과 필연성에서 범주는 갖가지 단순한 본질존재에서 전개되어나오는 것, 따라서 통일과 차이와 이 양자의 관계를 내용으로 하는 원환으로 묘사되었지만 여기서는 범주의 이러한 구조가 자기의식에 의해 몸소 체험되고 자기의식 스스로가 그러한 구조를 갖춘 것이 되어 있다.

어서, 자기의식은 그런 현실을 극복함으로써 비로소 자기의 목적을 실현할 수 있었던 것이다.

그러나 이제 본원적인 목적 그 자체[151]와 타자에 대해서 있는 눈앞의 현실이 동일한 것임이 밝혀진 마당에 진리와 확신은 더 이상 분리될 수 없다. 따라서 만약 분리된다면 정립된 목적이 자기의 확신이 되고 목적의 실현은 진리로 간주되거나, 아니면 목적이 진리이고 실현은 확신으로 간주되거나 그 어느 쪽이 될 것이다. 그런데 이제는 본질과 목적이 완벽하게 눈앞의 현실과 일체화되어 있다는 확신 아래 즉자존재와 대자존재, 보편성과 개체성이 상호침투해 있는 것(die Durchdringung des Ansich-und Fürsichseins, des Allgemeinen und der Individualität)이다. 결국 행위가 그 자체로서 진리이고 현실이며 개인의 표현이나 발언이 어김없는 행위의 목적이 되는 것이다.

이런 사태를 맞이한 자기의식은 한편에 범주가 있고 다른 한편에 관찰이나 행위를 통하여 이 범주와 관계하는 자기가 있다는 식의 대립상(相)을 떨쳐버리고 자체 내로 복귀해 있다.[152] 자기의식은 순수한 범주를 자기의 대상으로 하는 가운데 마치 범주가 범주를 의식하는 것과 같은 양상을 띠고 있다. 이로써 지금까지 있어왔던 자기의식의 형태에 대해서는 결제(決濟)가 행해지고 이전의 형태는 망각됨으로써 더 이상 눈앞의 현실로서 등장하지는 않고 단지 자기의식 내에서의 투명한 계기[153]로 전개되는 데 지나지 않는 것이 되어 있다. 그러나 이전의 형태가 의식 속에 나타날 때면 거기에 얽혀 있는 갖가지 요소는 저마다 뿔뿔이 운동하는 모습을 드러낼 뿐, 아직 전체가 실질적인 통일성을 띠지는 못했지만 그 모든 요소 속에서 자기의식은 존재와 자기의 단순한 통일을

---

151) 보편적인 것을 진실된 것으로 여기는 덕이 실현하고자 하는 선하고 참다운 것은 가능성으로만 그칠 수도 있는 본원적인 것이다.
152) 여기서는 관찰하는 이성과 행위하는 이성을 통일하는 것이 보편적 이성이 되어 있는데, 동시에 이는 이론이성과 실천이성의 통일이기도 하다.
153) 여기서 계기는 내용적으로는 목적-수단-결과(현실)인데, 이것이 근원적으로 한정된 본성에서 통일된 모습으로 나타나 있다.

견지하고 있으니, 그의 통일은 곧 유(類)[154]로 나타난다.

이로써 의식은 그의 행위에 부수되어 있는 온갖 대립과 제약을 떨쳐버리고 일약 자기를 기점으로 새로운 출발하는데, 더욱이 이는 타자를 향해 가는 것이 아니라 자기 자신을 향해 가는 것이다. 이제는 개인이 그대로 현실인 이상 그가 작용을 가하는 소재[155]도, 행위의 목적도 그 모두가 행위 자체에 얽혀들어 있다. 그러므로 행위는 허공을 자유자재로 맴도는 원환운동[156]을 펴나가며 마음 내키는 대로 크고 작은 원을 그려가면서 자기 안에서 자기만을 상대로 완전한 만족을 누리고 있다. 이때 개인이 스스로의 형태를 표현하는 장(場)[157]이야말로 순수히 그의 형태를 받아들여주는 터전으로서 의식은 자기를 여기에 말끔히 드러내 보이려고 한다.

행위는 아무런 변화도 시키지 않고 그 어디로도 향하는 데가 없이 다만 보이지 않는 것을 보이는 것으로 바꿔놓는 순수형식일 뿐이며 밖으로 드러내져서 표현되는 내용은 본래부터 이 행위에 잠재해 있던 것[158] 이외에 아무것도 아니다. 본래 잠재해 있는 것은 곧 사유된 통일체로서의 행위의 형식으로, 이것이 현실로 옮겨지면 존재하는 통일체의 형식을 띤다. 이때 내용 그 자체를 놓고 본다면 이행이나 운동의 규정에 반하여 단일한 존재의 규정을 받는 것이 되겠다.

---

154) 뒤에서도 논의되겠지만 여기서 '유'란 내용상으로는 목적-수단-결과이고 형식상으로는 대자와 대타라는 무계기를 모두 다 유로서 포함하는 사태 자체(Sache selbst)인데, 이것이 '인륜적 실체'라는 의미를 지닌다.
155) 근원적 본성, 즉 소질이 본래 그 자체로 현실화되어 행위자로서의 우리에게 소재로서 현존한다는 것을 뜻한다.
156) 410쪽의 1) 정신적인 동물의 왕국과 기만, 또는 사태 그 자체에서 연쇄적으로 목적-수단-결과로 이어진다.
157) 장(場)·장면·지반·터전(Element)이란 요컨대 근원적으로 한정된 자연(die ursprunglich bestimmte Natur)이 바탕이 되어 있는 그 터전을 뜻한다. 이렇듯 근원적으로 한정된 자연 또는 본성 그 자체가 바로 이 장이며 터전이기도 하다.
158) 근원적으로 한정된 자연을 일컫는다.

1) 정신적인 동물의 왕국과 기만, 또는 사태 그 자체

그 자신이 실재성을 획득한 개인은 우선 첫째로 다시금 하나의 특정한 개별자(eine einzelne und bestimmte)로 존재한다. 따라서 개인이 스스로가 거머쥔 것으로 알고 있는 절대적 실재성은 개인이 그것을 의식하는 바에 따르면 내실도 내용도 없는 추상적이고 보편적인 실재로서, 단지 범주라는 공허한 사상일 뿐이다.[159] 이제부터 그 자체로 실재하는 개인이라는 개념이 어떻게 각 요소 속에 자리매김되고 개인에게 어떻게 의식되는가를 살펴나가야만 하겠다.

개인은 이때 그 자신이 온갖 실재이다라는 것을 자각하고 있지만 이 자각은 일단 우리에게 하나의 결과물[160]로 주어져 있다. 실재성을 띠었다는 개인은 아직 그 자신의 운동과 현실성을 표현하지는 않은 채 다만 단순한 본연의 존재로서 직접 그대로 있을 뿐이다. 그러나 개인에게는 운동으로 표출되는 부정의 힘이 갖추어져 있어서 이것이 단순히 그 자체로 있는 개인에게 일정한 성질을 안겨준다.

이렇게 해서 단순히 그 자체로 있는 개인은 일정한 틀을 갖춘 근원적인 본성을 지닌 존재로서 등장한다. 이때 근원적인 본성이란 개인이 본래 타고난 존재이기 때문이며, 어쩔 수 없이 근원적으로 규정된 존재란 본래 타고난 존재에 부정적인 요소가 가미되어 거기에 일정한 성질[161]이 주어져 있기 때문이다. 그런데 개인의 존재는 그러한 제한을 받는다 하더라도 이로 인하여 의식의 행위까지도 제한을 받는 것은 아니다. 왜냐하면 여기서 행위는 전적으로 자기 자신과의 관계 속에 이루어짐으로써, 행위에 제한을 초래할 만한 타자와의 관계는 파기되어

---

159) 이 공허한 사상이 내용면에서는 목적-수단-결과라는 계기로, 형식면에서는 대자-대타의 계기로 전개되어나간다. 결국 이들이 펼쳐나가는 이 단계에서의 운동은 자기의식과 동일화되는 과정이다.
160) 마음의 법칙이나 세계의 행로 그 모두가 동일한 사태에 직면하였다.
161) 성질 또는 질(質)의 변증법에 대해서는 44쪽의 주 26 참조.

있기 때문이다.

따라서 근원적으로 규정된 본성이란 단순한 원리라는 데 지나지 않는바, 개인이 투명한 보편적 지반 위에 자유롭고 평정한 상태를 유지하며 마음 내키는 대로 자기의 모습을 전개하여 자기와의 순수한 교류 속에서 자기를 실현해나가는 것을 나타내준다. 이는 마치 틀이 잡혀 있지 않은 동물[162]의 생활이 물·공기·흙과 같은 원소나 거기에 깃들어 있는 한층 더 특수한 요소에 생명의 숨결을 불어넣고는 자기의 존재 일체를 그 속에 침잠시키면서도 자연환경에 구속당하지 않고 자기 역량을 충분히 발휘하는 개별적인 생활을 유지하는 가운데, 특정한 동물 조직을 갖추고서도 일반적인 동물로서의 생활을 영위하는 것과 흡사하다.

자유롭고 안정된 의식과 함께하는 일정한 틀을 갖춘 근원적 본성이야말로 개인에게 목적이 되는 직접적이고 유일한 본래의 내용이다.[163] 물론 그것은 일정한 틀을 갖춘 내용이긴 하지만 이는 그 자체로 있는 개인을 따로 떼어놓고 볼 때에만 내용으로 나타나므로 사실상 그것은 개성이 삼투되어 있고 개별자로서의 의식이 스스로 간직하고 있는 현실이다. 이때 개인은 존재하고는 있지만 아직 행위에 임하는 것으로 자리매김되어 있지는 않다.

개인이 타고난 소질은 누구에게나 갖추어져 있는 성질이라고 받아들인다면 이는 또한 의식이 활동하는 터전에 깔려 있는 단일한 색조라고도 할 만한 것으로 행위하려고 할 때 그것이 극복해야 할 제약이 되지는 않는다. 그러나 또다른 면으로 보면 부정성이란 존재에 규정을 가하는 것(die Negativität Bestimmtheit nur am Sein)으로서 행위란 바로 이런 부정의 힘을 행사하는 것과 다름없으므로, 결국 행위하는 개인에

---

162) 동물적인 요소와의 유사성으로 인하여 '정신적인 동물의 왕국'이라는 제목이 붙었다.
163) 다음 단락에서 밝혀지겠지만 이는 한정된 근원적 자연, 즉 '소질'의 목적이고 수단이고 또 결과이기도 하다.

게서는 그의 타고난 본성이 해체되어 부정성[164]이 온갖 방향으로 치달으면서(die Bestimmtheit aufgelöst in Negativität überhaupt) 어떤 성질의 틀이라도 받아들이는 것[165]이 된다.

결국 단순하고 근원적인 소질이 행위와 행위의 의식 속에 그때마다 갖가지 모습을 하고 나타난다. 행위는 최초에는 의식의 대상으로서, 더욱이 아직은 의식 쪽에 있는 대상이며 목적으로 존재하는바, 따라서 목전의 현실과는 대립되는 관계에 있다. 그 다음으로 생각 속에 떠오른 목적이 발동하면서 그의 실현을 향하여 목적이 오직 형식적인 현실과 관계하는 가운데 현실로 이행하기 위한 수단이 강구되는 단계에 이른다. 마지막 세번째 단계에서는 행위자가 직접 스스로 갖추고 있다고 의식하는 주관적 목적으로서의 대상이 아니라 행위자의 밖으로 벗어나 행위자에 대하여 타자로서 마주해 있는 그런 대상이 나타난다.

그런데 이렇듯 실재하는 개체성과 관련된 각이한 국면을 놓고 여기서 본질적으로 명심해야 할 것은 내용은 어떤 국면에서도 동일한 대로이고 거기에 어떠한 구별도 생겨나지 않는다는 것이다. 즉 개체성과 세계, 근원적인 소질로서의 개체성과 목적, 또는 눈앞의 현실과 목적 그리고 수단과 절대적 목적인 현실 사이에도, 더 나아가서는 조성(造成)된 현실과 목적이나 근원적인 본성이나 수단 사이에도 구별이 생겨나지는 않는다는 것이다.

우선 첫째로 개인에게 안겨져 있는 근원적으로 규정된 본성, 즉 그의 타고난 대로의 소질은 아직 행위할 태세를 갖춘 것이라고는 할 수 없으니, 따라서 특수한 능력·재능 또는 성격 등으로 불린다. 이러한 정신의 독특한 기미(Diese eigentümliche Tinktur des Geistes)가 목적의 유일한 내용을 이루며 오직 이것만이 실재성을 띠는 것으로 간주된다. 의식이 마치 그의 근원적인 본성을 넘어서 어떤 별개의 내용을 실현하

---

164) 이는 한정적·규정적이 아닌 주체적이고 역동적인 운동으로서의 부정성이다.
165) 목적·수단·결과와 대자·대타를 총괄한 개념으로서 이는 곧이어 '사태 자체'로 규정된다.

려는 것이라고 생각한다면 이는 마치 의식을 무에서 무를 낳는 것으로 생각하는 것과도 같은 것이다.

더 나아가 근원적인 소질은 단지 목적의 내용이 되는 것만이 아니라 그 자체가 아예 현실이기도 한데, 또다른 면으로 보면 행위를 위해 주어진 소재이거나 행위를 통해 다듬어져야만 할 목전에 있는 현실이라는 것과 같은 현실이다. 말하자면 지금의 이 행위는 아직 표면화되지 않은 형식으로부터 명확한 형태의 존재로 순전히 옮겨놓기만 하면 되는 것으로서, 이제 의식과 대립하여 그 자체로서 존재하는 현실이라는 것은 한낱 공허한 가상(假象)으로 전락해버린다.

그리하여 의식이 행동으로 나아가려고 할진대는 결코 그림자와도 같은 목전의 현실에 현혹되어서는 안 되고 또한 공허한 사고나 목적에 휘둘리지 않고 자기의 본바탕을 이루는 근원적인 소질에 관심을 집중시키지 않으면 안 된다. 그런데 이 근원적인 소질이 의식에게 깨우쳐지는 것은 의식이 그의 소질을 실현하고 난 뒤에라야만 비로소 가능한데, 이렇게 되면 의식의 내부에만 깃들어 있다는 소질과 의식의 외부에 그 자체로 존재하는 현실과의 차이는 제거되어버린다.

행동은 본래 그 자체로 있는 것을 자각된 상태로 현재화(顯在化)하기 위하여 취해지는 것이므로 결국 행동이란 바로 정신이 의식이 되어 나타나는 것이다. 즉자적으로 있는 것은 현실화되었을 때 정체가 드러난다. 따라서 개인은 행위를 통하여 스스로를 실현하기 이전에는 자기가 누구이며 무엇인지를 알 수가 없다.

하지만 이렇게 되면 행위를 완료하기 이전까지는 행위의 목적을 결정할 수 없을 듯이 생각될 수 있다. 또한 동시에 의식적인 행위인 이상 사전에 행위를 완전히 머릿속에 짜놓고 있어야만 한다고, 즉 행동을 하기 전에 미리 목적을 설정해놓아야만 한다고도 생각된다. 결국 이렇게 되면 행위에 착수하려는 개인은 행위와 의식이라는 양단 사이에서 어느 한쪽을 미리 전제해야만 한다는 악순환에 빠져들어서 첫 실마리를 발견할 수가 없게 되어버린다. 즉 목적이 되어야 할 근원적인 소질은 행위의 결과를 통해서만 비로소 파악될 수 있는데도 반대로 행위의 발동을 위해서는 사전에 목적을 설정할 필요가 있다는 식의 악순환에 빠져든다는 것이다.

그러나 바로 이런 까닭에 의식은 단도직입적으로 시작해야만 하고 그 어떤 상황에서도 시작이나 수단이나 종말에 대해 좌고우면함이 없이 행동에 착수해야만 한다. 왜냐하면 의식의 본질과 본원적인 소질은 그야말로 시초와 수단과 끝이 모두가 하나로 응어리져 있는 것이기 때문이다.

애초부터 있는 소질은 행동하는 상황 속에 어우러져 있어서 개인이 뭔가에 관심(das Interesse)을 품을 때면 이미 행위를 할 것인가 안 할 것인가, 한다면 무엇을 할 것인가(ob und was hier zu tun ist)라는 물음에 대한 답이 주어져 있다. 왜냐하면 눈앞의 현실로 보이는 것은 실은 개인의 타고난 본성이었던 것이 존재하는 모습을 띠고 나타난 것일 뿐이며, 더욱이 그것도 행위가 자기분열을 일으킨 데서 그런 양상을 띠게 된 것이므로 그의 소질은 의식이 지니는 관심 속에 표명되어 있기 때문이다. 또한 마찬가지로 어떻게 할 것인가라는 수단의 문제도 의문의 여지 없이 결정이 나 있다. 실로 재능이라는 것은 누구나가 타고난 개성이 목적을 실현하는 단계에서 활용하게 될 내적인 수단이라고 이해되어도 무방하다.

그런데 실제로 목적에서 현실로의 이행을 실현하기 위한 수단이 되는 것은 재능과 관심이 두어져 있는 것의 본성과의 통일이다. 재능이 행위의 수단으로 활용되는 측면을 나타낸다고 한다면 관심은 내용의 측면을 나타낸다고 하겠으니, 어쨌든 양자는 다 함께 존재와 행위의 상호침투된 개체성(die Individualität selbst, als Durchdringung des Seins und des Tuns) 그 자체를 이룬다. 결국 현존해 있는 것이 있는 그대로의 상황으로서, 이는 본래 개인이 타고난 본성이 그대로 모습을 드러낸 것이다. 그 다음에 오는 것이 관심인데, 이는 눈앞의 상황을 바로 자기의 목적으로서 정립하는 것이다.

마지막에 오는 것이 수단에 포함되는 상황과 목적 사이의 대립을 결합하고 극복하는 것이다. 다만 이 결합은 아직 그 자체가 의식의 내부에 있으므로, 지금 본 전체는 대립의 한쪽 편에 있다. 결국 이 전체와 다른 한쪽의 대립은 현실로의 이행이라는 수단을 통하여 극복된다. 이것이야말로 내적 수단이 갖는 한계를 넘어서 외면과 내면을 통일하는 것이다. 이로써 의식 쪽에 안겨 있는 제약이 극복되고 행위와 존재의 통일이 마침내 외면적인 것으로, 즉 개인이 자기의 존재를 대상으로 정립하는 그러한 개성의 실현으로 자리매김된다. 이렇게 되면 행동 전체(Die ganze Handlung)는 상황·목적·수단·성과라는 그 어떤 면에서 보더라도 자기를 벗어나는 일이라고는 없다.[166]

그런데 이제 작업의 결과가 나타나면 여기에는 근원적인 본성의 차이가 드러나는 듯이 보인다. 즉 결과물은 그 속에 표현되는 근원적인 본성과 마찬가지로 또한 일정한 성질을 지니게 마련이다. 왜냐하면 행위로부터 방면(放免)되어 저 나름대로 존재하게 된 현실의 결과물은 독자적인 성질로서의 부정성[167]을 갖추고 있기 때문이다.

이 결과물과 맞서 있는 의식은 일정한 그의 성질을 밖으로부터 받아들이는 것이 아니라 도대체가 부정성이 따르는 행위에 임한다는 특성을 지니는 까닭에 일정한 성질의 결과물에 대해서는 이를 넘어서는 보편적인 견지에서 결과물을 서로 비교하고, 나아가서는 그 바탕에 깔려 있는 개성의 차이마저도 알아낼 수가 있다. 말하자면 큰 영향력을 발휘할 만한 작업 결과를 낳은 개인은 강인한 의지력을 지녔거나 아니면 생래적인 본성 자체가 여러 가지 가능성을 향해 개방되어 있다고 하겠으니, 이에 비하면 별개의 결과물을 낳은 개인은 빈약한 성질의 소유자인 것이 된다.

---

166) 연쇄적인 작용으로서 원환형태를 이루듯 하는 목적-수단-결과를 가리킨다.
167) 이미 누차 얘기됐듯이 부정성은 존재에 대한 한정이나 제한적인 의미 외에도 주체적인 운동 또는 활동성을 나타내는데, 여기서는 질적으로 한정된 의미의 부정성을 뜻한다.

크기에 관한 이런 비본질적인 구별과는 달리 선과 악의 구별은 절대적인 차이를 나타낸다고 하겠는데, 여기서는 아직 그의 구별은 나타나지 않는다. 이런 경우 선이건 악이건 그 모두가 어차피 동일한 행위 또는 활동이며 하나의 개성에 의한 자기표현이며 자기표명이라는 점에서는 모두가 선이다. 무엇을 악이라고 할 것인지가 도대체 분명하지 않은 것이다. 열악한 결과라고 불리는 일정한 성질을 지닌 개인의 생명이 거기에 불어넣어져 있으니, 이를 열악한 결과물이라고 몰아세우는 것은 고답적인 입장에서 결과물을 비교하기를 능사로 여기는 사고의 탓일 뿐이다.

그런데 이러한 사고는 개성의 자기표현이라고 할 작업 결과의 본질과는 동떨어진, 뭔가 알 수 없는 또다른 것을 거기서 찾아내려는 헛된 놀음에 지나지 않는다. 따라서 이런 식의 비교란 앞에서 얘기된 그런 구별만을 비교의 기준으로 삼는 셈이 되는데, 본래 이는 크기와 같은 비본질적인 구별로서 더욱이 갖가지 작품이나 개인을 서로 비교하는 데서나 생길 법한 그런 구별이다.

그러나 개인이나 작품 그 자체는 서로 관계하는 바가 없이 저마다 오직 자기 자신과 관계할 뿐이다. 여기서 문제의 본체를 이루는 것은 오직 타고난 성질로서, 이는 작품을 평가할 때의 기준이 되기도 하고 반대로 작품에 기초하여 근원적인 성질을 평가할 수도 있다. 결국 양자는 상보적인 관계에 있다. 개인에 대해서 존재하는 것치고 개인에 의해 산출되지 않은 것은 아무것도 없으며, 개인의 성질이나 행위가 아닌 그런 현실이라는 것도 존재하지 않는다. 다시 말하면 현실적이지 않은 개인의 행위나 본원적 성질이라고는 없으며(kein Tun noch Ansich derselben, das nicht wirklich ist), 오직 개인과 현실이라는 두 요소만이 비교의 대상이 된다.

그러할진대 여기에는 도대체 기쁨에 들뜨거나 비탄에 빠지거나 또는 회한에 젖어들거나 하는 일이 생겨날 여지라곤 없다. 왜냐하면 그런 것은 모두가 개인의 타고난 본성 또는 이 본성의 현실적인 전개와는 별개의 내용이나 별개의 풀릴 수 없는 본원적인 것을 상정하는 데서 생겨나는 것이기 때문이다. 개인이 무엇을 하거나 어떤 일을 당하거나 간에 이는 오직 개인의 소치이며 바로 그 개인 자체인 것이다.

여기서 개인이 의식하는 것은 가능성의 밤에 휩싸여 있던 자기 자신이 대낮 같은 현재 속으로 고스란히 옮겨져 추상적이며 본원적인 존재에서 현실적인 존재로 탈바꿈했다는 것이다. 이때 개인은 또한 현실로 자기에게 생겨나고 있는 것은 가능성의 밤에 잠들어 있던 것에 다름아니라는 것을 확신한다.

이러한 통일이 의식되는 이유는 가능성과 현실성의 비교가 행해지기 때문인데, 이때 비교되는 것이 서로 대립하는 듯이 보이는 것은 외관상으로만 그러할 뿐이고(hat eben nur den Schein des Gegensatzes), 개인 자신이 곧 현실존재임을 확신하는 이성의 자기의식[168]에게 그런 모습은 단지 외관상으로 그렇게 보일 뿐이다. 그리하여 자기의 현실 속에서는 현실과 자기와의 통일 이외에는 아무것도 눈에 띄지 않는다는 것, 다시 말하면 자기확신이 곧 진리이고 목적은 언제나 달성되게 마련이라는 것, 이것을 깨우친 개인은 오직 희열에 넘쳐날 뿐이다.

스스로가 개체와 존재의 절대적 상호침투임을 확신하는 의식은 이상과 같이 자기의 모습을 개념화해놓는다. 이제 이러한 개념이 의식에게 경험에 의해서도 확증되고 개념의 실재성이 의식의 그러한 모습과 일치하는지 살펴봐야만 하겠다.

작업의 결과란 의식이 자기로 하여금 실재성을 갖추게 한 것으로서 작품 속에 담긴 것은 본래대로 잠재해 있던 개인이 현재화(顯在化)한 것이다(worin das Individuum das für es ist, was es an sich ist). 또한 작업의 결과물 속에 있는 자기와 마주하고 있는 의식은 특수한 의식이 아닌 보편적인 의식으로서, 작품 속에서도 그것은 보편적인 세계

---

168) '이성의 자기의식' 또는 '이성'이란 행위하는 이성에 대한 보편적 이성이며, '자기의식'이라고 한 것은 범주가 바로 범주를 자각하게 되었음을 뜻한다.

의 장(場)으로, 무한정한 존재의 장으로 퍼져나간다. 결과물로부터 자기에게로 되돌아오는 의식은 사실은 대립 속에서 절대적 부정성[169]을 발휘하는 행위의 주체인 이상, 일정한 틀을 갖춘 결과물과는 다른 보편적인 존재이다. 따라서 의식은 작업 결과로서 그 속에 응축되어 있는 자기를 넘어서는 차원에서 그 자신이 결과물에 의해서 충만될 수 없는 무한의 공간이 된다.

바로 앞에서는 개인과 작업 결과의 통일된 상태가 명시되었지만 그렇듯 통일이 가능했던 이유는 사실은 작업 결과가 행위적인 요소와 무관하게 단지 그렇게 거기에 있다는 사태가 극복되기에 이르렀기 때문이다. 그러면서도 또 결과물은 어쩔 수 없이 그것대로 존재하게 마련이므로, 이제 새삼 고찰되어야 할 것은 작품이라는 존재 속에서 개인이 어떻게 세계 전체와 어우러져 자기만족을 누릴 수 있는가 하는 점이다.

우선 조성된 작업 결과만을 따로 놓고 고찰해야만 하겠다. 그것은 개인의 본성 전체를 받아들인 것으로서, 그의 존재란 모든 요소[170]가 서로 삼투되고 해소되는 가운데 성립된 행위이다. 결과물이 사라지지 않고 존속하는 것은 근원적인 본성 가운데 일정한 소질이 실제로 다른 갖가지 성질과 부딪치며 서로가 혼합되기도 하고 또 서로를 말소하기도 하는 공통의 운동을 펴나왔기 때문이다.

현실과 완전히 일체화한 개인의 참모습을 보면 거기에는 상황·목적·수단 그리고 실현을 위한 행위 등 모든 요소가 다 같이 포함되어 있고 또 일정한 소질은 그 모든 요소에 걸쳐 있는 공통소에 해당된다. 하지만 일단 이 소질이 결과물 속으로 대상화할 경우에는 그의 한정성이 결과물 속에서 현재화하고 나서 다시 그 한정성이 결과물 속으로 해체되는 데서 오히려 그의 참모습이 드러난다. 이렇게 해체되는 과정은

---

[169] '절대적 부정성'이란 문자 그대로 한정된 질적 차원에서의 부정성이 아닌, 절대적 자기 운동성에 기인한 부정태이다. 즉 이는 '주체'로서의 부정성이며, 나아가서는 개체성 그 자체이기도 하다.
[170] 구별되는 요소란 목적-수단-결과를 말한다.

구체적으로는 일정한 소질의 장본인인 개인이 바로 이 특수한 개인으로서 현실화하는 모습을 띤다.

그러나 이렇게 결과물 속에 녹아들어가 있는 소질은 내용이 현실적일 뿐만 아니라 형식[171]도 현실적이어서 소질이 스며들어 있는 현실 그 자체가 바로 자기의식에 대립하는 것으로 있게 된다. 이런 점으로 보면 현실이라는 것이 개념의 테두리를 벗어난, 한낱 목전에 놓여 있는 낯선 현실이 되어 있다. 결과물이 이렇게 있다는 것은 그것이 다른 개인에 대해서도 존재한다는 것이고 다른 개인에게 낯선 현실로 있다는 것이 되므로, 다른 개인으로서는 낯설게 다가오는 현실을 떠밀어내고는 대신 자기의 현실을 그 자리에 정립함으로써 비로소 자기의 행위를 통한 자기와 현실의 통일을 의식하게 되는 것이다.

다른 개인이 저마다 타고난 소질에 근거하여 품게 되는 타인의 작업 결과에 대한 그들의 관심은 그 결과물을 이루어낸 당사자의 관심과는 유를 달리하는데, 이렇듯 타인의 주목의 대상이 되는 데서 결과물의 의미가 변색되어버린다. 말하자면 작업 결과는 타인의 능력이나 관심과 맞부딪치면서 이런 와중에 말살되어버리고 마는 덧없는 것으로서, 이는 개인의 실상을 완벽하게 드러낸다기보다는 오히려 개인의 실상을 스러져가는 것으로 표현하는 것이다.

이로써 작업 결과 속에 행위와 존재의 대립이 생겨나는데, 이전의 의식의 형태[172]에서는 대립은 행위의 시초에도 나타났지만 행위와 존재의 통일로부터 출발한 이 의식형태에서 대립은 결과에만 나타난다. 그러나 사실은 의식이 본연의 실재세계에 형통해 있는 개인으로서 행동에 나설 때 이미 대립은 그 근저에 깔려 있었던 것이다. 왜냐하면 행

---

171) 형식상의 구별이란 대자존재와 대타존재의 구별을 뜻하지만, 여기서 '형식'은 대타존재에 해당된다.
172) 이전의 형태라고 한 것은 행위하는 이성의 점진적인 발전단계를 가리킨다. 예컨대 마음의 입장에 대립되는 현실은 쾌락에서 비롯된 필연성으로부터 발생(geschehen)한 것인데, 마음은 이를 자각하지 못한 채 그에 항거한다.

동에는 일정한 소질이 기본적인 요소로서 전제되어 있고 이를 실현하기만 하면 되는 순수한 행위[173]는 바로 그 소질을 내용으로 하고 있지만, 순수행위는 자기동일적인 형식을 지니는 까닭에(Das reine Tun ist aber die sich selbst gleiche Form), 소질이 일정한 특성을 지니는 것은 그런 형식에는 합치될 수가 없기 때문이다.

여기서도 또다시 행위와 본성이라는 두 요소를 놓고 어느 쪽을 개념이라고 부르고 어느 쪽을 실재라고 부르는가는 문제가 되지 않는다. 소질이 아예 처음부터 머릿속에 잠재해 있어서 이것이 행위를 통하여 비로소 실재성을 획득한다고 하건, 아니면 소질이 개인 그 자체나 개인의 작업 결과로서 이루어진 존재로서 행위하는 쪽이 절대적 이행(移行)이나 생성을 나타내는 근본개념이라고 하건 그 어느 쪽이라도 상관이 없는데, 아무튼 의식은 어떤 경우이건 그의 본질을 이루는 개념과 실재와의 불일치를 그의 작업 결과 속에서 알아차린다. 그리하여 의식은 마침내 그의 작업 결과 속에서 참다운 자기 모습을 드러낸다고 하겠으니, 이렇게 해서 의식이 지녀왔던 자기에 관한 공허한 개념은 불식되어버린다.

개인의 본원적인 실재성을 여실히 반영한다고 할 작업 결과가 이렇듯 근본모순을 안고 있으니, 이제 다시금 결과물 속에는 개인적인 온갖 측면이 모순을 지닌 것으로 나타나게 된다. 개인의 행위는 부정에 의한 통일성을 바탕으로 하여 온갖 요소를 포괄하고 있다. 하지만 그 행위가 낳은, 개체성 전체를 내용으로 하는 작업 결과는 일단 존재화하고 나면(in das Sein herausgestellt) 본래 개성이 지녀왔던 갖가지 요소를 방치해버림으로써 존립의 장(場)으로 옮겨진 요소는 저마다 뿔뿔이 흩어진 채로 그 안에 공존하게 된다.

이렇게 해서 개념과 실재는 각기 목적과 근원적인 소질이라는 양면

---

[173] 395쪽 덕성과 세계행로의 최종 결론, 즉 "개인이 행위하며 영위하는 것이 그대로 목적 그 자체가 된다"를 가리킨다.

으로 분열된다. 이로써 과연 목적이 참다운 소질에 부합되는지, 아니면 타고난 대로의 개체성이 목적에 부합되는지가 묘연해진다. 이밖에도 개념과 실재의 분열은 현실로의 이행과 목적 사이의 분열로서 나타나기도 하므로 여기서는 동시에 선택된 수단이 목적을 제대로 표현하고 있는지 여부가 불분명해진다. 그리고 끝으로 목적과 수단이라는 내면적인 요소를 일괄해서 보면 이것이 내적으로 통일을 이루고 있는가 어떤가는 차치하고라도 개인의 행위와 현실의 관계가 우연에 맡겨지게 되고 만다. 행운만 따라준다면 잘못 설정된 목적이나 잘못 선택된 수단이라도 훌륭한 결과를 낳을 수가 있는 것이다.

지금 보았듯이 개인의 행위 속에 이상과 같은 우연의 요소가 끼어들면서 그의 결과물에서 의욕과 실행, 목적과 수단 그리고 다시 이들 내면 전체와 현실 사이의 대립이 빚어지고는 있지만, 여기에는 이와 더불어 행위의 통일성이나 필연성도 개재해 있다. 그런데 행위가 치러지는 데서는 통일과 필연성의 측면이 우연의 요소를 능가하는 까닭에 행위가 우연에 좌우된다는 경험은 그 자체가 한낱 우연한 경험에 지나지 않는 듯이 여겨진다. 행위의 필연성이란 목적이 단적으로 현실과 결부되는 데에 성립되는 것으로서, 이 통일이 바로 행위의 개념이다. 행동이 취해지는 것은 행위가 한 치의 어김 없이 현실의 본질과 일치하고 있기 때문인 것이다.

물론 행위에 의한 결과물 속에는 의욕이나 실행과 이로써 달성된 결과를 서로 대립시키는 것과 같은 우연성이 개재되면서 지금 막 얘기된 행위의 본질과는 모순을 빚게 되는데, 이 경험이야말로 사태의 진상[174] 을 나타내는 것으로 생각될 수도 있다. 그러나 이 경험의 내용을 자세히 들여다보면 모순되는 내용이야말로 소멸되어가는 결과물이라는 것을 알 수 있다. 즉 소멸되는 사태는 언제까지나 지속되는 것이 아니라

---

174) 행위나 작업의 결과야말로 개인의 진솔한 모습 그대로를 나타내는 것이라는 데 대해서는 특히 334쪽의 주 75 참조.

결과물과 결부되어 현실화되어 나타나는 것이므로 결과물이 소멸되면 소멸된다는 사태도 사라져간다. 소멸되어가는 부정적인 요소는 부정의 대상이 되는 긍정적인 요소와 더불어 함께 파멸돼버리는 것이다.[175]

이렇듯 소멸되어가는 사태가 소멸되는 것은 실재하는 세계의 개인의 본질에 부합되는 것이다. 왜냐하면 결과물의 소멸되어가는 장이 되거나 결과물에게서 소멸되어가는 것 또는 경험이라고 불리는 것에 개인의 본질을 웃도는 위력을 부여하거나 하는 것은 대상적인 현실 그 자체이지만, 이 현실은 더 이상 진리로서 의식되지는 않는 요소이기 때문이다. 진리는 오직 의식과 행위의 통일 속에만 깃들어 있을 뿐이고, 참다운 결과물이란 행위와 존재 그리고 의욕과 실행을 통일한 것이어야만 하는 것이다.

따라서 의식의 행위의 근저에 놓여 있는 확신에 비추어서 의식에 대립되는 현실은 다만 의식에 대한 경우가 아니고는 존재하지 않는 일면적인 것이다. 자체 내로 복귀해 있는 자기의식에서 일체의 대립은 소멸되어 있으니, 의식이 현실에 대립하는 독자적인 존재의 형식을 띠는 일이라곤 더 이상 없으며 오히려 결과물에서 나타나는 대립이나 부정성은 이제 결과물 또는 의식의 내용에만 관련되는 것이 아니라 현실 그 자체에, 그럼으로써 또 현실을 통하여, 현실 국면에서만 나타나는 대립이나 결과물의 소멸에도 관련되어 있다.

이런 상태를 거치면서 마침내 의식은 그 자신이 이루어낸 허망한 결과물에 연연함이 없이 자체 내로 복귀함으로써 자기가 지닌 개념이나 확신이야말로 행위가 우연에 좌우된다는 그런 경험과는 반대되는 지속적인 존재라는 주장을 하게 된다. 이제 의식은 실제로 의식의 본질을 경험하기에 이르렀으니, 그것은 즉 현실이란 그 자체로서 독립자존하는 존재가 아니라 단지 의식에 대해서 존재하는 하나의 요소에 지나지

---

175) 여기서 부정은 한정적인 의미가 있다. 즉 각기 일정한 정도의 긍정과 부정이 근저에 깔려 있으면서 상호매개적·유동적으로 총합된 것이 바로 '사태 자체'라는 것이다.

않는다는 것이다.

현실은 소멸되는 요소로서 경험되는 가운데 다만 행위와 마찬가지의 보편성을 지니고 존재하는 그런 것에 지나지 않는바, 결국은 존재와 행위를 통일한 것이 참다운 결과물이다. 이것이야말로 오직 자기를 관철시켜나가면서 항구불변한 것으로 경험되는 '사태 자체'로서, 이는 어떤 우연의 개인적인 행위나 우연한 상황, 수단 그리고 현실에 좌우되는 일반적인 사태와는 유를 달리한다.

'사태 자체'는 상황·수단·현실과 같은 우연적인 요소가 제각기 따로 유리되어 있다고 여겨질 경우에는 이들과 대립하는 관계에 있지만, 본질적으로 그것은 현실과 개인이 상호침투된 데에 성립되는 것이므로 그러한 요소의 통일체라고 할 수 있다. 그것은 그 누구의 것도 아닌 순수한 행위[176]이면서 동시에 바로 이 개인의 행위이기도 하고 이렇듯 현실에 대립하는 특정한 개인의 행위인 한에서 목적이기도 하다. 그런가 하면 또 개인의 편에서 그와 반대의 편으로 이행하는 것[177]이기도 하고 궁극적으로는 의식에 대치해 있는 현실에 다름아닌 것이 된다.

결국 '사태 자체'란 정신의 본질태를 나타내는 것으로서, 여기서 거론되어온 모든 요소가 독자성을 상실하고 전체의 흐름 속에 용해되면서 의식의 자기확신이 대상적인 본체인 하나의 사태로 나타나는 것이다. 그것은 자기의식의 고유한 자기 모습이 각인되어 나타나는 대상이면서도 대상에 특유한 자유로운 모습을 잃지 않고 있다.

감각적 확신이나 지각의 대상이었던 '사물'은 자기의식을 통해서만 비로소 의미를 지니는 존재였는데, 바로 여기에는 사물과 차원을 달리하는 사태의 정신적인 의미가 드러나 있다. 자기의식은 이렇듯 가치가 안겨져 있는 사태에 따라 감각적 확신이나 지각에서 보여졌던 것과 비슷한 운동[178]을 경험하게 된다.

---

[176] 목적은 실현되지 않은 상태에서나마 그것을 의욕한 것은 되지만, 이런 목적이란 아무것도 행하지 않는 행위로 그치고 만다.
[177] 여기서 이행(移行)은 수단을 갖추는 쪽으로 옮겨가는 것이다.

'사태 자체'에는 개인과 대상 세계의 상호침투해 있는 모습이 대상화되어 있으니(In der Sache selbst also, als der gegenständlich gewordnen Durchdringung der Individualität und der Gegenständlichkeit selbst) 자기의식은 여기에 그 자신의 참다운 개념이 새겨져 있음을 보면서 자기의 실체를 의식하기에 이른다. 동시에 여기서는 이제 비로소 실체로서의 공동세계가 직접적으로 의식되었을 뿐이어서 거기에 정신의 면모가 엿보이기는 할지언정, 아직 그것이 참으로 현실적인 실체에까지 이르러 있지는 않다.

이렇듯 실체에 대한 직접적인 의식에 의해서 포착된 '사태 자체'는 단순한 본질적 존재의 형식을 띠는 가운데 이 보편적인 틀 속에 온갖 상이한 요소가 포함되어 있긴 하지만, 또 한편으로 이 '사태 자체'는 그런 특정한 요소와는 무관하게 독자적으로 존재하는 자유롭고 단순한 추상적 가치로서의 본질적인 의미를 지닌다. 개인의 타고난 자질이나 특정한 개인의 가치를 구성하는 목적, 수단, 구체적인 행위, 현실세계 등과 같은 갖가지 요소는 실체를 자각하는 의식에게서 '사태 자체'와는 무관한 것으로서 방기되거나 무시해버릴 수도 있는 것이다. 하지만 다른 한편으로는 이들 모두가 합쳐져서 사태 자체에 본질적인 가치를 안겨주는 이상 그 요소 하나하나마다에는 사태 자체의 추상적이며 보편적인 의미가 깃들어 있으니, 그 어떤 요소에 대해서도 일정한 가치를 부여할 수가 있다.

다만 이 경우에 사태 자체를 평가자로서의 주어[179]의 위치에 놓을 수는 없고 주체나 주어가 되는 것은 개별성의 측면에 속하는 까닭에 사태 자체란 술어로 풀이되어야 할 단순한 보편자일 수밖에는 없다. 즉 단순히 일반적인 의미에서의 사태 자체라는 것은 유에 해당하는 것으로서,

---

178) 감각적으로 받아들여진 '이것'에 대한 사념과 지각된 사물에 대해 착각을 저지르는 것에 상응하는 정도로 사태 자체에는 '기만'이 따른다.
179) 주어의 역할을 할 때 사태 자체는 인륜적 실체가 되며, 다시 이 실체는 주체가 된다.

이 요소 속에 종으로서의 개개의 사물이 발견되는 것이다.

한편으로 '사태 자체'라는 관념[180]에 다다르고 다른 한편으로는 이 형식적인 보편성에서야말로 사태 자체의 진리가 있다고 생각하는 의식은 '성실한'[181] 의식이라고 불린다. 이 의식은 언제나 보편적 가치의 문제에만 골몰하여 그 어떤 행동이나 상황에 부딪치더라도 여기에 심혈을 기울인다. 만약 어떤 국면이나 사연으로 인하여 그렇듯 가치 있는 것에 다다르지 못할 경우라도 또다른 상황이나 관점에 의거하여 거기에 다다를 것으로 생각하므로 결국은 그러한 의식에 언제나 주어지는 만족감[182]을 실제로도 어김없이 누리게 마련이다. 이때 의식은 어디를 향하고 있건 사태 자체를 실현하고 성취하게 마련이다. 왜냐하면 가치 있는 사태 자체라는 것은 거기에 수반되는 어떤 요소라도 이를 전폭적으로 수용할 수 있는 보편적인 유라는 점에서 그 모든 것의 술어에 해당하기 때문이다.

의식이 어떤 목적을 실현하지 않았을 경우라도 목적을 의욕하기는 했으므로 의식으로서는 목적 그 자체를, 즉 아무것도 이루어내지 않은 사태 자체로서의 순수한 행위를 가치 있는 것으로 여김으로써 의식으로서는 어쨌든 뭔가가 행해졌고 또 추구되었다는 것으로 스스로 위안을 삼을 수 있다. 사태 자체라는 일반적 규정에는 부정적이거나 소멸적인 요소까지 포함되는 까닭에 작업 결과가 무위로 끝난 것조차도 자기

---

180) 유한성의 절대화에 반대하여 무한자로서의 절대자를 바로 이념이라고 보는 점에서 헤겔의 관념론을 관찰하는 이론적 관념론 또는 행위하는 실천적 관념론이라고 한다면, 사태 자체를 통하여 달성된 관념론은 이 양자를 총합한 것이 된다.
181) 감각적 확신이나 특히 사물의 지각이 단지 현상계에서 참다운 것을 포착할 뿐이었다고 한다면 사태 자체로서 가치 있는 참다운 것을 포착(Wahresnehmung)하려는 의식은 성실한(ehrlich) 것이다. 그러나 이미 감각적 확신과 지각이 사념이나 착각에 다다를 수밖에 없었듯이 성실한 의식 역시 기만에 빠져들고 만다.
182) 결과물 속에서 개인이 자기의 보편성을 유지하며 만족을 취하는 것은 사태 자체를 통하여 마련되는 것임을 뜻한다.

의 행위임에는 틀림없다는 것이다. 타인으로 하여금 그렇게 하도록 부채질한 것은 자기라고 하면서 자기의 현실이 소멸되어버린 데 대해서조차도 만족감을 느끼는 것이다. 이는 말썽꾸러기 아이가 뺨을 얻어맞고도 상대로 하여금 그렇게 뺨을 치도록 한 장본인은 자기 자신이라는 점에서 득의양양해하는 것이나 마찬가지이다.

이번에는 상황을 바꿔서 가치 있는 것을 실현하려는 의향조차도 없이 아무 일도 하지 않았을 경우, 그것은 누가 원한 바도 아니고 해낼 수도 없는 일이라는 것이 된다. 결국 사태 자체라는 것은 자기의 결단과 실재세계의 통일로서, 의식이 주장하는 바에 따르면 하고자 해서 할 수 있는 것밖에는 할 수 없는 것이 현실이라는 것이다.

끝으로 뭔가 자기의 관심을 끄는 것이 자기가 거들지 않았는데도 성사되었을 경우, 그러한 현실은 자기가 자아낸 일은 아니라 하더라도 자기가 거기에 관심을 갖는다는 이유만으로 가치 있는 것이라고 할 수 있다. 그렇게 성사된 것이 운 좋게 그와 개인적으로 연관될 경우에는 이를 자기의 소치나 자기의 공으로 돌릴 수 있지만 또 자기와는 관련되지 않은 일이라도 자기와 관련 있는 것으로 보아 넘길 수가 있으니, 이렇게 해서 소행이 따르지 않는 관심이 당사자로 하여금 그것과 다투는 당파가 되게 하거나 그것을 옹호하는 찬성파로 만들기도 한다.

그런데 사실 이 의식의 성실함과 또한 이 의식이 여러모로 체험하는 만족감은 보는 바와 같이 가치 있는 사태란 어떤 것인가에 대해 의식이 제대로 생각을 가다듬지 못한 데서 생겨난 것이라고 할 수 있다. 가치 있는 사태라는 것은 자기가 해낸 일인 경우도 있지만 아무런 성과를 나타내지 않는 것일 수도 있고, 순수한 행위와 공허한 목적일 경우도 있는가 하면 또한 행위 없는 현실인 경우도 있다. 의식은 그때마다 관점의 추이에 따라 "가치가 있다"라는 술어의 주어를 연달아 바꾸어나갈 수 있고 또 주어에 합당치 않은 것은 잊어버리고 만다.

단지 하고자 하는 의욕만 있거나 또는 하려고 해도 할 수 없거나 하는 경우, 사태 자체란 공허한 목적이거나 생각으로만 그치는 의욕과 실행의 통일이 되고 만다. 목적이 달성되지는 않았더라도 역시 의욕은 했다거나 또는 행위가 효과를 거두지는 못했을지언정 하는 데까지는 했다고 스스로 위안을 받는 경우, 또는 타인에게 뭔가 행동하도록 채찍질한 것을 놓고 스스로 만족해하는 그런 경우에는 결국 아무 소득 없는 행위나 졸렬한 성과를 가치 있는 것으로 여기는 셈이 되는데, 아무튼 그러한 것은 아무 성과도 없는 졸렬한 결과물이라고나 하겠다. 끝으로, 요행히 뭔가 현실적인 것이 눈앞에 나타날 경우에는 소행이 따르지 않은 그의 존재가 그대로 가치 있는 것이 된다.

그러나 이러한 성실함이란 진실로 말하면 겉보기만큼이나 그렇게 성실한 것은 아니다.[183] 왜냐하면 참으로 성실하다고 한다면 지금 보았듯이 서로 다른 사항을 놓고 의식이 그때마다 입장을 바꿔치기할 정도로 사려 없는 짓을 할 수는 없을 것이고 몇 가지 경우를 서로 관계시키면 거기에 대립이 있는 것을 곧바로 의식하지 않을 수 없기 때문이다. 내용 없는 행위라 하더라도 이는 본질적으로 그 당사자 개인의 행위로서, 이러한 구체적인 행위가 현실적인 내용을 갖지 않을 리가 없다. 반대로 말한다면 현실로 생겨나 있는 것은 본질적으로 개인의 행위이면서 동시에 전체의 행위가 아닌 것은 있을 수가 없고, 따라서 개인의 행위는 동시에 전체의 행위일 수밖에 없으니, 이는 현실의 경우에도 마찬가지이다.

말하자면 의식이 사태 자체의 추상적인 현실성에만 눈을 돌리고 있는 듯이 보이지만 실은 자기의 행위가 곧 사태 자체에 해당되는 것으로서 의식은 여기에도 관심을 쏟고 있는 것이 된다. 또한 더 나아가서 뭔가를 행하기 위한 몸부림만은 그치지 않으려고 할 경우에도 의식은 그 일에만 열중해 있는 것이 아니라 뭔가, 필경 자기와 관련이 있는 뭔가가 관심의 대상이 되어 있다. 끝으로 덧붙일 것은, 의식이 자기의 이

---

183) '성실함'이 성실하지 않을 수 있다는 데 대해서 논하고 있지만, 동시에 그것이 인륜적 의식의 불가결한 요소라는 점도 명확히 하고 있다.

해관계나 자기의 행위만을 염두에 두고 있는 듯이 보일 경우, 실은 여기서도 사태 일반이 가치가 있다고 하는 영원불변의 현실이 관심을 끌고 있다는 점이다.

사태 자체와 그의 요소가 여기서는 내용으로 나타나 있지만 그것은 또한 의식에게 형식으로서도 나타나지 않을 수가 없다. 사태 자체가 내용으로 등장할 경우, 이는 어차피 소멸될 수밖에 없고 소멸되고 나면 다음에 또다른 사태가 등장하게 마련이다. 따라서 그 어떤 사태라도 파기되는 것이라는 성질을 안고 존재할 수밖에 없다.

그러나 사태 자체에는 또한 의식과 관련되는 측면이 있다. 이 경우에 사태 자체는 자기 내면으로 복귀해가는 본체로서 존재한다. 그런데 사태 자체를 구성하는 요소가 서로를 뿌리치려는 모습은 이들이 그것 자체로는 존재하지 않고 어디까지나 어떤 타자를 위해서만 정립되어 있다고 언표될 수가 있다.

내용을 구성하는 하나하나의 요소는 의식에 의해 밝은 데로 내보내져서 타인의 눈에 띄게 되지만, 의식은 동시에 그 자리를 떠나 자체 내로 복귀하여 그와 대립되는 요소를 내면에 간직한 채 이것만을 자기의 독자적인 몫으로 보존하고 있다. 그러면서도 동시에 어떤 하나의 요소만이 단지 밖을 향하여 내몰리고 다른 하나의 요소는 내부에 온전하게 보존된다는 것이 아니라 의식은 그 어느 쪽과도 골고루 교류하는데, 왜냐하면 그 어느 쪽도 모두가 자기나 타자에 대해서 본질적인 가치를 지닌 것이기 때문이다.

전체를 놓고 보면 결국은 개체와 전체와의 상호침투하는 운동[184]이

---

184) 지금까지 '개체'는 타자존재를 지양하여 독립자존하다시피 하는 '행위하는 이성'이었지만, 이 행위하는 이성이 378쪽의 쾌락과 필연성에서는 스스로의 순수한 개체성만 내세우거나 384쪽의 마음의 법칙과 자만의 광기에서는 개인이 마음속에 품고 있는 법칙을 보편적인 법칙이라고 주장하면서 세계행로라는 보편성에 대항하였다. 그런가 하면 또한 395쪽의 덕성과 세계행로에서는 개체성이야말로 지양되어야 할 악의 근원이라고 하여 스스로의 개체성을 희생하면서까지 세계행로에 삼투되어 있는 개체성을 말살하려 든다. 결국 여기서 행위하는

있을 뿐이다. 그러나 이 전체는 의식에게는 단순한 본체로서, 즉 사태 자체라는 추상물로 현존하는 데 지나지 않으므로 그의 요소가 되는 것은 사태에서 분리된 채 서로가 뿔뿔이 흩어져 있을 수밖에 없으니, 이런 전체상을 놓고 보면 여기에는 오직 밖으로 밀치고 나가려는 작용과 자기를 온전히 보존하려는 작용이 서로 단절된 채 교호적으로 등장하는 모습이 드러나 있을 뿐이다.

전체 사회를 위하는 측면과 자기 개인을 위한 측면이 교대로 나타나는 이 형국 속에서 의식은 한쪽을 독자적인 본질적인 요소로서 반성적으로 받아들이고 다른 쪽을 외적인 타자를 향해 있는 것으로 취급한다. 그러는 가운데 마침내 개인과 개인 사이에 의식의 유희가 벌어지면서 그야말로 각 개인마다가 자기에게나 타인에 대해서도 기만하고 기만당하는 상태에 처하게 되는 것이다.

먼저 어떤 개인[185]이 뭔가를 실행하려고 마음먹었다고 하자. 이로써 그는 뭔가 세상에 가치 있는 것을 이루어내려고 작심한 듯이 보인다. 이때 그의 행동은 타인의 눈에도 와닿으면서 그는 현실에 관여하고 있는 듯이 보인다. 그리하여 타인들은 그의 행위는 오직 세상을 위해 가치 있는 일을 하고 또 가치 있는 것을 실현하는 데에 그의 목적이 있을 뿐이므로, 그것을 실현하는 것이 자기이건 타인이건, 그는 그런 것에 관심이 없다고 여긴다. 그리하여 그들은 본래 그 당사자의 의중은 살피지도 않고 자기들이 이미 그 일은 해놓았음을 그에게 알려주고 또 해놓지 않았을 경우에는 협조할 것을 자청하여 일을 실행하게 되는데, 이렇게 되면 최초의 당사자는 오히려 그가 당연히 누리리라고 생각했던 위

개인이 깨우치게 된 것은 세계행로란 실은 보편적인 것과 개체적인 것의 상호침투하는 운동이라는 점이다. 그러나 또 자기실현을 통하여 스스로가 대타존재화될 수 없는 개체나 개인은 보편과 대립하는 위치를 끝내 넘어설 수 없다는 점에서 제6장 「정신」에 가서는 '개인'을 대신하는 '자기'(das Selbst)의 개념이 중요성을 띠게 된다.
185) 여기에서 헤겔이 염두에 두고 있는 '개인'은 학자·연구자·작가·평론가 등이다.

치에서 밀려나버린다.

　결국 본래 일에 착수할 때의 그의 관심은 어느 누구도 아닌 바로 자기가 그 일을 해내는 데 있으므로 이제 가치 있는 것이란 그런 것이었구나 하고 알아차리게 될 때 타인들은 속았다는 느낌을 받는다. 그러나 사실은 주변 사람들이 손을 내밀며 돕겠다고 나섰던 이유도 사태 자체 때문이 아니라 자기들의 행위를 스스로 눈여겨보면서 사람들에게도 이를 보여주기를 원했기 때문이다. 그렇다면 주변 사람들 역시 자기들이 속았다고 투덜대던 경우와 꼭 마찬가지 방식으로 그들도 또한 타인을 기만하려고 했던 것이다.

　그런데 이렇게 해서 자기의 행위나 처신이나 또는 자기 힘의 유희가 가치 있는 것이라는 사실이 분명해지면 의식은 자기가 치르는 일을 타인을 위해서가 아니라 자기를 위해서 실행하려는 것이 된다. 이렇게 되면 타인의 행위가 아니라 자기의 행위만이 문제가 될 뿐이어서, 타인이 그 나름의 입장에서 제 일을 처리하는 것은 그 최초의 당사자로서는 아예 개의할 바 못 된다고 생각하게 된다. 그러나 타인들은 여기서 다시 한 번 오해를 하고 있으니, 그 최초의 의식은 타인들이 생각하는 자기만을 위주로 하는 입장에서 이미 빠져나와 있는 것이다. 즉 그가 일에 관심을 쏟고 있는 것은 결코 자기와 관련된 사안으로서가 아닌 모든 사람이 관련되는 보편적인 사안으로서인 것이다.

　의식은 타인의 행위나 성과물에 개입하고서도 이를 타인의 손에서 결코 빼앗아올 수 없을 경우에는 적어도 일정한 판단을 내린다는 모양새를 갖추고라도 그에 대한 관심을 나타낸다. 이를테면 어떤 일을 해낸 타인에게 남 보란 듯이 동의와 찬사를 보내는 경우 그의 본심은 성과물 자체를 칭찬하려는 것만이 아니라 동시에 성과물에 대하여 자기도 그것을 비난하거나 가치를 훼손하거나 하지는 않는다는 것을 내세움으로써 자기의 관대함과 자제심을 뽐내고 싶어하기 때문인 것이다. 그가 성과물에 관심을 표시할 경우 여기서 그는 자기 자신에 대해 만족을 누리게 되는데, 비록 그가 비난하는 성과물일망정 그것이 있는 덕분에 비난

한다는 자기 자신의 행위를 즐겨 할 수 있다는 점에서는 반겨할 만한 일이다.

그런데 이렇듯 겉으로는 드러나지 않게 의식이 여러모로 개입하는 것을 놓고 기만당했다고 생각하고 그렇게 떠벌리는 사람들은 자기들도 역시 동일한 방식으로 타인을 기만하려고 든다. 그들은 스스로의 행위나 작업을 오직 자기를 위한 것이고 자기 자신의 참뜻을 실현하는 것만을 목표로 한다고 말하기는 한다. 그러나 그들이 무언가를 행하고 자기를 표현하면서 그것을 백일하에 드러낼 경우, 행위의 결과로서 나타나는 것은 만인의 의식이나 만인의 관여를 배제하려는 의지 표명과는 정반대의 사태이다. 그야말로 무언가를 실현한다는 것은 자기 개인의 것을 공동의 장에 내놓음으로써 자기의 것을 만인의 것이 되도록 하는 것이기 때문이다.

이렇게 볼 때 오직 순수한 사태에만 관심을 쏟아야만 한다는 것(wenn es nur um die reine Sache zu tun sein soll)은 자기와 타인을 모두 다 기만하는 것과 다름없다. 누군가가 어떤 일에 착수할 때 곧바로 눈에 띄는 것은 마치 갓 식탁에 올려진 우유에 몰려드는 파리 떼와도 같이 타인들이 쏜살같이 곁으로 다가와서 이런저런 참견을 하려 드는 모습이다. 이때 타인은 또 그들대로 처음 일에 착수한 당사자가 마땅히 해야 할 일을 대상으로 하여 마음을 쓰는 것이 아니라 오히려 자기의 것이라는 입장에서 일에 착수하고 있다는 것을 알아차린다. 이와는 반대로 오직 행위 그 자체로서의 힘이나 능력의 활용 또는 개성의 표현만이 중요하다고 할 경우에 여기서 실제로 경험하게 되는 것은 만인이 서로 감응하는 가운데 모두 다 참여하도록 요청되는 사태로서, 결국은 순수한 행위나 한 개인의 특유한 행위가 아니라 타인에게도 열려 있는 사태 자체가 핵심적인 사안이 되어 있다.

두 경우에 생겨나는 것은 동일한 것으로서, 다만 어느 쪽에 더 의미가 주어지는가에 따라서 그와 대립해 나타나는 의미에 차이가 생겨날 뿐이다. 의식은 이 두 측면을 다 같이 본질적인 요소로서 경험하는 가운데 바야흐로 사태 자체란 어떤 것인가를 깨우치게 된다. 그것은 결코 공공의 행위나 개인의 행위에 대립되는 것도 아니려니와 또한 기존의 체제에 대립하여 거기에 깃들어 있는 온갖 요소를 제치고 그보다 상위에 유로서 군림하는 그런 행위도 아니다. 오히려 그것은 개개인의 행위이기도 하고 만인의 행위이기도 한 사회적 존재임으로 해서 그의 행위 역시 타인을 위한 것도 되는 사회적 행위이며 만인 각자의 행위도 되는 사태라는 것이 깨우쳐진다. 그야말로 온갖 것이 다 함께 어우러져 있는 그런 존재가 바로 정신적 존재인 것이다.

의식은 지금까지 논의된 행위의 그 어떤 요소도 결코 주어[186])의 구실을 할 수 없고 오히려 보편적인 '사태 자체' 속으로 해소되어가는 것을 경험한다. 성실하다고 일컬어지는 이 사고를 결한 의식이 연달아 주어로 자리잡은 개인에게 얹혀 있는 요소는 개체이면서 이것이 또한 보편적이기도 한 단일한 개체성 속으로 흡수되어버린다. 이제 사태 자체는 더 이상 안이하게 그 어떤 주어에라도 덧붙여지는 무기력한 추상적·보편적인 술어가 아니라 개성이 삼투된 공동의 실체가 된다. 그것은 개인이 실체로서, 그야말로 온갖 개인을 품에 안고 있는 그런 개인으로 있는 주체[187]이다. 또한 만인 각자의 행위로서만 존립하는 공동의 존재일 뿐만 아니라 개개의 의식이 자기만의 개별적인 현실이면서 동시에 만인의 현실이기도 하다는 것을 인식하는 현실이다.

순수한 사태 자체란 앞에서 범주로 규정됐던, 즉 자아는 존재와, 존재는 자아와 일체화되었던 바로 그것이다. 그것은 아직 현실의 자기의식과는 구별되는 사고였지만 여기서는 현실적인 자기의식의 온갖 요소가 그것을 자기의식의 내용인 목적·행위·현실이라고 부르건 아니면 형식상으로 독자적 존재와 타자존재라고 부르건 간에 단순한 범주로서

---

186) 사태 자체가 이 단계에서는 아직 주어나 주체가 아니다. 오히려 주어에 해당하는 것은 그의 요소나 계기를 이루는 쪽이다.
187) 이미 「서설」에서 "절대자는 주체이다"라고 했던 명제가 여기서 실질적인 의미를 드러내고 있다.

의 사태 자체와 일체화되어 있으니, 이제는 '사태 자체'라는 범주가 동시에 내용 전체를 포괄하고 있다.

2) 이성에 의한 법칙의 제정

정신적인 존재가 단일한 모습을 하고 나타난 것이 순수한 의식[188]이며 개개의 자기의식이다.[189] 이제 개인의 근원적으로 규정된 본성은 본원적으로 개인적인 활동의 터전이며 목적이라는 적극적인 의미를 상실하고 단지 소극적인 의미만을 갖게 됨으로써 개인은 마침내 보편적 존재로서의 자기가 되어 있다. 반대로 형식적인 의미로 사태 자체는 행위하는 가운데 갖가지 모습을 표출하는 개인에게서 풍부한 내용[190]을 받아들이는데, 왜냐하면 개인에게 갖추어진 갖가지 요소가 바로 공동체의 내용을 이루기 때문이다. 범주는 그 자체로 보면 순수의식의 대상이 되는 보편적 원리이지만 의식의 핵심이 범주에 요소로 개입되면 범주 자체 내에 분열을 야기하는 자각적인 의미가 가미된다. 요는 보편적인 원리가 존재의 단일한 자기동일성을 나타내는 한에서 범주는 절대적 존재라는 것이다.[191]

그리하여 여기서 의식의 대상이 되는 것은 진리라는 의미를 띠게 된

---

188) 순수한 의식은 비본질적인 의식이 형태화된 피안의 것, 즉 육화 현상을 겪고 난 뒤의 불행한 의식의 첫 단계를 이루지만, 또 제5장 2.이성적인 자기의식의 자기실현 단계, 즉 보편이성에 의한 상호인정 결과로서 모든 자기의식의 통일이 이루어진 단계에서도 등장한다.
189) 정신적 존재는 순수한 의식과 '이' 자기의식과의 통일, 나아가서는 사태 자체와 자기와의 통일에서 생겨난 것이지만, 이는 아직 존재하는 대로의 직접적인 상태를 벗어나고 있지 않다.
190) 이렇게 채워진 내용에는 목적-행위-현실과 대타-대자가 다 함께 망라되어 있다.
191) 범주는 즉자대자적인 완전무결한 존재로서 단순한 자기동일성을 지니므로, 이런 범주의 입장을 취하는 법칙 제정적 이성은 직접적인 의식에 바탕을 둔 감각적 확신과 동일한 위상을 지니게 된다.

다. 그것은 절대적으로 존재하며 절대적으로 가치가 있다는 의미에서의 존재이고 또 그러한 가치를 지닌다. 이 절대적으로 가치 있는 것은 더 이상 확신과 진리, 보편자와 개별자, 목적과 현실이라는 대립에 시달리는 일 없이 현실과 자기의식의 행위가 일체화되어 있는 그런 존재이다.

따라서 여기서 가치 있는 사태라는 것은 인륜적 실체를 말하는 것으로서 여기에 바탕을 둔 의식은 인륜적 의식이다. 인륜적 의식이 대상으로 하는 것은 바로 진리인데, 이때 진리는 곧 자기의식과 존재가 하나로 융합된 것이다. 그것은 절대적인 가치를 지닌 것으로서, 그야말로 여기에 자족하는 자기의식은 더 이상 이 대상을 초탈할 수 없으며 초탈하려고도 하지 않는다.[192] 초탈할 수 없는 것은 인륜의 실체가 곧 일체의 것을 포괄하는 존재이고 권력이기 때문이며, 초탈하려고 하지 않는 것은 바로 그 대상이 핵심적인 자기이며 또한 자기의 의지를 체현하는 것이기 때문이다.

더욱이 인륜적 실체는 거기에 소속되어 있는 개별 의식의 차이를 내용으로 포함하는 가운데 실재하는 대상으로서 존재한다. 그것은 몇 개의 큰 테두리로 구분되는데, 그 하나하나마다가 절대적 질서를 받쳐주는 특정한 법칙을 구성한다. 그러나 이렇게 분화된 영역이 전체적인 요강(要綱)을 흐트러뜨리는 일은 없으며, 거기에는 존재와 순수한 의식과 자기의 요소가 모두 다 내포되어 있다(die Momente des Seins und reinen Bewußtseins und des Selbsts eingeschlossen). 결국 이 통일이 몇 갈래로 분화된 영역의 본질을 이루고 있으므로 이렇게 구분된 상태에서도 각 요소가 더 이상 뿔뿔이 흩어지지는 않는다.

인륜적 실체를 몇 개의 영역으로 나누어서 제시하는 법칙은 직접 그대로 인정된다. 법칙의 기원이나 타당성이 의문시되는 일은 없으며 어쩌다 다른 법칙이 추구되는 일도 없다. 이토록 절대적으로 존재하

---

[192] 법칙 제정적 이성도 물론 이지(理智)이긴 하지만, 법칙 음미적 이성과 비교하면 후자가 지식이고 전자는 의지라고 하겠다.

는 질서 이외의 다른 법칙으로는 오직 자기의식의 법칙이 생각될 수 있을 뿐이지만, 자기의식이란 바로 이 절대적 존재를 자기의 것으로 자각하고 있다.

여기서 절대적 존재로서의 질서가 진리라고 하는 이유는 그것이 의식 본연의 자기이며 순수한 의식 그대로이기 때문이다. 자기의식은 자기가 곧 이러한 실체를 자각하는 요체임을 알고 있으므로 법칙이 자기 안에 현존하는 데 근거하여 건전한 이성에게서 무엇이 정의롭고 무엇이 선한지를 직접 알고 있다는 표현을 한다. 이성이 직감하는 것은 그대로 인정됨으로써 이성은 단도직입적으로 "이것이 정의이며 선이다"라고 설파한다. 더욱이 이것이 특정한 법칙으로 명문화될 때 사태 자체가 충실한 내용으로 채워지게 된다.

이렇듯 직접 주어지는 사안은 역시 직접 받아들여지고 직접 고찰되어야만 한다. 말하자면 감각적 확신이 직접 존재하는 것으로 언명하는 것에 대하여 일단 이를 가감 없이 그대로 받아들였는데, 이와 마찬가지로 인륜적 정신이 직접적인 확신 아래 언명하는 것이나 인륜적 질서를 직접 눈앞에 존재하는 생활권으로 제시하는 법칙에 대해서도 이를 솔직히 받아들이고 나서 그의 성질이 분명히 밝혀지지 않으면 안 된다. 이제 그와 같은 몇몇 법칙을 예로 들어서 그의 성질을 밝혀보고자 하는데, 여기서 예로 드는 것은 건전한 이성이 지적으로 표현한 법칙이므로 직접적인 인륜의 법칙에 의해서 당연히 타당화되는 그런 요소를 처음부터 끌어들이지는 않아도 된다.

"사람은 누구나 진실을 말해야만 한다." 무조건 지켜야만 한다는 이런 의무에도 곧바로 '만약 그가 진실을 알고 있다면'이라는 조건이 붙는다.[193] 그럴 경우 명령은 다음과 같이 "사람은 누구나 그때마다 자기의 지식과 확신에 따라서 진실을 말해야 한다"라고 바뀐다. 이 건전한

---

193) 이렇게 "마땅히 진실을 말해야 한다"거나 "당연히 네 이웃을 사랑하라"는 등의 명령을 놓고 칸트는 그의 『도덕형이상학』에서 kasuistische Fragen, 즉 결의법적(決疑法的) 문제라고 하여 주어진 그때마다의 구체적인 경우(Kasu

이성, 즉 무엇이 정의이고 무엇이 선인가를 직접 알고 있는 이 도덕의식은 최초에 내려진 일반적인 언명에 조건이 따른 것에 대하여 최초의 명령은 애초부터 그런 조건을 염두에 두고 있었다고 설명한다.

그러나 이렇게 되면 이성 자신이 이미 첫번째 명령을 발할 때 그의 명령을 위반하고 있었음을 시인하는 것이 된다. 즉 이성은 "사람은 누구나 진실을 말해야 한다"고 하면서도 동시에 "자기의 지식과 확신에 따라서 진실을 말해야 한다"는 생각을 하고 있었으므로 말하는 것과 생각하는 것이 맞지가 않는다. 그런데 말하는 것과 생각하는 것이 다르다면 이는 진실을 이야기하지 않는 것이 된다. 그리하여 진실에 어긋나는 부당한 면을 바로잡아보면 "사람은 누구나 자기가 갖고 있는 그때마다의 지식과 확신에 따라서 진실을 말해야 한다"가 된다.

하지만 이렇게 되면 누구나가 반드시 지켜야 할, 그 자체로 타당한 법칙을 표현하겠다던 명제는 오히려 전적으로 우연에 이끌리는 것이 되고 만다. 왜냐하면 내가 진실을 아느냐 어떠냐 하는 것 그리고 그에 대한 확신을 할 수 있느냐 어떠냐 하는 것은 우연에 맡겨져 있는데도, 이런 우연성을 조건으로 하여 "진실을 말해야 한다"는 법칙이 성립되어 있으니까 말이다. 즉 이 명제에 따른다면 사람은 누구나 자기가 알고 생각하고 또 이해하고 있는 그대로 참과 거짓을 뒤섞어가며 말해야 한다는 것이 된다. 그런데 이렇듯 내용이 우연성을 띠게 되면 그나마 보편성을 띤다고 할 수 있는 것은 그의 우연한 내용을 표현하는 명제의 형식으로 그치고 만다. 그러나 도덕적 명제라는 것은 보편적이고 필연적인 내용을 기약하는 것이므로 내용이 우연에 맡겨져버린다면 명제는 자기모순에 빠질 수밖에 없다.

끝으로 명제가 "진리에 관한 지식이나 확신의 우연성을 배제하여 진실이 알려져야만 한다"는 쪽으로 수정되게 되면 이 명제는 최초에 제시

당하여 어떻게 행위할 것인가를 가르치고 있는데, 헤겔로서는 바로 이런 이유에서 '무조건적 정언명법'에도 실은 제약이 따른다는 것을 밝혀둘 필요를 느낀 셈이다.

됐던 명제와 정면으로 대립하는 것이 된다. 처음에는 건전한 이성이 직접 진실을 언표할 만한 능력을 갖는다고 했던 것이 이제는 그것이 "진실을 알아야만 한다"는 쪽으로 바뀐 것이다. 즉 이성이 직접 진실을 언표할 능력을 갖고 있지는 않다는 것이다. 내용상으로 보면 "진실을 알아야만 한다"는 요구에서 내용은 배제되어 있는데, 왜냐하면 요구되기로는 지 일반을 통해서 알아야 한다고 하지만 정말로 요구되는 것은 모든 특정한 내용을 벗어나 있는 것이기 때문이다.

그러나 본래 여기서 문제가 되어 있던 것은 인륜적 실체를 구성하는 특정한 내용이며 거기에 나타나는 하나의 형식이었다. 그런데 이렇듯 실체를 직접적으로 규정하는 내용이 되는 것은 전적으로 우연에 좌우되는 명제로서, 이를 보편적이며 필연적인 차원으로 끌어올려 지를 법칙으로서 표명하게 되면 내용은 오히려 소실되어버린다.

또 하나의 유명한 명령으로는 "네 이웃을 너 자신과 같이 사랑하라"는 명제가 있다. 여기서는 개인 대 개인의 관계에 주목하여 개인과 개인 사이의 감정적인 관계를 이해해야만 한다고 주장하고 있다. 행위로서 나타나는 사랑의 경우는, 행위가 따르지 않는 사랑이란 아무런 의미도 없고 따라서 고려의 여지도 없으므로 인간에게서 악을 제거하고 선을 안겨주려고 한다. 이를 위해서는 인간에게 악이란 무엇이고 악에 대립되는 유용한 선이란 무엇인가, 도대체 인간의 행복이란 무엇인가가 밝혀져야만 한다. 말하자면 사랑에는 지성이 뒷받침되어야 하고, 지성이 수반되지 않는 사랑은 상대방에게 자칫 증오보다 더 큰 폐해를 끼칠 수도 있는 것이다.

그런데 지성을 수반하는 본질적인 선행을 꼽는다면 그의 가장 믿음직스럽고 가장 중요한 형태로 국가에서의 지적인 공동행위를 들 수 있는데, 이에 비하면 자기에게 집착하는 개인의 행위란 너무나 보잘것없는, 언급할 가치조차 없는 것이라고 해야만 하겠다. 국가의 공동행위란 거대한 힘을 지닌 것이어서 만약 개인의 행위가 이에 대항하기라도 한다면 이미 그 자체가 범죄에 해당되거나 아니면 어떤 타인에 대한 사랑으로 말미암아 공동체의 권리나 그에 대한 협력을 배반하는 것이 되므로, 끝내 그것은 하찮은 행위로 낙인찍혀서 가차없이 짓밟혀버리고 말 것이다.

그렇다면 감정에서 비롯되는 선행에는 전적으로 개인적인 행위, 즉 어쩌다 우연히 한순간에 행해지는 구제조치라는 정도의 의미만이 있을 뿐이다. 그런 상태에서는 사랑이 베풀어질 수 있는 기회가 있을 수 있는지 어떤지도 우연에 달렸지만, 그보다도 더 그것이 제대로 작업 성과로서 완성될 수 있을는지,[194] 아니면 어느덧 힘이 다 소진되어 심지어 악으로 변질되어버릴는지도 역시 우연에 달려 있다. 물론 타인의 행복을 북돋우는 사랑의 행동은 반드시 필요한 것이라고들 얘기는 하지만, 어쩌면 이는 제대로 행해질 수도 있고 또 그렇지 않을 수도 있는 성질의 것이다. 또한 우연히 그런 행동을 할 수 있는 실마리가 잡힌다 하더라도 역시 어쩌면 좋은 결실을 맺을 수도, 또 그렇지 않을 수도 있는 것이 사실이다.

따라서 지금의 이 법칙도 바로 앞에서 본 첫번째 법칙과 마찬가지로 보편적인 내용을 지니는 것은 아니며, 또한 절대적인 도덕률에 요구되는 그런 완전무결한 내용을 표현하는 것도 아니다. 결론은 이 두 법칙 모두가 당위적인 차원에 머물러 있을 뿐 아직 현실성을 띠고 있지 않음으로 해서 이는 법칙이 아니라 단지 명령에 지나지 않는다.

여기서 밝혀진 당연한 사실은 보편적이고 절대적인 내용은 포기되어야만 한다는 것이다. 왜냐하면 단일한 실체, 더욱이 단순함을 그의 본질로 하는 실체에서 어떤 구체적인 내용을 이끌어내는 것은 합당치 않기 때문이다. 단순한 절대성에 기초한 명령은 단적으로 인륜적인 존재가 있다는 것을 언명할 뿐인데, 여기에 갖가지 구별이 정립되게 되면 그것이 내용으로 다루어지긴 하지만 결국 이 내용은 어쩔 수 없이 단일

---

194) 어떤 행위나 작업에 의한 일정한 성과가 얻어지기 위해서는 타인들로부터의 저항을 이겨내고 존속할 수 있어야만 한다는 점을 환기시키고 있다.

한 인륜적 질서가 지니는 절대적 보편성에 귀속되어버리고 만다. 따라서 절대적인 내용을 수중에 넣는 것은 단념할 수밖에 없고 다만 형식적인 보편성, 즉 형식상의 모순이 있는지의 여부를 묻는 선에서 그칠 수밖에 없다. 그런데 이렇듯 내용이 결여된 보편성이란 형식적인 보편성에 지나지 않으며, 더욱이 여기서 절대적인 내용이라는 것은 구별되지 않는 구별이며 내용인 것이다.

그리하여 법칙 제정자로서의 이성에 남겨진 과업은 보편성의 순수한 형식을 확보하는 일인데, 사실 이는 의식의 동어반복을 의미할 뿐이다. 이 동어반복적 의식은 내용과 대립한 채 실재하는 본래의 내용에 관여하지 않는 지[195]로서 인륜의 세계나 그의 자기동일성을 확인하는 지에 지나지 않는다.

그러므로 여기서 인륜적 본질이란 직접 그 자체가 내용을 이루는 것이 아니라 내용이 자기모순을 빚지 않으면서도 법칙일 수 있는가 그렇지 않은가를 판가름하는 기준을 제공해주는 데 지나지 않는다. 이렇게 해서 법칙 제정자로서의 이성은 한낱 법칙을 음미하는 이성으로 격하되고 만다.

3) 이성에 의한 법칙의 음미

단순한 인륜적 실체에 구별을 안겨주게 되면 거기에 우연의 요소가 끼어들 수밖에 없고 그것이 특정한 명령에서 지와 현실과 행위 모두의 우연성으로 나타나는 것은 앞에서 본 바와 같다. 인륜세계의 단순한 존재와 이에 부합되지 않는 특정한 내용을 비교하는 것은 우리가 자임한 것으로서, 이 비교에서 단순한 실체는 형식적인 보편성을 지닌 순수한 의식,[196] 즉 내용으로부터는 자유로운 가운데 내용과 대립하고 또한 내

---

195) 여기에 이미 법칙 제정적인 의지와 법칙 음미적인 지의 차이가 드러나 있다.
196) 433쪽의 주 188 참조.

용이 한정적임을 아는 의식으로 나타난 바 있었다. 이렇게 해서 결국 형식적 보편성은 앞에서 가치 있는 사태라고 불렀던 것과 같은 것이 되지만 음미하는 의식 속에서는 앞에서와는 다른 것으로 나타난다. 인륜적 실체는 더 이상 사고를 결한 타성적인 유 개념이 아니라 특수한 내용과 관계하면서 이를 받쳐주는 권력 또는 진리로 간주되는 것이다.

　이 의식은 일단은 앞에서 본 음미와 동일한 일을 하고 있는 듯이 보인다. 즉 그의 행위는 앞에서 본 바와 마찬가지로 보편적인 것과 특수적인 것을 비교하는 것에 다름아니며, 이로부터 양자의 불일치가 생겨나는 것도 이미 보아온 대로이다. 그러나 여기서는 보편적인 것이 이전과는 별개의 의미를 띠고 있는 까닭에 특수한 내용과 보편인 것과의 관계도 이전과 같지는 않다.

　여기서 보편적인 것은 특정한 내용에도 적용될 수 있는 형식적 보편성이어서, 그 속에 담긴 내용은 오직 자기와의 관계 속에서밖에는 고찰되지 않는다. 이전의 음미에서는 보편적인 견고한 실체와 실체를 몸소 받아들이다시피 한 우연의 의식 속에 전개되는 특정한 내용이 서로 대립하는 관계에 있다. 그러나 여기서는 비교의 한쪽 항(項)이 소멸되어 있어서 보편적인 것은 더 이상 현실에 존재하는 타당한 실체, 즉 완전 무결한 정의가 아니라 내용을 자기 자신과 비교하여 이 내용이 동어반복인가 어떤가를 고찰하는 단순한 지의 형식이다.

　이제 법칙은 더 이상 제정되는 것이 아니라 음미되는 것으로서 이렇듯 음미하는 의식에게서 법칙은 사전에 부여되어 있다. 의식은 법칙의 내용을 단순히 있는 그대로 받아들일 뿐, 우리가 앞에서 행했듯이 현실의 내용에 붙어다니는 개별성이나 우연성을 고찰하는 데까지 다그치지는 않은 채 어디까지나 명령을 명령으로 간주하고 이것과 단순히 관계하면서 이 명령을 기준으로 하여 내용을 음미한다. 이런 이유에서 음미는 상세하게까지는 행해지지 않는다. 즉 기준이 되는 것이 형식적인 동어반복으로서 내용과는 관계가 없으니 정반대의 내용이라도 거리낌없이 받아들여진다.

예컨대 소유권(Eigentum)을 인정하는 것이 절대적으로 타당한 법칙인지 어떤지가 문제가 된다고 하자.[197] 여기서는 다른 목적에 유용하므로 소유권을 인정한다는 것이 아니라 소유권 그 자체를 절대적으로 인정할 것인지 아닌지가 문제인 것이다. 인륜적 본질에 따라서 법칙은 오직 자기동일을 지니고 내적으로 완결된 안정성을 지님으로 해서 무조건적인 타당성을 지녀야만 한다. 절대적인 소유권은 모순되는 바가 없고 그것만을 따로 떼어놓더라도 자기동일적인 내용의 법칙이 될 수가 있다.

그런데 또한 마찬가지로 소유권이 없이 물건이 누구의 것도 아닌 공동소유가 되는 경우에도 여기에는 아무런 모순이 없다. 결국 어떤 것이 누구에게도 귀속되지 않거나 그것을 최초로 점유한 당사자의 것이 되거나 또는 모두가 공유하는 가운데 각자의 필요에 따라 평등하게 분배되거나 하는 그런 상태는 소유권이 인정되는 경우와 마찬가지로 역시 단순한 내용의 형식적인 사고를 나타낸다.

물론 주인이 없는 물건이라도 그것이 꼭 필요한 욕구의 대상으로 간주된다면 어떤 한 개인의 소유물이 될 수밖에 없으므로 이럴 경우 물건의 무소유를 법칙으로 삼는다는 것은 이치에 맞지 않는다. 그러나 물주(物主)가 없다 하더라도 무조건 없는 것이 아니라 개인의 필요에 따라서 누군가의 소유물이 된다는 것, 더욱이 이 소유가 보존을 위해서가 아닌 곧바로 사용하기 위한 것이라고 한다면 이는 당연히 있을 법한 일이다.

그러나 이렇듯 우연에 맡겨진 채 '필요에 따라서' 운운하는 것은 지금과 같이 의식적인 공동생활을 염두에 두고 있는 경우와는 어울리지 않는다. 왜냐하면 의식적인 생활을 영위하는 자라면 스스로가 필요로 하는 것을 보편적인 형식으로 생각하고 생활 전체를 통하여 필요로 하

---

197) 「자연법」(Über die wissenschaftliche Behandlungsarten des Naturrechts) 논문에서도 이 책에서와 마찬가지로 사유재산과 그의 부정을 실례로 들면서 형식주의에 매여 있는 칸트 윤리학을 비판하고 있다.

는 것을 고려해가면서 항구적인 재물을 확보해야만 할 것이기 때문이다. 따라서 물건이란 누구든 그 가까이에 있는 사람이 불시에 필요하다고 느낄 때면 자기 소유로 삼을 수 있다고 생각한다는 것은 이치에 맞지 않는다.

재산을 공유하는 사회에서는 누구에게나 공평하게 지속적으로 필요한 정도로 배려가 행해져서 각자가 필요로 하는 만큼의 것이 배당된다. 그러나 동시에 그런 상태에서 빚어지는 불평등은 개인의 평등을 원리로 하는 의식의 본질에 배치된다. 반대로 평등의 원리에 따라 분배도 평등하게 이루어졌을 경우, 여기서는 필요한 만큼의 것을 각자에게 분배한다는 유일한 원칙이 무너져버린다.

위에서 살펴본 바에 따르면 소유권이 없는 것은 모순을 야기하는 듯이 보이지만, 그렇게 보이는 이유는 소유권이 없다는 것을 단순히 그 규정대로 받아들이지 않는 데 있다. 그렇듯 구체적인 사례를 놓고 분석해들어간다면 소유권이 있다는 것 역시 모순을 잉태하지 않을 수 없다. 즉 나에게 소유권이 인정되는 개별물은 모두에게서 확고하고 지속적인 내 소유물로서 인정된 것이지만, 사실 이렇게 인정된 것은 사용되고 나면 사라져버리는 개별물의 성질과 모순된다.

그러나 또 동시에 그것은 모든 사람이 다른 누구의 것도 아닌 '내 것'으로 인정해준 것이다. 그런데 이렇게 내가 인정받고 있다는 것은 내가 다른 모든 사람들과 대등한 관계에 있음을 뜻하는 것인데, 이는 그 물건이 자기 이외의 다른 누구의 것도 아니라는 논리와는 정면으로 배치된다. 또한 내가 소유하는 것은 하나의 물건인데, 도대체 이 물건이란 다른 누구에 대해서도 존재하고 또 전적으로 보편적인, 불특정한 한 사람으로서의 나에 대해서도 존재하는 것이다. 그러므로 내가 그런 물건을 유독 내 것으로 소유한다는 것은 누구이건 모두의 것이기도 한 사물의 본성에 위배되는 것이다. 따라서 소유권을 인정한다는 것은 어느 면으로나 소유권을 인정하지 않는 것과 마찬가지로 여러모로 자기모순을 빚을 수밖에 없고, 이 가운데 어느 쪽을 취한다 하더라도 여기

에는 개별성과 보편성이라는 대립되고 모순되는 두 요소가 나타나게 마련이다.[198]

그런데 만약 그 어느 쪽에 대해서건 이를 단순히 소유권 또는 비소유권의 문제로 한정하여 더 이상의 논의를 전개하지 않는다면 어느 쪽에서도 단순한 일면적 표상이 헝클어질 리가 없고 모순에 빠지지도 않는다. 이렇게 되면 이성의 주관 아래 있는 법칙 음미를 위한 기준은 양쪽 모두를 허용하게 될 것이므로 사실상 기준으로서의 구실을 못 하게 된다(und ist hiemit in der Tat kein Maβstab). 결국 동어반복의 형식인 모순율은 이론적 진리의 인식에서 내용상의 진위와는 아무런 관계도 없는 형식적인 진위의 기준에 지나지 않게 되므로[199] 그의 모순율이 실천적 진리의 인식에서 그 이상의 역할을 한다고 한다면 그것이 오히려 해괴한 노릇이라고 해야만 하겠다.

앞에서 공허한 정신적 질서에 내용을 충만토록 하기 위한 법칙의 판정과 음미라는 이성의 두 가지 활동양식[200]을 살펴본 결과, 이제는 인

---

198) 이 대목에서 헤겔은 용어상으로는 소유나 점유나 재산을 뜻하는 Besitz와 Eigentum을 분명히 구별하지 않고 있다. 어쨌든 점유(Besitz)만으로는 본래의 소유권은 발동될 수 없으며, 그러기 위해서는 물건이 '자기 것'이라는 사실이 타인에게서 인정받는 보편적인 성격이 따라야만 한다.
결국 사유재산제도에 대하여 '건전한 이성'이 파악하고 있는 것은 그 제도에 안겨 있는 형식일 뿐 내용의 측면은 아니다. 이 형식이란 모든 것에 합치되는 자기모순적이지 않은 것, 즉 자기동일률이다. 따라서 법칙의 정립은 불가할지라도 법칙의 기능을 하는지 어떤지 여부를 검사할 수 있다는 것이 된다. 이로써 법칙 제정적 이성은 법칙 검증적 이성이 된다. 이 경우, 어떠한 것이라도 매개를 거치지 않고 직접적으로 그 자체만을 놓고 보면 모순을 포함하지 않으므로 여기에 의거한다면 어떤 것이라도 도덕적일 수 있다. 예컨대 사유재산제도가 타당하다고도 하겠고, 반대로 그의 부정이 타당할 수도 있다는 것이다. 그런가하면 또 양자 그 어느 쪽도 다 같이 모순을 내포하고 있다. 즉 점유의 측면을 강조하여 개인적인 소비를 주로 하는 사유재산제도를 택하건 분배의 측면에 중점을 두어 평등의 원리를 취하건, 그 어느 쪽도 동시에 타당성과 부당성을 다 함께 지니는 것이다.
199) 칸트는 『순수이성 비판』 B 191에서 모순율은 진리를 위한 한낱 형식적인 기준일 뿐이며, 이밖에 시공의 형식과 범주에 의한 원칙을 필요로 한다고 말한다.

륜적 실체에 구체적인 내용을 부여하려는 시도나 그런 내용도 과연 법칙이 될 수 있는지 여부를 판가름하는 일도 결실을 거둘 수 없다는 것이 분명해졌다. 먼저 결론적으로 말한다면, 특정한 법칙도 법칙에 관한 지(知)도 모두가 성립될 수 없다는 것이다.

그러나 실체로서의 공동세계란 스스로를 절대적 존재로 의식하는 활동을 펴나가게 마련이므로 그런 활동 속에서 상이한 요소가 생겨나거나 그에 대한 지가 생겨나거나 하는 것은 피할 길이 없다. 따라서 법칙의 제정과 법칙의 음미 모두가 무실한 것으로 드러났다는 것은 양자를 각기 분리해 취급할 경우엔 그것이 인륜적인 공동의식에 부수적으로 딸려 있는 요소에 지나지 않는다는 것을 뜻한다. 그러면서도 또 법의 제정과 음미가 보여주는 운동은 인륜적인 공동세계를 살아가는 의식의 모습을 표현한다는 점에서 그 나름의 형식적인 의미를 지니는 것이다.[201]

이상 법칙의 제정과 음미라는 두 요소가 '사태 자체'를 의식하는 구체적인 규정을 나타내는 것이라고 한다면 이는 성실성의 형식으로 간주될 수 있다. 앞에서는 성실성이 형식적으로 성실한가 불성실한가가 문제였지만, 여기서는 당연히 그래야만 할 선과 정의의 내용과 관계됨으로써 그것이 확고한 진리인지를 음미하고 건전한 이성과 지적 통찰력[202]을 활용하여 명령에 힘과 정당성을 실어주려는 것이 된다.

이러한 성실성이 없다면 법칙은 의식의 본질을 표현한 것이라고는

---

200) 이전에 "정신적인 존재가 단일한 모습을 하고 나타난 것이 순수한 의식이며 '이것'이라고 하는 개개의 자기의식이다"라고 얘기된 데 비추어보면 '공허'하다는 것은 '단일한 모습'에 해당되고 '두 가지 활동양식'이라는 것은 '순수의식'과 '이' 자기의식에 해당된다. 이때 전자는 보편성을, 후자는 개별성을 띤 것으로서, 이는 소유권문제와 관련하여 논의된 보편성과 개별성의 문제이기도 하므로 더 나아가 이는 각기 그 규정에 따른 법칙 제정과 법칙 음미도 된다.
201) 여기서 개별적 자기의식은 인륜적 실체로까지 고양된다.
202) 법칙의 음미가 오성적이며 지적인 통찰에 의해 행해진다고 보는 이유는 동일률·모순율에 집착하기 때문이다.

할 수 없고 또한 음미도 의식의 본질에 뿌리내린 행위라고는 할 수 없으니, 이 두 요소가 저마다 직접 현실로 나타나는 모습을 보면 한편으로는 현실의 법칙을 부당하게 제정하고 통용시키는가 하면 다른 한편으로는 현실의 법칙으로부터 역시 마찬가지로 부당하게 이탈하는 것이라고 해야만 하겠다. 여기서 특정한 법칙이 우연한 내용을 갖는다는 것은 법칙이 자의적인 내용을 지닌 개별적인 의식이라는 것이 된다.

그것을 있는 그대로 법칙으로 제정한다는 것은 자의(恣意)로 법칙을 제정하여 이에 복종하는 것이 인륜에 합당하다고 들먹이는 전제군주의 폭정과 다름없다. 이렇게 내세워진 법칙이란 단지 포고령과도 같은 것으로서, 결코 계율이라고는 할 수가 없다. 이와 마찬가지로 한쪽의 요소인 법칙의 음미도 그것만을 따로 분리해놓으면 움직일 수 없는 것을 기어이 움직여보려는 지의 횡포를 나타내는 것이 되어 절대적 법칙에서 자유로워진다고 사칭하면서 법칙을 결코 음미의 대상이 될 수 없는 자의로 간주해버리고 만다.

법의 제정과 음미라는 두 형식에는 실재하는 정신적 질서인 공동체를 부정하는 자세가 자리잡고 있는데, 여기서는 실체가 아직 현실적인 기반을 다지지 못하고 있다. 의식은 자기의 생각이 미치는 대로 실체를 감싸고 있을 뿐이어서 특정한 개인의 의지나 지(知) 또는 비현실적인 명령으로서의 "……해야만 한다"(das Sollen)와 같은 형식적 보편성의 지로 간주되고 있을 뿐이다.

그러나 이러한 상태가 극복되고 나면 의식은 공동의 세계로 복귀함으로써 개별과 보편의 대립은 소멸된다. 대립하는 두 개의 법칙이 각기 개별적으로 통용되는 것이 아니라 그것이 극복되어 보편적인 법칙으로 발돋움할 때 정신적 존재는 현실적인 실체가 되는 것이다. 각이한 요소를 통일하는 힘은 의식의 핵심을 이루는 자기[203]가 걸머쥐고 있으니,

---

203) 이 '자기'는 '이' 자기의식이 한층 고양되어 정신적 존재가 더 이상 '단일한 존재'에 머물러 있지 않다는 의미에서의 자기이다.

바로 이 자기가 정신의 세계 속에 정립되면서 의식은 현실적이고 충만된 자각적인 의식이 된다.[204]

이렇게 해서 처음으로 정신의 본질은 자기의식에게서 본래적인 법칙으로 존재하는 것이 된다. 본래적인 음미라고는 할 수 없었던 형식적이고 일반적인 음미는 지양된다. 이렇게 나타나는 법칙은 특정한 개인의 의지에 근거해 있는 것이 아니라 본원적이며 절대적인 만인의 순수의지가 존재하는 그대로의 모습을 띠고 나타난 영원의 법칙이다. 이 순수의지는 "……해야만 한다"고 명령만 하는 것이 아니라 존재하는 그대로 타당한 것이다. 모든 자아가 안고 있는 범주가 그대로 현실이 되어 있는 것이 영원의 법칙이며, 이 바탕 위에 세워진 세계[205]가 바로 이 현실이다.

이렇듯 현존하는 법칙이 단적으로 타당시될 경우, 자기의식이 법칙에 복종하는 것은 결코 자신이 납득할 수 없는 자의적인 명령을 하달하는 군주에 대한 복종과는 유를 달리하는 것이 된다. 법칙은 자기만의 절대적 의식이 직접적으로 갖추고 있는 자기 고유의 사상이다. 그렇다고 의식이 법칙을 믿는다고는 할 수 없으니, 왜냐하면 믿음이란 어디까지나 자기와는 이질적인 존재를 직관하는 것이기 때문이다.

인륜적인 자기의식은 그의 자기가 온 곳에 팽배함으로써(durch Allgemeinheit seines Selbsts) 곧바로 공동체와 하나가 되어 있다. 이에 반하여 믿음이란 개별 의식에서 출발하여 끊임없이 그와 함께하려는 개별체의 운동으로서, 공동체의 현재에 다다르는 일이 없다. 그러나 인륜을 자각하는 의식은 개별 존재를 탈각하여 공동체와의 매개를 실현하였으니, 이것을 실현하고 있음으로 하여 그 의식은 인륜적 실체를

---

204) 행위하는 이성의 첫머리에 제시된 인륜의 회복 또는 도덕성의 생성이라는 목표가 성취되면서 여기에 '정신'이 현현하기에 이르렀으니, 이제는 '의식의 경험의 학'이 종결되면서 '정신의 현상학'으로 진입한다.
205) 세계는 제5장에 이르러 관찰의 대상이 되었고 제5장의 2.에서 인륜적인 '세계경험'이라는 뜻에서의 세계가 됨으로써 마침내 세계는 자아와 동일자가 되었으니, 이러한 자아가 바로 제6장의 '정신'이다.

직접 자기로서 의식하는 것이다.

그리하여 자기의식과 공동체의 차이는 더없이 투명하다. 이로써 공동체에 안겨 있는 갖가지 법칙상의 구별도 결코 우연히 생겨난 것은 아니며, 유독 불평등을 야기하는 자기의식과 공동체가 일체화함으로써 갖가지 구별도 생명의 힘이 삼투된 수많은 분지(分肢)를 이루며 이 모두가 명석하고 순일(純一)한 정신으로서 더없이 맑은 천상의 모습을 하게 되었으니, 비록 분열이나 차이를 내포할지언정 본질적 존재의 때문지 않은 순박함과 조화로움이 그대로 유지되어 있는 것이다. 법칙상의 갖가지 구별에 대한 자기의식의 관계도 마찬가지로 또한 단순하고 명석하다. 법칙상의 구별이 있기는 하되 그 이상은 아니라는 것이 의식이 받아들이는 구별, 즉 법칙의 실상이다. 소포클레스의 『안티고네』에서 주인공 안티고네는 이를 신들에 의한, 글로 씌어지지 않은 틀림이 없는 법이며 정의로움이라고 부르고 있다.

> 어제, 오늘이 아닌 영원히 살아 있는 것을 법이라고 하나니,
> 이것이 언제부터 생겨났는지는 아무도 모르느니라.[206]

법칙은 엄연히 있는 것이다. 내가 만약 그의 성립 경위를 따라서 발생 지점까지 추적해간다면 나는 법칙 위에 군림하여 내가 보편적이고 법칙은 제약과 한정을 받는 것이 되어버린다. 만약 법칙의 정당성이 나에게 통찰되어야만 한다면 이때 이미 나는 한 치의 흔들림도 없는 법칙 본연의 모습에 흠집을 내서 어쩌면 참일 수도 있고 어쩌면 참이 아닐 수도 있는 그런 것으로서 법칙을 바라보는 것이 된다. 그러나 인륜을 소중히 여기는 마음가짐[207]이란 의(義)로운 것이면 이를 한 치의 머뭇거림도 없이 확고히 부둥켜안고 어떠한 동요나 흔들림이나 뒷걸음질도

---

[206] 소포클레스의 『안티고네』 456~457행에서 인용.
[207] 제6장의 24쪽 1) 인륜의 세계의 주제로서, 이 '마음가짐'은 심정과 같은 의미의 Gesinnung이다.

뿌리쳐버리는 그러한 마음이다.

　내가 어떤 물품을 타인에게서 맡아놓았다고 하자. 그것은 타인의 소유물이며 나는 그것을 사실 그대로 인정하고 이를 어김없이 지키려고 한다. 맡겨진 물품을 그대로 보관하고 있다는 것은 동어반복적인 법칙의 음미라는 원리에 따르면 전혀 모순을 범하는 것이 되지 않는다. 왜냐하면 보관하고 있을 때 나는 그 물품을 더 이상 타인의 소유물로는 보고 있지 않지만, 이렇듯 타인의 소유물로는 보지 않는 것을 보관한다는 것이 결코 하자일 수는 없기 때문이다.

　관점이 바뀐다는 것은 전혀 모순을 야기하는 것이 아니다. 왜냐하면 이때 문제가 되는 것은 관점 여하에 관한 것이 아니라 내용이 되는 대상 쪽에 있는데, 여기에는 아무런 모순도 생겨나 있지 않기 때문이다. 예컨대 내가 뭔가를 남에게 넘겨준다는 경우에서와 같이 내 소유물이라던 것이 타인의 소유물이라는 쪽으로 관점이 바뀌더라도 여기에 아무런 모순도 생기지 않는 것과 마찬가지로, 반대로 그것이 타인으로부터 나에게로 이행하더라도 모순은 생겨나지 않는다. 물론 이 경우에 내가 아무런 모순도 발견하지 않는다고 해서 그것이 정의라는 것은 아니며, 정의는 어디까지나 그것이 정의인 한에서 정의인 것이다.

　여기서 문제의 근간을 이루는 것은 뭔가가 타인의 소유물이라고 하는 사실이다. 이에 대해서 새삼 이치를 따질 필요도 없고 이런저런 생각에 골몰하거나 추리하거나 새삼 견해를 가다듬거나 할 필요도 없으며 법의 제정이나 음미를 생각할 필요도 없다. 그러한 사고를 일삼는다는 것은 정의의 참모습을 전도시킬 뿐이다. 왜냐하면 실제로 내가 모호한 동어반복적인 지식에 의존해 있다면 언제든 나는 정반대의 것을 놓고 이를 법칙으로 치장해놓을 수도 있을 것이기 때문이다.

　그런 개인적인 생각과는 무관하게 이쪽과 저쪽 가운데 그 어느 쪽이 정의인가는 따질 필요도 없이 이미 결정되어 있는 것이다. 나는 내가 원하는 대로 법칙을 정하거나 또한 아무것도 법칙으로 삼지 않을 수도 있지만, 사실 이렇게 법칙의 음미를 시작하는 순간에 이미 나는 인류의

도(道)에서 어긋나게 된다. 정의가 나에게 절대적인 것으로 의식되는 가운데(Daβ das Rechte mir an und für sich ist) 비로소 나는 인륜적인 실체 속에 몸담게 되고, 이렇게 됐을 때 인륜적인 실체는 자기의식의 본질이 되어 있다. 역으로 말하면 이때 자기의식은 인륜적 실체의 살아 있는 현실이고 그의 핵심을 이루는 의지인 것이다.[208]

---

[208] 지금까지 제5장에 이르는 모든 범위에 걸쳐 "실체는 주체이다"라는 것이 입증된 셈이다.

찾아보기

가공 228, 231
가능성 357
가상 180
감사 256, 257
감수성 300
감정 40, 108, 438
개개인 372
개념 39, 45, 73, 125, 235, 278, 280, 286, 305, 314, 362, 364, 421
개념의 노동 109
개별의식과 순수사유의 화해 251
개별자 247
개성 379
개인 66, 226, 329~332, 341, 345, 371, 373, 385, 392, 402, 403, 408~410, 413, 416~418
개인적 차원을 넘어선 공동의 선 400
개체 215, 301, 322, 329, 428
개체성 284, 386, 397, 401, 408, 421
개체와 존재의 절대적 상호침투 417
겉모양 117
격언집 107
견인 194
결과 294, 371

경건한 자세 43
경험 42, 126, 287, 421, 422
계략 115
고통 246
공간 83, 213
공동소유 441
공포 231, 233
과정 215, 314, 315
관념론 268
관상학 333
관습 370, 372
관심 414, 419, 426
교리문답 107
교양 37, 66, 119
교활 93
구별 173, 199, 403, 412
권력 387
권위 119
궤변 241
근육조직 307
기도 251
기만 431
기술 282
기준 238

기호 341

나 자신 안에서의 운동 236
낙하 289
내면 183
내면과 외면 298
내용 171, 326, 327, 438
내장 307
내포 304
노동 231~233, 240, 254, 255, 257, 336
노여움 348
노예 228
논변 97
뇌수 349
누스 93
능력 255, 343, 398, 407, 412

당위 287
당위적 287
당파 426
대상 91, 126, 133~136, 149, 165, 169, 209, 210, 220, 269, 276, 299, 363, 368, 378, 391, 412, 433, 434
대상화 234, 263, 363, 390
대자적 96
대자존재 129
대지의 영 378
대타존재 162, 210, 125
덕성 395
덕성 404
덕성의 의식 402
도덕 376

도식 274
도야 386, 395
독단론 78
독단주의 93
독자존재 160, 162
동경 252
동물 284, 292
동일성 52
두 개의 사상 243
두개골 349
또 역시 152, 160, 162

리듬 100
리히텐베르크 341

마력 72
마음 384, 385
마음의 법칙 384
만유인력의 법칙 187
만족 379
말 140, 146, 336
망상 391
매개 57
매체 152
머리 349
명령 435, 436, 445, 446
명시 143
명시하는 것 147
명제 99, 100
모순 198
목적 37, 294, 296, 362, 384, 392, 397, 398, 407, 408, 411~413, 425
목표 68
무 413

무게 289
무기물 315, 317
무한성 200
물 자체 277
물리화학적 결합 290
물성 152~154
물질 161, 175, 290
민족 371

바쿠스 145
반박 61
반발 194
반성 52, 64
반응력 300
발생과 소멸 84
방법 84, 123
범죄 197
범주 272, 365, 366, 379, 433, 446
법률 370, 372
법이며 정의로움 447
법칙 186, 190, 199, 286, 287, 289, 292, 293, 311, 344, 378, 379, 384, 387, 434, 435
변전과 교체 193
변증법 139, 144
변증법적 운동 103, 126, 166, 240
변증법적인 것 241
보편적 151
보편적 존재 137, 165
보편적인 것 150, 151
보편적인 이것 137
복지 385
본질 150, 162, 163, 167
봉사 233

부동심 242
부등한 인정 230
부분 157
부정성 52, 230, 411
부정의 힘 411
부정적인 것 76
분묘 253
분석 70
불변의 의식 246
불변자 247
불안 231
불행한 의식 244
비동일적인 의식 243
비본질적 164
비의 145
비전된 재산 46
비중 315

사념 143, 324
사물 154, 155, 158~162, 164, 227, 228, 274, 277~279, 295, 296, 364, 365, 371, 423
사물의 세계 380
사변적 103, 49
사변철학 328
사실 그대로 387
사유 235, 326
사유운동의 전체 328
사유하는 것 47
사태 자체 49, 423, 424
삼중성·삼위일체 86
삼중의 운동 250
생명 53, 71, 200, 212, 216, 224, 226, 295, 313, 314, 322

생명이 있는 것 212
생사를 건 투쟁 226
생성의 운동 57
생활 236
선 396, 398, 400, 402, 416
설명 192, 202
성격 335, 412
성스러운 것 183
성실성 444
성실한 의식 425
성직자 260
성질 150, 156, 306
세 가지 결합양식 247
세계사 68
세계정신 237, 272, 68
세계행로 394, 395, 402
소유권 441
소재 48, 154
소포클레스 447
속성 99
속절없는 생각 233
손금 338
수(數) 314, 323
수단 68, 412, 414
수의 계열 322
수학 79
순서 317
순수한 독자성 226
순수한 무 120
순수한 부정성 58
순수한 심정 252
순수한 의식 275
순수한 자아 47, 279
순수한 자유 314

순수한 추상성 92
순수한 행위 423
순수형식 409
순환과정 157, 216
술어 60, 98, 99
스스로 운동하는 것 85
스토아주의 236
승려 392
시간 82, 213
시간과 공간 190
시초 61, 414
식물 284
신 53, 59, 101, 104, 259
신경조직 307, 348
신과 인간의 대립 249
신과의 분열 252
신념 398
신의 육화 249
신적 본성 147
실재성 417
실천적인 것 342
실체 51, 52, 72, 370, 371, 434, 435
심정 258

아낙사고라스 93
아리스토텔레스 58, 109
악 416
악덕 399
악무한 276
악순환 413
『안티고네』 447
양과 음의 전기 289
양극 174, 256
양극을 매개하는 중간항 267

양적 303
언어 147
에이도스 94
역사 79
열광 66
영원한 것 56
영향 292, 324, 332
오류 115
오성 70, 166, 170, 369
외연 304
요인 292
욕망 212, 217, 228, 231, 240, 254, 257, 379
우연성 436
우연히 여기 있는 284
운동 143, 174
운명 382
원융적인 절대적 존재 295
원칙이나 원리 60
원환 53, 71
유(類) 217, 300, 319, 424
유기적 291, 292, 294, 305~307, 312, 313
유나 종 283
유대 민족 361
유동성 215
유동화 72
유발되는 것 185
유추 288
유희 176, 430
육체 334
응집력 316
의도 197
의식 413

의식의 성실함 426
의식의 자기통일 212
의욕하며 행위하는 실상 363
이데아 94
이성 181, 263, 268, 269, 364, 371
이중 62
이중의 구별 177
이중의 반성 219
이중의 양식 275
이중의 의미 222
이중의 의식의 일체화 247
이중의 자기복귀 257
이중의 행위 225
인격 226
인과관계 347, 351
인류 385
인륜 370, 445
인식 116
인정 221
일자(一者) 166

자기 59
자기 자신의 반대물 165
자기 자체 내로 복귀 64
자기감정 254, 295
자기동일성 96, 194
자기동일적인 것 57
자기소외 75
자기의 타자화 90
자기의식 202
자석 195, 304
자아 210, 227, 432
자연 58, 218
자유 237, 268, 296, 332

454

자체 내로의 복귀 158
작업 341, 371
작업 성과 438
작업의 결과 415
잔재주 234
장(場) 323
재능 412
재생능력 300
전기 195
전력 189
전체 157, 216, 428
절대의 공허 89
절대의 자유 313
절대적 경험론 276
절대적 구별 194
절대적 부정성 226
절대적인 것 49, 50, 55
절대적인 인식 57
절대지 66
절망 119
정신 220, 244, 349, 360, 363, 364, 365, 377, 413
정신의 특성 355
정신의 힘 43
정중동 200
조화 351, 355
존재 432
존재와 행위의 상호침투된 개체성 414
존재의 모순 244
종(種) 320
종말 55
주어 60
주인 228
주체 51, 58, 61, 72

주체(주어) 59, 99
죽음 71, 121, 226
중간항 259
중력 189
중심 222
중심부 174
즉자적 96, 209
즉자존재 125, 129, 210
지 65, 123, 126
지각 149, 309, 369
지구 323
직관 40, 141
직접적인 양식 51
직접지 133
진리 38, 84, 85, 106, 113, 155, 278, 326
진리는 곧 전체 55
진리의 의식 125
진리의 지의 의식 125
진실 435, 436
진위 124
질서 385, 386, 393, 396, 397
질적 303, 310
질적 도약 44

차이 403
착란 390
참과 거짓 76
참다운 것과 그릇된 것 35
책임 260
처벌 196
척수 349
천지만물 89
철학 33, 38, 105, 106

체계 38, 51, 60, 61
초감각적 세계 182, 195
최종 목적 295
최초의 것 295
추론형식 259
추상성 167
출발점 294

케레스 145
쾌락 378~380, 385, 396
크기 310, 311, 316

타자 275
타자화 56
탐구 289, 290
통각작용 277
통일 174
통찰 109
틈바구니 172
『파르메니데스』 109
파악 133, 155
파악하는 작용 158
판단 100
표현 299
플라톤 109
필연성 293, 295, 381, 397
필연의 힘 385
필연적 164

하나의 불가분적 의식 245
하나의 진리 270
~하는 한에서 163, 164
학문 34, 38, 60, 90, 116
한정된 무 120

한정된 부정 121
행동 336, 396, 413
행동하는 현실적 의식 328
행복 373, 374
행운 421
행위 197, 258, 260, 297, 345, 413
행위가 연쇄적으로 만들어낸 원환 332
행위의 결과 341, 345
행위하는 의식 328
향유 229, 254, 255, 257, 396
현상 180
현상 183
현상계 84
현실 384, 396, 411, 416, 421, 446
형벌 196
형성 232
형식 171, 327, 419, 420, 48
형식과 본질 54
형식주의 49, 87
형태 214, 215, 279
호로스 43
혼 90, 96, 118, 200, 299
화학적 285
화해 247
확률 288
확신 270, 368
황홀·몰아 109
회의 118, 119
회의주의 120, 239, 240
회전운동 213
희생 261, 262
힘 172~175
힘의 법칙 186

지은이 게오르크 빌헬름 프리드리히 헤겔

게오르크 빌헬름 프리드리히 헤겔(Georg Wilhelm Friedrich Hegel, 1770~1831)은 독일 슈투트가르트에서 태어났다. 1788년부터 튀빙겐 신학교에서 철학과 고전을 공부하면서, 절친한 동료인 횔덜린·셸링과 함께 그리스 문학과 프랑스 혁명에 관심을 기울였다. 대학을 마친 헤겔은 3년 동안 베른에서 사강사(私講師) 생활을 하며 모든 생의 창조적인 동력으로 작용하는 변증법적 원리가 지닌 생동하는 당위성 문제에 주목하기 시작했다. 1797년에는 프랑크푸르트로 옮겨 특유의 정신적 생명의 전체 구조를 변증법적인 법칙 아래 총괄하려는 시도에 착수했다.
1801년부터 예나 대학에서 정치학·생리학 등 다양한 분야의 연구를 통해 자기만의 학문체계를 완성해 나갔으며, 1805년에는 예나 대학 교수가 되었다. 1807년 나폴레옹이 예나 전투에서 승리를 거두기 얼마 전 헤겔은 세계정신으로서의 나폴레옹을 칭송하며, 『정신현상학』을 출간했다. 1808~16년에는 김나지움의 교장직을 수행하며 『논리학』을 완성했고, 1817년 하이델베르크의 교수로 강의를 시작하면서 그의 철학체계 전반을 설명하는 『철학강요』를 출판했다. 1818년 헤겔은 베를린 대학 교수가 되었고, 『법철학 강요』(1821)를 출판했다. 1823~27년은 그의 활동이 최고조에 달했던 시기였다. 그는 미학·종교철학·역사철학·철학사에 대한 책을 출판했으며, 그의 명성은 국내외로 퍼져나갔다.
1831년 독일에 퍼진 콜레라로 사망하기 직전까지 헤겔은 생명의 변증법적 운동을 통한 생동하는 정신의 본원적인 회복을 위하여 시대가 안고 있는 분열과 대립, 시대적 한계와 모순을 극복하는 일에 몰두했다.

옮긴이 임석진

임석진(林錫珍)은 서울대학교 정치학과를 졸업하고, 하이델베르크 대학에서 사회학을 전공한 뒤, 프랑크푸르트 대학에서 철학박사 학위를 받았다. 서울대학교 강사, 명지대학교 철학과 교수를 지냈으며, 한국헤겔학회 회장직을 20여 년 동안 역임했다. 국제헤겔연맹과 국제변증법철학회 정회원이며, 『헤겔 연구 연감』(*Jahrbuch für Hegelforschung*)의 국제자문위원으로 있다. 헤겔 원전을 우리말로 옮기는 작업과 헤겔 철학을 매개로 동서양의 사상을 연결하려는 연구에 몰두하고 있다.
저서로는 『헤겔의 노동의 개념-정신현상학 해설시론』(*Der Bergriff der Arbeit bei Hegel-Versuch einer Interpretation der "Phanomenologie des Geistes"*)
(1963, 66년 독일 보비에(Bouvier) 출판사에서도 출간)
『시대와 변증법』 『헤겔 변증법의 모색과 전망』 『변증법적 통일의 원리』 등이 있으며, 역서로는 한길사에서 펴낸 『정신현상학』 『법철학』과 그밖에 『세계철학사』 『이데올로기와 유토피아』 『역사 속의 이성』 『대논리학』 『마르크스 사상 사전』 『피히테와 셸링 철학체계의 차이』 『법철학』 『철학사 강의』 등이 있다.

HANGIL GREAT BOOKS 63

정신현상학 1

지은이 G.W.F. 헤겔
옮긴이 임석진
펴낸이 김언호

펴낸곳 (주)도서출판 한길사
등록 1976년 12월 24일
주소 10881 경기도 파주시 광인사길 37
홈페이지 www.hangilsa.co.kr
전자우편 hangilsa@hangilsa.co.kr
전화 031-955-2000~3 팩스 031-955-2005

인쇄 오색프린팅 제본 경일제책사
제1판 제 1 쇄 2005년 1월 25일
제1판 제14쇄 2022년 6월 30일

값 28,000원

ISBN 978-89-356-5646-2 94160
ISBN 978-89-356-5648-6 (전2권)

• 잘못 만들어진 책은 구입하신 서점에서 바꿔드립니다.

한길그레이트북스 — 인류의 위대한 지적 유산을 집대성한다

1 관념의 모험
앨프레드 노스 화이트헤드 | 오영환

2 종교형태론
미르치아 엘리아데 | 이은봉

3·4·5·6 인도철학사
라다크리슈난 | 이거룡
2005 『타임스』 선정 세상을 움직인 100권의 책
『출판저널』 선정 21세기에도 남을 20세기의 빛나는 책들

7 야생의 사고
클로드 레비스트로스 | 안정남
2005 『타임스』 선정 세상을 움직인 100권의 책
2008 『중앙일보』 선정 신고전 50선

8 성서의 구조인류학
에드먼드 리치 | 신인철

9 문명화과정 1
노르베르트 엘리아스 | 박미애
2005 연세대학교 권장도서 200선
2012 인터넷 교보문고 명사 추천도서
2012 알라딘 명사 추천도서

10 역사를 위한 변명
마르크 블로크 | 고봉만
2008 『한국일보』 오늘의 책
2009 『동아일보』 대학신입생 추천도서
2013 yes24 역사서 고전

11 인간의 조건
한나 아렌트 | 이진우
2012 인터넷 교보문고 MD의 선택
2012 네이버 지식인의 서재

12 혁명의 시대
에릭 홉스봄 | 정도영·차명수
2005 서울대학교 권장도서 100선
2005 『타임스』 선정 세상을 움직인 100권의 책
2005 연세대학교 권장도서 200선
1999 『출판저널』 선정 21세기에도 남을 20세기의 빛나는 책들
2012 알라딘 블로거 베스트셀러
2013 『조선일보』 불멸의 저자들

13 자본의 시대
에릭 홉스봄 | 정도영
2005 서울대학교 권장도서 100선
1999 『출판저널』 선정 21세기에도 남을 20세기의 빛나는 책들
2012 알라딘 블로거 베스트셀러
2013 『조선일보』 불멸의 저자들

14 제국의 시대
에릭 홉스봄 | 김동택
2005 서울대학교 권장도서 100선
1999 『출판저널』 선정 21세기에도 남을 20세기의 빛나는 책들
2012 알라딘 블로거 베스트셀러
2013 『조선일보』 불멸의 저자들

15·16·17 경세유표
정약용 | 이익성
2012 인터넷 교보문고 필독고전 100선

18 바가바드 기타
함석헌 주석 | 이거룡 해제
2007 서울대학교 추천도서

19 시간의식
에드문트 후설 | 이종훈

20·21 우파니샤드
이재숙
2005 서울대학교 권장도서 100선

22 현대정치의 사상과 행동
마루야마 마사오 | 김석근
2005 『타임스』 선정 세상을 움직인 100권의 책
2007 도쿄대학교 권장도서

23 인간현상
테야르 드 샤르댕 | 양명수
2007 서울대학교 추천도서

24·25 미국의 민주주의
알렉시스 드 토크빌 | 임효선·박지동
2005 서울대학교 권장도서 100선
2012 인터넷 교보문고 MD의 선택
2012 인터넷 교보문고 MD의 선택
2013 문명비평가 기 소르망 추천도서

26 유럽학문의 위기와 선험적 현상학
에드문트 후설 | 이종훈
2005 서울대학교 논술출제

27·28 삼국사기
김부식 | 이강래
2005 연세대학교 권장도서 200선
2012 인터넷 교보문고 필독고전 100선
2013 yes24 다시 읽는 고전

29 원본 삼국사기
김부식 | 이강래

30 성과 속
미르치아 엘리아데 | 이은봉
2005 『타임스』 선정 세상을 움직인 100권의 책
2012 인터넷 교보문고 명사 추천도서
『출판저널』 선정 21세기에도 남을 20세기의 빛나는 책들

31 슬픈 열대
클로드 레비스트로스 | 박옥줄
2005 서울대학교 권장도서 100선
2005 연세대학교 권장도서 200선
2008 홍익대학교 논술출제
2012 인터넷 교보문고 명사 추천도서
2013 yes24 역사서 고전
『출판저널』 선정 21세기에도 남을 20세기의 빛나는 책들

32 증여론
마르셀 모스 | 이상률
2003 문화관광부 우수학술도서
2012 네이버 지식인의 서재

33 부정변증법
테오도르 아도르노 | 홍승용

34 문명화과정 2
노르베르트 엘리아스 | 박미애
2005 연세대학교 권장도서 200선
2012 인터넷 교보문고 명사 추천도서
2012 알라딘 명사 추천도서

35 불안의 개념
쇠렌 키르케고르 | 임규정
2012 인터넷 교보문고 필독고전 100선

36 마누법전
이재숙·이광수

37 사회주의의 전제와 사민당의 과제
에두아르트 베른슈타인 | 강신준

38 의미의 논리
질 들뢰즈 | 이정우
2000 교보문고 선정 대학생 권장도서

39 성호사설
이익 | 최석기
2005 연세대학교 권장도서 200선
2008 서울대학교 논술출제
2012 인터넷 교보문고 필독고전 100선

40 종교적 경험의 다양성
윌리엄 제임스 | 김재영
2000 대한민국학술원 우수학술도서

41 명이대방록
황종희 | 김덕균
2000 한국출판문화상

42 소피스테스
플라톤 | 김태경

43 정치가
플라톤 | 김태경

44 지식과 사회의 상
데이비드 블루어 | 김경만
2002 대한민국학술원 우수학술도서

45 비평의 해부
노스럽 프라이 | 임철규
2001 『교수신문』 우리 시대의 고전

46 인간적 자유의 본질·철학과 종교
프리드리히 W.J. 셸링 | 최신한

47 무한자와 우주와 세계·원인과 원리와 일자
조르다노 브루노 | 강영계
2001 한국출판인회의 이달의 책

48 후기 마르크스주의
프레드릭 제임슨 | 김유동
2001 한국출판인회의 이달의 책

49·50 봉건사회
마르크 블로크 | 한정숙
2002 대한민국학술원 우수학술도서
2012 『한국일보』 다시 읽고 싶은 책

51 칸트와 형이상학의 문제
마르틴 하이데거 | 이선일
2003 대한민국학술원 우수학술도서

52 남명집
조식 | 경상대 남명학연구소
2012 인터넷 교보문고 필독고전 100선

53 낭만적 거짓과 소설적 진실
르네 지라르 | 김치수·송의경
2002 대한민국학술원 우수학술도서
2013 『한국경제』 한 문장의 교양

54·55 한비자
한비 | 이운구
한국간행물윤리위원회 추천도서
2007 서울대학교 추천도서
2012 인터넷 교보문고 필독고전 100선

56 궁정사회
노르베르트 엘리아스 | 박여성

57 에밀
장 자크 루소 | 김중현
2005 서울대학교 권장도서 100선
2000·2006 서울대학교 논술출제

58 이탈리아 르네상스의 문화
야코프 부르크하르트 | 이기숙
2004 한국간행물윤리위원회 추천도서
2005 연세대학교 권장도서 200선
2009 『동아일보』 대학신입생 추천도서

59·60 분서
이지 | 김혜경
2004 문화관광부 우수학술도서
2012 인터넷 교보문고 필독고전 100선

61 혁명론
한나 아렌트 | 홍원표
2005 대한민국학술원 우수학술도서

62 표해록
최부 | 서인범·주성지
2005 대한민국학술원 우수학술도서

63·64 정신현상학
G.W.F. 헤겔 | 임석진
2006 대한민국학술원 우수학술도서
2005 연세대학교 권장도서 200선
2005 프랑크푸르트도서전 한국의 아름다운 책 100선
2008 서우철학상
2012 인터넷 교보문고 필독고전 100선

65·66 이정표
마르틴 하이데거 | 신상희·이선일

67 왕필의 노자주
왕필 | 임채우
2006 문화관광부 우수학술도서

68 신화학 1
클로드 레비스트로스 | 임봉길
2007 대한민국학술원 우수학술도서
2008 『동아일보』 인문과 자연의 경계를 넘어 30선

69 유랑시인
타라스 셰브첸코 | 한정숙

70 중국고대사상사론
리쩌허우 | 정병석
2005 『한겨레』 올해의 책
2006 문화관광부 우수학술도서

71 중국근대사상사론
리쩌허우 | 임춘성
2005 『한겨레』 올해의 책
2006 문화관광부 우수학술도서

72 중국현대사상사론
리쩌허우 | 김형종
2005 『한겨레』 올해의 책
2006 문화관광부 우수학술도서

73 자유주의적 평등
로널드 드워킨 | 염수균
2006 문화관광부 우수학술도서
2010 『동아일보』 '정의에 관하여' 20선

74·75·76 춘추좌전
좌구명 | 신동준

77 종교의 본질에 대하여
루트비히 포이어바흐 | 강대석

78 삼국유사
일연 | 이가원·허경진
2007 서울대학교 추천도서

79·80 순자
순자 | 이운구
2007 서울대학교 추천도서

81 예루살렘의 아이히만
한나 아렌트 | 김선욱
2006 『한겨레』 올해의 책
2006 한국간행물윤리위원회 추천도서
2007 『한국일보』 오늘의 책
2007 대한민국학술원 우수학술도서
2012 yes24 리뷰 영웅대전

82 기독교 신앙
프리드리히 슐라이어마허 | 최신한
2008 대한민국학술원 우수학술도서

83·84 전체주의의 기원
한나 아렌트 | 이진우·박미애
2005 『타임스』 선정 세상을 움직인 책
『출판저널』 선정 21세기에도 남을 20세기의 빛나는 책들

85 소피스트적 논박
아리스토텔레스 | 김재홍

86·87 사회체계이론
니클라스 루만 | 박여성
2008 문화체육관광부 우수학술도서

88 헤겔의 체계 1
비토리오 회슬레 | 권대중

89 속분서
이지 | 김혜경
2008 대한민국학술원 우수학술도서

90 죽음에 이르는 병
쇠렌 키르케고르 | 임규정
『한겨레』 고전 다시 읽기 선정
2006 서강대학교 논술출제

91 고독한 산책자의 몽상
장 자크 루소 | 김중현

92 학문과 예술에 대하여·산에서 쓴 편지
장 자크 루소 | 김중현

93 사모아의 청소년
마거릿 미드 | 박자영
20세기 미국대학생 필독 교양도서

94 자본주의와 현대사회이론
앤서니 기든스 | 박노영·임영일
1999 서울대학교 논술출제
2009 대한민국학술원 우수학술도서

95 인간과 자연
조지 마시 | 홍금수

96 법철학
G.W.F. 헤겔 | 임석진

97 문명과 질병
헨리 지거리스트 | 황상익
2009 대한민국학술원 우수학술도서

98 기독교의 본질
루트비히 포이어바흐 | 강대석

99 신화학 2
클로드 레비스트로스 | 임봉길
2008 『동아일보』 인문과 자연의 경계를 넘어 30선
2009 대한민국학술원 우수학술도서

100 일상적인 것의 변용
아서 단토 | 김혜련
2009 대한민국학술원 우수학술도서

101 독일 비애극의 원천
발터 벤야민 | 최성만·김유동

102·103·104 순수현상학과 현상학적 철학의 이념들
에드문트 후설 | 이종훈
2010 대한민국학술원 우수학술도서

105 수사고신록
최술 | 이재하 외
2010 대한민국학술원 우수학술도서

106 수사고신여록
최술 | 이재하
2010 대한민국학술원 우수학술도서

107 국가권력의 이념사
프리드리히 마이네케 | 이광주

108 법과 권리
로널드 드워킨 | 염수균

109·110·111·112 고야
홋타 요시에 | 김석희
2010 12월 한국간행물윤리위원회 추천도서

113 왕양명실기
박은식 | 이종란

114 신화와 현실
미르치아 엘리아데 | 이은봉

115 사회변동과 사회학
레이몽 부동 | 민문홍

116 자본주의·사회주의·민주주의
조지프 슘페터 | 변상진
2012 대한민국학술원 우수학술도서
2012 인터파크 이 시대 교양 명저

117 공화국의 위기
한나 아렌트 | 김선욱

118 차라투스트라는 이렇게 말했다
프리드리히 니체 | 강대석

119 지중해의 기억
페르낭 브로델 | 강주헌

120 해석의 갈등
폴 리쾨르 | 양명수

121 로마제국의 위기
램지 맥멀렌 | 김창성
2012 인터파크 추천도서

122·123 윌리엄 모리스
에드워드 파머 톰슨 | 윤효녕 외
2012 인터파크 추천도서

124 공제격치
알폰소 바뇨니 | 이종란

125 현상학적 심리학
에드문트 후설 | 이종훈
2013 인터넷 교보문고 눈에 띄는 새 책
2014 대한민국학술원 우수학술도서

126 시각예술의 의미
에르빈 파노프스키 | 임산

127·128 시민사회와 정치이론
진 L. 코헨·앤드루 아라토 | 박형신·이혜경

129 운화측험
최한기 | 이종란
2015 대한민국학술원 우수학술도서

130 예술체계이론
니클라스 루만 | 박여성·이철

131 대학
주희 | 최석기

132 중용
주희 | 최석기

133 종의 기원
찰스 다윈 | 김관선

134 기적을 행하는 왕
마르크 블로크 | 박용진

135 키루스의 교육
크세노폰 | 이동수

136 정당론
로베르트 미헬스 | 김학이
2003 기담학술상 번역상
2004 대한민국학술원 우수학술도서

137 법사회학
니클라스 루만 | 강희원
2016 세종도서 우수학술도서

138 중국사유
마르셀 그라네 | 유병태
2011 대한민국학술원 우수학술도서

139 자연법
G.W.F 헤겔 | 김준수
2004 기담학술상 번역상

140 기독교와 자본주의의 발흥
R.H. 토니 | 고세훈

141 고딕건축과 스콜라철학
에르빈 파노프스키 | 김율
2016 세종도서 우수학술도서

142 도덕감정론
애덤스미스 | 김광수

143 신기관
프랜시스 베이컨 | 진석용
2001 9월 한국출판인회의 이달의 책
2005 서울대학교 권장도서 100선

144 관용론
볼테르 | 송기형·임미경

145 교양과 무질서
매슈 아널드 | 윤지관

146 명등도고록
이지 | 김혜경

147 데카르트적 성찰
에드문트 후설·오이겐 핑크 | 이종훈
2003 대한민국학술원 우수학술도서

148·149·150 함석헌선집 1·2·3
함석헌 | 함석헌편집위원회
2017 대한민국학술원 우수학술도서

151 프랑스혁명에 관한 성찰
에드먼드 버크 | 이태숙

152 사회사상사
루이스 코저 | 신용하·박명규

153 수동적 종합
에드문트 후설 | 이종훈
2019 대한민국학술원 우수학술도서

154 로마사 논고
니콜로 마키아벨리 | 강정인·김경희
2005 대한민국학술원 우수학술도서

155 르네상스 미술가평전 1
조르조 바사리 | 이근배

156 르네상스 미술가평전 2
조르조 바사리 | 이근배

157 르네상스 미술가평전 3
조르조 바사리 | 이근배

158 르네상스 미술가평전 4
조르조 바사리 | 이근배

159 르네상스 미술가평전 5
조르조 바사리 | 이근배

160 르네상스 미술가평전 6
조르조 바사리 | 이근배

161 어두운 시대의 사람들
한나 아렌트 | 홍원표

162 형식논리학과 선험논리학
에드문트 후설 | 이종훈
2011 대한민국학술원 우수학술도서

163 러일전쟁 1
와다 하루키 | 이웅현

164 러일전쟁 2
와다 하루키 | 이웅현

165 종교생활의 원초적 형태
에밀 뒤르켐 | 민혜숙·노치준

166 서양의 장원제
마르크 블로크 | 이기영

167 제일철학 1
에드문트 후설 | 이종훈
2021 대한민국학술원 우수학술도서

168 제일철학 2
에드문트 후설 | 이종훈
2021 대한민국학술원 우수학술도서

169 사회적 체계들
니클라스 루만 | 이철·박여성 | 노진철 감수

170 모랄리아
플루타르코스 | 윤진

171 국가론
마르쿠스 툴리우스 키케로 | 김창성

172 법률론
마르쿠스 툴리우스 키케로 | 성염

173 자본주의의 문화적 모순
다니엘 벨 | 박형신

174 신화학 3
클로드 레비스트로스 | 임봉길

175 상호주관성
에드문트 후설 | 이종훈

176 대변혁 1
위르겐 오스터함멜 | 박종일

177 대변혁 2
위르겐 오스터함멜 | 박종일

178 대변혁 3
위르겐 오스터함멜 | 박종일

179 유대인 문제와 정치적 사유
한나 아렌트 | 홍원표

180 장담의 열자주
장담 | 임채우

● 한길그레이트북스는 계속 간행됩니다.